L'IMPÔT
DES PERSONNES PHYSIQUES

Édition 2017

LES MANUELS PRATIQUES DES FUCaM

Collection sous la direction de Patrick Jaillot

L'IMPÔT DES PERSONNES PHYSIQUES

Édition 2017

Olivier D'Aout

Dominique Darte

Nicolas Honhon

Les auteurs tiennent à remercier Luc Van Acker,
coauteur des premières éditions de l'ouvrage

ANTHEMIS

La collection *Les manuels pratiques des FUCaM*

Sous la direction de Patrick Jaillot

Cette collection a pour vocation d'offrir des outils de travail rigoureux et détaillés en droit et en économie. Complétés par des références, des exemples et des tableaux permettant au lecteur d'approfondir ses connaissances, ces manuels pratiques sont des ouvrages de référence indispensables notamment à tout étudiant ou tout professionnel en formation continue.

Ouvrages parus :

- *Manuel d'expertise judiciaire comptable*, 2011, sous la direction de Dominique Mougenot.
- *L'impôt des personnes morales*, 2011, Dominique Darte.
- *La fiscalité des ASBL et du secteur non-marchand*, 2011, Thibault Denotte, Xavier Gérard, Aurélie Soldai, avec la collaboration de Michaël Annaert.
- *L'optimalisation fiscale des professions médicales*, 2014, Laurence Deklerck, François-Xavier Eeckhout, Nicolas Honhon, Thierry Litannie, Michel Loockx, Bernard Mariscal, François Mennig, Marc Morsa, Aurélie Soldai.
- *La TVA et les avocats*, 2014, François Mennig, Aurélie Soldai.
- *L'impôt des personnes morales*, 2014, Sabine Garroy, Dominique Darte.
- *Manuel de procédure fiscale*, 2e édition, 2015, sous la direction de François Stevenart Meeûs.
- *Manuel TVA*, 3e édition, 2015, Emmanuel Rivera, Aurélie Soldai.
- *L'acquisition d'une société. De la préparation au financement de l'opération*, 2015, Rafaël Alvarez Campa, Yves Brulard, Olivier D'Aout, Frédérik Fogli, Eric Gouder de Beauregard, Claude Janssens, Thierry Lejuste, Joseph Marko, Jean-Michel Noé, Vinciane Ruelle.
- *La planification successorale*, 2e édition, 2015, André Culot, Gilles de Foy, Virginie Dehalleux, Emmanuel de Wilde d'Estmael, Mikaël Gossiaux, Lorette Rousseau, Sophie Vanhaelst.
- *Manuel de l'expertise judiciaire*, 2016, sous la direction de Dominique Mougenot.

Place Albert I, 9 – B-1300 Limal
Tél. 32 (0)10 42 02 90 – info@anthemis.be – www.anthemis.be

Dépôt légal : D/2017/10622/63
ISBN : 978-2-8072-0299-3

Mise en page : Communications s.p.r.l.
Impression : Ciaco
Imprimé en Belgique

Abréviations utilisées

AR/CIR :	Arrêté royal d'exécution du Code des impôts sur les revenus 1992
Bull. :	Bulletin des contributions
Cass. :	Cassation
C. civ. :	Code civil
CCT :	Convention collective de travail
CIR :	Code des impôts sur les revenus 1992
ComIR :	Commentaire du Code des Impôts sur les Revenus 1992
D.C.I. :	Déduction complémentaire d'intérêts
EEE :	Espace économique européen
FJF :	Jurisprudence fiscale
IPP :	Impôt des personnes physiques
ISoc :	Impôt des sociétés
PrI :	Précompte immobilier
QP :	Question parlementaire
RC :	Revenu cadastral
TVA :	Taxe sur la valeur ajoutée

Sauf précision contraire, toutes les références citées (circulaire, question parlementaire, jurisprudence...) sont issues de FISCONET (Base de données fiscales du SPF Finances, http://minfin.fgov.be).

Référence aux cadres de la déclaration fiscale (exercice d'imposition 2017)

ex Exemple(s)

Partie 1

Les personnes physiques assujetties à l'impôt des personnes physiques

Les contribuables assujettis à l'impôt des personnes physiques sont tenus de remettre, chaque année, à l'administration des contributions directes, une déclaration relative aux revenus imposables de la période envisagée. Cette déclaration permet à l'administration d'établir, sur la base des revenus et des autres éléments déclarés par la personne physique (à moins qu'elle ne les reconnaisse elle-même inexacts), la dette d'impôt et de procéder à l'enrôlement de celle-ci.

Cette déclaration souscrite par les contribuables assujettis à l'impôt des personnes physiques doit respecter des conditions de formes et de délais.

Dans le cadre de cette première partie, nous allons analyser successivement les points suivants :

- Qui doit souscrire une déclaration ?
- Le nombre de déclarations à souscrire ;
- Le lieu de la déclaration et de la cotisation ;
- Les notions de période imposable et d'exercice d'imposition ;
- La validité de la déclaration ;
- Les conséquences fiscales d'une déclaration valablement souscrite ;
- Les conséquences fiscales d'une déclaration non valablement souscrite.

I. QUI DOIT SOUSCRIRE UNE DÉCLARATION ?

Articles 2, § 1er, 3 et 4 CIR

Sont assujettis à l'impôt des personnes physiques, et doivent donc souscrire une déclaration à cet impôt, les habitants du Royaume, quelle que soit leur nationalité, qui ont établi en Belgique leur domicile ou, à défaut d'un domicile en Belgique, le siège de leur fortune.

Il en résulte que le critère « siège de la fortune » ne sera invoqué que lorsque le contribuable n'a pas établi son « domicile » en Belgique. Cela signifie que les contribuables qui se sont établis à l'étranger continuent à être considérés comme des habitants du Royaume lorsqu'il apparaît qu'ils ont maintenu le siège de leur fortune en Belgique.

Aucune de ces deux notions n'est définie légalement. Ces critères doivent être appréciés en fonction des circonstances de fait, à savoir, entre autres, la situation familiale, les occupations sociales, culturelles ou politiques, le centre des intérêts économiques, matériels et patrimoniaux de la personne.

Ainsi, les éléments de fait suivants peuvent, notamment, être pris en considération pour conclure à la qualité d'habitant du Royaume :

- la disposition d'une habitation et d'une ligne téléphonique en Belgique ;
- la mention, dans le curriculum vitae du contribuable, de son habitation en Belgique comme adresse permanente ;
- le fait que le contribuable a déjà introduit une déclaration à l'impôt des personnes physiques ;
- le fait que le contribuable est rémunéré par une société belge et qu'il exerce son emploi en Belgique.

1. Personne inscrite au registre national

Sauf preuve contraire, la personne qui est inscrite au registre national des personnes physiques est légalement présumée avoir établi en Belgique son domicile ou le siège de sa fortune.

Sont enregistrées au registre national des personnes physiques, les personnes inscrites:

- aux registres de la population ou aux registres des étrangers tenus dans les communes;
- aux registres tenus dans les missions diplomatiques et les postes consulaires belges à l'étranger;
- aux registres d'attente visés à l'article 1er, premier alinéa, 2°, de la loi du 19 juillet 1991 relative aux registres de la population et aux cartes d'identité.

Les contribuables qui, après leur départ à l'étranger, restent inscrits au registre national ou au registre des étrangers de la commune belge dont ils étaient résidents avant leur départ, sont donc en principe considérés comme des habitants du Royaume.

Si une personne inscrite au registre national des personnes physiques conteste être un habitant du Royaume, elle doit apporter, par tous les moyens de preuve admis par le droit commun, qu'elle n'a établi en Belgique ni son domicile ni le siège de sa fortune.

Le fait qu'une personne se fasse radier des registres de la population n'est pas suffisant en soi pour conclure que le contribuable a perdu la qualité d'habitant du Royaume.

2. Personne qui n'est pas inscrite au registre national

Lorsque la personne physique n'est pas inscrite au registre national, l'administration doit prouver, par tous les moyens de preuve admis par le droit commun à l'exception du serment, que cette personne a établi en Belgique soit son domicile, soit le siège de sa fortune. Le domicile et le siège de la fortune constituent donc deux critères alternatifs permettant d'établir la qualité d'habitant du Royaume, chacun d'eux constituant à lui seul un critère indépendant et suffisant qui peut être employé comme critère principal. Il suffit donc que l'administration fiscale établisse la preuve du lieu du domicile ou, à défaut d'un domicile, le lieu où se trouve le centre de ses intérêts vitaux pour que la qualité d'habitant du royaume soit reconnue.

2.1. Domicile

La notion de domicile reprise dans le code des impôts sur les revenus n'est pas un synonyme de la notion de domicile légal telle qu'elle est définie dans le Code civil. Le domicile, qui peut être indépendant du domicile civil, est le lieu où une personne réside de manière effective, permanente et continue. En d'autres termes, il s'agit de l'endroit où la personne vit et travaille, l'endroit où elle a établi le centre de ses intérêts vitaux, privés et professionnels.

Ainsi, pour le Tribunal de Première Instance de Mons (6 mars 2013), les éléments de fait invoqués par le contribuable pour soutenir qu'il réside de manière effective, permanente et continue en France (location d'immeubles modestes en France, domiciliation administrative en France, paiement des impôts en France, affiliation à une caisse d'assurance maladie en France, ouverture d'un compte bancaire dans une banque française et immatriculation d'un véhicule en France) ne sont pas de nature à renverser la présomption de maintien du domicile fiscal en Belgique invoquée par l'administration fiscale. Le Tribunal estime que le contribuable reste en défaut de démontrer le contraire (il ne produit aucune preuve d'achats quotidiens en France, ni de sa participation à des activités culturelles ou sportives sur place, etc.). Autrement dit, le contribuable ne parvient pas à prouver qu'il a vécu de manière effective, permanente et continue en France.

Pour les personnes faisant l'objet d'une imposition commune (c'est-à-dire une imposition établie au nom des deux conjoints ou des deux cohabitants légaux), le domicile fiscal se situe à l'endroit où est établi le ménage. L'éloignement temporaire de l'habitation familiale de l'un des conjoints ou cohabitants légaux, résultant des nécessités de l'exercice de la profession, ne peut pas être considéré comme une « séparation de fait » des conjoints ou cohabitants légaux. En effet, les liens de mariage et de la famille continuent d'exister.

Il en résulte que les conjoints ou cohabitants légaux sont, en principe, soit tous deux habitants du Royaume, soit tous deux non-habitants du Royaume, selon que leur domicile fiscal est ou n'est pas établi en Belgique. Les conjoints ou les cohabitants légaux doivent donc en principe être assujettis au même impôt (soit l'impôt des personnes physiques, soit l'impôt des non-résidents personnes physiques).

ex *Luc travaille à Marseille. Son épouse Marguerite et ses enfants (Océane et Nina) sont domiciliés avenue Louise n° 468 à 1050 Bruxelles. Luc revient tous les week-ends et pendant la période des vacances annuelles en Belgique.*

Luc et Marguerite sont tous deux des habitants du Royaume et sont, en tant que tels, assujettis à l'impôt des personnes physiques.

2.2. Siège de la fortune

Le siège de la fortune désigne l'endroit, caractérisé par une certaine continuité, d'où sont gérés ou administrés les biens composant le patrimoine. En l'occurrence, il ne s'agit pas de l'endroit où ce patrimoine se trouve physiquement, mais bien du lieu où une personne a le siège de ses affaires ou de ses occupations. Par exemple, si tous les comptes bancaires et autres bulletins de renseignements relatifs aux placements étrangers d'un contribuable se situent en Belgique, on peut en déduire que celui-ci administre son patrimoine au départ de la Belgique.

ex *Luc, jeune diplômé en médecine, ne possédant aucune autre richesse que son travail, quitte la Belgique pour s'installer aux États-Unis en vue d'y accomplir des stages et d'acquérir une première expérience professionnelle. Depuis son départ de la Belgique, il réside de façon quasi permanente aux États-Unis.*

Le fait qu'il ne gère aucun bien en Belgique ajouté au fait qu'il réside une grande partie du temps aux États-Unis suffit pour que Luc soit considéré, du point de vue fiscal, comme un non-habitant du Royaume.

2.3. Loi spéciale de financement (sixième réforme de l'État)

Pour l'application de la loi spéciale de financement, un contribuable est réputé avoir son domicile fiscal à l'endroit où il a établi son domicile, ou, à défaut d'un domicile en Belgique, le siège de sa fortune au 1er janvier de l'exercice d'imposition[1].

En déterminant le domicile fiscal à un moment de référence bien précis (au 1er janvier de l'exercice d'imposition), il n'y a, par exercice d'imposition et par contribuable, qu'un seul domicile fiscal possible.

Sur la base de la localisation de l'impôt des personnes physiques, les régions peuvent :

- établir des centimes additionnels sur une partie de l'impôt des personnes physiques ;
- accorder des diminutions d'impôt et appliquer des réductions et des augmentations d'impôt sur les centimes additionnels visés ci-avant, sans qu'il en résulte une diminution ou une augmentation de la base imposable ;
- accorder des crédits d'impôts[2].

ex *Si Marguerite déplace son domicile fiscal au cours de l'année 2017 de la Région de Bruxelles-Capitale vers la Région flamande, le « régime fiscal » de la Région de Bruxelles-Capitale sera d'application sur*

---

1 Articles 5/1, § 2 de la loi spéciale portant réforme du financement des communautés et des régions, élargissement de l'autonomie fiscale des régions et financement des nouvelles compétences du 6 janvier 2014.

2 Article 7 de la loi spéciale portant réforme du financement des communautés et des régions, élargissement de l'autonomie fiscale des régions et financement des nouvelles compétences du 6 janvier 2014.

ses revenus de l'ensemble de l'année 2016. À partir de l'année 2017, le «régime fiscal» de la Région flamande est applicable.

Étant donné que c'est l'administration fiscale fédérale qui assure le service de l'impôt des personnes physiques, c'est elle qui exercera le contrôle sur la détermination du domicile fiscal[3].

3. Application des conventions préventives de la double imposition

Dans les conventions préventives de la double imposition, la qualité de résident est déterminée par référence à la législation nationale des États. Autrement dit, il convient, pour déterminer l'État de résidence d'une personne physique, de se référer à la législation interne de cet État.

Il peut se produire qu'une personne possède tant la qualité d'habitant du Royaume que celle de résident d'un autre pays. Si ce pays a conclu avec la Belgique une convention préventive de la double imposition, cette dernière prévoit généralement un ensemble de règles visant à déterminer de quel État la personne est censée être résidente, mais ce, uniquement aux fins d'application de cette convention.

Lorsque, en vertu de sa législation interne, chacun des États contractants considère qu'une personne physique a son domicile fiscal sur son territoire, des critères successifs destinés à trancher ce conflit sont prévus par les conventions. Ces critères sont:

- le foyer d'habitation permanent;
- le centre des intérêts vitaux;
- le lieu de séjour habituel;
- la nationalité.

4. Personnes assimilées à des habitants du Royaume

Sont considérés comme ayant la qualité d'habitants du Royaume:

- les agents diplomatiques belges et les agents consulaires de carrière belges accrédités à l'étranger, ainsi que les membres de leur famille vivant à leur foyer;
- les autres membres de missions diplomatiques et de postes de consulaires belges à l'étranger ainsi que les membres de leur famille vivant à leur foyer;
- les autres fonctionnaires publics belges sans statut diplomatique ou consulaire exerçant leurs activités à l'étranger dans un pays dont ils ne sont pas résidents permanents.

Les fonctionnaires consulaires honoraires ne font pas partie de la catégorie des personnes assimilées à des habitants du Royaume.

5. Personnes non soumises à l'impôt des personnes physiques

Ne sont pas considérés comme ayant la qualité d'habitants du Royaume:

- les agents diplomatiques étrangers et les agents consulaires de carrière étrangers accrédités en Belgique ainsi que les membres de leur famille vivant à leur foyer;
- les autres membres de missions diplomatiques et de postes de consulaires étrangers en Belgique ainsi que les membres de leur famille vivant à leur foyer pour autant que les

[3] Doc. 53 2974/001, p. 13.

intéressés ne possèdent pas la nationalité belge ou ne soient pas des résidents permanents de la Belgique ;

- les autres fonctionnaires publics étrangers sans statut diplomatique ou consulaire exerçant leurs activités en Belgique pour autant que les intéressés ne possèdent pas la nationalité belge ou ne soient pas des résidents permanents de la Belgique et qu'ils n'exercent pas leurs fonctions dans le cadre d'une activité industrielle ou commerciale.

Les deux dernières exclusions ne valent que sous condition de réciprocité avec l'autre État.

Les cadres étrangers pour qui le régime spécial d'imposition s'applique (circulaire n° Ci.RH.624/325.294 du 8 août 1983) sont assujettis à l'impôt des non-résidents personnes physiques, et ce, même si le conjoint et les enfants résident en Belgique.

Ce régime est toutefois subordonné :

- à l'introduction d'une demande unique devant être introduite par l'employeur du cadre auprès du directeur du service étranger à Bruxelles ;
- au fait que le contribuable n'ait jamais introduit en Belgique une déclaration fiscale à l'impôt des personnes physiques.

En principe, la demande doit parvenir au plus tard à la fin du sixième mois qui suit le mois au cours duquel a eu lieu la mise au travail en Belgique du cadre étranger.

6. Quelques cas particuliers

Contribuable envisagé	Qui doit souscrire la déclaration ?
Décédé	Les héritiers ou les légataires ou donataires universels pour autant qu'ils n'aient pas renoncé à la succession. Une succession peut être acceptée purement et simplement ou sous bénéfice d'inventaire.
En état d'incapacité légale	Le représentant légal.
Placé sous conseil judiciaire	Le contribuable lui-même.
Mineur émancipé au 1er janvier 2017	Le contribuable lui-même, même s'il n'était pas émancipé pendant la plus grande partie de l'année au cours de laquelle il a obtenu ses revenus imposables.

7. Dispenses de déclaration

Tous les habitants du Royaume sont assujettis à l'impôt des personnes physiques. Il s'agit des :

- personnes physiques qui ont établi en Belgique leur domicile ou le siège de leur fortune ;
- agents diplomatiques belges et aux agents consulaires de carrière belges accrédités à l'étranger, ainsi qu'aux membres de leur famille vivant à leur foyer ;
- autres membres de missions diplomatiques et de postes consulaires belges à l'étranger, ainsi qu'aux membres de leur famille vivant à leur foyer, à l'exclusion des fonctionnaires consulaires honoraires ;
- autres fonctionnaires, agents et représentants ou délégués de l'État belge, des communautés, régions, provinces, agglomérations, fédérations de communes et communes, ainsi que d'établissements de droit public belge, qui ont la nationalité belge et exercent leurs activités à l'étranger dans un pays dont ils ne sont pas résidents permanents.

Ces personnes doivent, conformément à l'article 305 du Code des impôts sur les revenus, rentrer une déclaration chaque année.

En vertu de l'article 178/1 de l'arrêté royal d'exécution du Code des impôts sur les revenus, sont dispensés de l'obligation de déclaration à l'impôt des personnes physiques, les contribuables dont les revenus imposables sont inférieurs à :

a) la quotité du revenu exemptée d'impôt lorsqu'il s'agit d'un isolé (7.130,00 EUR pour l'exercice d'imposition 2017) ;

b) ou à la somme des quotités du revenu exemptées d'impôt des deux contribuables lorsqu'une imposition commune doit être établie.

8. Proposition de déclaration simplifiée

Les contribuables qui sont dispensés de l'obligation de déclaration et qui reçoivent par conséquent une proposition de déclaration simplifiée sont ceux qui ont (au cours de la période imposable précédente) déclaré uniquement les revenus ou les dépenses suivantes :

1. des pensions légales obtenues à partir de l'âge légal de la retraite et leurs arriérés ;
2. des pensions de survie et leurs arriérés ;
3. des autres pensions, rentes, à l'exclusion des rentes de conversion, capitaux, valeurs de rachat, et des allocations en tenant lieu, imposables globalement, et leurs arriérés ;
4. des indemnités, allocations, rentes et rentes de conversion de capitaux découlant de la législation relative aux accidents du travail et maladies professionnelles ayant entraîné une incapacité permanente et leurs arriérés ;
5. des sommes qui proviennent d'un compte épargne ou d'une assurance épargne ouverts dans le cadre de l'épargne pension ;
6. des allocations de chômage et leurs arriérés ;
7. des indemnités légales de maladie-invalidité et leurs arriérés ;
8. des dépenses payées pour des prestations dans le cadre d'agences locales pour l'emploi ;
9. des dépenses payées pour des prestations payées avec des titres-services ;
10. du précompte professionnel et des versements anticipés ;
11. des renseignements d'ordre personnel et charges de famille ;
12. des cotisations sociales personnelles non retenues ;
13. des libéralités ;
14. des revenus compris dans des rentes viagères ou temporaires qui, après le 1er janvier 1962, sont constituées à titre onéreux à charge de personnes morales ou d'entreprises sises en Belgique ;
15. des rémunérations qui, après déduction des frais professionnels forfaitaires visés à l'article 51 du Code des impôts sur les revenus, n'excèdent pas la quotité du revenu exemptée d'impôt ;
16. des rentes alimentaires perçues qui n'excèdent pas la quotité du revenu exemptée d'impôt, lorsque le contribuable est un mineur de moins de 16 ans.

Sont notamment exclus les contribuables qui :

- possèdent un (des) compte(s) à l'étranger ;
- ont souscrit des contrats d'assurance-vie individuelle à l'étranger ;
- recueillent des revenus professionnels qui sont exonérés conventionnellement et qui n'interviennent pas pour le calcul de l'impôt afférent à leurs autres revenus.

De même, aucune proposition de déclaration simplifiée n'est transmise au conjoint survivant l'année du décès de son partenaire.

Une proposition de déclaration simplifiée (qui vaut déclaration) reprend :

a) toutes les données dont l'administration fiscale dispose et qui doivent normalement figurer sur la déclaration à l'impôt des personnes physiques du contribuable concerné ;

b) un calcul détaillé de l'impôt à rembourser ou à payer par ce contribuable sur la base de ces mêmes données.

Si les données sont correctes et complètes, le contribuable ne doit plus rien faire et l'imposition sera alors établie sur la base des données reprises dans la proposition.

Par contre si elles sont inexactes ou incomplètes, le contribuable concerné peut dans les délais fixés, au moyen de la feuille de réponse jointe à la déclaration simplifiée, communiquer au service de taxation compétent les éléments à ajouter ou à adapter ou introduire lui-même, via Tax-on-web, les données correctes ou complémentaires. Les éléments corrigés ou nouveaux seront examinés par l'administration fiscale préalablement à l'établissement de la cotisation définitive.

Le contribuable qui ne souhaite plus recevoir de proposition de déclaration simplifiée peut le signaler via Tax-On-Web ou My Minfin, à condition de rentrer sa future déclaration par voie électronique.

II.
NOMBRE DE DÉCLARATIONS À SOUSCRIRE

Article 126 CIR

Pour les personnes mariées (code 1002-65 de la déclaration) et les cohabitants légaux (code 1006-61 de la déclaration), une déclaration fiscale relative à l'exercice d'imposition 2017 doit être souscrite au nom des deux conjoints ou des cohabitants légaux. Il en va de même pour les cohabitants légaux qui se sont mariés en 2016, sauf si la déclaration de cohabitation légale a été faite au cours de la même année, c'est-à-dire en 2016.

Dans les rubriques de la déclaration, qui comportent deux colonnes (par exemple, le cadre des revenus de biens immobiliers, etc.), les personnes mariées et les cohabitants légaux :

- de *sexe différent* doivent mentionner les données qui concernent l'homme dans la colonne de gauche et les données qui concernent la femme dans la colonne de droite ;
- de *même sexe*, doivent mentionner les données qui concernent le conjoint ou cohabitant légal le plus âgé dans la colonne de gauche et les données qui concernent le conjoint ou cohabitant légal le plus jeune dans la colonne de droite.

Des règles spécifiques sont applicables :

- pour l'année du mariage (1A) ou de la déclaration de cohabitation légale (1B) ;
- pour l'année de la dissolution du mariage (2) ;
- pour l'année de la cessation de la cohabitation légale (3) ;
- pour l'année de la séparation de corps (4A) et pour l'année au cours de laquelle les époux reprennent la vie commune (4B) ;
- pour l'année du décès de l'un (5A) ou des deux époux (5B) ;
- lorsqu'un conjoint ou cohabitant légal recueille pour l'exercice d'imposition 2017 des revenus professionnels (6) :
  - d'un montant supérieur à 10.290,00 EUR ;
  - et qui sont exonérés conventionnellement et qui n'interviennent pas pour le calcul de l'impôt afférent à ses autres revenus ;
- pour l'année de la séparation de fait (7A), les années qui suivent celle au cours de laquelle une séparation de fait est intervenue (7B) et l'année au cours de laquelle la séparation de fait s'est arrêtée (7C).

Ces règles peuvent être schématisées de la manière suivante :

	Événements	Nombre de déclarations à souscrire	Revenus à déclarer	Nombre de cotisations à établir
1A	**Mariage, en 2016, de personnes n'ayant pas fait de déclaration de cohabitation légale antérieurement (code 1003-65 de la déclaration)**	Chacun des contribuables doit souscrire sa propre déclaration fiscale.	Chacun des contribuables déclare ses revenus personnels de 2016 ainsi que ceux dont il a la jouissance légale.	Une imposition distincte est établie au nom de chacune des personnes ayant souscrit une déclaration.
1B	**Déclaration de cohabitation légale en 2016 (code 1007-60 de la déclaration)**			
2	**Divorce en 2016 (code 1015-52 de la déclaration)**			
3	**Cessation de la cohabitation légale en 2016 (code 1015-52 de la déclaration)**			
4A	**Séparation de corps en 2016 (code 1017-50 de la déclaration)**			
4B	**Conjoints séparés de corps qui cohabitent de nouveau ensemble en 2016 (code 1002-66 de la déclaration)**	Les conjoints doivent souscrire une déclaration établie au nom des deux conjoints.	Chacun des contribuables déclare ses revenus personnels de 2016 ainsi que ceux dont il a la jouissance légale.	Une imposition commune est établie au nom des deux conjoints.

	Événements	Nombre de déclarations à souscrire	Revenus à déclarer	Nombre de cotisations à établir
5A	**Décès en 2016 du conjoint ou cohabitant légal (codes 1010-57 et 1011-56 de la déclaration) pour autant qu'il n'y ait pas de motif antérieur pour une imposition distincte**	Deux déclarations sont souscrites: – l'une au nom de la succession du conjoint ou cohabitant légal décédé (codes 1022-45 et 1023-44 de la déclaration); – l'autre au nom du conjoint ou cohabitant légal survivant (codes 1010-57 et 1011-56 de la déclaration)	1. La **succession** déclare les revenus personnels recueillis jusqu'à la date du décès par le «de cujus», majorés: – de la quote-part que le «de cujus» avait dans la jouissance légale des revenus des enfants; – des revenus promérités par le «de cujus» et recueillis par la succession après le décès. 2. Le conjoint ou cohabitant légal **survivant** déclare ses revenus personnels de 2016 augmenté de la part des revenus des enfants dont il a la jouissance légale.	*1re possibilité*: le conjoint ou cohabitant légal survivant opte pour l'imposition commune en cochant le code 1012-55 de la déclaration. Une imposition commune est établie au nom du conjoint ou cohabitant légal survivant et du conjoint ou cohabitant légal décédé (représenté par la succession). *2e possibilité*: le conjoint ou cohabitant légal survivant opte pour l'imposition distincte en cochant code 1013-54 de la déclaration. Deux impositions distinctes sont établies: – une au nom de la succession du conjoint ou cohabitant légal décédé; – l'autre au nom du conjoint ou cohabitant légal survivant. *3e possibilité*: le conjoint ou cohabitant légal survivant néglige de cocher le code 1012-55 ou 1013-54 de la déclaration. À défaut d'option, l'administration établit deux impositions distinctes.

	Événements	Nombre de déclarations à souscrire	Revenus à déclarer	Nombre de cotisations à établir
5B	**Décès en 2016 des deux conjoints ou cohabitants légaux pour autant qu'il n'y ait pas de motif antérieur pour une imposition distincte**	Deux déclarations sont souscrites: – l'une au nom de la succession du conjoint ou cohabitant légal décédé le premier (codes 1022-45 et 1023-44 de la déclaration); – l'autre au nom de la succession du conjoint ou cohabitant légal décédé le dernier (codes 1022-45 et 1024-43 de la déclaration).	Chacune des successions déclare les revenus personnels recueillis jusqu'à la date du décès par le *de cujus*, majorés: – de la quote-part que le *de cujus* avait dans la jouissance légale des revenus des enfants; – des revenus promérités par le *de cujus* et recueillis par la succession après le décès	*1re possibilité*: la succession du conjoint ou cohabitant légal décédé le dernier opte pour l'imposition commune en cochant le code 1025-42 de la déclaration. Une imposition commune est établie au nom des deux conjoints ou cohabitants légaux décédés (représentés par la succession). *2e possibilité*: la succession du conjoint ou cohabitant légal décédé le dernier opte pour l'imposition distincte en cochant le code 1026-41 de la déclaration. Deux impositions distinctes sont établies: – une au nom de la succession du conjoint ou cohabitant légal décédé en premier; – l'autre au nom de la succession du conjoint ou cohabitant légal décédé en dernier. *3e possibilité*: la succession du conjoint ou cohabitant légal décédé le dernier néglige de cocher le code 1025-42 ou 1026-41 de la déclaration. À défaut d'option, l'administration établit deux impositions distinctes.

	Événements	Nombre de déclarations à souscrire	Revenus à déclarer	Nombre de cotisations à établir
6	**Fonctionnaires internationaux en 2016 (codes 1062-05, 1020-47 et 1021-46 de la déclaration)** **Voir page 15**	*1re possibilité*: Aucun des deux conjoints ou cohabitants légaux ne recueille des revenus professionnels supérieurs à 10.290,00 EUR exonérés sans réserve de progressivité. Les conjoints ou cohabitants légaux doivent souscrire une déclaration établie au nom des deux conjoints ou cohabitants légaux.	Chacun des contribuables déclare ses revenus personnels de 2016 et ceux dont il a la jouissance légale.	Une imposition commune est établie au nom des deux conjoints ou cohabitants légaux.
		2e possibilité (code 1020-47 de la déclaration): Un des deux conjoints ou cohabitants légaux recueille des revenus professionnels supérieurs à 10.290,00 EUR exonérés sans réserve de progressivité. Chacun des contribuables doit souscrire sa propre déclaration fiscale.	Chacun des contribuables déclare ses revenus personnels de 2016 et ceux dont il a la jouissance légale.	Une imposition distincte est établie au nom de chacune des personnes ayant souscrit une déclaration.
7A	**Séparation de fait en 2016 (code 1019-48 de la déclaration)** **Voir page 15**	Les conjoints ou cohabitants légaux séparés de fait doivent souscrire une déclaration établie au nom des deux conjoints ou cohabitants légaux. L'administration permet toutefois des déclarations séparées.	Chacun des contribuables déclare ses revenus personnels de 2016 et ceux dont il a la jouissance légale.	Une imposition commune est établie au nom des deux conjoints ou cohabitants légaux.

	Événements	Nombre de déclarations à souscrire	Revenus à déclarer	Nombre de cotisations à établir
	Séparation de fait en 2016 qui coïncide avec le départ à l'étranger d'un des deux conjoints ou cohabitants légaux	Chacun des contribuables doit souscrire sa propre déclaration.	Chacun des contribuables déclare ses revenus personnels de 2016 et ceux dont il a la jouissance légale.	Deux impositions séparées mais celles-ci sont portées au rôle au nom des deux conjoints.
7B	**Séparation de fait antérieure à 2016 (code 1018-49 de la déclaration) Voir page 15**	Chacun des contribuables doit souscrire sa propre déclaration fiscale.	Chacun des contribuables déclare ses revenus personnels de 2016 et ceux dont il a la jouissance légale.	Deux impositions séparées mais celles-ci sont portées au rôle au nom des deux conjoints. L'impôt afférent aux revenus que l'un d'eux perçoit à partir de la deuxième année civile suivant celle de la séparation de fait ne peut plus être recouvré sur les revenus de l'autre conjoint ni sur les biens que celui-ci aura acquis au moyen de ces revenus (art. 394 § 2 CIR).
7C	**Conjoints ou cohabitants légaux séparés de fait qui cohabitent de nouveau ensemble en 2016 (code 1002-65 ou 1006-61 de la déclaration selon le cas envisagé) Voir page 16**	Les conjoints ou cohabitants légaux doivent souscrire une déclaration établie au nom des deux conjoints.	Chacun des contribuables déclare ses revenus personnels de 2016 et ceux dont il a la jouissance légale.	Une imposition commune est établie au nom des deux conjoints ou cohabitants légaux.

Quelques précisions :

a) Séparation de corps

La séparation de corps entraîne, en grande partie, les mêmes effets que le divorce. Les obligations suivantes subsistent :

- le devoir de fidélité, les époux étant toujours mariés ;
- le devoir de secours :
  - au profit des deux époux s'il s'agit d'une séparation par consentement mutuel ;
  - au profit du seul époux qui a obtenu la séparation s'il s'agit d'une séparation pour cause déterminée.

La séparation de corps entraîne de plein droit la séparation de biens. Cette séparation ne doit pas être confondue avec la séparation de fait (voir point d).

b) Divorce

Circulaire n° Ci.RH.331/562.887 du 28 novembre 2005

Dans un jugement du 2 juin 2003, le Tribunal de première instance d'Anvers a jugé que l'administration fiscale est un tiers par rapport au divorce des contribuables intéressés. La dissolution du mariage ne peut produire des effets juridiques vis-à-vis de l'administration qu'à partir de la date de transcription du jugement du divorce.

L'administration s'est rangée à l'avis du tribunal précité. Il en résulte que, pour déterminer si une imposition commune doit être établie au nom des deux conjoints ou si une imposition individuelle doit être établie au nom de chacun d'eux, la date à prendre en considération en cas de divorce est dorénavant la date de transcription du divorce dans les registres de la population. Cette disposition est applicable, mutatis mutandis, en cas de séparation de corps.

c) Fonctionnaires internationaux

Les traitements de certains fonctionnaires internationaux d'organisations internationales ou supranationales déterminées, établies en Belgique, sont totalement exonérés d'impôts belges. Ceux-ci ne doivent pas faire l'objet d'une déclaration.

Cette exonération cadre avec le principe général du droit international selon lequel les revenus professionnels des fonctionnaires des organisations internationales sont exonérés de l'impôt national. Elle s'effectue sans réserve de progressivité en ce sens que lesdites rémunérations ne sont pas prises en considération pour le calcul de l'impôt sur les autres revenus imposables.

C'est le cas, entre autres, des fonctionnaires de l'Union européenne (voir **page 594**).

d) Séparation de fait

La séparation de fait peut être définie comme étant une séparation volontaire des conjoints ou des cohabitants légaux. Cette situation comprend :

- un élément matériel : l'absence de cohabitation et de vie commune (dans cette hypothèse, les conjoints manquent à leur obligation de vie commune prescrite par l'article 213 du Code civil), et
- un élément intentionnel : la volonté, dans le chef d'au moins un des époux, de vivre séparément.

Le fardeau de la preuve de la séparation de fait incombe au contribuable qui doit prouver :

- la date du début de la séparation de fait ;
- la réalité de la séparation de fait ;
- le caractère durable et ininterrompu de la séparation de fait (elle doit être effective durant toute la période imposable).

La preuve de la séparation de fait résulte le plus souvent d'un ensemble de faits suffisamment graves, précis et concordants pour constituer une présomption probante de la réalité et de la permanence d'un domicile différent. Dans la plupart des situations, on se réfère à l'ordonnance du juge de paix qui fixe les résidences séparées des époux.

Ainsi, si l'état de santé de l'un des deux conjoints ou cohabitants légaux a provoqué une rupture durable, voire irréversible, du ménage, à la suite, par exemple, de son placement dans un établissement de soins, il peut être admis que les intéressés sont séparés de fait. Dans cette hypothèse, les conjoints ou les cohabitants légaux sont alors considérés comme des contribuables distincts, à partir de l'année qui suit celle au cours de laquelle cette séparation est intervenue.

A contrario, l'éloignement de l'habitation familiale de l'un des conjoints, en raison de son départ à l'étranger pour y exercer son activité professionnelle, n'entraîne pas une séparation de fait des conjoints lorsque le centre de la vie familiale est établi en Belgique et que l'intéressé revient régulièrement en Belgique auprès de sa famille, par exemple pour les vacances.

III.

PÉRIODE IMPOSABLE ET EXERCICE D'IMPOSITION

Articles 359 CIR, 200 et 203 AR/CIR

À l'impôt des personnes physiques, la période imposable coïncide, en règle générale, avec l'année qui précède celle dont le millésime désigne l'exercice d'imposition.

Ainsi, pour l'exercice d'imposition 2017, la période imposable correspond à l'année 2016.

Des règles spécifiques existent cependant pour les contribuables qui :

- cessent de réunir avant le 31 décembre les conditions d'assujettissement ;
- ne réunissent qu'après le 1er janvier les conditions d'assujettissement.

Dans ces deux cas spécifiques, la période imposable est celle qui correspond à la partie de l'année au cours de laquelle les conditions d'assujettissement ont été réunies.

Le millésime de l'année au cours de laquelle les conditions d'assujettissement ont cessé d'être réunies désigne l'exercice d'imposition.

ex *Ceci peut être illustré par les exemples suivants :*

Cas envisagés	*Exercice d'imposition*	*Période imposable*
Luc réunit les conditions d'assujettissement pendant toute l'année 2016.	*2017*	*Du 1er janvier 2016 au 31 décembre 2016, c'est-à-dire l'année précédant celle dont le millésime désigne l'exercice d'imposition.*
Luc réunit les conditions d'assujettissement à partir du 6 juin 2016.	*2017*	*Du 6 juin 2016 au 31 décembre 2016, c'est-à-dire la partie de l'année au cours de laquelle les conditions d'assujettissement ont été réunies.*

Cas envisagés	*Exercice d'imposition*	*Période imposable*
Luc cesse de réunir les conditions d'assujettissement à partir du 20 juillet 2016.	*2016*	*Du 1er janvier 2016 au 20 juillet 2016, c'est-à-dire la partie de l'année au cours de laquelle les conditions d'assujettissement ont été réunies.*
Luc réunit les conditions d'assujettissement du 6 février 2016 au 20 novembre 2016.	*2016*	*Du 6 février 2016 au 20 novembre 2016, c'est-à-dire la partie de l'année au cours de laquelle les conditions d'assujettissement ont été réunies.*

S'il s'agit d'un contribuable décédé qui a exercé une activité professionnelle susceptible de procurer des revenus imposables après son décès, les conditions d'assujettissement subsistent dans le chef de ses héritiers.

ex *Ainsi, si Luc (avocat) décède le 25 juin 2016, les honoraires non payés à la date du décès, qui lui sont dus en raison de ses prestations professionnelles, reviennent à ses héritiers après son décès, sans que ces honoraires perdent le caractère de revenus professionnels. Par conséquent, les héritiers sont imposables sur les honoraires au moment du paiement.*

IV.
LIEU DE L'INTRODUCTION DE LA DÉCLARATION ET D'ÉTABLISSEMENT DE LA COTISATION

Article 307, § 4 CIR

La déclaration doit être:

- soit envoyée ou remise au centre de scanning de votre région (celui-ci apparaît dans le cadre de renvoi imprimé sur la première page de la déclaration);
- soit remplie via le système Tax-On-Web dans un service de taxation à l'impôt des personnes physiques;
- soit envoyée via le système Tax-On-Web disponible pour les contribuables.

Les taxes additionnelles complémentaires reviennent toujours à la commune où le contribuable a son domicile fiscal au premier janvier de l'exercice d'imposition (le 1er janvier 2017 pour l'exercice d'imposition 2017), même s'il exerce son activité professionnelle ailleurs. Cette commune fixe le taux des additionnels communaux.

En cas de séparation de fait au cours de la période imposable 2016, le lieu de la déclaration et de la cotisation est établi de la manière suivante:

Les conjoints ou cohabitants légaux séparés de fait habitent au 1er janvier 2017:	**Lieu de la déclaration et de la cotisation**
Des communes distinctes	La commune de la dernière résidence conjugale.
La même commune	La commune où les conjoints ou cohabitants légaux habitent (peu importe que cette commune soit ou non celle de la dernière résidence conjugale).

Cas particuliers :

<table>
<tr><th>Cas envisagés</th><th>Lieu de la déclaration et de la cotisation</th></tr>
<tr><td>Les agents diplomatiques belges et les agents consulaires de carrière belges accrédités à l'étranger, ainsi que les membres de leur famille vivant à leur foyer.</td><td>La commune belge où ils sont inscrits dans les registres de la population.</td></tr>
<tr><td>Les autres membres de missions diplomatiques et de postes consulaires belges à l'étranger ainsi que les membres de leur famille vivant à leur foyer.</td><td rowspan="2">La commune où elles possédaient leur domicile au moment de leur entrée en service.
Lorsque ces personnes transfèrent leur domicile dans une autre commune en Belgique à l'occasion de cette entrée en fonction, elles sont imposables dans cette dernière commune.</td></tr>
<tr><td>Les personnes dont la résidence à l'étranger est motivée par l'exercice d'un emploi auprès d'une institution internationale ou d'une mission de service comme militaire.</td></tr>
</table>

V.
VALIDITÉ DE LA DÉCLARATION

Articles 307 à 309 CIR

Une déclaration est valablement souscrite lorsqu'elle est rentrée dans les délais et qu'elle respecte les conditions de forme.

1. Délai dans lequel la déclaration doit être souscrite

Pour être considérée comme rentrée dans les délais, la déclaration doit au plus tard être rentrée au service compétent à la date qui figure sur la déclaration (au plus tard le 29 juin 2017 pour la déclaration papier concernant l'exercice d'imposition 2017)[4]. La date d'envoi du formulaire de déclaration rempli est sans importance.

En principe, le délai ultime pour la rentrée de la déclaration ne peut être inférieur à un mois à compter de l'envoi du formulaire de déclaration au contribuable.

Lorsque la date ultime de rentrée de la déclaration est un samedi, un dimanche ou un jour férié légal, le délai de rentrée de la déclaration est prolongé jusqu'au plus prochain jour ouvrable.

Le délai peut différer selon que le contribuable utilise ou non Tax-On-Web. À cet égard, la Cour d'appel de Gand a estimé que le délai supplémentaire accordé aux contribuables qui rentrent leurs déclarations via Tax-On-Web, par rapport à ceux qui souscrivent leurs déclarations par voie traditionnelle, est discriminatoire. La date d'échéance pour la déclaration Tax-On-Web est le 16 juillet 2017 (pour la déclaration concernant l'exercice d'imposition 2017).

L'article 311 du Code des impôts sur les revenus permet de solliciter un délai supplémentaire pour la rentrée des déclarations.

D'une part, les personnes ou les organismes spécialisés dans la rédaction de déclarations de tiers peuvent obtenir, sous certaines conditions, des prolongations de délai.

---

4 Pour une déclaration souscrite via Tax-on-web, la date est au plus tard le 13 juillet 2017 concernant l'exercice d'imposition 2017.

D'autre part, les contribuables peuvent solliciter, individuellement, une prolongation de délai auprès de leur service de taxation, pour autant qu'ils puissent faire valoir des motifs sérieux justifiant le non-renvoi de la déclaration dans le délai initial. Sont notamment visés les cas d'absence prolongée, la maladie grave du contribuable ou encore les cas de force majeure.

1.1. Décès du contribuable

En cas de décès du contribuable, la succession dispose, pour la rentrée de la déclaration, d'un délai de cinq mois à compter de la date du décès, pour autant que le délai mentionné sur la formule de déclaration ne soit pas expiré à la date du décès.

ex *Luc décède le 20 juillet 2016. À ce moment, la date ultime de rentrée de la déclaration relative à l'exercice d'imposition 2016 – revenus 2015 mentionnée sur la déclaration (le 30 juin 2016) est déjà dépassée. Par conséquent, le délai de cinq mois pour la rentrée de la déclaration n'est pas d'application.*

Les revenus de Luc sont imposables dans le chef de sa succession.

1.2. Départ à l'étranger

Le contribuable, qui cesse de réunir les conditions d'assujettissement à l'impôt des personnes physiques avant le 31 décembre 2016, pour une autre raison que le décès, est tenu de demander une formule de déclaration au service de taxation dont il dépend. Le service compétent est déterminé par le domicile fiscal du contribuable au premier janvier de l'année durant laquelle il quitte le pays. Cette déclaration doit être souscrite dans les trois mois à compter de la date à partir de laquelle les conditions d'assujettissement cessent d'exister.

ex *Ainsi, si Luc quitte définitivement la Belgique le 20 juillet 2016 pour aller s'installer aux États-Unis, il doit demander une déclaration au service de taxation dont il dépend pour la période imposable allant du 1er janvier 2016 au 20 juillet 2016 (exercice d'imposition 2016). La déclaration complétée doit parvenir au service de taxation au plus tard le 20 octobre 2016.*

Lorsque le contribuable décède dans le délai de trois mois à compter de la date à partir de laquelle les conditions d'assujettissement ont cessé d'exister pour une autre raison que le décès, un nouveau délai de cinq mois est accordé à compter de la date du décès.

ex *Marguerite quitte définitivement la Belgique le 20 juillet 2016 pour aller s'installer aux États-Unis. Elle décède le 10 septembre 2016. La succession doit faire parvenir la déclaration au service de taxation au plus tard le vendredi 10 février 2017.*

2. Conditions de forme à respecter

La déclaration souscrite par la personne physique respecte les modalités de formes prescrites par la loi si les conditions suivantes sont simultanément réunies :

- la déclaration doit être remplie sur le formulaire de déclaration délivré par l'administration (la personne physique ne peut la remplacer par une copie, un modèle qu'elle a informatisé, une feuille de papier sur laquelle elle a rempli les données relatives à sa situation fiscale, etc.) ;
- le formulaire doit être rempli conformément aux indications qui y figurent, certifié exact, daté et signé *par le contribuable et son conjoint ou cohabitant légal* (Cass., 16 septembre 1994) ou les personnes habilitées en vertu d'un mandat. Le contribuable peut aussi se faire représenter par un mandataire.

Le Tribunal de première instance de Liège (25 octobre 2004, Guide des impôts et placements 2006, p. 158) considère que l'absence de toute mention dans la rubrique concernant les comptes bancaires à l'étranger (code 1075-89 de la déclaration) n'a pas pour conséquence que la déclaration soit irrégulière. Une déclaration dans laquelle le contribuable n'a pas mentionné «*nihil*» à la rubrique adéquate bien que ni lui, ni les membres de sa famille ne soient titulaires d'un compte à l'étranger n'est pas irrégulière de ce fait (Cass., 8 mai 2009).

Le contribuable doit également mentionner l'existence des contrats d'assurance-vie souscrits auprès d'un assureur étranger (code 1076-88 de la déclaration) et les constructions juridiques dont le contribuable (ou son conjoint, ou son cohabitant légal) est le fondateur ou a la connaissance de sa qualité de bénéficiaire ou de bénéficiaire potentiel d'une telle construction juridique (code 1077-87 de la déclaration).

Nous savons que, pour l'année de la séparation de fait, l'administration autorise le contribuable et son conjoint ou cohabitant légal à souscrire des déclarations distinctes. Dans un arrêt du 17 mars 2000 (Guide des impôts et placements 2006, p. 295), la Cour d'appel de Bruxelles a considéré que les deux déclarations ne sont pas valablement souscrites dès qu'au moins une des deux déclarations n'est pas rentrée dans les délais et/ou présente des vices de forme.

VI. CONSÉQUENCES FISCALES D'UNE DÉCLARATION VALABLEMENT SOUSCRITE

Articles 353, 354, alinéa 1er et 359 CIR

Si la déclaration est rentrée dans le délai et qu'elle respecte les conditions de forme, l'impôt dû pour un exercice d'imposition doit être établi au plus tard le 30 juin de l'année suivant celle dont le millésime désigne l'exercice d'imposition (ci-après dénommé délai ordinaire d'imposition).

Ce délai ordinaire d'imposition ne peut être inférieur à six mois à compter de la date à laquelle la déclaration est parvenue au service de taxation compétent.

Le tableau suivant précise l'exercice d'imposition et la date ultime au-delà de laquelle l'impôt ne peut plus être établi, à quelques exceptions près, si la déclaration est valablement souscrite:

Période imposable	Exercice d'imposition	Date ultime de l'établissement de l'impôt
du 1/01/2016 au 31/12/2016	2017	Le 30 juin 2018, c'est-à-dire le 30 juin de l'année qui suit celle dont le millésime désigne l'exercice d'imposition.
du 6/06/2016 au 31/12/2016	2017	
du 1/01/2016 au 20/07/2016	2016	Le 30 juin 2017, c'est-à-dire le 30 juin de l'année qui suit celle dont le millésime désigne l'exercice d'imposition.
du 1/02/2016 au 20/11/2016	2016	En principe, le 30 juin 2017, c'est-à-dire le 30 juin de l'année qui suit celle dont le millésime désigne l'exercice d'imposition. Ce délai ordinaire d'imposition ne peut être inférieur à six mois à compter de la date à laquelle la déclaration est parvenue au service de taxation compétent.

Si l'impôt n'a pas été enrôlé dans le délai ordinaire d'imposition, l'impôt n'est pas dû de telle sorte que le contribuable peut exiger le remboursement de tous les précomptes (imputables et remboursables) et versements anticipés qui ont été retenus ou versés.

L'administration dispose toutefois d'un délai d'imposition extraordinaire de trois ans à partir du 1er janvier de l'exercice d'imposition pour autant qu'elle démontre que l'impôt dû par le contribuable est supérieur à celui qui se rapporte aux revenus imposables et aux autres éléments mentionnés dans la déclaration.

Pour pouvoir appliquer ce délai extraordinaire de trois ans, l'administration doit :

- aviser le contribuable par lettre recommandée, des revenus et autres éléments qu'elle entend substituer à ceux qui ont été déclarés ou admis par écrit ;
- indiquer les motifs qui lui paraissent justifier la rectification ;
- prouver que cette correction débouche sur un impôt dû supérieur à celui qui se rapporte aux revenus et aux autres éléments déclarés.

Dans des arrêts du 30 novembre 1989 (*Bull.* 701, p. 82) et du 29 octobre 1999 (*FJF*, 2000/20), la Cour de cassation a précisé que, si ces conditions sont respectées, l'administration est alors autorisée à imposer, dans le délai extraordinaire de trois ans, non seulement le supplément d'impôt (c'est-à-dire l'impôt qui est supérieur à celui qui se rapporte aux revenus et aux autres éléments mentionnés dans la déclaration) mais aussi la totalité de l'impôt dû par le contribuable.

Autrement dit, lorsque la déclaration souscrite par la personne physique doit être rectifiée et que cette rectification entraîne un impôt dû supérieur à celui afférent aux revenus et aux autres éléments déclarés, l'administration dispose du délai extraordinaire de trois ans pour établir une cotisation sur l'ensemble des revenus imposables et des autres éléments. Ces revenus imposables et autres éléments comprennent également ceux qui ont été mentionnés dans une déclaration et qui n'ont pas été enrôlés dans le délai ordinaire d'imposition.

Ce délai extraordinaire de trois ans peut être prolongé de quatre ans en cas d'infraction aux dispositions du Code des impôts sur les revenus ou des arrêtés pris pour son exécution, pour autant que l'administration prouve que ces infractions ont été commises dans une intention frauduleuse ou à dessein de nuire.

VII.
CONSÉQUENCES FISCALES D'UNE DÉCLARATION NON VALABLEMENT SOUSCRITE

Articles 342, 351, 354, 444 et 445 CIR et 182 et 225 AR/CIR

Les conséquences fiscales résultant de l'absence ou de la remise tardive d'une déclaration sont les suivantes :

- l'administration dispose d'un délai d'imposition de 3 ans pour établir l'impôt ;
- l'administration peut recourir à la procédure de taxation d'office ;
- l'administration peut établir les revenus d'un indépendant (non dirigeant) en recourant aux bénéfices ou profits forfaitaires minima ;
- lorsque le contribuable a introduit un recours administratif, le délai légal pour saisir le tribunal compétent est de neuf mois à dater de la date d'introduction de la réclamation, en cas d'absence de décision du Directeur régional, et ce pour autant que l'administration ait utilisé la procédure d'imposition d'office ;
- l'administration peut appliquer des accroissements d'impôts ;
- l'administration peut appliquer une amende administrative.

1. Délai d'imposition

1.1. Délai extraordinaire de trois ans

L'article 354, alinéa 1er du Code des impôts sur les revenus mentionne notamment qu'en cas d'absence de déclaration ou de remise tardive de celle-ci, l'impôt peut être établi pendant trois ans à partir du 1er janvier de l'année qui désigne l'exercice d'imposition pour lequel l'impôt est dû.

Par absence de déclaration, il faut entendre non seulement le défaut total de souscription de la formule de déclaration, mais aussi les déclarations qui ne respectent pas certaines conditions de forme (*cf.* page 18). Autrement dit, le contribuable qui ne respecte pas ces conditions de formes est censé n'avoir pas rentré de déclaration.

ex *La manière de calculer le délai extraordinaire de trois ans peut être illustrée par les exemples suivants :*

Cas envisagés – *Absence de déclaration* – *Remise tardive de la déclaration* – *Impôt dû supérieur à celui qui se rapporte aux revenus imposables et aux autres éléments déclarés*		
Période imposable	***Exercice d'imposition***	***Date ultime de l'établissement de l'impôt***
du 1/01/2016 au 31/12/2016	*2017*	*Le 31 décembre 2019, c'est-à-dire trois ans à partir du 1er janvier de l'année qui désigne l'exercice d'imposition pour lequel l'impôt est dû.*
du 6/06/2016 au 31/12/2016	*2017*	
du 1/01/2016 au 20/07/2016	*2016*	*Le 31 décembre 2018, c'est-à-dire trois ans à partir du 1er janvier de l'année qui désigne l'exercice d'imposition pour lequel l'impôt est dû.*
du 1/02/2016 au 20/11/2016	*2016*	

1.2. Prolongation du délai d'imposition de trois ans en cas de réclamation

Lorsque le contribuable introduit une réclamation dans le délai d'imposition de trois ans, celui-ci est prolongé d'une période égale à celle qui s'étend entre la date d'introduction de la réclamation et celle de la décision du directeur ou du fonctionnaire délégué sans que cette prolongation puisse être supérieure à six mois.

ex *L'impôt relatif à l'exercice d'imposition 2016 a été enrôlé le 20 juin 2017. Luc introduit une réclamation le 11 septembre 2017.*

La réclamation ayant été introduite dans le délai d'imposition de trois ans, le délai d'imposition est prolongé jusqu'au :

Date de décision du directeur	***Date ultime de l'établissement de l'impôt***
Le 31 janvier 2018	*Le 22 mai 2019, c'est-à-dire une prolongation de 142 jours (la période calculée en jours du 12 septembre 2017 – le lendemain de la date d'introduction de la réclamation – jusqu'au 31 janvier 2018).*
Le 30 mai 2018	*Le 30 juin 2019, c'est-à-dire trois ans à partir du 1er janvier de l'année qui désigne l'exercice d'imposition pour lequel l'impôt est dû, prolongé de six mois (plus de six mois se sont écoulés entre la date d'introduction de la réclamation et la date de la décision du directeur).*

1.3. Délai d'imposition de sept ans

Le délai extraordinaire de trois ans peut être prolongé de quatre ans en cas d'infractions aux dispositions du Code des impôts sur les revenus ou des arrêtés pris pour son exécution, pour autant que l'administration prouve que ces infractions ont été commises dans une intention frauduleuse ou à dessein de nuire.

Pour pouvoir appliquer ce délai extraordinaire de sept ans, l'administration devra prouver que les deux conditions suivantes sont simultanément réunies :

- l'existence d'une intention, c'est-à-dire d'un acte volontaire de la part du contribuable. Cette exigence a pour effet d'exclure les infractions qui ne résultent que de simples négligences, d'erreurs matérielles, d'irrégularités commises de bonne foi, etc. ;
- cette infraction est commise dans le but de se procurer ou de procurer à un tiers un avantage illicite.

La manière de calculer le délai extraordinaire de sept ans peut être illustrée par les exemples suivants :

Intention frauduleuse ou dessein de nuire		
Période imposable	***Exercice d'imposition***	***Date ultime de l'établissement de l'impôt***
du 1/01/2016 au 31/12/2016	*2017*	*Le 31 décembre 2023, c'est-à-dire sept ans à partir du 1er janvier de l'année qui désigne l'exercice d'imposition pour lequel l'impôt est dû.*
du 6/06/2016 au 31/12/2016	*2017*	
du 1/01/2016 au 20/07/2016	*2016*	*Le 31 décembre 2023, c'est-à-dire sept ans à partir du 1er janvier de l'année qui désigne l'exercice d'imposition pour lequel l'impôt est dû.*
du 1/02/2016 au 20/11/2016	*2016*	

2. Recours à la procédure de taxation d'office

L'administration peut recourir à la procédure de taxation d'office lorsque la déclaration :

- n'est pas parvenue au service de taxation compétent dans les délais ;
- est entachée d'un ou plusieurs vices de forme et que le contribuable ne les a pas éliminés dans le délai qui lui a été consenti à cette fin par l'administration.

Le recours à la procédure de taxation d'office est facultatif, en ce sens que l'administration peut renoncer à recourir à cette procédure ; cette renonciation n'a, cependant, aucune incidence sur les délais d'imposition qui sont d'ordre public. En effet, contrairement à la procédure de taxation d'office, l'administration ne peut jamais renoncer au droit d'établir l'impôt dans le délai extraordinaire de trois ans suite à l'absence ou la rentrée tardive d'une déclaration.

Pour faire usage de la procédure de taxation d'office, l'administration doit aviser par lettre recommandée le contribuable :

a) du motif du recours à cette procédure, le contribuable s'étant abstenu :
   - soit de remettre une déclaration dans les délais ;
   - soit d'éliminer, dans le délai consenti à cette fin, le ou les vices de forme dont serait entachée sa déclaration.

   (Les autres motifs du recours à cette procédure ne sont pas abordés dans cet ouvrage)

b) du montant des revenus ainsi que des autres éléments sur la base desquels l'imposition est établie ;

c) du mode de détermination de ces revenus et autres éléments (par exemple sur la base d'une présomption légale telle que les bénéfices ou profits forfaitaires minima).

Cette procédure a pour conséquence que le revenu imposable fixé par l'administration bénéficie d'une présomption d'exactitude.

Cela signifie que, si le recours à cette procédure est fondé et que le mode de détermination de ses revenus n'est pas arbitraire, le contribuable doit apporter la preuve du montant exact de ses revenus imposables au moyen d'éléments précis et contrôlables. Dans cette hypothèse, démontrer que les chiffres fixés par l'administration ne sont pas corrects est insuffisant.

3. Bénéfices ou profits forfaitaires minima

Articles 342 CIR et 182 AR/CIR

Circulaire n° Ci.RH.243/603.990 (AFER 50/2010) du 8 juillet 2010

Pour les entreprises et les contribuables qui réalisent des profits, la loi fixe un minimum de bénéfices ou de profits imposables en cas d'absence de déclaration ou de remise tardive de celle-ci. Ce minimum est un forfait absolu qui ne peut donc pas être réduit en proportion du nombre de mois d'activité (arrêt du 4 mai 1999 de la Cour d'appel de Gand, Actualités fiscales du 3 novembre 1999, p. 10).

L'administration considère que cette présomption légale ne peut être appliquée que lorsque le contribuable a souscrit sa déclaration avec un retard conséquent sans avoir demandé aucun report et sans pouvoir démontrer sa bonne foi.

Le minimum des bénéfices imposables est fixé comme suit :

- Exploitations agricoles, exploitations horticoles ou pépinières : barème forfaitaire établi pour les contribuables belges exerçant une profession similaire dans la même région agricole ;
- Entreprises appartenant à :
  a) l'industrie chimique : 22.000,00 EUR par membre du personnel [nombre moyen pour l'année envisagée] ;
  b) l'industrie alimentaire : 12.000,00 EUR par membre du personnel [nombre moyen pour l'année envisagée] ;
  c) l'industrie métallurgique, l'industrie de la mécanique de précision, les exploitations et les entreprises d'extraction et de transformation de minéraux non énergétiques, l'industrie de la construction et toutes autres industries, exploitations et entreprises, non visées *sub* a et b ci-avant : 7.000,00 EUR par membre du personnel [nombre moyen pour l'année envisagée] ;
- Entreprises des secteurs du commerce et de la fourniture de services :
  a) commerce en gros, commerce de détail, transports, horeca, bureaux d'ingénieurs et d'études, informatique et électronique et autres services aux entreprises : 2,50 EUR par 25,00 EUR de chiffre d'affaires avec un minimum de 7.000,00 EUR par membre du personnel [nombre moyen pour l'année envisagée] ;
  b) intermédiaires du commerce et des transports : 2,50 par 25,00 EUR de chiffre d'affaires, avec un minimum de 14.500,00 EUR par membre du personnel [nombre moyen pour l'année envisagée] ;
  c) banques, établissements de crédit et de change : 24.000,00 EUR par membre du personnel [nombre moyen pour l'année envisagée] ;
  d) assurances : 2,50 EUR par 25,00 EUR de primes encaissées ;

e) toutes autres exploitations et entreprises de commerce et de fourniture de services (à savoir les secteurs qui ne font pas l'objet d'une règle particulière): 2,50 EUR par 25,00 EUR de chiffre d'affaires, avec un minimum de 7.000,00 EUR par membre du personnel [nombre moyen pour l'année envisagée].

En aucun cas, le montant des bénéfices ou profits imposables ne peut être inférieur à 19.000,00 EUR.

Les pertes professionnelles encore récupérables des périodes imposables antérieures, dont l'existence est justifiée, peuvent être déduites du montant minimum fixé forfaitairement compte tenu notamment:

- du fait qu'aucune disposition légale n'exclut explicitement une telle imputation;
- des dispositions de l'article 78 du Code des impôts sur les revenus qui prévoit que «les pertes professionnelles antérieures sont successivement déduites des revenus professionnels de chacune des périodes imposables suivantes». À cet égard, il importe peu qu'il s'agisse de pertes professionnelles du contribuable lui-même ou bien de pertes professionnelles de son conjoint ou cohabitant légal.

Les pertes professionnelles antérieures qui n'auraient pas été déduites du montant minimum forfaitaire, ne peuvent plus être reportées sur les périodes imposables suivantes, et sont, au maximum à concurrence de ce montant minimum forfaitaire de bénéfices ou profits, définitivement perdues. Seul le solde des pertes reportées qui reste après l'imputation (effective ou non) de celles-ci sur ces bénéfices ou profits minimum, peut être reporté sur un exercice imposable suivant.

La personne physique qui a été taxée sur cette base peut apporter la preuve du montant exact de ses revenus imposables au moyen d'éléments précis et contrôlables.

4. Introduction d'un recours judiciaire

Lorsqu'une décision a été rendue par le directeur des contributions, le délai dans lequel l'action doit être introduite devant le tribunal de première instance est de trois mois à compter de la date de *réception* de la notification de la décision relative au recours administratif.

L'article 2 de la loi du 13 décembre 2005 portant des dispositions diverses relatives aux délais, à la requête contradictoire et à la procédure en règlement collectif de dette, a inséré dans le Code judiciaire un nouvel article 53*bis*, rédigé comme suit:

À l'égard du destinataire, et sauf si la loi en dispose autrement, les délais qui commencent à courir à partir d'une notification sur support papier sont calculés depuis:

- lorsque la notification est effectuée par pli judiciaire ou par courrier recommandé avec accusé de réception, le premier jour qui suit celui où le pli a été présenté au domicile du destinataire, ou, le cas échéant, à sa résidence ou à son domicile élu;
- lorsque la notification est effectuée par pli recommandé ou par pli simple, depuis le troisième jour ouvrable qui suit celui où le pli a été remis aux services de la poste, sauf preuve contraire du destinataire.

L'article 53*bis* du Code judiciaire est d'application pour le calcul des délais dans lesquels une requête peut être introduite contre des cotisations à l'impôt sur les revenus (article 1385*undecies* du Code judiciaire).

La lettre du fonctionnaire chargé de l'instruction de la réclamation ou du dégrèvement d'office qui invite le contribuable à se désister de sa réclamation ou de sa demande de dégrèvement d'office ne peut être assimilée à une décision directoriale.

Il n'est pas obligatoire d'attendre que le directeur ait pris sa décision pour saisir les tribunaux. En effet, à défaut de décision du directeur dans un délai de six mois à compter de la date de réception de la réclamation, le réclamant peut intenter une action devant le tribunal de première instance compétent. Ce délai de six mois est porté à neuf mois si l'administration a eu recours à la procédure de taxation d'office.

5. Accroissements d'impôt

Articles 444 CIR, 225 et 226 AR/CIR

L'échelle des accroissements d'impôt applicables en cas d'absence de déclaration ou de déclaration tardive autre qu'en matière de précomptes mobilier et professionnel, est fixée comme suit :

Absence de déclaration ou déclaration tardive	Accroissements
A) due à des circonstances indépendantes de la volonté du contribuable :	Néant
B) sans intention d'éluder l'impôt : 1re infraction (sans tenir compte des absences de déclaration visées sub A) : 2e infraction : 3e infraction : À partir de la 4e infraction, les infractions de cette nature sont classées sub C et sanctionnées comme telles.	 10 % 20 % 30 %
C) avec intention d'éluder l'impôt : 1re infraction : 2e infraction : 3e infraction et infractions suivantes :	 50 % 100 % 200 %
D) accompagnée soit d'une inexactitude ou omission par faux ou d'un usage de faux au cours de la vérification de la situation fiscale, soit d'une corruption ou d'une tentative de corruption de fonctionnaire :	200 %

Chaque fois que l'administration adresse à un contribuable un avis (de rectification ou d'imposition d'office) dans lequel elle réclame des accroissements d'impôt, cet avis doit :

- mentionner les raisons qui l'ont amenée à conclure que le contribuable avait ou n'avait pas l'intention d'éluder l'impôt ;
- indiquer les faits constitutifs de l'infraction (à savoir l'absence de déclaration) et la référence aux textes légaux ou réglementaires dont il a été fait application ;
- donner les motifs qui ont servi à déterminer l'échelle des accroissements (la gravité et le rang de l'infraction).

Aucun accroissement ne peut être appliqué si le revenu non déclaré est inférieur à 2.500,00 EUR.

Les accroissements d'impôt sont appliqués sur l'impôt dû avant imputation de tous les précomptes, autres éléments imputables et versements anticipés.

6. Amende administrative

Circulaire n° Ci.D.28/546.629 du 19 décembre 2001

L'échelle des amendes administratives en cas d'absence de déclaration ou remise tardive de celle-ci est fixée comme suit :

<table>
<tr><th rowspan="2"></th><th colspan="2">Infraction :</th></tr>
<tr><th>sans intention d'éluder l'impôt</th><th>avec intention d'éluder l'impôt</th></tr>
<tr><td>1re infraction</td><td>50,00 EUR</td><td rowspan="5">1.250,00 EUR</td></tr>
<tr><td>2e infraction</td><td>125,00 EUR</td></tr>
<tr><td>3e infraction</td><td>250,00 EUR</td></tr>
<tr><td>4e infraction</td><td>625,00 EUR</td></tr>
<tr><td>Infractions suivantes</td><td>1.250,00 EUR</td></tr>
</table>

Chaque fois que l'administration adresse à un contribuable un avis dans lequel elle notifie une amende administrative, cet avis doit :

- mentionner les faits constitutifs de l'infraction et la référence aux textes légaux ou réglementaires dont il a été fait application ;
- donner les motifs qui ont permis de déterminer l'échelle de l'amende (rang et gravité de l'infraction).

Partie 2

L'assiette de l'impôt des personnes physiques et la détermination du revenu imposable

Nous avons vu que l'administration établit l'impôt sur la base des revenus et des autres éléments déclarés par la personne physique.

Pour compléter sa déclaration, le contribuable doit chaque fois se poser les questions suivantes en ce qui concerne les revenus à y mentionner :

- à quelle catégorie de revenus appartiennent-ils ?
- sont-ils imposables ?
- à quel moment ?
- pour quel montant ?

Dans le cadre de cette deuxième partie, nous allons analyser successivement les points suivants :

- les catégories de revenus ;
- l'origine des revenus imposables ;
- le rattachement de ces revenus à la période imposable 2016 ;
- l'influence du régime matrimonial ;
- la détermination du revenu imposable.

I. CATÉGORIES DE REVENUS

Article 6 CIR

Les habitants du Royaume sont soumis à l'impôt des personnes physiques à raison de tous les revenus imposables visés dans le Code des impôts sur les revenus.

Dans le Petit Larousse, le revenu est défini comme étant « la somme annuelle perçue par une personne physique soit à titre de rente soit à titre de rémunération d'une activité ou d'un travail ».

En matière fiscale, la notion de revenus est beaucoup plus large. Ainsi le code distingue quatre catégories de revenus :

- les revenus des biens immobiliers (art. 7 à 16 CIR) ;
- les revenus des capitaux et biens mobiliers (art. 17 à 22 CIR) ;
- les revenus professionnels (art. 23 à 89 CIR) ;
- les revenus divers (art. 90 à 103 CIR).

La qualification correcte des revenus à déclarer par le contribuable est une opération cruciale à l'impôt des personnes physiques. En effet, chaque catégorie de revenus a ses propres règles fiscales permettant de déterminer entre autres :

- les revenus soumis ou non soumis à l'impôt ;
- le montant des revenus imposables ;
- les déductions propres à chacun de ces revenus.

Une qualification correcte est parfois difficile. Certains revenus ne conservent pas toujours leur qualification par nature. Ainsi certains revenus immobiliers ou mobiliers peuvent, le cas échéant, être considérés comme des revenus divers ou professionnels.

Les revenus qui s'inscrivent dans une catégorie de revenus dépendent en principe exclusivement des règles de détermination des revenus nets applicables à la catégorie dont ils émargent.

Cela s'appelle la théorie dite de la « contrainte ».

Sauf dispositions légales spécifiques, les revenus ne peuvent être imposés que dans la catégorie dont ils relèvent et selon les règles qui s'appliquent à cette catégorie (Cass., 4 octobre 2013, RG F.12.0023.F).

Enfin, il faut également garder à l'esprit que la qualification de certains revenus en revenus professionnels peut également avoir des implications collatérales, notamment en matière sociale.

1. Revenus des biens immobiliers

Sont repris dans cette catégorie, les revenus qui proviennent de propriétés foncières bâties (immeubles d'habitation, usines, bureaux, appartements, etc.) ou non bâties (terrains, prairies, champs, etc.) ainsi que du matériel et de l'outillage présentant le caractère d'immeuble par destination.

Les revenus des biens immeubles par destination sont imposables à ce titre lorsque les biens sont attachés au fonds à perpétuelle demeure et qu'en raison de leur poids, de leurs dimensions, des modalités de leur installation ou de leur fonctionnement, ils sont destinés à être normalement utilisés en permanence à l'endroit où ils se trouvent ou à rester stationnaires pendant leur emploi.

Par matériel et outillage, il faut entendre tous appareils, machines et autres installations utiles à une exploitation industrielle, commerciale ou artisanale à l'exclusion des locaux et abris et de leurs accessoires indispensables.

Par contre, les engins servant au transport ou encore le mobilier ou le matériel de bureau ne peuvent jamais être considérés comme des biens immobiliers.

Pour qu'un bien soit considéré comme un immeuble par destination ou pour que du matériel ou de l'outillage soit imposable au titre de revenus immobiliers, il faut en outre que le propriétaire soit aussi le propriétaire du fonds sur lequel ce bien, matériel ou outillage est utilisé.

2. Revenus des capitaux et biens mobiliers

Sont repris dans cette catégorie de revenus, les fruits périodiques ou non, produits par un capital mobilier (l'intérêt d'une somme prêtée, le dividende d'une action, etc.) ou un bien mobilier corporel ou incorporel (la location de meubles, la redevance d'un brevet, etc.).

Pour être imposables à ce titre, ces revenus doivent rémunérer la jouissance d'un capital mobilier ou d'un bien mobilier mis à la disposition du débiteur.

3. Revenus professionnels

Les revenus professionnels sont tous les revenus (obtenus en argent, en nature ou autrement) qui proviennent d'une activité professionnelle licite ou illicite, sans faire de distinction entre les revenus qui proviennent directement ou indirectement de cette activité.

Ainsi, sont notamment imposables en tant que revenus professionnels « indirects » :

- les pensions de retraite et de survie ;
- les indemnités octroyées en raison d'une perte de revenus par suite d'un accident ;
- les indemnités obtenues en raison de la cessation complète ou partielle d'une activité professionnelle.

Une activité est considérée comme professionnelle lorsqu'elle consiste en l'accomplissement d'un ensemble d'opérations suffisamment fréquentes et liées entre elles pour constituer une occupation continue et habituelle.

Les revenus professionnels sont répartis dans les catégories suivantes :

- les bénéfices (art. 24 à 26 CIR);
- les profits (art. 27 CIR);
- les bénéfices ou les profits d'une activité professionnelle antérieure (art. 28 CIR);
- les rémunérations (art. 30 à 33 CIR);
- les pensions, rentes et allocations en tenant lieu (art. 34 à 35 CIR).

4. Revenus divers

Cette dernière catégorie de revenus rassemble des revenus assez disparates que le législateur a entendu taxer. La caractéristique commune de ces revenus est qu'ils sont recueillis en dehors de l'exercice d'une activité professionnelle et qu'ils ne sont pas générés par des actifs immobiliers ou mobiliers.

Ils ont la particularité d'être taxés à des taux distincts.

II. CLASSIFICATION DES REVENUS D'APRÈS LEUR ORIGINE

Articles 5, 155 et 156 CIR

L'impôt des personnes physiques est basé sur le principe qu'un contribuable est imposable sur un revenu mondial : l'impôt frappe tous les revenus imposables en vertu du Code, qu'ils soient produits ou recueillis en Belgique ou à l'étranger.

D'après leur origine, les revenus imposables se répartissent en :

- revenus belges;
- revenus étrangers.

1. Revenus belges

Les revenus de source belge d'un habitant du Royaume comprennent :

- les revenus provenant *de biens immobiliers* sis en Belgique;
- les revenus provenant de *capitaux et biens mobiliers* lorsqu'ils sont pris en charge par :
  - un habitant du Royaume;
  - une société résidente (tel est le cas des dividendes mis en paiement par des sociétés résidentes);
  - une association, un établissement ou un organisme quelconque ayant en Belgique son siège social, son principal établissement ou son siège de direction ou d'administration (tel est le cas des revenus de la location de meubles payés par une personne morale résidente soumise à l'impôt des personnes morales);
  - l'État belge ou ses subdivisions politiques ou collectivités locales (tel est le cas des intérêts, primes et tous autres produits de prêts et dépôts d'argent représentatifs d'emprunts ou de créances émis par l'État, les communautés, les régions, les provinces, l'agglomération bruxelloise, les communes,...);
  - un établissement (belge) dont dispose un non-résident (tel est le cas des intérêts, redevances pour la concession de biens mobiliers incorporels payés par l'établissement belge d'un non-résident);

- un non-résident sans établissement belge à la condition qu'ils soient recueillis (payés) en Belgique (c'est-à-dire que l'opération matérielle de paiement y a lieu, par exemple, sur présentation de coupons d'actions ou d'obligations).

- les revenus provenant d'une *activité professionnelle indépendante* (actuelle ou antérieure) exercée en Belgique (tel est le cas des bénéfices produits à l'intervention d'un établissement belge) ;
- les rémunérations, pensions, rentes et allocations en tenant lieu lorsqu'elles sont prises en charge par :
  - un habitant du Royaume ;
  - une société résidente ;
  - une association, un établissement ou un organisme quelconque ayant en Belgique son siège social, son principal établissement ou son siège de direction ou d'administration ;
  - l'État belge ou ses subdivisions politiques ou collectivités locales ;
  - l'établissement (belge) dont dispose un non-résident.
- les *revenus divers* provenant :
  - de bénéfices ou profits occasionnels recueillis en Belgique ;
  - de prix, subsides, rentes ou pensions à charge des pouvoirs publics ou organismes publics belges ;
  - de rentes alimentaires à charge d'habitants du Royaume ;
  - de la sous-location ou de la cession de bail d'immeubles meublés ou non ;
  - de la concession du droit d'utiliser des emplacements qui sont immeubles par nature pour y apposer des affiches ou autres supports publicitaires ;
  - de lots afférents à des titres d'emprunts émis en Belgique ;
  - de produits de la location en Belgique du droit de chasse, de pêche ou de tenderie ;
  - de plus-values réalisées sur des immeubles bâtis ou non bâtis situés en Belgique ;
  - de plus-values réalisées sur des actions ou parts représentatives de droits sociaux dans des sociétés résidentes.

D'une manière générale, les revenus de source belge autres que les revenus immobiliers doivent être mentionnés dans la déclaration à l'impôt des personnes physiques à concurrence de leur montant imposable.

En ce qui concerne les revenus de biens immobiliers bâtis ou non bâtis, le montant des revenus mentionnés dans la déclaration est selon le cas :

- le revenu cadastral ;
- le montant total des loyers et des avantages locatifs recueillis ;
- les sommes obtenues.

2. Revenus d'origine étrangère et revenus obtenus de certaines organisations internationales

Articles 5 et 155 à 156 CIR

Circulaire n° Ci.R.9 Div./577.956 du 11 mai 2006

Circulaire n° Ci.R.9 Div./579.355 du 11 août 2006

Voir page pages 591 et suivantes.

III.
REVENUS DE LA PÉRIODE IMPOSABLE 2016

Articles 360, 364 CIR et 204 à 205 AR/CIR

L'impôt dû pour l'exercice d'imposition 2017 est établi uniquement sur la base des revenus de la période imposable 2016 (sauf pour les contribuables qui cessent de réunir les conditions d'assujettissement avant le 31 décembre 2016).

Ces revenus sont, selon le cas envisagé, les revenus:

	Nature des revenus concernés	**Cadre de la déclaration concerné**
Afférents à 2016	Revenus de biens immobiliers bâtis ou non bâtis	Cadre III
Payés ou attribués en 2016	Revenus de capitaux et biens mobiliers	Cadre VII
	Rémunérations des travailleurs	Cadre IV
	Rémunérations des dirigeants d'entreprise	Cadre XVII
	Rémunérations des conjoints aidants et des cohabitants légaux	Cadre XXI
	Pensions, rentes et allocations en tenant lieu	Cadre V
	Rentes alimentaires	Cadre VI
	Prix, subsides, rentes ou pensions attribuées à des savants, des écrivains ou des artistes	Cadre XVI
	Revenus divers à caractère mobilier (sous-location ou cession de bail d'immeubles meublés ou non, concession du droit d'apposer des affiches ou d'autres supports publicitaires, etc.)	Cadre XVI
Constatés ou présumés en 2016	Bénéfices	Cadre XVIII
	Profits	Cadre XIX
	Bénéfices ou profits qui résultent de prestations, opérations, spéculations ou services fortuits ou occasionnels	Cadre XV
	Plus-values afférentes à certains immeubles non bâtis situés en Belgique	
	Plus-values afférentes à certains immeubles bâtis situés en Belgique	
	Plus-values afférentes à une cession de participations importantes	

1. Revenus afférents à 2016

En matière de revenus de biens immobiliers bâtis ou non bâtis, les revenus considérés comme afférents à la période imposable 2016 sont, selon le cas:

- le revenu cadastral;
- le montant total des loyers qui ont été effectivement *payés* par le locataire et des avantages locatifs recueillis;
- la valeur locative;
- les sommes obtenues.

Lorsqu'un avantage locatif consiste en une dépense en une fois faite par le locataire, son montant est réparti sur toute la durée du bail qui reste à courir.

ex *Marguerite a donné en location son immeuble à la SA Pick. Cette dernière ne paie en 2016 qu'une partie du loyer convenu (6.000,00 EUR au lieu de 10.000,00 EUR), le solde (4.000,00 EUR) a été acté au passif du bilan de la société Pick.*

Marguerite doit mentionner dans sa déclaration relative à l'exercice d'imposition 2017 la partie des loyers que la société Pick lui a effectivement payée durant la période imposable 2016, c'est-à-dire 6.000,00 EUR.

2. Revenus payés ou attribués en 2016

Pour qu'il y ait attribution, il faut que le bénéficiaire des revenus puisse disposer effectivement des revenus ou les toucher. Autrement dit, les revenus doivent être susceptibles d'encaissement immédiat.

ex *Ainsi, l'inscription des rémunérations de Luc, gérant de la S.P.R.L Pick, au crédit de son compte courant, équivaut à une attribution si cette inscription s'est faite avec son accord ou son consentement.*

De même, si l'assemblée générale des associés de la SPRL Pick décide, en mai 2016, d'attribuer à Luc un tantième payable à partir de la date du 4 janvier 2017, le tantième n'est imposable au titre de rémunération qu'à partir de l'exercice d'imposition 2018.

Si l'assemblée générale attribue en mai 2016 le tantième sans mentionner aucune date précise de paiement, celui-ci devient imposable pour l'année au cours de laquelle est intervenue la décision de l'attribuer.

Les arriérés de rémunérations, pensions, etc., sont taxables intégralement pour la période imposable au cours de laquelle ils ont été attribués ou payés, même si ces revenus se rapportent à des années antérieures.

3. Revenus constatés ou présumés en 2016

Par revenus constatés, on entend les revenus dont le montant est prouvé sur la base des documents fournis par le redevable (par exemple, la déclaration) ou recueillis par l'administration (par exemple, sur la base d'une demande de renseignements envoyée aux clients d'une entreprise).

Par revenus présumés, on entend les revenus dont les montants sont présumés sur la base d'un raisonnement par lequel, en partant d'éléments connus et vérifiés, on arrive à tenir pour certains d'autres éléments qui étaient inconnus ou insuffisamment connus.

Lorsque les bénéfices ou les profits ressortent d'une comptabilité (probante ou non probante), ceux-ci sont censés avoir été recueillis à la date de clôture de l'exercice comptable auquel ils se rapportent.

ex *Luc commence l'exploitation de son commerce le 1er novembre 2015 et clôture sa comptabilité pour la première fois le 31 décembre 2016.*

Les bénéfices résultant du bilan clôturé au 31 décembre 2016 sont :

- *censés avoir été recueillis à cette date ;*
- *soumis totalement à l'impôt des personnes physiques pour l'exercice d'imposition 2017 bien que ses bénéfices se rapportent à une période de 14 mois.*

Les bénéfices qui consistent en une créance sont en principe imposables dès que cette créance est née, sans qu'il y ait lieu d'avoir égard à la date d'encaissement, étant bien entendu qu'une créance n'est considérée comme étant née qu'au moment où elle a acquis un caractère certain et liquide.

Cependant, certains bénéfices réalisés ou recueillis au cours d'une période imposable peuvent être considérés, totalement ou partiellement, comme des bénéfices d'une période imposable ultérieure.

Il s'agit :

- des subsides en capital obtenus des pouvoirs publics en vue de l'acquisition ou de la constitution d'immobilisations corporelles ou incorporelles (art. 362 CIR) ;
- des créances non productives d'intérêts qui sont exigibles dans un délai d'au moins un an (art. 363 CIR) ;
- des créances qui sont exigibles dans un délai d'au moins un an et qui sont assorties d'un intérêt calculé à un taux inférieur au taux d'escompte de la banque centrale européenne à la date où la créance est née (art. 363 CIR) ;
- des sous-estimations d'éléments de l'actif ou des surestimations d'éléments du passif visées à l'article 24, alinéa 1er, 4° apparues à l'occasion de l'examen de la comptabilité d'une période imposable déterminée (art. 361 CIR) ;
- des revenus acquis au cours de la période imposable et qui sont relatifs à une période imposable ultérieure.

Les recettes qui proviennent de l'exercice d'une profession libérale, charge, office et autre occupation lucrative ne sont imposables qu'au moment de leurs encaissements.

Dans les sociétés civiles et les associations sans personnalité juridique qui se livrent soit à une exploitation industrielle, commerciale ou agricole, soit à une occupation lucrative, l'ensemble des bénéfices ou des profits imposables est considéré comme attribué aux associés ou membres à la date de clôture de l'exercice comptable auquel ils se rapportent ou au 31 décembre de l'année, à défaut de comptabilité.

IV.
DÉCUMUL INTÉGRAL

Pour les contribuables qui font l'objet d'une imposition commune, deux bases d'imposition distinctes sont établies : une par conjoint ou par cohabitant légal.

Chaque base imposable est formée par :

a) ses revenus professionnels : bénéfices, profits, bénéfices ou profits d'une activité professionnelle antérieure, rémunérations ou pensions, rentes et allocations en tenant lieu (après attribution d'une quote-part de ceux-ci au conjoint aidant et imputation du quotient conjugal) ;

b) ses bénéfices ou profits qui résultent de prestations, opérations, spéculations ou services fortuits ou occasionnels (*cf.* art. 90, 1er CIR) ;

c) ses prix, subsides, rentes ou pensions qui lui ont été attribuées en raison de sa qualité de savant, d'écrivain ou d'artiste (*cf.* art. 90, 2e CIR) ;

d) les rentes alimentaires et les arriérés de rentes alimentaires qui lui ont été versées (*cf.* art. 90, 3e et 4e CIR);

e) ses revenus (autres que ceux visés ci-dessus, lorsque ceux-ci lui sont propres en vertu du droit patrimonial).
C'est le cas:

- dans le *régime de la séparation de biens* où les revenus tirés des biens propres de l'un des deux époux ne font partie que du patrimoine propre de celui-ci.

ex
– *Marguerite donne en location un appartement dont elle a hérité de son père; les loyers obtenus constituent des revenus propres à Marguerite.*
– *Luc a placé en banque de l'argent qui lui appartenait; les intérêts recueillis constituent des revenus propres à Luc.*

- dans le *régime de la cohabitation légale* où chaque cohabitant légal conserve les biens dont il peut prouver la propriété ainsi que les revenus de ces biens.

Dans ces deux cas, les biens sur lesquels les époux ou cohabitants légaux ne peuvent justifier aucun droit de propriété exclusif sont présumés, à défaut d'une répartition convenue entre les époux, leur appartenir chacun pour moitié.

f) 50 % de tous les autres revenus (il s'agit essentiellement des revenus immobiliers, mobiliers et divers pour autant qu'ils ne soient pas repris aux points précédents, mais aussi, par exemple, des revenus des enfants dont les conjoints ou cohabitants légaux ont la jouissance légale).
C'est le cas:

- dans le où tous les revenus tirés des biens propres de l'un des deux époux ou des biens communs font partie du patrimoine commun des deux époux.

ex
– *Marguerite donne en location un appartement dont elle a hérité de son père; les loyers obtenus constituent des revenus communs aux deux époux.*
– *Luc a placé en banque de l'argent qui lui appartenait avant le mariage; les intérêts recueillis constituent des revenus communs aux deux époux.*

- dans le *régime légal* où tous les biens, toutes les dettes et tous les revenus, quelle qu'en soit leur origine, font partie du patrimoine commun des deux époux.

Synthèse des points e) et f):

Contribuables qui font l'objet d'une imposition commune	
Les personnes sont mariées sous le régime de la séparation de biens ou sont des cohabitants légaux.	Chaque conjoint ou cohabitant légal doit déclarer les revenus tirés de ses biens propres.
Les personnes sont mariées sous le régime légal ou celui de la communauté universelle.	Les revenus doivent être répartis entre eux, selon la répartition 50/50, même s'ils sont relatifs à des biens propres.

V.
DÉPENSES FISCALES

La notion de «dépense fiscale» peut être définie comme une moindre recette découlant d'encouragements fiscaux (quelle que soit la forme de l'avantage: déduction, réduction ou crédit) provenant d'une dérogation au «système général de l'impôt sur les revenus» en faveur de certains contribuables ou de certaines activités économiques, sociales, culturelles, etc., qui pourrait être remplacée par une subvention directe.

La notion d'encouragements fiscaux fait implicitement référence à la fonction incitative de l'impôt et à la volonté de modifier le comportement du contribuable.

Ces dépenses poursuivent différents objectifs de la politique fiscale tels que:

- l'encouragement à une répartition des ressources (les rentes alimentaires);
- l'encouragement à l'accession à la propriété immobilière (bonus logement prévus par certaines régions);
- la facilité d'accès au marché du travail (les frais de garde d'enfants);
- la réduction du coût du travail (les rémunérations des travailleurs domestiques);
- la conservation d'un patrimoine historique (les dépenses d'entretien et de restauration de monuments classés);
- le financement d'institutions poursuivant des missions sociales, culturelles ou de protection de l'environnement (les libéralités).

La dépense peut prendre la forme d'une déduction, d'une réduction ou d'un crédit.

1. Déduction

La déduction intervient avant le calcul de l'impôt. Elle correspond à un droit de diminuer le revenu imposable globalement.

ex *Les rentes alimentaires versées*

L'avantage correspond au taux appliqué à la tranche la plus élevée du revenu imposable du contribuable. Il en résulte que la déduction profite principalement aux contribuables dont les revenus sont élevés.

2. Réduction

La réduction permet de retrancher une somme d'argent directement de l'impôt à payer et non pas du revenu à déclarer.

ex *L'épargne pension*

La réduction peut être calculée:

- soit au taux marginal, c'est-à-dire au taux appliqué à la tranche la plus élevée du revenu;
- soit à un taux fixe.

À l'instar de la déduction, la réduction au taux marginal profite relativement aux contribuables dont les revenus sont élevés.

3. Crédit

Le crédit, contrairement à la déduction ou à la réduction, est une modalité qui donne droit à un avantage fiscal aux contribuables peu ou pas imposés. Le crédit d'impôt donne lieu à un remboursement. À cet égard, il présente le «profil» le plus abouti d'une mesure fiscale juste et efficace.

ex *Crédit pour les bas revenus de l'activité professionnelle.*

VI.
DÉTERMINATION DU REVENU IMPOSABLE

Le revenu imposable à l'impôt des personnes physiques est constitué de l'ensemble des revenus nets diminué des dépenses déductibles.

1. Première opération : détermination de l'ensemble des revenus nets

L'ensemble des revenus nets est égal à la somme des revenus nets des quatre catégories de revenus mentionnés ci-dessous :

- le revenu net des biens immobiliers ;
- le revenu net des capitaux et biens mobiliers ;
- le revenu net professionnel ;
- le revenu net divers.

Autrement dit, le calcul du revenu imposable implique en premier lieu la détermination séparée du montant net de chaque catégorie de revenus suivant les règles spécifiques à chacune de ces catégories.

Dans le cadre de l'analyse des différentes catégories de revenus, nous verrons que les déductions menant à la détermination du revenu net sont en règle générale :

- les charges réelles supportées en vue de l'acquisition ou la conservation des revenus ou, à défaut, les charges forfaitaires ;
- les pertes éprouvées.

Le législateur fédéral a, de façon illimitée, la possibilité de déterminer quelles déductions peuvent être appliquées aux revenus bruts, comme, par exemple, les frais professionnels, la déduction pour investissement, les frais faits en vue d'acquérir des revenus immobiliers.

2. Deuxième opération : distinction entre les revenus nets imposables globalement et les revenus nets imposables distinctement

À ce stade, une distinction doit être opérée entre les revenus nets soumis au taux progressif et ceux imposables à un taux distinct.

Pour éviter les conséquences trop rigoureuses qu'entraînerait la stricte application de la progressivité de l'impôt des personnes physiques, le législateur a en effet prévu l'application de taux distincts pour les contribuables qui bénéficient de certains revenus d'un caractère plutôt exceptionnel (par exemple, un employé qui, à la suite d'un litige avec son employeur, perçoit des rémunérations relatives à plusieurs périodes imposables antérieures).

Dans ce but, l'article 171 du Code des impôts sur les revenus contient une série d'exceptions importantes au principe de l'application des taux progressifs. En effet, cet article prévoit le calcul distinct, à des taux spéciaux pour certains revenus, à condition que l'application du régime de la globalisation totale (c'est-à-dire le régime dans lequel on applique les taux progressifs à tous les revenus imposables y compris les revenus susceptibles d'être imposés distinctement) ne soit pas plus favorable pour le contribuable.

Il s'agit notamment :

- des revenus des biens mobiliers et du capital ;
- de certains revenus professionnels ;
- de la plupart des revenus divers.

Autrement dit, les revenus visés à l'article 171 du Code des impôts sur les revenus sont :

- soit tous imposés distinctement ;
- soit tous globalisés avec les autres revenus si c'est plus favorable pour le contribuable.

3. Troisième opération : déduction des dépenses déductibles

Les dépenses déductibles rassemblent diverses dépenses qui donnent droit à un avantage fiscal octroyé sous la forme de déduction sur le montant net des revenus imposables globalement.

L'article 5/1, § 5, alinéa 2 de la loi spéciale de financement prévoit (à partir du 1er janvier 2014) que de l'ensemble des revenus nets, seules les rentes alimentaires peuvent être déduites dans les limites et aux conditions déterminées par le Code des impôts sur les revenus[5].

En prévoyant expressément que seules les rentes alimentaires peuvent encore être déduites de l'ensemble des revenus nets pour déterminer la base imposable, la loi spéciale de financement confirme que les régions ne peuvent pas attribuer des avantages fiscaux par une diminution de la base imposable.

Cela implique aussi que l'État fédéral ne peut plus introduire des avantages fiscaux sous forme d'une déduction de l'ensemble de revenus nets.

Cette restriction peut être compensée en remplaçant les déductions de l'ensemble des revenus nets par des réductions d'impôt. Pour atteindre le même résultat qu'une déduction du revenu, ces réductions d'impôt peuvent avoir la forme d'une réduction d'impôt au taux marginal.

4. Quatrième opération : le calcul

L'impôt est ensuite calculé sur la base des revenus imposables globalement et distinctement.

Les opérations suivantes sont, le cas échéant, effectuées :

- l'impôt théorique est calculé suivant le barème d'imposition ;
- les réductions d'impôts suivantes sont calculées :
    - réductions d'impôt pour charges de famille ;
    - réductions d'impôt pour dépenses donnant droit à un avantage fiscal ;
    - réduction d'impôt pour revenus de remplacement ;
    - réduction d'impôt pour revenus d'origine étrangère ;
- l'impôt sur les revenus imposables distinctement est rajouté ;
- précomptes, versements anticipés, crédits d'impôt et autres éléments imputables ;
- majoration pour absence de versements anticipés ;
- bonifications pour versements anticipés ;
- d'éventuels accroissements sont rajoutés ;
- diverses contributions sont calculées (taxe communale complémentaire, taxe d'agglomération, cotisation spéciale pour la sécurité sociale).

Le calcul est explicité en page 623.

---

5 Article 7 de la loi spéciale portant réforme du financement des communautés et des régions, élargissement de l'autonomie fiscale des régions et financement des nouvelles compétences du 6 janvier 2014.

Synthèse des points 1 à 4:

Composition du revenu imposable:	
	Revenus nets des biens immobiliers
+	Revenus nets des capitaux et biens mobiliers
+	Revenus nets professionnels
+	Revenus nets divers
=	Ensemble des revenus nets
-	Rentes alimentaires
=	Revenu imposable globalement + Revenu imposable globalement distinctement
	Calcul de l'impôt

Partie 3

La famille

I.
CHARGES DE FAMILLE

Articles 136 à 145 CIR

1. Personnes visées

Pour être à charge d'un contribuable, la personne doit avoir, *en principe*, un lien de parenté avec le contribuable ou son conjoint.

Seules les personnes suivantes peuvent être fiscalement à charge du contribuable :

- les enfants du contribuable ou de son conjoint (code 1030-37 de la déclaration) ;
- les ascendants du contribuable ou de son conjoint (code 1043-24 ou 1032-35 de la déclaration) ;
- les collatéraux jusqu'au deuxième degré inclusivement du contribuable ou de son conjoint (code 1043-24 ou 1032-35 de la déclaration) ;
- les personnes qui ont assumé la charge exclusive ou principale du contribuable ou de son conjoint pendant l'enfance du contribuable ou de son conjoint (code 1032 de la déclaration).

Un même enfant ne peut pas être à charge de deux contribuables. Il en résulte, par exemple, pour l'année du mariage ou de la cohabitation légale, que les personnes qui font partie du ménage des époux au 1er janvier de l'exercice d'imposition ne peuvent être pris en charge que par – et *uniquement* par – l'un des deux conjoints ou cohabitants légaux.

Les personnes à charge, autres que les enfants, sont toujours à charge du contribuable :

- auquel ils sont apparentés ;
- ou dont elles ont assumé la charge exclusive ou principale pendant son enfance.

1.1. Enfants

Sont visés :

a) les descendants du contribuable ou de son conjoint ;
b) les enfants qui ont été pris en charge avant qu'ils aient atteint leur majorité (c'est-à-dire avant l'âge de 18 ans[6]) et dont ils assument la charge exclusive ou principale.

Aucune limite d'âge n'est prévue en ce qui concerne les enfants susceptibles d'être considérés comme étant à charge. Il en résulte par exemple que, quel que soit leur âge, les enfants encore aux études, qu'ils soient mariés ou non, sont susceptibles, du point de vue fiscal, d'être considérés comme étant à charge de leurs parents si toutes les autres conditions sont réunies.

1.1.1. *Descendants*

Sont considérés comme descendants du contribuable ou de son conjoint les enfants ou les enfants d'adoption, petits-enfants, arrière-petits-enfants, etc.

---

[6] Article 488 du Code civil.

1.1.2. *Autres enfants*

Il s'agit des enfants que le contribuable ou son conjoint ont pris en charge avant qu'ils aient atteint leur majorité (c'est-à-dire avant l'âge de 18 ans[7]) et dont ils assument la charge exclusive ou principale.

La charge est exclusive lorsque le contribuable supporte lui-même tous les frais d'entretien de l'enfant.

Elle est principale lorsque le contribuable supporte plus de la moitié du coût de l'entretien de l'enfant. Cela signifie que les ressources propres de l'enfant majorées de l'aide financière reçue en faveur de celui-ci ne dépassent pas 50 % du coût de l'entretien dudit enfant.

Pour apprécier si un contribuable assume la charge exclusive ou principale d'un enfant dont la garde lui a été confiée, il est fait abstraction des interventions des pouvoirs publics (Service Public fédéral Justice, C.P.A.S, etc.) dans les frais d'entretien de l'enfant, des bourses d'étude, des allocations familiales légales et des allocations légales versées aux handicapés.

ex *Pierre, né le 24 juin 1999, a été recueilli pendant l'année 2016 par Noël. Ce dernier a bénéficié d'allocations familiales pour l'enfant en cause d'un montant de 1.000,00 EUR. Les dépenses effectuées pour la subsistance et l'entretien (nourriture, habillement, loisirs, ...) de Pierre s'élèvent à 1.750,00 EUR.*

Les frais suivants ont également été exposés pendant l'année 2016 :

Orthopédie : 150,00 EUR

Études : 500,00 EUR

Pendant la même période, l'INAMI a remboursé 100,00 EUR sur les frais d'orthopédie et la ville de Liège a alloué une bourse d'étude s'élevant à 375,00 EUR.

Le grand-père de Pierre a versé à ce dernier une rente alimentaire de 1.440,00 EUR.

Détermination du coût d'entretien de Pierre	
Dépenses d'entretien habituel (nourriture, habillement, loisirs, etc.)	*1.750,00*
Dépenses effectuées en sa faveur dans des circonstances exceptionnelles (maladie, hospitalisation, etc.) diminuées des aides financières obtenues	*50,00* *(150,00 – 100,00)*
Frais d'études ou d'apprentissage diminués des aides financières obtenues en couverture desdits frais. Il est fait abstraction de la bourse d'étude de 375,00.	*500,00*
Total	***2.300,00***

Noël n'assume pas la charge principale de Pierre étant donné que les ressources propres de l'enfant, majorées de l'aide financière reçue en faveur de celui-ci (1.440,00 EUR) dépassent 50 % du coût de l'entretien dudit enfant.

1.2. Ascendants

Sont visés les parents, grands-parents, arrière-grands-parents, etc. du contribuable ou de son conjoint.

1.3. Collatéraux

Pour calculer le degré de parenté entre le contribuable et un parent en ligne collatérale, on compte le nombre de générations entre le contribuable et l'ascendant commun et le nombre de générations entre l'ascendant commun et le collatéral.

7 Article 488 du Code civil.

Par conséquent, les collatéraux jusqu'au deuxième degré inclusivement du contribuable ou de son conjoint sont les frères et sœurs du contribuable ou de son conjoint.

Les oncles, tantes, neveux et nièces du contribuable ou de son conjoint ne sont pas susceptibles, en cette qualité, d'être considérés comme personnes à charge.

1.4. Parents «adoptifs»

Sont visées les personnes qui ont assumé auparavant la charge exclusive ou principale du contribuable ou de son conjoint lorsqu'il était enfant.

2. Les conditions pour être fiscalement à charge

Les personnes mentionnées ci-dessus sont considérées comme étant à charge du contribuable ou de son conjoint lorsque les trois conditions suivantes sont réunies:

- faire partie du ménage du contribuable au 1er janvier de l'exercice d'imposition;
- ne pas disposer, pendant la période imposable 2016, de ressources d'un montant net supérieur à 3.140,00 EUR;
- ne pas avoir bénéficié, en 2016, de rémunérations à charge du contribuable constituant pour ce dernier des dépenses déductibles au titre de frais professionnels.

2.1. Faire partie du ménage

La situation familiale du contribuable est celle qui se présente au 1er janvier de l'exercice d'imposition, c'est-à-dire le 1er janvier 2017 pour la déclaration relative à l'exercice d'imposition 2017.

Par faire partie du ménage au 1er janvier de l'exercice d'imposition, on entend les personnes qui cohabitent effectivement avec le contribuable de manière durable et permanente. La loi ne définissant pas la notion de ménage, ce mot doit être pris dans son sens usuel et désigne un état de fait caractérisé par une communauté de vie domestique et notamment de résidence, sans exclure des interruptions temporaires.

La question de savoir si une personne fait ou non partie du ménage du contribuable au 1er janvier de l'exercice d'imposition doit, en pratique, être appréciée à la lumière d'éléments de fait et de droit propres à chaque cas. L'inscription aux registres de la population ne constitue qu'un élément qui n'est absolument pas déterminant en soi. Ainsi la Cour d'appel de Bruxelles, dans un arrêt du 2 mai 1962 (*Bull.* 389, p. 396), a précisé que, pour apprécier si le requérant peut considérer sa belle-mère comme étant à sa charge, il importe peu qu'au 1er janvier de l'exercice litigieux celle-ci n'ait pas été inscrite aux registres de la population de la commune sur le territoire de laquelle son gendre avait établi son domicile fiscal. Le fait qu'elle habite chez le requérant peut être démontré d'une autre manière.

Lorsque plusieurs contribuables imposables distinctement font partie d'un même ménage, les enfants, ascendants, collatéraux, etc. qui font également partie de ce ménage sont considérées uniquement comme étant à charge du contribuable qui assume en fait la direction du même ménage.

Quelques cas particuliers:

Enfant décédé en 2016	Un enfant décédé en 2016 est censé faire partie du ménage du contribuable au 1er janvier 2017 à condition: • soit qu'il ait été à charge du contribuable au cours de l'exercice d'imposition précédent c'est-à-dire l'exercice d'imposition 2016; • soit qu'il soit né durant la période imposable 2016.

Enfant mort-né en 2016	Un enfant mort-né ou perdu à l'occasion d'une fausse couche survenue en 2016 après une grossesse d'au moins 180 jours est censé faire partie du ménage du contribuable au 1er janvier 2017.
Enfant éloigné du foyer familial pour des raisons d'études	L'enfant qui est éloigné temporairement du foyer familial pour des raisons d'études, continue à faire partie du ménage des parents, sauf s'il est établi qu'il a quitté effectivement ce foyer d'une manière durable avec la volonté d'avoir un ménage distinct de celui de ses parents. De même, continue à être considéré comme faisant partie du ménage de ses parents, l'enfant qui, dans le cadre d'un programme d'échanges culturels, réside temporairement dans une famille à l'étranger, sauf s'il est établi que l'enfant se serait établi à l'étranger de manière durable et en vue de former un foyer distinct de celui de ses parents.
Enfant handicapé qui séjourne dans un établissement approprié	L'enfant handicapé qui séjourne dans un établissement approprié doit être considéré comme faisant partie du ménage des parents si ceux-ci entretiennent avec lui d'étroites relations, soit par des visites régulières, soit en répondant eux-mêmes de ses soins dans l'habitation familiale durant les week-ends et les jours de vacances.
Enfant disparu ou enlevé en 2016	L'enfant disparu ou enlevé est censé faire partie du ménage du contribuable au 1er janvier 2017 s'il est satisfait aux conditions suivantes : • il ne doit pas avoir atteint l'âge de 18 ans au 1er janvier de l'exercice d'imposition 2017 ; • il doit déjà avoir été à charge du contribuable pour l'exercice d'imposition 2016 ; • le contribuable doit démontrer qu'au plus tard au 31 décembre de la période imposable 2016, il a déclaré l'enlèvement ou la disparition à la police ou déposé une plainte à ce sujet auprès du parquet ou des autorités administratives belges compétentes en matière d'enlèvement d'enfants. Le législateur considère également comme étant à charge les enfants nés durant une année, qui ont disparu ou ont été enlevés durant la même année. Aussi, dans les circonstances évoquées, ces enfants sont à charge au 1er janvier de l'exercice d'imposition qui suit leur disparition ou enlèvement.
Enfant placé dans une institution par le tribunal	Si le placement concerne une période limitée, celui-ci continue à faire partie du ménage des parents.
Enfants de conjoints séparés de fait au 1er janvier 2017	Les enfants qui cohabitent avec l'un des conjoints ou cohabitants légaux séparés de fait au 1er janvier 2017 sont censés faire partie du ménage, même s'ils perçoivent des rentes alimentaires de l'autre conjoint ou cohabitant légal (*cf.* page 72).
Membre de la famille éloigné du foyer familial pour des raisons de santé	Le membre de la famille qui est éloigné temporairement du foyer familial pour des raisons de santé continue à faire partie du ménage du contribuable.
Décès en 2016 d'une des personnes suivantes : • ascendants ; • collatéraux jusqu'au deuxième degré ; • personnes qui ont assumé la charge exclusive ou principale du contribuable pendant l'enfance de celui-ci.	La personne décédée est censée faire partie du ménage du contribuable au 1er janvier 2017 à condition qu'elle ait été à charge du contribuable au cours de l'exercice d'imposition précédent, c'est-à-dire l'exercice d'imposition 2016.

Travailleur étranger s'établissant en Belgique avec son ménage	Lorsque certaines personnes, qui faisaient partie précédemment du ménage du travailleur étranger, sont demeurées dans le pays d'origine, elles sont censées faire partie du foyer familial si elles ne sont éloignées que temporairement du domicile commun, par exemple, pour des raisons d'études, de santé, ou autres.
Travailleur immigré dont le ménage est resté dans un pays qui ne fait pas partie de l'Union européenne	Seuls peuvent être considérées comme personnes à charge, les enfants pour lesquels des allocations familiales belges sont payées dans le pays d'origine du travailleur étranger (voir ComIR n° 104/7 et 136/65).

2.2. Le montant net des ressources

Circulaire n° Ci.RH.331/581.592 (AFER 15/2008) du 4 mai 2008

2.2.1. *Règle de base*

Pour être considéré comme étant à charge du contribuable, l'enfant, l'ascendant, le collatéral, etc. du contribuable ou de son conjoint ne peut pas disposer de ressources, pour l'exercice d'imposition 2017, d'un montant net supérieur à 3.140,00 EUR. Ce montant est porté à 4.530,00 EUR pour l'enfant à charge d'un contribuable imposé isolément, et à 5.750,00 EUR pour l'enfant handicapé à charge d'un contribuable imposé isolément.

Le terme «ressources» couvre toutes les rentrées régulières ou occasionnelles de revenus quelconques, imposables ou non (par exemple, l'allocation de pompier volontaire des services publics d'incendie). Ne doivent pas être pris en considération, les capitaux qui viennent à échoir à une personne à charge par succession, donation, attribution par les pouvoirs ou autrement. Par contre, les revenus éventuels de ces capitaux doivent être pris en considération pour la détermination du montant net des ressources.

En outre, on ne tient pas compte des sommes qui sont en réalité indisponibles par suite de circonstances indépendantes de la volonté de ces ayants droit (par exemple, une somme versée par une compagnie d'assurances à un enfant à la suite du décès d'un de ses parents, qui est rendue indisponible jusqu'à la majorité ou l'émancipation de celui-ci).

Le montant net des ressources s'entend du montant brut diminué des frais que le contribuable justifie avoir faits ou supportés durant la période imposable pour acquérir ou conserver ces ressources. À défaut d'éléments probants, les frais déductibles sont fixés à 20% du montant brut desdites ressources. Quand ces ressources sont constituées par des rémunérations de travailleurs ou de profits, les frais déductibles sont, pour l'exercice d'imposition 2017, au minimum de 440,00 EUR.

Le montant net des ressources peut être déterminé pratiquement en se référant au tableau suivant:

Immeubles non bâtis		
Situés en Belgique	Non donnés en location	Le moins élevé des deux montants suivants: • soit le RC indexé; • soit (le RC indexé × 10/9) diminué des charges réelles.
	Donnés en location	Le moins élevé des deux montants suivants: • soit les loyers encaissés et les avantages locatifs diminués des charges réelles; • soit 80% des loyers encaissés et des avantages locatifs.

Situés à l'étranger	Non donnés en location	Le moins élevé des deux montants suivants: • soit la valeur locative présumée diminuée des impôts étrangers et des charges réelles; • soit 80 % de la valeur locative présumée diminuée préalablement des impôts étrangers.
	Donnés en location	Le moins élevé des deux montants suivants: • soit les loyers encaissés et les avantages locatifs diminués des impôts étrangers et charges réelles; • soit 80 % des loyers encaissés et des avantages locatifs diminués préalablement des impôts étrangers.
Immeubles bâtis		
Situés en Belgique	Non donnés en location	Le moins élevé des deux montants suivants: • soit le RC indexé; • soit (le RC indexé × 10/6) diminué des charges réelles.
	Donnés en location	Le moins élevé des deux montants suivants: • soit les loyers encaissés et des avantages locatifs diminués des frais réels; • soit 60 % des loyers reçus et des avantages locatifs (le forfait de 40 % ne peut excéder 2/3 du RC multiplié par un coefficient de revalorisation).
Situés à l'étranger	Non donnés en location	Le moins élevé des deux montants suivants: • soit la valeur locative présumée diminuée des impôts étrangers et des charges réelles; • soit 60 % de la valeur locative présumée diminuée préalablement des impôts étrangers.
	Donnés en location	Le moins élevé des deux montants suivants: • soit les loyers encaissés et les avantages locatifs diminués des impôts étrangers et charges réelles; • soit 60 % des loyers encaissés et des avantages locatifs diminués préalablement des impôts étrangers.
Revenus professionnels		
Rémunérations de travailleurs		Le moins élevé des trois montants suivants: • les rémunérations brutes diminuées des charges réelles; • 80 % des rémunérations brutes; • les rémunérations brutes diminuées de 440,00 EUR (exercice d'imposition 2017).
Profits		Le moins élevé des trois montants suivants: • les profits bruts diminués des charges réelles; • 80 % des profits bruts; • les profits bruts diminués de 440,00 EUR (exercice d'imposition 2017).
Autres (bénéfices, rémunérations des dirigeants d'entreprise, ...)		Le moins élevé des deux montants suivants: • soit le revenu brut diminué des charges réelles; • soit 80 % du revenu brut.

Revenus mobiliers		
Rentes viagères à capital abandonné		80 % de 3 % du capital abandonné.
Autres		Le moins élevé des deux montants suivants : • soit le montant net encaissé augmenté, s'il y a lieu, des frais d'encaissement et de garde et du précompte mobilier moins les charges réelles ; • soit 80 % du revenu brut.
Revenus divers		
Rentes alimentaires	Périodiques (non capitalisées)	80 % du montant brut des rentes annuelles perçues.
	Capitalisées	80 % du montant de la rente fictive de conversion.
Autres		Le moins élevé des deux montants suivants : • soit le montant net encaissé diminué des charges réelles ; • soit 80 % du revenu brut.

2.2.2. *Montants qui ne sont pas pris en considération*

Pour déterminer le montant net des ressources, il est fait abstraction :

- des allocations familiales ;
- des allocations de naissance ;
- des primes d'adoption légales ;
- des bourses d'étude ;
- des primes à l'épargne prénuptiale ;
- des allocations à charge du Trésor qui sont octroyées aux handicapés ;
- de la première tranche de 25.260,00 EUR pour l'exercice d'imposition 2017 du montant brut des pensions, rentes et allocations en tenant lieu (visées à l'article 34), perçues par des ascendants ou collatéraux du contribuable ou de son conjoint qui étaient âgés de 65 ans ou plus au 1er janvier 2017 ;
- des rémunérations perçues par des handicapés, en raison de leur emploi dans un atelier protégé reconnu ;
- des indemnités obtenues par des handicapés qui travaillent dans un atelier protégé reconnu, en compensation de la perte qu'ils subissent par suite de maladie, chômage, etc. (circulaire n° Ci.RH.331/4912.548 du 5 novembre 1998) ;
- des rentes alimentaires ou rentes alimentaires complémentaires, lorsque ce montant a été fixé ou augmenté avec effet rétroactif en exécution d'une décision judiciaire et lorsque ce montant est payé après la période imposable à laquelle il se rapporte ;
- de la première tranche de 3.140,00 EUR, pour l'exercice d'imposition 2017, du montant brut des rentes alimentaires attribuées aux enfants ;
- de la première tranche de 2.610,00 EUR, pour l'exercice d'imposition 2017, du montant brut des rémunérations perçues par des étudiants en exécution d'un contrat de travail d'occupation d'étudiants ;
- de la première tranche de 2.660,00 EUR, pour l'exercice d'imposition 2018, du montant brut des rémunérations perçues par des apprentis en formation en alternance visés à l'article 1er*bis* de l'arrêté royal du 28 novembre 1969 pris en exécution de la loi du 27 juin 1969 révisant l'arrêté-loi du 28 décembre 1944 concernant la sécurité sociale des

travailleurs ainsi que des bénéfices, profits et rémunérations de dirigeant, produits ou recueillis par des étudiants-indépendants visés à l'article 5*quater* de l'arrêté royal n° 38 du 27 juillet 1967 organisant le statut social des travailleurs indépendants[8].

Quelques cas particuliers :

a) Couple d'ascendants âgés de 65 ans ou plus au 1er janvier 2017
(code 1043-24 de la déclaration)

Circulaire n° Ci.RH.331/594.501 (AFER 65/2010) du 25 octobre 2010
Addendum du 14.12.2012

Lorsqu'un couple d'ascendants fait partie du ménage du contribuable, le montant net des ressources des deux ascendants est cumulé pour déterminer si la limite n'est pas dépassée.

Si le montant de l'ensemble des ressources nettes des deux ascendants est :

Inférieur à 3.140,00 EUR	Les deux ascendants sont considérés comme étant à charge du contribuable.
Compris entre 3.140,00 EUR et 6.280,00 EUR	Un des deux ascendants est considéré comme étant à charge du contribuable. C'est au contribuable qu'il appartient de déterminer lequel des deux ascendants il prend à charge.
Supérieur à 6.280,00 EUR	Aucun des deux ascendants n'est à charge du contribuable.

ex *Luc (né le 24 juin 1946) et son épouse Marguerite (née le 3 mai 1950), ont perçu en 2016 une pension de :*

- *25.400,00 EUR pour Luc ;*
- *21.000,00 EUR pour Marguerite.*

Pour des raisons sociales, ils sont domiciliés depuis le 3 mars 2015 chez leur fille Sorenza.

Outre leurs pensions, ils ont également perçus en 2016 des loyers pour un montant de 6.000,00 EUR suite à la location d'un immeuble situé en Belgique dont ils sont propriétaires à concurrence de 50 % chacun.

Détermination des ressources nettes		
	Luc	*Marguerite*
Pension	*(25.400,00 – 24.760,00) × 80 % = 512,00*	*0,00 (21.000,00 < 24.760,00)*
Immeuble	*3.000,00 × 60 % = 1.800,00*	*3.000,00 × 60 % = 1.800,00*
Total	***2.312,00***	***1.800,00***
Conclusion	*Les ressources nettes cumulées des ascendants de Sorenza (4.112,00) sont comprises entre 3.140,00 et 6.280,00. Marguerite, dont les ressources sont les moins élevées, peut être à charge de Sorenza.*	

Du fait de l'exclusion des ressources de la première tranche de 25.260,00 EUR des pensions perçues par les ascendants et collatéraux jusqu'au deuxième degré âgés de 65 ans ou plus, ces ascendants peuvent disposer d'un montant substantiel de moyens propres sans que le montant maximum des ressources (3.140,00 EUR) soit dépassé.

8 Article 8 de la loi du 18 décembre 2016 fixant le statut social et fiscal de l'étudiant-indépendant. Cet article 8 entre en vigueur à partir de l'exercice d'imposition 2018.

Cependant, dans beaucoup de cas, ces ascendants assument eux-mêmes leurs frais de nourriture, d'habillement, de soins médicaux et autres dépenses personnelles. C'est pour cette raison que l'administration a décidé qu'il n'y a pas lieu de refuser la prise en charge d'un ascendant âgé de plus de 65 ans, pour la seule raison que le contribuable n'a pas contribué aux dépenses personnelles de l'ascendant.

b) Les rémunérations reçues par des étudiants en exécution d'un contrat de travail

Les rémunérations qui n'entrent pas en considération pour déterminer le montant des ressources nettes sont pour partie celles qui sont perçues en exécution d'un contrat d'occupation d'étudiants au sens du titre VII de la loi du 3 juillet 1978 relative aux contrats de travail.

Les rémunérations issues d'un stage ou d'un contrat d'apprentissage sont toujours prises en considération.

Les étudiants suivants sont exclus du champ d'application du Titre VII, L 3.7.1978 :

- ceux qui travaillent depuis au moins 6 mois ;
- ceux qui sont inscrits dans une école du soir ou suivent un enseignement à horaire réduit. Sous certaines conditions, ces étudiants peuvent toutefois conclure un contrat d'occupation d'étudiants pendant les périodes de vacances scolaires ;
- ceux qui effectuent à titre de stage des travaux non rémunérés faisant partie de leur programme d'études.

Le montant de 2.610,00 EUR est un montant brut. Le montant net des ressources doit être calculé de la manière suivante :

Ressources brutes
– 2.610,00 EUR
– Frais justifiés OU 20 % (minimum de 440,00 EUR)
Ressources nettes

c) Parents ayant la jouissance légale des revenus de leurs enfants

Lorsque les revenus des enfants sont cumulés entièrement ou partiellement avec ceux de leurs parents, seuls les revenus de ces enfants qui ne sont pas cumulés avec ceux des parents doivent être pris en considération pour déterminer si la condition de ressources est respectée.

Les revenus du travail ainsi que les rentes alimentaires versées pour des enfants ne sont jamais cumulés avec les revenus des parents. Ces revenus sont des revenus personnels de l'enfant et doivent être mentionnés dans sa déclaration fiscale.

Dans l'hypothèse où l'administration n'a pas envoyé de déclaration, l'enfant ou ses parents doivent en demander une au service de taxation concerné.

ex *Luc, né le 29 janvier 2000, vit chez sa mère divorcée. Celle-ci a obtenu la jouissance légale des revenus de son fils Luc.*

Il a perçu en 2016 :

- *une rente alimentaire de 4.680,00 EUR versée par son père ;*
- *des rémunérations d'un travail de vacances (contrat d'occupation d'étudiant) de 4.380,00 EUR ;*
- *des loyers pour un montant de 4.000,00 EUR relatifs à la location d'un immeuble situé en Belgique qui lui a été légué par son grand-père.*

Il n'a pas de charges réelles justifiées.

Détermination des ressources nettes		
	Luc	
Rente alimentaire	*(4.680,00 – 3.140,00) × 80 % = **1.232,00***	
Rémunérations	*Le moins élevé des trois montants suivants :*	***1.390,00***
	– les rémunérations brutes diminuées des charges réelles	*(4.380,00 – 2.560,00(*)) – 0,00 (pas de charges réelles) = 1.820,00*
Rémunérations	*– 80 % des rémunérations brutes*	*80 % × (4.380,00 – 2.560,00) = 1.456,00*
	– les rémunérations brutes diminuées de 440,00 EUR (exercice d'imposition 2017)	*(4.380,00 – 2.560,00) – 440,00 = 1.380,00*
Immeuble	*Le loyer ne doit pas être pris en considération pour la détermination des ressources nettes, étant donné que la mère de Luc a la jouissance légale des revenus de son fils. Elle doit donc déclarer ces revenus.*	
Total	***1.232,00 + 1.380,00 = 2.612,00***	
Conclusion	*Les ressources nettes de Luc (2.612,00 EUR) n'excèdent pas 4.530,00 EUR. La mère de Luc peut prendre ce dernier à charge. Elle doit mentionner au code 1030-37 de la déclaration le nombre 1.*	

(*) Pour rappel, le montant de la première tranche de 2.610,00 EUR, pour l'exercice d'imposition 2017, du montant brut des rémunérations perçues par des étudiants en exécution d'un contrat de travail d'occupation d'étudiants ne constitue pas une ressource.

2.3. Pas de rémunération à charge du contribuable

Pour être considéré comme étant à charge du contribuable, l'enfant, l'ascendant, le collatéral, etc. du contribuable ou de son conjoint ne peuvent pas avoir bénéficié, en 2016, de la part du contribuable ou de son conjoint des rémunérations constituant dans leur chef des charges admises au titre de frais professionnels.

Dans un arrêt du 12 mai 1987, la Cour d'appel de Gand précise que les cotisations sociales qu'un contribuable verse pour un de ses enfants, employé comme aidant indépendant, ne constituent pas des rémunérations pour ce dernier, mais bien une cotisation personnelle due en exécution de la législation sociale. Cet enfant peut donc rester à charge pour autant que le contribuable ne lui verse aucune rémunération et que les autres conditions soient remplies.

De même, à partir de l'exercice d'imposition 2018, ne sont pas considérées comme étant à charge du contribuable, les personnes qui font partie de son ménage et qui bénéficient en tant qu'étudiants-indépendants visés à l'article 5*quater* de l'arrêté royal n° 38 du 27 juillet 1967 organisant le statut social des travailleurs indépendants, de rémunérations de dirigeant d'entreprise qui constituent des frais professionnels pour une société, lorsqu'il est satisfait aux deux conditions suivantes :

a) le contribuable exerce le contrôle sur la société dans le sens de l'article 5 du Code des sociétés ;

b) le contribuable est, directement ou indirectement, un dirigeant d'entreprise visé à l'article 32, alinéa 1er, de la société[9].

[9] Article 9 de la loi du 18 décembre 2016 fixant le statut social et fiscal de l'étudiant-indépendant. Cet article entre en vigueur à partir de l'exercice d'imposition 2018.

Cette «exclusion» ne s'applique que si les rémunérations de dirigeant d'entreprise visées excèdent 2.000,00 EUR et constituent plus de la moitié des revenus imposables, exception faite des rentes alimentaires.

3. Avantage fiscal

131

Circulaire n° Ci.RH.331/604.675 (AFER 53/2010) du 2 août 2010

3.1. Montant de base de la quotité du revenu exemptée d'impôt

Le montant de base de la quotité du revenu exemptée d'impôt s'élève à 7.130,00 EUR pour l'exercice d'imposition 2017.

Ce montant est porté à 7.420,00 EUR pour les contribuables à bas ou moyens revenus. Les bas et moyens revenus visés sont des revenus imposables globalement jusqu'à 26.510,00 EUR par contribuable.

ex *Pour la période imposable 2016, Luc a un revenu imposable globalement de 22.200,00 EUR. Le montant de base de sa quotité du revenu exemptée d'impôt s'élève 7.420,00 EUR.*

Dans le but d'éviter qu'un dépassement minime de revenus imposables globalement de 26.510,00 EUR entraîne un brusque saut du montant de l'impôt dû, une règle de palier a été introduite.

Ainsi, pour le contribuable avec un revenu imposable globalement compris entre 26.510,00 EUR et 26.800,00 EUR, la quotité du revenu exemptée d'impôt s'élève à:

7.420,00 EUR – (le revenu imposable globalement – 26.510,00 EUR)

Le revenu imposable à prendre en considération est, lorsqu'une imposition commune est établie, le revenu imposable après application des articles 87 et 88 du Code des impôts sur les revenus (quotient conjugal).

ex *Pour la période imposable 2016, Luc a un revenu imposable globalement de 26.640,00 EUR. Le montant de base de sa quotité du revenu exemptée d'impôt s'élève à 7.290,00 EUR à savoir 7.420,00 EUR – (26.640,00 EUR – 26.510,00 EUR).*

Le législateur a instauré, suite à la transformation de la «déduction pour habitation unique» en une réduction d'impôt, un mécanisme qui neutralise l'impact négatif qui en résulte pour les contribuables qui ont contracté un emprunt avant le 1er janvier 2015.

L'article 131 du Code des impôts sur les revenus a ainsi été adapté de telle sorte que les contribuables qui auraient eu droit à la quotité du revenu exemptée d'impôt majorée par la «déduction pour habitation unique», conservent cet avantage suite à la conversion de la déduction en une réduction d'impôt.

L'article 131, alinéa 2 du Code des impôts sur les revenus prévoit que:

- lorsqu'un contribuable a fait des dépenses qui entrent en ligne de compte pour une réduction d'impôt pour habitation unique (régionale ou fédérale);
- et que ce contribuable n'a pas droit à un montant de base exempté d'impôt majoré étant donné que son revenu imposable dépasse 26.510,00 EUR;

La quotité de revenu exemptée d'impôt sera calculée de la manière suivante:

- le montant de base de 7.130,00 EUR;

- majoré de la différence positive entre d'une part, 7.420,00 EUR et 7.130,00 EUR soit 290,00 EUR et, d'autre part le revenu imposable du contribuable après déduction du montant des dépenses pour lequel la réduction d'habitation propre et unique est accordée et 26.510,00 EUR.

ex *Pour la période imposable 2016, Luc a un revenu imposable globalement de 29.710,00 EUR. Le montant des dépenses pour lequel une réduction d'impôt pour habitation propre et unique est accordée à Luc s'élève à 3.070,00 EUR. La quotité de revenu exemptée d'impôt s'élève à :*
- *le montant de base : 7.130,00 EUR ;*
- *la différence positive entre :*
  - *d'une part 290,00 EUR ;*
  - *et d'autre part (29.710,00 EUR – 3.070,00 EUR) – 26.510,00 EUR = 130,00 EUR.*

Le montant de base de la quotité du revenu exemptée d'impôt s'élève donc à 7.290,00 EUR (7.130,00 EUR + 160,00 EUR).

À partir de l'exercice d'imposition 2019, la limite de revenus de 15.220,00 EUR (montant non indexé – 26.510,00 EUR montant indexé pour l'année d'imposition 2017) est portée à 25.220,00 EUR (montant non indexé).

À partir de l'exercice d'imposition 2020, le législateur a prévu une quotité du revenu exemptée d'impôt uniforme quelle que soit la hauteur des revenus. Le montant de base non indexé de la quotité exemptée d'impôt est portée de 4.095,00 EUR (7.130,00 EUR montant indexé pour l'exercice d'imposition 2017) – 4.260,00 EUR (7.420 EUR montant indexé pour l'exercice d'imposition 2017) pour les contribuables à bas ou moyens revenus – à 4.785,00 EUR.

Ces augmentations ont pour effet que la correction prévue à l'article 131, alinéa 2 suite à la transformation de la «déduction de l'avantage pour habitation unique» (bonus logement) en une réduction d'impôt n'est plus nécessaire à partir de l'exercice d'imposition 2019.

3.2. Majoration de la quotité du revenu exemptée d'impôt

3.2.1. *Personnes à charge*

Le montant de base de la quotité du revenu exemptée d'impôt est majoré lorsque les personnes suivantes sont à charge du contribuable ou de son conjoint :
- leurs enfants ;
- leurs parents, grands-parents, arrière-grands-parents, etc. ;
- leurs frères et sœurs ;
- les personnes ayant assumé la charge exclusive ou principale du contribuable ou de son conjoint pendant leur enfance (parents adoptifs).

Enfants à charge du contribuable ou de son conjoint	Codes de la déclaration	Montant de la majoration de la quotité de revenu exemptée d'impôt pour l'exercice d'imposition 2017
Nombre d'enfants à charge	1030-37	
1		1.520,00 EUR
2		3.900,00 EUR
3		8.740,00 EUR
4		14.140,00 EUR
Supplément par enfant au-delà du quatrième		5.400,00 EUR

Enfants à charge du contribuable ou de son conjoint	Codes de la déclaration	Montant de la majoration de la quotité de revenu exemptée d'impôt pour l'exercice d'imposition 2017
Autres personnes à charge		
Ascendants âgés de 65 ans ou plus au 1er janvier 2017	1043-24	3.030,00 EUR par personne à charge
Ascendants âgés de moins de 65 ans au 1er janvier 2017	1032-35	1.520,00 EUR par personne à charge
Frères et sœurs âgés de 65 ans ou plus au 1er janvier 2017	1043-24	3.030,00 EUR par personne à charge
Frères et sœurs âgés de moins de 65 ans au 1er janvier 2017	1032-35	1.520,00 EUR par personne à charge
Parents adoptifs	1032-35	1.520,00 EUR par personne à charge

3.2.2. *Autres majorations*

Le législateur a prévu d'autres majorations dans les cas suivants:

A. Enfants âgés de moins de trois ans

1038-29/1054-13 et 1058-09

Les enfants concernés sont les enfants:

- n'ayant pas atteint l'âge de trois ans au 1er janvier 2017 (ou qui ne l'auraient pas atteint en ce qui concerne les enfants décédés au cours de l'année 2016), y compris:
  - les enfants décédés;
  - les enfants enlevés ou disparus qui sont censés faire partie du ménage du contribuable (*cf.* page 48);
- et pour lesquels les contribuables ne revendiquent pas de déduction de frais de garde (code 1384-71 de la déclaration).

Une majoration de la quotité du revenu exemptée d'impôt à concurrence de 570,00 EUR est octroyée pour chacun de ces enfants.

Lorsque deux contribuables imposés séparément exercent conjointement l'autorité parentale sur un enfant qui est hébergé de manière égalitaire, le contribuable chez qui l'enfant n'est pas domicilié peut (à condition de ne pas opter pour la déduction des frais de garde d'enfant) revendiquer la moitié du supplément à la quotité du revenu exemptée d'impôt pour enfant de moins de 3 ans.

B. Contribuable imposé isolément avec enfants à charge ou coparenté

Aucun

Une majoration de 1.520,00 EUR de la quotité du revenu exemptée d'impôt est octroyée aux contribuables imposés isolément.

Le supplément pour parent isolé avec enfants à charge est également accordé aux contribuables imposés isolément, qui n'ont pas d'enfant à charge, mais à qui la moitié des suppléments sur la quotité du revenu exemptée d'impôt pour un ou plusieurs enfants à charge est attribuée en application de la répartition égalitaire de l'hébergement (*cf.* page 56).

C. Mariage ou déclaration de cohabitation légale en 2016

1003-64/1004-63 ou 1007-60/1008-59

Une majoration de 1.520,00 EUR de la quotité du revenu exemptée d'impôt est octroyée au contribuable qui s'est marié ou a fait une déclaration de cohabitation légale en 2016. Pour pouvoir bénéficier de cette majoration, l'autre conjoint ne peut pas avoir bénéficié personnellement, au cours de cette année 2016, de ressources d'un montant net supérieur à 3.140,00 EUR.

D. Personnes, autres qu'enfants, atteintes d'un handicap grave

1033-34/1044-23

Est considérée comme handicapée, la personne dont il est établi qu'en raison des faits survenus et constatés avant l'âge de 65 ans :

- soit son état physique ou psychique a réduit sa capacité de gain à un tiers ou moins de ce qu'une personne valide est en mesure de gagner en exerçant une profession quelconque sur le marché général du travail ;
- soit son état de santé provoque un manque total d'autonomie ou une réduction d'autonomie d'au moins 9 points, mesurés conformément aux guide et échelle médico-sociale applicables dans le cadre de la législation relative aux allocations aux handicapés ;
- soit, après la période d'incapacité primaire prévue à l'article 87 de la loi relative à l'assurance obligatoire soins de santé et indemnités, coordonnée le 14.7.1994, sa capacité de gain est réduite à un tiers ou moins comme prévu à l'article 100 de la même loi coordonnée ;
- soit, par une décision administrative ou judiciaire, qu'elle est handicapée physiquement ou psychiquement ou en incapacité de travail de façon permanente pour au moins 66 %.

Le handicap peut être établi indépendamment de l'âge de l'intéressé, à la condition que les faits ayant entraîné ce handicap soient survenus et constatés avant l'âge de 65 ans. Autrement dit, une personne dont le degré de handicap n'a pas été établi avant cet âge a donc la possibilité de le faire établir après 65 ans pour autant qu'il prouve par tous moyens de preuve admis par le droit commun (par exemple, un jugement) que ce handicap est la conséquence de faits qui se sont produits et qui ont été constatés avant l'âge de 65 ans.

Une majoration de 1.520,00 EUR de la quotité du revenu exemptée d'impôt est octroyée pour le handicap.

E. Enfants atteints d'un handicap grave

1031-36/1035-32/1037-30/1039-28/1055-12 et 1059-08

Un enfant est considéré comme handicapé et compté pour deux lorsqu'il est :

- soit atteint à 66 % au moins d'une insuffisance ou d'une diminution de capacité physique ou psychique du chef d'une ou de plusieurs affections ;
- soit considéré comme handicapé suivant les critères valables pour les autres personnes handicapées.

3.2.3. *Synthèse en matière de personnes handicapées*

En résumé, les majorations de la quotité exemptée pour les personnes handicapées sont les suivantes :

Handicap	Code de la déclaration	Avantage fiscal (exercice d'imposition 2017)
Du contribuable	Code 1028-39	Majoration de la quotité du revenu exemptée d'impôt à concurrence de 1.520,00 EUR.
Du conjoint ou cohabitant légal du contribuable	Code 2028-09	Majoration de la quotité du revenu exemptée d'impôt à concurrence de 1.520,00 EUR.
Des enfants	Code 1031-36 Code 1035-32 Code 1037-30	Les enfants considérés comme handicapés sont comptés pour deux.
Enfants âgés de moins de trois ans	Code 1039-28 Code 1055-12 Code 1059-08	Majoration de la quotité du revenu exemptée d'impôt à concurrence de 570,00 EUR par enfant handicapé âgé de moins de trois ans.
Ascendants ou collatéraux âgés de 65 ans ou plus au 1er janvier 2017 mentionnés au code 1043 de la déclaration	Code 1044-23	Majoration de la quotité du revenu exemptée d'impôt à concurrence de 3.030,00 EUR par personne handicapée à charge.
Parents adoptifs, ascendants ou collatéraux âgés de moins de 65 ans au 1er janvier 2017 mentionnés au code 1032 de la déclaration	Code 1033-34	Majoration de la quotité du revenu exemptée d'impôt à concurrence de 1.520,00 EUR par personne handicapée à charge.

3.3. Imputation des majorations

Pour les personnes mariées (code 1002-65 de la déclaration) et les cohabitants légaux (code 1006-61 de la déclaration) qui font l'objet d'une imposition commune, les majorations de la quotité du revenu exemptée d'impôt, à l'exception de la majoration de 1.520,00 EUR lorsque le contribuable est atteint d'un handicap (code 1028-39 de la déclaration), sont imputées par priorité au conjoint ou au cohabitant légal qui a le revenu imposable le plus élevé.

ex *La composition du ménage de Luc (handicapé) et Marguerite, cohabitants légaux depuis 2014, est la suivante :*

- *un fils, né le 26 février 2010 ;*
- *une fille handicapée, née le 27 janvier 2015.*

Aucun frais de garde d'enfants n'a été supporté pendant l'année 2016. Les revenus nets imposables (globalement) de Luc et Marguerite s'élèvent respectivement à 29.000,00 EUR et 36.000,00 EUR.

Le cadre II de la déclaration est complété de la manière suivante:

A. Renseignements d'ordre personnel		
1. Au 1er janvier 2017, vous étiez:		
Code 1006-61	*Cohabitant légal*	
2. Cette déclaration concerne:		
Code 1028-39	*Une personne gravement handicapée*	
B. Charges de famille		
1. a) Nombre d'enfants qui peuvent être considérés fiscalement comme étant totalement à votre charge	*Code 1030-37*	*2*
1. b) Nombre d'enfants visés au 1, a) atteints d'un handicap grave	*Code 1031-36*	*1*
1. c) Nombre d'enfants visés au 1, a) qui étaient âgés de moins de trois ans au 1er janvier 2017 et pour lesquels vous ne revendiquez pas de réduction d'impôt pour frais de garde d'enfant au cadre X, B	*Code 1038-29*	*1*
1. d) Nombre d'enfants visés au 1, c) atteints d'un handicap grave	*Code 1039-28*	*1*

La quotité du revenu exemptée d'impôt se présente comme suit:

	Luc	***Marguerite***
Montant de base	*7.130,00*	*7.130,00*
Handicap du contribuable	*1.520,00*	
Enfants à charge (2)		*3.900,00*
Enfants à charge – handicapés (1)		*4.840,00 [8.740,00 (3 enfants) – 3.900,00 (2 enfants)]*
Enfant âgé de moins de trois ans (1)		*570,00*
Enfant âgé de moins de trois ans – handicapé (1)		*570,00*
Montant total de la quotité du revenu exemptée d'impôt	***8.650,00***	***17.010,00***

3.4. Calcul de l'impôt

L'impôt de base sur l'ensemble des revenus imposables est diminué de l'impôt dû sur la quotité du revenu exemptée d'impôt.

L'impôt dû sur les quotités du revenu exemptées d'impôt est calculé sur la base du barème repris à l'article 134, § 2, du Code des impôts sur les revenus:

Tranches (exercice d'imposition 2017)	Taux
De 0,00 EUR à 8.760,00 EUR	25 %
De 8.760,00 EUR à 12.470,00 EUR	30 %
De 12.470,01 EUR à 20.780,00 EUR	40 %
De 20.780,00 EUR à 38.080,00 EUR	45 %
Au-delà de 38.080,00 EUR	50 %

3.5. Crédit d'impôt

Article 134 § 3 CIR

Bon nombre de familles nombreuses ne bénéficient pas totalement de l'exonération d'impôt pour enfants à charge.

En effet, l'exonération progressive a pour conséquence, pour les bas revenus, que la quotité du revenu exemptée d'impôt peut excéder le revenu imposable.

Le législateur, afin de remédier à cette situation, a prévu que la partie non utilisée de la quotité du revenu exemptée d'impôt afférente uniquement aux enfants à charge soit convertie en un crédit d'impôt remboursable avec un maximum de 440,00 EUR par enfant à charge (montant indexé pour l'exercice d'imposition 2017).

Lorsque la quotité du revenu exemptée d'impôt se compose de plusieurs éléments, la règle du crédit d'impôt s'applique à l'avantage du contribuable. La partie non utilisée de la quotité du revenu exemptée d'impôt provient en premier lieu du supplément exonéré d'impôts pour enfants à charge.

Le crédit d'impôt est égal à la partie non utilisée de la quotité exemptée d'impôt, multiplié par le taux d'imposition applicable à la tranche de revenus imposables correspondante (*cf.* le point 3.4. ci-dessus).

En cas d'imposition commune, le crédit d'impôt est calculé dans le chef de l'époux avec les revenus imposables les plus élevés.

Lorsque la répartition de l'avantage fiscal est demandée, l'administration considère que le crédit d'impôt n'est accordé qu'au parent chez lequel l'enfant a son domicile fiscal.

ex *La composition du ménage de Marguerite (handicapée), séparée de fait depuis le 7 mars 2015, est la suivante :*

- *un fils, né le 26 février 2010 ;*
- *une fille handicapée, née le 27 janvier 2015.*

Aucun frais de garde d'enfants n'a été supporté pendant l'année 2016. Le revenu net imposable globalement de Marguerite s'élève à 15.420,00 EUR.

Le cadre II de la déclaration de Marguerite est complété de la manière suivante:

A. Renseignements d'ordre personnel		
1. Au 1er janvier 2017, vous étiez:		
Code 1018-49	*Séparée de fait*	
2. Cette déclaration concerne:		
Code 1028-39	*Une personne gravement handicapée*	
B. Charges de famille		
1. a) Nombre d'enfants qui peuvent être considérés fiscalement comme étant totalement à votre charge	*Code 1030-37*	*2*
1. b) Nombre d'enfants visés au 1, a) atteints d'un handicap grave	*Code 1031-36*	*1*
1. c) Nombre d'enfants visés au 1, a) qui étaient âgés de moins de trois ans au 1er janvier 2017 et pour lesquels vous ne revendiquez pas de réduction d'impôt pour frais de garde d'enfant au cadre X, B	*Code 1038-29*	*1*
1. d) Nombre d'enfants visés au 1, c) atteints d'un handicap grave	*Code 1039-28*	*1*

La quotité du revenu exemptée d'impôt se présente comme suit:

	Marguerite
Montant de base	*7.420,00*
Handicap du contribuable	*1.520,00*
Enfants à charge (2)	*3.900,00*
Enfants à charge – handicapés (1)	*4.750,00 (8.740,00 (3 enfants) – 3.900,00 (2 enfants))*
Enfants âgés de moins de trois ans (1)	*570,00*
Enfants âgés de moins de trois ans – handicapés (1)	*570,00*
Contribuable imposé isolément avec enfants à charge	*1.520,00*
Montant total de la quotité du revenu exemptée d'impôt	***20.340,00***

Marguerite bénéficie, pour la partie non utilisée de la quotité du revenu exemptée d'impôt afférente uniquement aux enfants, à savoir 4.920,00 EUR, d'un crédit d'impôt de 1.320,00 EUR (4.920,00 × 40% – taux d'imposition applicable – limité à un maximum de 440,00 EUR par enfants à charge, soit un garçon et une fille handicapée comptant pour deux).

3.6. Répartition de l'avantage fiscal résultant de la prise en charge d'enfants communs

Article 132*bis* CIR

Circulaire n° Ci.RH.331/598.621 (AFER 37/2010) du 26 avril 2010

Ciculaire 2017/C/2 du 20 janvier 2017

3.6.1. *Contribuables visés*

Seuls sont susceptibles de bénéficier de cette répartition du montant exonéré d'impôt pour enfants à charge, les contribuables :

- qui ne font plus partie du même ménage ;
- qui remplissent l'obligation d'entretien prévu à l'article 203, § 1er, du Code civil à l'égard de leurs enfants communs et,
- dont *l'hébergement est réparti de manière égalitaire entre les deux contribuables.*

La notion d'« hébergement égalitaire » correspond avec ce qu'on dénommait auparavant « garde conjointe ou partagée ».

Les dispostions de l'article 132*bis* ne sont pas d'application pour les enfants dont le domicile fiscal se situe auprès d'un de leurs parents qui réside à l'étranger et qui ne perçoit pas de revenus imposables en Belgique.

3.6.2. *Formalités à remplir*

Pour que l'administration répartisse l'avantage fiscal résultant de la prise en charge d'enfants communs, il suffit que les deux contribuables mentionnent dans leur déclaration qu'un ou plusieurs de leurs enfants se trouve(nt) dans la situation visée ci-dessus.

Cette répartition égalitaire de l'hébergement doit avoir lieu :

- soit sur la base de la décision (rendue au plus tard le 1er janvier de l'exercice d'imposition 2017 d'un juge de répartir l'hébergement des enfants de manière égalitaire entre les deux contribuables ;
- soit sur la base d'une convention établie par les deux contribuables qui décident de répartir de manière égalitaire entre eux l'hébergement des enfants. Celle-ci doit être homologuée par un juge (par exemple dans le cadre d'un divorce par consentement mutuel) ou enregistrée gratuitement (au plus tard le 1er janvier de l'exercice d'imposition 2017) de telle sorte qu'elle ait date certaine.

Selon le cas envisagé, les contribuables doivent pouvoir fournir à la demande de l'administration une copie de cette décision ou de cette convention aussi longtemps qu'ils remplissent l'obligation d'entretien prévu à l'article 203, § 1er, du Code civil à l'égard d'au moins un des enfants, dont l'hébergement est réparti de manière égalitaire et qui donne droit aux suppléments d'impôts.

Tant la convention que la décision judiciaire doivent mentionner explicitement que l'hébergement des enfants est réparti de manière égalitaire entre les deux parents. Cette condition est instaurée afin d'éviter que les fonctionnaires ne soient amenés à juger si un régime de résidence peut être considéré comme un hébergement égalitaire.

En outre, en cas d'hébergement égalitaire sur la base d'une convention, il doit être précisé dans ladite convention que les contribuables sont d'accord de répartir l'avantage des suppléments à la quotité du revenu exemptée d'impôt pour enfants à charge, en ce qui concerne les enfants pour lesquels un hébergement égalitaire est applicable.

Les conventions existantes (au 1er janvier 2008) homologuées ou enregistrées qui contiennent la clause fiscale obligatoire mais dont les termes «coparenté», «garde alternée» ou «bilocation» sont utilisés à la place de la notion «d'hébergement égalitaire», peuvent être présentées comme des pièces justificatives valables pour le régime de coparenté fiscale tel qu'il est applicable depuis l'exercice d'imposition 2008. Il en est de même pour les décisions judiciaires existantes qui reprennent un régime de «coparenté», de «garde alternée» ou «bilocation».

3.6.3. *Choix entre la coparenté et la déduction des rentes alimentaires*

Il se peut qu'un parent qui paie des rentes alimentaires pour un enfant dans le régime de la «coparenté» trouve toutefois fiscalement plus intéressant de demander la déduction de ces rentes alimentaires plutôt que le transfert de la moitié des suppléments auxquels donne droit cet enfant.

Pour permettre au contribuable de faire le choix de cet avantage fiscal, il est prévu que les suppléments à la quotité du revenu exemptée d'impôt auxquels donne droit cet enfant ne soient pas répartis entre les deux parents si un des parents paie régulièrement pour cet enfant des rentes alimentaires qui sont portées fiscalement en déduction (en application de l'article 104, 1° du Code des impôts sur les revenus).

Cependant, la réparation entre les deux parents de l'avantage fiscal résultant de la prise en charge d'enfants communs peut néanmoins être appliquée pour un enfant pour lequel des arriérés de rentes alimentaires sont portés en déduction. Cette déduction d'arriérés de rentes alimentaires n'est toutefois possible que si aucun transfert de la moitié des suppléments auxquels donne droit cet enfant n'a pas été appliqué lors d'une période imposable antérieure.

ex *La composition du ménage de Marguerite (handicapée), séparée de fait depuis le 7 mars 2015, est la suivante:*

- *un fils, né le 26 février 2010;*
- *un fils, né le 24 janvier 2013;*
- *une fille handicapée, née le 27 janvier 2015.*

Luc (le père des deux derniers enfants) et Marguerite exercent conjointement leur autorité parentale sur leurs enfants communs.

Sur la base d'une convention, Luc et Marguerite ont décidé de répartir de manière égalitaire entre eux l'hébergement de leurs deux enfants communs. Cette convention a été enregistrée le 29 juin 2016.

Dans ladite convention, Luc et Marguerite mentionnent qu'ils sont d'accord de répartir l'avantage des suppléments à la quotité du revenu exemptée d'impôt pour enfants à charge, en ce qui concerne les enfants pour lesquels un hébergement égalitaire est applicable.

Aucun frais de garde d'enfants n'a été supporté pendant l'année 2016. Il n'y a pas eu de versement de rentes alimentaires en 2016 pour les enfants communs. Le revenu net imposable (globalement) de Marguerite s'élève à 36.000,00 EUR.

Le cadre II de la déclaration de Marguerite est complété de la manière suivante:

A. Renseignements d'ordre personnel	
1. Au 1er janvier 2017, vous étiez:	
Code 1018-49	*Séparé de fait*
2. Cette déclaration concerne:	
Code 1028-39	*Une personne gravement handicapée*

B. Charges de famille		
1. a) Nombre d'enfants qui peuvent être considérés fiscalement comme étant totalement à votre charge	*Code 1030-37*	*1*
1. b) Nombre d'enfants visés au 1, a) atteints d'un handicap grave	*Code 1031-36*	*0*
1. c) Nombre d'enfants visés au 1, a) qui étaient âgés de moins de trois ans au 1er janvier 2017 et pour lesquels vous ne revendiquez pas de réduction d'impôt pour frais de garde d'enfant au cadre X, B	*Code 1038-29*	*0*
1. d) Nombre d'enfants visés au 1, c) atteints d'un handicap grave	*Code 1039-28*	*0*
B. Charges de famille		
2. a) Nombre d'enfants qui sont à votre charge fiscalement, mais pour lesquels vous êtes disposé à céder la moitié de l'avantage fiscal à l'autre parent avec qui vous avez la garde conjointe de ces enfants	*Code 1034-33*	*2*
2. b) Nombre d'enfants visés au 2, a) atteints d'un handicap grave	*Code 1035-32*	*1*
2. c) Nombre d'enfants visés au 2, a) qui étaient âgés de moins de trois ans au 1er janvier 2017 et pour lesquels vous ne revendiquez pas de réduction d'impôt pour frais de garde d'enfants au cadre X, B, mais pour lesquels vous êtes disposé à céder la moitié de l'avantage fiscal à l'autre parent avec qui vous avez la garde conjointe de ces enfants	*Code 1054-13*	*1*
2. d) Nombre d'enfants visés au 2, c) atteints d'un handicap grave	*Code 1055-12*	*1*

La quotité du revenu exemptée d'impôt se présente comme suit:

	Marguerite
Montant de base	*7.130,00*
Handicap du contribuable	*1.520,00*
Enfants à charge (3)	*8.740,00*
Enfants à charge (1) – handicapés	*5.400,00 (14.140,00 (4 enfants) – 8.740,00 (3 enfants))*
Enfant âgé de moins trois ans (1)	*570,00*
Enfant âgé de moins trois ans (1) – handicapés	*570,00*
Coparenté à charge (montant négatif)	*– 4.940,00 à savoir:* • *4.370,00 c'est-à-dire 50 % de 8.740,00 (2 enfants communs dont un handicapé) cédé à Luc;* • *570,00 c'est-à-dire 50 % de 1.140,00 (enfant âgé de moins de trois ans handicapé).*
Isolé avec enfants à charge	*1.520,00*
Montant total de la quotité du revenu exemptée d'impôt	***20.510,00***

II.
DÉPENSES FISCALES

Pour rappel, la notion de « dépense fiscale » peut être définie comme une moindre recette découlant d'encouragements fiscaux (quelle que soit la forme de l'avantage : déduction, réduction ou crédit) provenant d'une dérogation au « système général de l'impôt sur les revenus » en faveur de certains contribuables ou de certaines activités économiques, sociales, culturelles, etc., qui pourrait être remplacée par une subvention directe.

1. Dépenses pour la garde d'enfant(s)

Articles 145/35 CIR et 61 AR/CIR

Circulaires n° Ci.RH.26/575.199 du 20 juillet 2006, n° Ci.RH.26/597.041 du 12 mai 2009 et n° Ci.RH.331/635.466 du 29 janvier 2016

1384 (cadre X)

Parmi les diverses dépenses fiscales donnant droit à un avantage fiscal, les frais de garde d'enfants est celle qui se rapproche le plus d'une dépense liée à l'activité professionnelle. En effet, tant pour les familles monoparentales que pour les couples ayant des enfants en bas âge, l'accès à l'emploi est souvent subordonné à la disponibilité de structures d'accueil à des prix abordables.

L'administration considère, en s'appuyant sur la jurisprudence, que les frais de garde d'enfants ne constituent pas des dépenses professionnelles.

Cette dépense fiscale donne droit à une réduction d'impôt (calculée au taux d'imposition de 45 %) pour autant que les conditions suivantes soient respectées :

- le contribuable doit avoir bénéficié de revenus imposables au titre de revenus professionnels ;
- la dépense doit être effectuée pour la garde d'enfant(s) âgé(s) au moment de la garde de moins de 12 ans :
  - qui sont à charge du contribuable, ou
  - qui ne sont pas à charge du contribuable mais pour lesquels le contribuable, en vertu du régime de la coparenté, bénéficie de la moitié de l'avantage fiscal pour enfant à charge ;
- la dépense doit être payée à une institution, à des familles d'accueil, à des crèches, à des écoles maternelles ou primaires autorisées ou agréées ;
- le paiement doit être justifié par des documents probants annexés à la déclaration.

Les dépenses faites ou supportées pour gardes d'enfants avec un handicap lourd qui n'ont pas atteint l'âge de dix-huit ans sont également déductibles aux mêmes conditions.

On entend par enfant avec un handicap lourd, l'enfant qui est bénéficiaire d'allocations familiales majorées sur base d'un des critères suivants :

a) soit, plus de 80% d'incapacité physique ou mentale avec 7 à 9 points de degré d'autonomie, mesuré à l'aide du guide annexé à l'arrêté royal du 3 mai 1991 ;

b) soit, un total de 15 points au moins, établi selon l'échelle médico-sociale conformément à l'arrêté royal du 28 mars 2003.

Pour rappel, la déduction des frais de garde d'enfant(s) ne peut être cumulée avec la majoration du revenu exemptée d'impôt octroyée pour chaque enfant n'ayant pas atteint l'âge de trois ans au 1er janvier 2017.

L'article 145/35 n'exige pas que les dépenses pour gardes d'enfants soient payées personnellement par le redevable. En d'autres termes, il n'y a pas d'exigence concernant la personne qui doit effectuer le paiement effectif. Par conséquent, la réduction d'impôt ne peut pas être refusée lorsque les dépenses pour gardes d'enfants ont été payées par un tiers qui agit au nom et en l'acquit du débiteur conformément à l'article 1236 du Code civil.

1.1. Montant à mentionner dans la déclaration

Le montant à déclarer au cadre X de la déclaration (code 1384-71) correspond au montant réellement payé en 2016. Ce montant ne peut toutefois excéder 11,20 EUR par jour de garde (peu importe la durée de la garde) et par enfant.

ex *La composition du ménage de Luc et Marguerite, cohabitants légaux depuis 2014, est la suivante:*

- *un fils (Romain), né le 5 août 2008;*
- *une fille (Sorenza), née le 16 novembre 2014.*

Les frais de garde suivants ont été supportés pendant l'année 2016:

Sorenza a été gardée 200 jours (110 jours entiers à 15,00 EUR par jour et 90 demi-jours à 7,50 EUR par jour) par une crèche reconnue par l'Office de la Naissance et de l'Enfance;

Romain a participé à un camp sportif organisé par un centre ADEPS (prix de la participation: 175,00 EUR) du 15 août 2016 au 26 août 2016.

Luc et Marguerite complètent les cadres II et X de la déclaration relative à l'exercice d'imposition 2017 de la manière suivante:

Cadre II – Renseignements d'ordre personnel et charges de famille		
A. Renseignements d'ordre personnel		
1. Au 1er janvier 2017, vous étiez:		
Code 1006-61	*Cohabitant légal*	
B. Charges de famille		
1. a) Nombre d'enfants qui peuvent être considérés fiscalement comme étant à votre charge	*Code 1030-37*	*2*

Cadre X – Dépenses donnant droit à des réductions d'impôt		
B. Montant des frais de garde d'enfants qui entrent en considération pour la réduction d'impôt	*Code 1384-71:* ***2.019,00***	*Sorenza:* ***1.907,00*** *110 jours × 11,20 + 90 jours × 7,50*
		Romain: ***112,00*** *10 jours × 11,20 (comme la participation au camp sportif couvre 10 jours, il convient de diviser le montant total de la participation payée par le nombre de jours c'est-à-dire 175,00 / 10 jours = 17,50 par jour).*

1.2. Analyse des conditions

1.2.1. *Première condition: le contribuable a des revenus professionnels*

Le contribuable doit avoir recueilli, au cours de la période imposable 2016, des revenus professionnels, à savoir:

- des bénéfices;
- des profits;

- des bénéfices ou profits d'activité professionnelle antérieure;
- des rémunérations;
- des pensions, rentes et allocations en tenant lieu.

Les revenus professionnels perçus doivent être imposables.

La loi ne fixe aucun minimum en matière de revenus professionnels. Il est satisfait à cette condition même si les revenus professionnels imposables sont, le cas échéant, complètement absorbés, par exemple, par des dépenses admises au titre de frais professionnels.

Lorsqu'une imposition commune est établie, il n'est pas exigé que les deux conjoints ou cohabitants légaux aient bénéficié de revenus professionnels. En effet, il suffit que l'un des deux conjoints ou cohabitants légaux ait perçu de tels revenus.

1.2.2. *Deuxième condition : la dépense doit être exposée pour la garde d'enfant*

La dépense doit être exposée en vue de la garde d'un ou plusieurs enfants qui, au moment de la garde, n'avaient pas encore atteint l'âge de douze ans (dix-huit ans pour les enfants avec un «handicap lourd»).

A. Enfant à charge / Coparenté

Les frais de garde peuvent seulement être déductibles à condition que ces enfants :

- soient à charge du contribuable (voir pages 45 et suivantes) ou
- ne soient pas à charge du contribuable mais pour lesquels le contribuable, en vertu du régime de la coparenté, bénéficie de la moitié de l'avantage fiscal pour enfant à charge (voir page 64).

B. Enfants âgés de moins de douze ans (dix-huit ans pour les enfants avec un «handicap lourd»)

La condition relative à l'âge de l'enfant doit s'apprécier au moment où l'enfant a été confié à un milieu d'accueil collectif.

Il en résulte que les dépenses effectuées après le douzième anniversaire de l'enfant restent déductibles pour l'année de leur paiement effectif pour autant qu'au moment de l'accueil, l'enfant était âgé de moins de douze ans.

ex *La composition du ménage de Luc et Marguerite, mariés depuis 2014, est la suivante :*

- *un fils (Tristan), né le 13 juillet 2002;*
- *une fille (Alizée), née le 13 mars 2004.*

Les dépenses déductibles pour garde d'enfant sont uniquement celles qui ont trait à la garde d'Alizée par une institution reconnue ou agréée pour la période allant du 1er janvier 2016 au 12 mars 2016. Au cours de cette période, Alizée était âgée de moins de douze ans.

C. Garde d'enfant

La dépense doit être relative à des gardes d'enfants effectuées en dehors du temps normal consacré à l'enseignement proprement dit.

Dans ce contexte, ne sont pas déductibles de l'ensemble des revenus nets imposables (globalement) les dépenses concernant la garde d'enfant qui s'intègrent dans la mission d'enseignement de l'école durant les heures normales de classe telles que :

- les dépenses supplémentaires relatives à des cours donnés dans le cadre de l'enseignement;
- les dépenses relatives aux classes vertes, classes de neige ou autres voyages scolaires.

Pendant la période scolaire proprement dite, sont notamment considérées comme des frais de garde d'enfant, les dépenses résultant de la garderie d'enfants effectuée avant le début des cours, pendant l'heure du déjeuner, après les heures normales de classe, le mercredi après-midi, les week-ends et les journées libres. Les dépenses pour des leçons particulières ne sont, par contre, pas considérées comme des dépenses pour garde d'enfant. L'endroit où la garde est organisée (dans ou en dehors de l'école) est sans importance.

En dehors de la période scolaire, les frais de garde d'enfants visés sont ceux supportés pendant toutes les vacances (Toussaint, fin d'année, Carnaval, Pâques, vacances d'été). Ces frais peuvent se rapporter entre autres aux camps de vacances organisés par les mouvements de jeunesse, les plaines de jeux organisées par les communes, les différents stages organisés en matière sportive, linguistique, culturelle, etc.

Les gardes d'enfant peuvent être effectuées tant en Belgique que dans un autre État membre de l'Espace économique européen.

Seuls sont déductibles les frais d'accueil proprement dit. Par conséquent, ne sont pas déductibles :

- les cotisations de membre versées au club de sport, au mouvement de jeunesse, etc. ;
- les éventuels frais supplémentaires tels que des frais de repas, de vêtement, d'uniforme, de matériel, de matériaux pour bricolage, etc.

ex *Luc et Marguerite, mariés depuis 2004, ont effectué au cours de l'année 2016, des dépenses pour la garde de leur fille (Sorenza) née le 24 juin 2008 :*

- *surveillance pendant le temps de midi : 1.485,00 EUR (9,00 EUR × 165 jours). Ce montant comprend les frais de repas chaud qui s'élèvent à 536,25 EUR (3,25 EUR × 165 jours).*
- *cours particuliers d'anglais : 500,00 EUR ;*
- *une semaine de classe verte organisée par l'école : 190,00 EUR ;*
- *cotisation de membre au club de hockey : 125,00 EUR ;*
- *camp sportif d'une durée de trois semaines organisé pendant les vacances d'été par la fédération belge de hockey : 225,00 EUR.*

Luc et Marguerite complètent le cadre X de la déclaration relative à l'exercice d'imposition 2017 de la manière suivante :

Cadre X – Dépenses donnant droit à des réductions d'impôt		
B. Montant des frais de garde d'enfants qui entrent en considération pour la réduction d'impôt	*Code 1384-71 :* ***1.173,75***	*<u>Frais de surveillance pendant le temps de midi</u> :* ***948,75*** *c'est-à-dire (9,00 – 3,25) × 165 jours* *Ces dépenses sont considérées comme des dépenses relatives à la garde d'enfant à l'exception des frais de repas.* *<u>Cours particuliers d'anglais</u> : 0,00* *Les dépenses pour des leçons particulières ne sont pas considérées comme des dépenses pour garde d'enfant.* *<u>Classe verte organisée par l'école</u> : 0,00* *Cette dépense n'est pas considérée comme une dépense pour garde d'enfant étant donné qu'il s'agit d'une activité d'enseignement organisée par l'école durant les heures normales de classe.* *<u>Cotisation de membre au club de hockey</u> : 0,00* *Les cotisations de membres versées à un club de sport ne sont pas considérées comme des dépenses pour garde d'enfant.* *Camp sportif :* ***225,00*** *La participation au camp est considérée comme une dépense effectuée pour la garde d'enfant(s).*

1.2.3. *Troisième condition : la dépense doit être payée à une institution reconnue ou agréée*

Pour être déduites de l'ensemble des revenus nets imposables, les dépenses engagées pour la garde d'enfant(s) doivent être payées :

- à des institutions ou des milieux d'accueil reconnus, subsidiés ou contrôlés par :
  - Kind en Gezin ;
  - l'ONE ;
  - le gouvernement de la communauté germanophone ;
  - des institutions publiques étrangères établies dans un autre État membre de l'Espace économique européen ;
- à des milieux d'accueil reconnus, subsidiés ou contrôlés par :
  - les pouvoirs publics locaux ;
  - un organe communautaire ;
  - un organe régional ;
- à des écoles maternelles ou primaires ;
- à des milieux d'accueil ayant un lien quelconque avec l'école (maternelle ou primaire) ou son pouvoir organisateur.

1.2.4. *Quatrième condition : la dépense doit être justifiée par des documents probants*

La dépense engagée pour la garde d'enfant(s) doit être prouvée au moyen de documents justificatifs permettant d'établir, de manière suffisante, la réalité et le montant de la dépense.

Généralement, cette preuve consiste en une attestation délivrée par l'institution ou milieu d'accueil reconnu ou agréé au débiteur de ces dépenses. Cette attestation n'est délivrée que pour l'année au cours de laquelle les dépenses pour garde d'enfant ont été effectivement payées. Cette preuve peut également être apportée par tout autre moyen de preuve.

En ce qui concerne le paiement des allocations familiales relatives à des enfants qui sont placés dans des internats ou des semi-internats, il se peut qu'une partie de ces allocations doive être directement payée à l'institution en application de l'article 70 des lois coordonnées relatives aux allocations familiales pour travailleurs salariés.

Les allocations familiales qui, dans ce cadre, sont payées directement à l'institution, peuvent effectivement être considérées comme des dépenses pour garde d'enfants, de sorte que l'institution en question peut délivrer une attestation pour ces dépenses, pour autant bien entendu que toutes les autres conditions soient remplies (circulaire n° Ci.RH.26/577.313 (AFER 31/2008) du 20 septembre 2008).

1.3. **Avantage fiscal**

Les sommes versées en 2016 au titre de frais de garde d'enfant donnent droit à une réduction d'impôt calculée au taux d'imposition de 45 %.

Lorsqu'une imposition commune est établie, la réduction est répartie proportionnellement en fonction de l'ensemble des revenus nets des deux contribuables.

ex *La composition du ménage de Luc (handicapé) et Marguerite, cohabitants légaux depuis 2014, est la suivante :*

- *un fils, né le 26 février 2006 ;*
- *une fille handicapée, née le 27 janvier 2011.*

Des frais de garde d'enfants déductibles (2.424,00 EUR) ont été supportés pendant l'année 2016. Les revenus nets imposables (globalement) de Luc et Marguerite s'élèvent respectivement à 29.000,00 EUR et 36.000,00 EUR. Luc et Marguerite complètent les cadres II et X de la déclaration relative à l'exercice d'imposition 2017 de la manière suivante:

Cadre II – Renseignements d'ordre personnel et charges de famille		
A. Renseignements d'ordre personnel		
1. Au 1er janvier 2017, vous étiez:		
Code 1006-61	*Cohabitant légal*	
2. Cette déclaration concerne:		
Code 1028-39	*Une personne gravement handicapée*	
B. Charges de famille		
1. a) Nombre d'enfants qui peuvent être considérés fiscalement comme étant totalement à votre charge	*Code 1030-37*	*2*
1. b) Nombre d'enfants visés au 1, a) atteints d'un handicap grave	*Code 1031-38*	*1*
1. c) Nombre d'enfants visés au 1, a) qui étaient âgés de moins de trois ans au 1er janvier 2017 et pour lesquels vous ne revendiquez pas de réduction d'impôt pour frais de garde d'enfants au cadre X, B	*Code 1038-29*	*0*

Cadre X – Dépenses donnant droit à des réductions d'impôt	
B. Montant des frais de garde d'enfants qui entrent en considération pour la réduction d'impôt	*Code 1384-71:* ***2.424,00***

La réduction d'impôt des frais de garde d'enfant est déterminée de la manière suivante:

	Luc	Marguerite
Total des revenus nets	29.000,00	36.000,00
Montant donnant droit à la réduction d'impôt (45 %)	1.081,48 c'est-à-dire 2.424,00 × (29.000,00 / 65.000,00)	1.342,52 c'est-à-dire 2.424,00 × (36.000,00 / 65.000,00)

2. Rentes alimentaires versées

Articles 104, 1er et 2e, 113 et 114 CIR

1390-65/2390-35 et 1392-63

Les conditions suivantes doivent être réunies pour qu'une rente alimentaire ou un capital en tenant lieu soit déductible de l'ensemble des revenus nets imposables (globalement):

- les rentes ou capitaux doivent être payés en:
  - exécution d'une obligation résultant du Code civil;
  - exécution d'une obligation résultant du Code judiciaire;
  - exécution de la loi du 23 novembre 1998 instaurant la cohabitation légale;
- le bénéficiaire de la rente ou du capital ne peut faire partie du ménage de la personne qui paie cette rente ou ce capital;
- s'il s'agit d'une rente non capitalisée, elle doit être payée régulièrement (à moins que le paiement irrégulier résulte d'une décision judiciaire qui en a fixé pour la première fois ou augmenté le montant de la rente avec effet rétroactif);
- le paiement doit être justifié par des documents probants.

Les rentes alimentaires payées par l'un des parents pour ses enfants ne sont pas déductibles de l'ensemble de ses revenus nets lorsqu'il est fait application, pour ces derniers, de la répartition, entre les parents, du supplément de la quotité du revenu exemptée d'impôt pour enfants à charge.

Cette disposition vise à éviter qu'un contribuable:

- ne déduise les rentes alimentaires payées et,
- ne revendique simultanément l'attribution de la moitié du supplément de quotité du revenu exemptée d'impôt.

De même, les rentes alimentaires rétroactives payées pour les enfants pour lesquels l'application de la répartition, entre les parents, du supplément de la quotité du revenu exemptée d'impôt pour enfants à charge a été demandée pour un exercice d'imposition antérieur ne sont pas déductibles de l'ensemble des revenus nets.

Concrètement, les cas suivants peuvent se présenter:

Luc et Marguerite, divorcés depuis 2011, demandent le partage de la majoration de la quotité du revenu exemptée d'impôt pour enfants à charge pour l'exercice d'imposition 2017		
	Cette demande n'a jamais été faite pour aucun exercice d'imposition antérieur	**Cette demande a déjà été faite pour un exercice d'imposition antérieur**
Avantage fiscal résultant de la majoration de la quotité du revenu exemptée d'impôt	L'avantage fiscal (la quotité exemptée) est réparti entre Luc et Marguerite.	
Rentes alimentaires payées en 2016 au profit des enfants pour lesquels un partage de l'avantage fiscal a été demandé	Les rentes alimentaires ne sont pas déductibles.	
Arriérés de rentes alimentaires payées en 2016 au profit des enfants pour lesquels un partage de l'avantage fiscal a été demandé.	Étant donné que la répartition du supplément de la quotité de revenu exemptée d'impôt pour enfants à charge n'a pas été demandée pour aucun exercice d'imposition antérieur, la règle qui interdit la déduction de la quotité rétroactive de la rente alimentaire ne s'applique pas. Ceci implique, dans ce cas, que la quotité rétroactive de rentes alimentaires est bien déductible de l'ensemble des revenus nets, même si le bénéfice de la réparation du supplément de la quotité du revenu exemptée d'impôt pour enfants à charge est revendiqué pour l'exercice d'imposition 2017.	Les arriérés de rentes alimentaires ne sont pas déductibles de l'ensemble de ses revenus nets.

2.1. Montant à déclarer

Le montant à déclarer correspond aux sommes qui ont été versées en 2016 même s'il s'agit d'un capital payé en une seule fois.

ex *Luc et Marguerite sont divorcés depuis le 1er juin 2016. Luc (né le 20 juin 1970) paie, le 25 juin 2016, au titre de rente alimentaire, un capital de 87.500,00 EUR au profit de Marguerite, domiciliée rue des Tilleuls nº 525 à 4000 Liège.*

Luc complète le cadre VIII de sa déclaration relative à l'exercice d'imposition 2017 de la manière suivante :

Cadre VIII – Pertes antérieures et dépenses déductibles		
2. Rentes alimentaires (montant réellement payé)		
a) dues par vous-même	***87.500,00*** *(Code 1390-65)*	*Code 2390-35*
b) dues conjointement par les deux époux ou cohabitants légaux	*Code 1392-62*	
c) bénéficiaire(s) des rentes alimentaires visées sous a) et b)	*Nom*	*Berger*
	Prénom	*Marguerite*
	Adresse	*Rue des Tilleuls nº 525 à 4000 Liège*

2.2. Analyse des conditions

2.2.1. *Première condition : exécution d'une obligation*

A. Une obligation

Le législateur ne fait mention d'aucun article du Code civil ou du Code judiciaire concerné par cette disposition. Il se contente de faire une référence générale :

- au Code civil ;
- au Code judiciaire ;
- à la loi du 23 novembre 1998 instaurant la cohabitation légale.

Ces obligations peuvent être schématisées comme suit :

Article concerné	CONCERNE
203 C. civ.	L'obligation d'hébergement, d'entretien, de surveillance, d'éducation et de formation des *enfants* par les parents. Cette obligation vaut également pour le conjoint survivant à l'égard des enfants de l'époux prédécédé duquel il n'est pas le père ou la mère, dans les limites de ce qu'il a recueilli dans la succession de son conjoint et des avantages consentis par son conjoint par contrat de mariage, donation ou testament.
203*bis* C. civ.	Chaque parent peut exiger la contribution de l'autre parent due sur la base de l'article 203 du Code civil. La loi définit les frais qui sont couverts par ces contributions alimentaires, à savoir les frais ordinaires et les frais extraordinaires.
205 C. civ.	Obligation pour les enfants de subvenir aux besoins de leurs *père, mère et autres ascendants* (grands-parents paternels ou maternels, arrière-grands-parents paternels ou maternels, etc.) dans le besoin. Aucune obligation alimentaire n'est due à l'égard des *parents en ligne collatérale.*

Article concerné	CONCERNE
205*bis* C. civ.	Le droit pour *l'époux survivant* d'exiger une pension alimentaire de la succession si les trois conditions suivantes sont réunies: – le mariage n'a pas été dissous par divorce; – l'époux survivant est dans le besoin au moment de l'ouverture de la succession; – l'action alimentaire est intentée dans un délai d'un an à compter le jour du décès. Le droit, pour les *ascendants de l'époux prédécédé* sans laisser de postérité, d'exiger une pension alimentaire de la succession si: – l'ascendant de l'époux prédécédé est dans le besoin au moment du décès; – l'action alimentaire est intentée dans un délai d'un an à compter du jour du décès.
206 C. civ.	L'obligation pour les gendres et belles-filles de fournir des aliments à leurs *beau-père et belle-mère.* Cette obligation cesse cependant: – lorsque la belle-mère ou le beau-père se remarie; – lorsque celui des époux qui a fait naître la parenté, et les enfants issus de son mariage avec l'autre époux, sont décédés; – en cas de divorce.
207 C. civ.	La *réciprocité* des obligations résultant des dispositions des articles 203 à 206 du Code civil.
213 C. civ.	Le devoir de secours entre *époux* pendant le mariage.
221 C. civ.	L'obligation pour chaque époux de contribuer aux *charges du mariage selon ses facultés.* Cette obligation est plus large que l'obligation alimentaire proprement dite. Car celle-ci ne naît que dans la proportion du besoin de celui qui réclame des aliments; d'après l'article 221 du Code civil, l'époux(se) fortuné(e) est tenu(e) de faire participer son conjoint à son aisance, quand bien même celui-ci ne serait pas dans le besoin. Si l'époux(se) ne remplit pas son obligation de contribuer aux charges du mariage, le juge de paix peut autoriser l'autre conjoint à percevoir, dans les conditions et les limites qu'il fixe, les revenus du conjoint défaillant.
223 C. civ.	Les mesures urgentes et provisoires en cas de manquement grave d'un des *époux* à ses devoirs.
301 C. civ.	Les époux peuvent convenir à tout moment de la pension alimentaire éventuelle, du montant de celle-ci et des modalités selon lesquelles le montant convenu pourra être revu. À défaut de convention, le tribunal peut, dans le jugement prononçant le divorce ou lors d'une décision ultérieure, accorder, à la demande de l'époux dans le besoin, une pension alimentaire à charge de l'autre époux. La pension alimentaire ne peut excéder un tiers des revenus du conjoint débiteur et la durée de la pension ne peut en principe être supérieure à la durée du mariage. Cette pension alimentaire peut être augmentée, diminuée ou encore supprimée En cas de décès du débiteur de la pension, le bénéficiaire peut demander des aliments à charge de la succession.
306 C. civ.	La détermination par le tribunal *de l'époux contre qui le divorce est prononcé* en cas de séparation de fait depuis plus de deux ans.
307 C. civ.	L'attribution par le tribunal d'une *pension alimentaire* à l'un des époux à charge de l'autre dans le cas de divorce pour cause de séparation de fait de plus de deux ans par suite de l'état de démence ou de l'état grave de déséquilibre mental de l'un des époux.

Article concerné	CONCERNE
307*bis* C. civ.	La détermination du montant des aliments dans les cas visés aux articles 306 et 307 du Code civil et l'obligation dans le chef de la succession de l'époux décédé débirentier. Cette pension est susceptible d'augmentation, de réduction ou de suppression ; elle ne peut pas excéder le tiers des revenus de l'autre époux.
308 C. civ.	Le devoir de secours au profit de l'époux qui a obtenu la *séparation de corps subsiste après la séparation.*
334 C. civ.	Peu importe leur descendance, les enfants et leurs descendants ont les mêmes droits et obligations à l'égard des *pères et mères et de leurs parents et alliés et vice versa.*
336 C. civ.	L'enfant dont la filiation paternelle n'est pas établie ; celui-ci peut réclamer une pension alimentaire à celui qui a eu des relations avec sa mère pendant la période légale de la conception.
339*bis* C. civ.	La transmission de la charge de la pension à la *succession* du débiteur.
353/14 C. civ.	**Adoption simple** L'adoptant ou les adoptants doivent des aliments à l'adopté et aux descendants de celui-ci s'ils sont dans le besoin. L'article 203 est applicable par analogie. L'adopté et ses descendants doivent des aliments à l'adoptant ou aux adoptants s'ils sont dans le besoin. Si l'adopté meurt sans descendance, sa succession doit des aliments à l'adoptant ou aux adoptants s'ils sont dans le besoin lors du décès ; les dispositions de l'article 205*bis*, §§ 3 à 5, sont applicables à cette obligation alimentaire. L'obligation de fournir des aliments continue d'exister entre l'adopté et ses père et mère ; cependant, ces derniers ne sont tenus de fournir des aliments à l'adopté que s'il ne peut les obtenir de l'adoptant ou des adoptants. Lorsqu'une personne adopte l'enfant ou l'enfant adoptif de son conjoint ou cohabitant, l'adoptant et son conjoint ou cohabitant sont tous deux tenus de lui fournir des aliments conformément à l'article 203.
356/1 C. civ.	**Adoption plénière** L'adoption plénière confère à l'enfant et à ses descendants un statut comportant des droits et obligations identiques à ceux qu'ils auraient si l'enfant était né de l'adoptant ou des adoptants.
475*bis* et *quinquies* C. civ.	**La tutelle officieuse** La tutelle officieuse emporte pour le tuteur l'obligation d'entretien. La tutelle officieuse prend fin : – à la majorité du pupille (si le pupille ne se trouve pas en état de gagner sa vie, le tuteur officieux peut être condamné par le tribunal de la jeunesse à l'indemniser) ; – en cas de décès du tuteur officieux (si au moment du décès de ce dernier, le pupille se trouve dans le besoin, la succession du tuteur officieux doit lui fournir, durant sa minorité, des moyens de subsister). La tutelle officieuse et les obligations du tuteur officieux ou de sa succession prennent également fin en cas de décès du pupille ou lorsque celui-ci vient à être émancipé ou adopté ou lorsqu'il fait l'objet d'une adoption plénière.
1280 du Code judiciaire	**Le divorce pour cause déterminée** Le président du tribunal ou le juge qui en exerce les fonctions statuant en référé, connaît, en tout état de cause, des mesures provisoires relatives ... aux aliments ... tant des époux que des enfants.

Article concerné	CONCERNE
1288 du Code judiciaire	**Le divorce par consentement mutuel** Les époux déterminés à opérer le divorce par consentement mutuel sont tenus préalablement de constater par écrit leur convention visant la contribution de chacun à l'entretien des enfants et le montant de la pension à payer par un des époux à l'autre, pendant les épreuves et après le divorce.
1306 du Code judiciaire	Les mesures provisoires dans le cadre d'une **séparation de corps**.

B. Précisions

1. *Disposition de droit étranger assimilable*

Les sommes qui sont payées en vertu d'une disposition légale de droit étranger qui peut être assimilée à l'obligation alimentaire prévue au Code civil ou judiciaire belge peuvent également être déduites de l'ensemble des revenus nets imposables.

2. *État de besoin*

Le contribuable qui souhaite déduire les rentes alimentaires de ses revenus nets doit apporter la preuve de l'état de besoin du bénéficiaire, à moins que celui-ci soit un enfant. Dans cette dernière hypothèse, l'obligation alimentaire des parents est générale, sur la base de l'article 203 du Code civil, à l'égard des mineurs ou des enfants encore aux études, et ce peu importe leur état de besoin.

Cette exigence doit être appréciée en fait, en tenant compte des conditions normales de vie du bénéficiaire au vu de son éducation et de son rang social et des revenus respectifs du débirentier et du crédirentier.

3. *Frais ordinaires et frais extraordinaires*

L'obligation alimentaire parentale visée à l'article 203, § 1er du Code civil ne fait pas de distinction entre «frais ordinaires» et «frais extraordinaires», de sorte que les parents sont censés assumer tous les frais de l'espèce, aussi bien ordinaires qu'extraordinaires.

Cependant, il est apparu qu'il n'existait pas d'unanimité quant à la question de savoir dans quelle mesure on pouvait imposer à un parent, en plus d'une contribution alimentaire forfaitaire sous forme d'un montant mensuel fixe, une contribution dans les frais extraordinaires de l'enfant.

La loi définit:

- les frais ordinaires comme étant «les frais habituels relatifs à l'entretien quotidien de l'enfant»;
- les frais extraordinaires comme étant «les dépenses exceptionnelles nécessaires ou imprévisibles qui résultent de circonstances accidentelles ou inhabituelles et qui dépassent le budget habituel affecté à l'entretien quotidien de l'enfant qui a servi de base, le cas échéant, à la fixation des contributions alimentaires».

En ce qui concerne les frais extraordinaires, il s'agit de frais incertains, difficilement chiffrables à l'avance, de sorte qu'il est impossible d'en tenir compte dans le calcul de la contribution alimentaire ordinaire, et dont la fréquence d'occurrence peut être irrégulière. La contribution dans ces frais doit également être proportionnelle à la part respective de chacun des parents dans les moyens cumulés.

Les rentes alimentaires qui entrent fiscalement en considération pour l'imposition et la déductibilité comprennent aussi bien les frais ordinaires que les frais extraordinaires, tels que définis à l'article 203*bis*, § 3, du Code civil.

En principe, les rentes alimentaires doivent être attribuées ou payées régulièrement pour pouvoir entrer en considération pour l'imposition et la déductibilité. Pour les rentes alimentaires qui, par nature, n'ont pas de caractère périodique (comme les frais extraordinaires), l'administration fiscale admet que la condition de régularité est sans objet (*cf.* le n° 14 de la circulaire n° Ci.RH.241/605.665 (AFER N° 55/2010) du 5 août 2010).

4. *Solidarité entre les débiteurs d'aliments*

Eu égard à l'article 208 du Code civil, l'obligation alimentaire garantie aux parents ne peut être imposée intégralement à un seul enfant lorsqu'il y a encore d'autres enfants solvables. En pareil cas, chacun des enfants est uniquement redevable d'une partie de ses aliments à ses parents.

La part due par chaque enfant peut être déterminée par le juge civil compte tenu des moyens financiers de chacun des enfants. À défaut de décision judiciaire, chaque enfant devra estimer lui-même le montant de la rente qui correspond à une part normale compte tenu de son aisance. Autrement dit, la rente alimentaire dont le(s) parent(s) doit(vent) pouvoir disposer pour sortir de l'état de besoin ne doit pas être divisée par le nombre d'enfants ; il doit être tenu compte des moyens financiers de chacun des enfants.

Le principe de solidarité entre les débiteurs solvables n'est cependant pas d'application en ce qui concerne les rentes alimentaires en nature qui, en raison de leur nature même, ne sont pas partageables.

5. *Carence des parents*

C'est uniquement dans la mesure où les parents ne disposent pas de moyens nécessaires pour pouvoir remplir leur obligation découlant de l'article 203 du Code civil que les grands-parents peuvent être tenus d'une obligation alimentaire sur pied des articles 207 et 205 du Code civil.

Ainsi, le refus ou le défaut éventuel du père ou de la mère de se conformer aux modalités d'exécution de son obligation d'entretien et d'éducation fixées dans les conventions préalables au divorce, ne fait pas naître dans le chef des grands-parents l'obligation d'y suppléer lorsqu'il n'est pas établi que les moyens financiers du père ne lui permettent pas de s'acquitter de son obligation alimentaire.

6. *Habitation familiale*

Lorsque le logement familial et les meubles meublants sur lesquels chacun des époux possède un droit d'usage indivis en vertu de l'article 215 du Code civil sont mis à la disposition d'un des conjoints, par des mesures provisoires et urgentes suite à la séparation de fait, ce droit n'est pas assimilé à une rente alimentaire. En effet, aucun droit qu'il ne possédait auparavant ne lui a été attribué ; l'habitation et le mobilier appartiennent à la communauté conjugale et sont de ce fait la propriété collective des conjoints, chacun d'eux étant propriétaire de la totalité.

Selon une jurisprudence récente (voir notamment l'arrêt du 3 décembre 2003 de la Cour d'appel de Bruxelles), la portée de l'article 215 du Code civil est cependant limitée. Cette disposition ne vise que les droits des conjoints relatifs à l'habitation familiale tant qu'ils sont tenus de cohabiter en application de l'article 213 du Code civil.

Elle considère dès lors la perte de ses droits sur l'habitation familiale comme un paiement en nature de rentes alimentaires. Le contribuable peut donc déduire à titre d'obligation d'aliments la contre-valeur de l'avantage locatif à savoir 50 % de la valeur locative annuelle de l'immeuble s'il ne s'agit pas d'un bien propre à la personne qui bénéficie de la rente alimentaire.

7. *Majoration de la rente*

Il peut ainsi arriver qu'un débiteur d'une rente alimentaire, fixée par décision judiciaire, la majore volontairement. Lorsque les raisons sont légitimes et que les rentes alimentaires remplissent toutes les conditions prévues en la matière, rien ne s'oppose à leur déduction.

2.2.2. *Deuxième condition : ne pas faire partie du ménage*

La condition qui veut que le bénéficiaire de la rente alimentaire ne puisse faire partie du ménage du contribuable doit être appréciée au moment du paiement des rentes alimentaires et non au 1er janvier de l'exercice d'imposition.

La notion « faire partie du ménage » a déjà été analysée dans le cadre des personnes susceptibles d'être considérées comme étant à charge du contribuable (voir page 47).

À titre exemplatif, sont déductibles de l'ensemble des revenus nets imposables, les rentes alimentaires payées :

- par un père ou une mère à son enfant qui a quitté définitivement le foyer familial avec la volonté de créer un foyer distinct de celui de ses parents ;
- par un fils ou une fille à son père ou à sa mère placé dans une maison de repos ;
- par un travailleur étranger à son père ou à sa mère demeuré à l'étranger.

A. Année de la séparation de fait

Pour l'année durant laquelle la séparation de fait est intervenue, l'application des dispositions fiscales relatives aux personnes à charge et à la déduction des rentes alimentaires doit être appréciée de façon distincte dans le chef de chacun des conjoints ou cohabitants légaux. Par conséquent, les rentes alimentaires versées, par l'un des parents, durant l'année au cours de laquelle la séparation de fait est intervenue, pour les enfants avec lesquels ce parent ne cohabite pas effectivement, sont déductibles des revenus nets, et ce bien que les époux soient imposés en cumul.

Cette position a été confirmée, notamment par la Cour d'appel de Gand en date du 6 mai 1999 ainsi que dans la circulaire n° Ci.RH.331/580.592 du 25 janvier 2008.

ex *Luc et Marguerite sont séparés de fait depuis le 1er juin 2016. Luc paie mensuellement, à partir du 1er juillet 2016, la somme de 250,00 EUR à titre de rente alimentaire au profit de sa fille (Sorenza) qui vit avec sa mère.*

Marguerite complète le cadre II de sa déclaration relative à l'exercice d'imposition 2017 de la manière suivante :

Cadre II – Renseignements d'ordre personnel et charges de famille		
A. Renseignements d'ordre personnel.		
1. Au 1er janvier 2017, vous étiez :		
Code 1018-49	*Séparée de fait*	
Code 1019-48	*La séparation de fait a eu lieu en 2016.*	
B. Charges de famille		
1. a) Nombre d'enfants qui peuvent être considérés fiscalement comme étant totalement à votre charge	*Code 1030-37*	*1*

Luc complète les cadres II et VIII de sa déclaration relative à l'exercice d'imposition 2017 de la manière suivante :

Cadre II – Renseignements d'ordre personnel et charges de famille	
A. Renseignements d'ordre personnel	
1. Au 1er janvier 2017, vous étiez :	
Code 1018-49	*Séparé de fait*
Code 1019-48	*La séparation de fait a eu lieu en 2016.*

Cadre VIII – Pertes antérieures et dépenses déductibles		
2. Rentes alimentaires (montant réellement payé)		
a) dues par vous-même	***1.500,00*** *(Code 1390-65)*	*Code 2390-35*
b) dues conjointement par les deux époux ou cohabitants légaux	*Code 1392-63*	
c) bénéficiaire(s) des rentes alimentaires visées sous a) et b)	*nom*	*Berger*
	prénom	*Marjolaine*
	adresse	*Rue des Tilleuls n° 525 à 4000 Liège*

De même, l'administration fiscale se rallie à la jurisprudence selon laquelle les sommes qui sont payées par l'un des conjoints à l'autre conjoint, à partir du moment de la séparation de fait pendant l'année de séparation de fait, peuvent être déduites à titre de rentes alimentaires, pour autant que :

- les conditions prévues en matière de déduction des rentes alimentaires à l'article 104, 1° du Code des impôts sur les revenus soient remplies ;
- les rentes alimentaires soient considérées comme des revenus divers dans le chef de l'autre conjoint (*cf.* Circulaire n° Ci.RH.26/592.612 (AFER 46/2010) du 29 juin 2010).

B. **Enfant réintégrant le domicile familial après l'avoir quitté effectivement**

Les parents peuvent à la fois :

- considérer l'enfant comme étant à charge, pour autant que toutes les autres conditions soient réunies ;
- déduire les rentes alimentaires qu'ils lui ont versées avant son retour au domicile familial.

ex *Luc, divorcé de Marguerite depuis le 4 septembre 2011, paie mensuellement la somme de 300,00 EUR à titre de rente alimentaire au profit de sa fille (Marjolaine) qui vit avec sa mère. Marguerite décède le 8 avril 2016. Au cours de ce même mois, Marjolaine va habiter chez son père, domicilié rue des Tilleuls.*

Luc complète les cadres II et VIII de sa déclaration relative à l'exercice d'imposition 2017 de la manière suivante :

Cadre II – Renseignements d'ordre personnel et charges de famille	
A. Renseignements d'ordre personnel	
1. Au 1er janvier 2017, vous étiez :	
Code 1014-53	*Divorcé*
Code 1030-37	*1*

Cadre VIII – Pertes antérieures et dépenses déductibles		
2. Rentes alimentaires (montant réellement payé)		
a) dues par vous-même	***900,00*** *(Code 1390-65)*	*Code 2390-35*
b) dues conjointement par les deux époux ou cohabitants légaux	*Code 1392-63*	
c) bénéficiaire(s) des rentes alimentaires visées sous a) et b)	*nom*	*Berger*
	prénom	*Marjolaine*
	adresse	*Rue des Tilleuls n° 525 à 4000 Liège*

C. Séjour dans une institution de soins ou une maison de repos

En cas de séparation durable, il est admis que le crédirentier ne fasse plus partie du ménage du débiteur de la rente. Les frais périodiques de placement de l'un des conjoints ou cohabitants légaux dans une institution de soins, maison de repos, etc., sont donc susceptibles d'être déduits.

Ces frais ne sont déductibles des revenus imposables, en tant que rentes alimentaires, que dans la mesure où ils sont payés au moyen de revenus propres au débirentier et que le conjoint placé ne dispose pas de revenus suffisants pour supporter lui-même ces frais.

Il est sans importance que ces rentes alimentaires soient directement payées à l'institution (par exemple, le C.P.A.S.) ou au crédirentier lui-même.

2.2.3. Troisième condition : la régularité des paiements

A. La régularité

Par régulièrement, il convient d'entendre périodiquement. Un paiement est périodique lorsqu'il revient, se reproduit, à intervalles fixes.

Le paiement régulier d'une rente alimentaire ne peut se concevoir que lorsqu'il se produit à l'échéance normale, fixée ou convenue, ou en tout cas dans une période proche de celle-ci.

Par conséquent, ne sont pas considérées comme des rentes alimentaires régulièrement payées les sommes :

- que des parents versent une fois à leurs enfants, soit à titre de cadeaux, soit à titre de participation aux frais à l'occasion d'un événement exceptionnel (mariage, naissance, maladie, communion solennelle, etc.) ;
- payées tardivement en une fois en exécution d'obligations mensuelles ;

- payées à la suite d'une décision judiciaire qui condamne le débirentier au paiement des rentes alimentaires qui sont dues.

Il n'est pas exigé que le même montant soit toujours payé à la même période.

Dans son arrêt du 30 janvier 1997, la Cour d'appel de Gand estime qu'il est satisfait aux exigences de paiements réguliers lorsque le contribuable a payé ultérieurement en une fois une rente alimentaire au C.P.A.S. En effet, la rente susmentionnée a été réglée régulièrement et périodiquement dans le chef du bénéficiaire de manière mensuelle par le paiement du C.P.A.S. en lieu et place du contribuable en raison du fait que celui-ci n'avait pas respecté ses obligations prévues par les articles 205 et 206 du Code civil vis-à-vis de sa belle-mère et mère. Le fait que le contribuable, en raison d'une contestation avec le C.P.A.S., n'a payé qu'ultérieurement en une seule fois la rente au C.P.A.S., n'enlève pas au versement à la belle-mère et mère son caractère de versement périodique.

Les rentes en nature, doivent, en principe, également respecter ce principe de périodicité. Toutefois, pour des aliments en nature qui n'ont pas de caractère périodique (mise à disposition d'un immeuble, etc.), la condition de régularité est sans objet. La mise à disposition gratuite d'un immeuble peut être considérée comme une rente alimentaire réellement payée. Une telle rente en nature peut être évaluée au montant annuel du loyer potentiel.

Les sommes destinées à couvrir des dépenses vitales du crédirentier (le loyer du logement personnel du crédirentier payé au bailleur, les consommations d'eau, d'électricité, de gaz ménager et de combustible de chauffage du crédirentier, payés aux sociétés qui les distribuent, le téléphone du crédirentier payé à Belgacom, les cotisations mutuelles du crédirentier payées à sa mutuelle, les impôts dus, etc.) payées régulièrement par le débirentier à des tiers constituent des dépenses pouvant être considérées comme des rentes alimentaires déductibles.

L'administration admet qu'une rente alimentaire est payée régulièrement lorsque la date de paiement ne se situe pas plus de trois mois après le début du mois auquel elle se rapporte.

ex

1. *Dans le cadre d'une convention conclue en mars 2015, Luc doit payer mensuellement une rente alimentaire à son épouse de 300,00 EUR. La rente concernant la période de novembre 2015 est payée le 25 janvier 2016.*
   Le paiement de 300,00 EUR peut être considéré comme régulier étant donné que le retard n'excède pas trois mois. La rente est déductible pour l'exercice d'imposition 2017.
2. *Dans le cadre d'une convention conclue en mars 2015, Luc doit payer mensuellement une rente alimentaire à son épouse de 300,00 EUR. Les rentes concernant la période allant de novembre 2015 à juin 2016 sont payées le 25 juin 2016.*
   Seules les rentes des mois d'avril, mai et juin 2016 sont considérées comme payées régulièrement.

B. Rentes alimentaires capitalisées

La condition de régularité des paiements ne concerne pas les rentes alimentaires capitalisées.

C. Arriérés de rentes alimentaires

Les arriérés de rentes alimentaires sont déductibles de l'ensemble des revenus nets imposables (globalement) lorsque les conditions suivantes sont réunies :

- il faut une décision judiciaire ;
- il doit s'agir de rentes alimentaires :
  - dont le montant est fixé pour la première fois par une décision judiciaire ;
  - ou, existantes, dont le montant est augmenté par une décision judiciaire.
- le paiement doit avoir lieu au cours d'une période imposable postérieure à la période imposable à laquelle les arriérés se rapportent.

Par conséquent, ne sont pas déductibles les arriérés de rentes alimentaires résultant d'une condamnation pour défaut de paiement d'une rente dont le montant a été fixé par un jugement antérieur.

Sur le plan strictement juridique, seules les rentes afférentes à une période antérieure à la décision judiciaire sont susceptibles d'être considérées comme arriérés.

Cependant, compte tenu de l'esprit de la loi, la quotité des rentes alimentaires relative à la période imposable au cours de laquelle le paiement a été effectué, est déductible si le paiement est effectué un court laps de temps après la décision judiciaire.

Les intérêts judiciaires portant sur lesdits arriérés ne sont pas déductibles fiscalement.

ex **1.** *Luc et Marguerite se séparent en mars 2015 (séparation de fait). Aucune disposition n'est prise en ce qui concerne la rente alimentaire. Le divorce est prononcé en septembre 2016. Luc est condamné à verser à son ex-conjoint (Marguerite) une rente alimentaire fixée à 200,00 EUR par mois à partir de mars 2015. Luc effectue, en octobre 2016, un versement de 4.425,00 EUR (y compris les intérêts judiciaires: 425,00 EUR) pour la période allant de mars 2015 à octobre 2016. À partir du mois de novembre 2016, Luc verse à Marguerite 200,00 EUR par mois.*

Le montant de la rente alimentaire que Luc peut déduire de l'ensemble de ses revenus nets imposables (globalement) s'élève à:

1. Paiement suite à une décision judiciaire avec effet rétroactif		***3.600,00***
a. Effet rétroactif pour une année antérieure à celle du paiement	*Mars 2015 – décembre 2015*	*2.000,00*
b. Effet rétroactif pour l'année du paiement	*Janvier 2016 – août 2016*	*1.600,00*
2. Autres paiements effectués en retard pouvant être déduits		***200,00***
À considérer comme irréguliers (retard de paiement supérieur à 3 mois)		
À considérer comme réguliers (retard de paiement inférieur ou égal à 3 mois)	*Septembre 2016*	*200,00*
3. Paiement périodique effectué en temps voulu		***600,00***
À DÉDUIRE		***4.400,00***

Luc complète le cadre VIII de sa déclaration relative à l'exercice d'imposition 2017 de la manière suivante:

Cadre VIII – Pertes antérieurs et dépenses déductibles			
2. Rentes alimentaires (montant réellement payé)			
a) dues par vous-même	***4.400,00*** *(Code 1390-65)*	*Code 2390-35*	
b) dues conjointement par les deux époux ou cohabitants légaux	*Code 1392-63*		
c) bénéficiaire(s) des rentes alimentaires visées sous a) et b)	*Nom*	*Berger*	
	Prénom	*Marguerite*	
	Adresse		

2. *Luc et Marguerite se séparent en mars 2014 (séparation de fait). Aucune disposition n'est prise en ce qui concerne la rente alimentaire. Le divorce est prononcé en septembre 2015. Le jugement précise que Luc doit verser à Marguerite une rente alimentaire fixée à 200,00 EUR par mois à partir de mars 2014. Luc effectue, le 17 février 2016, un versement de 5.225,00 EUR (y compris les arriérés judiciaires : 425,00 EUR) pour la période allant de mars 2014 à février 2016. À partir du mois de mars 2016, Luc verse à Marguerite 200,00 EUR par mois.*

Le montant de la rente alimentaire que Luc peut déduire de l'ensemble de ses revenus nets imposables (globalement) s'élève à :

1. Paiement suite à une décision judiciaire avec effet rétroactif		***3.600,00***
Effet rétroactif pour une année antérieure à celle du paiement	*Mars 2014 – août 2015*	*3.600,00*
Effet rétroactif pour l'année du paiement		
2. Autres paiements effectués en retard pouvant être déduits		***600,00***
À considérer comme irréguliers (retard de paiement supérieur à 3 mois)	*Septembre 2015 – novembre 2015*	*600,00*
À considérer comme réguliers (retard de paiement inférieur ou égal à 3 mois)	*Décembre 2015 – février 2016*	*600,00*
3. Paiement périodique effectué en temps voulu		***2.000,00***
À DÉDUIRE		***6.200,00***

Luc complète le cadre VIII de sa déclaration relative à l'exercice d'imposition 2017 de la manière suivante :

Cadre VIII – Pertes antérieures et dépenses déductibles		
2. Rentes alimentaires (montant réellement payé)		
a) dues par vous-même	***6.200,00*** *(Code 1390-65)*	*Code 2390-35*
b) dues conjointement par les deux époux ou cohabitants légaux	*Code 1392-63*	
c) bénéficiaire(s) des rentes alimentaires visées sous a) et b)	*Nom*	*Berger*
	Prénom	*Marguerite*
	Adresse	

2.2.4. *Quatrième condition : être justifiés par des documents probants*

La rente alimentaire ou le capital doit être prouvé au moyen de documents justificatifs permettant d'établir, de manière suffisante, la réalité et la destination des paiements.

Généralement, cette preuve consiste en des extraits bancaires mentionnant la nature et la destination des paiements.

N'apportent pas la preuve exigée du paiement:

- les copies des virements ne contenant aucune indication quant à la destination des sommes prétendument payées;
- une déclaration unilatérale de l'épouse du contribuable, imprécise quant aux sommes qui lui ont été remises et qui n'est appuyée par aucun document justificatif.

2.3. Rentes et capitaux versés à des non-habitants du Royaume

Les rentes alimentaires payées à des non-résidents sont soumises à la retenue d'un précompte professionnel de 26,75 % sur 80 % du montant de ces rentes sauf si une convention préventive de double imposition y déroge expressément.

Les rentes payées ou attribuées à des non-habitants du Royaume, sont soumises au précompte professionnel sous la réserve des exonérations prévues par les conventions conclues par la Belgique pour éviter les doubles impositions.

Elles sont toujours soumises au précompte professionnel lorsqu'elles sont payées à des résidents:

- de pays avec lesquels la Belgique n'a pas conclu une convention préventive de la double imposition;
- de pays repris dans le tableau ci-dessous (pays avec lesquels la Belgique a conclu une convention préventive de la double imposition):

1. Argentine	2. Arménie	3. Australie	4. Bengladesh	5. Brésil
6. Chili	7. Chine	8. Corée	9. Égypte	10. Estonie
11. États-Unis (*)	12. Géorgie	13. Hong-Kong	14. Indonésie	15. Inde
16. Les Philippines	17. Lettonie	18. Lituanie	19. Malaisie	20. Maroc
21. Mexique	22. Mongolie	23. Nigeria	24. Norvège (**)	25. Nouvelle-Zélande
26. Portugal	27. Russie	28. Singapour	29. Taiwan	30. Tchéquie
31. Thaïlande	32. Venezuela			

(*) Sont visées les rentes périodiques non déductibles des revenus du débirentier et payées pour un enfant, résident des États-Unis, en exécution d'un accord de séparation écrit ou en exécution d'un jugement de divorce, de séparation de biens ou en matière d'obligation alimentaire.
(**) Sont visées les rentes alimentaires non déductibles des revenus du débirentier.

Dans tous les cas, les rentes alimentaires (exonérées ou non en vertu d'une convention préventive de la double imposition) doivent être reprises sur un relevé 325.30 et une fiche individuelle 281.30. Les documents justificatifs que les bénéficiaires exonérés ont dû remettre aux débiteurs (par exemple, la preuve qu'il est effectivement domicilié dans le pays mentionné...) en vue d'éviter la retenue du précompte professionnel doivent être annexés au relevé récapitulatif.

Cette fiche 281.30 et le relevé récapitulatif 325.30 doivent être déposés au:

Domicile du débiteur des revenus	Service compétent
Région de Bruxelles-Capitale	Centre PME Bruxelles II, Centre de documentation, Précompte professionnel Boulevard du jardin botanique 50 bte 3406, 1000 Bruxelles Téléphone: 0257-529.90 kmo.bu.bru2.prp.pme@minfin.fed.be

Domicile du débiteur des revenus	Service compétent
Région wallonne	Centre PME Mons Centre de documentation, Précompte professionnel Avenue Melina Mercouri 1, 7000 Mons Téléphone : 02 578 81 10 pme.mons.prp@minfin.fed.be
Région flamande	KMO Centrum Aalst, Documentatiecentrum, Bedrijfsvoorheffing Dr André Sierenstraat 16 bus 1, 9300 Aalst Téléphone : 02 577 36 60 kmo.aalst.bv@minfin.fed.be
Région de langue allemande (Amblève, Bullange, Burg-Reuland, Butgenbach, Eupen, La Calamine, Lontzen, Raeren, Saint-Vith)	Centre Polyvalent Eupen Cellule précompte professionnel Rue de Verviers 8 4700 Eupen Téléphone : 0257-886.30 p.eupen.prp@minfin.fed.be

Lorsque la rente est remplacée par un capital payé à un non-résident, le précompte professionnel dû est calculé de la façon suivante :

<table>
<tr><th colspan="3">Le non-résident</th></tr>
<tr><th colspan="2">a maintenu un foyer d'habitation en Belgique durant toute la période imposable</th><th>n'a pas maintenu un foyer d'habitation en Belgique durant toute la période imposable</th></tr>
<tr><td colspan="2">Le précompte professionnel s'élève à :
26,75 % des 80 % du montant du capital multiplié par un pourcentage repris ci-dessous, qui dépend de l'âge du bénéficiaire à la date du paiement ou de l'attribution de ce capital. Dans cette hypothèse, il y a lieu d'établir la fiche 281.30 et le relevé récapitulatif 325.30 uniquement pour l'année au cours de laquelle le capital est payé ou attribué. Ce précompte doit être versé annuellement.</td><td rowspan="11">Le précompte professionnel s'élève à 26,75 % des 80 % du montant du capital.</td></tr>
<tr><td>Âge du bénéficiaire</td><td>Pourcentage</td></tr>
<tr><td>40 ans et moins</td><td>1</td></tr>
<tr><td>41 à 45 ans</td><td>1,5</td></tr>
<tr><td>46 à 50 ans</td><td>2</td></tr>
<tr><td>51 à 55 ans</td><td>2,5</td></tr>
<tr><td>56 à 58 ans</td><td>3</td></tr>
<tr><td>59 et 60 ans</td><td>3,5</td></tr>
<tr><td>61 et 62 ans</td><td>4</td></tr>
<tr><td>63 et 64 ans</td><td>4,5</td></tr>
<tr><td>65 ans et plus</td><td>5</td></tr>
</table>

ex *Luc et Soraya sont divorcés depuis le 1er juin 2015. Depuis, Luc (né le 20 juin 1970) paie, le 25 juin 2016, au titre de rente alimentaire un capital de 87.500,00 EUR au profit de Soraya. Celle-ci est retournée vivre dans son pays d'origine (le Maroc). Elle n'a pas maintenu un foyer d'habitation en Belgique.*

Luc complète les cadres 3, 4, 10 et 13 de la fiche 281.30 de la manière suivante :

3. Débiteur des revenus : *Dupuis* *Rue des Tilleuls n° 525* *4000 Liège*	***NN OU NNE*** *: 66.06.20 089-67*
4. Expéditeur *:* *Dupuis* *Rue des Tilleuls n° 525* *4000 Liège*	***Destinataire :*** *Madame Aszri Soraya* *Rue XXX* *Maroc*
10. Revenus imposables payés ou attribués à des non-résidents : *c) Rentes alimentaires périodiques* *d) Capital tenant lieu de rentes alimentaires périodiques* *Date de paiement :* *Montant du capital :*	*70.000,00* *(80 % de 87.500,00)*
13. Précompte professionnel	*18.725,00* *(26,75 % de 80 %* *de 87.500,00)*

et complète le cadre VIII de sa déclaration relative à l'exercice d'imposition 2017 de la manière suivante :

Cadre VIII – Pertes antérieures et dépenses déductibles		
2. Rentes alimentaires (montant réellement payé)		
a) dues par vous-même	***87.500,00*** *(Code 1390-65)*	*Code 2390-35*
b) dues conjointement par les deux époux ou cohabitants légaux	*Code 1392-63*	
c) bénéficiaire(s) des rentes alimentaires visées sous a) et b)	*Nom*	*Aszri*
	Prénom	*Soraya*
	Adresse	*Maroc*

2.4. Avantage fiscal

Les sommes versées en 2016 au titre de rentes alimentaires ou de capitaux en tenant lieu ne sont déductibles de l'ensemble des revenus nets imposables (globalement) qu'à concurrence de 80 %.

Lorsqu'une imposition commune est établie, la déduction s'opère de la manière suivante :

La rente n'est due que par l'un des deux conjoints ou cohabitants légaux (Code 1390-65 ou 2390-35)	La rente est due conjointement par les deux conjoints ou cohabitants légaux (Code 1392-63 – par exemple la rente due par les parents à l'égard de leur enfant commun)
La rente est imputée par priorité sur l'ensemble des revenus nets du contribuable qui est le débiteur de la rente. En cas d'insuffisance de revenus nets, le solde est imputé sur l'ensemble des revenus nets de l'autre contribuable.	La rente est imputée suivant la règle proportionnelle sur l'ensemble des revenus nets de chacun d'eux.

ex *La composition du ménage de Luc (handicapé) et Marguerite, cohabitants légaux depuis 2014, est la suivante :*

- *un fils, né le 26 février 2006 ;*
- *une fille handicapée, née le 27 janvier 2011.*

Les dépenses suivantes ont été supportées au cours de la période imposable 2016 :

- *frais de garde des enfants : 2.424,00 EUR.*
- *rente alimentaire versée au profit de son père : 3.000,00 EUR.*

Les revenus nets imposables (globalement) de Luc et Marguerite s'élèvent respectivement à 29.000,00 EUR et 36.000,00 EUR.

La réduction d'impôt des frais de garde d'enfant est déterminée de la manière suivante :

	Luc	*Marguerite*
Revenus nets imposables	*29.000,00*	*36.000,00*
Montant donnant droit à la réduction d'impôt (frais de garde)	*1.081,48 c'est-à-dire 2.424,00 × (29.000,00 / 65.000,00)*	*1.342,52 c'est-à-dire 2.424,00 × (36.000,00 / 65.000,00)*
Rente alimentaire	*2.400,00 c'est-à-dire 80 % de 3.000,00*	
Revenus imposables	***26.600,00***	***36.000,00***

III. RENTES ALIMENTAIRES PERÇUES

Articles 90, 3e et 4e, 99, 170 et 171, 6e 3e tiret CIR et 73 AR/CIR

1192-69 à 1196-65/2192-39 à 2196-35

1. Principe général

Les rentes alimentaires sont imposables à concurrence de 80 % du montant réellement perçu en 2013 si les conditions en vue de leurs déductions par le débiteur de l'ensemble de ses revenus nets imposables (globalement) sont réunies, à savoir :

- les rentes ou capitaux doivent être payés en :
  - exécution d'une obligation résultant du Code civil ;
  - exécution d'une obligation résultant du Code judiciaire ;
  - exécution de la loi du 23 novembre 1998 instaurant la cohabitation légale ;
- le bénéficiaire de la rente ou du capital ne peut faire partie du ménage de la personne qui paie cette rente ou ce capital ;
- s'il s'agit d'une rente non capitalisée, elle doit être payée régulièrement (à moins que le paiement irrégulier résulte d'une décision judiciaire qui a fixé pour la première fois ou augmenté le montant de la rente avec effet rétroactif) ;
- le paiement doit être justifié par des documents probants.

Nous avons vu que le législateur prévoit que les rentes alimentaires payées pour les enfants ne sont pas déductibles lorsque l'augmentation de la quotité exemptée fait l'objet d'un partage entre les parents. Aucune disposition analogue n'existe pour les rentes alimentaires perçues ; bien que non déductibles, les rentes alimentaires précitées restent imposables.

Une rente alimentaire est imposable si les conditions en vue de sa déduction sont réunies, que cette rente ait été déduite ou non par le débiteur.

Il en résulte que le régime des rentes alimentaires aboutit à un transfert de la matière imposable du débirentier vers le crédirentier. Généralement, l'administration est particulièrement vigilante à l'égard de ces opérations, étant donné que ces dernières entraînent, d'un point de vue global, une diminution de l'imposition.

2. Les arriérés de rentes alimentaires

Les arriérés de rentes alimentaires sont également imposables à concurrence de 80 % du montant réellement perçu, lorsque les conditions en vue de leur déduction par le débiteur de l'ensemble de ses revenus nets imposables (globalement) sont réunies, à savoir :

- il faut une décision judiciaire ;
- il doit s'agir de rentes alimentaires :
  - dont le montant est fixé pour la première fois par une décision judiciaire ;
  - ou, existantes, dont le montant est augmenté par une décision judiciaire ;
- le paiement doit avoir lieu au cours d'une période imposable postérieure à la période imposable à laquelle les arriérés se rapportent.

3. Montant à déclarer

Le montant à déclarer correspond aux sommes qui ont été perçues en 2016. Les montants sont à reprendre au code 1192-69 ou 2192-39.

Lorsque la rente est payée ou attribuée en une seule fois sous la forme d'un capital, le montant à déclarer doit être déterminé en multipliant le capital par le pourcentage qui figure dans le tableau ci-dessous, en regard de l'âge que le bénéficiaire avait à la date du paiement ou de l'attribution de ce capital.

Âge du bénéficiaire	Pourcentage
40 ans et moins	1
41 à 45 ans	1,5
46 à 50 ans	2
51 à 55 ans	2,5
56 à 58 ans	3
59 et 60 ans	3,5
61 et 62 ans	4
63 et 64 ans	4,5
65 ans et plus	5

Ces montants et renseignements sont à préciser aux codes 1194-67 à 1196-65 (2194-37 à 2196-35).

Le contribuable doit reprendre, aux codes 1193-68 et/ou 2193-38 de la déclaration, les rentes perçues en 2016 versées en exécution d'une décision judiciaire qui en a fixé ou augmenté le montant avec effet rétroactif qui se rapportent aux années antérieures à 2016.

Les rentes relatives à la partie de la période imposable précédant le mois de la décision judiciaire sont imposables comme des rentes alimentaires ordinaires pour autant que toutes les autres conditions soient respectées.

1. *Luc et Marguerite sont divorcés depuis le 1er juin 2016. Luc paie, le 25 juin 2016, au titre de rente alimentaire, un capital de 87.500,00 au profit de Marguerite (née le 26 mai 1978) domiciliée rue des Tilleuls n° 525 à 4000 Liège.*
Marguerite complète le cadre VII de sa déclaration relative à l'exercice d'imposition 2017 de la manière suivante :

Cadre VII – Rentes alimentaires perçues		
1. Rentes non capitalisées (montant réellement perçu)	*Code 1192-69*	*Code 2192-39*
2. Rentes attribuées avec effet rétroactif en exécution d'une décision judiciaire	*Code 1193-68*	*Code 2193-38*
3. Rentes capitalisées (montant annuel fictif)	***875,00*** *(Code 1194-67)*	*Code 2194-37*
a) date d'attribution du capital (jour, mois, année)	***25 juin 2016*** *(Code 1195-66)*	*Code 2195-36*
b) montant du capital	*87.500,00 (Code 1196-65)*	*Code 2196-35*
4. Débiteurs(s) des rentes alimentaires visées sub 1 à 3	*a) Habitant(s) du Royaume*	
	Nom	*Dupuis*
	Prénom	*Luc*
	Adresse	*Rue Neuve, 569* *1000 Bruxelles*
	b) Non-habitant(s) du Royaume	
	Nom	
	Prénom	
	Adresse	

La somme de 875,00 EUR doit être déclarée par Marguerite chaque année jusque et y compris l'année de son décès.

2. *Luc et Marguerite se séparent en mars 2014 (séparation de fait). Aucune disposition n'est prise en ce qui concerne une rente alimentaire. Le divorce est prononcé en septembre 2015. Suite à une décision judiciaire, Luc doit verser à Marguerite une rente alimentaire fixée à 200,00 EUR par mois à partir de mars 2014. Luc effectue, le 17 février 2016, un versement de 5.225,00 EUR (y compris les arriérés judiciaires : 425,00 EUR) pour la période allant de mars 2014 à février 2016. À partir du mois de mars 2016, Luc verse à Marguerite 200,00 EUR par mois.*

Le montant de la rente alimentaire à déclarer par Luc se décrit comme suit :

1. Paiement suite à une décision judiciaire avec effet rétroactif		***3.600,00***
Effet rétroactif pour une année antérieure à celle du paiement	*Mars 2014 – août 2015*	*3.600,00*
Effet rétroactif pour l'année du paiement		
2. Autres paiements effectués en retard pouvant être déduits		***600,00***
À considérer comme irréguliers (retard de paiement supérieur à 3 mois)	*Septembre 2015 – novembre 2015*	*600,00*
À considérer comme réguliers (retard de paiement inférieur ou égal à 3 mois)	*Décembre 2015 – février 2016*	*600,00*
3. Paiement périodique effectué en temps voulu		***2.000,00***
IMPOSABLE		***6.200,00***

Marguerite complète le cadre VII de sa déclaration relative à l'exercice d'imposition 2017 de la manière suivante :

Cadre VII – Rentes alimentaires perçues		
1. Rentes non capitalisées (montant réellement perçu)	***2.600,00*** *(Code 1192-69)*	*Code 2192-39*
2. Rentes attribuées avec effet rétroactif en exécution d'une décision judiciaire	***3.600,00*** *(Code 1193-68)*	*Code 2193-38*
3. Rentes capitalisées (montant annuel fictif)	*Code 1194-67*	*Code 2194-37*
a) date d'attribution du capital (jour, mois, année)	*Code 1195-66*	*Code 2195-36*
b) montant du capital	*Code 1196-65*	*Code 2196-35*
4. Débiteurs(s) des rentes alimentaires visées sub 1 à 3	*a) Habitant(s) du Royaume*	
	Nom	*Dupuis*
	Prénom	*Luc*
	Adresse	*Rue Neuve, 569 1000 Bruxelles*
	b) Non-habitant(s) du Royaume	
	Nom	
	Prénom	
	Adresse	

Marguerite doit joindre à sa déclaration une copie de la décision judiciaire.

4. Taux d'imposition

Les rentes alimentaires sont inclues dans le revenu imposable globalement, à l'exception des rentes perçues en 2016 versées en exécution d'une décision judiciaire qui en a fixé ou augmenté le montant avec effet rétroactif qui se rapportent aux années antérieures à 2015. Ces dernières sont imposables au taux moyen afférent à l'ensemble des autres revenus imposables.

5. Remboursement de rentes alimentaires perçues

Le juge peut avec effet rétroactif supprimer ou réduire la rente alimentaire avec pour effet que le bénéficiaire de cette rente soit dans l'obligation de rembourser les rentes alimentaires perçues «indûment».

Dans un tel cas, une telle décision doit être considérée comme un fait nouveau au sens de l'article 376, § 1er du Code des impôts sur les revenus de telle sorte que le directeur des contributions ou le fonctionnaire délégué peut alors accorder un dégrèvement d'office des impôts payés en raison de la déclaration des rentes alimentaires perçues «indûment» et qui ont été remboursées (*cf.* la question orale n° 9142 posée par Mme Roppe le 13 décembre 2005).

Partie 4

La fiscalité immobilière

Les revenus immobiliers sont les revenus qui proviennent de propriétés foncières bâties (immeubles d'habitation, usines, bureaux, appartements, etc.) ou non bâties (terrains, prairies, champs, etc.) ainsi que du matériel et de l'outillage présentant le caractère d'immeuble par nature ou par destination.

C'est généralement le propriétaire (voir page 97) qui est imposable sur les revenus générés par les biens.

En matière d'impôt des personnes physiques, nous avons vu que la qualification correcte des revenus est d'une importance capitale (voir page 31). Cette qualification dépend des circonstances de fait propres à chaque situation.

Cette partie de l'ouvrage ne traite que des immeubles non affectés à l'exercice de l'activité professionnelle du propriétaire. En effet, les revenus produits par un immeuble affecté à l'exercice de l'activité professionnelle du propriétaire perdent leur caractère de revenus immobiliers pour entrer dans la catégorie des revenus professionnels. L'étude de ces revenus est approfondie dans le chapitre relatif aux revenus issus de l'activité professionnelle (voir page 263).

Nous entendons analyser:

- quelques définitions préalables (voir page 95);
- qui est imposable (voir page 97);
- les revenus produits par les biens immobiliers (voir page 100);
- les avantages fiscaux liés à l'acquisition de biens immobiliers (voir page 128);
- les revenus de la sous-location et de la cession de bail (voir page 203);
- la concession du droit d'utiliser un emplacement qui est immeuble par nature (voir page 206);
- les conséquences fiscales de l'aliénation du bien immobilier (voir page 208);
- les autres revenus générés par les biens immobiliers (voir page 221).

I.
DÉFINITIONS PRÉALABLES

Certaines notions propres aux revenus immobiliers doivent être précisées: les biens immobiliers, le revenu cadastral et le précompte immobilier.

1. Le bien immobilier au sens fiscal du terme

Articles 471 CIR et 517 et suivants C. civ.

Les biens immobiliers visés par le Code sont:

- les biens immobiliers bâtis ou non bâtis;
- le matériel et l'outillage présentant le caractère d'immeuble par nature ou par destination.

Pour une analyse de ces notions, nous ramenons le lecteur à la page 32.

2. Revenu cadastral (RC) et précompte immobilier (PrI)

Articles 471 CIR et 517 et suivants C. civ.

L'administration du cadastre fixe un revenu cadastral (RC) pour tous les biens immobiliers sis en Belgique, bâtis ou non bâtis, ainsi que pour le matériel et l'outillage présentant le caractère d'immeuble par destination.

Le revenu cadastral est le revenu moyen normal net d'une année. Il est établi par l'administration du cadastre. Il est déterminé de manière forfaitaire et est censé représenter le montant net que rapporterait la location d'un immeuble situé en Belgique pendant un an.

En matière fiscale, ce RC est important pour deux raisons:

- il sert de base au calcul du précompte immobilier;
- il sert de base au calcul de la plupart des revenus immobiliers imposables à l'impôt des personnes physiques.

2.1. Précompte immobilier

Pour tous les biens immobiliers sis en Belgique, il est perçu un précompte immobilier.

À l'origine, ce précompte était une véritable avance sur l'impôt des personnes physiques final du contribuable. Au fil du temps et des diverses réformes fiscales, le précompte immobilier est devenu un véritable impôt en tant que tel. Il ne peut plus être imputé sur l'impôt des personnes physiques.

Le revenu cadastral sert de base au calcul du précompte immobilier, dont le produit bénéficie aux régions, aux provinces et aux communes.

La Région fixe le taux de base (1,25 % du RC pour la Région wallonne et la Région de Bruxelles-Capitale et 2,5 % du RC pour la Région flamande). Les communes et les provinces déterminent de leur côté les additionnels communaux et provinciaux. En l'occurrence, les centimes additionnels au précompte immobilier constituent l'une des deux sources de financement principales des communes (avec les taxes communales additionnelles à l'IPP).

2.2. Revenus immobiliers imposables à l'impôt des personnes physiques

Pour rappel, les personnes assujetties à l'impôt des personnes physiques sont imposables sur l'ensemble de leurs revenus nets, parmi lesquels comptent les revenus immobiliers.

Pour déterminer le montant des revenus immobiliers imposables à l'impôt des personnes physiques, le législateur a choisi de se baser, dans la plupart des situations, sur le RC.

À cet effet, c'est le RC que le contribuable doit mentionner dans la déclaration à l'impôt des personnes physiques.

2.3. Indexation

À l'origine, une révision des revenus cadastraux devait être réalisée tous les dix ans, et ce dans le but de tenir compte de l'évolution du coût de la vie. Cette péréquation cadastrale n'ayant jamais eu lieu, le législateur a finalement décidé d'indexer le revenu cadastral annuellement à l'aide d'un coefficient précisé dans l'arrêté royal d'exécution du Code des impôts sur les revenus.

Ce coefficient d'indexation est adapté à l'indice des prix à la consommation et a été fixé successivement de la manière suivante:

Exercice d'imposition à l'IPP	Coefficient d'indexation
2015	1,7000
2016	1,7057
2017	1,7153

Il existe donc une véritable **double imposition économique**, le revenu cadastral étant d'une part soumis au précompte immobilier et, d'autre part, concourant à la formation de la base imposable à l'impôt des personnes physiques.

En résumé :

Revenu cadastral	Précompte immobilier
Revenu moyen net annuel produit par un bien immobilier = base de calcul des revenus immobiliers imposables à l'IPP	À l'origine, avance sur impôt, maintenant non imputable = véritable impôt en tant que tel dont le montant est basé sur le RC
DOUBLE IMPOSITION ÉCONOMIQUE	

II. QUI EST IMPOSABLE ?

Article 11 CIR

1. Le propriétaire

Les revenus des biens immobiliers sont imposables dans le chef du propriétaire, possesseur, emphytéote, superficiaire ou usufruitier.

L'énumération faite ci-dessus est limitative ; ainsi, le nu-propriétaire et le locataire n'y figurent pas. Ces notions doivent être comprises en fonction du droit commun.

Le propriétaire est en principe considéré comme le seul redevable de l'impôt. Toutefois, dans les circonstances envisagées ci-après, le redevable est :

- le possesseur, s'il n'y a pas de véritable propriétaire ;
- l'emphytéote, le superficiaire ou l'usufruitier, si l'immeuble est grevé respectivement d'un droit d'emphytéose, d'un droit de superficie ou d'usufruit (QP n° 221 du 23 avril 1986 posée par monsieur Valkeniers).

Lors de la constitution d'un droit d'usage ou d'habitation, c'est le titulaire de ce droit qui est imposable (QP n° 676 de monsieur Carl Devlies du 3 mars 2005).

Le **propriétaire** d'un bien immobilier est celui qui possède un titre de propriété sur le bien. Lorsque plusieurs personnes sont propriétaires ensemble du même bien, on dit alors qu'elles sont propriétaires en indivision, qu'elles sont indivisaires ou copropriétaires. Le propriétaire a le droit de jouir et de disposer des choses de la manière la plus absolue, pourvu qu'on n'en fasse pas un usage prohibé par les lois et les règlements.

Le **possesseur** d'un bien est celui qui pense ou prétend qu'il est propriétaire (mais sans l'être réellement) et se comporte comme tel. Il est possesseur de bonne foi lorsqu'il peut raisonnablement se considérer comme propriétaire.

L'**emphytéote** est le titulaire d'un droit d'emphytéose. Le droit d'emphytéose est un droit réel temporaire qui consiste à avoir la pleine jouissance d'un immeuble appartenant à autrui, sous la condition de lui payer une redevance annuelle, soit en argent, soit en nature, en reconnaissance de son droit de propriété. Le contrat d'emphytéose doit impérativement être conclu pour une période minimale de 27 ans et de maximum 99 ans.

Le **superficiaire** est le titulaire du droit de superficie. Le droit de superficie est un droit réel temporaire qui consiste à avoir des bâtiments, ouvrages ou plantations sur un fonds appartenant à autrui. Le droit de superficie a une durée de maximum 50 ans et peut être renouvelé.

L'**usufruitier** est le titulaire du droit d'usufruit. Le droit d'usufruit est le droit temporaire de jouir des choses dont un autre a la propriété, comme le propriétaire lui-même, mais à la charge d'en conserver la substance. L'usufruit est un droit viager qui s'éteint au décès du titulaire. S'il est concédé à une personne morale, sa durée ne peut être supérieure à 30 ans.

Les **droits d'usage et d'habitation** (art. 625 et suiv. C. civ.) sont des droits réels qui sont une variante, plus ou moins limitée, de l'usufruit.

Sauf dérogation expresse, nous utiliserons dans cette partie de l'ouvrage systématiquement le terme de propriétaire, en gardant bien à l'esprit qu'il couvre des situations juridiques bien différentes les unes des autres.

2. Incidences de l'imposition commune et du décumul

Pour rappel, lorsqu'une imposition commune est établie, une distinction doit être faite entre, d'une part, les cohabitants légaux et les personnes mariées avec un contrat de séparation des biens et, d'autre part, les conjoints mariés sous le régime légal ou avec un contrat de communauté universelle.

Du point de vue contractuel, une grande latitude est laissée aux individus. Ainsi un contrat de mariage peut prévoir une communauté en matière de biens immeubles et une séparation pour les biens meubles. Une multitude de situations hybrides peuvent donc se présenter.

Dans cet ouvrage, les divers termes utilisés doivent être compris de la manière suivante:

Régime de cohabitation légale (art. 1475 et suiv. C. civ.): les patrimoines des cohabitants sont séparés. Les biens dont aucun des deux cohabitants légaux ne peut prouver qu'ils lui appartiennent sont réputés être détenus en indivision. Les revenus de ces biens reviennent à chacun des cohabitants légaux à concurrence de 50%.

Régime de la séparation des biens (art. 1466 et suiv. C. civ.): chacun des conjoints conserve la propriété de tous ses biens; les biens que les époux achètent ensemble appartiennent en indivision aux deux.

> Les cohabitants légaux ou les époux mariés sous le régime de la séparation des biens doivent donc déclarer chacun les revenus de leurs biens propres.

Régime de la communauté légale (régime sans contrat, art. 1398 et suiv. C. civ.): il existe trois patrimoines, les deux patrimoines propres aux époux et le patrimoine commun aux époux. Les revenus produits par les biens immeubles font partie du patrimoine commun des époux. Chaque époux doit donc déclarer la moitié de ces revenus même si ces derniers sont produits par un bien qui appartient à l'autre époux.

Régime de la communauté universelle (art. 1453 et suiv. C. civ.): les époux font entrer dans le patrimoine commun tous leurs biens présents et futurs à l'exception de ceux qui ont un caractère personnel.

En matière immobilière, si les conjoints ont contracté un contrat de communauté, les revenus produits par les biens immobiliers rentrent dans le patrimoine commun du ménage. Chaque époux doit donc déclarer la moitié de ces revenus.

En résumé :

1. Pas d'imposition commune		
Les revenus immobiliers sont imposables dans le chef du propriétaire des biens.		
2. Établissement d'une imposition commune		
	Séparation – cohabitants légaux	Régime légal – Communauté universelle
Revenus immobiliers	Les revenus immobiliers sont des revenus propres au propriétaire des biens.	Les revenus immobiliers sont des revenus communs aux deux époux.
Déclaration à l'IPP	Dans le chef du propriétaire des biens	50 % dans le chef de chaque époux

ex *Luc et Marguerite achètent en indivision (2/3 pour monsieur et 1/3 pour madame) un immeuble au RC non indexé de 3.000,00 EUR qu'ils donnent en location à des personnes physiques qui l'utilisent comme habitation.*

Ils doivent déclarer leurs revenus de la manière suivante :

Séparation des biens – cohabitants légaux	*Régime légal – communauté universelle*
Dans le chef de Luc (Code 1106-98) : 2.000,00 *Dans le chef de Marguerite (Code 2106-28) : 1.000,00*	*Dans le chef de Luc (Code 1106-98) : 1.500,00* *Dans le chef de Marguerite (Code 2106-28) : 1.500,00*

III.
AFFECTATION DU BIEN ET IMPLICATIONS FISCALES

Le montant imposable des revenus immobiliers est déterminé en fonction de l'usage qui est fait de l'immeuble.

Afin de savoir dans quelle partie de cet ouvrage sont explicités les différents revenus immobiliers, il convient de suivre le cheminement suivant :

<table>
<tr><td rowspan="13">L'immeuble est situé en Belgique</td><td colspan="3">L'affectation est-elle professionnelle ?</td><td>page 101</td></tr>
<tr><td colspan="3">S'agit-il de l'habitation propre ?</td><td>page 103</td></tr>
<tr><td rowspan="2">L'affectation du bien est-elle privilégiée ?</td><td colspan="2">Y a-t-il un bail de carrière ?</td><td>page 123</td></tr>
<tr><td colspan="2">Y a-t-il absence de but de lucre ?</td><td>page 122</td></tr>
<tr><td colspan="3">L'immeuble est-il concédé en vertu d'un droit d'emphytéose, de superficie ou de droits immobiliers similaires ?</td><td>page 116</td></tr>
<tr><td rowspan="6">L'immeuble est-il donné en location ?</td><td rowspan="2">Terrains</td><td>Affectation professionnelle par le locataire</td><td>page 106</td></tr>
<tr><td>Affectation privée par le locataire</td><td>page 109</td></tr>
<tr><td rowspan="3">Immeubles bâtis</td><td>Affectation professionnelle par le locataire</td><td>page 106</td></tr>
<tr><td>D'un dirigeant à sa société</td><td>page 113</td></tr>
<tr><td>Autres affectations</td><td>page 106</td></tr>
<tr><td>Terrains et Immeubles bâtis</td><td>Bail à ferme</td><td>page 116</td></tr>
<tr><td rowspan="2">Autre cas</td><td colspan="2">Terrains</td><td>page 107</td></tr>
<tr><td colspan="2">Immeubles bâtis</td><td>page 107</td></tr>
<tr><td rowspan="7">L'immeuble est situé à l'étranger</td><td colspan="3">L'affectation est-elle professionnelle ?</td><td>page 119</td></tr>
<tr><td colspan="3">S'agit-il de l'habitation propre ?</td><td>page 119</td></tr>
<tr><td colspan="3">L'immeuble est-il concédé en vertu d'un droit d'emphytéose, de superficie ou de droits immobiliers similaires ?</td><td>page 122</td></tr>
<tr><td rowspan="2">L'immeuble est-il donné en location ?</td><td colspan="2">Terrains</td><td rowspan="2">page 120</td></tr>
<tr><td colspan="2">Immeubles bâtis</td></tr>
<tr><td rowspan="2">Autre cas</td><td colspan="2">Terrains</td><td rowspan="2">page 119</td></tr>
<tr><td colspan="2">Immeubles bâtis</td></tr>
</table>

1. Affectation professionnelle par le propriétaire

Articles 7 et 37 CIR

1105-59 – 2105-29

1.1. Principe

L'affectation professionnelle ou privée du bien par le propriétaire conditionne la qualification des revenus produits par le bien immobilier, bâti ou non bâti. Si l'affectation est *«professionnelle»*, les revenus produits perdront leur caractère immobilier initial et seront considérés comme des revenus professionnels. Par contre si l'affectation est *«privée»*, les revenus produits sont considérés comme des revenus immobiliers.

S'il y a affectation professionnelle, les revenus des biens immeubles doivent être déclarés en regard des codes 1105 ou 2105. De cette manière, les revenus produits par les biens ne seront pas considérés comme des revenus immobiliers et ne sont pas imposables à ce titre.

Le caractère privé ou professionnel de l'affectation dépend des éléments de fait propres à chaque situation.

Ainsi, dans un arrêt du 6 janvier 2006, la Cour d'appel de Mons a considéré que les revenus issus de la location d'immeubles par une personne physique pouvaient être considérés comme des revenus professionnels pour les raisons suivantes :

- le particulier est propriétaire de 33 immeubles ;
- l'achat de ces immeubles a été financé au fil des ans au moyen, d'une part d'un héritage et de prêts et, d'autre part, au moyen des revenus générés par la location des immeubles ;
- le contribuable achète systématiquement des immeubles délabrés qu'il rénove lui-même et donne en location.

Illustrons au moyen des exemples suivants la différence entre affectation professionnelle et privée. Pour ces exemples, on considère que le RC de l'habitation propre doit toujours être déclaré (voir page 103).

Lorsque le contribuable affecte du matériel et de l'outillage à l'exercice de sa profession, il doit également en mentionner le RC en regard des codes 1105-59 et 2105-29.

ex **1.** *Luc, célibataire, est commerçant en articles de sport. Il utilise 40 % de son immeuble d'habitation (RC non indexé 1.500,00 EUR) pour l'exercice de sa profession. En effet, le rez-de-chaussée de son habitation est utilisé comme magasin et sa cave sert d'atelier et d'emplacement destiné à stocker ses marchandises. Il occupe les 60 % restants à des fins d'habitation. Au niveau fiscal, 40 % des revenus produits par le bien immobilier sont considérés comme des revenus professionnels.*

Luc complète le cadre III de sa déclaration relative à l'exercice d'imposition 2017 de la manière suivante :

Cadre III – Revenus de biens immobiliers		
A. Revenus belges		
1. Immeubles utilisés pour votre profession	***600,00*** *soit 40 % de 1.500,00 (Code 1105-59)*	*Code 2105-29*

Luc ne doit pas déclarer de montant au regard du Code 3100-04 s'il ne revendique pas la déduction d'intérêts relative à un emprunt conclu avant le 1er janvier 2005 (voir page 103). Le montant de 600,00 EUR n'intervient pas dans la détermination des revenus immobiliers imposables.

2. *Luc, célibataire, a acquis une vieille ferme (RC non indexé 3.000,00 EUR). Il décide d'en occuper une aile représentant 65 % du RC et de transformer l'autre aile en chambres d'hôte.*

S'il se limite à donner les chambres en location en ne fournissant aucun service complémentaire à cette location, les revenus produits par les chambres d'hôte sont à considérer comme des revenus immobiliers.

Luc complète le cadre III de sa déclaration relative à l'exercice d'imposition 2017 de la manière suivante :

Cadre III – Revenus de biens immobiliers		
A. Revenus belges		
2. Bâtiments non donnés en location, donnés en location à des personnes physiques qui ne les affectent pas à l'exercice de leur profession ou donnés en location à des personnes morales autres que des sociétés, en vue de les mettre à disposition de personnes physiques exclusivement à des fins d'habitation	***1.050,00** soit 35 % de 3.000,00 (Code 1106-58)*	*Code 2106-28*

Luc ne doit pas déclarer de montant au regard du Code 3100-04 s'il ne revendique pas la déduction d'intérêts relative à un emprunt conclu avant le 1er janvier 2005 (voir page 103).

Par contre, si la location s'accompagne de prestations permanentes effectuées par Luc, comme par exemple la fourniture des petits-déjeuners et l'entretien des chambres, les revenus produits par la location avec services doivent être considérés ***dans leur ensemble*** *comme des revenus professionnels.*

Aucune distinction ne doit être faite entre, d'une part, la partie « location immobilière » et, d'autre part, la partie « prestation de services ». L'immeuble est affecté à l'exercice de l'activité professionnelle, à l'exception de la partie privée, et les revenus produits sont des revenus professionnels.

Dans cette hypothèse, Luc complète le cadre III de sa déclaration relative à l'exercice d'imposition 2017 de la manière suivante :

Cadre III – Revenus de biens immobiliers		
A. Revenus belges		
1. Immeubles utilisés pour votre profession	***1.050,00** soit 35 % de 3.000,00 (Code 1105-59)*	*Code 2105-29*

Luc ne doit pas déclarer de montant au regard du Code 3100-04 s'il ne revendique pas la déduction d'intérêts relative à un emprunt conclu avant le 1er janvier 2005 (voir page 103).

Le montant de 1.050,00 EUR n'intervient pas dans la détermination des revenus immobiliers imposables.

3. *Luc, célibataire, est garagiste propriétaire d'un terrain (RC non indexé 100,00 EUR) qu'il utilise comme parking pour ses clients. Ce terrain est donc affecté à l'exercice de sa profession.*

Luc complète le cadre III de sa déclaration relative à l'exercice d'imposition 2017 de la manière suivante :

Cadre III – Revenus de biens immobiliers		
A. Revenus belges		
1. Immeubles utilisés pour votre profession	***100,00** (Code 1105-59)*	*Code 2105-29*

Le montant de 100,00 EUR n'intervient pas dans la détermination des revenus immobiliers imposables.

4. *Luc est marié depuis 2004 avec Marguerite sous le régime légal. Luc possède un immeuble que le couple habite (RC non indexé 2.000,00 EUR) et que Marguerite utilise à concurrence de 60 % à l'exercice de son activité professionnelle. Celle-ci est kinésithérapeute et utilise une partie de l'habitation, d'une part comme salle d'attente et comme cabinet où elle reçoit ses patients et, d'autre part, comme salle de revalidation où elle donne des séances collectives en soirée.*

Luc et Marguerite complètent le cadre III de la déclaration relative à l'exercice d'imposition 2017 de la manière suivante :

Cadre III – Revenus de biens immobiliers		
A. Revenus belges		
1. Immeubles utilisés pour votre profession	*Code 1105-59*	***1.200,00*** *soit 60 % de 2.000,00 (Code 2105-29)*

Luc et Marguerite ne doivent pas déclarer de montant au regard du Code 3100-04 s'ils ne revendiquent pas la déduction d'intérêts relative à un emprunt conclu avant le 1er janvier 2005 *(voir page 103).*

Le montant de 1.200,00 EUR n'intervient pas dans la détermination des revenus immobiliers imposables.

En résumé :

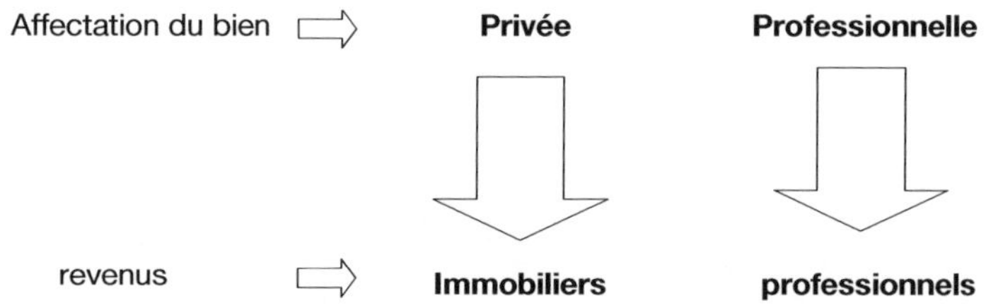

1.2. Incidences de l'imposition commune et du décumul

Lorsqu'une imposition commune est établie, le RC non indexé des immeubles ou parties d'immeubles affectés à l'exercice de l'activité professionnelle doit être déclaré dans le chef du cohabitant légal ou du conjoint qui affecte l'immeuble à l'exercice de sa profession, et ce, indépendamment des dispositions d'un éventuel contrat de mariage.

2. L'immeuble constitue la maison d'habitation (habitation propre)

Article 12 CIR

L'habitation propre est l'habitation que le contribuable occupe et dont il est propriétaire.

Cette notion est actuellement définie, suite à la régionalisation partielle de l'impôt sur les personnes physiques, par la loi de financement.

À partir de l'exercice d'imposition 2006, le RC non indexé de l'immeuble occupé effectivement par le contribuable et dont il est propriétaire est exonéré. Ce RC ne doit pas être déclaré.

Lorsqu'une imposition commune est établie, il est indispensable que les deux contribuables occupent tous les deux l'habitation pour bénéficier de l'exonération.

Cette exonération reste applicable si le contribuable ne peut occuper son immeuble pour des raisons sociales ou professionnelles.

Lorsque le contribuable occupe effectivement et en même temps plusieurs habitations à la fois, il peut choisir l'habitation pour laquelle il souhaite bénéficier de l'exonération.

Toutefois, l'obligation de déclaration en regard du code 3100-04 et/ou 4100-71 persiste lorsque le contribuable postule la déduction d'intérêts d'emprunts :

- conclus avant le 1er janvier 2005 ;
- conclus à partir du 1er janvier 2005 :
  - soit qui servent au refinancement d'un emprunt conclu avant le 1er janvier 2005 ;
  - soit que, pour la même habitation, il existe un emprunt conclu avant le 1er janvier 2005 (ou un refinancement d'un tel emprunt) pour lequel les intérêts entrent en considération pour la déduction ordinaire d'intérêts.

Dans cette hypothèse, le montant imposable au titre de revenus immobiliers est égal au RC indexé (voir pages 172 et 188).

Les revenus d'habitations qui sont situées en dehors de la Belgique, dans un État membre de l'Espace économique européen, dont le contribuable est propriétaire et qu'il occupe personnellement (ou qu'il n'occupe pas personnellement pour des raisons professionnelles ou sociales), doivent être déclarés lorsque le contribuable postule la déduction d'intérêts d'emprunts :

- conclus avant le 1er janvier 2005 ;
- conclus à partir du 1er janvier 2005 :
  - soit qui servent au refinancement d'un emprunt conclu avant le 1er janvier 2005 ;
  - soit que, pour la même habitation, il existe un emprunt conclu avant le 1er janvier 2005 (ou un refinancement d'un tel emprunt) pour lequel les intérêts entrent en considération pour la déduction ordinaire d'intérêts.

Dans cette hypothèse, le montant imposable au titre de revenus immobiliers est égal à la valeur locative nette du bien immobilier.

Le législateur n'a pas défini la notion de « raisons professionnelles ou sociales ». C'est la jurisprudence qui en précise les contours.

Ainsi ont déjà été considérées comme des raisons professionnelles ou sociales les cas où le contribuable qui, ayant acquis une habitation (construction, achat, héritage, etc.), a dû l'abandonner ou même n'a jamais pu l'occuper en raison de l'éloignement du lieu d'études des enfants ou d'activité professionnelle de l'épouse, de la nécessité de logement des membres du ménage, de la vieillesse, de la maladie, etc.

3. L'immeuble ne constitue pas la maison d'habitation

3.1. L'usage du bien immobilier n'est pas cédé

Article 7 § 1er, 1°, a CIR

1106-58/2106-28 et 1107-57/2107-27

Le propriétaire doit déclarer le RC non indexé.

Il est imposé sur le RC indexé s'il s'agit d'un immeuble non bâti ou de matériel et d'outillage. S'il s'agit d'un immeuble bâti, il est imposé sur le RC indexé majoré de 40 %.

La déclaration doit être remplie de la manière suivante :

1. Pas d'imposition commune			
Immeubles bâtis		**Immeubles non bâtis Matériel et outillage**	
RC non indexé au code 1106-58		RC non indexé au code 1107-57	
2. Établissement d'une imposition commune			
Séparation – cohabitants légaux		**Régime légal ou communauté universelle**	
Immeubles bâtis	**Immeubles non bâtis Matériel et outillage**	**Immeubles bâtis**	**Immeubles non bâtis Matériel et outillage**
RC non indexé au code 1106-58 ou 2106-28 selon le cas	RC non indexé au code 1107-57 ou 2107-27 selon le cas	RC non indexé aux codes 1106-58 et 2106-28 (50/50)	RC non indexé aux codes 1107-57 et 2107-27 (50/50)

3.2. L'usage du bien immobilier est cédé

Deux cas peuvent se présenter :

- soit l'immeuble est mis à disposition ;
- soit l'immeuble est donné en location.

3.2.1. *Mise à disposition*

Une mise à disposition n'étant pas une location, les revenus des biens immobiliers doivent être déclarés de la même manière que ceux dont l'usage n'est pas cédé.

ex *Luc, célibataire, met gratuitement à disposition de son fils un immeuble bâti (RC non indexé : 1.000,00 EUR) durant l'année 2016.*

Luc complète le cadre III de sa déclaration relative à l'exercice d'imposition 2017 de la manière suivante :

Cadre III – Revenus de biens immobiliers		
A. Revenus belges		
3. Immeubles bâtis non donnés en location, donnés en location à des personnes physiques qui ne les affectent pas à l'exercice de leur profession ou donnés en location à des personnes morales autres que des sociétés, en vue de les mettre à disposition de personnes physiques exclusivement à des fins d'habitation.	***1.000,00*** *(Code 1106-58)*	*Code 2106-28*

Détermination du montant imposable
RC Indexé : (1.000,00 × 1,7153) = 1.715,30 arrondi à 1.715,00 (application de l'article 518, alinéa 5 du Code des impôts des revenus qui mentionne que le montant du RC après application de l'index est arrondi à l'euro supérieur ou inférieur selon que le chiffre des centimes atteint ou non 50). *RC indexé majoré de 40 % = 1,4 × 1.715,00 = 2.401,00*

3.2.2. *Location*

Le montant imposable à titre de revenus immobiliers dépend :

- de la personnalité juridique du locataire (personne physique ou personne morale) ;
- de l'usage qui est fait du bien dans le chef du locataire (privé, social, professionnel) ;
- de la nature du bien, (bâti ou non bâti).

A. À une personne physique

L'usage du bien par le locataire (professionnel ou privé) détermine le régime fiscal dans le chef du propriétaire.

Sur le plan strictement juridique, il n'est pas indispensable que les loyers soient déduits des revenus professionnels du locataire pour que l'on puisse conclure à une affectation professionnelle.

1. *Affectation intégrale par le locataire à l'exercice de l'activité professionnelle*

Le ministre des Finances (QP n° 684 du 8 mai 2001 de monsieur Eerdekens) a toutefois tempéré l'application de cette disposition. En effet, pour qu'il y ait affectation professionnelle par le locataire, il faut que ce dernier utilise en totalité ou en partie l'immeuble pris en location pour l'exercice de son activité professionnelle et que le montant des loyers ou des charges locatives ait été repris en tout ou en partie dans les frais professionnels réels.

L'affectation, professionnelle ou privée, du bien par le locataire conditionne le régime fiscal applicable dans le chef du propriétaire.

L'imposition est fonction des loyers **effectivement perçus** et des **avantages locatifs** obtenus au cours de la période imposable.

a) Les avantages locatifs

Par avantages locatifs, on entend les charges de toute nature qui sont imposées contractuellement au locataire à l'avantage du bailleur. Ne sont jamais considérées comme avantages locatifs les charges incombant au locataire en vertu du Code civil (art. 1754 C. civ. : l'entretien d'une chaudière...).

La jurisprudence considère généralement que la contre-valeur des travaux d'amélioration et d'embellissement d'un immeuble effectués par le locataire peut être imposée dans le chef du propriétaire si le locataire :

- a l'obligation contractuelle d'effectuer lesdits travaux et,
- que le bailleur a le droit d'exiger que ces travaux soient effectués (une indemnité en cas de non-respect étant éventuellement prévue pour le cas où les travaux ne sont pas effectués, par exemple, via une augmentation du loyer).

Ainsi, le précompte immobilier est une dépense qui est légalement toujours à charge du propriétaire. Si un contrat de bail commercial prévoit le paiement du précompte immobilier par le locataire, il s'agit d'un avantage locatif.

A contrario, les travaux d'aménagement d'un magasin ne sont pas des avantages locatifs lorsque le contrat de bail ne prévoit aucune obligation contractuelle dans le chef du locataire.

Lorsqu'un avantage locatif consiste en une dépense une fois faite par le locataire, son montant doit être réparti sur toute la durée du bail ou sur la durée du bail restant à courir au 1er janvier de la période imposable pendant laquelle la dépense a été payée ou supportée. En l'absence de bail écrit, la dépense doit être répartie sur trois ans.

Pour la suite de cette partie de l'ouvrage, les loyers et avantages locatifs sont dorénavant repris sous le vocable « loyers ».

b) Les biens immobiliers non bâtis

Article 7, 2°, c CIR

1112-52/2112-22 et 1113-51/2113-21

Le propriétaire doit déclarer le RC non indexé ainsi que les loyers effectivement perçus ou obtenus au cours de la période imposable.

Il est imposable sur le montant total du loyer net, sans que celui-ci puisse être inférieur au RC indexé.

Le loyer net est égal au loyer brut diminué de 10 %. Ces 10 % correspondent aux frais d'entretien et de réparation du bien.

c) Les biens immobiliers bâtis

Article 7, 2°, c CIR

1109-55/2109-25 et 1110-54/2110-24

Le propriétaire doit déclarer le RC non indexé ainsi que les loyers effectivement perçus ou obtenus au cours de la période imposable.

Il est imposable sur le montant total du loyer net, sans pouvoir être inférieur au RC indexé majoré de 40 %.

Le loyer net s'entend du loyer brut diminué de 40 %. Ces 40 % sont censés représenter les frais d'entretien et de réparation du bien.

Le forfait de 40 % ne peut en aucun cas être supérieur aux 2/3 du RC revalorisé (le coefficient de revalorisation est de 4,31 pour l'exercice d'imposition 2017).

La déclaration doit être remplie de la manière suivante :

<table>
<tr><th colspan="4">1. Pas d'imposition commune</th></tr>
<tr><th colspan="2">Immeubles bâtis</th><th colspan="2">Immeubles non bâtis</th></tr>
<tr><td colspan="2">RC non indexé au code 1109-55
Loyers au code 1110-54</td><td colspan="2">RC non indexé au code 1112-52
Loyers au code 1113-51</td></tr>
<tr><th colspan="4">2. Établissement d'une imposition commune</th></tr>
<tr><th colspan="2">Séparation – cohabitants légaux</th><th colspan="2">Régime légal – communauté universelle</th></tr>
<tr><th>Immeubles bâtis</th><th>Immeubles non bâtis</th><th>Immeubles bâtis</th><th>Immeubles non bâtis</th></tr>
<tr><td>RC non indexé aux codes 1109-55 ou 2109-25 et loyers aux codes 1110-54 ou 2110-24 selon le cas</td><td>RC non indexé aux codes 1112-52 ou 2112-22 et loyers aux codes 1113-51 ou 2113-21 selon le cas</td><td>RC non indexé aux codes 1109-55 et 2109-25 et loyers aux codes 1110-54 et 2110-24 (50/50)</td><td>RC non indexé aux codes 1112-52 et 2112-22 et loyers aux codes 1113-51 et 2113-21 (50/50)</td></tr>
</table>

ex 1. *Luc, célibataire, donne en location un immeuble durant toute l'année 2016 dont le RC non indexé est de 800,00 EUR pour un montant de 6.000,00 EUR à un commerçant qui affecte intégralement le bien à l'exercice de son activité professionnelle.*

Luc complète le cadre III de sa déclaration relative à l'exercice d'imposition 2017 de la manière suivante :

Cadre III – Revenus de biens immobiliers		
A. Revenus belges		
5. Immeubles donnés en location dans des circonstances autres que celles évoquées aux n°s 3 à 5 ci-avant :		
a) Bâtiments		
RC	***800,00*** *(Code 1109-55)*	*Code 2109-25*
Loyer brut	***6.000,00*** *(Code 1110-54)*	*Code 2110-24*

Détermination du montant imposable
Charges déductibles : 40 % × 6.000,00 = 2.400,00 qui excèdent la limite de 800,00 × 2/3 × 4,31 = ***2.298,67*** *Montant imposable : 6.000,00 – 2.298,67 = 3.701,33 sans être inférieur à 800,00 × 1,7153 = 1.372,24 arrondi à 1.372,00 × 1,4 =* ***1.920,80***

2. *Luc et Marguerite sont mariés depuis 2007 sous le régime légal. Ils donnent en location à un garagiste un terrain dont le RC non indexé est de 300,00 EUR, terrain servant de parking pour les clients du garage. Le garagiste paie en 2016 pour la location du terrain un montant annuel de 2.000,00 EUR.*

Luc et Marguerite complètent le cadre III de leur déclaration relative à l'exercice d'imposition 2017 de la manière suivante :

Cadre III – Revenus de biens immobiliers		
	Luc	*Marguerite*
A. Revenus belges		
5. Immeubles donnés en location dans des circonstances autres que celles évoquées aux n°s 3 à 5 ci-avant :		
b) Terrains		
RC	***150,00*** *(Code 1112-52)*	***150,00*** *(Code 2112-22)*
Loyer brut	***1.000,00*** *(Code 1113-51)*	***1.000,00*** *(Code 2113-21)*

Détermination du montant imposable		
	Luc	*Marguerite*
Charges déductibles	*1.000,00 × 10 % = 100,00*	*1.000,00 × 10 % = 100,00*
Montant imposable	*1.000,00 – 100,00 =* ***900,00*** *Sans être inférieur à 150,00 × 1,7153 = 257,00*	*1.000,00 – 100,00 =* ***900,00*** *Sans être inférieur à 150,00 × 1,7153 = 257,00*

d) Matériel et outillage

1115-49/2115-19 et 1116-48/2116-18

Le propriétaire doit déclarer le RC non indexé ainsi que les loyers réellement perçus ou obtenus pendant la période imposable.

Il est imposable sur le montant total du loyer net, sans que celui-ci ne puisse être inférieur au RC indexé.

Le loyer net est égal au loyer brut diminué de 40 %. Ces 40 % correspondent aux frais d'entretien et de réparation du bien.

La règle selon laquelle le forfait de 40 % ne peut pas dépasser les 2/3 du RC revalorisé n'est pas d'application pour le matériel et l'outillage.

La déclaration doit être remplie de la manière suivante :

1. Pas d'imposition commune	
RC non indexé aux codes 1115-49 et/ou 2115-19 Loyers aux codes 1116-48 et/ou 2116-18	
2. Établissement d'une imposition commune	
Séparation – cohabitants légaux	Régime légal – communauté universelle
RC non indexé aux codes 1115-49 ou 2115-19 Loyers aux codes 1116-48 ou 2116-18, le cas échéant	RC non indexé aux codes 1115-49 et 2115-19 Loyers aux codes 1116-48 et 2116-18 (50/50)

2. *Usage par le locataire à des fins privées*

a) Principe

Lorsque l'immeuble est donné en location à des personnes physiques qui n'utilisent pas le bien à des fins professionnelles, l'imposition est uniquement fonction du RC.

b) Les biens immobiliers non bâtis et le matériel et outillage

Article 7, 2°, a, 1er tiret CIR

1107-57/2107-27

Le propriétaire doit déclarer le RC non indexé du terrain.

Il est imposable sur le RC indexé du bien.

c) Les biens immobiliers bâtis

Article 7, 2°, a, 2e tiret CIR

1106-58/2106-28

Le propriétaire doit déclarer le RC non indexé. Il est imposé sur le RC indexé majoré de 40 %.

La déclaration doit être remplie de la manière suivante :

1. Pas d'imposition commune	
Immeubles bâtis	Immeubles non bâtis
RC non indexé au code 1106-58	RC non indexé au code 1107-57

2. Établissement d'une imposition commune			
Séparation – cohabitants légaux		Régime légal – communauté universelle	
Immeubles bâtis	Immeubles non bâtis	Immeubles bâtis	Immeubles non bâtis
RC non indexé au code 1106-58 ou 2106-28 selon le cas	RC non indexé au code 1107-57 ou 2107-27 selon le cas	RC non indexé aux codes 1106-58 et 2106-28 (50/50)	RC non indexé aux codes 1107-57 et 2107-27 (50/50)

ex *Marguerite, divorcée depuis 2008, donne en location un immeuble dont le RC non indexé est de 800,00 EUR pour un montant de 5.500,00 EUR à un employé qui n'utilise ce bien qu'à des fins d'habitation.*

Marguerite complète le cadre III de sa déclaration relative à l'exercice d'imposition 2017 de la manière suivante:

Cadre III – Revenus de biens immobiliers		
A. Revenus belges		
2. Bâtiments non donnés en location, donnés en location à des personnes physiques qui ne les affectent pas à l'exercice de leur profession ou donnés en location à des personnes morales autres que des sociétés, en vue de les mettre à disposition de personnes physiques exclusivement à des fins d'habitation.	***800,00*** *(Code 1106-58)*	*Code 2106-28*

Détermination du montant imposable
RC Indexé: (800,00 × 1,7153) = 1.372,24 arrondi à 1.372,00 *RC indexé majoré de 40% =* *1,4 × 1.372,00 = 1.921,00*

3. *Usage mixte*

Article 8 CIR

1106-58/2106-28, 1109-55/2109-25 et 1110-54/2110-24

Nous avons vu jusqu'à présent que le propriétaire d'un bien immobilier qui est donné en location à une personne physique, qui utilise le bien à des fins professionnelles, partiellement ou totalement, est imposable sur la base du montant total des loyers nets, sans pouvoir être inférieur au RC indexé (majoré de 40% s'il s'agit d'un immeuble bâti). Lorsque l'usage du bien est mixte (privé/professionnel), le propriétaire peut échapper à cette imposition. Pour cela, il faut que le bail:

- soit écrit;
- soit enregistré;
- prévoie les affectations privées et professionnelles respectives.

Dans ces conditions, le propriétaire peut ventiler les quotités privées et professionnelles dans sa déclaration et être imposé conformément aux règles propres à l'affectation privée et à l'affectation professionnelle.

Il y a lieu de noter que, si la loi impose l'enregistrement du bail, elle n'oblige pas les contribuables à respecter la répartition privé/professionnel y figurant. Dans cette hypothèse, c'est bien la réalité des affectations par le locataire qui est déterminante pour établir la taxation.

ex *Marguerite, célibataire, donne en location pour un loyer annuel de 5.000,00 EUR un immeuble dont le RC non indexé est de 1.000,00 EUR. Le locataire affecte cet immeuble à l'exercice de son activité professionnelle à concurrence de 60 %.*

Première hypothèse: Bail enregistré non ventilé ou non enregistré

Cadre III – Revenus de biens immobiliers		
A. Revenus belges		
6. Immeubles donnés en location dans des circonstances autres que celles évoquées aux nos 3 à 5 ci-avant:		
a) Bâtiments		
RC	***1.000,00*** *(Code 1109-55)*	*Code 2109-25*
Loyer brut	***5.000,00*** *(Code 1110-54)*	*Code 2110-24*

Détermination du montant imposable
Charges déductibles pour la location professionnelle: 5.000,00 × 40 % = 2.000,00 *N'excèdent pas la limite de 1.000,00 x 2/3 × 4,31 = 2.873,33* *Montant imposable: 5.000,00 – 2.000,00 =* ***3 000,00*** *Sans être inférieur à ((1.000,00 × 1,7153) × 1,4) = 2.401,42* *Total imposable:* ***3.000,00***

Deuxième hypothèse: Bail enregistré ventilé 60 % professionnel – 40 % privé

Cadre III – Revenus de biens immobiliers		
A. Revenus belges		
2. Bâtiments non donnés en location, donnés en location à des personnes physiques qui ne les affectent pas à l'exercice de leur profession ou donnés en location à des personnes morales autres que des sociétés, en vue de les mettre à disposition de personnes physiques exclusivement à des fins d'habitation	***400,00*** *(Code 1106-58)*	*Code 2106-28*
5. Immeubles donnés en location dans des circonstances autres que celles évoquées aux nos 3 à 5 ci-avant:		
a) Bâtiments		
RC	***600,00*** *(Code 1109-55)*	*Code 2109-25*
Loyer brut	***3.000,00*** *(Code 1110-54)*	*Code 2110-24*

Détermination du montant imposable
Charges déductibles pour la location professionnelle: 3.000,00 × 40 % = 1.200,00 *N'excèdent pas la limite de 600,00 x 2/3 × 4,31 = 1.724,00* *Montant imposable:* *Partie privée: (400,00 × 1,7153) × 1,4 =* ***960,57*** *Partie professionnelle: 3.000,00 – 1.200,00 =* ***1.800,00*** *Sans être inférieur à ((600,00 × 1.7153) × 1,4) = 1.440,85* *Total imposable:* ***2.760,57***

Troisième hypothèse: Bail enregistré ventilé 50 % professionnel – 50 % privé. L'affectation réelle est de 60 % professionnel – 40 % privé.

Tant la déclaration que le montant imposable sont identiques à ceux obtenus dans la deuxième hypothèse.

4. *Une imposition plus lourde qu'en cas d'usage à des fins privées*

En comparant les montants imposables résultant d'une location à une personne physique qui affecte le bien à des fins privées avec ceux d'une location à une personne physique qui affecte le bien à des fins professionnelles, on constate que l'imposition est plus lourde dans cette dernière hypothèse.

Pour éviter ce supplément d'impôts, les bailleurs prévoient souvent dans les contrats de bail des clauses interdisant aux locataires d'affecter le bien pris en location à l'exercice d'une activité professionnelle.

Il arrive que le locataire ne respecte pas les clauses du bail et revendique la déduction du loyer ou d'une partie de son loyer dans ses charges professionnelles. Cette déduction fiscale est admise, en dépit du bail conclu, pour autant que toutes les conditions relatives à la déduction à titre de frais professionnels soient remplies (voir page 399).

Dans ce cas, la jurisprudence conclut généralement à l'inopposabilité à l'administration fiscale des clauses du bail. C'est donc l'usage effectif du bien par le locataire et la déduction des loyers qui en résulte qui sont primordiaux en l'espèce.

Les propriétaires peuvent toutefois faire valoir ces clauses devant les juridictions civiles afin de faire condamner les locataires pour non-respect des clauses du bail et obtenir ainsi la réparation du dommage subi, à savoir le remboursement de l'augmentation d'impôt.

Toutefois, dans le système de taxation des revenus immobiliers provenant de la location, c'est l'activité professionnelle réellement exercée dans les lieux loués qui constitue le critère déterminant pour apprécier si la taxation doit se faire sur les revenus réels d'un bien immobilier, indépendamment du fait que cette activité viole une clause contractuelle du bail ou que l'activité professionnelle constitue une activité illicite.

Tel n'est pas le cas lorsque c'est l'administration qui a déduit les loyers des revenus professionnels du locataire, lequel n'avait pas déclaré ses revenus qui provenaient d'une activité illicite.

La Cour constitutionnelle a décidé, dans un arrêt du 27 mai 2008, que cette taxation n'est pas justifiée, au regard de l'objectif poursuivi par la disposition en cause, lorsque la déductibilité des loyers et charges locatives, dans le chef du locataire, a été opérée par l'administration fiscale elle-même.

B. À une personne morale

1. *Le propriétaire n'exerce pas de mandat de dirigeant d'entreprise*

Article 7, 2°, c CIR

1109-55/2109-25 et 1110-54/2110-24, 1112-52/2112-22 et 1113-51/2113-21, 1115-49/2115-19 et 1116-48/2116-18

Le traitement fiscal est le même que dans le cas d'une location à une personne physique qui affecte totalement le bien à l'exercice de sa profession (voir page 106).

2. *Le propriétaire exerce un mandat de dirigeant d'entreprise*

Article 32, 2e alinéa, 3° CIR

1401-54 – 2401-24

Il arrive que des dirigeants d'entreprise mandataires de personnes morales (administrateurs ou gérants de société, par exemple) soient propriétaires de biens immobiliers qu'ils donnent en location à la personne morale dont ils sont dirigeants.

Ces dirigeants peuvent être tentés de «gonfler» le montant des loyers demandés, essentiellement pour trois raisons:

- certains intérêts sont déductibles des revenus immobiliers, ce qui n'est pas le cas pour les revenus professionnels;
- les revenus immobiliers n'entrent pas en ligne de compte pour le calcul des cotisations sociales dues;
- 40% de charges forfaitaires sont déductibles des revenus immobiliers.

Le législateur a prévu une disposition qui impose la requalification de revenus immobiliers en revenus professionnels dès que les loyers en question dépassent un certain plafond.

Ce plafond est égal à cinq tiers du RC revalorisé (4,31 pour l'exercice d'imposition 2017). Dès que les loyers et avantages locatifs dépassent ce plafond, le surplus est requalifié en rémunérations ordinaires de dirigeant d'entreprise.

Pour qu'il y ait requalification, il faut donc:

- une location;
- qui porte sur un immeuble bâti sis en Belgique;
- un locataire qui est une société ou une personne morale;
- un bailleur qui est dirigeant d'entreprise mandataire (administrateur, gérant, liquidateur ou fonctions analogues) de cette société ou personne morale.

Les loyers ne sont visés par la requalification qu'à la condition que le dirigeant d'entreprise mandataire soit propriétaire de l'immeuble donné en location. Le dirigeant non-propriétaire n'est pas visé par la requalification des loyers, et ce même dans l'hypothèse où il est tenu, en raison de son régime matrimonial, de déclarer une partie des loyers perçus dans son chef.

En outre, lorsque le dirigeant est marié sous le régime légal, les loyers n'entrent en ligne de compte pour la requalification qu'à concurrence de 50%.

Cette requalification ne concerne que les loyers. Un dirigeant d'entreprise mandataire peut, par exemple, conclure avec sa société un contrat d'emphytéose ou de superficie, et ce afin d'échapper à la requalification. Encore faut-t-il que le contrat en question satisfasse en tous points à toutes les dispositions légales prévues en la matière, et notamment les dispositions impératives de la loi de 1824 définissant civilement l'emphytéose et la superficie. Dans la négative, le risque de voir le contrat assimilé à une location pure et simple est réel.

Les loyers requalifiés sont considérés comme des rémunérations de dirigeant d'entreprise. Le contribuable ne peut pas déduire de ces revenus requalifiés les frais relatifs à l'immeuble en question, notamment les intérêts d'emprunt ayant permis l'acquisition ou la transformation de l'immeuble.

ex *Luc et Marguerite sont mariés depuis 2006. Ils possèdent un bien immobilier dont le RC non indexé est de 1.000,00 EUR qu'ils donnent en location durant toute l'année 2016 à la société dont Luc est dirigeant moyennant un loyer annuel de 20.000,00 EUR.*

Luc et Marguerite complètent les cadres III et XVII de leur déclaration relative à l'exercice d'imposition 2017 de la manière suivante :

- *Première hypothèse : Marguerite est l'unique propriétaire de l'immeuble (régime légal)*

Cadre III – Revenus de biens immobiliers		
A. Revenus belges		
	Luc	*Marguerite*
6. Immeubles donnés en location dans des circonstances autres que celles évoquées aux nos 3 à 5 ci-avant :		
a) Bâtiments		
RC	***500,00*** *(Code 1109-55)*	***500,00*** *(Code 2109-25)*
Loyer brut	***10.000,00*** *(Code 1110-54)*	***10.000,00*** *(Code 2110-24)*

Cadre XVII – Rémunérations des dirigeants d'entreprise		
4. Revenus locatifs à considérer comme rémunérations	*Il n'y a aucune requalification des loyers en revenus professionnels étant donné que monsieur n'est pas propriétaire. (Code 1401-54)*	*Il n'y a aucune requalification des loyers en revenus professionnels étant donné que Madame n'est pas dirigeant d'entreprise. (Code 2401-24)*

- *Deuxième hypothèse : Luc est l'unique propriétaire de l'immeuble (régime légal)*

Cadre III – Revenus de biens immobiliers		
A. Revenus belges		
	Luc	*Marguerite*
6. Immeubles donnés en location dans des circonstances autres que celles évoquées aux nos 3 à 5 ci-avant :		
a) Bâtiments		
RC	***500,00*** *(Code 1109-55)*	***500,00*** *(Code 2109-25)*
Loyer brut	***3.591,67*** *c'est-à-dire (500 × 5/3 × 4,31) (Code 1110-54)*	***10.000,00*** *(Code 2110-24)*

Cadre XVII – Rémunérations des dirigeants d'entreprise		
5. Revenus locatifs à considérer comme rémunérations	***6.408,33*** *c'est-à-dire 10.000,00 – 3.591,67 (Code 1401-54)*	*Code 2401-24*

- *Troisième hypothèse: Luc est l'unique propriétaire de l'immeuble (séparation de biens)*

Cadre III – Revenus de biens immobiliers		
A. Revenus belges		
	Luc	*Marguerite*
6. Immeubles donnés en location dans des circonstances autres que celles évoquées aux nos 3 à 5 ci-avant:		
a) Bâtiments		
RC	***1.000,00*** *(Code 1109-55)*	*Code 2109-25*
Loyer brut	***6.408,33*** *c'est-à-dire 1.000,00 × 5/3 × 4,19 (Code 1110-54)*	*Code 2110-24*

Cadre XVII – Rémunérations des dirigeants d'entreprise		
3. Revenus locatifs à considérer comme rémunérations	*12.816,67 EUR c'est-à-dire 20.000,00 – 7.183,33 (Code 1401-54)*	***0,00*** *(Code 2401-24)*

C. Usage à des fins sociales

Article 7, 2°, b *bis* CIR

Lorsque l'immeuble est donné en location à une personne morale autre qu'une société (par exemple, une ASBL ou un CPAS), en vue de le mettre à disposition à des personnes physiques à des fins d'habitation, l'imposition est identique à celle d'une location à des personnes physiques qui n'affectent pas le bien à l'exercice de leur activité professionnelle.

Dans cette hypothèse, le propriétaire doit déclarer le RC non indexé et il est imposé sur le RC indexé majoré de 40%.

L'utilisation du terme «mise à disposition» implique qu'un logement peut être fourni par la personne morale avec ou sans intervention dans les frais.

ex *Luc, divorcé depuis 2006, donne en location un immeuble durant toute l'année 2016 (RC non indexé: 800,00 EUR) à une ASBL pour un loyer annuel de 5.000,00 EUR. Cette ASBL met l'immeuble à disposition de personnes qui affectent le bien à des fins exclusives d'habitation.*

Luc complète le cadre III de sa déclaration relative à l'exercice d'imposition 2017 de la manière suivante:

Cadre III – Revenus de biens immobiliers		
A. Revenus belges		
2. Bâtiments non donnés en location, donnés en location à des personnes physiques qui ne les affectent pas à l'exercice de leur profession ou donnés en location à des personnes morales autres que des sociétés, en vue de les mettre à disposition de personnes physiques exclusivement à des fins d'habitation	***800,00*** *(Code 1106-58)*	***0,00*** *(Code 2106-28)*

Détermination du montant imposable
RC Indexé: (800,00 × 1,7153) = 1.372,24 arrondi à 1.372,00 *RC indexé majoré de 40% = 1.372,00 × 1,4 = 1.920,80*

D. Location en vertu d'un bail à ferme

Article 7, 2°, b CIR

1108-56/2108-26

Les baux à ferme sont les baux de biens immeubles qui, soit dès l'entrée en jouissance du preneur, soit dès l'accord des parties en cours de bail, sont affectés principalement à une exploitation agricole, à l'exclusion de la sylviculture.

L'exploitation agricole est définie comme étant l'exploitation de biens immeubles en vue de la production de produits agricoles destinés principalement à la vente.

Le propriétaire doit déclarer le RC non indexé et il est imposable sur le RC indexé.

Cette imposition est prévue uniquement pour les biens immobiliers sis en Belgique, qu'ils soient non bâtis ou bâtis, donnés en location conformément à la législation sur le bail à ferme et effectivement affectés par le locataire à des fins agricoles ou horticoles.

ex *Marguerite, célibataire, possède une ferme (RC non indexé: 1.000,00 EUR) qu'elle donne en location durant toute l'année 2016 en vertu d'un bail à ferme à Luc pour un loyer annuel de 12.000,00 EUR. Luc affecte la ferme à l'exercice de sa profession d'agriculteur.*

Marguerite complète le cadre III de sa déclaration relative à l'exercice d'imposition 2017 de la manière suivante:

Cadre III – Revenus de biens immobiliers		
A. Revenus belges		
4. Immeubles donnés en location conformément à la législation sur le bail à ferme, à des fins agricoles ou horticoles	***1.000,00*** *(Code 1108-56)*	*Code 2108-26*

Détermination du montant imposable
1.000,00 × 1,7153 = 1.715,30 arrondi à 1.715,00

Lorsque le bail à ferme, qui concerne un terrain, a été conclu par acte authentique et prévoit une durée minimale de 18 ans, les revenus des biens immobiliers situés en Belgique donnés en location conformément à ce bail sont exonérés.

3.2.3. *La constitution ou la cession d'un droit d'emphytéose, de superficie ou de droits immobiliers similaires*

Article 7, 3° CIR

1114-50/2114-20

Le propriétaire est imposé sur les sommes obtenues à l'occasion de la constitution ou de la cession d'un droit d'emphytéose ou de superficie ou de droits immobiliers similaires.

Les «droits immobiliers similaires» sont les droits d'usage à long terme portant sur des biens immobiliers.

Le contribuable est imposé sur les sommes effectivement obtenues, sans possibilité d'étaler l'imposition dans le temps.

Les sommes obtenues à l'occasion de la constitution ou de la cession d'un droit d'usufruit portant sur un bien immobilier sis en Belgique ou à l'étranger ne constituent pas des revenus de biens immobiliers. Le cas échéant, les sommes obtenues peuvent être considérées par l'administration comme des revenus divers (voir page 221).

Les cas suivants peuvent se présenter dans le cadre de la constitution ou de la cession d'un droit de superficie :

1. Le RC du terrain est au nom du propriétaire et le RC du bâtiment est au nom du superficiaire			
Montant imposable dans le chef de la personne qui a octroyé le droit de superficie			
Stipulations du contrat	Le contrat accordant l'autorisation de bâtir stipule : une redevance pour le droit de superficie, un loyer pour le terrain	Le contrat accordant l'autorisation de bâtir ne stipule qu'un loyer pour le terrain	Le contrat accordant l'autorisation de bâtir ne stipule qu'une redevance pour le droit de superficie
Redevances	Sommes obtenues (base des droits d'enregistrement)	Néant	Sommes obtenues (base des droits d'enregistrement)
Codes de la déclaration	Code 1114-50 – 2114-20	–	Code 1114-50 – 2114-20
Loyers	le RC indexé du terrain ou le montant net du loyer et des avantages locatifs sans que ce montant puisse être inférieur au RC indexé du terrain	le RC indexé du terrain ou le montant net du loyer et des avantages locatifs sans que ce montant puisse être inférieur au RC indexé du terrain	Néant
Codes de la déclaration	Code 1107-57 – 2107-27 ou Codes 1112-52/1113-22 – 2112-51/2113-21	Code 1107-57 – 2107-27 ou Codes 1112-52/1113-22 – 2112-51/2113-21	Codes 1107-57 – 2107-27
2. Le RC du terrain et le RC du bâtiment sont au nom du superficiaire			
Montant imposable dans le chef de la personne qui a octroyé le droit de superficie			
Sommes obtenues à l'occasion de la constitution du droit de superficie Code 1114-50 – 2114-20			

Marguerite, célibataire, propriétaire d'un terrain au RC non indexé de 50,00 EUR, constitue le 3 avril 2016 un droit de superficie au profit de sa fille qui construit sur ce terrain un immeuble d'habitation dont le RC non indexé est fixé à 2.000,00 EUR.

Le RC du terrain reste établi au nom de Marguerite qui n'a stipulé dans le contrat accordant l'autorisation de bâtir qu'une redevance unique de 4.000,00 EUR pour le droit de superficie.

La valeur de cette redevance a été portée à 5.000,00 EUR par le Receveur de l'enregistrement, pour la perception des droits d'enregistrement.

Marguerite complète le cadre III de sa déclaration relative à l'exercice d'imposition 2017 de la manière suivante :

Cadre III – Revenus de biens immobiliers		
A. Revenus belges		
3. Terrains, matériel et outillage non donnés en location ou donnés en location à des personnes physiques qui ne les affectent pas à l'exercice de leur profession	***50,00*** *(Code 1107-57)*	*Code 2107-27*
6. Sommes obtenues à l'occasion de la constitution ou de la cession d'un droit d'emphytéose, de superficie ou d'un droit immobilier similaire	***5.000,00*** *(Code 1114-50)*	*Code 2114-20*

Détermination du montant imposable
[(50,00 × 1,7153) = 85,77 (arrondi à 86,00)] + 5.000,00 = 5.086,00

Le superficiaire, de son côté, est imposable sur les revenus produits par l'immeuble qu'il a construit.

Exception

Ne constituent pas des revenus de biens immobiliers, les sommes obtenues pour la concession d'un droit d'usage sur des biens immobiliers bâtis, en vertu d'une convention non résiliable d'emphytéose, de superficie ou de droits immobiliers similaires (leasing immobilier), à la condition que:

- les redevances échelonnées prévues au contrat permettent de couvrir, outre les intérêts et les charges de l'opération, la reconstitution intégrale du capital investi par le propriétaire dans la construction, ou, dans le cas d'un bâtiment existant, la valeur vénale de celui-ci;
- la propriété de la construction soit, au terme du contrat, transférée de plein droit à l'utilisateur ou que le contrat comporte une option d'achat pour l'utilisateur.

Lorsque ces conditions sont remplies, les redevances constituent des revenus mobiliers, exclusion faite de la quotité de ces redevances qui est destinée à la reconstitution intégrale du capital investi dans la construction ou dans le cas d'un bâtiment existant de la valeur vénale (voir page 236).

3.2.4. *Location d'immeubles meublés*

Articles 17, § 1er, 3° CIR et 4, 1°, b AR/CIR

1106-58/2106-28, 1156-08/2156-75 et 1158-06/2158-73

Lorsqu'un immeuble est donné en location «meublé», il convient de faire la distinction entre la location immobilière, génératrice de revenus immobiliers, et la location des meubles, qui génère des revenus mobiliers.

L'imposition des revenus mobiliers diffère de celle prévue pour les revenus immobiliers. La déclaration de ces revenus mobiliers est obligatoire; ceux-ci sont imposables distinctement au taux de 25 %.

À défaut de clauses relatives à la location des biens meubles dans le bail, la partie relative à la location mobilière est fixée à 40% du montant total du loyer. De ce montant peuvent être déduits les frais justifiés ayant permis d'acquérir ou de conserver ces biens meubles. À défaut d'éléments justificatifs, ces frais sont fixés forfaitairement à 50% des loyers.

ex *Marguerite, célibataire, donne en location en 2016 un immeuble meublé dont le RC non indexé est de 800,00 EUR pour un montant de 5.000,00 EUR à un employé qui n'utilise ce bien qu'à des fins d'habitation.*

Le contrat ne mentionne aucune ventilation du loyer entre l'immeuble et les meubles. Il n'y a pas de frais réels.

Marguerite complète les cadres III et VII de sa déclaration relative à l'exercice d'imposition 2017 de la manière suivante:

Cadre III – Revenus de biens immobiliers		
A. Revenus belges		
2. Bâtiments non donnés en location, donnés en location à des personnes physiques qui ne les affectent pas à l'exercice de leur profession ou donnés en location à des personnes morales autres que des sociétés, en vue de les mettre à disposition de personnes physiques exclusivement à des fins d'habitation	***800,00*** *(Code 1106-58)*	*Code 2106-28*

Montant imposable
RC Indexé: (800,00 × 1,7153) = 1.372,24 arrondi à 1.372,00 *RC indexé majoré de 40 % = 1.372,00 × 1,4 = 1.920,80*

Cadre VII – Revenus des capitaux et biens mobiliers		
B. Revenus nets de la location, de l'affermage, de l'usage ou de la concession de biens mobiliers	***1.000,00*** *c'est-à-dire ((5.000,00 × 40 %) × 50 %)* *(Code 1156-08)*	*Code 2156-75*

Montant imposable
1.000,00

3.3. L'immeuble est situé à l'étranger

3.3.1. *Affectation professionnelle par le propriétaire*

Lorsqu'un bien situé à l'étranger est affecté par le propriétaire à l'exercice de sa profession, celui-ci ne doit pas déclarer de revenus afférents à ce bien dans le cadre relatif aux revenus immobiliers.

3.3.2. *Propre habitation*

Article 12 § 3 CIR

Le revenu de l'habitation propre est exonéré, peu importe sa localisation.

3.3.3. *L'immeuble n'est pas donné en location*

Article 7 § 1er, 1°, b CIR

- **Bâtis: 1123-41/2123-11 (pays sans convention) et 1130-34/2130-04 (pays avec convention)**
- **Non bâtis: 1124-40/2124-10 (pays sans convention) et 1131-33/2131-03 (pays avec convention)**

Pour rappel, un contribuable est imposable sur l'ensemble de ses revenus, qu'ils soient de source belge ou étrangère, c'est-à-dire sur ses revenus mondiaux.

Les revenus des biens immobiliers situés à l'étranger qui ne sont pas donnés en location sont imposables à concurrence de leur valeur locative, diminuée des impôts étrangers ayant effectivement grevé ces biens.

La valeur locative peut être définie comme le loyer brut moyen annuel qui, en cas de location, aurait pu être recueilli au cours de la période imposable suivant les usages du pays et la situation des biens.

Pratiquement, l'administration fiscale belge tient compte de la valeur locative telle qu'elle est fixée par l'État étranger. À titre d'exemple, le montant de la valeur locative d'un immeuble situé en France, est le montant qui sert de base au calcul de la taxe d'habitation et de la taxe foncière.

L'administration déduit de ce montant déclaré un forfait de 10% pour les immeubles non bâtis et de 40% pour les immeubles bâtis.

Ces 10% et 40% correspondent aux frais d'entretien et de réparation du bien.

Ces revenus sont exonérés sous réserve de progressivité lors du calcul de l'impôt, si les biens sont situés dans des pays avec lesquels la Belgique a signé une convention préventive de la double imposition. Dans la négative, l'impôt relatif à ces revenus est réduit de moitié.

ex *Luc et Marguerite se sont mariés en 2004 sous le régime légal. Ils possèdent une maison en France dont ils se réservent l'usage et dont la valeur locative estimée est de 2.000,00 EUR. Ils ont payé en 2016 des impôts français de 600,00 EUR (taxe d'habitation et taxe foncière). L'immeuble n'est pas mis en location.*

Luc et Marguerite complètent le cadre III de la déclaration relative à l'exercice d'imposition 2017 de la manière suivante:

Cadre III – Revenus de biens immobiliers		
B. Revenus étrangers		
2. Biens immobiliers situés dans un pays avec lequel la Belgique a conclu une convention préventive de double imposition		
b) Bâtiments (autres que l'habitation visée sous a), matériel et outillage que vous n'utilisez pas pour votre profession	***700,00*** *c'est-à-dire 1.000,00 – 300,00 (Code 1130-34)*	***700,00*** *c'est-à-dire 1.000,00 – 300,00 (Code 2130-04)*
Montant imposable	*700,00 × 60% =* ***420,00***	*700,00 × 60% =* ***420,00***

Ces revenus sont exonérés sous réserve de progressivité (voir page 594).

3.3.4. *L'immeuble est donné en location*

Article 7, 2°, d CIR

Circulaire AGFisc n° 22/2016 (n° Ci 704681) du 29 juin 2016

Bâtis: 1123-41/2123-11 (pays sans convention) et 1130-34/2130-04 (pays avec convention)

Non bâtis: 1124-40/2124-10 (pays sans convention) et 1131-33/2131-03 (pays avec convention)

Le propriétaire doit déclarer le montant des loyers et avantages locatifs retirés des biens, diminués des impôts étrangers ayant effectivement grevé ces biens. Dans ce cas, l'affectation privée ou professionnelle par le locataire n'a aucune importance.

L'administration déduit de ce montant déclaré un forfait de 10% pour les immeubles non bâtis et de 40% pour les immeubles bâtis.

Ces 10% et 40% sont censés représenter les frais d'entretien et de réparation du bien.

Ces revenus sont exonérés sous réserve de progressivité lors du calcul de l'impôt, si les biens sont situés dans des pays avec lesquels la Belgique a signé une convention préventive de la double imposition. Dans la négative, l'impôt relatif à ces revenus est réduit de moitié.

ex *Luc et Marguerite se sont mariés en 2004 sous le régime de la séparation des biens. Ils possèdent une maison en France (quote-part de propriété: 30% – 70%) qu'ils donnent en location durant toute l'année 2016 à une société résidente dont ils sont administrateurs pour un loyer de 20.000,00 EUR et ils ont payé des impôts français de 1.500,00 EUR.*

Luc et Marguerite complètent le cadre III de la déclaration relative à l'exercice d'imposition 2017 de la manière suivante :

Cadre III – Revenus de biens immobiliers		
B. Revenus étrangers		
2. Biens immobiliers situés dans un pays avec lequel la Belgique a conclu une convention préventive de double imposition		
b) Bâtiments (autres que l'habitation visée sous a), matériel et outillage que vous n'utilisez pas pour votre profession	***5.550,00*** *c'est-à-dire 6.000,00 – 450,00 (Code 1130-34)*	***12.950,00*** *c'est-à-dire 14.000,00 – 1.050,00 (Code 2130-04)*
Montant imposable	*5.550,00 × 60 % =* ***3.330,00***	*12.950,00 × 60 % =* ***7.770,00***

Ces revenus sont exonérés sous réserve de progressivité.

Après sa condamnation par la C.J.U.E., le 11 février 2014, l'administration accepte de reconnaître les valeurs cadastrales ou assimilées du pays où est situé le bien au titre de « valeur locative ».

3.3.5. *L'immeuble est donné en location pendant une partie de la période imposable*

Le contribuable qui donne en location un immeuble situé à l'étranger durant une partie de la période imposable et s'en réserve l'usage durant l'autre partie de la période imposable doit déclarer :

- les loyers pour la période durant laquelle le bien est donné en location ;
- la valeur locative pour la période durant laquelle il s'en réserve l'usage.

Pour les contribuables propriétaires d'un bien immobilier situé à l'étranger donné en location durant toute la période imposable, mais non effectivement loué durant toute cette période, l'administration est d'avis qu'il convient de tenir compte de la valeur locative pour la période durant laquelle le bien n'est pas donné en location, et des loyers perçus pour la période durant laquelle le bien est loué, la situation devant s'apprécier le 16e jour du mois.

ex *Luc et Marguerite se sont mariés en 2004 sous le régime légal. Ils possèdent une maison en France dont la valeur locative estimée est de 2.400,00 EUR et ont payé en 2016 des impôts français de 600,00 EUR (taxe d'habitation et taxe foncière). En juillet et en août, l'immeuble est donné en location à des particuliers. Ils perçoivent un montant de loyers pour cette période de 7.000,00 EUR. Ils se réservent ainsi qu'à leur famille l'usage du bien durant tout le reste de l'année.*

Le montant des revenus imposables se calcule de la manière suivante :

	Luc	*Marguerite*
Période de location	*7.000,00 × 50 % = 3.500,00*	*7.000,00 × 50 % = 3.500,00*
Période de non location	*1.200,00 × 10/12 = 1.000,00*	*1.200,00 × 10/12 = 1.000,00*

Luc et Marguerite complètent le cadre III de la déclaration relative à l'exercice d'imposition 2017 de la manière suivante :

Cadre III – Revenus de biens immobiliers		
	Luc	***Marguerite***
B. Revenus étrangers		
2. Biens immobiliers situés dans un pays avec lequel la Belgique a conclu une convention préventive de double imposition		
b) Bâtiments (autres que l'habitation visée sous a) matériel et outillage que vous n'utilisez pas pour votre profession	*4.200,00 c'est-à-dire (3.500,00 + 1.000,00) – (600,00 × 50 %) (Code 1130-34)*	*4.200,00 c'est-à-dire (3.500,00 + 1.000,00) – (600,00 × 50 %) (Code 2130-04)*
Montant imposable	*4.200,00 × 60 % =* ***2.520,00***	*4.200,00 × 60 % =* ***2.520,00***

Ces revenus sont exonérés sous réserve de progressivité.

3.3.6. *L'habitation n'est pas occupée pour des raisons sociales ou professionnelles*

Les revenus d'habitations qui sont situées dans un État membre de l'Espace économique européen, dont le contribuable est propriétaire et qu'il occupe, sont exonérés. Cette exonération s'applique, selon le cas :

- à la valeur locative lorsque l'immeuble n'est pas donné en location ;
- aux montant total des loyers et avantages locatifs, lorsque l'habitation n'est pas occupée, soit par le contribuable, soit par un des deux conjoints ou cohabitants légaux, pour des raisons professionnelles ou sociales.

3.3.7. *La constitution ou la cession en vertu d'un contrat d'emphytéose, de superficie ou de droits immobiliers similaires*

Article 7, 3° CIR

1125-39/2125-09 (pays sans convention) et 1132-32/2132-02 (pays avec convention)

Le propriétaire est imposé sur les sommes obtenues à l'occasion de la constitution ou de la cession du droit d'emphytéose, de superficie ou de droits immobiliers similaires.

Si les biens sont situés à l'étranger (dans des pays ayant signé une convention préventive de la double imposition avec la Belgique), les revenus sont exonérés sous réserve de progressivité. Dans la négative, l'impôt relatif à ces revenus est réduit de moitié.

4. Les exonérations du RC

Article 12 CIR

4.1. Affectation privilégiée en l'absence de but de lucre

Une exonération de revenus immobiliers est accordée aux conditions suivantes :

Condition relative à l'immeuble : l'immeuble ou la partie d'immeuble doit être affectée par le contribuable ou l'occupant à l'exercice public d'un culte ou de l'assistance morale laïque, à l'enseignement, à l'installation d'hôpitaux, de cliniques, de dispensaires, de maisons de repos, de homes de vacances pour enfants ou personnes pensionnées, ou d'autres œuvres analogues de bienfaisance.

Condition relative au contribuable: le contribuable doit affecter l'immeuble aux fins susvisées sans avoir de but de lucre. Autrement dit, le contribuable ne doit ne pas retirer de l'immeuble un avantage ou un profit quelconque.

Cette condition n'implique pas que le contribuable ne puisse bénéficier de revenus de l'immeuble, notamment pour faire face aux frais d'entretien et de réparation. Ainsi, pour les ASBL, la Cour de cassation (*Bull.* 674, pp. 1291 à 1294; *Pas.* 1987, I, p. 812) refuse d'assimiler l'absence de but de lucre à l'absence de recettes et accepte qu'un immeuble procure au contribuable un profit occasionnel, pour autant que ce profit soit destiné au maintien ou à l'extension d'un des objectifs d'utilité publique prévus par l'article 12, § 1er du Code des impôts sur les revenus.

Sur cette problématique, l'administration fiscale adopte de son côté un point de vue plus restrictif. Pour l'administration, les sommes obtenues doivent servir à entretenir l'immeuble et non au but de l'ASBL.

Si ces conditions sont remplies, les revenus ne doivent pas être déclarés.

4.2. Le bail de carrière

Le bail de carrière est un bail conclu pour une période fixe qui prend fin au moment où le locataire atteint l'âge de 65 ans.

Les revenus des biens immobiliers sis en Belgique donnés en location en vertu d'un *bail de carrière* sont également exonérés.

Ces revenus ne doivent pas être déclarés.

4.3. Habitation située dans une zone d'action positive

En ce qui concerne les immeubles situés dans une zone d'action positive pour lesquels les contribuables ont bénéficié antérieurement de l'avantage fiscal relatif aux investissements effectués dans une telle zone, l'éventuelle majoration du revenu cadastral n'est d'application qu'à partir de la sixième année qui suit l'année au cours de laquelle la rénovation doit être déclarée auprès de l'Administration du cadastre.

Cette règle n'est valable que pour le revenu cadastral. Elle ne s'applique pas pour le précompte immobilier.

4.4. Rénovation d'un immeuble donné en location à un loyer modéré

En cas de rénovation d'un immeuble donné en location donnant droit à la réduction d'impôt pour dépenses de rénovation d'habitations données en location à un loyer modéré (voir page 200), l'éventuelle augmentation des revenus cadastraux résultant d'une réévaluation ne prend effet qu'à partir du premier jour de la neuvième année qui suit celle au cours de laquelle la rénovation doit être déclarée auprès de l'Administration du Cadastre.

Cette règle n'est valable que pour le revenu cadastral. Elle ne s'applique pas pour le précompte immobilier.

5. Tableau synoptique des revenus immobiliers

				À déclarer	Codes	Imposable
Immeubles situés en Belgique	**Affectation professionnelle**			RC	1105-59/2105-29	Néant
	Habitation propre			Néant	Néant	Néant
	Affectations privilégiées	Bail de carrière		Néant	Néant	Néant
		Absence de but de lucre		Néant	Néant	Néant
	Concession en vertu d'un droit d'emphytéose, de superficie ou de droits immobiliers similaires			Montants perçus	1114-50/2114-20	Montants perçus
	Donnés en location	Terrains	affectation professionnelle	RC – Loyers et avantages locatifs	1112-54/2112-24 1113-54/2113-21	(Loyers + avantages locatifs) × 90%
			affectation privée	RC	1107-57/2107-27	RC × i
		Immeubles bâtis	affectation professionnelle	RC – Loyers et avantages locatifs	1109-59/2109-25 1110-54/2110-24	(Loyers + avantages locatifs) × 60%
			affectation privée	RC	1106-58/2106-28	RC × i × 1,4
			Dirigeant à sa société	RC – Loyers et avantages locatifs – requalification	1109-55/2109-25 1110-54/2110-24 1401-54/2401-24	Immeubles bâtis affectation professionnelle + requalification
		Terrains et immeubles bâtis en vertu d'un bail à ferme		RC	1108-56/2108-26	RC × i
	Mis à disposition ou non donnés en location	Terrains		RC	1107-57/2107-27	RC × i
		Secondes résidences et autres		RC	1106-58/2106-28	RC × i × 1,4

			À déclarer	Codes	Imposable
Immeubles situés à l'étranger	Affectation professionnelle		Néant	Néant	Néant
	Concession en vertu d'un droit d'emphytéose, de superficie ou de droits immobiliers similaires		Montants perçus	1125-39/2125-09 1132-32/2132-02	Montants perçus
	Propre habitation		Néant		
	Non donnés en location ou mis à disposition	Terrains	Loyers + av. loc. – Impôts étrangers	1124-40/2124-10 1131-33/2131-03	(Loyers + av. loc. – Impôts étrangers) × 90%
		Immeubles bâtis	Loyers + av. loc. – Impôts étrangers	1123-41/2123-11 1130-34/2130-04	(Loyers + av. loc. – Impôts étrangers) × 60%
	Donnés en location	Terrains	Valeur locative – Impôts étrangers	1121-40/2124-10 1131-33/2131-03	(Valeur locative – Impôts étrangers) × 90%
		Immeubles bâtis	Valeur locative – Impôts étrangers	1123-41/2123-11 1130-34/2130-04	(Valeur locative – Impôts étrangers) × 0,6

6. Modifications durant la période imposable

Article 9 CIR

6.1. Fixation ou modification du RC

Lorsque l'on construit un immeuble, un RC est fixé par l'Administration du Cadastre et existe à partir du 1er jour de l'occupation ou de la location (si la location précède l'occupation).

En ce qui concerne les travaux de transformation d'un immeuble, l'administration procède à la réévaluation des immeubles de toute nature agrandis, reconstruits ou notablement modifiés. Sont considérées comme notables, les modifications susceptibles d'entraîner une augmentation ou une diminution du RC non indexé afférent soit à une parcelle bâtie, soit à du matériel ou de l'outillage à concurrence de 50,00 EUR ou à concurrence de 15% du RC existant. Le nouveau RC non indexé fixé existe à partir du 1er jour qui suit la fin des travaux.

ex *Marguerite, divorcée, construit un immeuble qu'elle donne en location dès le 1er avril 2016. Le RC non indexé est fixé par l'Administration du Cadastre à 1.800,00 EUR. Elle doit déclarer 91/366 du RC non indexé, à savoir 1.200,00 EUR.*

6.2. Changement de propriétaire

Le contribuable doit déclarer le RC en proportion de la durée durant laquelle il a été propriétaire, la situation devant être examinée proportionnellement à la durée réelle exprimée en jours.

En cas de transfert de propriété d'un bien immeuble donné en location à une personne qui affecte le bien à des fins professionnelles, seul le propriétaire du bien à la date du 16 du mois est imposé sur les loyers et les avantages locatifs relatifs à ce mois. Il doit seulement déclarer les loyers effectivement perçus.

ex

1. *Luc vend le 16 mai 2016 un immeuble lui appartenant à Marguerite. Luc doit déclarer 136/166 du RC non indexé afférent à l'immeuble. Marguerite déclare les 230/366 restants.*
2. *Marguerite donne en location un immeuble dont le RC non indexé est de 2.000,00 EUR pour un loyer mensuel de 3.200,00 EUR. Elle décède le 19 mars 2016.*
   En ce qui concerne l'exercice d'imposition 2016 spécial, la succession complète le cadre III de sa déclaration de la manière suivante:

Cadre III – Revenus de biens immobiliers		
A. Revenus belges		
5. Immeubles donnés en location dans des circonstances autres que celles évoquées aux n[os] *2 à 4 ci-avant:*		
a) Bâtiments		
RC	***323,29****, c'est-à-dire 59/365 × 2.000,00 (Code 1109-55)*	*Code 2109-25*
Loyer brut	***8.361,29****, c'est-à-dire (3.200,00 × 2) + (3.200,00 × 19/31) (Code 1110-54)*	*Code 2110-24*

Les héritiers sont imposables, à partir du 20 mars 2016, sur leur part dans le montant net du loyer et des avantages locatifs.

6.3. Changement d'affectation

En cas de changement d'affectation de l'immeuble pendant la période imposable, les revenus immobiliers devront être déclarés proportionnellement à la durée réelle des différents usages.

ex *Luc, célibataire, donne en location un immeuble au RC non indexé de 1.200,00 EUR pour un loyer mensuel de 800,00 EUR, à une ASBL qui met des logements à disposition de personnes physiques. Le 15 avril 2016, l'ASBL est transformée en société.*

Luc complète le cadre III de sa déclaration relative à l'exercice d'imposition 2017 de la manière suivante:

Cadre III – Revenus de biens immobiliers		
A. Revenus belges		
2. Bâtiments non donnés en location, donnés en location à des personnes physiques qui ne les affectent pas à l'exercice de leur profession ou donnés en location à des personnes morales autres que des sociétés, en vue de les mettre à disposition de personnes physiques exclusivement à des fins d'habitation	***300,00*** *c'est-à-dire 3/12 × 1.200,00 (Code 1106-58)*	*Code 2106-28*
4. Immeubles donnés en location dans des circonstances autres que celles évoquées aux n[os] *3 à 5 ci-avant:*		
a) Bâtiments		
RC	***854,79*** *c'est-à-dire 261/366 × 1.200,00 (Code 1109-55)*	*Code 2109-25*
Loyer brut	***6.800,00*** *c'est-à-dire (800,00 × 8) + 800,00 × (15/30) (Code 1110-54)*	*Code 2110-24*

6.4. Réduction du RC pour cause d'improductivité

Article 15 CIR

Nous avons vu qu'en matière de précompte immobilier, la base d'imposition est le revenu cadastral. Le revenu cadastral est le revenu moyen normal net d'une année censé procuré par le bien immobilier. Le revenu cadastral est fixé pour tous les biens immobiliers bâtis ou non bâtis sis en Belgique, ainsi que pour le matériel et l'outillage présentant le caractère d'immeuble par destination. Sauf révision extraordinaire ou spéciale, le revenu cadastral est en principe fixé tous les dix ans par voie de péréquation générale. Pratiquement, la péréquation est remplacée par une indexation annuelle.

Le revenu cadastral n'est pas un «revenu fictif», mais un «revenu présumé», dans la mesure où le contribuable peut prouver – en vue d'obtenir une réduction du revenu cadastral – que:

- soit l'immeuble bâti, non meublé, est resté inoccupé et improductif de revenus pendant au moins 90 jours dans le courant de l'année;
- soit la totalité du matériel ou de l'outillage, ou une partie de ceux-ci représentant au moins 25% de leur RC est restée inactive pendant 90 jours dans le courant de l'année;
- soit la totalité d'un bien immobilier bâti ou du matériel et de l'outillage ou encore une partie de ceux-ci représentant au moins 25% de leur RC respectif est détruit.

Ces conditions sont d'application pour la réduction du RC au niveau de l'IPP ne sont pas les mêmes que celles qui sont en vigueur pour obtenir des réductions en matière de précompte immobilier qui sont des compétences régionales. Ainsi, pour pouvoir bénéficier de la réduction de précompte immoblier en Région wallonne, le nombre de jours d'inoccupation susvisé passe de 90 à 180 jours. Aucune disposition de même nature n'existe, ni pour la Région Flamande, ni pour la Région bruxelloise.

L'application de l'article 15 du Code des impôts sur les revenus ne constitue en rien une mesure de faveur à l'égard du contribuable mais est le simple constat de l'absence de base imposable, donc d'un impôt dû. Cet article donne une définition négative de la matière imposable: il n'y a pas matière à imposition lorsqu'il n'y a ni *usus*, ni *fructus*, c'est-à-dire «dans le cas où le bien immobilier est resté, par exemple, inoccupé et improductif». Dans les cas prévus par cet article, le revenu cadastral peut être réduit à zéro, *prorata temporis*, compte tenu de l'improductivité, de l'absence de jouissance de revenus ou de la perte de ceux-ci.

Lorsque la base imposable qu'est le revenu cadastral est réduite, le cas échéant jusqu'à zéro, le précompte immobilier, calculé sur le revenu cadastral «théorique», doit être modéré ou remis. Le montant du«dégrèvement du précompte immobilier» est déterminé dans ce cas-là en fonction de la différence existant entre le revenu cadastral, tel qu'il a été notifié par le cadastre, et le revenu cadastral imposable, tel qu'il a été réduit par le directeur régional.

En matière d'immeuble bâti inoccupé (peu importe que le bien immobilier soit destiné à être habité ou soit affecté à des fins industrielles, artisanales ou commerciales), les conditions en vue de bénéficier de la réduction du revenu cadastral sont les suivantes:

- l'immeuble doit être bâti, de sorte que sont exclus les terrains, vergers...;
- l'immeuble doit être non meublé. Ceci a pour effet d'exclure de la mesure les immeubles donnés en location meublés durant une partie de la période imposable, comme par exemple les villas meublées données en location à la Côte belge;
- l'immeuble doit être intégralement improductif;
- l'immeuble doit être inoccupé pendant une durée de 90 jours au cours de la période imposable. Le législateur n'exige pas que la durée d'inoccupation ait été continue mais bien qu'elle ait été effective pendant 90 jours au cours de la même année;
- l'inoccupation doit être involontaire. À ce titre, le contribuable qui décide de faire des travaux d'amélioration de son immeuble ne peut bénéficier de l'inoccupation pour improductivité au contraire de celui qui entame des travaux destinés à remettre en état un immeuble insalubre.

ex *Marguerite, veuve depuis 2007, possède un immeuble non meublé situé à Wavre (RC non indexé: 1.200,00 EUR) qui est inoccupé et improductif de revenus indépendamment de la volonté du contribuable pour la période allant du 1er janvier au 28 février 2016. De mars 2016 à septembre 2016, elle met cet immeuble gratuitement à disposition de son neveu. D'octobre à novembre, l'immeuble est à nouveau inoccupé pour deux mois. Dès décembre, l'immeuble est donné en location à un couple de pensionnés.*

Marguerite complète le cadre III de sa déclaration relative à l'exercice d'imposition 2017 de la manière suivante:

Cadre III – Revenus de biens immobiliers		
A. Revenus belges		
2. Bâtiments non donnés en location, donnés en location à des personnes physiques qui ne les affectent pas à l'exercice de leur profession ou donnés en location à des personnes morales autres que des sociétés, en vue de les mettre à disposition de personnes physiques à des fins d'habitation	*806,56 c'est-à-dire 246/366 × 1.200,00 (Code 1106-58)*	*Code 2106-28*
Réduction de RC: 121/366 (janvier, février, octobre et novembre, soit plus de 90 jours au cours de la période imposable) × 1.200,00 = 396,72		

En Région wallonne, pour obtenir une réduction en matière de précompte immobilier, à partir du moment où il n'a plus été fait usage du bien depuis plus de douze mois, compte tenu de l'année d'imposition précédente, la remise ou la réduction proportionnelle susvisée ne peut plus être accordée dans la mesure où la période d'inoccupation dépasse douze mois, sauf dans le cas d'un immeuble dont le contribuable ne peut exercer les droits réels pour cause de calamité, de force majeure, d'une procédure ou d'une enquête administrative ou judiciaire empêchant la jouissance libre de l'immeuble, jusqu'au jour où disparaissent ces circonstances entravant la jouissance libre de l'immeuble. Est notamment considéré comme tel, l'immeuble qui constitue un logement non améliorable, au sens de l'article 1er, 14°, du Code wallon du Logement, reconnu comme tel par un délégué du ministre du Logement ou par un arrêté du bourgmestre.».

IV.
LES AVANTAGES FISCAUX

Dans cette partie de l'ouvrage, les thèmes suivants sont abordés:

- emprunts conclus par le propriétaire à partir du 1er janvier 2005;
- emprunts conclus par le propriétaire avant le 1er janvier 2005;
- la combinaison d'un nouvel et d'un ancien emprunt pour la même habitation;
  - Région wallonne:
    - emprunts conclus entre le 1er janvier 2014 et le 31 décembre 2015;
    - emprunts conclus à partir du 1er janvier 2016;
  - Région de Bruxelles-Capitale:
    - emprunts conclus entre le 1er janvier 2014 et le 31 décembre 2016;
    - emrunts conclus à partir du 1er janvier 2017;
  - Région flamande:
    - emprunts conclus entre le 1er janvier 2014 et 31 décembre 2015;
    - emprunts conclus à partir du 1er janvier 2016;
- la déduction des redevances payées pour l'acquisition d'un droit d'emphytéose, de superficie;
- les autres avantages fiscaux:
  - les dépenses en vue d'économiser l'énergie;

- les dépenses pour maisons basse énergie, maisons passives et maisons zéro énergie;
- la rénovation des habitations situées dans des zones d'action positive;
- la souscription d'obligations émises par le Fonds du coût global de l'énergie;
- les dépenses de rénovation d'habitations données en location à un loyer modéré;
- les dépenses de sécurisation des habitations contre le vol et l'incendie;
- la restauration des immeubles classés.

1. Impact de la loi sur le financement sur la fiscalité immobilière

1.1. Contexte

La 6e réforme de l'État donne aux régions la *compétence exclusive* pour des réductions d'impôt et des crédits d'impôt qui sont en lien avec les compétences matérielles actuelles des régions en matière de monuments et sites, rénovation urbaine, logement et utilisation rationnelle de l'énergie[1], ainsi qu'avec les nouvelles compétences à transférer aux régions en matière d'emploi et de politique des grandes villes.

Ceci concerne précisément[2] les dépenses:

- en vue d'acquérir ou de conserver l'habitation propre. Ces dépenses correspondent plus ou moins aux intérêts et remboursements en capital d'emprunts et aux paiements de primes d'assurance-vie pour lesquels l'État fédéral octroie actuellement un avantage fiscal à l'IPP;
- de sécurisation des habitations contre le vol ou l'incendie;
- pour l'entretien et la restauration de monuments et sites classés;
- payées pour des prestations dans le cadre des agences locales pour l'emploi et pour des prestations payées avec des titres-services autres que des titres-services sociaux;
- faites en vue d'économiser l'énergie dans une habitation à l'exclusion des intérêts qui se rapportent à des contrats de prêt visés à l'article 2 de la loi de relance économique du 27 mars 2009;
- de rénovation d'habitations situées dans une zone d'action positive des grandes villes;
- de rénovation d'habitations données en location à un loyer modéré.

1.2. Habitation propre au sens de la loi sur le financement

La loi spéciale de financement attribue aux régions de façon exclusive la possibilité d'accorder des réductions d'impôt et des crédits d'impôt afférents à l'habitation propre, qu'elle soit unique ou non, du contribuable.

La compétence exclusive pour accorder des réductions d'impôt ou des crédits d'impôt pour des dépenses liées à l'acquisition ou la conservation de l'habitation propre[3] concerne les dépenses suivantes:

- le paiement d'intérêts ou le remboursement en capital de prêts qui ont été contractés en vue de construire, acheter, transformer ou rénover une habitation propre;
- le paiement des primes d'assurances solde restant dû qui garantissent les emprunts ci-dessus;

---

1 Article 6, § 1er, I, 4° et 7°, IV et VII, alinéa 1er, h), de la loi spéciale de réforme institutionnelle du 8 août 1980.

2 Article 11 (article 5/5 version consolidée) de la loi spéciale portant réforme du financement des communautés et des régions, élargissement de l'autonomie fiscale des régions et financement des nouvelles compétences.

3 Doc. 53 2974/001, p. 28.

- le paiement des primes d'assurances-vie individuelles qui ont été contractées en vue de construire, acheter, transformer ou rénover une habitation propre;
- les redevances d'emphytéose ou de superficie payées pour l'habitation propre.

Au moment de la négociation de la loi sur le financement, les principaux types d'avantages fiscaux concernant l'habitation propre qui relèvent en principe de la compétence exclusive des régions sont les suivantes:

Types d'avantages fiscaux actuels concernant l'habitation propre au sens de la LSF				
Dénomination	Habitation visée	Période d'évaluation	Date de l'emprunt	Nature et taux
Épargne logement	Habitation sociale / Moyenne	Année du contrat	Avant le 1er janvier 1989	Réduction Marginal
Épargne logement	Habitation propre	Annuellement	À partir du 1er janvier 1989 jusqu'au 31 décembre 1992	Réduction Marginal
Épargne logement	Habitation unique	Année du contrat	À partir du 1er janvier 1993 jusqu'au 31 décembre 2004	Réduction Marginal
Déduction pour habitation propre et unique	Habitation propre et unique	Année du contrat	À partir du 1er janvier 2005	Déduction Marginal
Épargne long terme	Sans importance	Sans importance	Épargne long terme	Réduction 30%

Les conditions pour bénéficier de ces avantages sont cependant différentes et tributaires en principe de l'année de la conclusion de l'emprunt. Ainsi, l'année de la conclusion de l'emprunt, l'avantage doit selon les cas se rapporter à une habitation unique, une habitation propre ou une habitation propre et unique.

De plus, le moment où ce caractère «unique», «propre» ou «propre et unique» est évalué diffère selon le régime fiscal concerné. Pratiquement, cette évaluation se fait:

- au moment de la conclusion de l'emprunt (condition de la finalité de l'emprunt);
- à la fin de la période imposable dans laquelle l'emprunt a été conclu (condition pour vérifier si l'habitation est propre et unique);
- annuellement pendant la période imposable (condition pour vérifier le caractère unique de l'habitation).

Compte tenu de la variabilité de ces conditions, le transfert de la compétence exclusive aux régions d'accorder des réductions d'impôt et des crédits d'impôt afférents à l'habitation propre du contribuable, qu'elle soit unique ou non, a paru ne pas devoir être lié automatiquement à l'octroi d'avantages fiscaux précisés antérieurement (par exemple, l'épargne logement ou la déduction pour habitation propre et unique), mais bien à une notion stable qui doit pouvoir être reliée à la compétence matérielle des régions en matière de logement.

Cette notion stable est l'«habitation propre» qui a été définie de la manière suivante[4]:

4 Article 11 (article 5/5 version consolidée) de la loi spéciale portant réforme du financement des communautés et des régions, élargissement de l'autonomie fiscale des régions et financement des nouvelles compétences.

« L'habitation propre est l'habitation que le contribuable, en tant que propriétaire, possesseur, emphytéote, superficiaire ou usufruitier, pendant la période imposable :

1° soit occupe personnellement ;

2° soit n'occupe pas personnellement pour un des motifs suivants :

- *a) raisons professionnelles ;*
- *b) raisons sociales ;*
- *c) entraves légales ou contractuelles qui rendent impossible l'occupation de l'habitation par le contribuable lui-même ;*
- *d) état d'avancement des travaux de construction ou de rénovation qui ne permettent pas au contribuable d'occuper effectivement l'habitation.*

L'habitation propre ne comprend pas la partie de l'habitation qui, pendant la période imposable :

a) est affectée à l'exercice de l'activité professionnelle du contribuable ou d'un des membres de son ménage ;
ou

b) dans les cas visés à l'alinéa 2, 1° et 2°, a) et b), est occupée par des personnes ne faisant pas partie du ménage du contribuable.

Lorsqu'un contribuable occupe plus d'une habitation, l'habitation où son domicile fiscal est établi est considérée comme l'habitation propre.

Lorsqu'un contribuable possède tant une habitation visée à l'alinéa 2, 1°, qu'une habitation visée à l'alinéa 2, 2°, l'habitation qu'il occupe personnellement est considérée comme l'habitation propre.

Lorsqu'un contribuable ne possède que des habitations visées à l'alinéa 2, 2°, il désigne l'habitation qu'il considère comme l'habitation propre. Ce choix est irrévocable jusqu'au moment où le contribuable, soit occupe personnellement une habitation, soit ne possède plus l'habitation désignée.

Pour les contribuables mariés ou les cohabitants légaux, une seule habitation peut être considérée comme l'habitation propre. Les alinéas 2 à 6 sont applicables aux deux contribuables considérés ensemble.

En cas de modification durant la période imposable, la qualification d'une habitation comme étant l'habitation propre s'apprécie de jour en jour. »

Sur la base de cette définition, on peut constater que la finalité de la dépense, pour laquelle les régions sont compétentes pour octroyer des réductions d'impôts ou des crédits d'impôts, est d'acquérir ou de conserver une habitation propre, qu'elle soit unique ou non, que le contribuable occupe personnellement.

Cependant, afin d'évacuer tout doute quant aux dépenses à l'égard desquelles les régions ont une compétence exclusive, le législateur a estimé qu'il était préférable de préciser les cas pour lesquels les régions étaient seules compétentes même si le contribuable n'occupe pas personnellement l'habitation.

Il s'agit des cas suivants d'inoccupation personnelle :

- pour des raisons professionnelles ou sociales ;
- pour cause d'entraves légales ou contractuelles qui rendent impossible l'occupation de l'habitation par le contribuable lui-même à cette date : est notamment prise en considération la situation d'une personne qui est propriétaire d'une habitation qu'il ne peut occuper lui-même immédiatement parce que, par exemple, cette habitation est donnée en location et que, suite à l'application de la législation sur les loyers, un délai de résiliation en faveur du locataire doit être respecté ;
- en raison de l'état d'avancement des travaux de construction ou de rénovation qui ne permettent pas au contribuable d'occuper effectivement l'habitation.

De même, le législateur a précisé ce qu'il y a lieu d'entendre par « habitation propre » lorsque le contribuable possède plusieurs logements qu'il occupe :

- lorsqu'un contribuable occupe plus d'une habitation, l'habitation où son domicile fiscal est établi est considérée comme l'habitation propre ;

L'article 5/1, § 2, de la loi spéciale de financement mentionne que l'impôt des personnes physiques est réputé localisé à l'endroit où le contribuable a établi son domicile fiscal au 1er janvier de l'exercice d'imposition à l'impôt des personnes physiques.
Le fait d'inscrire sans équivoque le critère de localisation dans la loi spéciale de financement permet d'éviter qu'une région, dans l'exercice de ses compétences fiscales en matière d'impôt des personnes physiques, utilise un autre critère que celui appliqué par l'administration fiscale fédérale dans la mise en œuvre des dispositions fiscales régionales. Ainsi, les régions n'ont aucune compétence normative en ce qui concerne le domicile fiscal.
Par conséquent, pour la mise en œuvre de l'autonomie fiscale élargie des régions, il était nécessaire de déterminer dans la loi spéciale de financement un critère de localisation clair et univoque.
Comme le mentionne le Conseil d'État, étant donné que le domicile et le siège de la fortune constituent deux critères alternatifs permettant d'établir la qualité d'habitant du Royaume, la question se pose de savoir si le domicile fiscal constitue effectivement un critère de localisation univoque. En effet, l'application simultanée du critère «domicile» et du critère «siège de la fortune», pourrait entraîner qu'un contribuable soit localisé dans la région A sur la base d'un critère et dans la région B sur la base de l'autre.
Pour éviter cela, à partir du 1er janvier 2014, le législateur a décidé, en ce qui concerne les régions, de ne plus traiter les critères «domicile» et «siège de la fortune» comme des critères équivalents et alternatifs, mais de faire prévaloir le critère du «domicile fiscal».
Il en résulte que le critère du «siège de la fortune» ne sera invoqué que lorsque le contribuable n'a pas établi son «domicile» en Belgique.
Par conséquent, pour l'application de l'article 5/1, § 2, de la loi spéciale de financement, un contribuable est réputé avoir son domicile fiscal à l'endroit où il a établi son domicile, ou, à défaut d'un domicile en Belgique, le siège de sa fortune au 1er janvier de l'exercice d'imposition.
En déterminant le domicile fiscal à un moment de référence bien précis (au 1er janvier de l'exercice d'imposition), il n'y a, par exercice d'imposition et par contribuable, qu'un seul domicile fiscal possible.

- lorsqu'un contribuable possède tant une habitation qu'il occupe personnellement, qu'une habitation qu'il ne peut pas occuper pour des raisons visées dans la loi (par exemple pour des raisons sociales ou professionnelles), l'habitation qu'il occupe personnellement est considérée comme l'habitation propre;
- lorsqu'un contribuable ne possède que des habitations qu'il ne peut pas occuper pour des raisons visées dans la loi (par exemple des raisons sociales ou professionnelles), il désigne l'habitation qu'il considère comme l'habitation propre. Cette option est irrévocable jusqu'au moment où, soit il occupe personnellement une habitation, soit il ne possède plus l'habitation indiquée.

La qualification d'«habitation propre» s'apprécie de jour en jour. En déterminant «l'habitation propre» au jour le jour et la région compétente à un moment de référence bien précis (au 1er janvier de l'exercice d'imposition), le législateur a entériné l'idée qu'une région est compétente pour octroyer des avantages fiscaux concernant une habitation propre localisée dans une région autre que la région compétente.

ex *Marguerite est propriétaire d'une habitation sise à Liège qu'elle occupe du 1er janvier au 30 juin 2016. Le 1er juillet 2016, elle déménage et occupe l'habitation de son compagnon sise à Ostende.*

La loi spéciale de financement considère que Marguerite occupe, pour la période allant du 1er janvier au 30 juin 2016, une habitation propre pouvant ouvrir des droits à des réductions ou des crédits d'impôts de compétence exclusivement régionale. La région qui est compétente est la Région flamande c'est-à-dire la région ou Marguerite a son domicile fiscal au 1er janvier de l'exercice d'imposition (c'est-à-dire le 1er janvier 2017).

Quand le contribuable quitte l'habitation propre pendant la période imposable pour occuper une autre ou une nouvelle habitation, l'ancienne habitation propre garde le caractère d'habitation propre jusqu'au moment de «l'occupation» de la nouvelle habitation propre.

L'usage de la notion d'habitation propre a pour effet que le «législateur fédéral» en vue de faciliter le passage de l'impôt des personnes physiques purement fédéral vers un impôt des personnes physiques en partie «fédéral» et en partie «régional» va devoir adapter les dispositions du Code des impôts sur les revenus. Cette adaptation a pour objectif de permettre, à partir de l'exercice d'imposition 2015, le prélèvement de la «taxe additionnelle régionale sur l'impôt des personnes physiques» de sorte que l'impôt sur le revenu soit rendu entièrement «conforme à la loi sur financement».

1.3. Respect de la règle de progressivité

Les régions doivent exercer leurs compétences en matière de réductions d'impôt et de crédits d'impôt sans réduire la progressivité de l'impôt des personnes physiques[5].

Ceci traduit l'accord institutionnel qui prévoyait que les réductions d'impôt et crédits d'impôt régionaux devaient respecter la règle de progressivité de l'impôt.

Le respect du principe de progressivité de l'impôt implique qu'à mesure que l'impôt des personnes physiques dû augmente :

- le rapport entre la réduction et l'impôt des personnes physiques dû diminue ou reste égal ;
- le rapport entre l'augmentation et l'impôt des personnes physiques dû augmente ou reste égal.

Ce n'était pas le cas des régimes suivants :

- la «déduction pour habitation propre et unique» (l'avantage consiste en une déduction du revenu imposable) ;
- «l'épargne logement» (l'avantage consiste en une réduction d'impôt au taux marginal).

Pour les contrats d'emprunt conclus avant le 1er janvier 2015, la loi sur le financement a cependant prévu que les régions peuvent continuer à appliquer une réduction d'impôt qui s'écarte de la règle de progressivité. Cette dérogation reste valable tant que la région ne décide pas elle-même de modifier le taux de la réduction d'impôt à appliquer.

En ce qui concerne les nouveaux contrats, les régions doivent adapter, pour le 1er janvier 2015, leur réglementation afin de respecter la règle de progressivité.

À défaut, cette mise en conformité se fait automatiquement sur la base de la loi de financement[6]. Dans ce cas, pour les emprunts conclus à partir du 1er janvier 2015, l'avantage fiscal calculé au taux marginal, est converti en un avantage au taux uniforme de 45 %. Evidemment, les régions gardent leur pouvoir pour modifier le système par après pour autant qu'elles respectent le principe de progressivité. Pour les emprunts conclus avant le 1er janvier 2015, nous l'avons dit, l'avantage peut être maintenu au taux marginal, jusqu'à ce que la région décide de le modifier.

Les régimes adoptés par les différentes régions seront détaillés aux points 2.2.1, 2.3.1 et 2.4.1 ci-après.

---

5 Article 12 (5/6 version consolidée) de la loi spéciale portant réforme du financement des communautés et des régions, élargissement de l'autonomie fiscale des régions et financement des nouvelles compétences.

6 Article 75 (81*quater* version consolidée) de la loi spéciale portant réforme du financement des communautés et des régions, élargissement de l'autonomie fiscale des régions et financement des nouvelles compétences.

1.4. Avantages fiscaux «fédéraux»

À partir de l'exercice d'imposition 2015, le législateur fédéral est uniquement compétent pour accorder des avantages fiscaux pour les dépenses en vue d'acquérir ou de conserver des habitations qui ne sont pas des «habitations propres».

Pour l'État fédéral, l'acquisition, par exemple, d'une deuxième habitation doit être assimilée, soit à un investissement, soit à la constitution (immobilière) d'une pension complémentaire du troisième pilier. Cette assimilation a pour effet, que l'État fédéral est également compétent pour l'octroi de réductions d'impôt ou des crédits d'impôt afférents aux autres habitations que l'habitation propre.

Cette compétence fédérale est cependant non exclusive: les régions, étant compétentes pour le logement (en général), elles ont également, à l'instar de l'État fédéral, la possibilité d'octroyer des réductions d'impôt ou des crédits d'impôt afférents aux autres habitations que l'habitation propre.

Il en résulte qu'à partir du 1er janvier 2014, seuls les avantages fiscaux suivants peuvent être accordés par l'Etat fédéral lorsqu'ils concernent des habitations autres que l'habitation propre:

- la déduction (ordinaire) des intérêts;
- l'épargne à long terme «fédérale».

ex *Luc, domicilié chez ses parents, a acheté le 25 septembre 2014 une habitation en vue de la donner en location. Cette habitation était unique.*

Etant donné qu'il s'agit d'une habitation autre qu'une habitation propre, les seuls avantages fiscaux auxquels il a droit sont la déduction (ordinaire) des intérêts et l'épargne à long terme «fédérale».

L'objectif du législateur fédéral étant de permettre que le contribuable puisse conserver le même avantage que celui auquel il avait droit dans le régime actuel, des dispositions transitoires sont cependant prévues pour les contrats conclus au plus tard le 31 décembre 2013.

Ainsi, à titre exemplatif, la déduction (réduction d'impôt) pour habitation propre et unique, sous certaines conditions, peut continuer à être accordée au niveau fédéral. C'est le cas, lorsque le contribuable quitte, avant le 1er janvier 2016, l'habitation propre et unique pour déménager dans une autre habitation (qu'il occupe).

Autrement dit, pour les emprunts contractés:

- à partir du 1er janvier 2014, aucune réduction pour habitation propre et unique fédérale ne peut être octroyée;
- avant le 1er janvier 2014, si le contribuable acquiert une deuxième habitation qui devient son habitation propre avant le 1er janvier 2016 ou s'il déménage dans une autre habitation (par exemple prise en location) avant le 1er janvier 2016: l'avantage peut continuer à s'appliquer au niveau fédéral pour l'emprunt concernant la première habitation, en principe sans limitation dans le temps;
- avant le 1er janvier 2016, si le contribuable acquiert une deuxième habitation qui devient son habitation propre à partir du 1er janvier 2016 ou s'il déménage dans une autre habitation (par exemple prise en location) à partir du 1er janvier 2016: l'avantage octroyé au niveau fédéral pour l'emprunt concernant la première habitation est celui de l'épargne à long terme et de la déduction (ordinaire) d'intérêts.

ex

- *Luc est propriétaire d'une habitation (sise à Bruxelles-Capitale) acquise le 29 mars 2008. Cette habitation bénéficie depuis cette date de la déduction pour habitation propre et unique.*
  À partir de 2014, et pour autant que Luc occupe cette habitation, les avantages fiscaux sont octroyés par la Région de Bruxelles-Capitale sous la forme d'une réduction pour habitation propre et unique régionale.
- *Luc est propriétaire d'une habitation (sise à Visé), qu'il occupe, acquise avec emprunt le 1er septembre 2014.*

Les avantages fiscaux sont octroyés par la Région wallonne sous la forme, soit d'une réduction pour habitation propre et unique régionale si l'habitation est unique, soit d'une réduction d'impôt «épargne long terme régionale» si l'habitation n'est pas unique.

- *Luc est propriétaire d'une habitation (sise à Bruxelles) acquise le 4 février 2017. Il n'a plus droit à aucun avantage fiscal s'il est toujours domicilié à Bruxelles au 1er janvier 2018.*
- *Marguerite est propriétaire au 31 décembre 2013 de deux habitations.*
  La première habitation (sise à Bruxelles-Capitale) a été acquise le 26 juin 2006 et bénéficie depuis cette date de la déduction pour habitation propre et unique.
  La seconde habitation (sise à Liège) a été acquise à la suite d'un héritage le 28 février 2012. Elle l'occupe depuis le 15 mars 2013.
  En l'absence de la loi spéciale de financement, Marguerite continuerait à bénéficier pour la première habitation du régime de la déduction pour habitation propre et unique (cf. référence à l'année du contrat d'emprunt pour apprécier le caractère propre et unique).
  Cependant, la loi spéciale de financement a pour effet que Marguerite ne peut plus bénéficier de la déduction pour habitation propre et unique pour la maison sise à Bruxelles-Capitale étant donné qu'il ne s'agit pas d'une «habitation propre» au sens de la loi spéciale de financement.
  À défaut de mesures transitoires, l'habitation propre sise à Bruxelles-Capitale ne peut bénéficier, théoriquement, que du régime de l'épargne long terme fédérale.
  Marguerite est pénalisée puisqu'il existe un différentiel de taux entre l'épargne long terme (30%) et la réduction pour habitation propre et unique (en principe, le taux marginal).

C'est pour cette raison que le législateur fédéral propose de maintenir la «première habitation» à charge du fédéral via l'octroi d'une réduction pour habitation propre et unique fédérale.

1.5. Adaptation du Code des impôts sur les revenus concernant les avantages fiscaux

La 6e réforme de l'État implique une adaptation du Code des impôts sur les revenus en fonction des nouvelles règles résultant de la modification de la loi spéciale de financement.

1.5.1. *Revenu immobilier*

Actuellement, le revenu cadastral de la maison d'habitation propre n'est pas imposable sauf si des intérêts d'un emprunt antérieur au 1er janvier 2005 sont portés en déduction.

Pour les habitations non données en location ou données en locations en vue d'une affectation non professionnelle, le contribuable doit déclarer le revenu cadastral en proportion de la durée durant laquelle il a été propriétaire, la situation devant être examinée au 16e jour du mois.

ex *Luc est propriétaire d'une habitation (sise à Visé), depuis le 20 septembre 2014. L'habitation intervient dans la détermination du revenu immobilier à compter du 1er octobre 2014.*
Pour une habitation nouvellement construite, le revenu cadastral n'existe qu'à partir du mois qui suit l'occupation ou la location (si la location précède l'occupation). Actuellement, le revenu cadastral de cette habitation n'intervient dans la détermination du revenu immobilier que pour la partie de la période imposable qui commence le mois qui suit l'occupation (ou la location).

Les règles actuelles (16e jour du mois ou le mois suivant) ont pour effet que, dans le cadre de la loi spéciale de financement, des dépenses faites ou supportées pour acquérir ou conserver une habitation ne puissent donner lieu à aucun avantage (fédéral ou régional) lorsque ces dépenses ont été effectuées entre la date à laquelle il a occupé cette habitation et la date à laquelle l'habitation intervient ou n'intervient pas dans la détermination du revenu immobilier.

C'est la raison pour laquelle le législateur fédéral a, uniquement pour l'application de la détermination du revenu immobilier à partir du 1er janvier 2014, décidé que le revenu cadastral:

- est compté à partir de la date de l'occupation, de l'achèvement des travaux, et non plus à partir du mois suivant;
- doit être réparti en fonction de périodes déterminées en jours, et non plus en mois.

ex *Monsieur Pick est propriétaire d'une habitation (acquise en 2008 et sise à Liège) qu'il décide d'occuper à partir du 20 septembre 2016.*

Sur la base de la législation actuelle, l'habitation intervient dans la détermination du revenu immobilier pour la période allant du 1er janvier 2016 au 30 septembre 2016; le revenu cadastral n'est plus imposable à partir du 20 septembre 2016 étant donné qu'il s'agit à partir de cette date d'une habitation propre exonérée.

La modification a pour effet que l'habitation va intervenir dans la détermination du revenu immobilier pour la période allant du 1er janvier 2016 au 19 septembre 2016; le revenu cadastral n'est plus imposable à partir du 20 septembre étant donné qu'il s'agit à partir de cette date d'une habitation propre.

1.5.2. *Avantages fiscaux*

Le passage de l'impôt des personnes physiques purement fédéral vers un impôt des personnes physiques en partie «fédéral» et en partie «régional» implique que les différentes dispositions concernant les avantages fiscaux existants doivent être répartis en deux rubriques, à savoir:

- les avantages fiscaux liés à l'habitation propre;
- les avantages fiscaux liés aux habitations autres que l'habitation propre.

Étant donné que la déduction (réduction) pour l'habitation unique concerne habituellement l'habitation propre du contribuable pendant la période imposable, celle-ci ne sera en principe accordée que comme une réduction d'impôt régionale à partir de l'exercice d'imposition 2015. Pour les contrats en cours qui ne concernent pas l'habitation propre du contribuable au sens de la loi sur le financement, l'avantage continuera sous certaines conditions à être accordée en tant que réduction d'impôt fédérale (*cf. supra*).

Les réductions d'impôt pour:

- l'épargne logement seront en principe accordées comme des réductions d'impôt régionales à partir de l'exercice d'imposition 2015. Pour les contrats en cours qui ne concernent pas l'habitation propre du contribuable au sens de la loi sur le financement, l'avantage continuera sous certaines conditions à être accordée en tant que réduction d'impôt fédérale;
- l'épargne long terme, quant à elles, seront en principe accordées comme des réductions d'impôt fédérales à partir de l'exercice d'imposition 2015, à l'exception toutefois de la réduction d'impôt pour primes d'assurances-vie individuelles et la réduction d'impôt pour amortissement ou reconstitution d'emprunts hypothécaires lorsque l'emprunt hypothécaire ou le contrat d'assurance-vie concerne l'habitation propre du contribuable.

Cette répartition des compétences est illustrée par les deux exemples qui suivent.

ex *Luc est propriétaire de deux habitations:*

- *la première habitation a été acquise en 2008. Cette habitation était propre et unique en date du 31 décembre 2008 et l'emprunt hypothécaire entrait en ligne de compte pour la déduction pour habitation propre et unique;*
- *la deuxième habitation est acquise en 2014; elle n'est pas propre et unique en date du 31 décembre 2014.*

Luc continue d'occuper la première habitation.

La première habitation est à charge de la région où le contribuable à son domicile fiscal au 1er janvier de l'exercice d'imposition (2015) via l'octroi d'une réduction pour habitation propre et unique régionale et la seconde habitation est à charge du fédéral via l'octroi d'une épargne long terme fédérale.

Dans l'hypothèse où Luc occupe la première habitation jusqu'au 30 juin 2016, puis occupe la seconde habitation à partir du 1er juillet 2016, la solution serait la suivante:

- *pour la période allant du 1er janvier 2016 au 30 juin 2016:*
  La première habitation est à charge de la région où le contribuable a son domicile fiscal au 1er janvier de l'exercice d'imposition (2015) via l'octroi d'une réduction pour habitation propre

et unique régionale et la seconde habitation est à charge du fédéral via l'octroi d'une épargne long terme fédérale.
Pour l'octroi des avantages fiscaux, seront prises en considération les sommes effectivement payées au 30 juin 2016.

- *pour la période allant du 1er juillet 2016 au 31 décembre 2016:*
  Luc perd les deux avantages

Il faut également déduire de la lecture conjointe des articles:

- 5/1, § 5, alinéa 2 de la loi spéciale de financement qui prévoit (à partir du 1er janvier 2014) que de l'ensemble des revenus nets, seules les rentes alimentaires peuvent être déduites dans les limites et aux conditions déterminées par le Code des impôts sur les revenus[7];
- 5/5, § 4, seules les régions sont compétentes pour les réductions d'impôt et les crédits d'impôt relatifs aux dépenses faites en vue d'acquérir ou de conserver une habitation propre[8];

qu'une réduction d'impôt (régionale) doit compenser le fait qu'il n'est plus possible de déduire les intérêts et les redevances pour l'habitation propre du revenu des autres biens immobiliers.

1.5.3. *Corbeille des avantages fiscaux*

Le passage de l'impôt des personnes physiques purement fédéral vers un impôt des personnes physiques en partie «fédéral» et en partie «régional» implique la coexistence d'une «corbeille fédérale» et d'une «corbeille régionale»

Actuellement, la corbeille fiscale fédérale est déterminée en fonction du total des revenus professionnels nets, à l'exclusion des revenus imposés distinctement.

Le montant donnant droit aux avantages fiscaux est limité par conjoint à:

- 15% de la première tranche de 1.900,00 EUR des revenus professionnels et à 6% au-delà;
- avec un montant maximum de 2.280,00 EUR.

Cette limite s'applique au total des primes d'assurance-vie et remboursement de capital hypothécaire. Néanmoins, la corbeille fiscale est diminuée du montant pour lequel la réduction pour habitation unique est accordée, sans tenir compte de l'éventuelle majoration du montant maximum pendant les dix premières années de l'emprunt[9].

Pour éviter que le montant qui peut entrer en ligne de compte pour une réduction d'impôt soit presque doublé dans le chef d'un contribuable individuel en raison de la «coexistence des deux corbeilles», le législateur propose de réduire la corbeille fiscale fédérale du montant des dépenses en vue d'acquérir ou de conserver l'habitation propre pour lesquelles un avantage régional est accordé.

Autrement dit, l'ordre d'imputation des dépenses serait le suivant:

- d'abord, les dépenses donnant droit à un avantage fiscal régional (par exemple l'épargne logement régionale, l'épargne long terme régionale, etc.);
- puis, les dépenses donnant droit à un avantage fiscal fédéral (par exemple l'épargne logement fédéral, l''épargne long terme fédérale, etc.).

---

7 Article 7 (5/1 version consolidée) de la loi spéciale portant réforme du financement des communautés et des régions, élargissement de l'autonomie fiscale des régions et financement des nouvelles compétences du 6 janvier 2014.

8 Article 11 (5/5 version consolidée) de la loi spéciale portant réforme du financement des communautés et des régions, élargissement de l'autonomie fiscale des régions et financement des nouvelles compétences du 6 janvier 2014.

9 Article 145/6 du CIR.

Ceci implique que l'État fédéral accepte (à défaut d'adaptation de la «corbeille fédérale») que des décisions régionales en matière de logement puissent impacter l'impôt des personnes physiques «fédéral», ce qui devait en principe, dans l'esprit des négociateurs de la 6e réforme de l'État, être évité (autant que possible)!

2. Régime actuel après la loi de financement – Emprunts conclus après le 1er janvier 2014

2.2. Région wallonne

2.2.1 *La réduction bonus logement: emprunts conclus entre le 1er janvier 2015 et le 31 décembre 2015*

Articles 145/37 à 145/46 CIR

3361-34/4361-04 et 3360-35/4360-05

Les conditions d'octroi n'ont pas ou pratiquement pas changé par rapport à la déduction pour habitation propre et unique. Nous ne reviendrons donc pas sur celles-ci dans la présente section (voir pages 148 et suivantes).

Le montant des dépenses pris en considération pour la réduction d'impôt est plafonné à 2.290,00 EUR, majoré de 760,00 EUR pendant les dix premières périodes imposables et de 80,00 EUR quand le contribuable a au moins trois enfants.

La réduction s'élève à 40%.

En cas d'imposition commune, les conjoints ou les cohabitants qui ont tous les deux fait des dépenses, peuvent les répartir librement.

2.2.2. *Le chèque habitat: emprunts conclus à partir du 1er janvier 2016*

Articles 145/46*ter* à 145/46*sexies* CIR

Circulaire n° Ci.704.063 (AGFisc n° 5/2016) du 3 février 2016

3342-53/4342-23 et 3343-52/4343-22

A. **Principe**

Le chèque habitat consiste en une réduction d'impôt (automatique) convertible en crédit d'impôt remboursable[10] octroyée pour les dépenses faites en vue de l'acquisition de la propriété d'une habitation propre (habitation qui est l'habitation propre du contribuable au moment où les dépenses précitées sont exposées).

La majeure évolution par rapport aux systèmes antérieurs est la prise en compte de la progressivité de l'impôt. En effet, le montant de la réduction octroyée est en fonction des revenus du contribuable.

10 Les contribuables qui bénéficient de revenus professionnels exonérés par convention sont toutefois exclus de ce régime.

B. L'emprunt

Il doit s'agir d'un emprunt:

- hypothécaire;
- conclu pour une durée de minimale de 10 ans auprès d'un établissement bancaire situé dans l'Espace économique européen;
- à partir du 1er janvier 2016;
- contracté en vue d'acquérir la propriété;
- conclu en vue d'acquérir l'habitation propre et unique;
- habitation située dans un État membre de l'Espace économique européen.

1. *Emprunt hypothécaire*

La notion d'emprunt hypothécaire est explicitée ci-après (voir page 148).

2. *Conclu à partir du 1er janvier 2016 pour une durée minimale de 10 ans*

La réduction chèque habitat entre en vigueur pour l'exercice d'imposition 2017 et s'applique aux contrats conclu à partir du 1er janvier 2016.

Il existe cependant une exception pour les emprunts conclus à partir de 2016 alors que des emprunts avaient déjà été conclus (au plus tard le 31 décembre 2015) pour cette habitation. Dans ce cas, les anciens régimes restent applicables (cette règle ne peut cependant pas avoir pour effet de prolonger les avantages fiscaux existants.

Comme expliqué au point 2.2.3, les refinancements d'anciens emprunts suivent le régime relatif à ces anciens emprunts sous réserve de la règle de non prolongation.

3. *Souscrit dans un établissement ayant son siège dans un État membre de l'Espace économique européen*

À ce jour, les pays membre de l'Espace économique européen sont:

Allemagne, Autriche, Belgique, Bulgarie, Chypre, Danemark, Espagne, Estonie, Finlande, France, Grèce, Hongrie, Irlande, Italie, Islande, Lettonie, Liechtenstein, Lituanie, Luxembourg, Malte, Norvège, Pays-Bas, Pologne, Portugal, République Tchèque, Roumanie, Royaume-Uni, Slovénie, Slovaquie et Suède.

4. *Affectation de l'emprunt*

Cet emprunt doit servir:

- à acheter l'habitation;
- à construire une habitation;
- payer les droits de succession ou de donation relatifs à l'habitation propre et unique héritée (à l'exclusion du paiement des intérêts de retard en cas de paiement tardif);
- au refinancement d'un emprunt conclu à partir du 1er janvier 2016.

L'emprunt doit être conclu en vue de l'acquisition totale ou partielle de la propriété. Cela signifie que la conclusion d'un crédit en vue d'acquérir un droit d'usufruit, d'emphytéose, de nue-propriété, d'usage ou d'habitation ne donne plus droit à la réduction. Il est par contre admis dans les travaux préparatoires qu'un superficiaire puisse bénéficier de la réduction d'impôt étant donné qu'il possède un droit de propriété sur les constructions (Doc. parl. Parlement wallon, session 2015-2016, nº 510/1, p. 15).

Les crédits conclus dans un but de transformation de l'habitation sont également à présent exclus. Il est cependant admis que si le crédit hypothécaire est conclu simultanément pour acquérir la propriété et effectuer les travaux, l'ensemble est pris en compte dans le calcul de la réduction.

Concernant le refinancement, il est par contre nécessaire d'effectuer une ventilation entre les dépenses relatives à l'acquisition et les autres dépenses telles que les travaux.

C. L'habitation

1. *Habitation unique*

a) Principe

Le contribuable ne doit pas être propriétaire d'une autre habitation en Belgique ou à l'étranger.

Pour apprécier cette condition, il faut prendre en compte toutes les habitations sur lesquelles le contribuable aurait un droit réel.

Il n'est cependant pas tenu compte d'une autre habitation dont le contribuable serait propriété copropriétaire ou usufruitier par l'effet d'un héritage ou d'une donation, ni d'une autre habitation qui est mise en vente au 31 décembre de l'année de la conclusion du contrat hypothécaire (pour autant que la vente soit effective au 31 décembre de l'année suivante) ni lorsque le contribuable est propriétaire, copropriétaire, possesseur, superficiaire, emphytéote ou usufruitier d'autres habitations données en location via une agence immobilière sociale ou une société de logement de service public[11].

b) Moment de l'appréciation

Comme précédemment, ce critère d'unicité doit être rempli au 31 décembre de l'année de la conclusion de l'emprunt. Cependant, comme expliqué au point E.3 ci-dessous, la perte du caractère unique dans un certain laps de temps aura des conséquences sur le montant de la réduction accordée.

Dans l'hypothèse où le contribuable entend remplacer son habitation par une autre, il pourra bénéficier de la réduction chèque habitat, pour autant que la première habitation soit mise en vente au 31 décembre de l'année de la conclusion de l'emprunt et qu'elle soit effectivement vendue au plus tard le 31 décembre de l'année qui suit. Si l'habitation n'est pas réellement vendue, le contribuable perd le droit à la réduction.

ex *Luc, unique propriétaire d'une habitation située rue des Wallons à Liège, emprunte en le 23 mars 2016 afin de construire sa future habitation sise avenue du Tennis à Heusy (Verviers). Pour ouvrir le droit à la réduction d'impôt chèque habitat, l'immeuble situé rue des Wallons doit être mis en vente au plus tard le 31 décembre 2016 et, effectivement vendu au plus tard le 31 décembre 2017.*

c) Incidence de l'imposition commune et décumul.

En cas d'imposition commune, la condition relative à l'habitation unique doit être appréciée par conjoint ou par cohabitant légal.

Seul le propriétaire a droit à la réduction.

ex *Ainsi, si Luc et Marguerite, mariés depuis 2004 sous le régime de la séparation des biens, empruntent ensemble pour acquérir un bien qui est la propriété de Marguerite à 100 %, seule cette dernière peut prétendre à la réduction chèque habitat. En vertu du régime matrimonial, seule Marguerite est susceptible de bénéficier des revenus immobiliers dont elle est propriétaire.*

---

[11] Les habitations données en location via une agence immobilière sociale ou une société de logement de service public n'étaient pas visées dans le régime antérieur.

Si les intéressés sont mariés sous le régime de la communauté légale, ils peuvent tous les deux prétendre à la réduction chèque habitat.

2. *Habitation propre*

a) Principe

L'habitation doit être propre conformément à l'article 5/5 § 4 de la LSF. Pour que l'habitation soit propre il faut que le contribuable l'occupe personnellement ou qu'il ne l'occupe pas personnellement pour certaines raisons. Nous renvoyons à la page 152 (point B) où la notion d'habitation propre a été développée.

b) Moment de l'appréciation

Il ne suffit pas que l'habitation soit propre au 31 décembre de l'année de la conclusion de l'emprunt (article 145/46*quater* CIR), il faut également qu'elle le soit lorsque les dépenses sont effectuées. Dans le cas contraire, ces dépenses n'entrent pas dans le champ d'application des règles régionales instaurant le chèque habitat.

Le contribuable peut bénéficier de la réduction chèque habitat lorsqu'il ne peut pas l'occuper personnellement pour l'une des raisons suivantes :

a) raisons professionnelles ;
b) raisons sociales ;
c) entraves légales ou contractuelles qui rendent impossible l'occupation de l'habitation par le contribuable lui-même ;
d) état d'avancement des travaux de construction ou de rénovation qui ne permettent pas au contribuable d'occuper effectivement l'habitation.

Cependant, dans les deux derniers cas, l'habitation doit être occupée personnellement au plus tard à la fin de la deuxième année suivant celle de la conclusion de l'emprunt. Dans le cas contraire, le bénéfice du chèque habitat est suspendu jusqu'à l'occupation personnelle (comme pour le bonus logement).

Il est à noter que lorsque le caractère propre est suspendu pendant toute une période imposable, le droit à la réduction chèque habitat est suspendu (il n'en n'est pas non plus tenu compte pour le comptage des droits de tirage s'élevant à maximum 20 – voir point F ci-après).

D. **Les assurances**

La réduction chèque habitat s'applique également aux cotisations d'une assurance complémentaire contre la vieillesse et le décès prématuré pour autant :

- que les primes aient été payées à titre définitif pour constituer une rente ou un capital en cas de vie ou en cas de décès en exécution d'un contrat d'assurance-vie et ;
- que le contrat d'assurance-vie serve exclusivement à la garantie ou à la reconstitution d'un emprunt hypothécaire spécifiquement contracté en vue d'acquérir une habitation unique

L'assurance doit être souscrite auprès d'un établissement ayant son siège dans l'Espace économique européen, par le contribuable qui s'est assuré exclusivement sur sa tête avant l'âge de 65 ans et pour une durée minimum de 10 ans quand il prévoit des avantages en cas de vie.

De plus, les avantages du contrat d'assurance-vie doivent être stipulés au profit du contribuable à partir de l'âge de 65 ans en cas de vie. En cas de décès, les avantages doivent être stipulés au profit des personnes qui, suite au décès de l'assuré vont acquérir en pleine propriété l'usufruit et l'habitation.

E. Montant de la réduction

Le montant de la réduction est calculé par période imposable et par individu (et non par habitation).

1. *Montant de base (montant variable)*

Le montant de base de la réduction se calcule sur base du revenu imposable de chaque contribuable lors de chaque exercice d'imposition pendant 20 exercices d'imposition (application de ce régime vingt fois maximum sur la vie de chaque contribuable *cf.* point F).

Par revenu imposable, il faut entendre revenu imposable visé à l'article 6 CIR/92 à savoir l'ensemble des revenus imposables nets diminué des dépenses déductibles après application du quotient conjugal. Les dividendes et intérêts (au sens de l'article 17 61 1° et 2°), ne sont pas pris en compte sauf s'ils ont un caractère professionnel.

Si le revenu imposable est inférieur à 21.000,00 EUR, le montant de base de la réduction est de 1.520,00 EUR. Si le revenu imposable (selon l'article 6 CIR/92) est supérieur à 21.000,00 EUR mais inférieur à 81.000,00 EUR, le montant de 1.520,00 EUR est diminué du résultat de la multiplication du coefficient de 1,275 % avec la quotité de revenu imposable dépassant 21.000,00 EUR.

Le montant de 1.520,00 EUR n'est pas indexable contrairement aux montants de 21.000,00 EUR et de 81.000,00 EUR.

Il s'agit donc du calcul suivant :

Montant de base = 1520,00 – ((revenu imposable – 21.000,00) × 1,275 %)

Lorsque le revenu imposable dépasse 81.000,00 EUR, aucune réduction n'est accordée.

2. *Majorations (montant forfaitaire)*

Le montant de base est ensuite éventuellement augmenté de 125,00 EUR par enfant (les enfants handicapés sont comptés pour deux) à charge au 1er janvier de l'exercice d'imposition (à condition que le revenu du contribuable ne dépasse pas 81.000,00 EUR).

Le montant de 125,00 EUR n'est pas indexable.

En cas d'imposition commune, les contribuables peuvent répartir ce supplément entre eux comme ils le souhaitent.

En cas d'application du régime de coparenté prévu à l'article 132*bis* (parents ne vivant plus ensemble), la moitié du montant du supplément est attribué automatiquement à chaque parent.

Le total de la réduction ne peut cependant pas excéder, par contribuable et par période imposable, le total des intérêts, amortissements en capital et primes d'assurance effectivement perçus au cours de la période imposable.

Par ailleurs, en cas d'emprunt hypothécaire contracté solidairement, les dépenses sont réparties au prorata de la part de la propriété faisant l'objet de l'acquisition. En cas d'imposition commune, les contribuables ne peuvent répartir les dépenses à leur guise.

3. *Réductions*

La réduction d'impôt est cependant réduite de moitié dans les hypothèses suivantes :

- à partir de la 11e période imposable pour laquelle les conditions de la réduction sont réunies (peu importe qu'il s'agisse ou non de la même habitation) ;
- pour les 9 périodes imposables qui suivent la première année pour laquelle les conditions de la réduction sont remplies, dans le cas où l'habitation n'est plus l'unique habitation du contribuable. On ne tiendra cependant pas compte des autres habitations dont le contribuable est devenu propriétaire, copropriétaire, nu-propriétaire ou usufruitier par

donation ou héritage de même que des habitations louées via une agence immobilière sociale ou via une société de logements publics.

F. Délai d'obtention du chèque habitat

Le contribuable a le droit de bénéficier du chèque habitat pendant vingt exercices d'imposition maximum au cours de sa vie, peu importe qu'il s'agisse ou non de la même habitation. Par ailleurs, dès que les conditions d'obtention sont remplies, le contribuable est supposé avoir bénéficié du chèque habitat pour cette période imposable (même si, par exemple, la réduction dont il peut bénéficier s'élève concrètement à 0,00 EUR car son revenu imposable s'élève à plus de 81.000,00 EUR). La réduction a donc un caractère *automatique*.

Seuls la perte du caractère propre et du domicile fiscal en Wallonie au premier janvier de l'exercice d'imposition suspendent le droit au chèque habitat (et donc des droits de tirage pendant 20 exercices d'imposition.

2.2.3. *Combinaison des anciens régimes avec le nouveau régime du chèque habitat*

Les anciens régimes du bonus logement (article 145/37 CIR) et de la réduction pour épargne long terme (article 145/40 CIR) restent applicables, malgré l'introduction du chèque habitat, aux emprunts conclus avant le 1er janvier 2016 avec les adaptations suivantes (*cf.* article 145/46*bis* CIR) :

- gel des montants servant de base au calcul des réductions et crédits d'impôt tels qu'ils étaient indexés au 1er janvier 2015 ;
- inopposabilité de toute prolongation des emprunts hypothécaires conclue à partir du 1er novembre 2015 (concernant les crédits existants au 1er novembre) pour éviter la prolongation des avantages fiscaux liés à ces emprunts. Il en va de même pour les prolongations posées à partir du 1er janvier 2016 concernant les emprunts conclus entre le 2 novembre et le 31 décembre 2015.

Le refinancement d'anciens emprunts suit le régime qui était applicable à ces anciens emprunts (à condition bien sûr que le refinancement n'ait pas pour objet de prolonger les avantages fiscaux liés à ces emprunts).

Par ces adaptations, le législateur wallon a pour objectif de faire disparaître ces anciens régimes.

2.3. Région de Bruxelles-Capitale

2.3.1. *Emprunts conclus entre le 1er janvier 2015 et le 31 décembre 2016*

Codes pour avant 2015 :

3370-25 et 4370-92

3371-24 et 4371-91

Codes pour l'année 2015 et les suivantes :

3360-35 et 4360-05

3361-34 et 4361-04

Les emprunts conclus entre le 1er janvier 2015 et le 31 décembre 2016 se voient appliquer une réduction au taux marginal (à ce sujet, voir point 1 pour l'impact de la loi sur le financement sur la fiscalité immobilière).

Conformément à la loi spéciale de financement, le taux de la réduction appliqué aux emprunts conclus à partir du 1er janvier 2015 s'élève à 45 % comme la Région de Bruxelles-Capitale n'a pas légiféré.

Les conditions pour bénéficier de la réduction sont identiques à celles mentionnées au point 3 (page 148).

2.3.2. *Emprunts conclus à partir du 1er janvier 2017 – suppression*

Article 145/36*bis* du CIR[12]

Le régime du bonus logement (ainsi que celui de l'épargne long terme) est supprimé à partir du 1er janvier 2017. En contrepartie, la Région bruxelloise a augmenté, sous certaines conditions, l'abattement dans le cadre des droits d'enregistrement dans le cas de l'acquisition de la résidence principale et unique (article 46*bis* du Code du 30 novembre 1939 des droits d'enregistrement, d'hypothèque et de greffe de la Région de Bruxelles-Capitale).

Le régime du bonus logement est par contre maintenu pour les contrats hypothécaires conclus jusqu'au 31 décembre 2016 à condition que le contribuable n'ait pas bénéficié du régime prévu à l'article 46*bis* précité.

2.4. Région flamande

2.4.1. *Emprunts conclus entre le 1er janvier 2015 et le 31 décembre 2015*

Articles 145/37, 145/38 et 145/39 à 145/46 CIR

Codes pour avant 2015 :

3370-25 et 4370-92

3371-24 et 4371-91

Codes pour l'année 2015 et les suivantes :

3360-35 et 4360-05

3361-34 et 4361-04

À l'instar des deux autres régions, pour les contrats en cours conclus avant le 1er janvier 2015, la région flamande applique la réduction au taux marginal (à ce sujet voir point 1 pour l'impact de la loi sur le financement sur la fiscalité immobilière). Le montant de base donnant droit à la réduction ne sera pas indexé et reste le même que pour l'exercice d'imposition 2015.

Pour les emprunts conclus entre 1er janvier 2015 et le 31 décembre 2015, la Région flamande s'est différenciée des deux autres régions en réduisant significativement la réduction (décret du 19 décembre 2014 *M.B.*, 30 décembre 2015). En effet, le montant maximum des dépenses sur lesquelles la réduction s'applique à été ramenée de 2.280,00 EUR à 1.520,00 EUR (pas d'indexation des montants), le montant des majorations de 760,00 EUR pour les dix premières périodes imposables et de 80,00 EUR quand le contribuable a au moins trois enfants à charge au 1er janvier de l'année qui suit la passation de l'acte authentique de l'emprunt restent inchangés. De plus, le taux de la réduction est de 40 %.

Les conditions pour bénéficier de la réduction sont identiques à celles mentionnées au point 3 (page 148)

---

12 Inséré par l'*article 24* de l'Ord. Parl. Rég. Brux.-Cap. du 12 décembre 2016 (*M.B.*, 29 décembre 2016 (troisième éd.), p. 91896).

2.4.2. *Le régime du bonus logement intégré : emprunts conclus à partir du 1er janvier 2016*

Articles 145/38/1 et 145/38/2 CIR

3342-53/4342-23 et 3342-52/4343-22

A. Principe

En vue d'une simplification du régime, la Région flamande a supprimé les avantages relatifs à l'habitation non unique du contribuable à savoir : la réduction régionale pour épargne à long terme et la réduction régionale pour intérêts.

Le seul régime dont le contribuable propriétaire d'une habitation propre (unique ou non) peut bénéficier est le nouveau bonus logement intégré (article 145/38/1 et 145/38/2 CIR/93) sous réserve de l'exception détaillée au point B.1. ci-dessous.

B. Emprunt

Il doit s'agir d'un emprunt :

- hypothécaire ;
- conclu à partir du 1er janvier 2016 pour une durée de minimale de 10 ans ;
- souscrit dans un établissement ayant son siège dans un État membre de l'Espace économique européen ;
- conclu spécifiquement pour acquérir ou pour maintenir une habitation ;
- habitation située dans un État membre de l'Espace économique européen.

La plupart de ces notions ont déjà été expliquées dans le cadre du présent ouvrage ou ne nécessitent pas de plus amples explications (pour la notion d'emprunt hypothécaire voir page 148, pays membres de l'Espace économique européen repris au point 2.2.2., B.3., pour la Région wallonne).

Seules les notions pertinentes seront donc expliquées ci-après.

1. *Conclu à partir du 1er janvier 2016*

Ce nouveau régime s'applique aux amortissements de capital et aux intérêts relatifs aux emprunts hypothécaires conclus à partir du 1er janvier 2016 mais aussi aux primes d'assurance-vie afférentes à ces emprunts et ce, peu importe la date de conclusion du contrat d'assurance. Le nouveau bonus logement intégré est toutefois seulement applicable aux parties servant exclusivement à la reconstitution ou à la garantie de l'emprunt hypothécaire (une règle de trois pourra donc être appliquée).

Une exception est toutefois applicable lorsque le contribuable conclut un emprunt à partir du 1er janvier 2016 mais qu'il existait déjà un emprunt conclu avant le 1er janvier 2016 pour cette habitation. Le contribuable aura alors la faculté de choisir le nouveau régime du bonus logement intégré pour le nouvel emprunt (il perd alors tout avantage fiscal relatif à l'ancien emprunt) ou à maintenir l'ancien régime pour l'ancien emprunt (le nouvel emprunt ne peut pas être soumis au régime du bonus logement intégré). Il est important de préciser que le choix du nouveau bonus logement intégré pour le nouvel emprunt est irrévocable. En cas d'option pour l'ancien système relatif à l'ancien emprunt, le contribuable peut par contre encore accéder par la suite au système du nouveau bonus logement.

2. *Affectation de l'emprunt*

Cet emprunt doit servir spécifiquement à acquérir ou à maintenir une habitation. On entend par là :

- l'acquisition d'un bien immobilier ;
- la construction d'un bien immobilier ;
- la rénovation entière ou partielle d'un bien immobilier ;
- le paiement de l'impôt de succession, du droit de succession, de l'impôt de donation ou du droit d'enregistrement sur les donations entre vifs de biens immobiliers, relatif à une habitation (à l'exception des intérêts de retard dus en cas de paiement tardif).

L'article 145/38/1 alinéa 4 considère qu'un emprunt est réputé avoir été contracté spécifiquement en vue d'acquérir ou de conserver l'habitation si certaines conditions sont cumulativement remplies (il s'agit d'une règle spécifique relative au transfert d'hypothèque qui sera développée au dernier paragraphe du point C., a) ci-après).

C. **Habitation**

1. *Habitation propre*

a) Principe et exceptions

Pour bénéficier de ce bonus logement intégré, l'habitation doit être propre conformément à l'article 5/5 § 4 de la loi de financement (renvoi au point b)). Les exceptions en vertu desquelles l'habitation ne peut être occupée personnellement s'appliquent également (renvoi au point b)).

Si, en principe, l'habitation propre ne comprend pas la partie de l'habitation occupée par des personnes ne faisant pas partie du ménage, le législateur flamand a voulu favoriser sa politique du logement en accordant le bénéfice du nouveau régime aux habitations ou parties d'habitations supervisées (article 4.1.1., 18° du Code flamand de l'aménagement du territoire.

Le législateur flamand a également permis que le régime du bonus logement intégré soit appliqué au transfert d'hypothèque conclu à partir du 1er janvier 2016. Il s'agit de la situation où l'habitation qui était l'habitation propre du contribuable (habitation propre pour laquelle un emprunt avait été contracté initialement et spécifiquement) est vendue mais que l'emprunt initial est conservé et transféré sur la nouvelle habitation (cette dernière devient alors l'habitation propre du contribuable). Pour éviter le cumul des avantages fédéraux et régionaux le contribuable doit renoncer à la réduction fédérale pour épargne long terme.

b) Moment de l'appréciation

Il n'est plus question d'apprécier le caractère propre au 31 décembre de l'année de l'emprunt.

Le bonus logement intégré sera accordé pour les dépenses « qui sont effectivement payées pendant la période imposable pour l'habitation du contribuable qui est son habitation propre au moment des dépenses » (article 145/38/2 CIR).

2. *Habitation unique ou non*

Le caractère unique de l'habitation n'est quant à lui plus nécessaire pour que le système du bonus logement intégré soit applicable. Il a cependant une influence sur le montant de la réduction (voir point E., 2. ci-après).

D. Les assurances

La réduction chèque habitat s'applique également aux cotisations d'une assurance complémentaire contre la vieillesse et le décès prématuré pour autant:

- que les primes aient été payées à titre définitif pour constituer une rente ou un capital en cas de vie ou en cas de décès en exécution d'un contrat d'assurance-vie et;
- que le contrat d'assurance-vie serve exclusivement à la garantie ou à la reconstitution d'un emprunt hypothécaire visé au 1° de l'article 145/38/1 à savoir, l'emprunt hypothécaire «avec une durée d'au moins 10 années, contracté par le contribuable auprès d'une institution établie dans l'Espace économique européen, qui a spécifiquement pour but d'acquérir ou de maintenir une habitation dans un Etat membre de l'Espace économique européen».

L'assurance doit être souscrite auprès d'un établissement ayant son siège dans l'Espace économique européen, par le contribuable qui s'est assuré exclusivement sur sa tête avant l'âge de 65 ans et pour une durée minimum de 10 ans quand il prévoit des avantages en cas de vie.

Les avantages en cas de vie doivent être stipulés au profit du contribuable à partir de l'âge de 65 ans.

Les avantages en cas de décès doivent être stipulés:

- à concurrence du capital assuré qui sert à la reconstitution ou à la garantie de l'emprunt, au bénéfice des personnes qui par suite du décès de l'assuré acquièrent la pleine propriété ou l'usufruit de cet immeuble;
- à concurrence du capital assuré qui ne sert pas à la reconstitution ou à la garantie de l'emprunt, au bénéfice du conjoint ou des parents jusqu'au deuxième degré du contribuable.

Toutes ces contributions ne doivent pas non plus être éligibles que ce soit entièrement ou partiellement pour l'application de l'article 52 7°*bis* CIR/92.

E. Montant de la réduction

1. *Calcul*

Un taux de 40% est appliqué à l'ensemble des dépenses d'amortissement de capital, d'intérêts et de primes d'assurance-vie liées à l'emprunt hypothécaire relatif à l'habitation propre du contribuable.

Lorsque les deux conjoints ou les deux cohabitants (cas d'imposition commune) ont fait les dépenses précitées, ils peuvent répartir librement les dépenses entre eux (les limites citées au point 2. ci-dessous).

2. *Plafonds*

La réduction calculée conformément au point ci-avant est plafonnée à concurrence du montant de base de 1.520,00 EUR (ce montant ne sera pas indexé) par contribuable et par période imposable.

Le montant de base de la réduction est éventuellement majoré de 760,00 EUR[13] pendant les dix premières périodes imposables lorsque l'habitation est également l'habitation unique du contribuable au 31 décembre de la période imposable pendant laquelle l'emprunt hypothécaire est conclu et de 80,00 EUR[14] quand le contribuable a au moins trois enfants à charge au 1er janvier de l'année qui suit la conclusion de l'emprunt hypothécaire (les enfants handicapés sont comptés pour deux).

---

13 Ce montant n'est pas indexé

14 Ce montant n'est pas indexé

Les montants de 760,00 EUR et de 80,00 EUR ne sont pas indexables.

Le contribuable perd la majoration relative à l'habitation unique à partir de la première période imposable au cours de laquelle il devient propriétaire, emphytéote, superficiaire ou usufruitier d'une autre habitation.

3. Emprunts conclus entre le 1er janvier 2005 et le 31 décembre 2014 par le propriétaire

Les emprunts conclus entre le 1er janvier 2005 et le 31 décembre 2014, et qui n'ont pas été contractés en vue de refinancer un emprunt antérieur au 1er janvier 2005, peuvent donner lieu aux avantages fiscaux suivants:

- la déduction pour habitation propre et unique;
- la déduction ordinaire d'intérêts;
- une réduction d'impôt pour épargne à long terme.

3.1. La déduction pour habitation propre et unique

Articles 104, 9°, 105, 115, 116 et 127 CIR

3370-25/4370-92 à 3373-22/4373-89

3.1.1. *Principe*

L'objectif principal du législateur est de favoriser l'accès de tous les citoyens à la propriété en accordant à ceux-ci des avantages fiscaux.

Les contribuables qui empruntent pour acquérir, construire ou transformer leur habitation unique et propre ou pour payer des doits de succession relatifs à cette habitation, peuvent déduire de l'ensemble de leurs revenus nets les intérêts et le capital versés relatifs à cet emprunt ainsi que les primes d'assurance-vie couvrant exclusivement de tels emprunts.

Contrairement à ce que prévoyait le projet de déclaration de politique générale du 1er décembre 2012, cette disposition n'a pas été modifiée.

3.1.2. *L'emprunt*

Il doit s'agir d'un emprunt:

- hypothécaire;
- conclu entre le 1er janvier 2005 et le 31 décembre 2014 et d'une durée de 10 ans au minimum;
- souscrit dans un établissement ayant son siège dans l'Espace économique européen;
- conclu spécifiquement pour acquérir ou conserver une habitation unique et propre située dans un État membre de l'Espace économique européen.

A. Un emprunt hypothécaire

La loi impose qu'il s'agisse d'un emprunt hypothécaire.

Cette condition est remplie lorsqu'une inscription hypothécaire est effectivement prise en garantie de l'emprunt.

Une avance consentie dans le cadre d'une ouverture de crédit garantie par une inscription hypothécaire est assimilée à un emprunt hypothécaire.

Un emprunt garanti par une promesse ou un mandat hypothécaire ne satisfait pas cette condition.

Un emprunt contracté auprès des parents ne satisfait pas à cette condition.

B. Conclu entre le 1er janvier 2005 et le 31 décembre 2014

Il doit s'agir d'un emprunt conclu entre le 1er janvier 2005 et le 31 décembre 2014 et pour une durée minimum de 10 ans. En la matière, il faut prendre en considération la date de l'acte authentique.

Les emprunts **complémentaires** conclus entre le 1er janvier 2005 et le 31 décembre 2014, alors qu'un emprunt conclu avant le 1er janvier 2005 court simultanément (ou le refinancement d'un tel emprunt), qui donnent droit à une déduction d'intérêts ou à une réduction d'impôt pour épargne-logement, relèvent en principe du régime en vigueur pour les emprunts conclus entre le 1er janvier 2005 et le 31 décembre 2014.

Pour autant que toutes les conditions soient remplies, le contribuable peut opter pour le régime de la déduction pour habitation propre et unique pour l'emprunt conclu entre le 1er janvier 2005 et le 31 décembre 2014. Dans cette hypothèse, les remboursements de capital et d'intérêts liés à l'emprunt conclu avant le 1er janvier 2005 (ou au refinancement de tels emprunts) ne donnent plus droit à aucun avantage. Pour une analyse de ces dispositions, nous renvoyons le lecteur à la page 189.

Les emprunts conclus à partir du 1er janvier 2005 servant au **refinancement** d'anciens emprunts hypothécaires conclus avant le 1er janvier 2005 n'entrent jamais en considération pour la déduction pour habitation propre et unique. Pour ces emprunts, le régime en vigueur avant 1er janvier 2005 reste d'application (voir page 188).

Par contre, les emprunts de refinancement d'emprunts hypothécaires conclus entre le 1er janvier 2005 et le 31 décembre 2014 entrent en considération pour la déduction pour habitation propre et unique. En ce qui concerne les emprunts de refinancement, nous renvoyons le lecteur à la page 188.

C. Souscrit dans un établissement ayant son siège dans l'Espace économique européen

Font à l'heure actuelle partie de l'Espace économique européen : l'Allemagne, l'Autriche, la Belgique, la Bulgarie, Chypre, le Danemark, l'Espagne, l'Estonie, la Finlande, le France, la Grèce, la Hongrie, l'Irlande, l'Islande, l'Italie, la Lettonie, le Liechtenstein, la Lituanie, le Luxembourg, Malte, la Norvège, les Pays-Bas, la Pologne, le Portugal, la République tchèque, la Roumanie, le Royaume-Uni, la Slovaquie, la Slovénie et la Suède.

L'emprunt doit être conclu auprès d'un établissement ayant son siège dans un de ces pays.

D. Affectation de l'emprunt

Cet emprunt doit servir :

- soit à acheter une habitation ;
- soit à construire une habitation ;
- soit à rénover totalement ou partiellement une habitation ;
- soit à payer des droits de succession relatifs à l'habitation propre et unique héritée.

La quotité de l'emprunt hypothécaire qui a servi pour le financement de la prime (unique) qui doit être payée en exécution d'une assurance de solde restant dû n'entre pas en considération pour la déduction pour habitation propre et unique (circulaire n° Ci.RH.26/586.459 (AFER 43/2008) du 13 novembre 2008).

Les travaux ne doivent pas être effectués par un entrepreneur enregistré pour que les intérêts et les amortissements en capital de l'emprunt entrent en considération pour la déduction.

Il n'y a aucune condition concernant l'ancienneté de l'habitation.

Cette habitation doit être située dans un État membre de l'Espace économique européen.

Par « habitation », il faut entendre l'immeuble (ou la partie d'immeuble) tel que, notamment, la maison unifamiliale ou l'appartement qui, de par sa nature, est destiné à être habité par une famille (éventuellement unipersonnelle) ou qui est utilisé comme tel, et dans lequel se déroulent les diverses activités du ménage (résider, dormir, préparer les repas, etc.).

Cette destination peut être prouvée, notamment, au moyen du plan d'aménagement, du plan de construction, du permis de bâtir, des clauses de l'acte d'emprunt hypothécaire, etc.

Les terrains sont en principe exclus de la déduction pour habitation unique. Cette déduction peut cependant être accordée pour un emprunt hypothécaire destiné à l'achat d'un terrain sur lequel une habitation est érigée, dans le respect des conditions fixées pour la déduction, pour autant qu'un seul revenu cadastral soit attribué à l'ensemble constitué par le terrain et l'habitation (QP 06/10484 de M. Bogaert du 7 mars 2006).

Dans cette hypothèse, la déduction pour habitation propre et unique n'est accordée que pour autant que le contribuable ait conclu un et un seul prêt pour l'acquisition du terrain et la construction de l'immeuble.

Si le contribuable contracte deux prêts distincts, la déduction pour habitation unique n'est admise que pour l'emprunt relatif à la construction.

Les travaux de rénovation visés sont ceux qui sont mentionnés à la rubrique XXI du tableau A de l'annexe à l'AR n° 20 relatif aux taux de la taxe sur la valeur ajoutée. Il s'agit ici des travaux immobiliers proprement dits pour lesquels un taux de TVA de 6 % est applicable. Ils ne doivent pas nécessairement être effectués par un entrepreneur enregistré.

À ce titre, n'entrent pas en ligne de compte les travaux de nature immobilière qui ne sont pas affectés au logement proprement dit (comme les travaux de clôture, de jardinage...) ainsi que les travaux et autre opérations de nature immobilière qui ont pour objet tout ou partie des éléments de piscine, saunas, minigolfs, courts de tennis et installations similaires (pour lesquels le taux de TVA est de 21 %).

La partie d'un emprunt hypothécaire qui a servi au financement de frais d'architecte qui se rattachent directement à la construction ou à la rénovation de l'habitation propre peut, le cas échéant, entrer en considération pour la déduction pour habitation propre et unique (Circulaire AGFisc 10/2013 du 4 mars 2013).

E. Incidences de l'imposition commune et du décumul

Seuls les contribuables qui ont personnellement conclu un emprunt (seuls ou en indivision) ont le droit à la déduction pour habitation propre et unique pour autant que toutes les autres conditions soient remplies.

3.1.3. *L'habitation*

A. Habitation unique

1. *Principe*

La déduction pour habitation propre et unique est accordée aux contribuables qui ne sont pas propriétaires d'une autre habitation en Belgique ou à l'étranger.

Pour apprécier si le contribuable est « propriétaire » d'une autre habitation que celle pour laquelle l'emprunt a été contracté, il faut prendre en considération toutes les habitations pour lesquelles il possède un droit réel (propriétaire, emphytéose, usufruit, superficie, possession, nue-propriété, usage ou tout autre droit similaire), à l'exception des droits de copropriété, de nue-propriété ou d'usufruit obtenus à la suite d'une succession.

Ainsi le contribuable nu-propriétaire d'un autre immeuble d'habitation (autrement que par héritage, voir *supra*) ne pourra prétendre à la déduction pour habitation propre et unique. Les dépenses pourront éventuellement entrer en considération pour la déduction ordinaire d'intérêts ordinaires et la réduction d'impôt pour épargne à long terme.

2. *Moment de l'appréciation*

Ce caractère unique doit être satisfait le 31 décembre de l'année de conclusion de l'emprunt.

Le fait de devenir propriétaire d'une seconde habitation ne fait pas obstacle à la déduction pour habitation propre et unique. Par contre, cela peut avoir une influence quant au montant maximum à prendre en considération pour la déduction (voir page 156).

Dans l'hypothèse où le contribuable entend remplacer son habitation par une autre, il pourra bénéficier de la déduction, pour autant que la première habitation soit mise en vente au 31 décembre de l'année de conclusion de l'emprunt et qu'elle soit effectivement vendue au plus tard le 31 décembre de l'année qui suit. Si cette habitation n'est pas vendue à cette date, le contribuable perd le droit à la déduction dès la deuxième période de déduction.

Ainsi, si :

<table>
<tr><th colspan="5">Au 31 décembre 2014 (année de la conclusion de l'emprunt)</th></tr>
<tr><td rowspan="3">Le contribuable n'a pas d'autre habitation en propriété</td><td colspan="4">Le contribuable a une autre habitation en propriété</td></tr>
<tr><td rowspan="2">Il en est copropriétaire, nu-propriétaire ou usufruitier suite à un héritage</td><td colspan="2">Mise en vente le 31 décembre 2014</td><td rowspan="2">Autres cas (notamment le cas ou le contribuable est propriétaire d'une autre habitation non mise en vente le 31 décembre 2014 ou encore propriétaire unique d'une autre habitation à la suite d'un héritage, etc.)</td></tr>
<tr><td>Vendue au plus tard à la date du 31 décembre 2015</td><td>Non vendue à la date du 31 décembre 2015</td></tr>
<tr><td colspan="3">Il a droit à la déduction pour habitation unique pour toute la durée de l'emprunt.</td><td>Il a droit à la déduction pour habitation unique pour l'année 2013 uniquement.</td><td>Il n'a pas droit à la déduction pour habitation unique.</td></tr>
</table>

ex *Luc, unique propriétaire d'une habitation située rue des Wallons à Liège, a emprunté en 2014 afin de construire sa future habitation sise avenue du Tennis à Heusy (Verviers).*

S'il désire bénéficier du régime de la déduction pour habitation unique, l'immeuble situé rue des Wallons devait avoir été :

- *mis en vente au plus tard le 31 décembre 2014 et,*
- *effectivement vendu au plus tard le 31 décembre 2015.*

3. *Incidences de l'imposition commune et du décumul*

En cas d'imposition commune, la condition relative à l'habitation unique doit être appréciée par conjoint ou cohabitant légal.

Seul le propriétaire a droit à la déduction. L'administration considère que le propriétaire est celui qui doit déclarer les revenus immobiliers qui lui sont propres en vertu du droit patrimonial.

Seul l'emprunteur peut bénéficier de la déduction pour habitation propre et unique.

ex *Ainsi, si Luc et Marguerite, mariés depuis 2004 sous le régime de la séparation des biens, empruntent ensemble pour acquérir un bien qui est la propriété de Marguerite à 100 %, seule cette dernière peut prétendre à la déduction pour habitation propre et unique. En vertu du régime matrimonial, seule Marguerite est susceptible de bénéficier des revenus immobiliers du bien dont elle est propriétaire.*

Si les intéressés sont mariés sous le régime de la communauté légale, ils peuvent tous les deux prétendre à la déduction pour habitation propre et unique.

B. Habitation propre

1. *Principe*

Le contribuable doit occuper personnellement l'habitation.

Si le contribuable, dans le courant d'une période imposable postérieure à celle de l'emprunt, n'occupe plus personnellement l'habitation mais la donne en location, il ne perd pas le droit à la déduction pour habitation propre et unique, ni les majorations.

2. *Moment de l'appréciation*

Cette condition doit s'apprécier le 31 décembre de l'année de conclusion de l'emprunt.

Le fait de donner entièrement l'habitation en location à ce moment-là fait donc obstacle à l'application de la déduction (pour une location partielle à cette date, nous renvoyons le lecteur à la page 156). Cependant, si le contribuable ne peut occuper son immeuble pour des raisons sociales ou professionnelles, la déduction lui sera tout de même octroyée.

Dans les deux hypothèses suivantes, la déduction pour habitation propre et unique est également accordée, bien que le contribuable n'occupe pas le bien à la date du 31 décembre de l'année de conclusion du contrat d'emprunt :

- des entraves légales ou contractuelles empêchent le contribuable d'occuper l'immeuble (par exemple, un bail locatif en cours au moment de l'acquisition) ;
- l'état d'avancement des travaux de construction ou de rénovation rend impossible l'occupation de l'immeuble.

Toutefois, lorsque la déduction n'est pas admise pendant une ou plusieurs périodes imposables et que le contribuable occupe personnellement l'habitation propre et unique au 31 décembre de la période imposable pendant laquelle les entraves susvisées disparaissent, la déduction est à nouveau admise à partir de cette période imposable.

Ainsi, si :

<table>
<tr><th colspan="5">Au 31 décembre 2014 (année de la conclusion de l'emprunt)</th></tr>
<tr><td rowspan="4">Le contribuable occupe personnellement l'habitation unique</td><td colspan="4">Le contribuable n'occupe pas personnellement l'habitation unique</td></tr>
<tr><td rowspan="3">... pour des raisons sociales ou professionnelles</td><td>... en raison d'entraves légales ou contractuelles</td><td>... en raison de l'état d'avancement des travaux de construction ou de rénovation</td><td rowspan="3">... pour d'autres raisons (l'habitation a été donnée entièrement en location par le contribuable, etc.)</td></tr>
<tr><td colspan="2">Au plus tard le 31 décembre 2016</td></tr>
<tr><td>Le contribuable l'occupe personnellement</td><td>Le contribuable ne l'occupe pas personnellement</td></tr>
<tr><td colspan="3">Il a droit à la déduction pour habitation unique pour toute la durée de l'emprunt.</td><td>Il a droit à la déduction pour habitation unique pour les années 2014 et 2015. Il perd son droit à la déduction pour la période imposable 2015. Il récupère ce droit à partir de la période imposable au cours de laquelle il occupe effectivement son habitation propre et unique.</td><td>Il n'a pas droit à la déduction pour habitation unique.</td></tr>
</table>

ex *Luc, unique propriétaire d'une habitation située rue des Wallons à Liège, a emprunté le 3 mars 2014 la somme de 125.000,00 EUR afin de construire sa future habitation sise avenue du Tennis à Heusy (Verviers).*

Son habitation, située rue des Wallons à Liège est mise en vente le 30 novembre 2014.

En raison de l'état d'avancement des travaux de construction, Luc n'a pu occuper personnellement son nouvel immeuble à la date du 31 décembre 2014.

Luc peut prétendre à la déduction pour habitation propre et unique pour autant que :

- *l'immeuble sis rue des Wallons ait été vendu au plus tard le 31 décembre 2015 ;*
- *l'immeuble sis avenue du Tennis à Heusy ait été occupé personnellement par Luc au plus tard le 31 décembre 2016.*

Si Luc n'occupe pas son immeuble à cette date, il perd sont droit à la déduction pour habitation propre et unique pour la période imposable 2016.

Si Luc occupe son habitation propre et unique en 2017, il récupère le droit à la déduction pour habitation propre et unique dès l'exercice d'imposition 2018. Dans cette hypothèse, il a perdu ses avantages fiscaux liés à la déduction pour habitation propre et unique pour la période imposable 2016. Par contre, il avait conservé la possibilité, pour cette année 2016, de bénéficier de la déduction ordinaire des intérêts (codes 3146-55), ainsi que de la réduction d'impôt en ce qui concerne les amortissements en capital de l'emprunt (codes 3358-37/4358-07).

3. *Incidences de l'imposition en commun et du décumul*

Lorsqu'une imposition commune est établie, il est indispensable que les deux conjoints ou cohabitants légaux occupent tous les deux l'habitation.

Si ce n'est pas le cas, cette habitation n'est pas l'habitation propre des deux conjoints ou cohabitants légaux.

C. Cheminement en matière d'octroi pour la déduction pour habitation propre et unique

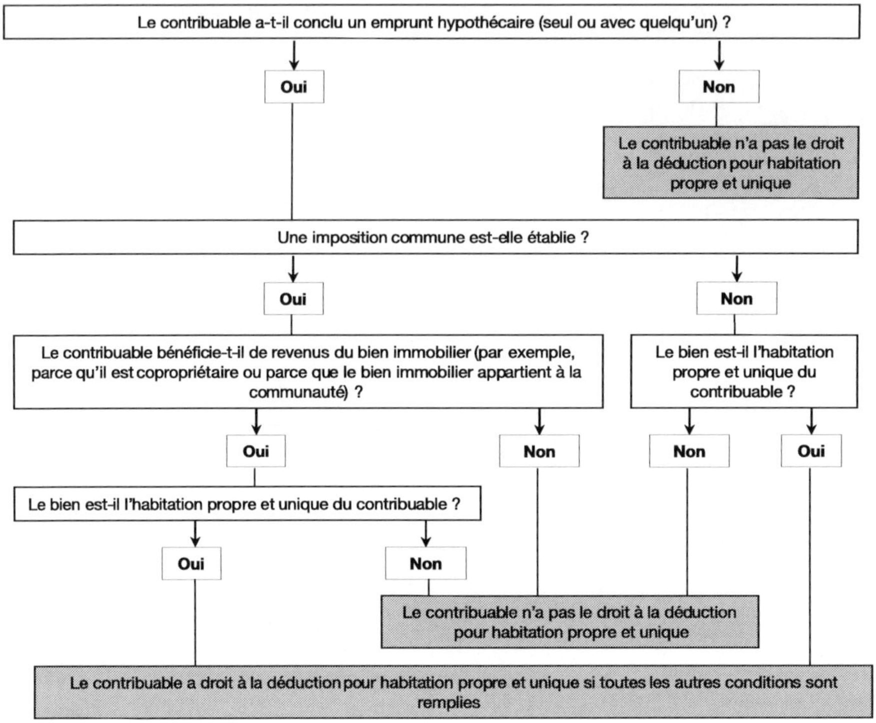

2.1.4. *Les assurances*

Les primes d'assurance complémentaire contre la vieillesse et le décès prématuré entrent en considération pour la déduction pour habitation propre et unique pour autant:

- que les primes aient été payées à titre définitif pour constituer une rente ou un capital en cas de vie ou en cas de décès en exécution d'un contrat d'assurance-vie et,
- que le contrat d'assurance-vie serve exclusivement à la garantie ou à la reconstitution d'un emprunt hypothécaire dont les dépenses entrent en ligne de compte pour l'habitation propre et unique.

L'assurance doit être souscrite auprès d'un établissement ayant son siège dans l'Espace économique européen, par le contribuable qui s'est assuré exclusivement sur sa tête avant l'âge de 65 ans et pour une durée de minimum 10 ans lorsqu'il prévoit des avantages en cas de vie.

Les avantages en cas de vie doivent être stipulés au profit du contribuable à partir de l'âge de 65 ans.

Les avantages en cas de décès doivent être stipulés :

- lorsque le contrat d'assurance-vie sert à la garantie ou à la reconstitution d'un emprunt conclu pour acquérir ou conserver un bien immobilier :
  - concurrence du capital assuré qui sert à la reconstitution ou à la garantie de l'emprunt, au profit des personnes qui, suite au décès de l'assuré acquièrent la pleine propriété ou l'usufruit de ce bien immobilier ;

   - concurrence du capital assuré qui ne sert pas à la reconstitution ou à la garantie de l'emprunt, au profit du conjoint ou des parents jusqu'au deuxième degré du contribuable ;
- au profit du conjoint ou des parents jusqu'au deuxième degré du contribuable dans les autres cas.

Le décès de l'assuré entraînera le versement du montant garanti par l'assurance à l'organisme bancaire et l'imposition de ce montant dans le chef des héritiers.

Remarque

Lorsqu'un contrat d'emprunt est conclu en fin d'année et que les remboursements ne commencent que l'année suivante, souscrire un contrat d'assurance-vie à prime unique peut s'avérer intéressant dans l'optique d'une maximisation des avantages fiscaux.

Dans cette hypothèse la déduction d'une seule prime rend le capital automatiquement imposable en cas de décès.

3.1.5. *Montant de la déduction*

Le montant total des intérêts, des amortissements en capital et des primes d'assurances-vie payés en 2016 par le contribuable (preneur de crédit) constitue dans son chef une dépense déductible de l'ensemble de ses revenus nets imposables globalement.

Si l'emprunt a été conclu avec une ou plusieurs autres personnes, qui ne sont pas imposées ensemble, le montant à mentionner dans la déclaration est obtenu de la manière suivante :

- on multiplie le montant total des intérêts et des amortissements en capital payés en 2016 par une fraction dont le numérateur est égal à la part que le contribuable a dans l'habitation et le dénominateur est égal au total des parts de l'ensemble des emprunteurs pour acquérir cette habitation ;
- ensuite, on ajoute les primes d'assurances-vie qui ont été payées.

Le montant déductible se calcule de la manière suivante :

$$\left[(\text{Amortissements capital} + \text{intérêts}) \times \frac{\text{Part de propriété du contribuable}}{\text{Part de propriété de tous les emprunteurs}} \right] + \text{primes d'assurance-vie}$$

Remarques

- Lorsque l'immeuble est, de par sa nature, destinée à l'habitation, le montant intégral des amortissements en capital et des assurances-vie entre en ligne de compte pour la déduction pour habitation propre et unique, et ce même si une partie de l'habitation est affectée à des fins professionnelles par le propriétaire ou encore partiellement donnée en location.
- Les intérêts qui sont relatifs à la partie affectée à des fins professionnelles n'entrent pas en ligne de compte pour la déduction pour habitation propre et unique.
- Lorsque l'immeuble est partiellement donné en location le 31 décembre de l'année de l'emprunt, la distinction suivante doit être effectuée :
   - les intérêts relatifs à la partie de l'habitation que le contribuable occupe effectivement entrent en considération pour la déduction pour habitation propre et unique ;
   - les intérêts relatifs à la partie louée de l'habitation entrent en considération pour la déduction ordinaire d'intérêts.

En résumé :

Montant à prendre en considération pour la déduction pour habitation unique				
Occupation exclusive par le contribuable de l'habitation unique			L'habitation unique a été partiellement ou totalement donnée en location ou mise à disposition le 31 décembre de l'année de l'emprunt)	
L'habitation n'est pas utilisée à des fins professionnelles	L'habitation est utilisée à des fins professionnelles			
Le montant intégral des amortissements en capital, des intérêts ainsi que la totalité de la prime d'assurance-vie individuelle	Les intérêts relatifs à la partie de l'habitation qui n'est pas utilisée à des fins professionnelles	Le montant intégral des amortissements en capital ainsi que la totalité de la prime d'assurance-vie individuelle	Les intérêts relatifs à la partie de l'habitation qui n'est pas donnée en location ou pas mise à disposition	Le montant intégral des amortissements en capital ainsi que la totalité de la prime d'assurance-vie individuelle

A. Montant de base

Cette déduction pour habitation unique ne peut cependant excéder par contribuable (preneur de crédit) pour l'exercice d'imposition 2017 un montant de **2.260,00 EUR**.

B. Majorations

Le montant de base de 2.260,00 EUR est majoré durant les dix premières périodes imposables à partir de celle de la conclusion du contrat d'emprunt. Le montant de cette majoration est de **750,00 EUR** pour l'exercice d'imposition 2017.

Ce montant est également majoré lorsque le contribuable a trois ou plus de trois enfants à charge au 1er janvier de l'année qui suit celle de la conclusion du contrat d'emprunt. Le montant de cette majoration est de **80,00 EUR** pour l'exercice d'imposition 2017.

Pour rappel, chaque enfant gravement handicapé, qui est à charge au 1er janvier de l'année qui suit celle de la conclusion de l'emprunt, est compté pour deux.

Ces majorations ne sont plus appliquées à partir de la première période imposable pendant laquelle le contribuable devient propriétaire, possesseur, emphytéote, superficiaire ou usufruitier d'une autre habitation, même par héritage. Cette situation s'apprécie chaque année au 31 décembre de la période imposable.

La perte de ces compléments ne remet pas en cause le principe du droit initial à la déduction à concurrence du montant de base, qui reste acquis durant toute la durée de l'emprunt, et ce indépendamment de l'acquisition éventuelle d'une seconde habitation.

En résumé :

Montant maximum de la déduction pour habitation propre et unique			
Année	Montant de base	Montant majoré	
		Moins de trois enfants à charge au 1er janvier de l'année qui suit celle de la conclusion du contrat d'emprunt	Trois enfants ou plus à charge au 1er janvier de l'année qui suit celle de la conclusion du contrat d'emprunt
2014 2015 2016	**2.260,00 EUR**	**3.010,00 EUR** (2.260,00 + 750,00)	**3.090,00 EUR** (2.260,00 + 750,00 + 80,00)

Remarques

- Lorsqu'une partie des intérêts d'un emprunt entrant en compte pour la déduction pour habitation propre et unique dépasse le montant maximum déductible, ce surplus ne peut pas être déduit des autres revenus immobiliers.
- De même, la partie des amortissements en capital et des primes d'assurance-vie entrant en compte pour la déduction pour habitation propre et unique qui excède le montant maximum déductible ne peut pas entrer en considération pour une réduction d'impôt.

C. Incidences de l'imposition commune et du décumul

Nous venons de voir que le montant de la déduction n'est pas un montant par ménage mais un montant par contribuable. Ainsi, chaque conjoint ou cohabitant légal peut bénéficier de la déduction pour habitation propre et unique.

Il en ressort que lorsqu'une imposition commune est établie et pour autant que les conjoints mariés ou cohabitants légaux aient contracté ensemble un emprunt pour lequel ils ont tous les deux droit à la déduction pour habitation propre et unique, la déduction maximale s'élève à :

Montant maximum de la déduction pour habitation propre et unique			
Année	Montant de base	Montant majoré	
		Moins de trois enfants à charge au 1er janvier de l'année qui suit celle de la conclusion du contrat d'emprunt	Trois enfants ou plus à charge au 1er janvier de l'année qui suit celle de la conclusion du contrat d'emprunt
2014 2015 2016	**4.520,00 EUR** (2.260,00 × 2)	**6.020,00 EUR** (2.260,00 + 750,00) × 2	**6.180,00 EUR** (2.260,00 + 750,00 + 80,00) × 2

Lorsque les deux époux ou cohabitants légaux ont droit à la déduction pour habitation propre et unique, le montant de la déduction peut être réparti librement entre eux, sans que cette répartition n'aboutisse à déduire plus que le montant maximum déductible de 2.260,00 EUR, 3.010,00 EUR ou 3.090,00 EUR dans le chef de chacun des deux contribuables.

Lorsque les deux conjoints ou cohabitants légaux ont tous les deux droit à la déduction pour habitation propre et unique, les intérêts, le capital et les primes d'assurance-vie sont cumulés dans un pot commun. C'est ce montant total qui entre en considération pour déterminer si le montant limite du ménage est dépassé ou non. Ils peuvent répartir librement ce total entre eux :

- sans qu'ils mentionnent dans les rubriques intérêts et amortissements en capital plus que le montant réellement payé en intérêts et en capital ;
- et sans qu'ils mentionnent dans les rubriques primes d'assurance-vie plus que les montants réellement payés au titre d'assurances-vie.

D. Schéma

Les deux schémas qui suivent précisent les étapes à suivre pour déterminer le montant d'intérêts, d'amortissements en capital et de primes d'assurance-vie que le contribuable doit déclarer.

1. *Contribuable imposé en tant qu'isolé :*

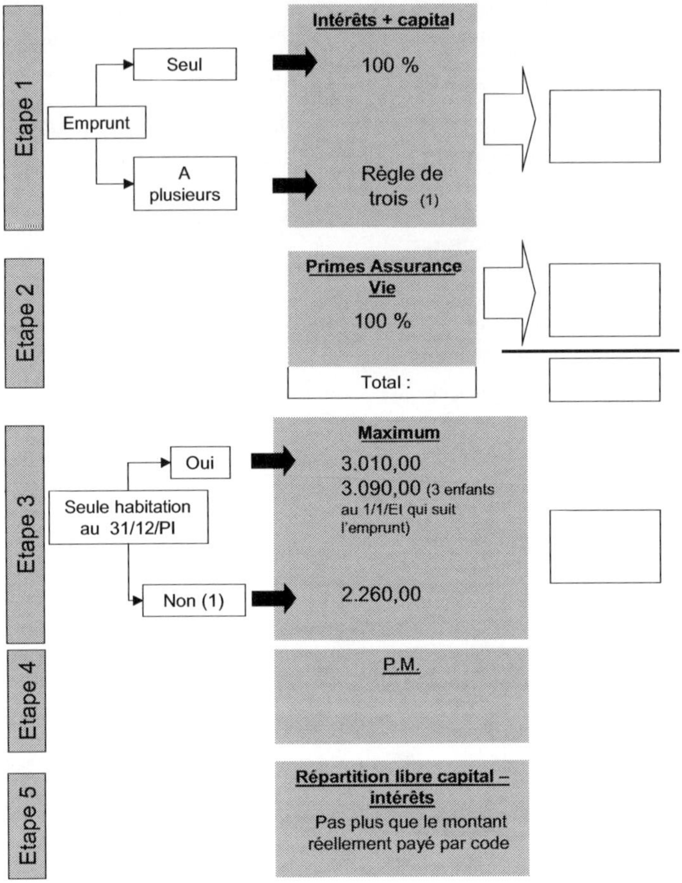

(1) Les contribuables qui sont propriétaires d'une seconde habitation à la date du 31 décembre de la période imposable perdent définitivement le droit aux majorations.

2. *Contribuables imposés en cumul :*

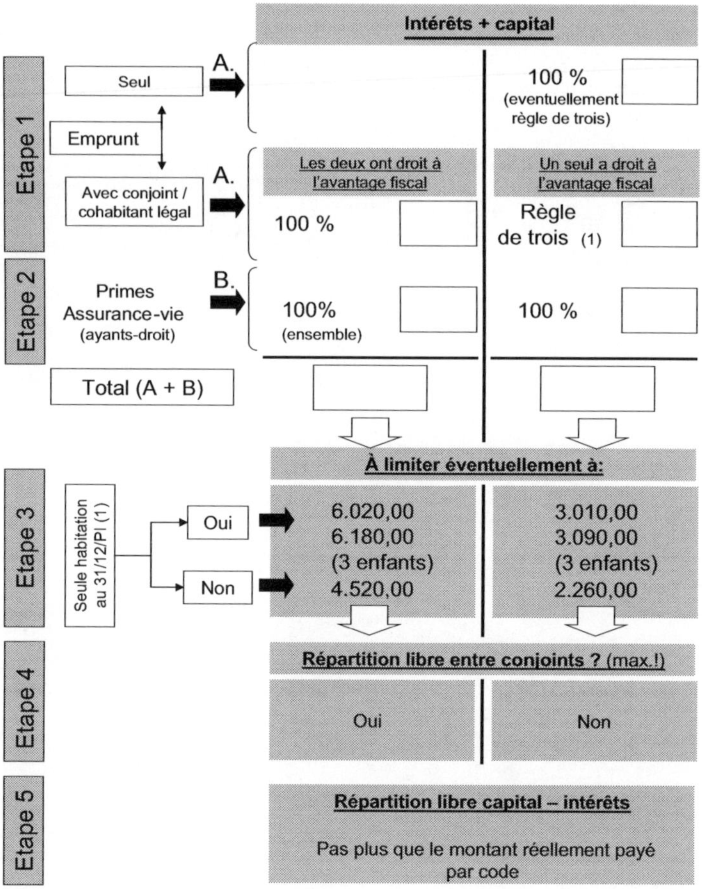

(1) Les contribuables qui sont propriétaires d'une seconde habitation à la date du 31 décembre de la période imposable perdent définitivement le droit aux majorations.

E. Quelques exemples

Les cas suivants peuvent se présenter :

1. *Les conjoints ou cohabitants légaux ont contracté ensemble un emprunt et ils ont tous les deux droit à la déduction pour habitation propre et unique.*

Le montant total à prendre en considération s'élève à la somme des intérêts, des amortissements en capital et des primes d'assurances-vie qu'ils ont payés en 2016.

ex **1.** *Luc et Marguerite, mariés sous le régime de la séparation de biens, ont contracté ensemble le 8 mai 2016 un emprunt hypothécaire pour l'achat d'une habitation. Ils paient en 2016 un montant de 8.000,00 EUR à titre d'intérêts et d'amortissements en capital.*
Ils ont tous les deux conclu à la même date un contrat d'assurance-vie qui sert exclusivement à la garantie de l'emprunt hypothécaire. Le montant des primes d'assurance-vie payées en 2016 par les époux s'élève à 256,00 EUR.

L'emprunt concerne un immeuble dont monsieur et madame sont copropriétaires respectivement à concurrence de 40% et 60%. Ils occupent l'habitation ensemble depuis la date de l'achat.
Cette habitation constitue pour chacun d'eux leur unique habitation et ils n'ont aucun enfant à charge.
Luc et Marguerite complètent le cadre IX de la déclaration relative à l'exercice d'imposition 2017 de la manière suivante:

Cadre IX – Intérêts et amortissements en capital d'emprunts et de dettes, primes d'assurances-vie individuelles et redevances d'emphytheose et de superficie et redevances similaires donnant droit à un avantage fiscal		
B. Dépenses qui concernent votre «habitation propre»		
b) Emprunts conclus de 2005 à 2014		
1° Intérêts et amortissements en capital:	*3.010,00 (Code 3370-25)*	*3.010,00 (Code 4370-92)*
2° Primes d'assurances-vie individuelles en vue de la reconstitution ou de la garantie de ces emprunts: *N° contrat Dénomination de l'organisme assureur* *............ ....* *............ ....*	*Code 3371-24*	*4371-91*
Avez-vous mentionné en B, 1, b, des intérêts, amortissements en capital ou primes qui concernent un emprunt conclu à partir de 2006?	*Oui (Code 3372-23)*	*Oui (Code 4372-90)*
Si oui, *– l'habitation pour laquelle 'emprunt a été contracté était-elle toujours votre habitation unique au 31/12/2016?* *– nombre d'enfants à charge au 1er janvier de l'année suivant celle de la conclusion de l'emprunt:*	*Oui (Code 3374-21)* *0 (Code 3373-22)*	*Oui (Code 4374-88)* *0 (Code 4373-89)*

Luc et Marguerite ont contracté ensemble un emprunt hypothécaire pour une habitation qui constitue leur unique habitation. Ils ont tous les deux droit à la déduction pour habitation propre et unique.
Le montant total des intérêts, des amortissements en capital et des primes d'assurances-vie à prendre en considération pour la déduction pour habitation propre et unique s'élève à 8.256,00 (8.000,00 + 256,00). Ce montant est supérieur à la déduction maximale à laquelle ils ont droit, à savoir 6.020,00, c'est-à-dire 2 × (2.260,00 + 750,00). Chacun des deux conjoints peut déduire la somme de 3.010,00.
Étant donné que la déclaration des primes d'assurances-vie individuelles est facultative et que le montant maximum de la déduction pour habitation propre et unique et déjà atteint par le biais de la déduction des intérêts et des amortissements en capital payés en 2016, Luc et Marguerite n'ont aucun intérêt à déclarer les primes d'assurance-vie. En ne les déclarant pas, ils évitent ainsi une imposition des avantages résultant du contrat.

2. *Luc et Marguerite, mariés sous le régime légal ont contracté ensemble le 8 mai 2016 un emprunt hypothécaire destiné à la rénovation d'un immeuble que Luc a acheté avec l'argent recueilli dans la succession de son père. Au cours de la période imposable 2016, ils ont payé 2.200,00 EUR à titre d'intérêts et d'amortissements en capital.*
Ils ont chacun conclu à la même date un contrat d'assurance-vie qui sert exclusivement à la garantie de l'emprunt hypothécaire. Le montant des primes d'assurance-vie payées en 2016 par les époux s'élève à 256,00 EUR.

Luc et Marguerite ne sont pas propriétaire d'une autre habitation. Ils ont trois enfants à charge au 1er janvier 2017. Ils occupent l'habitation ensemble depuis la date de l'achat.
Les revenus nets imposables (globalement) de Luc et Marguerite s'élèvent respectivement à 29.000,00 EUR et 36.000,00 EUR.
Luc et Marguerite complètent le cadre IX de la déclaration relative à l'exercice d'imposition 2017 de la manière suivante:

Cadre IX – Intérêts et amortissements en capital d'emprunts et primes d'assurances-vie individuelles donnant droit à un avantage fiscal		
A. Intérêts et amortissements en capital d'emprunts hypothécaires contractés à partir du 1er janvier 2005 qui entrent en considération pour la déduction pour habitation unique	*0,00 (Code 3370-25)*	*2.200,00 (Code 4370-42)*
L'habitation pour laquelle l'emprunt a été contracté était-elle toujours votre habitation unique au 31 décembre 2016?	*Oui (Code 3374-21)*	*Code 4374-88*
Nombre d'enfants à charge au 1er janvier de l'année suivant celle de la conclusion de l'emprunt	*3 (Code 3373-22)*	*3 (Code 4373-89)*
B. Primes d'assurances-vie individuelles contractées à partir du 1er janvier 2005 qui entrent en considération pour la déduction pour habitation unique	*0,00 (Code 3371-24)*	*256,00 (Code 4371-91)*

L'habitation appartient à Luc. Cependant, Marguerite peut également revendiquer la déduction pour habitation propre et unique étant donné que les revenus de ce bien propre sont communs (ils sont mariés sous le régime légal).
Le montant total des intérêts, des amortissements en capital et des primes d'assurances-vie à prendre en considération pour la déduction pour habitation propre et unique s'élève à 2.456,00 (2.200,00 + 256,00).
Marguerite, qui a le revenu net imposable globalement le plus élevé (36.000,00) déduit la totalité de l'emprunt et des primes d'assurance-vie.

2. *Les conjoints ou cohabitants légaux ont contracté ensemble un emprunt et seul un des deux conjoints ou cohabitants légaux a droit à la déduction pour habitation propre et unique.*

Lorsqu'un seul des deux conjoints ou cohabitants légaux a droit à la déduction pour habitation propre et unique, le montant à prendre en considération par le conjoint ou le cohabitant légal qui satisfait à la condition pour la déduction pour habitation unique est obtenu en multipliant le montant total des intérêts et du capital payé en 2013 par une fraction dont le numérateur est égal à sa part dans l'habitation et le dénominateur est égal au total des parts des deux conjoints ou des deux cohabitants légaux dans l'habitation en cause.

Le montant déductible se calcule de la manière suivante:

$$\left[\begin{array}{c}\text{Amortissements en capital}\\ \text{+ Intérêts}\end{array}\right] \text{X} \frac{\text{Part de propriété du contribuable}}{\text{Parts de propriété des époux ou des cohabitants légaux}}$$

Ce montant doit encore être majoré du montant des primes d'assurance-vie payées.

ex *Luc et Marguerite, mariés sous le régime de la séparation de biens, ont contracté ensemble le 8 mai 2006 un emprunt hypothécaire sur lequel ils ont payé, en 2016, 3.000,00 EUR à titre d'intérêts et d'amortissements en capital.*

L'emprunt concerne une habitation dont les deux conjoints sont copropriétaires chacun à concurrence de 50 %.

Marguerite est déjà propriétaire d'un immeuble situé rue du Clafoutis 13 à Charleroi. Luc n'est pas propriétaire d'une autre habitation.

Luc et Marguerite complètent le cadre IX de la déclaration relative à l'exercice d'imposition 2017 de la manière suivante :

Cadre IX – Intérêts et amortissements en capital d'emprunts et de dettes, primes d'assurances-vie individuelles et redevances d'emphytéose et de superficie et redevances similaires donnant droit à un avantage fiscal		
B. Dépenses qui concernent votre « habitation propre »		
b) Emprunts conclus de 2005 à 2014		
1° Intérêts et amortissements en capital :	*1.500,00 (Code 3370-25)*	*Code 4370-92*
2° Primes d'assurances-vie individuelles en vue de la reconstitution ou de la garantie de ces emprunts : *N° contrat Dénomination de l'organisme assureur* *............ ....* *............ ....*	*Code 3371-24*	*Code 4371-91*
Avez-vous mentionné en B, 1, b, des intérêts, amortissements en capital ou primes qui concernent un emprunt conclu à partir de 2006 ?	*Oui (Code 3372-23)*	*Code 4372-90*
Si oui, *– l'habitation pour laquelle 'emprunt a été contracté était-elle toujours votre habitation unique au 31/12/2016 ?* *– nombre d'enfants à charge au 1er janvier de l'année suivant celle de la conclusion de l'emprunt :*	*Oui (Code 3374-21)* *0 (Code 3373-22)*	*Code 4374-88* *Code 4373-89*

Luc et Marguerite ont contracté ensemble un emprunt hypothécaire pour une habitation commune. Seul Luc peut prétendre à la déduction pour habitation propre et unique car Marguerite est propriétaire d'une autre habitation. Le montant à prendre en considération s'élève à 1.500,00 (le montant de 3.000,00, multiplié par sa part de propriété dans l'immeuble, à savoir 50 %). Ce montant de 1.500,00 est déduit de l'ensemble des revenus nets imposables globalement de Luc. Par contre, les 1.500,00 EUR restants peuvent, le cas échéant, donner droit aux avantages fiscaux relatifs aux emprunts conclus pour d'autres biens immobiliers que l'habitation propre et unique (voir page 163).

3. *Seul un des deux conjoints ou cohabitants légaux a contracté un emprunt et il a droit à la déduction pour habitation propre et unique.*

Le montant à prendre en considération s'élève à la somme des intérêts, des amortissements en capital et des primes d'assurances-vie payée en 2016 par le contribuable (preneur de crédit).

ex *Luc, marié à Marguerite sous le régime légal depuis 2003, a contracté le 8 mai 2016 un emprunt hypothécaire destiné à la rénovation d'un immeuble qu'il a acheté avec l'argent recueilli dans la succession de son père. Au cours de la période imposable 2016, il a payé 2.200,00 EUR à titre d'intérêts et d'amortissements en capital.*

Il a conclu à la même date un contrat d'assurance-vie qui sert exclusivement à la garantie de l'emprunt hypothécaire. La prime d'assurance-vie payée en 2016 s'élève à 256,00 EUR.

Seul Luc est propriétaire de l'habitation. Luc et Marguerite ne sont propriétaires d'aucune autre habitation. Ils ont trois enfants à charge au 1er janvier 2017.

Luc et Marguerite complètent le cadre IX de la déclaration relative à l'exercice d'imposition 2017 de la manière suivante :

Cadre IX – Intérêts et amortissements en capital d'emprunts et de dettes, primes d'assurances-vie individuelles et redevances d'emphytéose et de superficie et redevances similaires donnant droit à un avantage fiscal		
B. Dépenses qui concernent votre « habitation propre »		
b) Emprunts conclus de 2005 à 2014		
1° Intérêts et amortissements en capital :	*2.200,00 (Code 3370-25)*	*Code 4370-92*
2° Primes d'assurances-vie individuelles en vue de la reconstitution ou de la garantie de ces emprunts : *N° contrat Dénomination de l'organisme assureur* *………… ……………………………* *………… ……………………………*	*256,00 (Code 3371-24)*	*Code 4371-91*
Avez-vous mentionné en B, 1, b, des intérêts, amortissements en capital ou primes qui concernent un emprunt conclu à partir de 2006 ?	*Oui (Code 3372-23)*	*Code 4372-90*
Si oui, *– l'habitation pour laquelle 'emprunt a été contracté était-elle toujours votre habitation unique au 31/12/2016 ?* *– nombre d'enfants à charge au 1er janvier de l'année suivant celle de la conclusion de l'emprunt :*	*Oui (Code 3374-21)* *3 (Code 3373-22)*	*Code 4374-88* *Code 4373-89*
L'habitation appartient à Luc. En principe, Marguerite peut également revendiquer la déduction pour habitation propre et unique étant donné que les revenus de ce bien propre sont communs (ils sont mariés sous le régime légal). Toutefois, comme il ne s'agit pas d'un emprunt contracté par les deux conjoints, seul le conjoint preneur de crédit peut bénéficier de la déduction pour habitation unique. *Le montant total des intérêts, des amortissements en capital et des primes d'assurances-vie à prendre en considération pour la déduction pour habitation propre et unique s'élève à 2.456,00 (2.200,00 + 256,00).*		

3.2. Les avantages liés à l'acquisition d'un autre bien immobilier

Les emprunts, pour lesquels les intérêts et les remboursements en capital ne donnent pas droit à la déduction pour habitation propre et unique donnent droit, sous certaines conditions, à d'autres avantages fiscaux.

3.2.1. *Intérêts*

Article 14 CIR

1146-18/2146-85

A. Principe

Le contribuable peut déduire de ses revenus immobiliers les intérêts de dettes contractées spécifiquement en vue d'acquérir ou de conserver des biens immobiliers à partir du 1er janvier 2005.

B. Conditions d'application

Cette déduction concerne les intérêts qui n'entrent pas en ligne de compte pour la déduction pour habitation propre et unique. Il s'agit par exemple des intérêts de dettes relatives à :

- l'habitation propre, mais qui, à la date du 31 décembre de l'année de l'emprunt, n'était pas la seule habitation, la seconde habitation n'étant pas à vendre à cette date ;
- une habitation qui n'était pas l'habitation propre à la date du 31 décembre de l'année de l'emprunt alors qu'il n'y avait pas à cette date de raison légale ou contractuelle de ne pas occuper cette habitation ;
- des biens immobiliers qui ne sont pas des habitations propres.

Pour être déductibles des revenus immobiliers, les intérêts payés au cours de la période imposable doivent être relatifs à une dette conclue spécifiquement pour acquérir ou conserver des revenus immobiliers. Il s'agit, par exemple, des intérêts d'emprunts relatifs à l'habitation propre qui, le 31 décembre de l'année de la conclusion du contrat d'emprunt, n'était pas l'habitation unique, ou encore des intérêts d'emprunts relatifs à une habitation qui, à cette même date, n'était pas l'habitation propre du contribuable.

En ce qui concerne les emprunts hypothécaires conclus à partir du 1er janvier 2008, l'administration a décidé que les paiements d'intérêts relatifs à la partie de l'emprunt hypothécaire qui a servi à financer les prime (unique) d'assurance solde restant dû n'entrent pas en considération pour la déduction ordinaire des intérêts (circulaire n^{o} Ci.RH.26/586.459 (AFER 43/2008) du 13 novembre 2008).

Il doit s'agir d'une *dette*. La loi n'impose donc pas qu'il s'agisse d'un emprunt hypothécaire. Ainsi, un emprunt sous seing privé contracté auprès d'un ami ou d'un membre de la famille remplit cette condition. Peuvent par exemple entrer en ligne de compte les emprunts destinés à acheter, construire ou transformer un bien immobilier mais aussi les emprunts contractés pour couvrir des frais de rénovation ou d'amélioration (achat d'une cuisine équipée, installation d'une salle de bains, de nouveaux châssis...).

Le terme « spécifiquement » implique que les intérêts résultant d'un emprunt ayant servi indirectement à conserver l'habitation propre (par exemple si le contribuable n'avait pas pu souscrire un emprunt pour acquérir une voiture, il aurait été contraint d'hypothéquer, de mettre en gage ou même d'aliéner l'habitation propre), ne sont pas déductibles. Par contre, les intérêts de dettes ayant permis de payer des droits de succession relatifs à l'habitation propre entrent en considération pour la déduction.

Sont seulement déductibles les intérêts relatifs à des dettes afférentes à des biens immobiliers ou parties de biens immobiliers qui :

- ne sont pas affectés à l'exercice de l'activité professionnelle du contribuable et,
- dont les revenus sont compris dans la base imposable au titre de revenus immobiliers ; les intérêts de dettes qui sont relatives à l'habitation propre, pour laquelle le RC est exonéré, sont également déductibles.

Ces intérêts sont déduits des revenus immobiliers imposables. Ce système permet la déduction des intérêts d'une dette contractée pour un seul bien immobilier des revenus de l'ensemble des biens immobiliers.

Le solde des intérêts non déduit des revenus immobiliers ne donne droit à aucun avantage complémentaire.

Il est sans incidence que l'immeuble pour lequel un emprunt a été conclu soit situé en Belgique ou à l'étranger. Ainsi sont, par exemple, déductibles des revenus immobiliers les intérêts d'un emprunt conclu dans le but de transformer un immeuble à l'étranger dont le contribuable est propriétaire.

Pour les contribuables copropriétaires imposés en tant qu'isolés, seuls sont déductibles des revenus immobiliers les intérêts relatifs à la part de propriété de l'emprunteur par rapport à la part de propriété de tous les autres emprunteurs.

Le montant déductible se calcule de la manière suivante:

$$\text{Intérêts} \times \frac{\text{Part de propriété du contribuable}}{\text{Parts de propriété de tous les emprunteurs}}$$

Les emprunts:

- conclus entre le 1er janvier 2005 et le 31 décembre 2014;
- relatifs à l'habitation propre;
- tandis que:
  - pour la même habitation;
  - il existe un emprunt hypothécaire (ou un refinancement d'un tel emprunt), qui donne droit à la déduction d'intérêts ou à la réduction d'impôt pour épargne logement

... relèvent en principe du régime qui est d'application pour les emprunts conclus avant le 1er janvier 2005. Cela signifie que, dans de telles situations, les intérêts du prêt conclu à partir du 1er janvier2005 donnent également droit à une imputation partielle du précompte immobilier. Le contribuable doit alors déclarer le RC de l'habitation propre. La déduction pour habitation propre et unique ne peut jamais être accordée puisqu'il ne s'agit pas de l'habitation propre et unique au 31 décembre de l'année au cours de laquelle l'emprunt a été conclu.

En outre, les intérêts d'emprunts de refinancement qui satisfont aux conditions susmentionnées entrent également en considération pour la déduction ordinaire des intérêts. Les intérêts d'emprunts qui sont conclus entre le 1er janvier 2005 et le 31 décembre 2014 et qui refinancent des emprunts conclus avant le 1er janvier 2005 donnent uniquement droit à la déduction ordinaire d'intérêts.

En ce qui concerne le montant de la déduction des intérêts d'emprunts de refinancement, nous renvoyons le lecteur à la page 188.

C. Incidences de l'imposition commune et du décumul

Les contribuables, imposés en commun, peuvent choisir librement leur mode de répartition des intérêts, pour autant que chacun des contribuables reprenne dans sa base imposable des revenus du bien, et ce que l'emprunt ait été conclu individuellement ou non. C'est toujours le cas des personnes mariées sous le régime légal.

Les cohabitants légaux et les personnes mariées sous le régime de la séparation ne peuvent répartir librement les intérêts d'un emprunt que pour autant qu'ils soient tous les deux propriétaires de l'immeuble pour lequel l'emprunt a été contracté.

D. Résumé en ce qui concerne la répartition des intérêts

1. Contribuables qui font l'objet d'une imposition commune		
Régime matrimonial	Revenus immobiliers	Octroi de la déduction ordinaire d'intérêts
Les personnes sont mariées sous le régime légal.	Les époux doivent déclarer chacun la moitié des revenus de leurs biens en propriété, même s'ils sont relatifs à des biens propres.	Les intérêts peuvent être répartis librement entre les conjoints (dans les codes 1146 – 2146) étant donné que les revenus du bien immobilier pour lequel l'emprunt a été contracté sont compris dans la base imposable des deux conjoints.

1. Contribuables qui font l'objet d'une imposition commune		
Régime matrimonial	Revenus immobiliers	Octroi de la déduction ordinaire d'intérêts
Les personnes sont mariées sous le régime de la séparation de biens ou sont des cohabitants légaux.	Chaque conjoint ou partenaire doit déclarer les revenus tirés de ses biens immobiliers propres en fonction de sa part dans la propriété.	Lorsque le bien immobilier pour lequel l'emprunt a été contracté appartient aux deux conjoints en indivision, les intérêts pourront être répartis librement entre les conjoints (dans les codes 1146-18/2146-85). Lorsque le bien n'appartient qu'à l'un des deux conjoints ou cohabitants légaux, les intérêts sont intégralement déductibles des revenus immobiliers du conjoint ou partenaire propriétaire du bien immobilier pour lequel l'emprunt a été contracté.

2. Contribuables qui sont imposés comme isolés		
Revenus immobiliers	Octroi de la déduction ordinaire d'intérêts	
	La dette a été contractée par le contribuable	La dette a été contractée par plusieurs contribuables
Le contribuable doit déclarer les revenus tirés des biens immobiliers dont il est propriétaire (en fonction de sa part de propriété).	La totalité des intérêts peut être mentionnée au code 1146-18.	Seule la partie des intérêts qui correspond à la part du contribuable dans le bien immobilier peut être mentionnée au code 1146-18.

ex *Luc et Marguerite, mariés sous le régime de la séparation de biens, ont contracté ensemble le 8 mai 2012 un emprunt hypothécaire sur lequel ils ont payé, en 2016, des intérêts à concurrence de 828,00 EUR et des amortissements en capital à concurrence de 2.172,00 EUR.*

L'emprunt concerne un immeuble dont Luc et Marguerite sont copropriétaires chacun à concurrence de 50 %.

Marguerite est déjà propriétaire d'un immeuble situé rue du Clafoutis 13 à Charleroi.

Luc et Marguerite complètent le cadre IX de la déclaration relative à l'exercice d'imposition 2017 de la manière suivante :

Cadre IX – Intérêts et amortissements en capital d'emprunts et de dettes, primes d'assurances-vie individuelles et redevances d'emphytheose et de superficie et redevances similaires donnant droit à un avantage fiscal		
B. Dépenses qui concernent votre « habitation propre »		
b) Emprunts conclus de 2005 à 2014		
1° Intérêts et amortissements en capital :	*1.500,00 (Code 3370-85)*	*Code 4370-55*
2° Primes d'assurances-vie individuelles en vue de la reconstitution ou de la garantie de ces emprunts : *N° contrat Dénomination de l'organisme assureur*	*Code 3371-24*	*Code 4371-91*

Avez-vous mentionné en B, 1, b, des intérêts, amortissements en capital ou primes qui concernent un emprunt conclu à partir de 2006?	*Oui (Code 3372-23)*	*Code 4372-90*
Si oui, *– l'habitation pour laquelle 'emprunt a été contracté était-elle toujours votre habitation unique au 31/12/2016?* *– nombre d'enfants à charge au 1er janvier de l'année suivant celle de la conclusion de l'emprunt:*	*Oui (Code 3374-24)* *0 (Code 3373-22)*	*Code 4374-88* *Code 4373-89*

Cadre IX – Intérêts et amortissements en capital d'emprunts et de dettes, primes d'assurances-vie individuelles et redevances d'emphytheose et de superficie et redevances similaires donnant droit à un avantage fiscal		
C. Dépenses qui ne concernent pas votre «habitation propre»		
3. Intérêts autres que ceux visés sub 1, qui entrent en considération pour un avantage fiscal fédéral:		
b) afférents à des dettes autres que celles visées sub a, contractées pour acquérir ou conserver des biens immobiliers qui ont produit des revenus immobiliers non exonérés:	*Code 1146-18*	*414,00 par exemple (Code 2146-85)*
*Les intérêts qui n'entrent pas en ligne de compte pour la déduction pour habitation propre et unique (50% de 828,00) peuvent être répartis **librement** entre Luc et Marguerite (dans les codes 1146-18 – 2146-85) étant donné que le bien immobilier pour lequel l'emprunt a été contracté appartient aux deux conjoints en indivision. Dans cette hypothèse, Luc n'a aucun intérêt fiscal à déclarer les intérêts en code 1146. C'est la raison pour laquelle rien n'est inscrit en code 1146-18 et que 414,00 sont déclarés chez Marguerite en code 2146-85.*		

3.2.2. *Amortissements en capital*

Articles 145/1, 3°, 145/2, 145/5 et 145/6 CIR

1358-97/2358-67

A. Principe

Les contribuables peuvent également bénéficier d'une réduction d'impôt pour les versements en capital qu'ils effectuent pour l'acquisition, la construction ou la transformation d'une habitation qui n'entrent pas en ligne de compte pour la déduction pour habitation propre et unique. Le montant de la réduction d'impôt est accordé sur la base des sommes payées, après application des deux limites explicitées ci-après, au taux de 30%.

Il doit s'agir d'un emprunt hypothécaire d'une durée de minimum 10 ans conclu auprès d'un établissement ayant son siège situé dans l'Espace économique européen. N'entrent pas en ligne de compte, contrairement aux intérêts, les emprunts ordinaires. Une inscription hypothécaire est nécessaire pour pouvoir bénéficier de la réduction d'impôt.

Cet emprunt doit être destiné à acquérir, construire ou transformer une habitation sise dans un état membre de l'Espace économique européen autre que l'habitation propre et unique. L'habitation peut être définie comme un immeuble, une partie d'immeuble ou un appartement destiné à être habité par une famille.

En ce qui concerne les emprunts hypothécaires conclus à partir du 1er janvier 2008, l'administration a décidé que les amortissements en capital relatifs à la partie de l'emprunt hypothécaire qui a servi à financer les prime (unique) d'assurance solde restant dû n'entrent pas en considération pour la réduction d'impôt (circulaire n° Ci.RH.26/586.459 (AFER 43/2008) du 13 novembre 2008).

Pour autant que le bien immobilier soit destiné à l'habitation, l'entièreté des amortissements en capital entre en considération pour la réduction d'impôt, et ce même si le bien est affecté partiellement à des fins professionnelles.

Dans le chef des isolés, seuls entrent en considération pour la réduction d'impôt les amortissements en capital en proportion de la part de propriété du contribuable par rapport à la part de propriété de l'ensemble des emprunteurs.

Le montant des amortissements qui donne droit à une réduction d'impôt est calculé de la manière suivante :

$$\text{Amortissements en capital} \times \frac{\text{Part de propriété du contribuable}}{\text{Parts de propriété de tous les emprunteurs}}$$

Les emprunts :

- conclus entre le 1er janvier 2005 et le 31 décembre 2014 ;
- relatifs à l'habitation unique ;
- tandis que :
  - pour la même habitation ;
  - il existe un emprunt hypothécaire (ou un refinancement d'un tel emprunt), qui donne droit à la déduction d'intérêts ou à la réduction d'impôt pour épargne logement

... relèvent en principe du régime qui est d'application pour les emprunts conclus avant le 1er janvier 2005. Étant donné qu'il ne s'agit pas de l'habitation propre au 31 décembre de l'année au cours de laquelle l'emprunt a été conclu, la déduction pour habitation propre et unique ne peut jamais être accordée.

En outre, les amortissements en capital d'emprunts de refinancement qui satisfont aux conditions susmentionnées entrent également en considération pour la même réduction d'impôt. Les amortissements en capital d'emprunts qui sont conclus entre le 1er janvier 2005 et le 31 décembre 2014, et qui servent au refinancement des emprunts conclus avant le 1er janvier 2005, n'entrent jamais en considération pour la déduction pour habitation propre et unique.

En ce qui concerne le montant des amortissements en capital qui entrent en considération pour la réduction d'impôt, nous renvoyons le lecteur à la page 182.

B. **Limites**

1. *Première limite*

Les sommes visées ne seront prises en considération pour la réduction d'impôt que dans la mesure où elles ne concernent que la première tranche de 75.270,00 EUR (pour les emprunts conclus en 2014) du montant initial des emprunts conclus pour cette habitation.

Cette limite peut être explicitée de la manière suivante :

$$\text{Amortissements en capital qui entrent en considération} \times \frac{75.270,00}{\text{Montant total de l'emprunt}}$$

C'est le résultat de ce calcul qui doit être mentionné dans la déclaration.

Les montants limites qui sont d'application pour les emprunts conclus antérieurement à 2011 sont les suivants:

Année	Montant limite
2005	62.190,00
2006	63.920,00
2007	65.060,00
2008	66.240,00
2009	69.220,00
2010	69.220,00
2011	70.700,00
2012	73.190,00
2013	75.270,00
2014	76.110,00
2015 – Région flamande	76.110,00
2015 – Régions wallonne et bruxelloise	76.360,00
2016 – Région flamande	–
2016 – Région wallonne	76.360,00
2016 – Région bruxelloise	76.780,00

2. *Deuxième limite*

Le montant des remboursements de capital donnant droit à une réduction d'impôt ne pourra excéder 15 % de la première tranche de 1.880,00 EUR du total des revenus professionnels et 6 % du surplus avec un maximum de 2.260,00 EUR diminué du montant des dépenses entrant en considération pour la déduction pour habitation propre et unique, sans tenir compte des majorations. Si le contribuable a également payé des primes d'assurance-vie (même si elles ne sont pas liées à l'emprunt hypothécaire en question), celles-ci sont cumulées avec les amortissements en capital et soumises, ensemble, aux mêmes limitations (voir page 563).

En d'autres termes, lorsque le contribuable bénéficie également de la déduction pour habitation propre et unique, le montant du remboursement en capital (et des primes d'assurance-vie) relatif à l'autre habitation doit préalablement être diminué du montant déduit dans le cadre du régime de l'habitation propre et unique (montant de base).

Par conséquent, si la déduction pour maison propre et unique dépasse le montant de base de 2.260,00 EUR, aucune réduction d'impôt ne peut être attribuée.

L'administration ne demande pas que le contribuable applique lui-même cette limite.

C. Exemple

ex *Luc, célibataire, sans enfant, bénéficie de la déduction pour habitation propre et unique à concurrence de 1.200,00 EUR (amortissements en capital: 900,00 EUR et intérêts: 300,00 EUR).*

Il emprunte 100.000,00 EUR en janvier 2013 pour acheter une deuxième habitation et rembourse pour cet emprunt du capital à concurrence de 3.700,00 EUR en 2016.

Luc complète le cadre IX de sa déclaration relative à l'exercice d'imposition 2017 de la manière suivante:

Cadre IX – Intérêts et amortissements en capital d'emprunts et de dettes, primes d'assurances-vie individuelles et redevances d'emphytheose et de superficie et redevances similaires donnant droit à un avantage fiscal		
B. Dépenses qui concernent votre «habitation propre»		
3. Intérêts et amortissements en capital d'emprunts hypothécaires et primes d'assurance-vie individuelles à partir de 2005 qui entrent en considération pour le «bonus logement» régional		
c) Emprunts conclus de 2005 à 2014		
1° Intérêts et amortissements en capital:	*1.200,00 (Code 3370-25)*	*Code 4370-92*
2° Primes d'assurances-vie individuelles en vue de la reconstitution ou de la garantie de ces emprunts: N° contrat Dénomination de l'organisme assureur N° contrat Dénomination de l'organisme assureur	*Code 3371-24*	*Code 4371-91*
Avez-vous mentionné en B, 1, b, des intérêts, amortissements en capital ou primes qui concernent un emprunt conclu à partir de 2006?	*Oui (Code 3372-23)*	*Code 4372-90*
Si oui, – l'habitation pour laquelle 'emprunt a été contracté était-elle toujours votre habitation unique au 31/12/2016? – nombre d'enfants à charge au 1er janvier de l'année suivant celle de la conclusion de l'emprunt:	*Non (Code 3375-20) 0 (Code 3373-22)*	*Code 4380-82 Code 4373-89*
C. Dépenses qui ne concernent pas votre «habitation propre»		
4. Amortissements en capital d'emprunts hypothécaires contractés en vue d'acquérir, de construire ou de transformer une habitation autre que votre «habitation propre»:		
b) qui entrent en considération pour la réduction fédérale pour épargne à long terme: 1° emprunts conclus à partir de 1989:	*2.784,99 (Code 1358-97)*	*Code 2358-67*
Le montant entrant en ligne de compte doit *concerner la première tranche de 75.270,00* et *être limité de la manière suivante: 3.700,00 × (75.270/100.000) = 2.784,99 Le contribuable doit indiquer ce montant dans la déclaration. L'administration limitera ce montant de la manière suivante : 2.260,00 (maximum) – 1.200,00 (le contribuable n'a pas droit aux majorations étant donné qu'il est propriétaire d'une seconde habitation) = 1.060,00 (l'administration ne demande pas que ce calcul soit fait par le contribuable, voir page 563).*		

D. Incidences de l'imposition commune et du décumul

Les contribuables mariés ou cohabitants légaux qui contractent solidairement un emprunt hypothécaire pour acquérir une habitation dont ils détiennent chacun une part de propriété pourront répartir le montant entrant en ligne de compte pour la réduction d'impôt librement.

Dans l'hypothèse où l'immeuble n'est la propriété que de l'un des deux conjoints, seul celui-ci pourra bénéficier des réductions d'impôt légalement prévues.

Lorsqu'un seul emprunt, contracté par deux conjoints ou cohabitants légaux, donne droit à deux avantages fiscaux différents (par exemple une déduction pour habitation propre et unique chez Monsieur et une réduction d'impôt pour épargne à long terme chez Madame), les amortissements en capital ne peuvent jamais être librement répartis.

Donc :

	Les deux conjoints ou cohabitants légaux sont co-emprunteurs et copropriétaires	**Un des deux conjoints ou cohabitants légaux n'est pas propriétaire ou pas co-emprunteur**	**Les amortissements en capital donnent droit à des avantages différents dans le chef des conjoints ou cohabitants légaux**
Mode de répartition	Libre	Seul le conjoint ou cohabitant légal propriétaire et emprunteur peut bénéficier de la réduction d'impôt en fonction de sa part dans l'indivision	Pour le calcul de l'avantage fiscal, chaque conjoint ou cohabitant légal doit limiter le montant des amortissements en capital en proportion de sa part de propriété

ex *Luc et Marguerite, mariés sous le régime de la séparation de biens ont contracté ensemble le 8 mai 2013 un emprunt hypothécaire d'un montant de 50.000,00 EUR sur lequel ils ont payé, en 2016, 3.000,00 EUR à titre d'intérêts (828,00 EUR) et d'amortissements en capital (2.172,00 EUR).*

L'emprunt concerne un immeuble dont les conjoints sont copropriétaires chacun à concurrence de 50 %.

Marguerite est déjà propriétaire d'un immeuble situé rue du Clafoutis 13 à Charleroi.

Luc et Marguerite complètent le cadre IX de la déclaration relative à l'exercice d'imposition 2017 de la manière suivante :

Cadre IX – Intérêts et amortissements en capital d'emprunts et de dettes, primes d'assurances-vie individuelles et redevances d'emphytheose et de superficie et redevances similaires donnant droit à un avantage fiscal		
B. Dépenses qui concernent votre « habitation propre »		
3. Intérêts et amortissements en capital d'emprunts hypothécaires et primes d'assurances-vie individuelles à partir de 2005 qui entrent en considération pour le « bonus logement » régional		
c) Emprunts conclus de 2005 à 2014		
1° Intérêts et amortissements en capital :	*1.500,00 (Code 3370-85)*	*Code 4370-55*
2° Primes d'assurances-vie individuelles en vue de la reconstitution ou de la garantie de ces emprunts : *N° contrat Dénomination de l'organisme assureur*	*Code 3371-24*	*Code 4371-91*
Avez-vous mentionné en B, 1, b, des intérêts, amortissements en capital ou primes qui concernent un emprunt conclu à partir de 2006 ?	*Oui (Code 3372-23)*	*Code 4372-90*
Si oui, *– l'habitation pour laquelle 'emprunt a été contracté était-elle toujours votre habitation unique au 31/12/2016 ?* *– nombre d'enfants à charge au 1er janvier de l'année suivant celle de la conclusion de l'emprunt :*	*Oui (Code 3374-24)* *0 (Code 3373-22)*	*Code 4374-88* *Code 4373-89*

Cadre IX – Intérêts et amortissements en capital d'emprunts et de dettes, primes d'assurances-vie individuelles et redevances d'emphytéose et de superficie et redevances similaires donnant droit à un avantage fiscal		
C. Dépenses qui ne concernent pas votre «habitation propre»		
3. Intérêts autres que ceux visés sub 1, qui entrent en considération pour un avantage fiscal fédéral:		
b) afférents à des dettes autres que celles visées sub a, contractées pour acquérir ou conserver des biens immobiliers qui ont produit des revenus immobiliers non exonérés:	*Code 1146-18*	*414,00 par exemple (Code 2146-85)*
4. Amortissements en capital d'emprunts hypothécaires contractés en vue d'acquérir, de construire ou de transformer une habitation autre que votre «habitation propre»:		
b) qui entrent en considération pour la réduction fédérale pour épargne à long terme: *1° emprunts conclus à partir de 1989:*	*Code 1358-97*	*1.086,00 par exemple (Code 2358-67)*
Étant donné que les amortissements de l'emprunt donnent un avantage fiscal différent (déduction pour habitation propre et unique chez Luc et réduction pour épargne à long terme chez Marguerite), ceux-ci ne peuvent pas être répartis librement *entre Luc et Marguerite.*		

3.2.3. *Les assurances-vie servant de garantie aux emprunts hypothécaires*

Ce sujet est examiné dans le chapitre relatif à l'assurance-vie (voir page 560).

4. Les emprunts conclus avant le 1er janvier 2005

Les dispositions relatives à la déduction pour habitation propre et unique ne sont d'application que pour les contribuables qui ont conclu un emprunt entre le 1er janvier 2005 et le 31 décembre 2014.

Les emprunts conclus avant cette date peuvent donner droit aux avantages fiscaux suivants:

- la déduction ordinaire d'intérêts;
- la déduction complémentaire d'intérêts;
- les avantages liés au remboursement du capital;
- l'imputation partielle du précompte immobilier.

Rappel préalable

Lorsqu'un contribuable revendique pour l'immeuble dont il est propriétaire et qu'il occupe effectivement, la déduction d'intérêts relatifs à des emprunts conclus avant le 1er janvier 2005 ou à des emprunts conclus à partir du 1er janvier 2005 servant au refinancement d'emprunts hypothécaires conclus avant le 1er janvier 2005, il est tenu d'indiquer le RC en code 3100-04 et éventuellement 4100-71 (voir page 103).

4.1. La déduction ordinaire d'intérêts

Articles 14 CIR, version applicable avant le 1er janvier 2005 et 526 CIR

4.1.1. *Principe*

Les intérêts de dettes contractées spécifiquement par le contribuable en vue d'acquérir ou de conserver ces biens sont déductibles des revenus immobiliers.

4.1.2. *Conditions d'application*

Les dispositions vues en page 163 s'appliquent ici *mutatis mutandis*.

L'unique différence concerne les intérêts qui n'entrent pas en considération pour la déduction pour habitation propre et unique et qui sont relatifs à des dettes conclues pour l'habitation propre. Ces intérêts ne sont pas déductibles du revenu cadastral, ce dernier étant exonéré.

Les intérêts d'emprunts de refinancement d'emprunts dont les intérêts entrent en considération pour la déduction d'intérêts donnent également droit à la déduction ordinaire des intérêts. Nous renvoyons le lecteur à la page 188.

En ce qui concerne les emprunts complémentaires, nous renvoyons le lecteur à la page 189.

4.2. La déduction complémentaire d'intérêts

Articles 104, 9°, 105, 115 et 116 CIR, version applicable avant le 1er janvier 2005 et 526 CIR

4.2.1. *Principe*

Les contribuables qui empruntent pour construire, acquérir à l'état neuf ou rénover, totalement ou partiellement, leur seule habitation en propriété, peuvent déduire de l'ensemble de leurs revenus nets une partie des intérêts versés relatifs à cet emprunt.

Seul le solde des intérêts qui subsiste après l'application de la déduction ordinaire des intérêts, entre en considération pour la déduction complémentaire des intérêts. La totalité des intérêts de cet emprunt doit être mentionné en regard des codes 1138-26/2138-93.

Sont concernés les emprunts hypothécaires conclus :

- à partir du 1er mai 1986 ;
- avant le 1er janvier 2005 ou après le 1er janvier 2005 mais servant au refinancement d'emprunts conclus avant le 1er janvier 2005 ;
- pour une durée de minimum 10 ans ;
- pour acquérir à l'état neuf, construire ou transformer une habitation qui est la seule habitation du contribuable au 31 décembre de la période de déduction.

4.2.2. *L'emprunt*

Comme pour la déduction pour habitation propre et unique, il doit s'agir d'un emprunt hypothécaire.

Un emprunt garanti par une promesse ou un mandat hypothécaire ne satisfait pas à cette condition.

Cet emprunt doit avoir été conclu avant le 1er janvier 2005.

Les emprunts :

- conclus à partir du 1er janvier 2005 ;
- relatifs à la seule habitation ;
- tandis que :
    - pour la même habitation ;
    - il existe un emprunt hypothécaire (ou un refinancement d'un tel emprunt), qui donne droit à la déduction d'intérêts ou à la réduction d'impôt pour épargne logement

... relèvent en principe du régime qui est d'application pour les emprunts conclus avant le 1er janvier 2005.

Pour autant que toutes les conditions soient remplies, le contribuable peut éventuellement opter pour le régime de la déduction pour habitation propre et unique qui est d'application pour les emprunts conclus à partir du 1er janvier 2005 ; dans cette hypothèse, les intérêts relatifs au prêt conclu avant le 1er janvier 2005 (ou au refinancement d'un tel emprunt) ne donnent droit à aucun avantage. Pour cette matière, nous renvoyons le lecteur à la page 191.

Si l'emprunt satisfait à toutes les conditions susvisées, le solde des intérêts qui subsiste après la déduction des revenus immobiliers, entre en considération pour la déduction complémentaire des intérêts. Dans ce cas, la totalité des intérêts de cet emprunt doit être mentionnée aux codes 1138-26/2138-93.

Ce choix doit également être effectué, *mutatis mutandis*, pour les avantages fiscaux liés aux amortissements en capital (voir page 188).

Autrement dit, le contribuable doit choisir le même régime fiscal pour les intérêts et le capital.

Il ne peut, par exemple, pas opter pour la déduction pour habitation propre et unique (pour le capital) et pour la déduction complémentaire des intérêts (pour les intérêts).

4.2.3. *Affectation de l'emprunt*

Pour bénéficier de la déduction complémentaire d'intérêts, l'emprunt doit servir à acquérir à l'état neuf, à construire ou à rénover, totalement ou partiellement, une habitation. Les revenus immobiliers de ces biens doivent être compris dans la base imposable.

En outre, le bien immobilier doit être la seule habitation en propriété du contribuable au 31 décembre de l'année de déduction des intérêts.

A. **Acquérir à l'état neuf ou construire**

Ces dispositions sont d'application pour les contribuables qui accèdent à la propriété d'un nouvel immeuble.

Le nouvel immeuble est celui qui est soit construit, soit acquis avec application de la TVA (avec application des droits d'enregistrement pour le terrain).

Les immeubles acquis avec application des droits d'enregistrement ne sont pas concernés.

B. **Rénover**

Le contribuable qui rénove partiellement ou totalement son immeuble d'habitation peut bénéficier de cette mesure pour autant que :

- le bien soit occupé depuis au moins 15 ans à la conclusion du contrat d'emprunt ;
- les prestations relatives à ces travaux soient effectuées par un entrepreneur ;
- le coût *minimal* des travaux atteigne au minimum un montant de :

2004	24.120,00 TVAC
2005	24.630,00 TVAC
2006	25.310,00 TVAC
2007	25.760,00 TVAC
2008	26.230,00 TVAC
2009	27.410,00 TVAC
2010	27.410,00 TVAC
2011	28.000,00 TVAC
2012	28.980,00 TVAC

2013	29.810,00 TVAC
2014	30.140,00 TVAC
2015 – Région flamande	30.140,00 TVAC
2015 – Régions wallonne et bruxelloise	30.240,00 TVAC
2016 – Région flamande	30.140,00 TVAC
2016 – Région wallonne	30.240,00 TVAC
2016 – Région bruxelloise	30.400,00 TVAC

Comme pour la déduction pour habitation propre et unique, les travaux visés sont ceux qui sont susceptibles d'être facturés à un taux de TVA de 6%. Pour de plus amples informations, nous renvoyons le lecteur au chapitre relatif à la déduction pour habitation propre et unique (page 150).

C. Des revenus imposables

Pour bénéficier de la déduction complémentaire d'intérêts, il faut que les revenus des biens immobiliers soient compris dans la base imposable à l'impôt des personnes physiques.

Il en résulte que la déduction complémentaire d'intérêts:

- n'est applicable, *pour la rénovation*, qu'à partir de la période imposable au cours de laquelle le revenu cadastral modifié de l'habitation rénovée est repris pour la première fois dans la base imposable à l'impôt des personnes physiques. Lorsque les travaux de rénovation ne donnent toutefois pas lieu à une modification du revenu cadastral et dans la mesure où toutes les autres conditions en la matière sont remplies, la déduction complémentaire d'intérêts doit s'appliquer à partir de la période imposable comprenant le mois qui suit celui au cours duquel les travaux de rénovation sont terminés;
- ne s'applique, *pour une nouvelle habitation*, qu'à partir de la période imposable au cours de laquelle le revenu cadastral de la nouvelle habitation est totalement ou partiellement soumis pour la première fois à l'impôt des personnes physiques; c'est-à-dire à partir de la période imposable comprenant le mois qui suit celui de la première occupation de la nouvelle habitation (ou de la location, si celle-ci précède la première occupation).

D. Seule habitation en propriété

L'habitation est l'immeuble ou la partie d'immeuble qui, de par sa nature, est destiné à être habité par une famille ou qui est utilisé comme tel, et dans lequel se déroulent les diverses activités du ménage.

L'habitation doit être la seule habitation en propriété du contribuable au 31 décembre de la période imposable de déduction des intérêts complémentaires.

Le 31 décembre de chaque période imposable, il convient d'examiner si le contribuable n'est pas propriétaire d'une autre habitation, que cette habitation soit située en Belgique ou à l'étranger. À cet égard, le fait d'être titulaire d'un droit d'usufruit, un droit d'emphytéose, de superficie ou encore un autre droit immobilier similaire sur une autre habitation enlève au contribuable tout droit à la déduction complémentaire d'intérêts.

Par contre, les contribuables propriétaires d'autres biens immobiliers non bâtis ou bâtis autres que des habitations (terrains, immeubles industriels ou commerciaux sans partie réservée à l'habitation) bénéficient de la déduction complémentaire d'intérêts.

Il en est de même pour les contribuables qui possèdent, **en indivision**, par héritage, donation entre vifs, ou, consécutivement au décès du conjoint, un droit réel (propriété ou usufruit) sur une ou plusieurs autres habitations.

Le législateur n'impose pas que la seule habitation en propriété soit occupée par le contribuable.

Lorsque les intérêts n'entrent pas en considération pour la déduction complémentaire d'intérêts, ils peuvent donner droit à la déduction ordinaire d'intérêts (voir page 172).

4.2.4. *Limites de déduction*

A. Première limite

Le montant net des revenus immobiliers est diminué :

- en premier lieu, des intérêts pris en considération pour la déduction ordinaire des intérêts ;
- en second lieu, des intérêts entrant en ligne de compte pour la déduction complémentaire des intérêts.

Dans le chef des isolés, les intérêts peuvent seulement être déduits des revenus immobiliers du contribuable en proportion de la part de propriété du contribuable par rapport à la part de propriété de l'ensemble des emprunteurs.

Le montant déductible est, dans ce dernier cas, calculé de la manière suivante :

$$\text{Intérêts} \times \frac{\text{Part de propriété du contribuable}}{\text{Parts de propriété de tous les emprunteurs}}$$

Une optimalisation de ces rubriques dépasse le cadre du présent ouvrage.

B. Deuxième limite

Le solde des intérêts entrant en considération pour la déduction complémentaire des intérêts (après application de la première limite), est limité dans la mesure où le montant emprunté dépasse un certain montant. Ce montant est fixé une fois pour toutes et dépend de l'année du contrat d'emprunt ainsi que du nombre d'enfants à charge au 1er janvier de l'année qui suit celle de l'emprunt.

Ces limites sont les suivantes :

	Construction ou acquisition à l'état neuf					
	Enfants à charge au 1er janvier suivant l'année de l'emprunt	0	1	2	3	Plus de 3
Année de la conclusion de l'emprunt	2000	55.652,10	58.453,29	61.229,70	66.782,52	72.360,12
	2001	57.570,00	60.440,00	63.320,00	69.080,00	74.830,00
	2002	58.990,00	61.930,00	64.880,00	70.780,00	76.680,00
	2003	59.960,00	62.950,00	65.950,00	71.950,00	77.940,00
	2004	60.190,00	63.960,00	67.000,00	73.090,00	79.180,00
	2005	62.190,00	65.290,00	68.400,00	74.620,00	80.840,00
	2006	63.920,00	67.110,00	70.310,00	76.700,00	83.090,00
	2007	65.060,00	68.310,00	71.570,00	78.070,00	84.580,00
	2008	66.240,00	69.550,00	72.860,00	79.490,00	86.110,00
	2009	69.220,00	72.680,00	76.140,00	83.060,00	89.990,00
	2010	69.220,00	72.680,00	76.140,00	83.060,00	89.990,00
	2011	70.700,00	74.230,00	77.760,00	84.830,00	91.900,00
	2012	73.190,00	76.850,00	80.510,00	87.830,00	95.150,00
	2013	75.270,00	79.030,00	82.800,00	90.320,00	97.850,00
	2014	76.110,00	79.920,00	83.720,00	91.330,00	98.940,00
	2015 – Région flamande	76.110,00	79.920,00	83.720,00	91.330,00	98.940,00
	2015 – Régions wallonne et bruxelloise	76.360,00	80.170,00	83.990,00	96.630,00	99.260,00
	2016 – Région flamande	76.110,00	79.920,00	83.720,00	91.330,00	98.940,00
	2016 – Région wallonne	76.360,00	80.170,00	83.990,00	96.630,00	99.260,00
	2016 – Région bruxelloise	76.780,00	80.620,00	84.460,00	92.140,00	99.810,00

	Rénovation					
Année de la conclusion de l'emprunt	Enfants à charge au 1er janvier suivant l'année de l'emprunt	0	1	2	3	Plus de 3
	2000	27.838,44	29.226,65	30.614,85	33.391,26	36.192,45
	2001	28.780,00	30.220,00	31.660,00	34.540,00	37.420,00
	2002	29.490,00	30.970,00	32.440,00	35.390,00	38.340,00
	2003	29.980,00	31.480,00	32.980,00	35.970,00	38.970,00
	2004	30.460,00	31.980,00	33.500,00	36.550,00	39.590,00
	2005	31.090,00	32.650,00	34.200,00	37.310,00	40.420,00
	2006	31.960,00	33.560,00	35.150,00	38.350,00	41.540,00
	2007	32.530,00	34.160,00	35.780,00	39.040,00	42.290,00
	2008	33.120,00	34.780,00	36.430,00	39.740,00	43.060,00
	2009	34.610,00	36.340,00	38.070,00	41.530,00	44.990,00
	2010	34.610,00	36.340,00	38.070,00	41.530,00	44.990,00
	2011	35.350,00	37.110,00	38.880,00	42.420,00	45.950,00
	2012	36.600,00	38.420,00	40.250,00	43.910,00	47.570,00
	2013	37.640,00	39.520,00	41.400,00	45.160,00	48.930,00
	2014	38.060,00	39.960,00	41.860,00	45.670,00	49.470,00
	2015 – Région flamande	38.060,00	39.960,00	41.860,00	45.670,00	49.470,00
	2015 – Régions wallonne et bruxelloise	38.180,00	40.090,00	42.000,00	45.810,00	49.630,00
	2016 – Région flamande	38.060,00	39.960,00	41.860,00	45.670,00	49.470,00
	2016 – Région wallonne	38.180,00	40.090,00	42.000,00	45.810,00	49.630,00
	2016 – Région bruxelloise	38.390,00	40.310,00	42.230,00	46.070,00	49.910,00

Cette limite est appliquée par l'administration sur la base des données mentionnées par le contribuable dans sa déclaration.

C. Troisième limite

La déduction complémentaire n'est applicable que durant maximum 12 périodes imposables successives.

Cette limite est appliquée par l'administration sur la base des données mentionnées par le contribuable dans sa déclaration.

En cas d'acquisition à l'état neuf, la première période est celle au cours de laquelle le RC de l'immeuble est pour la première fois repris dans les revenus imposables du contribuable. En cas de rénovation, la première période est celle au cours de laquelle le nouveau RC est repris pour la première fois dans les revenus immobiliers imposables du contribuable.

D. **Quatrième limite**

Les intérêts tels que déterminés ci-dessus sont ensuite limités à :

- 80 % pour les cinq premières périodes imposables ;
- 70 % pour la sixième période imposable ;
- 60 % pour la septième période imposable ;
- 50 % pour la huitième période imposable ;
- 40 % pour la neuvième période imposable ;
- 30 % pour la dixième période imposable ;
- 20 % pour la onzième période imposable ;
- 10 % pour la douzième période imposable.

Cette limite est appliquée par l'administration sur la base des données mentionnées par le contribuable dans sa déclaration.

Le montant ainsi limité est déductible de l'ensemble des revenus nets imposables au taux progressif.

4.2.5. *Incidences de l'imposition en commun et du décumul*

En cas d'imposition commune, la condition relative à la seule habitation en propriété doit être appréciée par conjoint ou cohabitant légal.

Les cas suivants peuvent se présenter :

Contribuables faisant l'objet d'une imposition commune		
Qui est propriétaire de l'habitation pour laquelle l'emprunt a été contracté ?	Le contribuable a-t-il une autre habitation en propriété ?	Qui a droit à la déduction complémentaire d'intérêts ?
Les deux conjoints ou cohabitants légaux sont tous les deux propriétaires d'une habitation commune.	Aucun des deux conjoints n'est propriétaire d'une autre habitation.	Chaque conjoint a droit à la déduction complémentaire d'intérêts.
	Un des deux conjoints est propriétaire d'une autre habitation.	Seul le conjoint propriétaire de l'habitation, qui constitue sa seule habitation en propriété, a droit à la déduction complémentaire d'intérêts.
	Chacun des deux conjoints est propriétaire d'une autre habitation.	Aucun des deux conjoints n'a droit à la déduction complémentaire d'intérêts.
Seul un des conjoints ou cohabitants légaux est propriétaire d'une habitation.	Cette habitation constitue sa seule habitation en propriété.	Seul le conjoint propriétaire de l'habitation (seule habitation en propriété) a droit à la déduction complémentaire d'intérêts.
	Cette habitation ne constitue pas sa seule habitation en propriété.	Aucun des deux conjoints n'a droit à la déduction complémentaire d'intérêts.

Contribuables faisant l'objet d'une imposition commune		
Qui est propriétaire de l'habitation pour laquelle l'emprunt a été contracté ?	Le contribuable a-t-il une autre habitation en propriété ?	Qui a droit à la déduction complémentaire d'intérêts ?
Les deux conjoints sont chacun séparément propriétaires d'une habitation	Aucun des deux conjoints n'est propriétaire d'une autre habitation	Chaque conjoint a droit à la déduction complémentaire d'intérêts
	Un des deux conjoints est propriétaire d'une autre habitation	Seul le conjoint propriétaire de l'habitation, qui constitue sa seule habitation en propriété, a droit à la déduction complémentaire d'intérêts
	Chacun des deux conjoints est propriétaire d'une autre habitation	Aucun des deux conjoints n'a droit à la déduction complémentaire d'intérêts

Dans l'hypothèse où les conjoints ou cohabitants légaux ont tous les deux droit à la déduction complémentaire d'intérêts pour la même habitation, ils peuvent répartir les intérêts librement. Il suffit qu'un seul des deux ait contracté l'emprunt.

En outre, les deux conjoints ou cohabitants légaux peuvent, le cas échéant, bénéficier de la déduction complémentaire pour des habitations différentes. En effet, en matière de déduction complémentaire d'intérêts, le législateur n'impose pas que la seule habitation en propriété soit l'habitation propre du contribuable.

Il est également possible qu'un seul des conjoints ou cohabitants légaux bénéficie de la déduction complémentaire d'intérêts.

En matière de répartition des intérêts complémentaires, les situations suivantes peuvent se présenter :

Qui est propriétaire de l'habitation pour laquelle l'emprunt a été contracté ?	Le contribuable a-t-il une autre habitation en propriété ?	Qui a droit à la déduction complémentaire d'intérêts ?	Les intérêts peuvent-ils être répartis librement dans les codes 1138 et/ou 2138 ?
Les deux conjoints ou cohabitants légaux sont tous les deux propriétaires d'une habitation commune.	Aucun des deux conjoints n'est propriétaire d'une autre habitation.	Chaque conjoint a droit à la déduction complémentaire d'intérêts.	Les conjoints peuvent répartir librement entre eux le montant total des intérêts, et, ce sans avoir égard au fait que l'emprunt ait été contracté par les deux conjoints ensemble, par chacun d'eux ou par l'un d'entre eux.

<table>
<tr><th>Qui est propriétaire de l'habitation pour laquelle l'emprunt a été contracté?</th><th>Le contribuable a-t-il une autre habitation en propriété?</th><th>Qui a droit à la déduction complémentaire d'intérêts?</th><th colspan="2">Les intérêts peuvent-ils être répartis librement dans les codes 1138 et/ou 2138?</th></tr>
<tr><td rowspan="2">Les deux conjoints ou cohabitants légaux sont tous les deux propriétaires d'une habitation commune.</td><td rowspan="2">Un des deux conjoints est propriétaire d'une autre habitation.</td><td rowspan="2">Seul le conjoint propriétaire de l'habitation, qui constitue sa seule habitation en propriété, a droit à la déduction complémentaire d'intérêts.</td><td>L'emprunt est contracté exclusivement par le contribuable.</td><td>Le contribuable bénéficiant de la D.C.I doit mentionner la totalité des intérêts dans son chef.</td></tr>
<tr><td>L'emprunt est contracté avec le conjoint, le cohabitant légal ou avec d'autres contribuables.</td><td>Le contribuable bénéficiant de la D.C.I doit mentionner les intérêts limités en fonction de sa part de propriété dans l'habitation (1).</td></tr>
<tr><td rowspan="2">Seul un des conjoints ou cohabitants légaux est propriétaire d'une habitation.</td><td rowspan="2">Cette habitation constitue sa seule habitation en propriété.</td><td rowspan="2">Seul le conjoint propriétaire de l'habitation (seule habitation en propriété) a droit à la déduction complémentaire d'intérêts.</td><td>L'emprunt est contracté exclusivement par le contribuable.</td><td>Le contribuable bénéficiant de la D.C.I doit mentionner la totalité des intérêts dans son chef.</td></tr>
<tr><td>L'emprunt est contracté avec le conjoint, le cohabitant légal ou avec d'autres contribuables.</td><td>Le contribuable bénéficiant de la D.C.I doit mentionner les intérêts limités en fonction de sa part de propriété dans l'habitation (1).</td></tr>
<tr><td rowspan="3">Les deux conjoints ou cohabitants légaux sont chacun séparément propriétaires d'une habitation.</td><td>Aucun des deux conjoints n'est propriétaire d'une autre habitation.</td><td>Chaque conjoint a droit à la déduction complémentaire d'intérêts.</td><td colspan="2">Chaque conjoint mentionne les intérêts de son emprunt propre qui entrent en considération pour la déduction complémentaire dans son chef (le cas échéant limités en fonction de sa part de propriété dans son habitation).
Une répartition libre des intérêts entre les deux conjoints n'est pas possible.</td></tr>
<tr><td rowspan="2">Un des deux conjoints est propriétaire d'une autre habitation.</td><td rowspan="2">Seul le propriétaire de l'habitation, qui constitue sa seule habitation en propriété, a droit à la déduction complémentaire d'intérêts.</td><td>L'emprunt est contracté exclusivement par le contribuable.</td><td>Le conjoint bénéficiant de la D.C.I doit mentionner la totalité des intérêts dans son chef.</td></tr>
<tr><td>L'emprunt est contracté avec le conjoint, le cohabitant légal ou avec d'autres contribuables.</td><td>Le conjoint bénéficiant de la D.C.I doit mentionner les intérêts limités en fonction de sa part de propriété dans l'habitation (1).</td></tr>
</table>

(1) Les intérêts sont limités en fonction de la part du contribuable dans la propriété par rapport à la part de propriété de tous les emprunteurs.

Le calcul s'effectue de la manière suivante :

$$\text{Intérêts} \times \frac{\text{Part de propriété du contribuable}}{\text{Parts de propriété de tous les emprunteurs}}$$

En ce qui concerne les codes 1141-23/2141-90 de la déclaration, les situations suivantes peuvent se présenter :

<table>
<tr><th colspan="2">Cas envisagés</th><th>Codes 1141-23/2141-90</th></tr>
<tr><td rowspan="3">Les deux conjoints ou cohabitants légaux ont droit à la déduction complémentaire d'intérêts pour une même habitation.</td><td>Les conjoints ont conclu l'emprunt ensemble.</td><td>Les deux conjoints doivent mentionner le montant total de l'emprunt.</td></tr>
<tr><td>Chaque conjoint a conclu séparément un emprunt.</td><td>Chaque conjoint doit mentionner le montant total de l'emprunt qu'il a conclu lui-même.</td></tr>
<tr><td>L'un des deux conjoints a conclu l'emprunt.</td><td>Seul le conjoint qui a contracté l'emprunt doit indiquer le montant total de l'emprunt.</td></tr>
<tr><td colspan="2">Les deux conjoints ou cohabitants légaux ont droit à la déduction complémentaire d'intérêts pour une habitation différente.</td><td>Chaque conjoint mentionne le montant total de l'emprunt (qui entre en considération pour la déduction complémentaire d'intérêts) qu'il a conclu, y compris le montant emprunté par les co-emprunteurs.</td></tr>
<tr><td colspan="2">Seul un des conjoints a droit à la déduction complémentaire d'intérêts.</td><td>Le conjoint ayant droit à la déduction complémentaire d'intérêts doit mentionner le montant total de l'emprunt qu'il a conclu lui-même, y compris le montant emprunté par les co-emprunteurs.</td></tr>
</table>

Le contribuable qui doit compléter les codes 1141-23/2141-90 doit aussi compléter les codes 1140-24/2140-91, 1142-22/2142-89, 1145-19/2145-86, 1148-16/2148-83, 1149-15/2149-82 et, le cas échéant, les codes 1144-20/2144-87 et 1145-19/2145-86.

En outre, le montant des intérêts déductibles dans le chef de chaque conjoint ou cohabitant légal est cumulé et imputé sur les revenus de chaque contribuable selon les règles proportionnelles en fonction de l'ensemble des revenus nets de chacun. Ce type de dépenses n'est pas décumulé.

4.3. Avantages liés au remboursement du capital

Articles 145/1, 145/2, 145/5 et 145/17 à 145/20 CIR (anciennes versions) et 526 CIR

1355-03/2355-70 à 1360-95/2360-65

4.3.1. *Principe*

Le contribuable qui rembourse du capital afférent à un emprunt hypothécaire contracté avant le 1er janvier 2005 en vue de construire, d'acquérir ou de transformer une habitation sise en Belgique, bénéficie d'une réduction d'impôt.

4.3.2. *L'emprunt*

Il doit s'agir d'un emprunt hypothécaire conclu auprès d'un établissement ayant son siège au sein de l'Union européenne pour une durée de minimum 10 ans.

Dans le chef des isolés, seuls entrent en considération pour la réduction d'impôt les amortissements en capital en proportion de la part de propriété du contribuable par rapport à la part de propriété de l'ensemble des emprunteurs.

Les emprunts :

- conclus entre le 1er janvier 2005 et le 31 décembre 2014 ;
- relatifs à la seule habitation ;
- tandis que :
  - pour la même habitation ;
  - il existe un emprunt hypothécaire (ou un refinancement d'un tel emprunt), qui donne droit à la déduction d'intérêts ou à la réduction d'impôt pour épargne logement

... relèvent en principe du régime qui est d'application pour les emprunts conclus avant le 1er janvier 2005.

Pour autant que toutes les conditions soient remplies, le contribuable peut éventuellement opter pour le régime de la déduction pour habitation propre et unique qui est d'application pour les emprunts conclus à partir du 1er janvier 2005 ; dans cette hypothèse, les amortissements en capital relatifs au prêt conclu avant le 1er janvier 2005 (ou au refinancement d'un tel emprunt) ne donnent droit à aucun avantage. Pour cette matière, nous renvoyons le lecteur à la page 191.

Les emprunts conclus à partir du 1er janvier 2005 en refinancement d'emprunts conclus avant le 1er janvier 2005 n'entrent jamais en considération pour la déduction pour habitation propre et unique. Pour ces emprunts, c'est toujours le régime d'avant le 1er janvier 2005 qui s'applique. Les emprunts de refinancement d'emprunts hypothécaires conclus à partir du 1er janvier 2005 entrent par contre en considération pour la déduction pour habitation propre et unique. En ce qui concerne les refinancements, nous renvoyons le lecteur à la page 188.

4.3.3. *L'affectation de l'emprunt*

A. Réduction majorée pour épargne-logement

Le contribuable qui, au moment de la conclusion de l'emprunt hypothécaire, n'est pas propriétaire d'une autre habitation que celle pour laquelle l'emprunt a été contracté, bénéfice d'une réduction d'impôt au taux marginal appelée réduction pour épargne-logement.

Pour apprécier si le contribuable est « propriétaire » d'une autre habitation que celle pour laquelle l'emprunt a été contracté, il faut uniquement prendre en considération les habitations dont il est effectivement propriétaire.

Le fait de devenir propriétaire d'une seconde habitation au cours d'une des périodes imposables postérieures à celle de la conclusion de l'emprunt ne préjudicie en rien à l'obtention de la réduction d'impôt au taux marginal.

B. Réduction épargne long terme

S'il ne s'agit pas de la seule habitation en propriété du contribuable au moment de la conclusion du contrat d'emprunt, le taux de la réduction est de 30 %.

4.3.4. *Limites de la réduction d'impôt*

A. Première limite

Pour autant que l'habitation soit, de par sa nature, destinée à l'habitation, le montant intégral des amortissements en capital entre en ligne de compte pour la réduction d'impôt et ce, même si une partie de l'habitation est affectée à des fins professionnelles.

Taux marginal

Les sommes visées ne sont prises en considération pour la réduction d'impôt au taux marginal que dans la mesure où elles concernent une première tranche d'emprunt qui est fonction de l'année de conclusion du contrat d'emprunt et du nombre d'enfants à charge du contribuable le 1er janvier de l'année qui suit celle de la conclusion du contrat d'emprunt.

Ces montants limites sont identiques à ceux de la page 177 (B. Deuxième limite, premier tableau).

Le résultat de cette première limitation est mentionné dans la déclaration.

Taux de 30 %

Lorsque l'habitation n'est pas la seule habitation en propriété, le montant des amortissements en capital ne sont pris en considération pour la réduction d'impôt que dans la mesure où ils ne concernent que la première tranche de l'emprunt. Ce montant dépend de l'année de conclusion du contrat d'emprunt.

B. Deuxième limite

Le montant des remboursements de capital donnant droit à une réduction d'impôt ne pourra excéder 15 % de la première tranche de 1.880,00 EUR du total des revenus professionnels et 6 % du surplus avec un maximum de 2.260,00 EUR diminué du montant des dépenses entrant en considération pour la déduction pour habitation propre et unique, sans tenir compte des majorations. Si le contribuable a également payé des primes d'assurance-vie (même si elles ne sont pas liées à l'emprunt hypothécaire en question), celles-ci sont cumulées avec les amortissements en capital et soumises, ensemble, aux mêmes limitations. L'administration ne demande pas que le contribuable applique cette limitation lui-même.

Pour une analyse de cette limite, nous renvoyons le lecteur à la page 563.

L'administration ne demande pas que le contribuable applique lui-même cette limite.

C. Exemple

ex *Luc, célibataire, deux enfants, nés en 2006 et 2007, a contracté en 2007 un emprunt hypothécaire de 90.000,00 EUR pour acquérir sa seule habitation en propriété. Il ne bénéficie pas de la déduction complémentaire d'intérêts étant donné qu'il ne s'agit pas d'une nouvelle habitation.*

Il verse du capital en 2016 à concurrence de 2.500,00 EUR et des intérêts à concurrence de 4.000,00 EUR.

Il n'a pas payé de prime d'assurance-vie.

Luc complète le cadre IX de sa déclaration relative à l'exercice d'imposition 2017 de la manière suivante :

Cadre IX – Intérêts et amortissements en capital d'emprunts et de dettes, primes d'assurances-vie individuelles et redevances d'emphytéose et de superficie et redevances similaires donnant droit à un avantage fiscal		
C. Dépenses qui ne concernent pas votre « habitation propre »		
3. Intérêts autres que ceux visés sub 1, qui entrent en considération pour un avantage fiscal fédéral :		
b) afférents à des dettes autres que celles visées sub a, contractées pour acquérir ou conserver des biens immobiliers qui ont produit des revenus immobiliers non exonérés :	*4.000,00 (Code 1146-18)*	*Code 2146-85*
4. Amortissements en capital d'emprunts hypothécaires contractés en vue d'acquérir, de construire ou de transformer une habitation autre que votre « habitation propre » :		
b) qui entrent en considération pour la réduction fédérale pour épargne à long terme : 1° emprunts conclus à partir de 1989 :	*1.861,11 (Code 1358-97)*	*Code 2358-67*
Le montant de la réduction d'impôt doit être limité de la manière suivante : 2.500,00 × (67.000,00/90.000,00) = 1.861,11 Ce montant est inférieur à la limite maximale de 2.260,00 EUR qui peut entrer en considération pour la réduction d'impôt.		

4.3.5. ***Incidences d'une imposition commune et du décumul***

Dans le cas d'une imposition commune, la condition relative à la seule habitation en propriété doit être examinée par conjoint ou cohabitant légal.

Pour rappel, les époux qui sont mariés sous le régime légal doivent toujours déclarer la moitié de leurs revenus immobiliers, même dans le chef de celui qui n'est pas propriétaire du bien. La déclaration de tels revenus immobiliers est sans incidence sur l'obtention de la réduction d'impôt pour épargne logement.

Les cas suivants peuvent se présenter :

Contribuables faisant l'objet d'une imposition commune		
Qui est propriétaire de l'habitation pour laquelle l'emprunt a été contracté ?	Le contribuable est-il propriétaire d'une autre habitation en propriété ?	Qui a le droit à la réduction majorée pour épargne logement ?
Les deux conjoints ou cohabitants légaux sont tous les deux propriétaires d'une habitation commune en indivision.	Aucun des deux n'est propriétaire d'une autre habitation.	Chacun a droit à la réduction majorée pour épargne-logement.
	Un des deux est propriétaire d'une autre habitation.	Seul celui qui est propriétaire de l'habitation, qui constitue sa seule habitation en propriété, a droit à la réduction majorée pour épargne-logement. L'autre a droit à la réduction pour épargne à long terme.
	Chacun des deux est propriétaire d'une autre habitation.	Aucun des deux n'a droit à la réduction majorée pour épargne-logement. Ils ont tous les deux droit à la réduction pour épargne à long terme.

Contribuables faisant l'objet d'une imposition commune		
Qui est propriétaire de l'habitation pour laquelle l'emprunt a été contracté?	**Le contribuable est-il propriétaire d'une autre habitation en propriété?**	**Qui a le droit à la réduction majorée pour épargne logement?**
Seul un des deux conjoints ou cohabitants légaux est propriétaire.	Ce contribuable n'a pas d'autre habitation en propriété.	Seul celui qui est propriétaire de l'habitation a droit à la réduction majorée pour épargne-logement. L'autre n'a pas droit à la réduction d'impôt.
	Ce contribuable a une autre habitation en propriété.	Aucun des deux n'a droit à la réduction majorée pour épargne-logement. Le propriétaire a droit à la réduction pour épargne à long terme.
Les deux conjoints ou cohabitants légaux sont chacun séparément propriétaires d'une habitation.	Aucun des deux n'est propriétaire d'une autre habitation.	Chacun a droit à la réduction majorée pour épargne-logement.
	Un des deux conjoints est propriétaire d'une autre habitation.	Seul celui qui est propriétaire de l'habitation a droit à la réduction majorée pour épargne-logement. L'autre a droit à la réduction pour épargne à long terme.
	Chacun des deux conjoints est propriétaire d'une autre habitation.	Aucun des deux n'a droit à une réduction d'impôt.

Les conjoints ou cohabitants légaux qui sont imposés en commun peuvent répartir librement les amortissements en capital à condition que:

- l'emprunt soit solidaire et indivisible;
- les contribuables bénéficient tous les deux de la même réduction d'impôt, à savoir tous les deux à la réduction pour épargne à long terme ou tous les deux à la réduction pour épargne logement.

En d'autres termes, la libre répartition des amortissements en capital n'est possible que si, au moment de la conclusion de l'emprunt hypothécaire, l'habitation pour laquelle l'emprunt a été contracté:

- soit était la seule habitation en propriété pour les deux conjoints ou cohabitants légaux;
- soit n'était pas la seule habitation en propriété pour aucun des deux conjoints ou cohabitants légaux.

Si, d'une part, un conjoint ou cohabitant légal a droit à la réduction d'impôt pour épargne à long terme et l'autre à la réduction pour épargne logement et, d'autre part, l'emprunt est solidaire et indivisible pour la même habitation, les époux ou cohabitants légaux peuvent répartir librement les amortissements en capital de l'emprunt à condition qu'ils optent tous les deux pour la réduction pour épargne à long terme.

Les cas suivants peuvent se présenter :

Contribuables faisant l'objet d'une imposition commune		
Qui est propriétaire de l'habitation pour laquelle l'emprunt a été contracté ?	Le contribuable est-il propriétaire d'une autre habitation en propriété au moment de la conclusion du contrat d'emprunt ?	Les réductions d'impôt peuvent-elles être librement réparties dans le chef de chacun des deux conjoints ou cohabitants légaux dans l'hypothèse où l'emprunt est solidaire et indivisible ?
Les deux conjoints ou cohabitants légaux sont tous les deux propriétaires d'une habitation commune en indivision.	Aucun des deux conjoints n'est propriétaire d'une autre habitation.	Oui
	Un des deux conjoints est propriétaire d'une autre habitation.	Non Sauf s'ils optent tous les deux pour la réduction pour épargne à long terme. Les amortissements en capital doivent être répartis entre les conjoints ou cohabitants légaux en fonction de leur part de propriété dans l'habitation (1).
Seul un des deux conjoints ou cohabitants légaux est propriétaire.	Cette habitation constitue sa seule habitation en propriété.	Non Seul le propriétaire de l'habitation (seule habitation en propriété) mentionne les amortissements en capital qui entrent en considération pour la réduction d'impôt épargne-logement dans son chef, le cas échéant limités en fonction de sa part de propriété dans son habitation par rapport à la part de propriété de l'ensemble des emprunteurs.
Les deux conjoints ou cohabitants légaux sont chacun séparément propriétaires d'une habitation.	Aucun des deux conjoints n'est propriétaire d'une autre habitation.	Non Chacun mentionne les amortissements en capital de son propre emprunt qui entrent en considération pour la réduction d'impôt épargne-logement dans son chef, le cas échéant limités en fonction de sa part de propriété (1).
	Un des deux conjoints est propriétaire d'une autre habitation.	Non Chacun mentionne les amortissements en capital de son propre emprunt qui entre en considération pour la réduction d'impôt, le cas échéant limité en fonction de leur part de propriété (1). Celui qui n'est pas propriétaire d'une autre habitation mentionne les amortissements en capital de son emprunt propre qui entrent en considération pour la réduction d'impôt épargne-logement dans son chef. L'autre mentionne les amortissements en capital en de son emprunt qui entrent en considération pour la réduction d'impôt pour épargne à long terme.

(1) Ce montant est déterminé de la manière suivante :

$$\text{Amortissements en capital} \times \frac{\text{Part de propriété du contribuable}}{\text{Parts de propriété de tous les emprunteurs}}$$

4.4. Les assurances solde restant dû

Ce sujet est examiné dans le chapitre relatif à l'assurance-vie (voir page 560).

5. Plusieurs emprunts pour le même bien immobilier

Pour déterminer à quels avantages fiscaux donnent droit le paiement d'intérêts et d'amortissements en capital de plusieurs emprunts conclus pour l'acquisition, la construction ou la rénovation d'un bien immobilier, il convient en principe de se référer à la législation en vigueur à la date à laquelle les emprunts ont été conclus. Sauf en ce qui concerne la déduction complémentaire des intérêts (la condition relative à la seule habitation en propriété est à examiner chaque année), le régime fiscal applicable pour l'année de la conclusion du contrat d'emprunt reste le même pour toute la durée du prêt.

Nous analysons à ce stade les régimes fiscaux qui s'appliquent lorsque le contribuable a conclu:

- un emprunt de refinancement d'un emprunt initial;
- un emprunt complémentaire pour le même bien.

Les emprunts qui sont conclus pour une même habitation, mais postérieurement à l'emprunt initial sont soumis à la règle générale: le régime en vigueur lors de la conclusion du premier contrat s'applique.

5.1. Emprunts de refinancement

Pour bénéficier de la diminution des taux d'intérêts, le contribuable peut éventuellement conclure un emprunt de refinancement. Si l'emprunt de refinancement remplit les conditions légales prévues en la matière pour la déduction ordinaire des intérêts, la déduction complémentaire des intérêts, la réduction d'impôt pour les amortissements en capital ou encore pour la déduction pour habitation propre et unique, alors l'emprunt de refinancement donne droit aux mêmes avantages que l'emprunt initial. Les emprunts de refinancement donnent par exemple droit à la déduction complémentaire des intérêts pour autant que l'emprunt initial remplisse toutes les conditions légales.

Si le montant du nouvel emprunt est égal au solde restant dû de l'emprunt initial, le contribuable peut bénéficier de la déduction ordinaire et/ou de la déduction complémentaire des intérêts ainsi que des réductions d'impôt relatives aux amortissements en capital dans les mêmes limites que l'emprunt initial.

Si le montant du nouvel emprunt est supérieur au solde restant dû de l'ancien emprunt, les intérêts et les amortissements en capital relatifs à ce montant supplémentaire donnent droit à un avantage fiscal dans la mesure où l'emprunt complémentaire remplit toutes les conditions prévues en la matière pour la déduction ordinaire ou complémentaire des intérêts ainsi que pour les réductions d'impôt.

Le montant des amortissements en capital et des intérêts doit être multiplié par une fraction dont:

- le numérateur est égal au solde restant dû du capital du premier emprunt augmenté de la partie du montant du nouvel emprunt destiné à la transformation ou à la rénovation l'immeuble en question;
- le dénominateur est égal au montant total du nouvel emprunt.

Les formules à appliquer pour les amortissements en capital et pour les intérêts sont les suivantes:

$$\text{Amortissements en capital} \times \frac{\text{Solde restant dû ancien emprunt + partie du nouvel emprunt qui satisfait aux conditions}}{\text{Montant total du nouvel emprunt}}$$

$$\text{Intérêts} \times \frac{\text{Solde de l'ancien emprunt + partie du nouvel emprunt qui satisfait aux conditions}}{\text{Montant total du nouvel emprunt}}$$

5.2. Emprunt complémentaire ou nouvel emprunt

Circulaire n° Ci.RH.26/581.538 (AFER 20/2008) du 17 juillet 2008

Pour rénover ou achever un bien immobilier, il arrive que les contribuables concluent un nouvel emprunt ou un emprunt complémentaire. Dans cette hypothèse, deux emprunts hypothécaires coexistent parfois pour le même bien immobilier :

- un premier emprunt pour l'acquisition ou la construction du bien immobilier ;
- un second emprunt, complémentaire, conclu pour l'achèvement ou la rénovation du bien immobilier.

La question se pose à ce stade de savoir à quels avantages fiscaux donne droit le second emprunt hypothécaire.

Il convient de faire la distinction entre :

- les cas où les deux emprunts ont été conclus avant le 1er janvier 2005 ;
- les cas où le premier emprunt a été conclu avant le 1er janvier 2005 et le deuxième emprunt a été conclu entre le 1er janvier 2005 et le 31 décembre 2014.

5.2.1. *Deux emprunts conclus avant le 1er janvier 2005*

A. Intérêts

Lorsque les deux emprunts entrent en considération pour la déduction ordinaire des intérêts, le contribuable peut mentionner la totalité des intérêts payés pour les deux emprunts en regard des codes 1146-18/2146-85 de sa déclaration.

Si un des deux emprunts entre en considération pour la déduction complémentaire des intérêts, le contribuable a droit à la déduction complémentaire des intérêts (codes 1138-26/2138-93 ou 1139-25/2139-92) avec application des montants limites qui étaient en vigueur pour l'année de la conclusion du contrat d'emprunt. Les intérêts de l'autre emprunt doivent être mentionnés en regard des codes 1146-18/2146-85 de la déclaration.

Si les deux emprunts satisfont en même temps aux conditions prévues pour la déduction complémentaire, les règles suivantes sont d'application :

- Les montants empruntés sont cumulés aux codes 1141-23/2141-90 ;
- Le total des intérêts des deux emprunts est mentionné en regard des codes 1138-26/2138-93 ou 1139-25/2139-92 (ComIR 104 – 231) ;
- Le montant limite à prendre en considération est celui qui a été pris en compte pour l'emprunt initial ; cela signifie :
  - qu'il convient de déclarer en regard des codes 1142-22/2142-89 le nombre d'enfants que le contribuable avait à charge le premier janvier de l'année qui suit celle au cours de laquelle l'emprunt initial a été contracté ;
  - qu'il convient d'indiquer la date du premier emprunt en regard du code 1140-24/2140-91 ;
  - qu'il convient toujours d'indiquer en regard du code 1144-20/2144-87 la date de mise en service ou d'achèvement des travaux effectués grâce au premier emprunt.

B. Capital

En principe, la règle générale s'applique : le deuxième emprunt donne droit aux avantages fiscaux qui sont accordés conformément à la législation en vigueur au moment où cet emprunt a été conclu.

En ce qui concerne les amortissements en capital, la question se pose de savoir comment le contribuable doit les limiter, si les deux emprunts sont relatifs au même bien immobilier et remplissent tous les deux les conditions pour bénéficier de la réduction d'impôt.

D'après l'administration, il convient de faire la distinction entre (circulaire n° Ci.RH.331/542.158 du 4 janvier 2002) :

- le montant du premier emprunt atteint ou dépasse le montant maximum fixé.
  Les amortissements en capital du premier emprunt sont pris en considération pour la réduction d'impôt dans la mesure où ils se rapportent au montant maximum fixé ; le deuxième emprunt n'entre pas en considération ;
- le montant du premier emprunt n'atteint pas le montant maximum fixé.
  Dans ce cas, les amortissements en capital du premier emprunt sont intégralement pris en considération pour la réduction d'impôt.

Les amortissements en capital du ou des emprunts suivants sont également pris en considération pour la réduction d'impôt, mais seulement dans la mesure où ils se rapportent à la différence entre le montant limite d'application pour le premier emprunt et le montant du premier emprunt.

5.2.2. *Un emprunt a été conclu avant le 1er janvier 2005 et un emprunt a été conclu entre le 1er janvier 2005 et le 31 décembre 2014*

Il s'agit ici du cas où un emprunt a été contracté pour un bien immobilier entre le 1er janvier 2005 et le 31 décembre 2014 tandis que, pour le même bien immobilier (pas obligatoirement une habitation), un emprunt contracté avant le 1er janvier 2005 coexiste.

A. Règle de base

Si un emprunt conclu entre le 1er janvier 2005 et le 31 décembre 2014 est relatif à l'habitation propre et unique et qu'il existe pour la même habitation un autre emprunt conclu avant le 1er janvier 2005 (ou le refinancement d'un tel emprunt), les deux emprunts relèvent en principe de l'ancien régime, c'est-à-dire :

- en ce qui concerne les intérêts : la déduction ordinaire ou complémentaire ;
- en ce qui concerne le capital : la réduction majorée pour épargne logement (l'application de la réduction pour épargne à long terme est également possible. Comme ce régime a été analysé précédemment, nous ne l'envisageons pas à ce stade)

Si l'emprunt contracté entre le 1er janvier 2005 et le 31 décembre 2014 (qui n'est pas un emprunt de refinancement d'un emprunt contracté avant le 1er janvier 2005) entre en considération pour la déduction pour habitation propre et unique (le nouveau régime), le contribuable a le **choix entre l'ancien régime et le second régime**. Il s'agit d'un régime d'option.

Lorsque, pendant la même période imposable, coexistent ou plusieurs emprunts hypothécaires, les uns conclus avant et les autres contractés entre le 1er janvier 2005 et le 31 décembre 2014, qui :

- soit ne courent pas en même temps (c'est le cas lorsque le deuxième emprunt est contracté alors que le premier a pris fin) ;

- soit ne sont pas relatifs à la même habitation (qui peut être considérée comme l'habitation unique);
- soit ne concernent pas des habitations.

Alors **l'ancien et le second** régime s'appliquent simultanément.

B. Régime d'option

Il s'agit des cas où un emprunt a été conclu entre le 1er janvier 2005 et le 31 décembre 2014 (qui n'est pas un emprunt de refinancement d'un emprunt antérieur au 1er janvier 2005) alors qu'au même moment, un emprunt conclu avant le 1er janvier 2005 court pour la même habitation (ou un refinancement d'un tel emprunt), ce dernier emprunt donnant droit:

- Soit à la déduction ordinaire des intérêts;
- Soit à la déduction complémentaire des intérêts et/ou à une réduction d'impôt pour épargne logement..

Si le deuxième emprunt a été conclu entre le 1er janvier 2005 et le 31 décembre 2014 pour l'habitation propre et unique, alors qu'il existe pour la même habitation un emprunt conclu avant le 1er janvier 2005 qui donne droit à la déduction ordinaire des intérêts, à la déduction complémentaire des intérêts ou à la réduction majorée pour épargne logement, le contribuable a le choix:

- Soit il revendique pour les deux emprunts la législation applicable pour les emprunts conclus avant le 1er janvier 2005:
  - S'il s'agit de sa seule habitation, le contribuable applique la déduction complémentaire d'intérêts et la réduction majorée pour épargne logement;
  - S'il s'agit de son habitation propre mais qui n'est pas sa seule habitation, le contribuable bénéficie de la déduction ordinaire des intérêts.

  Dans ces hypothèses, le contribuable doit déclarer le RC de son habitation propre et bénéficie de l'imputation partielle du précompte immobilier.
- Soit il revendique la déduction pour habitation propre et unique si toutes les conditions sont remplies. Ce régime ne vaut que pour le deuxième emprunt. Le premier emprunt ne donne droit à aucun avantage fiscal.
  Dans ce cas, le contribuable ne doit pas déclarer le RC de son habitation propre et ne bénéficie pas de l'imputation partielle du précompte immobilier.

Remarque importante: le contribuable qui a emprunté avec un ou plusieurs autres contribuables avant le 1er janvier 2005 pour acquérir son habitation en indivision, qui contracte un nouvel emprunt entre le 1er janvier 2005 et le 31 décembre 2014 dans le but, d'une part, de refinancer sa part dans le prêt initial et, d'autre part, d'acquérir la part du (ou des autres) contribuable(s) peut également opter entre l'ancienne et la nouvelle législation. Si toutes les conditions légales sont remplies, l'option est possible. En effet, dans son chef, l'acquisition de la part (ou des parts) de l' (des) autre(s) contribuables correspond bien à l'acquisition de son habitation propre et unique.

C. Cumul de l'ancien et du second régime

Circulaire n° Ci.RH.26/581.538 (AFER 20/2007) du 17 juillet 2007

Si le deuxième emprunt contracté entre le 1er janvier 2005 et le 31 décembre 2014 a été conclu à un moment où le premier emprunt conclu avant le 1er janvier 2005 a pris fin dans le courant de la période imposable, l'ancien régime s'applique pour le premier emprunt (pour autant qu'il coure encore pendant la période imposable) et le nouveau régime s'applique pour le deuxième emprunt.

La même règle s'applique *mutatis mutandis*:

- si les emprunts sont relatifs à des biens immobiliers qui ne sont pas des immeubles d'habitation;
- si les deux emprunts ne sont pas relatifs au même immeuble.

On peut déduire de ce qui précède que, si toutes les conditions sont remplies en la matière, un contribuable a droit en même temps à:

- la réduction d'impôt pour épargne à long terme, éventuellement cumulée avec la déduction complémentaire des intérêts en ce qui concerne l'emprunt contracté avant le 1er janvier 2005;
- la déduction pour habitation propre et unique en ce qui concerne l'emprunt contracté entre le 1er janvier 2005 et le 31 décembre 2014.

Les deux régimes s'appliquent cumulativement dans les cas suivants:

	Le premier emprunt date d'avant le 1/1/2005 ou est un refinancement d'un emprunt d'avant le 1/1/2005	**Le deuxième emprunt est conclu pendant la période imposable, entre le 1/1/2005 et le 31/12/2014 et n'est pas un refinancement d'un emprunt antérieur au 1/1/2005**
Situation 1	L'habitation pour laquelle l'emprunt a été conclu a été aliénée au cours de la période imposable (1) (2)	Cet emprunt concerne une autre habitation
Situation 2	L'habitation pour laquelle cet emprunt a été conclu a été mise en vente le 31 décembre de la période imposable au cours de laquelle le deuxième emprunt a été conclu (1) (2)	Cet emprunt concerne une autre habitation
Situation 3	Cet emprunt a été soldé ou a été remboursé anticipativement (3)	Cet emprunt concerne la même habitation mais a été conclu après le remboursement ou le remboursement anticipé du premier emprunt
Situation 4	L'habitation pour laquelle cet emprunt a été conclu a déjà été aliénée au cours d'une période imposable antérieure tandis que l'emprunt n'a pas été soldé ou remboursé anticipativement (4)	Cet emprunt concerne une autre habitation
Situation 5	Cet emprunt concerne une habitation acquise par héritage	Cet emprunt concerne une autre habitation

(1) Le fait que l'emprunt ait été remboursé anticipativement n'est pas un obstacle.

(2) En principe le contribuable n'a pas droit à la déduction complémentaire des intérêts puisqu'il est propriétaire d'une seconde habitation à la date du 31 décembre de la période imposable.

(3) Les amortissements en capital continuent à donner droit à un avantage fiscal lorsque l'inscription hypothécaire est transférée à un autre bien immobilier et que l'emprunt a une durée d'au moins 10 ans; les intérêts n'entrent pas en ligne de compte pour la déduction complémentaire des intérêts étant donné que le revenu immobilier du bien en question n'est pas compris dans la base imposable.

(4) Arrêt de Jaegher (Com. IR 92, n° 145⁵/22).

D. Synthèse

<table>
<tr><td colspan="4">Il y a un emprunt conclu avant le 1er janvier 2005 qui donne droit à :
– la déduction ordinaire des intérêts ou
– la déduction complémentaire des intérêts ou
– la réduction d'impôt pour épargne logement</td></tr>
<tr><td colspan="3">Il y a un emprunt conclu entre le 1er janvier 2005 et le 31 décembre 2014 :
– relatif à la même habitation
– et qui court en même temps que l'emprunt contracté avant le 1er janvier 2005</td><td rowspan="2">Il y a un emprunt contracté entre le 1er janvier 2005 et le 31 décembre 2014 :
– pour un bien immobilier qui n'est pas une habitation ou
– pour une autre habitation ou
– qui ne court pas en même temps que l'emprunt d'avant le 1er janvier 2005</td></tr>
<tr><td>Il s'agit de l'habitation propre et unique</td><td>Il s'agit de l'habitation propre</td><td>Il s'agit de l'habitation unique</td></tr>
<tr><td>Choix entre l'ancien et le nouveau régime</td><td>Ancien régime pour les deux emprunts (épargne long terme)
Déduction ordinaire des intérêts</td><td>Ancien régime pour les deux emprunts
Epargne logement
Déduction complémentaire des intérêts</td><td>L'ancien et le nouveau régime peuvent s'appliquer en même temps</td></tr>
</table>

E. Le moment et les conséquences du choix

Le contribuable devra choisir au moment de la rentrée de la déclaration à l'IPP de l'année des revenus au cours de laquelle il a contracté un emprunt dont les dépenses entrent en ligne de compte pour la déduction pour habitation propre et unique.

Ce choix est définitif, irrévocable et contraignant.

S'il opte pour la déduction pour habitation propre et unique, le contribuable ne peut mentionner dans sa déclaration à l'IPP que les intérêts et amortissements en capital de l'emprunt contracté entre le 1er janvier 2005 et le 31 décembre 2014 et/ou de la prime de l'assurance-vie individuelle contractée à partir du 1er janvier 2005 entrant en ligne de compte pour la déduction pour habitation propre et unique.

À partir de cette période imposable, il ne peut plus mentionner les intérêts et les amortissements en capital de l'ancien emprunt. De même, la prime d'assurance-vie servant exclusivement à la reconstitution ou à la garantie de l'ancien emprunt ne donne plus droit à aucun avantage fiscal et ne doit plus être indiquée dans la déclaration fiscale.

Si le contribuable opte pour l'ancienne législation, les intérêts de l'ancien et du nouvel emprunt entrent en ligne de compte pour la déduction (ordinaire ou complémentaire) d'intérêts. Les amortissements en capital de l'ancien et du nouvel emprunt entrent en ligne de compte pour la réduction au taux moyen amélioré (épargne à long terme) ou pour la réduction au taux marginal (épargne-logement).

En fonction du choix du contribuable, les dépenses suivantes donnent droit à des avantages fiscaux :

Le contribuable opte pour la déduction pour habitation propre et unique	Le contribuable opte pour l'ancien régime
Uniquement les intérêts, le capital et les assurances relatifs au nouvel emprunt	Intérêts, capital et assurances relatifs aux deux emprunts

F. Incidences de l'imposition commune et du décumul

Les personnes mariées ou les cohabitants légaux pour lesquels une déclaration commune est établie, sont tenus de faire le même choix.

G. Exemple

Luc est célibataire sans enfant à charge. Il a contracté en 2000 un emprunt hypothécaire d'un montant de 100.000,00 EUR pour l'acquisition de son habitation unique (avec application de droits d'enregistrement). Pour cet emprunt, il bénéficie en 2012 de la déduction ordinaire des intérêts et de la réduction majorée pour épargne logement.

En date du 15 mai 2016, il contracte un emprunt complémentaire de 35.000,00 EUR pour la rénovation de son habitation. Les travaux sont achevés en date du 15 novembre 2016 et l'emprunt satisfait pour l'exercice d'imposition 2017 à toutes les conditions prévues pour la déduction complémentaire des intérêts. L'emprunt remplit également toutes les conditions pour obtenir la déduction pour habitation propre et unique.

Luc a payé les montants suivants en 2016 :

	Intérêts	Capital
Premier emprunt	3.000,00	4.500,00
Deuxième emprunt	1.500,00	600,00

Étant donné que l'emprunt complémentaire est relatif à l'habitation propre et unique et que, pour la même habitation, un emprunt contracté avant le 1er janvier 2005 donne droit à la déduction ordinaire des intérêts, Luc a le choix suivant :

- Soit il choisit de bénéficier des dispositions de l'ancien régime pour les deux emprunts. Dans cette hypothèse :
  - en ce qui concerne le premier emprunt, il bénéficie de la déduction ordinaire des intérêts et réduction d'impôt pour épargne logement ;
  - en ce qui concerne le deuxième emprunt : déduction complémentaire des intérêts et réduction d'impôt pour épargne logement ;
  - il doit déclarer le RC et bénéficie de l'imputation partielle du précompte immobilier.

<table>
<tr><th></th><th>Calcul</th><th colspan="2">À déclarer</th></tr>
<tr><td>Déduction ordinaire des intérêts</td><td>3.000,00</td><td colspan="2">3.000,00 (Code 1146-18)</td></tr>
<tr><td>Déduction ordinaire des intérêts</td><td>1.500,00</td><td>Code 1139-25 :
Code 1140-24 :
Code 1141-23 :
Code 1142-22 :
Code 1144-20 :
Code 1145-19 :
Code 1148-16 :</td><td>1.500,00
15/5/2013
35.000,00
0,00
15/11/2013
35.000,00
100,00</td></tr>
<tr><td rowspan="2">Réduction d'impôt
Amortissements en capital</td><td>4.500,00 × (55.652,10/100.000,00) = 2.504,34</td><td colspan="2" rowspan="2">2.504,34 (Code 1355-03)</td></tr>
<tr><td>Deuxième emprunt : 0,00 (le montant limite est déjà atteint avec le premier emprunt)</td></tr>
</table>

- Soit il opte pour la déduction pour habitation propre et unique. dans cette hypothèse, le deuxième emprunt ne donne droit à aucun avantage. Le RC ne doit pas être déclaré.

Luc peut bénéficier des avantages suivants :

	Calcul	A déclarer
Déduction pour habitation propre et unique	1.500,00 + 600,00	2.100,00

5.2.3. *Deux emprunts ont été conclus entre le 1er janvier 2005 et le 31 décembre 2014*

Dans cette hypothèse, les intérêts et le capital des deux emprunts peuvent être cumulés, dans la mesure du montant maximum légal.

2014	38.060,00	39.960,00	41.860,00	45.670,00	49.470,00
2015 – Région flamande	38.060,00	39.960,00	41.860,00	45.670,00	49.470,00
2015 – Régions wallonne et bruxelloise	38.180,00	40.090,00	42.000,00	45.810,00	49.630,00
2016 – Région flamande	38.060,00	39.960,00	41.860,00	45.670,00	49.470,00
2016 – Région wallonne	38.180,00	40.090,00	42.000,00	45.810,00	49.630,00
2016 – Région bruxelloise	38.390,00	40.310,00	42.230,00	46.070,00	49.910,00

6. Les redevances relatives à l'acquisition d'un droit d'emphytéose, de superficie ou de droits immobiliers similaires

Article 14, 2° CIR

1147-17/2147-84

Sont déductibles des revenus immobiliers les redevances et la valeur des charges y assimilées afférentes à l'acquisition d'un droit d'emphytéose, de superficie ou de droits immobiliers similaires.

7. Les autres avantages fiscaux liés à l'immobilier

Nous analysons dans ce chapitre les autres avantages fiscaux liés à l'immobilier, à savoir :
- les investissements économiseurs d'énergie ;
- les dépenses pour maisons passives, basse énergie ou zéro énergie ;
- la rénovation des habitations situées dans des zones d'action positive ;
- les dépenses de rénovation d'habitations données en location à un loyer modéré ;
- les dépenses de sécurisation des habitations contre le vol et l'incendie ;
- la souscription d'obligations émises par le Fonds du coût global de l'énergie ;
- la restauration des immeubles classés.

Ces avantages varient d'une région à l'autre.

7.1. Les investissements économiseurs d'énergie

Articles 145/24 CIR et 63[11] AR/CIR

Circulaire n° 331/605.768 (AFER 49/2010) du 2 juillet 2010
Circulaire n° AAF/2008-0448-1 (AAF 12/2008) du 12 juillet 2008
Circulaire n° Ci.RH.331/569.666 (AFER 16/2005) du 14 avril 2005
Circulaire n° Ci.RH.331/554.678 (AFER 2/2003) du 19 mai 2004

1314-44 à 1316-42

Les dépenses effectuées en 2016 pour l'isolation du toit donnent droit à une réduction d'impôt.

Cette réduction d'impôt a été supprimée à partir de l'exercice d'imposition 2012 pour la Région de Bruxelles-Capitale.

La réduction d'impôt pour des investissements énergie autres que des dépenses pour l'isolation du toit est abrogée à partir de l'exercice d'imposition 2016.

Ceci signifie que les dépenses payées en 2016 pour des travaux en vue d'économiser de l'énergie autres que l'isolation du toit, ne donnent plus droit à une réduction ou à un crédit d'impôt. Toutefois, les contribuables qui ont effectué antérieurement des investissements économiseurs d'énergie peuvent, le cas échéant, encore bénéficier du report d'avantages fiscaux.

7.1.1. *Principe*

Les propriétaires ou locataires d'habitations bénéficient d'une réduction d'impôt pour dépenses effectuées à concurrence de 30 % des dépenses engagées pour l'isolation du toit.

7.1.2. *Bénéficiaires de la mesure*

Ces réductions d'impôt s'adressent tant aux propriétaires, possesseurs usufruitiers, emphytéotes, superficiaires qu'aux locataires d'immeubles d'habitation, situés en Belgique, qui paient effectivement les dépenses.

Ainsi le propriétaire et le locataire qui effectuent des dépenses dans la même habitation peuvent bénéficier de la réduction à concurrence des dépenses effectivement supportées.

En cas de scission d'une propriété en usufruit et nue-propriété, le montant de la réduction d'impôt se calcule de manière indépendante pour le nu-propriétaire et l'usufruitier. Dans cette hypothèse, tant l'usufruitier que le nu-propriétaire ont droit au montant maximum de la réduction (voir *infra*). La réduction maximale peut être accordée deux fois si aussi bien le nu-propriétaire que le plein-propriétaire réalisent des dépenses pour l'isolation du toit ou des investissements économiseurs d'énergie effectués dans le cadre de la mesure transitoire.

Dans le cas où plusieurs contribuables sont plein-propriétaires, nu-propriétaires ou usufruitiers d'une même habitation, chaque contribuable verra sa réduction réduite à la limite multipliée par sa quote-part cumulée dans la pleine propriété, la nue-propriété ou l'usufruit de l'habitation (circulaire n° Ci.RH. 331/601.038 (AFER 1/2010) du 6 janvier 2010).

Dans l'hypothèse où le contribuable est propriétaire de plusieurs immeubles d'habitation et qu'il effectue des dépenses pour l'isolation du toit dans plusieurs d'entre elles, il peut bénéficier des réductions pour chacune de celles-ci.

Lorsqu'il s'agit d'un immeuble en location, il importe peu que le locataire ne loue le bien que durant une partie de la période imposable ou encore qu'il ne loue plus l'habitation au moment du paiement effectif des dépenses. La réduction lui est accordée pour autant que la facture soit libellée à son nom et dans la mesure où il supporte les dépenses.

En outre, les dépenses effectuées dans des immeubles affectés à la location de chambres d'étudiants entrent en ligne de compte pour autant que l'immeuble reste par nature une habitation.

7.1.3. *Quelles dépenses ?*

Entrent en considération les dépenses effectuées pour l'isolation du toit.

Ces dépenses donnent droit à la réduction d'impôt légalement prévue pour autant qu'elles soient effectivement payées pendant la période imposable, et ce indépendamment de la date de réalisation des travaux.

Le fait d'avoir bénéficié de primes ou subsides pour effectuer ces travaux est également sans importance pour bénéficier de la réduction d'impôt.

Les dépenses effectuées pour l'isolation du toit qui se rapportent à la partie utilisée par le contribuable pour l'exercice de son activité professionnelle sont exclues dans la mesure où elles sont prises en considération à titre de frais professionnels ou pour la déduction pour investissement.

Lorsque les travaux sont réalisés dans un immeuble à appartements à l'intervention d'une gérance d'immeuble, les paiements à prendre en considération sont ceux qui sont effectués par la gérance, même si ceux-ci sont faits au moyen d'un fonds commun alimenté par les provisions des propriétaires.

7.1.4. *Les travaux*

Les dépenses donnent droit à l'avantage fiscal pour autant que les travaux soient effectués dans une habitation dont la première occupation précède d'au moins cinq ans au 31 décembre de l'année du début des travaux.

Les conditions pratiques auxquelles doivent répondre ces dépenses sont reprises à l'article 63^{11} de l'arrêté royal d'exécution du Code des impôts sur les revenus.

Les conditions techniques à respecter pour ces dépenses sont également reprises de manière détaillée sur le site portail du SPF Finances (Dépliant réduction d'impôt pour isolation du toit – avantage fiscal).

Pour bénéficier de la réduction d'impôt, les travaux doivent être réalisés par un entrepreneur. Le contribuable qui achète du matériel pour effectuer les travaux lui-même ne peut revendiquer la réduction d'impôt.

7.1.5. *Conditions de forme*

La facture établie par l'entrepreneur doit :

- préciser l'habitation où s'effectuent les travaux ;
- établir le cas échéant une ventilation du coût des travaux en fonction de leur nature ;
- attester que, selon les informations fournies par le contribuable, l'habitation est occupée depuis au moins cinq ans à la date de début des travaux
- contenir la formule :

  « Attestation en application de l'article 63^{11} AR/CIR concernant les travaux exécutés visés à l'article 145^{24} CIR.

  Je soussigné .... atteste que :

  (reprendre le texte énoncé dans les conditions techniques)

  Date Nom Signature »

7.1.6. *Le montant de la réduction*

Le montant de la réduction pour les dépenses effectuées pour l'isolation du toit s'élève à 30 % des dépenses effectivement payées pendant la période imposable.

Le montant maximum de la réduction d'impôt ne peut toutefois excéder, par habitation, 3.010,00 EUR pour l'exercice d'imposition 2017.

Lorsque le montant total de la réduction d'impôt pour dépenses effectuées pour l'isolation du toit excède la limite de 3.010,00 EUR, l'excédent NE PEUT PAS être reporté sur les trois périodes imposables suivant celle durant laquelle les dépenses ont été réellement faites.

Pour toutes ces dépenses, si l'habitation dans laquelle les travaux sont effectués est donnée en location à des contribuables qui sont imposés isolément, chaque colocataire a uniquement droit à un montant maximum de réduction d'impôt de 3.010,00 EUR (ou de 3.910,00 EUR) par habitation, réparti entre tous les colocataires.

Remarque

S'agissant d'une réduction d'impôt, celle-ci n'est pas remboursable s'il n'y a pas d'impôt dû.

7.1.7. *Crédit d'impôt*

Les dépenses effectuées en 2016 pour l'isolation du toit ne donnent pas droit à un crédit d'impôt.

7.1.8. *Incidences de l'imposition commune et du décumul*

Chaque conjoint ou cohabitant légal propriétaire ou locataire peut bénéficier de la réduction d'impôt à concurrence des dépenses qui concernent l'habitation dont il est propriétaire ou locataire, et ce peu importe que la facture soit ou ne soit pas libellée aux deux noms. Le fait que le paiement soit effectué par l'un ou l'autre des conjoints ou cohabitants légaux est également sans importance.

A. **Conjoint propriétaire**

Lorsqu'une imposition commune est établie, la réduction d'impôt pour les dépenses relatives à l'habitation visée à l'alinéa 1er est répartie proportionnellement en fonction du revenu imposable de chaque conjoint dans l'ensemble des revenus imposables des deux conjoints.

Donc,

	Séparation – cohabitants légaux	**Communauté**
Réduction d'impôt possible?	Oui, si propriétaire	
Mode de répartition	En fonction des revenus imposables de chacun des deux contribuables	

ex *Luc et Marguerite, mariés depuis 2006, sont propriétaires d'un immeuble A à concurrence de 60% (30% Luc, 30% Marguerite), dans lequel ils effectuent en 2016 des investissements pour l'isolation du toit à concurrence de 10.000,00 EUR. Ces investissements sont couverts par un subside de la région de 4.500,00 EUR. Marguerite est également propriétaire à 100% d'un immeuble B, immeuble dans lequel elle effectue des investissements pour l'isolation du toit à concurrence de 2.000,00 EUR.*

Ces deux immeubles sont occupés depuis plus de cinq ans au 31 décembre 2016.

Luc et Marguerite ont des revenus imposables de respectivement 25.000,00 EUR et 40.000,00 EUR.

Luc et Marguerite bénéficient des réductions d'impôt suivantes:

	Montant de la réduction	***Réduction chez Luc***	***Réduction chez Marguerite***
Immeuble A	*10.000 × 30% = 3.000,00 non limités car inférieurs à la limite de 3.010,00 EUR*	*3.000,00 × 60% × (25.000,00/65.000,00) = 692,31*	*3.000,00 × 60% × (40.000,00/65.000,00) = 1.107,69*
Immeuble B	*2.000,00 × 30% = 600,00*	*600,00 × (25.000,00/65.000,00) = 230,77*	*600,00 × (40.000,00/65.000,00) = 369,23*

B. **Conjoint locataire**

Dans le cadre de l'imposition commune, la réduction d'impôt est répartie proportionnellement en fonction du revenu imposable de chaque conjoint dans l'ensemble des revenus imposables des deux conjoints.

7.1.9. *Investissements professionnels*

La réduction de l'impôt n'est pas applicable sur les dépenses, à concurrence de leur quotité professionnelle, qui :

- sont prises en considération à titre de frais professionnels réels ;
- donnent droit à la déduction pour investissement.

7.2. La réduction d'impôt pour maisons passives, maisons basse énergie et maisons zéro énergie

Article 145/24, § 2 du CIR

Circulaire n° AAF/2010-0163-1 (AAF 9/2010) du 10 juin 2010 et n° AAF/2008-0448-1 (AAF 12/2008) du 12 juillet 2008

1347-11, 1367-88, 1348-10

La réduction d'impôt pour des habitations basse énergie, passives et zéro énergie est abrogée à partir de l'exercice d'imposition 2013.

La réduction d'impôt est toujours accordée pour les habitations certifiées en 2011 ou antérieurement pour autant que les contribuables se soient contractuellement engagés avant le 1er janvier 2012 :

- à acquérir à l'état neuf ;
- ou à exécuter ou à rénover totalement ou partiellement un bien immobilier en vue de le transformer en :
  - maison basse énergie ;
  - ou maison passive ;
  - ou maison zéro énergie (art. 13 de la loi du 21 décembre 2013 portant des dispositions fiscales et financières diverses, *M.B.*, 31 décembre 2013, 2e édition).

En ce qui concerne l'acquisition à l'état neuf des habitations concernées, est admissible un acte authentique ou un compromis de vente daté et signé par toutes les parties.

En ce qui concerne les rénovations, sont en principe admissibles :

- les conventions d'entreprise générales, datées et signées, conclues entre le maître d'ouvrage et l'entrepreneur ;
- les conventions, datées et signées conclues entre l'architecte et le maître d'ouvrage (voir site du SPF Finances, Actualités, 25 mars 2014).

La réduction d'impôt de respectivement 450,00 EUR, 900,00 EUR et 1.810,00 EUR est dorénavant accordée pendant une période de dix ans qui prend cours à partir de l'année de délivrance du certificat.

Ainsi, si un contribuable s'est contractuellement engagé à effectuer des travaux en 2011 et que son certificat lui est délivré en 2014, la période de 10 ans débute en 2014.

7.3. Réduction du coût global de dépenses de rénovation d'habitations données en location à un loyer modéré

Articles 145/30 CIR et 63[14] AR/CIR

3395-97

7.3.1. *Principe*

Une réduction d'impôt est accordée au propriétaire d'une habitation qui effectue pour les dépenses qui sont effectivement payées pendant la période imposable en vue de la rénovation d'une habitation située en Belgique qu'il donne en location via une agence immobilière sociale.
Cette réduction a été supprimée par la Région de Bruxelles-Capitale à partir de l'exercice d'imposition 2017.

7.3.2. *Bénéficiaires de la mesure*

Tant le propriétaire, le possesseur, l'emphytéote, le superficiaire que l'usufruitier d'une habitation située en Belgique qui effectuent réellement des dépenses bénéficient de la mesure.

La loi n'exige pas que l'habitation soit située en Belgique (mais bien l'administration).

7.3.3. *L'habitation*

L'habitation, dont la prise d'occupation au moment du début des travaux, remonte à au moins 15 ans.

7.3.4. *Exclusions*

La réduction d'impôt n'est pas applicable aux dépenses qui :

- sont prises en considération à titre de frais professionnels réels ;
- donnent droit à la déduction pour investissement ;
- donnent droit à :
  - la déduction pour la restauration d'immeubles classés ;
  - la réduction d'impôt pour investissements économiseurs d'énergie ;
  - la réduction d'impôt pour la rénovation d'habitations situées dans une zone d'action positive ;
  - la réduction d'impôt pour maisons passives.

7.3.5. *Les travaux*

Les travaux qui entrent en considération sont ceux qui sont mentionnés à la rubrique XXXI du tableau A de l'Annexe de l'AR 20 relatif à la TVA. Il s'agit en l'occurrence des travaux effectués dans des biens immobiliers pour lesquels le taux réduit de 6 % est d'application.
Le coût total des travaux, taxe sur la valeur ajoutée comprise, s'élève à au moins 11.520,00 EUR.
Les prestations relatives à ces travaux sont effectuées par une personne qui, au moment de la conclusion du contrat d'entreprise, est enregistrée comme entrepreneur.

7.3.6. *Conditions de forme*

L'entrepreneur enregistré qui effectue les travaux doit délivrer une facture contenant les mentions suivantes :

- l'adresse de l'habitation où sont exécutés les travaux ;
- la déclaration, appuyée d'une attestation du client, que l'habitation est, au moment du début des travaux, occupée depuis au moins 15 ans ;

- la formule « Exécution de travaux visés à l'article 63[14], AR/CIR 92 » ;
- s'il y a lieu, la ventilation du coût des travaux en fonction de leur nature, entre ceux visés au § 1er et les autres travaux.

Le contribuable doit tenir à la disposition de l'administration :

- les factures ;
- la preuve du paiement des sommes figurant sur ces factures ;
- une copie du bail locatif de neuf ans entre le contribuable et l'agence immobilière.

7.3.7. *Montant de la réduction d'impôt*

La réduction d'impôt est accordée à concurrence de 5 % des dépenses réellement faites, avec un maximum annuel de 1.150,00 EUR. Cette réduction est accordée durant neuf périodes imposables successives au cours desquelles le revenu cadastral de l'habitation est compris parmi les revenus imposables tant que l'habitation est donnée en location dans les conditions requises.

7.3.8. *Incidences d'une imposition commune et du décumul*

Chaque conjoint ou cohabitant légal a droit à la réduction d'impôt pour les dépenses qui remplissent les conditions prévues. Il importe peu que la facture soit établie au nom des deux ou encore que le paiement soit effectué par l'un ou l'autre des conjoints ou cohabitants légaux.

La réduction d'impôt est simplement répartie proportionnellement en fonction de la quotité de chacun des deux conjoints ou cohabitants légaux dans le RC de l'habitation dans laquelle les travaux ont été effectués.

7.4. La restauration d'immeubles classés

Articles 145/36 CIR et 55 AR/CIR

3385-10/4385-77

7.4.1. *Principe*

Une réduction d'impôt au taux de 30 % est accordée pour certaines dépenses effectuées par les propriétaires d'immeubles classés et exposées en vue de leur entretien et de leur restauration.

Seul le propriétaire, possesseur, emphytéote, superficiaire ou usufruitier de l'immeuble bénéficie de la déduction.

La Région de Bruxelles-Capitale a supprimé à partir de l'exercice d'imposition 2017 cette réduction.

7.4.2. *Immeuble bâti*

- L'immeuble ou la partie d'immeuble bâti doit être classé conformément à la législation sur les monuments et sites.
- L'immeuble ne peut pas être donné en location, même pas partiellement durant toute la période imposable.
- L'immeuble doit être accessible au public conformément à une convention conclue entre le propriétaire et l'exécutif régional compétent.

7.4.3. *Nature des travaux*

Les travaux doivent être effectués en vue de la préservation des biens, de leur rétablissement dans leur état antérieur, de leur valorisation sur le plan historique, artistique, scientifique ou esthétique ou encore en vue de les rendre accessibles au public ou de rendre cette accessibilité plus attractive.

C'est à l'exécutif régional compétent de remettre un avis favorable quant à la nature de ces travaux et de vérifier que ces travaux ont été effectués conformément à l'avis initial.

7.4.4. *Conditions de forme*

Le contribuable doit joindre à sa déclaration les documents suivants :

1. une copie certifiée conforme :
   - de l'arrêté de classement de l'immeuble concerné ;
   - de la décision du ministre des Finances ou de son délégué quant à l'accessibilité de l'immeuble ;
   - des factures et les preuves relatives aux travaux effectués ;
   - de l'attestation de l'exécutif compétent selon laquelle les travaux sont conformes à l'avis initial émis ;
2. une déclaration sur l'honneur précisant si des subsides ont été promis, octroyés ou payés pour les travaux et le montant éventuel de ceux-ci.

7.4.5. *Montant de la déduction*

La moitié des dépenses effectivement payées (TVA comprise), non couvertes par des subsides, donne droit à une réduction d'impôt.

Le montant maximum de la réduction d'impôt pour l'exercice 2017 est de 38.390,00 EUR.

7.4.6. *Incidences d'une imposition commune et du décumul*

Le montant maximum de la réduction d'impôt est un montant par conjoint ou partenaire.

Seul le conjoint ou partenaire propriétaire du bien peut bénéficier de la mesure. S'ils sont tous les deux propriétaires, ils peuvent répartir les dépenses comme ils le souhaitent.

Le montant total de la réduction d'impôt pour le ménage est ensuite réparti en proportion des revenus nets imposables de chacun des deux conjoints ou cohabitants légaux.

	Séparation – cohabitants légaux	**Communauté**
Déduction possible?	Oui, si propriétaire	
Mode de répartition	Libre	

V.
SOUS-LOCATION ET CESSION DE BAIL

Articles 90, 5°, 100, 1° et 17, § 1er CIR et 4, 1°, b AR/CIR

1180-81/2180-51 et 1181-80/2181-50

1. Cas visés

Le locataire qui sous-loue tout ou une partie de son immeuble pris en location ou qui en cède le bail, en dehors de l'exercice d'une activité professionnelle, est imposable sur les revenus recueillis à l'occasion de ces opérations. Ces revenus sont à considérer comme des revenus divers.

L'affectation de l'immeuble par le sous-locataire importe peu, tout comme le fait que les immeubles soient situés en Belgique ou à l'étranger.

2. Détermination de revenu net imposable

Le montant net imposable s'obtient de la manière suivante:

	Montants	Codes de la déclaration
Terme 1 (T1)	Loyers + avantages locatifs reçus par le locataire ou le cédant (1) – charges locatives supportées par le sous-locataire	1180-81/2180-51
– Terme 2 (T2)	Total du loyer et des charges locatives payées au propriétaire par le locataire ou le cédant + frais payés ou supportés pour acquérir ou conserver les revenus par le locataire ou le cédant (2) – Valeur locative de la partie du bien occupée par le locataire ou le cédant (3)	1181-80/2181-50
T1 – T2	= **Montant imposable**	

Précisions

(1) Les avantages locatifs sont les frais de toute nature qui, en principe, incombent au locataire mais qui sont effectivement supportés par le sous-locataire.

Il s'agit du loyer et avantages locatifs effectivement payés par le locataire ou le cédant.

Les loyers anticipés peuvent être répartis sur toute la durée qu'ils couvrent, moyennant accord écrit et irrévocable du contribuable.

Lorsqu'un avantage locatif consiste en une dépense unique effectuée par le sous-locataire, le montant de cette dépense peut être réparti sur la durée restante à partir du 1er janvier de la période imposable au cours de laquelle la dépense a été payée ou supportée.

(2) Les frais justifiés déductibles sont tous les frais faits ou supportés par le locataire pendant la période imposable en vue de sous-louer ou de céder le bail. Seront donc notamment déductibles les frais de correspondance ou encore d'annonces publicitaires.

(3) Il n'y a de valeur locative que si le locataire occupe lui-même effectivement une partie de l'immeuble.

3. Régime d'imposition

Le résultat positif est imposable au taux distinct de 27 % à partir de l'exercice d'imposition 2017.

Le résultat éventuellement négatif de l'opération ne donnera lieu à aucun avantage fiscal de quelque nature que ce soit.

Remarque

Lorsqu'un immeuble est pris en location non meublé et donné en sous-location meublé, une partie des loyers est considérée comme provenant de la location des meubles.

En résumé,

		Location	
		Non meublé	**Meublé**
Sous-location	Non meublé	Revenus divers visés à l'article 90, 5° CIR	Revenus divers visés à l'article 90, 5° CIR
	Meublé	Revenus divers (art. 90, 5° CIR) pour la partie non meublée Revenus de capitaux et de biens mobiliers (art. 17, 3° CIR) pour la partie meublée	Revenus divers visés à l'article 90, 5° CIR

En principe, la ventilation meublé/non meublé s'effectue conformément au contrat de bail.

Toutefois, lorsque le bail ne précise rien quant à cette ventilation, une quotité de 40 % du loyer est à considérer comme provenant de la location mobilière.

4. Incidences de l'imposition commune et du décumul

S'il s'agit de cohabitants légaux ou de personnes mariées sous le régime de la séparation de biens, les revenus seront imposables dans le chef de celui ou celle qui a réalisé l'opération de sous-location ou de cession.

Dans le cas d'un mariage avec régime de communauté, la moitié des revenus sera imposable dans le chef de chacun des deux conjoints.

En résumé,

Établissement d'une imposition commune		
Régime	Séparation des biens – cohabitation légale	Régime légal – communauté universelle
Revenus de la sous-location ou de la cession de bail	Imposable dans le chef de celui qui a réalisé l'opération	50 % imposables dans le chef de chacun des deux conjoints

5. Exemple

Marguerite, célibataire, prend en location en 2016 un immeuble non meublé pour une durée de 9 ans et moyennant un loyer annuel de 18.000,00 EUR. Elle occupe personnellement avec sa mère une partie de cet immeuble dont la valeur locative peut être estimée à 9.000,00 EUR. Elle donne en sous-location le reste de l'immeuble, qu'elle a personnellement meublé, pour un loyer annuel de 24.000,00 EUR. Ce loyer est un loyer charges comprises (eau, chauffage et électricité), charges estimées annuellement à 2.200,00 EUR. Avant de sous-louer, elle a effectué des dépenses de restauration à cette partie de l'immeuble pour 3.600,00 EUR.

Pour pouvoir remplir la déclaration, il faut calculer le montant du loyer augmenté des avantages locatifs et diminué des frais qui sont payés au profit du sous-loueur, soit:

24.000,00 – 2.200,00 = 21.800,00 EUR.

Ce montant est réparti de la manière suivante:

- *Revenus mobiliers: 21.800,00 × 40 % = 8.720,00 EUR*
- *Revenus divers (sous-location): 21.800,00 × 60 % = 13.080,00 EUR*

Marguerite complète le cadre VII (revenus mobiliers) de sa déclaration relative à l'exercice d'imposition 2017 de la manière suivante:

Cadre VII – Revenus des capitaux et biens mobiliers		
B. Revenus nets de la location, de l'affermage, de l'usage ou de la concession de biens mobiliers	***4.360,00*** *c'est-à-dire 8.720,00 – 50 % (8.720,00)* *(charges déductibles forfaitairement) (Code 1156-08)*	*Code 2156-75*

Elle complète le cadre XVI de sa déclaration de la manière suivante:

Cadre XVI – Revenus divers		
A. Revenus divers à caractère mobilier		
2. Revenus dont la déclaration est obligatoire		
a) Sous-location ou cession de bail d'immeubles meublés ou non:		
a. Revenus bruts	*13.080,00* *(Code 1180-81)*	*Code 2180-51*
b. Frais réels y compris le loyer et les charges locatives payées par vous	*9.400,00* *c'est-à-dire 18.000,00 (loyers) – 9.000,00 (valeur locative usage personnel) + (3.600,00 / 9) (frais de restauration) (Code 1181-80)*	*Code 2181-50*

Détermination du montant imposable
13.080,00 – 9.400,00 = 3.680,00 EUR

VI. CONCESSION DU DROIT D'UTILISER UN EMPLACEMENT POUR Y APPOSER DES AFFICHES OU AUTRES SUPPORTS PUBLICITAIRES ET CONCESSION DU DROIT D'INSTALLER DES ÉQUIPEMENTS DE TÉLÉPHONIE MOBILE

Articles 90, 5° et 100, alinéa 1er, 2° CIR

1184-77/2184-47 et 1185-76/2185-46

1. Cas visés

a) Les contribuables qui concèdent le droit d'utiliser, moyennant paiement, en dehors de l'exercice d'une activité professionnelle, un emplacement qui est immeuble par nature pour y apposer des affiches et autres supports publicitaires, sont imposables sur les redevances et autres avantages issus de cette concession à titre de revenus divers.
Les revenus divers sont ceux obtenus par un contribuable qui concède à un tiers le droit d'utiliser:
- un mur, un pignon, un toit... en vue d'y apposer des affiches ou d'y placer des panneaux publicitaires, des pancartes, une enseigne, une réclame lumineuse, un calicot...;
- un emplacement pour l'érection de panneaux publicitaires sur un terrain;
- des clôtures ou des palissades édifiées sur des terrains ou entourant des ruines ou des terrains vagues, pour y apposer une quelconque publicité.

Par contre, les revenus obtenus suite à la concession du droit d'utiliser un emplacement publicitaire dans l'enceinte d'une installation sportive (terrains de sport, halls de sport, complexes sportifs, les circuits fermés, tribunes, cantines, murs d'enceinte...) ne doivent pas faire l'objet d'une déclaration au précompte mobilier si les panneaux publicitaires ne sont pas visibles de l'extérieur de l'enceinte.

b) Les contribuables qui concèdent le droit d'utiliser, moyennant paiement, en dehors de l'exercice d'une activité professionnelle, un emplacement qui est immeuble par nature pour y installer des équipements de transmission et de réception par les opérateurs de téléphonie mobile, sont imposables sur les redevances issues de cette concession à titre de revenus divers.

2. Détermination du revenu net imposable

Le montant net imposable s'obtient de la manière suivante:

	Montants	Codes de la déclaration
Terme 1 (T1)	Sommes et avantages recueillis par le cédant	1184-77/2184-47
– Terme 2 (T2)	– frais justifiés pour acquérir les revenus. À défaut d'éléments probants, ces frais sont fixés par l'administration à 5% des sommes et avantages recueillis.	1185-76/2185-46
T1 – T2	= **Montant imposable**	

Précisions

Les loyers anticipés peuvent être répartis sur toute la durée qu'ils couvrent moyennant accord écrit et irrévocable du contribuable.

3. Régime d'imposition

Le résultat positif est imposable au taux distinct de 27 % à partir de l'exercice d'imposition 2017.

4. Incidences de l'imposition commune et du décumul

S'il s'agit de cohabitants légaux ou de personnes mariées sous le régime de la séparation de biens, les revenus sont imposables dans le chef de celui ou celle qui a réalisé l'opération de sous-location ou de cession.

Dans le cas d'un mariage avec régime de communauté, la moitié des revenus est imposable dans le chef de chacun des deux conjoints.

En résumé,

Établissement d'une imposition commune		
Régime	Séparation des biens – cohabitation légale	Régime légal – communauté universelle
Revenus de la concession ou du droit d'apposer des publicités	Imposable dans le chef du concédant	50 % imposables dans le chef de chacun des deux conjoints

5. Exemple

ex *Luc, divorcé depuis 2006, concède en 2016 à une société le droit d'utiliser un mur de son habitation privée pour y apposer des affiches publicitaires. La convention prévoit le paiement de 4.000,00 EUR pour une concession d'une durée de 10 ans.*

Il complète le cadre XVI de sa déclaration de la manière suivante :

Cadre XVI – Revenus divers		
A. Revenus divers à caractère mobilier		
2. Revenus dont la déclaration est obligatoire		
b Concession du droit d'apposer des affiches ou d'autres supports publicitaires		
a. Total des sommes et avantages recueillis	*400,00 (Code 1184-77), c'est-à-dire 4.000,00 / 10 T1*	*Code 2184-47*
b. Frais réels (à ne compléter que si vous ne désirez pas l'application des 5 %)	*– (Code 1185-76), T2*	*Code 2185-46*

Détermination du montant imposable
400,00 – (5 % (400,00)) = 380,00

VII.
AUTRES OPÉRATIONS IMPOSABLES EN MATIÈRE DE BIENS IMMOBILIERS

1. Aliénation des biens immobiliers

1.1. Imposition ou non-imposition des revenus issus de l'aliénation d'un immeuble

Qu'elle soit réalisée dans le cadre de l'activité professionnelle ou non, l'aliénation d'un bien immobilier peut engendrer pour le contribuable la réalisation de bénéfices ou de pertes.

Le législateur a prévu plusieurs régimes fiscaux pour les revenus issus de l'aliénation d'un bien immobilier réalisées en dehors de l'exercice de l'activité professionnelle.

Afin de déterminer le régime fiscal dont dépendent les éventuelles plus ou moins-values réalisées, il convient de se poser les questions suivantes :

- le cédant a-t-il agi dans le cadre de la gestion normale de son patrimoine privé ou pas ?
- si le contribuable a agi dans le cadre de la gestion de son patrimoine privé, a-t-il réalisé le bien immobilier un court laps de temps après son acquisition ?

1.1.1. *Circonstances dans lesquelles les opérations ont eu lieu*

A. Gestion normale d'un patrimoine privé

Les opérations qui sont relatives à la gestion normale du patrimoine privé d'un contribuable sont celles qui :

- sont relatives à des biens immobiliers, des valeurs de portefeuille et des objets mobiliers, soit des biens définis par la loi et faisant normalement partie du patrimoine privé. Ainsi lorsque des biens immeubles, qui sont la propriété du contribuable, ne sont pas affectés à l'exercice de son activité professionnelle, ceux-ci font partie de son patrimoine privé et,
- constituent des actes qu'un bon père de famille accomplit, non seulement pour la gestion courante, mais aussi pour la mise à fruit, la réalisation et le remploi d'éléments d'un patrimoine, c'est-à-dire des biens qu'il a acquis par succession, donation ou par épargne personnelle, ou encore en remploi des biens aliénés. habituellement en vue de l'accroissement ou de la conservation du patrimoine privé.

Les revenus issus d'opérations en relation avec des biens immobiliers, des valeurs de portefeuille et des biens mobiliers, qui entrent dans le cadre de la gestion normale du patrimoine privé, sont donc en principe non imposables. La loi précise toutefois que les plus-values réalisées sur des biens immobiliers situés en Belgique ou sur des droits réels portant sur de tels biens, sont, dans certaines circonstances, imposables.

ex *Luc, célibataire, a acquis à l'aide de son épargne personnelle en 2012 un immeuble bâti pour 100.000,00 EUR. Cet immeuble est donné en location immédiatement de 2012 à 2015. En 2016, Luc revend cet immeuble pour 300.000,00 EUR.*

La plus-value réalisée par Luc résulte d'un acte de gestion normale d'un patrimoine privé.

Luc a fait fructifier son patrimoine en profitant d'une opportunité du marché et de la hausse des prix immobiliers dans la région. À ce titre, il a agi en tant que bon père de famille.

Nous pouvons déduire de cet exemple que la gestion normale du patrimoine privé n'est pas incompatible avec la possibilité de réaliser un bénéfice.

Dans un arrêt du 17 janvier 2001, la Cour d'appel de Gand a conclu que l'opération suivante relève de la gestion normale d'un patrimoine privé :

- un contribuable achète un immeuble en 1976 ;
- cet immeuble est donné en location ;
- il devient agent immobilier deux ans après l'acquisition de l'immeuble ;
- l'agent immobilier n'a jamais déduit les frais relatifs à l'immeuble acquis en frais professionnels ;
- une importante plus-value est réalisée lors de la vente de l'immeuble.

Selon la Cour, le contribuable a acquis le bien immobilier à titre privé. Le fait que l'intéressé soit devenu agent immobilier après l'achat du bien n'empêche pas la coexistence d'un patrimoine privé (acquis avant d'obtenir le statut d'agent immobilier) et d'un patrimoine professionnel distinct. L'administration n'a pas apporté la preuve que cette opération sortait du cadre de la gestion normale du patrimoine privé du contribuable.

B. Spéculation occasionnelle ou fortuite

La spéculation résulte de l'intention, de la volonté du contribuable de réaliser un bénéfice important lors d'une transaction, immobilière ou autre. Cette transaction réalisée laisse entrevoir la possibilité de réaliser des bénéfices importants, mais peut aussi aboutir à de lourdes pertes. Par opposition aux actes réalisés en tant que bon père de famille, c'est le risque couru par le contribuable qui caractérise essentiellement la spéculation.

Tandis que la spéculation comporte un risque important, la gestion normale du patrimoine privé suppose de la part du contribuable des agissements en tant que bon père de famille, soit des actes qui par essence ne peuvent mettre en danger la situation patrimoniale du contribuable.

La réalisation d'opérations spéculatives aboutit à une imposition des revenus issus de ces opérations à titre de revenus divers au taux de 33 %, pour autant que l'opération soit seulement occasionnelle ou fortuite.

Les éléments qui permettent de distinguer si des opérations relèvent de la gestion normale d'un patrimoine privé ou de la spéculation sont des éléments de fait.

Ainsi, en matière immobilière, la jurisprudence s'appuie sur un ensemble de critères pour déterminer si une opération relève de la gestion normale d'un patrimoine privé ou relève de la spéculation. Ces critères peuvent être listés sous forme de questions :

- Le contribuable a-t-il eu recours à l'emprunt pour acquérir le(s) bien(s) immobilier(s) ?
- Le contribuable a-t-il agi avec une intention spéculative ?
- Un cours laps de temps s'est-il écoulé entre l'achat et l'aliénation du bien ?
- Les biens ont-ils été améliorés ?
- Plusieurs opérations ont-elles été réalisées ?
- Les biens ont-ils été acquis en indivision ?
- Le contribuable a-t-il utilisé ses connaissances, son expérience pour réaliser l'opération ?

Plus ces questions amènent de réponses positives, plus le risque de voir l'administration fiscale qualifier ces opérations comme spéculatives augmente.

ex *Luc, célibataire, a acquis en 2012 un immeuble bâti pour 100.000,00 EUR. Cet immeuble est donné en location immédiatement de 2012 à 2015. En 2016, Luc revend cet immeuble pour 300.000,00 EUR.*

Luc a acquis son immeuble à l'aide d'un emprunt, a réalisé des travaux de transformation. C'est la troisième fois en quatre ans qu'il réalise ce genre d'opérations.

Il y a spéculation dans le chef de Luc pour les raisons suivantes :

- *un court laps de temps s'est écoulé entre l'achat et la vente du bien ;*
- *Luc a recouru à l'emprunt ;*
- *Luc a transformé l'immeuble ;*
- *c'est la troisième fois en quatre ans que Luc réalise ce type d'opérations.*

Il va de soi que ce n'est pas un seul de ces critères qui permet de conclure à la spéculation dans le chef de ce contribuable mais bien l'accumulation d'éléments de fait propres à chaque situation.

Dans un arrêt du 7 janvier 1993, la Cour d'appel de Bruxelles a considéré que les plus-values réalisées à l'occasion de deux ventes d'appartements en 1973 et 1974 (dont certains inachevés) que le requérant avait acquis dans le même état en 1968 et 1970, sont à considérer comme des revenus divers (spéculation).

La Cour considère que ces opérations se situent en dehors tant de l'activité professionnelle du contribuable que de la gestion normale du patrimoine privé. L'intention spéculative se déduit à bon droit du fait que, d'une part, l'acquisition des appartements a été financée par des emprunts dont le montant dépasse les fonds propres et, d'autre part, que le contribuable n'avait pas, contrairement à ses allégations, l'intention de parachever l'immeuble par ses propres moyens.

C. **Activité professionnelle**

Si les opérations deviennent suffisamment fréquentes ou habituelles pour constituer une activité professionnelle ou portent sur des biens affectés à l'exercice d'une activité professionnelle, les revenus issus de ces opérations sont professionnels.

Dans un arrêt du 16 septembre 2004, la Cour de cassation a conclu que les opérations suivantes relevaient de la sphère professionnelle :

- l'intéressé est inscrit au registre de commerce comme entrepreneur de peinture en bâtiments ;
- il a acquis plusieurs bâtiments en ayant recours à l'emprunt ;
- il a réalisé plusieurs plus-values importantes lors de la revente de ces bâtiments ;
- en règle générale, il s'écoule assez peu de temps entre l'acquisition et la vente des biens immobiliers ;
- dans la plupart des cas, des travaux de valorisation des biens ont été réalisés.

Sur la base de ces considérations, la Cour conclut que l'activité déployée par l'intéressé représentait un ensemble d'opérations suffisamment fréquentes et répétées pour être considérée comme professionnelle.

Pour l'analyse de ces opérations, nous renvoyons le lecteur au chapitre relatif aux revenus professionnels (voir pages 249 et suivantes).

1.1.2. *Opérations non spéculatives imposables*

Le législateur a prévu la possibilité d'imposer à titre de revenus divers les revenus de certaines opérations d'acquisition – aliénation d'immeubles non bâtis ou bâtis, et ce, même en l'absence d'intention spéculative par le contribuable.

Après être arrivé à la conclusion que les opérations relèvent bien de la gestion normale du patrimoine privé, encore faudra-t-il vérifier si elles ne rentrent pas dans le champ d'application des articles 90, 8° et 90, 10° du Code des impôts sur les revenus.

1.2. L'aliénation d'un bien immobilier avec spéculation

Articles 90, 1°, 97, 103 et 171, 1°, a CIR

1200-61/2200-31 à 1202-59/2202-29

1.2.1. *Cas visés*

Le contribuable a réalisé une opération immobilière spéculative dont les revenus sont imposables à titre de revenus divers.

1.2.2. *Détermination du montant net imposable*

Le montant imposable peut être déterminé de la manière suivante:

Revenus générés par l'opération
– Prix d'achat des biens aliénés
– Frais afférents à cet achat (droits d'enregistrement, frais de notaire...)
– Frais de mise en valeur (ou valorisation), exposés entre l'achat et la vente
– Autres frais déductibles exposés au cours de la période imposable (publicité, commissions...)
– Autres frais effectués antérieurement à la première année au cours de laquelle le contribuable a été considéré comme se livrant à des opérations spéculatives
= MONTANT IMPOSABLE

En cas de perte, le contribuable peut les déduire des revenus de même nature pendant cinq périodes imposables.

1.2.3. *Régime d'imposition*

Le résultat positif de cette opération sera imposé au taux distinct de 33%.

Dans un arrêt du 1er février 1999, la Cour de cassation a conclu que les bénéfices ou profits occasionnels sont imposables au moment de la perception des montants.

Le résultat négatif (perte) peut être déduit par le contribuable, mais uniquement des revenus retirés d'opérations spéculatives visées à l'article 90, 1° du Code des impôts sur les revenus au cours des cinq périodes imposables ultérieures (consécutives).

1.2.4. *Charge de la preuve*

En matière de revenus imposables, c'est à l'administration qu'il revient de démontrer l'intention spéculative.

1.2.5. *Incidences de l'imposition commune et du décumul*

Ces revenus sont imposables dans le chef du propriétaire des biens immobiliers.

1.3. L'aliénation d'un immeuble non bâti en l'absence de spéculation

Articles 90, 8°, 91, 93, 101, § 1er, 171, 1°, b et 171, 4°, d CIR

1205-56/2205-26 à 1208-53/2208-23

1.3.1. *Cas visés*

Sont visées :

- les plus-values réalisées à l'occasion d'une cession à titre onéreux (vente, échange, apport en société ou autre) ;
- sur des immeubles non bâtis situés en Belgique ou sur des droits réels portant sur ces immeubles, autres qu'un droit d'emphytéose ou de superficie ou qu'un droit immobilier similaire ;

  ET POUR AUTANT QUE LES BIENS AIENT ÉTÉ
  - soit acquis à titre onéreux et qui sont aliénés dans les huit ans de la date de l'acte authentique d'acquisition ;
  - soit acquis par voie de donation entre vifs et qui sont aliénés dans les trois ans de l'acte de donation et dans les huit ans de la date de l'acte authentique d'acquisition à titre d'onéreux par le donateur.

À défaut d'acte authentique, on se réfère, dans les deux cas, à la date à laquelle tout autre acte ou écrit constatant l'acquisition a été soumis à la formalité de l'enregistrement.

Les doits réels visés sont la nue-propriété, l'usufruit, le droit d'usage ou encore la servitude.

Les terrains sur lesquels sont érigés des bâtiments, dont la valeur vénale est inférieure à 30% du prix de réalisation de l'ensemble, doivent être considérés comme des immeubles non bâtis.

Synthétiquement, une imposition est prévue dans les deux cas suivants :

Cas 1

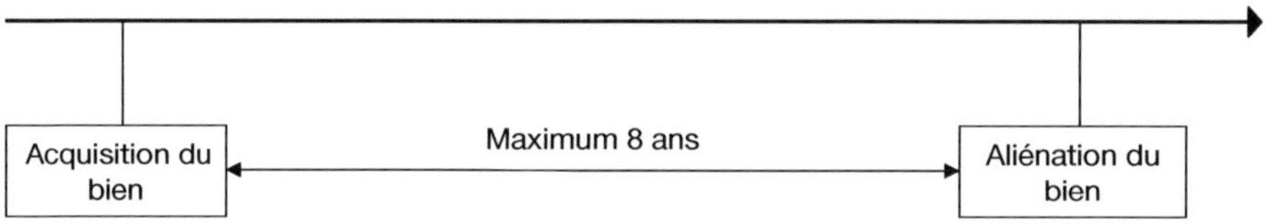

Cas 2

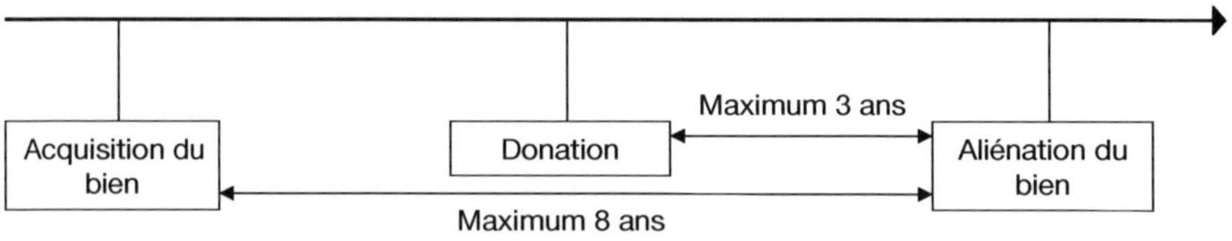

N'entrent pas en considération :

- les plus-values réalisées sur des immeubles non bâtis sis à l'étranger ;
- les plus-values réalisées sur des immeubles non bâtis qui n'ont pas été acquis, ni à titre onéreux ni par voie de donation entre vifs (songeons ici à l'immeuble non bâti acquis par héritage) ;
- les plus-values réalisées qui ne sont pas la conséquence d'une cession à titre onéreux, comme par exemple la transmission entre vifs (donation) ou par la suite du décès ;
- les plus-values réalisées sur des immeubles non bâtis lorsqu'ils sont cédés avec d'autres éléments, à l'occasion de l'apport d'une ou plusieurs branches d'activité ou d'une universalité de biens ;

- les plus-values réalisées sur des terrains sis en Belgique mais qui sont aliénés après l'écoulement des délais légaux de huit ans ou trois ans ;
- les plus-values réalisées sur des immeubles non bâtis lors de la cession d'un droit d'emphytéose, de superficie ou d'un droit immobilier similaire portant sur un terrain ; les redevances et les autres avantages qui résultent d'une telle cession sont éventuellement imposables à titre de revenus immobiliers (voir page 122) ;
- les plus-values constatées à l'occasion :
  - d'échanges effectués dans le cadre du remembrement de biens ruraux soumis gratuitement à la formalité de l'enregistrement ;
  - d'échanges d'immeubles ruraux non bâtis exemptés du droit proportionnel ;
  - de la cession de biens appartenant à des mineurs même émancipés ou à des interdits ;
  - de la cession de biens appartenant à des personnes pourvues d'un administrateur provisoire moyennant autorisation spéciale du juge de paix.

1.3.2. *Détermination de la plus-value imposable*

	Montants	Codes de la déclaration
Terme 1 (T1)	Prix de cession ou si elle est supérieure, la valeur ayant servi de base à la perception du droit d'enregistrement	
	– Frais justifiés en raison de l'aliénation du bien	
– Terme 2 (T2)	Prix d'acquisition ou valeur vénale ayant servi à la perception des droits d'enregistrement si elle est supérieure (A)	
	+ Frais d'acquisition ou de mutation et impenses (au minimum égal à 25 % de A) (B)	
	+ 5 % (B) par année complète écoulée entre l'acquisition et l'aliénation	
	– Indemnité perçue en exécution de la législation organique de l'aménagement du territoire et de l'urbanisme	
T1 – T2	**MONTANT IMPOSABLE**	1205-56/ 2205-26 1206-55/ 2206-25

Précisions

Les frais d'acquisition, de mutation et impenses sont, à défaut d'éléments probants fixés forfaitairement à 25 % du prix d'acquisition ou de la valeur d'achat lorsque celle-ci doit être réévaluée. Il s'agit des frais inhérents à l'acquisition du bien aliéné par l'acquéreur (ou le donateur) et qui concourent à sa valeur d'investissement, ainsi que les dépenses exposées pour le bien entre son acquisition et sa cession, et ce pour autant qu'ils n'aient pas donné droit à une déduction de la base imposable du cédant. Seront donc, entre autres, déductibles les frais d'enregistrement, de notaire, les frais de clôture, de drainage, d'entretien, voire les coûts de construction. Ne sont pas déductibles le précompte immobilier ou encore les intérêts d'emprunts hypothécaires.

La majoration de 5 % est censée prendre en compte l'évolution normale des prix et n'est accordée que pour chaque année complète écoulée entre l'acquisition et l'aliénation du bien.

1.3.3. *Régime d'imposition*

Le résultat positif de cette opération est imposé au taux distinct de 33 % si l'aliénation a lieu dans les cinq ans de l'acquisition. Si l'aliénation a lieu plus de 5 ans après l'acquisition et dans les huit ans de l'acquisition à titre onéreux, le taux d'imposition est de 16,5 %.

Le résultat négatif (perte) peut être déduit par le contribuable, mais uniquement des revenus retirés d'opérations visées à l'article 90, 8° du Code des impôts sur les revenus au cours des cinq périodes imposables ultérieures (consécutives).

Les pertes éprouvées au cours d'une période imposable à l'occasion d'une cession d'un autre immeuble non bâti sis en Belgique peuvent être portées en déduction du montant imposable des plus-values sur immeubles non bâtis réalisées au cours de la même période imposable, et ce pour autant que cette cession soit survenue dans des conditions et délais tels qu'une plus-value éventuelle (au lieu de la perte subie) aurait donné lieu à une débition d'impôt.

S'il existe, pour la période imposable envisagée, des plus-values taxables à 33 % et à 16,5 %, les pertes éprouvées au cours de ladite période seront imputables proportionnellement aux deux types de plus-values.

S'il s'avère que les pertes éprouvées au cours de la période imposable excèdent les plus-values réalisées au cours de la même période imposable, l'excédent éventuel des pertes peut être déduit successivement des plus-values réalisées à l'occasion d'opérations analogues pendant les cinq périodes imposables suivantes (consécutives).

1.3.4. *Incidences de l'imposition commune et du décumul*

Ces revenus seront imposables dans le chef du propriétaire des biens immobiliers.

1.3.5. *Exemple*

ex *Luc, veuf, achète le 15 février 2014 un terrain pour un prix de 35.000,00 EUR (RC: 1.500,00 EUR). Il supporte à cette occasion des frais liés à l'acquisition de 7.000,00 EUR. En mai 2014, il décide de drainer le terrain (1.500,00 EUR TVA comprise) et d'installer une clôture (5.000,00 EUR TVA comprise).*

Il revend ce terrain le 15 octobre 2016 pour un prix de 67.000,00 EUR. Il verse à cette occasion une commission à son agent immobilier de 1.200,00 EUR.

Les services de l'enregistrement ont majoré la valeur d'acquisition du terrain de 5.000,00 EUR (vente du 15 février 2014).

Le montant imposable de la plus-value peut être déterminé de la manière suivante:

T1	*Prix de vente*	*67.000,00*
	Frais justifiés	*– 1.200,00*
		65.800,00
T2	*Prix d'acquisition (valeur enregistrement)*	*40.000,00*
	Frais de mutation et impenses (supérieurs au forfait)	*13.500,00*
	Majoration (2 × 5 %) × 53.500	*5.350,00*
		– 58.850,00
T1 – T2	*Montant imposable*	***6.950,00***

Il complète le cadre XVI de sa déclaration de la manière suivante:

Cadre XVI – Revenus divers		
B. Autres revenus divers		
4. Cession de terrains situés en Belgique ou de droits réels portant sur ces terrains:		
a) Plus-values imposables à 33 %	*6.950,00 (Code 1205-56)*	*Code 2105-26*

Ce montant de 6.950,00 EUR est imposable au taux distinct de 33%, la cession ayant eu lieu dans les 5 ans de l'acquisition.

Le contribuable doit déclarer 298/365 du RC, soit 1.224,66 EUR en revenus immobiliers.

1.4. L'aliénation d'un immeuble bâti en l'absence de spéculation

Articles 90, 10°, 93*bis*, 101, § 2 et 171, 4°, e CIR

1171-90/2171-60 à 1173-88/2173-58

1.4.1. *Cas visés*

Sont visées:

- les plus-values réalisées à l'occasion d'une cession à titre onéreux (vente, échange, apport en société ou autre);
- sur des immeubles bâtis situés en Belgique ou sur des droits réels portant sur ces immeubles autres qu'un droit d'emphytéose ou de superficie ou qu'un droit immobilier similaire;
  ET POUR AUTANT QUE LES BIENS AIENT ÉTÉ
  - soit acquis à titre onéreux et qui sont aliénés dans les cinq ans de la date de l'acte authentique d'acquisition;
  - soit acquis par voie de donation entre vifs et qui sont aliénés dans les trois ans de l'acte de donation et dans les cinq ans de la date de l'acte authentique d'acquisition à titre d'onéreux par le donateur;
  - soit étant non bâtis, acquis à titre onéreux ou par voie de donation entre vifs, sur lesquels un bâtiment a été érigé par le contribuable, dont la construction a débuté dans les cinq ans de l'acquisition du terrain à titre onéreux par le contribuable ou par le donateur et pour autant que l'ensemble ait été aliéné dans les cinq ans de la date de la première occupation ou location de l'immeuble.

Par date d'acquisition, on entend la date de l'acte authentique d'acquisition ou d'aliénation.

À défaut d'acte authentique, il s'agit de la date à laquelle tout autre acte ou écrit constate que l'acquisition ou l'aliénation a été soumise à la formalité de l'enregistrement.

Synthétiquement, une imposition est prévue dans les trois cas suivants:

Cas 1

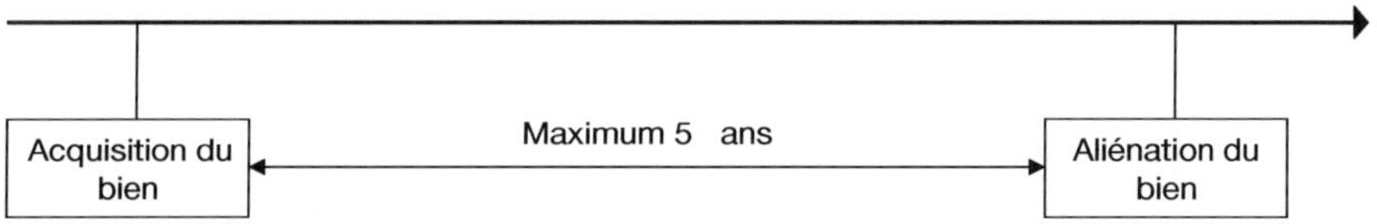

Cas 2

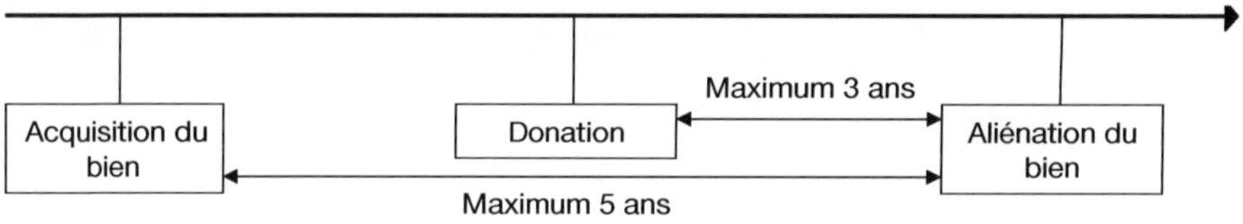

Cas 3

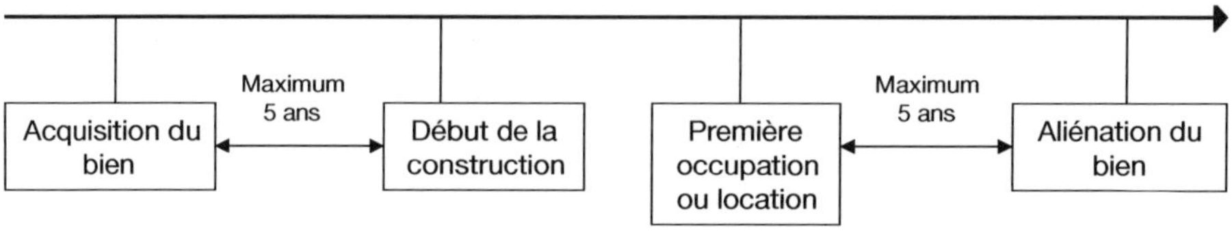

N'entrent pas en considération :

- les plus-values réalisées sur des immeubles bâtis sis à l'étranger ;
- les plus-values réalisées sur des immeubles bâtis qui n'ont été acquis ni à titre onéreux ni par voie de donation entre vifs ;
- les plus-values réalisées sur des constructions érigées sur un fonds qui n'a été acquis ni à titre onéreux ni par voie de donation entre vifs ;
- les plus-values réalisées qui ne sont pas la conséquence d'une cession à titre onéreux ;
- les plus-values réalisées sur des immeubles bâtis sis en Belgique mais qui sont aliénés après l'écoulement des délais légaux de cinq ou trois ans ;
- les plus-values constatées à l'occasion d'expropriations ou de cessions amiables d'immeubles pour cause d'utilité publique, lorsque ces cessions sont soumises gratuitement à la formalité de l'enregistrement conformément à l'article 161 du Code des droits d'enregistrement, d'hypothèque et de greffe ;
- les plus-values réalisées sur des immeubles bâtis lors de la cession d'un droit d'emphytéose, de superficie ou d'un droit immobilier similaire sur un immeuble ;
- les plus-values réalisées sur des biens immobiliers sur lesquels sont érigés des bâtiments dont la valeur vénale est inférieure à 30 % du prix de réalisation de l'ensemble ;
- les plus-values constatées à l'occasion de la cession de biens appartenant :
  - à des mineurs même émancipés ou à des interdits ;
  - à des personnes pourvues d'un administrateur provisoire moyennant autorisation spéciale du juge de paix ;
- les plus-values réalisées à l'occasion d'expropriations ou de cessions amiables d'immeubles pour cause d'utilité publique, lorsque ces cessions sont soumises gratuitement à la formalité de l'enregistrement.

Les plus-values constatées à l'occasion de la cession de l'habitation propre, dont le RC est exonéré pendant une période ininterrompue d'au moins 12 mois qui précède le mois au cours duquel l'aliénation a eu lieu, ne sont pas imposables (voir page 103). Entre cette période de 12 mois et la date de l'aliénation, une période de 6 mois au maximum, durant laquelle l'habitation doit restée inoccupé, peut s'écouler.

Précisions

Comme pour les immeubles non bâtis, les doits réels visés sont la nue-propriété, l'usufruit, le droit d'usage ou encore la servitude.

1.4.2. *Détermination de la plus-value imposable*

	Acquisition – aliénation et acquisition – donation – aliénation	**Acquisition – construction – aliénation**
Terme 1 (T1)	Prix de cession ou, si elle est supérieure, la valeur ayant servi de base à la perception du droit d'enregistrement	
	– Frais justifiés en raison de l'aliénation du bien	
– Terme 2 (T2)	Prix d'acquisition par le contribuable ou le donateur ou valeur de perception pour les droits d'enregistrement **(A)**	Prix d'acquisition par le contribuable ou le donateur ou valeur de perception pour les droits d'enregistrement + Prix de la construction hors TVA **(A)**
	+ Frais réels d'acquisition ou de mutation et impenses **(au minimum égal forfaitairement à 25 % de (A) (B))**	
	+ 5 % × (**(A)** + **(B)**) par année complète écoulée entre l'acquisition et l'aliénation	+ 5 % du prix du terrain par année entière écoulée depuis la date d'acquisition à titre onéreux + 5 % du prix du bâtiment par année entière écoulée depuis la première occupation ou location
	+ Frais de travaux supportés par le propriétaire dans l'immeuble aliéné, justifiés au moyen d'une facture, effectués par un entrepreneur enregistré au moment de la conclusion du contrat d'entreprise, entre la date d'acquisition, de première occupation ou location et la date d'aliénation	
	– indemnités perçues du chef de sinistres ayant frappé l'immeuble aliéné	
T1 – T2	**MONTANT IMPOSABLE**	

Précisions

Les frais d'acquisition, de mutation et impenses sont, à défaut d'éléments probants, fixés forfaitairement à 25 % du prix d'acquisition ou de la valeur d'achat lorsque celle-ci doit être réévaluée. Il s'agit des frais inhérents à l'acquisition du bien aliéné par l'acquéreur (ou le donateur) et qui concourent à sa valeur d'investissement, ainsi que les dépenses exposées pour le bien entre son acquisition et sa cession, et ce pour autant qu'ils n'aient pas donné droit à une déduction de la base imposable du cédant. Seront donc, entre autres, déductibles les frais d'enregistrement, de notaire, les frais de clôture, de drainage, d'entretien, voire les coûts de construction. Ne sont pas déductibles, le précompte immobilier ou encore les intérêts d'emprunt hypothécaires.

La majoration de 5 % est censée prendre en compte l'évolution normale des prix et n'est accordée que pour chaque année complète écoulée entre l'acquisition et l'aliénation du bien. En ce qui concerne les constructions, ce pourcentage s'applique, d'une part sur le prix d'acquisition du terrain, par année écoulée entre la date d'acquisition et la date d'aliénation de l'ensemble, et, d'autre part, sur le prix de la construction du bâtiment, par année écoulée entre la date de la première occupation ou location de l'immeuble et la date d'aliénation de l'ensemble.

1.4.3. *Régime d'imposition*

Le résultat positif de cette opération est imposé au taux distinct de 16,5 %.

Le résultat négatif (perte) peut être déduit par le contribuable, mais uniquement des revenus retirés d'opérations spéculatives visées à l'article 90, 10° du Code des impôts sur les revenus au cours des cinq périodes imposables ultérieures.

Les pertes éprouvées au cours d'une période imposable à l'occasion d'une cession d'un immeuble bâti sis en Belgique peuvent être portées en déduction du montant imposable des plus-values sur immeubles bâtis réalisées au cours de la même période imposable, et ce, pour autant que cette cession soit survenue dans des conditions et des délais tels qu'une plus-value éventuelle (au lieu de la perte subie) aurait donné lieu à débition d'impôt.

S'il s'avère que les pertes éprouvées au cours de la période imposable excèdent les plus-values réalisées au cours de la même période imposable, l'excédent éventuel des pertes peut être successivement déduit des plus-values réalisées à l'occasion d'opérations analogues pendant les cinq périodes imposables suivantes.

1.4.4. *Incidences de l'imposition commune et du décumul*

Ces revenus seront imposables dans le chef du propriétaire des biens immobiliers.

1.4.5. *Exemple*

ex *Le 4 avril 2012, Marguerite a acquis un terrain pour un montant de 50.000,00 EUR, valeur acceptée par le receveur de l'enregistrement.*
Le 2 septembre de la même année, Marguerite fait donation à son fils unique, Luc, de ce terrain (valeur inchangée pour le receveur de l'enregistrement). Les frais de donation s'élèvent à 2.500,00 EUR.
Immédiatement, Luc a fait effectuer des travaux d'entretien et de clôtures du terrain pour un montant de 6.500,00 EUR. Ces frais sont justifiés par des factures.
Fin 2013, Luc entame la construction d'un immeuble sur le terrain en question. Le coût de la construction est estimé à 160.000,00 EUR.
L'immeuble terminé en juillet 2014 est donné en location à un dentiste dès septembre de la même année.
En mars 2016, Luc décide de vendre l'immeuble au dentiste pour un montant de 275.000,00 EUR. Les frais d'expertise liés à l'opération se montent à 2.000,00 EUR.

Solution

- ***Quant au caractère imposable***

Le début des travaux de construction (fin 2013) a eu lieu dans les cinq ans de l'acquisition par le donateur (avril 2012). La vente (mars 2016) a eu lieu dans les cinq ans de la première location (septembre 2014). L'éventuelle plus-value est imposable.

- ***Quant au montant imposable***

<table>
<tr><td rowspan="3">T1</td><td>Prix de vente</td><td colspan="2">275.000,00</td></tr>
<tr><td>Frais justifiés</td><td colspan="2">– 2.000,00</td></tr>
<tr><td></td><td colspan="2">273.000,00</td></tr>
<tr><td rowspan="7">T2</td><td></td><td>Terrain</td><td>Construction</td></tr>
<tr><td>Valeur d'acquisition</td><td>50.000,00</td><td>160.000,00</td></tr>
<tr><td>Frais d'acquisition ou de mutation</td><td colspan="2">52.500,00
(210.000,00 × 25 %, montant supérieur aux frais d'acquisition ou de mutation et impenses justifiés)</td></tr>
<tr><td>Total</td><td>62.500,00
(50.000,00 + 12.500,00)</td><td>200.000,00
(160.000,00 + 40.000,00)</td></tr>
<tr><td>Majoration</td><td>3 années complètes entre l'acquisition et la vente du terrain soit
62.500 × 3 × 5 % = 9.375,00</td><td>1 année complète entre la location et la vente de l'ensemble soit
200.000 × 1 × 5 % = 10.000,00</td></tr>
<tr><td>Total</td><td>71.875,00</td><td>210.000,00</td></tr>
<tr><td></td><td colspan="2">281.875,00</td></tr>
<tr><td>T1 – T2</td><td>Montant imposable</td><td colspan="2">– 8.875,00</td></tr>
</table>

Il complète le cadre XVI de sa déclaration de la manière suivante:

Cadre XVI – Revenus divers		
B. Autres revenus divers		
5. Cession de bâtiments situés en Belgique ou de droits immobiliers portant sur de tels immeubles		
b) Pertes de 2016	*8.875,00* *(Code 1172-89)*	*Code 2172-59*

Cette perte de 8.875,00 EUR est déductible des éventuels revenus de même nature obtenus au cours des 5 périodes imposables subséquentes.

1.5. Le cheminement logique en matière d'imposition des revenus de l'aliénation de biens immobiliers

1.5.1. *Les immeubles non bâtis*

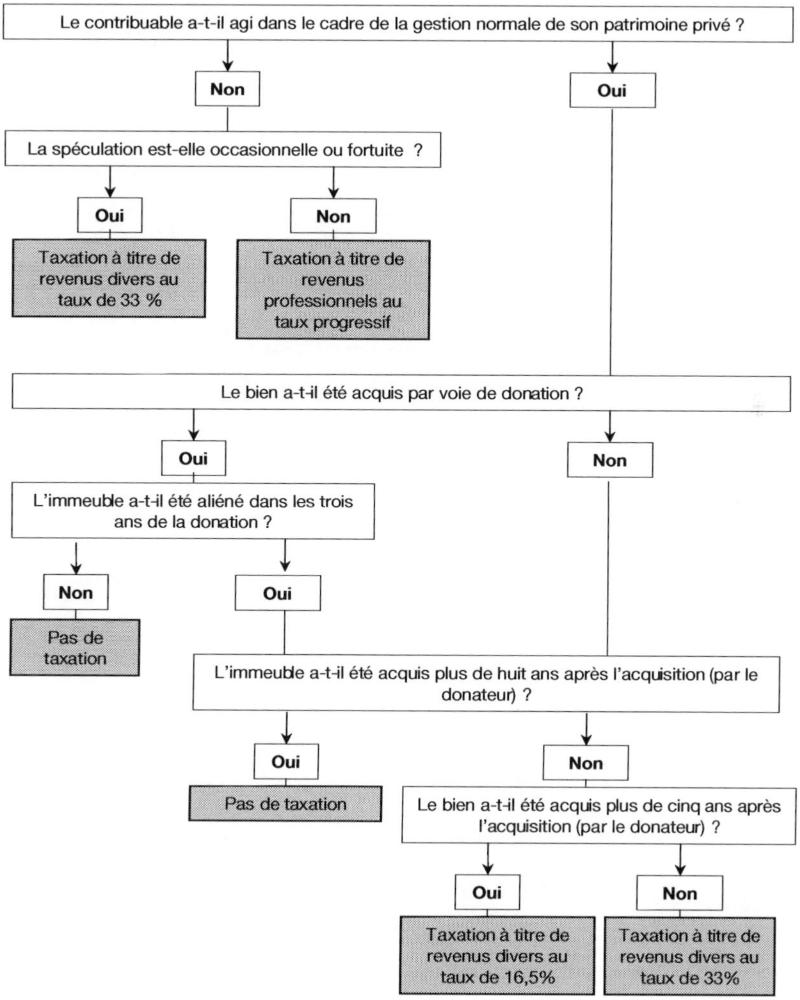

1.5.2. *Les immeubles bâtis*

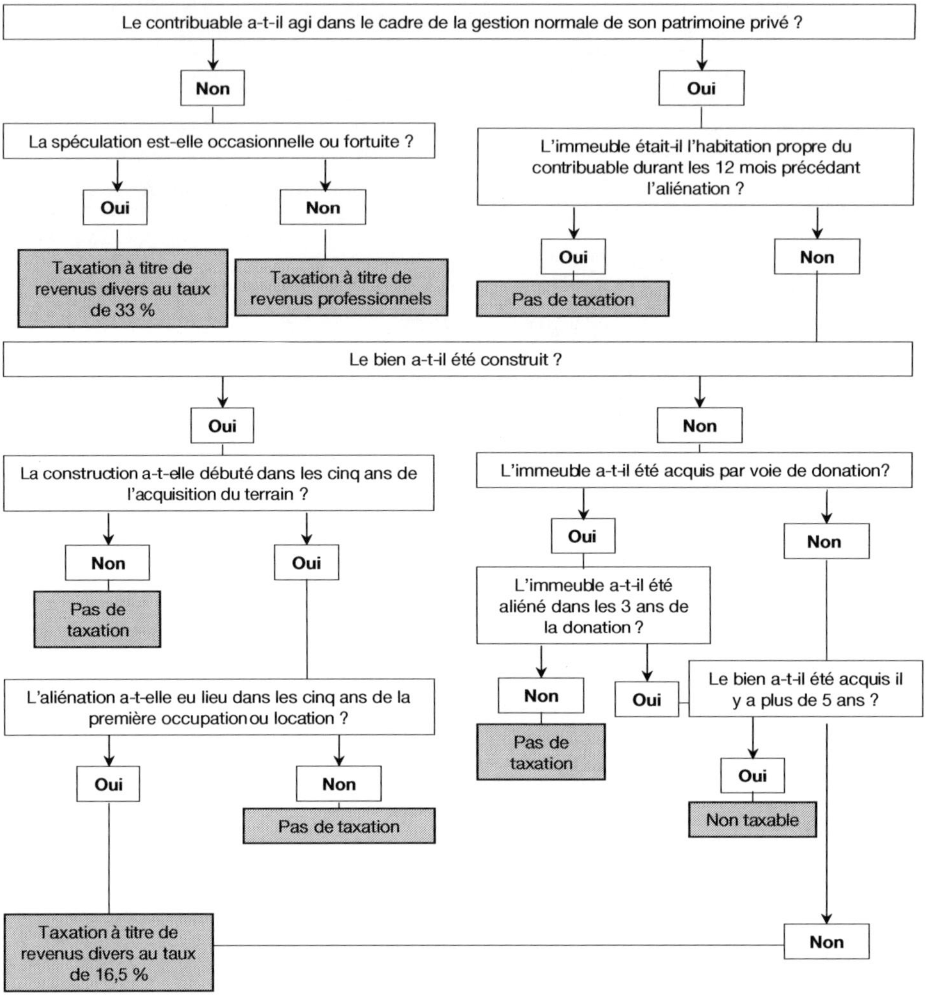

1.5.3. *Tableau synoptique relatif aux impositions des plus-values réalisées lors de l'aliénation de biens immeubles*

	Nature du bien		Tarif d'imposition
Intention spéculative	Terrain		33 %
	Immeuble bâti		
Pas d'intention spéculative	Terrains	Achat, vente et donation vente dans les 5 ans	33 %
		Achat, vente et donation vente entre 5 et 8 ans	16,5 %
	Immeubles bâtis	Achat, vente, donation vente et achat construction (règle des cinq ans)	16,5 %
	Terrains et immeubles bâtis	Autres cas	Pas d'imposition

2. Les autres impositions liées aux biens immobiliers

D'autres opérations portant sur les biens immobiliers, réalisées en dehors de l'exercice d'une activité professionnelle, peuvent donner lieu à une imposition à titre de bénéfices ou profits occasionnels (revenus divers) imposables au taux de 33 %.

Citons les deux exemples jurisprudentiels suivants :

- dans son arrêt du 15 décembre 1994, la Cour d'appel de Bruxelles a considéré que l'achat suivi de la revente d'un droit d'option sur un immeuble constitue un acte spéculatif. La Cour a considéré qu'en achetant cette option, droit temporaire, le contribuable a spéculé sur la possibilité d'intéresser des relations très fortunées à l'achat de l'immeuble, en devenant pour cet investissement un intermédiaire incontournable. Ce faisant, le contribuable a monnayé, non pas son patrimoine propre dans le projet immobilier, mais bien la position de force acquise par l'achat de l'option.
  Les revenus issus de la revente de l'option sont imposables à titre de bénéfices ou profits occasionnels.
- dans son jugement du 23 février 2005, le Tribunal de première instance de Hasselt a considéré que sortaient de la gestion normale du patrimoine privé les opérations suivantes :
  - les contribuables ont acquis un bâtiment ;
  - ils ont rénové et aménagé ce bâtiment en 10 chambres d'étudiants ;
  - ils donnent en location ces 10 chambres d'étudiants ;
  - ils ont contracté un crédit destiné spécifiquement à l'aménagement d'un bâtiment destiné à la location d'un nombre considérable de chambres d'étudiants ;
  - le bâtiment est distinct de l'habitation familiale.

Sur la base de ces éléments de fait, le Tribunal a considéré que l'ampleur des activités liées à l'exploitation et à la location d'un bâtiment avec 10 chambres d'étudiants (gestion, entretien des communs, administration de l'enlèvement des déchets ménagers, suivi des contrats de location, suivi des paiements) confère aux revenus issus de la location le caractère de revenus divers.

Partie 5

Fiscalité mobilière

Depuis la loi du 28 décembre 1983 (à l'exception de l'année civile 2012), le contribuable est autorisé à ne plus mentionner dans sa déclaration les revenus des capitaux et biens mobiliers pour lesquels un précompte mobilier a été acquitté.

Le précompte mobilier constitue l'essentiel de l'impôt portant sur les revenus de capitaux et biens mobiliers, ainsi que sur certains revenus divers.

Différents taux d'imposition sont applicables en fonction de la nature et du bénéficiaire de ce revenu :

- 27 % pour les dividendes, intérêts et redevances attribués ou mis en paiement en 2016 ;
- 20 % ou 15 % pour les dividendes d'actions nouvelles de PME[1] ;
- 20 %, 17 % ou 5 % pour les dividendes issus de la réserve de liquidation visée à l'article 184*quater* ou 541 du Code des impôts sur les revenus[2] ;
- 17 %, 10 % ou 5 % pour les dividendes provenant des apports visés à l'article 537 du Code des impôts sur les revenus[3] ;
- 15 % pour les intérêts résultant des bons Leterme ou des dépôts d'épargne réglementés ;
- 0 % pour les bénéficiaires exonérés.

En règle générale, le paiement du précompte mobilier est assuré par le système de la retenue à la source même des revenus. Par conséquent, c'est le débiteur des revenus des capitaux et biens mobiliers ou le premier intermédiaire belge procédant au paiement des revenus des capitaux et biens mobiliers d'origine étrangère qui doit retenir le précompte mobilier sur les revenus imposables. Ce précompte est payable dans les quinze jours de l'attribution ou de la mise en paiement des revenus imposables.

Le précompte mobilier ainsi retenu à la source est définitivement acquis au Trésor lorsque le contribuable fait usage de la faculté de ne pas déclarer lesdits revenus des capitaux et biens mobiliers pour lesquels un précompte a été acquitté. Cette règle s'applique même lorsque, volontairement ou involontairement, le contribuable n'a pas déclaré ces revenus. Pour ces revenus, l'impôt est égal au précompte mobilier. Il s'agit d'un « précompte mobilier libératoire » parce qu'il représente l'imposition unique et définitive des revenus des capitaux et biens mobiliers.

Il en résulte que les revenus des capitaux et biens mobiliers doivent être répartis en trois groupes :

- les revenus qui ne sont jamais imposables ;
- les revenus dont la déclaration est obligatoire parce que le précompte mobilier n'a pas été retenu lors de leur encaissement ;
- les revenus dont la déclaration est facultative du fait qu'un précompte mobilier a été retenu lors de leur encaissement.

Les revenus des capitaux et biens mobiliers sont considérés comme des revenus professionnels lorsque ces biens et capitaux sont affectés à l'exercice de l'activité professionnelle du bénéficiaire desdits revenus. Cette qualification en revenus professionnels ne fait cependant pas obstacle à la perception du précompte mobilier sur lesdits revenus. Cette qualification ne vaut que si les revenus sont considérés comme des revenus de capitaux et de biens mobiliers et non comme des revenus professionnels. Dans cette hypothèse, les revenus doivent toujours être déclarés.

En ce qui concerne les associations de fait qui ne se livrent ni à une exploitation industrielle, commerciale ou agricole quelconque, ni à une occupation lucrative, les revenus des capitaux et biens mobiliers qu'elles gèrent ou administrent (sans en avoir juridiquement la propriété) pour le compte et au profit de leurs membres constituent des revenus imposables, en principe, dans le chef de ces membres, au titre de revenus de capitaux et biens mobiliers.

---

1 Le taux varie selon l'année de l'attribution des revenus.

2 Le taux varie selon l'année de l'attribution des revenus.

3 Le taux varie selon l'année de l'attribution des revenus.

I.
REVENUS QUI NE SONT JAMAIS IMPOSABLES

Article 21 CIR

Ne doivent pas être mentionnés dans le cadre VII de la déclaration, les revenus qui, en vertu de la loi, ne sont pas considérés comme des revenus des capitaux et biens mobiliers.

Ainsi, ne sont notamment pas considérés comme des revenus des capitaux et biens mobiliers et par conséquent ne sont jamais imposables :

- les revenus des actions privilégiées de la Société nationale des chemins de fer belges ;
- les revenus d'actions ou parts, payés ou attribués en cas de partage total ou partiel de l'avoir social ou d'acquisition d'actions ou parts propres par une société d'investissement qui bénéficie dans le pays de son domicile fiscal d'un régime d'imposition distinct exorbitant du droit commun ;
- les revenus des fonds publics belges et des emprunts de l'ex-Congo belge qui ont été émis en exemption d'impôts belges, réels et personnels, ou de tous impôts ;
- les lots afférents à des titres d'emprunts ;
- les revenus des titres d'emprunts de refinancement des emprunts conclus par la Société nationale du logement et la Société nationale terrienne ou par le Fonds d'amortissement du logement social ;
- les revenus alloués ou attribués dans le cadre de l'épargne-pension à des organismes de placements collectifs agréés à cet effet, ou à des titulaires d'un compte d'épargne individuel pour autant que certaines conditions soient respectées ;
- la première tranche de 190,00 EUR (pour l'exercice d'imposition 2017) de dividendes des sociétés coopératives agréées par le Conseil national de la coopération, à l'exception des sociétés coopératives de participation ;
- la première tranche de 190,00 EUR (pour l'exercice d'imposition 2017) des intérêts ou des dividendes alloués ou attribués par certaines sociétés à finalité sociale agréées par le ministre des Finances ;
- en cas de partage de l'avoir social, les dividendes distribués à partir de la réserve de liquidation visée à l'article 184*quater* du Code des impôts sur les revenus ;
- les revenus attribués ou mis en paiement par une construction juridique visée à l'article 2, § 1er, 13°, b), et recueillis par un fondateur ou un tiers bénéficiaire, dans l'éventualité et dans la mesure où le fondateur ou le tiers bénéficiaire établit que ces revenus sont constitués de revenus perçus par la construction juridique qui ont déjà subi leur régime d'imposition en Belgique dans le chef de ce fondateur ou de ce tiers bénéficiaire.

En cas d'imposition commune, l'exonération de la première tranche de 190,00 EUR doit s'apprécier dans le chef de chaque conjoint ou cohabitant légal.

1. Le carnet d'épargne réglementé

1.1. Situation actuelle

Le carnet d'épargne réglementé bénéficie d'une exonération, par contribuable, du précompte mobilier pour une première tranche d'intérêts de 1.880,00 EUR (pour l'exercice d'imposition 2017).

Lorsque le carnet d'épargne réglementé est ouvert au nom de deux personnes (par exemple des conjoints ou des cohabitants légaux), l'exonération de précompte mobilier s'applique sur la première tranche d'intérêts de 2 × 1.880,00 EUR soit 3.760,00 EUR.

Pour les parents qui ont un droit de jouissance légale sur les revenus de leurs enfants mineurs, les intérêts perçus par ceux-ci doivent être additionnés à ceux des parents (la moitié pour chacun des parents).

Les banques traitent chaque compte épargne réglementé individuellement. Il en résulte que lorsque la somme des intérêts produits par plusieurs comptes excède le montant exonéré (1.880,00 EUR), le contribuable doit déclarer dans sa déclaration fiscale (Codes 1151 – 2151) la partie excédentaire qui n'a pas été soumise au précompte mobilier de 15 %.

Autrement dit, un impôt n'est dû que pour la partie des intérêts qui excèdent 1.880,00 EUR.

ex

1. *Marguerite a un compte réglementé auprès d'une banque belge. Pour l'année 2016, ce compte a généré des intérêts pour la somme de 1.700,00 EUR.*
   Aucun précompte mobilier n'est dû et Marguerite ne doit rien faire (aucun impôt n'est dû).
2. *Monsieur Pick (célibataire) a un compte réglementé auprès d'une banque belge. Pour l'année 2016, ce compte a généré des intérêts pour la somme de 2.050,00 EUR.*
   En tant que débiteur des revenus, la banque retient à la source un précompte mobilier de 25,50 EUR (15 % de 170,00 EUR à savoir la différence entre 2.050,00 EUR et 1.880,00). Ce précompte de 25,50 EUR constitue l'impôt (précompte mobilier libératoire).

Pour éviter une retenue à la source du précompte mobilier, les banques encouragent leurs clients à ouvrir plusieurs comptes réglementés qui, ensemble, dépassent le seuil d'exonération de 1.880,00 EUR, mais qui individuellement n'atteignent pas le montant maximum exonéré.

Si les intérêts (d'origine belge ou originaires d'un autre État membre de l'Espace économique européen) afférents à des dépôts d'épargne réglementés n'excèdent pas 1.880,00 EUR, le contribuable ne sera pas tenu de mentionner les revenus dans sa déclaration à l'impôt des personnes physiques.

Si la limite de 1.880,00 EUR est dépassée, le contribuable doit calculer la différence entre le montant total perçu à titre d'intérêt et le montant exonéré de 1.880,00 EUR et mentionner le résultat de ce calcul dans la déclaration d'impôt en vue de l'imposition de cette différence au taux de 15 %.

Lorsque les intérêts provenant des dépôts d'épargne réglementés sont, pour l'une ou l'autre raison, payés après retenue du précompte mobilier belge alors qu'ils entrent en considération pour l'exemption, le contribuable peut récupérer ce précompte mobilier à concurrence du montant trop perçu en mentionnant la partie du précompte mobilier dans sa déclaration à l'impôt des personnes physiques.

Les contribuables qui sont tentés par le fait de ne rien déclarer doivent cependant être attentif à la loi du 14 juillet 2011 qui organise la levée du secret bancaire ; cette loi autorise l'administration des contributions directes à recueillir auprès des établissements de banque, de change et d'épargne, des renseignements en vue de déterminer les impôts dus par un de leurs clients, lorsqu'il existe des indices de fraude fiscale.

1.2. Extension aux intérêts payés par des banques étrangères

Par son arrêt du 6 juin 2013 (affaire C-383/10), la Cour de justice de l'Union européenne s'est prononcée, à l'occasion d'un recours en manquement au titre de l'article 258 du TFUE, sur l'exonération fiscale réservée uniquement aux intérêts payés par les banques belges.

La Cour constate que la législation belge établit un régime fiscal différent pour les intérêts résultant d'un dépôt d'épargne selon qu'ils sont payés par des banques établies en Belgique ou non :

- pour les banques établies en Belgique, les intérêts de dépôts d'épargne réglementés sont exonérés d'impôts pour un montant de 1.880,00 EUR par an et par contribuable ;
- pour les banques établies à l'étranger, les intérêts de dépôts d'épargne sont soumis à l'impôt dès le premier centime peu importe que les comptes soient réglementés ou non.

Pour la Cour, une telle législation a, d'une part, pour effet de dissuader les résidents belges d'avoir recours aux services de banques établies dans d'autres États membres et d'ouvrir ou de conserver des comptes d'épargne auprès de banques non établies en Belgique, étant donné que les intérêts payés par ces dernières ne sont pas susceptibles de profiter de l'exonération fiscale en cause lorsque ces banques ne sont pas établies sur le territoire belge. D'autre part, cette réglementation est de nature à dissuader les titulaires d'un compte d'épargne auprès d'une banque établie sur le territoire belge, qui bénéficient, partant, de ladite exonération, de transférer leur compte vers une banque établie dans un autre État membre.

Par conséquent, il convient de constater que, en instaurant et en maintenant un régime établissant une imposition discriminatoire des intérêts payés par les banques non-résidentes, résultant de l'application d'une exonération fiscale réservée uniquement aux intérêts payés par les banques résidentes, le Royaume de Belgique a manqué aux obligations qui lui incombent en vertu de l'article 56 TFUE ainsi que de l'article 36 de l'accord EEE.

Pour remédier à l'incompatibilité de cette disposition fiscale au regard de la libre prestation des services au sein de l'Espace économique européen, le législateur a décidé d'étendre l'exemption actuelle aux dépôts d'épargne tenus par des établissements de crédit établis dans l'Espace économique européen à partir de l'exercice d'imposition 2013, à savoir aux revenus attribués ou mis en paiement à partir du 1er janvier 2012.

Les conditions auxquelles doivent satisfaire les dépôts d'épargne détenus dans les autres États membre de l'EEE pour être pris en considération pour l'exemption sont analogues aux conditions auxquelles sont soumis les dépôts d'épargne réglementés en Belgique. Ce sont les conditions telle que prévues à l'article 21, 5° du Code des impôts sur les revenus et telles qu'elles sont ensuite exécutées à l'article 2 de l'arrêté royal d'exécution du CIR.

2. Les bons d'assurance

En principe, est imposable (à titre de revenus mobiliers) le revenu compris dans les capitaux et valeurs de rachat liquidés en cas de vie afférents à un contrat d'assurance-vie que le contribuable a conclu individuellement lorsqu'il s'agit :

- soit d'un contrat prévoyant un rendement garanti et dont aucune des primes n'a donné lieu à un avantage fiscal (branche 21);
- soit d'un contrat lié à un ou plusieurs fonds d'investissement lorsque sa souscription comporte des engagements déterminés quant à sa durée et à son montant ou à son taux de rendement (branche 23).

Cependant, aucun précompte mobilier n'est dû si le contrat a été souscrit par une personne physique dans un des cas suivants :

- le contribuable s'est assuré exclusivement sur sa tête et les avantages du contrat sont stipulés en sa faveur en cas de vie et le contrat prévoit le paiement au décès d'un capital équivalent à 130 % au moins du total des primes versées ;
- le contrat est conclu pour une durée supérieure à huit ans et les capitaux ou valeurs de rachat sont effectivement payés plus de huit ans après la conclusion du contrat.

Dans son arrêt du 19 janvier 2012, la Cour de Cassation précise que ni l'article 21, 9°, b) du Code des impôts sur les revenus ni aucune autre disposition du même code ne précisent le point de départ et la fin du délai de huit ans. Ni les dispositions du Code judiciaire ni l'article 2260 du Code civil ne s'appliquent au calcul de ce délai des « huit premières années ».

La notion d'« année » énoncée à la disposition légale précitée doit, dès lors, être entendue dans son sens usuel qui est celui de l'usage quotidien de la langue, à savoir « une période de douze mois». Une période de huit ans commence ainsi le premier jour de cette période à compter de la date convenue, en l'espèce le 1er juillet 1994 à 00:00 heures et prend fin huit ans plus tard, en l'espèce, le 30 juin 2002, à 24:00 heures. Contrairement à ce que les juges d'appel ont décidé, la durée du contrat (prenant cours le 1er juillet 1994 et prenant fin le 1er juillet 2002) était, en l'espèce, supérieure à 8 ans[4].

Les avances sur contrat octroyées au cours de l'une des huit premières années de la conclusion du contrat sont assimilées à des valeurs de rachat.

Le revenu imposable au titre de revenus des capitaux et biens mobiliers s'élève à la différence entre:

- les sommes payées ou attribuées à l'exclusion des participations aux bénéfices pour autant qu'elles soient liquidées en même temps que les capitaux ou valeurs de rachat résultant du contrat;
- et le total des primes versées.

Cependant, le revenu imposable ne peut être inférieur à la capitalisation des intérêts au taux de 4,75% l'an, calculés sur le montant total des primes versées.

Luc a souscrit le 30 septembre 2010 un bon d'assurance (branche 21), ne comportant pas de couverture de décès, d'une valeur nominale de 10.000,00 EUR après déduction de la taxe d'assurance de 1,1%. La durée du contrat est de 8 ans et un jour. Luc n'a jamais obtenu d'avantage fiscal et le bon d'assurance n'est pas lié à un ou plusieurs fonds d'investissement.

Première hypothèse: la somme de 15.938,00 EUR est payée à Luc le 3 novembre 2018.

Le revenu compris dans le capital versé à Luc ne constitue pas un revenu mobilier et est à ce titre non imposable étant donné que le contrat a une durée supérieure à huit ans et que le capital a été effectivement payé plus de huit ans après la conclusion du contrat.

Deuxième hypothèse: Luc demande le rachat du contrat le 3 novembre 2016. À cette date, la valeur de rachat s'élève à 15.036,00 EUR.

Le revenu compris dans les valeurs de rachat versées à Luc constitue un revenu mobilier et est à ce titre imposable étant donné que la valeur de rachat a été effectivement payée huit ans ou moins de huit ans après la conclusion du contrat.

Le montant imposable s'élève à 5.036,00 EUR car ce montant est supérieur au minimum imposable 3.838,16 EUR à savoir $[10.000,00 \times (1 + 4,75\%)^7 - 10.000,00]$.

Après retenue à la source du précompte mobilier (1.259,00 EUR c'est-à-dire 25% de 5.036,00 EUR), Luc encaisse la somme de 13.777,00 EUR.

Le précompte mobilier ainsi retenu à la source (1.259,00 EUR) est définitivement acquis au Trésor si Luc fait usage de la faculté de ne pas déclarer ce revenu mobilier.

Les taxes sur les primes de certains produits d'assurance s'élèvent à 2%. Celles-ci s'appliquent notamment aux produits d'assurance-vie de la branche 23 et aux produits d'assurance-épargne de la branche 21.

3. Intérêts des emprunts[5] émis dans le cadre du *crowdfunding*

1323-35/2323-05

Le *crowdfunding* consiste à récolter des fonds auprès du public (souvent via internet) afin de financer un projet spécifique. L'idée de base du *crowdfunding* est que de nombreux consomma-

4 Cour de cassation de Belgique, Rapport annuel 2012, p. 31.

5 Conclus à partir du 1er juillet 2015.

teurs investissent un petit montant et que la somme de ces petits investissements permette de financer le projet en question.

En vue d'encourager le *crowdfunding*, le législateur a prévu que les intérêts afférents à la première tranche de 15.000,00 EUR (exercice d'imposition 2017) prêtés par contribuable durant quatre années au moyen de nombreux prêts conclus à titre privé entre une personne physique et une entreprise (avec une intervention d'une plateforme de *crowdfunding* reconnue) sont exemptés de précompte mobilier[6].

Les personnes physiques qui peuvent bénéficier de cette exemption sont des personnes qui peuvent être considérées comme des investisseurs privés indépendants, y compris les entrepreneurs et les dirigeants de l'entreprise agissant à titre privé.

Pour bénéficier de l'exemption, les conditions suivantes doivent être respectées:

- les prêts doivent être conclus avec une petite société au sens de l'article 15, §§ 1er à 6 du Code des sociétés;
- l'emprunteur doit être une société «qui débute» et qui ne peut avoir plus de 48 mois d'existence. Cette période de 48 mois prend cours à partir de la date d'enregistrement à la Banque-Carrefour des entreprises ou dans un registre similaire d'un autre État membre de l'Espace économique européen;
- le prêt doit financer des initiatives économiques nouvelles. Cette condition a pour effet d'exclure:
  - les prêts destinés à financer le simple passage en société d'activités déjà exercées en personne physique ou le transfert d'activités existantes d'une société à une autre société via une opération d'apport, de scission, de fusion ou d'opération y assimilée;
  - les prêts de refinancement;
- les prêts doivent avoir une durée minimale de quatre ans. Pour calculer cette période minimale de quatre années, on doit partir de la date fournie par la plateforme de *crowdfunding* agréée;
- la plateforme de *crowdfunding* qui agit comme intermédiaire pour la conclusion du prêt doit être agréée en qualité d'intermédiaire en financement alternatif par l'Autorité des services et marchés financiers (FSMA) ou par une autorité similaire d'un autre État membre de l'Espace économique européen.

Comme seuls les intérêts afférents à la première tranche de 15.000,00 EUR prêtés sont exemptées, lorsqu'un contribuable prête un montant supérieur, l'excédent des intérêts doit être mentionné dans la déclaration sauf si le précompte mobilier a été retenu par l'emprunteur.

Les prêteurs sont tenus de mentionner dans leur déclaration aux impôts sur les revenus le nombre de prêts qu'ils ont consenti (Cadre XIV, Code 1088-76/2088-46)[7]. De même, les prêteurs sont également tenus de fournir à l'administration fiscale, sur demande expresse de celle-ci, les livres et documents relatifs à ces prêts.

---

6 Article 21, 13° du Code des impôts sur les revenus.

7 Article 307, § 1er, dernier alinéa.

II.
REVENUS DONT LA DÉCLARATION EST OBLIGATOIRE

Article 313 CIR

Sont visés les revenus des capitaux et biens mobiliers :

- pour lesquels aucun précompte mobilier n'a été acquitté ou a été retenu de manière insuffisante ;
- et qui ne sont pas exonérés de déclaration en vertu de l'article 313 du Code des impôts sur les revenus.

Les revenus concernés sont :

- les revenus de la cession ou de la concession des droits d'auteur et des droits voisins ;
- les revenus de créances hypothécaires sur des immeubles situés en Belgique ou sur des navires et bateaux immatriculés à la conservation des hypothèques à Anvers, à l'exclusion des obligations hypothécaires ;
- les revenus de la location, de l'affermage, de l'usage ou de la concession de biens mobiliers corporels ou incorporels ;
- les revenus compris dans certaines rentes viagères ou temporaires ;
- les redevances résultant de certaines conventions d'octroi de droits d'usage sur des biens immobiliers bâtis ;
- les revenus afférents à des carnets d'épargne ordinaire belges dans la mesure où ils excèdent 1.880,00 EUR (pour l'exercice d'imposition 2017) et pour autant que le précompte mobilier n'ait pas été retenu sur cet excédent (Codes 1151-13/2151-80) ;
- les dividendes des sociétés coopératives agréées par le Conseil national de la coopération, à l'exception des sociétés coopératives de participation dans la mesure où ils excèdent 190,00 EUR (pour l'exercice d'imposition 2017) et pour autant que le précompte mobilier n'ait pas été retenu sur cet excédent (Codes 1165-96 à 1438-17/2165-66 à 2438-84) ;
- les intérêts ou les dividendes alloués ou attribués par des sociétés à finalité sociale agréées par le ministre des Finances dans la mesure où ils excèdent 190,00 EUR (pour l'exercice d'imposition 2017) et pour autant que le précompte mobilier n'ait pas été retenu sur cet excédent (Codes 1167-94 à 1442-13/2167-64 à 2442-80) ;
- les dividendes d'origine étrangère non encaissés en Belgique ;
- les autres revenus d'origine étrangère non encaissés en Belgique ;
- les revenus encaissés en Belgique sur lesquels aucun précompte mobilier n'a été retenu et pour lesquels il n'existe aucune exonération.

Ces revenus sont imposables au taux distinct (sauf si globalisation plus favorable) de 27 % lorsqu'ils sont attribués ou mis en paiement en 2016 (30 % lorsqu'ils sont attribués ou mis en paiement à partir du 1er janvier 2017) à l'exception notamment :

- des revenus qui résultent de la cession ou de la concession des droits d'auteur et des droits voisins imposables au taux distinct de 15 % ;
- des revenus afférents à des carnets d'épargne ordinaire belge dans la mesure où ils excèdent 1.880,00 EUR imposables au taux distinct de 15 % ;
- des dividendes attribués ou mis en paiement à partir du 1er janvier 2017 par des SIR qui investissent en « unités de soins et de logement adapté à des soins de santé » imposables au taux distinct de 15 %[8] ;

[8] Article 269, § 1er, 3° du Code des impôts sur les revenus.

- des bons d'État émis entre le 22 novembre 2011 et le 4 décembre 2011 (dénommé « bon Leterme ») imposables au taux distinct de 15 %.

1. Revenus de la location, de l'affermage, de l'usage ou de la concession de biens mobiliers corporels ou incorporels

Articles 17, § 1er, 3° et 22 CIR, 3 et 4 AR/CIR

1156-08/2156-75

Sont visés les revenus recueillis à l'occasion de la sous-location ou de la sous-concession de biens mobiliers corporels ou incorporels (par exemple, un brevet).

Les revenus recueillis en 2016 sont imposables au taux de 27 %. À partir du 1er janvier 2017, ces revenus sont imposables au taux de 30 %.

1.1. Clientèle

La Cour de cassation a jugé, dans trois arrêts du 4 janvier 2002, du 2 décembre 2004 et du 18 décembre 2009, que des revenus issus de la concession d'un bien incorporel à une société peuvent être considérés comme des revenus professionnels.

Dans le premier arrêt, la Cour a considéré que les revenus issus de la location d'une officine pharmaceutique à une société devaient être considérés comme des revenus de biens meubles corporels et incorporels affectés à l'exercice de l'activité professionnelle et imposables au titre de bénéfices pour les raisons suivantes :

- le pharmacien conservait un droit de regard sur la comptabilité ;
- un prêt de consommation portant sur le stock de médicaments a été conclu entre le pharmacien et la société ;
- la clientèle créée postérieurement à la cession revenait à la fois à la société et au pharmacien, le prix de cession étant fonction des bénéfices futurs réalisés par la société.

Dans le second cas, la Cour a considéré que les redevances issues de la concession d'une patientèle d'un médecin à une société devaient être qualifiées de rémunérations d'associé actif (dirigeant d'entreprise) pour les raisons suivantes :

- le médecin est l'associé unique de la société ;
- il exerce une activité exclusive, effective et permanente pour le compte de la société en tant que gérant unique ;
- les redevances constituent le produit de l'activité professionnelle du médecin en qualité d'associé actif (dirigeant d'entreprise).

Dans le troisième arrêt, la Cour de cassation a confirmé l'arrêt de la Cour d'appel de Mons qui considérait que la situation ainsi créée suite à la location de la clientèle ne correspondait nullement à la réalité et qu'il y avait dès lors lieu de considérer que le contrat de location de clientèle était simulé dans la mesure où le paiement des loyers avait une autre cause, à savoir l'intention d'octroyer à l'intéressé une rémunération déguisée.

Dans un quatrième arrêt (19 septembre 2013), la Cour de Cassation a considéré, sur la base de l'article 1709 du Code civil qui dispose que :

- le louage de choses est un contrat par lequel l'une des parties s'oblige à faire jouir l'autre d'une chose pendant un certain temps, et moyennant un certain prix que celle-ci s'oblige de lui payer ;
- le bailleur est obligé, par la nature du contrat, et sans qu'il soit besoin d'aucune stipulation particulière, d'en faire jouir paisiblement le preneur pendant la durée du bail ;

- la clientèle ne peut être l'objet d'un contrat de louage de choses dès lors qu'un entrepreneur ne peut fournir la jouissance paisible de sa clientèle,

que les juges d'appel qui ont considéré que la clientèle est susceptible d'être louée, n'ont pas légalement justifié leur décision.

1.2. **Revenu net**

Le revenu net de la location, de l'affermage, de l'usage ou de la concession de tous biens mobiliers, s'entend du montant brut diminué des frais exposés en vue d'acquérir ou de conserver ces revenus.

En l'absence d'éléments probants, le contribuable peut revendiquer la déduction de ses frais forfaitaires. Lorsque ces frais réels sont inférieurs aux frais forfaitaires, le contribuable peut également faire usage des frais forfaitaires.

Ces derniers sont déterminés en appliquant le pourcentage ci-après au montant brut des revenus:

50 %	• location de décors et costumes de théâtre; • location de biens meubles garnissant des habitations, chambres ou appartements meublés (lorsqu'il est stipulé un loyer global pour les biens mobiliers et immobiliers, les 2/5 dudit loyer sont censés représenter le montant brut au titre de revenus imposables de biens mobiliers).
85 %	• des revenus de la location de partitions, livrets et autres objets analogues faisant partie du matériel d'orchestre pour représentations théâtrales; • la concession du droit de pressage de disques commerciaux; • la concession du droit de distribution de projection de films cinématographiques et d'œuvres audiovisuelles analogues et la concession du droit de diffusion et de retransmission simultanée et intégrale de programmes de télévision et de radio (sont incorporés au revenu brut imposable, s'ils sont supportés par le débiteur des revenus, les frais de copie, de sous-titrage et de doublage de films, y compris les bandes de lancement, les frais de transport desdits films à l'étranger, les droits de douane, la taxe sur les locations mobilières et les frais de transfert des redevances, ainsi que tous autres frais analogues).
15 %	• des revenus de toutes les autres locations... de biens mobiliers.

Les revenus recueillis à l'occasion de la sous-location ou de la cession de bail d'immeubles ou parties d'immeubles meublés ou non sont imposables à titre de revenus divers à caractère mobilier. Dans le cas particulier où un immeuble loué non meublé a été sous-loué meublé, il convient de faire une ventilation entre les revenus qui proviennent de la sous-location de l'immeuble (revenus divers à caractère mobilier) et ceux qui proviennent de la location des meubles (revenus mobiliers).

ex *Luc a pris en location un immeuble non meublé situé à Ostende. Il a versé en 2016 un loyer de 4.750,00 EUR l'an, qui se répartit comme suit:*

- *pour le rez-de-chaussée: 1.750,00 EUR;*
- *pour le premier étage: 1.625,00 EUR;*
- *pour le second étage: 1.375,00 EUR.*

Il utilise le rez-de-chaussée à des fins privées. Les deux étages ont été donnés en sous-location comme habitations de vacances, sans autres prestations et ce, de la manière suivante:

- *le premier étage pour un loyer non ventilé de 4.500,00 EUR;*
- *le second étage pour un loyer non ventilé de 3.750,00 EUR.*

Détermination du montant imposable du revenu mobilier

Revenus de la location de biens mobiliers qui proviennent de la location de meubles garnissant des habitations, chambres ou appartements meublés	*3.300,00 EUR c'est-à-dire 40% de 8.250,00 EUR*
Frais forfaitaires	*1.650,00 EUR c'est-à-dire 50% de 3.300,00 EUR*
Revenu imposable	*1.650,00 EUR c'est-à-dire 3.300,00 EUR – 1.650,00 EUR*

Détermination du montant imposable du revenu divers à caractère mobilier

Détermination du revenu net imposable			
Terme 1 (T1)	*Loyers + avantages locatifs reçus par le locataire ou le cédant – charges locatives supportées par le sous-locataire*		***4.950,00*** *c'est-à-dire 60% de 8.250,00*
– Terme 2 (T2)	*Total du loyer et des charges locatives payées au propriétaire par le locataire ou le cédant*	*4.750,00*	***– 3.000,00***
	+ Frais payés ou supportés pour acquérir ou conserver les revenus par le locataire ou le cédant	*0,00*	
	– Valeur locative de la partie du bien occupée par le locataire ou le cédant	*– 1.750,00*	
T1 – T2		***Montant imposable***	***1.950,00***

Luc remplit les cadres VII et XVI de sa déclaration de la manière suivante:

Cadre VII – Revenus des capitaux et biens mobiliers		
B. Revenus nets de la location, de l'affermage, de l'usage ou de la concession de biens mobiliers		
	1.650,00 *(Code 1156-08)*	*Code 2156-75*

Cadre XVI – Revenus divers		
A. Revenus divers à caractère mobilier		
2. Revenus dont la déclaration est obligatoire		
a) Sous-location ou cession de bail d'immeubles meublés ou non		
Revenus (bruts)	***4.950,00*** *(Code 1180-81)*	*Code 2180-51*
Frais réels, y compris le loyer et les charges locatives payés par vous	***3.000,00*** *(Code 1181-80)*	*Code 2181-50*

2. Revenus compris dans certaines rentes viagères ou temporaires

Articles 17 § 1er, 4°, 20 et 22 CIR

1158-06/2158-73

Sont imposables à titre de revenus de capitaux et biens mobiliers, les rentes viagères (rentes à servir tant que le crédirentier est en vie) ou temporaires (rentes à servir pendant une durée maximum déterminée) qui n'ont pas le caractère d'une pension constitutive d'un revenu professionnel et qui ont été constituée :

- à titre onéreux ;
- à charge d'une personne morale ou d'une entreprise (ce qui exclut les rentes payées à titre tout à fait privé par des particuliers) ;
- après le 1er janvier 1962.

Sont également à déclarer, parmi les revenus des capitaux et biens mobiliers, les rentes viagères obtenues suite à la cession d'un capital :

- constitué à partir de cotisations versées, à partir du 1er janvier 2006, dans le cadre de la pension complémentaire libre des indépendants ;
- ou constitué au moyen de cotisations personnelles ou patronales versées, à partir du 1er janvier 2004, dans le cadre d'une assurance-groupe, de la poursuite individuelle d'un engagement de pension ou d'un engagement de pension individuel.

Cette assimilation à des revenus des capitaux et biens mobiliers a pour objectif d'éviter que la rente viagère constitue un revenu taxable une seconde fois au titre de revenu professionnel, le capital « abandonné » ayant déjà été soumis, à titre de revenu professionnel, à la taxation distincte prévue à l'article 171 du Code des impôts sur les revenus.

Le montant imposable de la rente viagère ou temporaire correspond selon le cas :

- au montant effectif perçu par le bénéficiaire lorsque la rente est constituée à capital réservé (c'est-à-dire avec clause de remboursement du capital versé par le crédirentier) ;
- à 3 % du capital abandonné lorsque la rente est constituée moyennant versement à capital abandonné (le crédirentier abandonne au débirentier le capital constitutif de la rente).

Si, pour une année, le crédirentier ne perçoit qu'une fraction du montant annuel de la rente, la quotité imposable de 3 % du capital abandonné doit être réduite dans la même proportion.

Lorsqu'il s'agit de rentes résultant de la translation de la propriété, de la nue-propriété ou de l'usufruit de biens immobiliers, la valeur du capital est égale à la valeur retenue pour la perception du droit d'enregistrement.

ex *Le 26 septembre 2016, Luc (commerçant) a acquis un immeuble contre paiement d'une rente viagère mensuelle. La valeur du capital abandonné, telle qu'elle a été retenue pour l'application des droits d'enregistrement, s'élève à 180.000,00 EUR. Marguerite, crédirentière célibataire, a perçu au cours de l'année 2016 les rentes viagères relatives aux mois d'octobre, de novembre et de décembre.*

Cet immeuble est affecté par Luc à concurrence de 50 % à son exploitation commerciale.

Lorsque le bien immobilier acquis contre paiement d'une rente viagère n'est affecté que partiellement à l'exploitation de l'entreprise du débirentier, seule la valeur qui correspond à cette partie de bien immobilier est prise en considération pour la détermination du revenu mobilier imposable dans le chef du crédirentier.

Par conséquent, Marguerite, crédirentière, remplit le cadre VII de sa déclaration de la manière suivante :

Cadre VII – Revenus des capitaux et biens mobiliers		
C. Revenus compris dans les rentes viagères ou temporaires		
	675,00 *c'est-à-dire 3 % de 180.000,00 × 50 % × 3/12 (Code 1158-06)*	*Code 2158-73*

Cet immeuble n'est pas affecté par Luc à son exploitation commerciale. Il n'y a aucune imposition dans le chef de Marguerite (crédirentière).

Exonérations

– *Win for Life*

Les lots de la loterie à billets *Win for Life*, qui consistent en une rente viagère payable par mois, ne sont pas imposables.

– *Fun for Life*

Les lots de la loterie à billets *Fun for Life*, qui consistent en une rente viagère payable par mois, ne sont pas imposables.

3. Redevances résultant de certaines conventions d'octroi de droits d'usage sur des biens immobiliers bâtis

Pour rappel, ne sont pas considérés comme revenus immobiliers les sommes obtenues pour la concession d'un droit d'usage sur des biens immobiliers bâtis en vertu d'une convention non résiliable d'emphytéose, de superficie ou de droits immobiliers similaires, à condition que :

- les redevances échelonnées prévues au contrat permettent de couvrir, outre les intérêts et les charges de l'opération, la reconstitution intégrale du capital investi par le propriétaire dans la construction ou, dans le cas d'un bâtiment existant, la valeur vénale de celui-ci ;
- et la propriété de la construction soit, au terme du contrat, transférée de plein droit à l'utilisateur ou que le contrat comporte une option d'achat pour l'utilisateur.

Le revenu imposable au titre de revenus des capitaux et biens mobiliers correspond à la quotité des redevances qui couvre les charges financières de l'opération. Est exclue la quotité des redevances qui est destinée à la reconstitution intégrale du capital investi par le propriétaire dans la construction ou, dans le cas d'un bâtiment existant, la valeur vénale de celui-ci.

Les revenus attribués ou mis en paiement en 2016 sont imposables au taux de 27 %. À partir du 1er janvier 2017, ces revenus sont imposables au taux de 30 %.

4. Dividendes d'origine étrangère non encaissés en Belgique

1441-11/1159-05/1443-12/1445-10/1446-09/1148-07 ou 2444-78/2159-72/2443-79/2445-77/2446-76/2448-74

Concernant les revenus mobiliers d'origine étrangère qui n'ont pas été recueillis ou encaissés à l'intervention d'un intermédiaire établi en Belgique pour lesquels le précompte mobilier belge n'a pas été retenu, il existe une obligation de déclaration dans le chef du bénéficiaire. Ces revenus d'origine étrangère ne sont pas taxés au taux progressif par tranche de l'impôt des personnes physiques, mais bien à un taux distinct, correspondant au taux du précompte mobilier (moyennant application des additionnels communaux et d'agglomération) qui aurait dû être retenu en Belgique si ces revenus n'avaient pas été perçus directement à l'étranger.

Le montant imposable est égal au montant des sommes recueillies (c'est-à-dire après déduction de l'impôt étranger) majoré des frais d'encaissement et de garde.

ex *En 2016, Luc a perçu directement à l'étranger 750,00 EUR de dividendes. Ces dividendes ont été distribués par une société allemande dont les actions ont été émises le 28 mars 2014 par appel public à l'épargne.*

Luc remplit le cadre VII de sa déclaration de la manière suivante:

Cadre VII – Revenus des capitaux et biens mobiliers		
A. Revenus de capitaux avant déduction des frais d'encaissement et de garde		
2. Revenus dont la déclaration est obligatoire		
d) autres revenus sans précompte mobilier		
Imposables à 27%	***750,00*** *(Code 1444-11)*	*Code 2444-78*

5. Organisme de placement collectif en valeurs mobilières

Circulaire n° Ci.RH.231/621.328 (AGfisc n° 41/2013) du 25 octobre 2013

Un organisme de placement collectif en valeurs mobilières (ci-après dénommé O.P.C.V.M.) peut générer pour le détenteur personne physique, deux types de ressources qu'il convient de distinguer en matière fiscale, à savoir:

- les revenus issus des valeurs mobilières détenues en portefeuille (les intérêts, les dividendes, etc.) et qui font l'objet d'une distribution périodique;
- les plus-values obtenues à l'occasion du rachat par l'O.P.C.V.M. de ses actions propres ou lors de la liquidation de l'O.P.C.V.M.

5.1. Revenus périodiques distribués

Les O.P.C.V.M. dits de distribution, distibuent chaque année aux détenteurs les revenus qu'ils perçoivent: ces revenus périodiques sont qualifiés de dividendes et sont, par conséquent, soumis à un impôt (précompte mobilier libératoire) de 27% pour l'année 2016[9].

5.2. Plus-values obtenues

Le législateur a supprimé le traitement fiscal différencié aux plus-values réalisées sur certains O.P.C.V.M dans la mesure où seules les plus-values réalisées lors de rachat d'actions ou parts d'O.P.C.V.M disposant d'un passeport européen étaient jusqu'à présent imposables.

Pour être imposables, les plus-values réalisées à partir du 1er juillet 2013 doivent concerner des O.P.C.V.M (de droit belge ou de droit étranger) qui:

- dispose ou non d'un «passeport européen»;
- ont investi directement ou indirectement plus de 25% de leurs avoirs sous la forme de titres à revenu fixe.

9 30% pour les revenus attribués ou mis en paiement à partir du 1er janvier 2017.

Cela étant, le législateur a prévu une mesure de rattrapage visant à intégrer dans la base imposable les revenus afférents à l'éventuelle période de détention des titres antérieure au 1er juillet 2013, comprise entre le 1er juillet 2008 et le 30 juin 2013. Pour ces cinq années et pour ce qui concerne uniquement les O.P.C.V.M sans passeport établis dans l'EEE, des modalités particulières de calcul du revenu par défaut ont été définies[10].

Pour la période qui débute le 1er juillet 2013, les règles de calcul valant pour les O.P.C.V.M avec passeport européen[11] sont d'application.

6. Droits d'auteur et droits voisins

Articles 17, § 1er, 5°, 22, § 3, 37 et 313 CIR et 4, 1° AR/CIR

1117-47/1118-46/1119-45 ou 2317-17/2118-16/2119-15

La loi du 16 juillet 2008 a eu pour objet de clarifier le régime fiscal appliqué aux revenus qui résul-tent de la cession ou de la concession des droits d'auteur et des droits voisins.

En effet, avant la loi du 16 juillet 2008, les revenus provenant de telles opérations étaient susceptibles au niveau de leur qualification de faire l'objet de trois régimes d'imposition différents : ces revenus pouvaient être qualifiés de revenus professionnels, de revenus divers, mais également de revenus mobiliers.

Depuis le 1er janvier 2008, les revenus qui résultent de la cession ou de la concession des droits d'auteur et des droits voisins sont regroupés sous une seule qualification : ils sont considérés comme des revenus mobiliers soumis à un précompte mobilier libératoire de 15 %, dans la mesure où ils ne dépassent pas le montant de 57.590,00 EUR (montant indexé pour l'exercice d'imposition 2017) après déduction de frais (forfaitaires ou réels). Au-delà de ce montant, la qualification change et ces revenus sont soumis au régime fiscal des **revenus professionnels**.

En résumé :

<table>
<tr><th>Revenus résultant de la cession ou de la concession des droits d'auteur et des droits voisins</th><th>Qualification fiscale des revenus</th><th>Précompte mobilier</th></tr>
<tr><td>Inférieur ou égal à 57.590,00 EUR</td><td>La totalité des revenus sont considérés comme des revenus mobiliers</td><td rowspan="2">Le revenu mobilier est soumis à un taux de précompte mobilier de 15 %. Ce précompte mobilier n'est pas libératoire. Ceci a pour conséquence que les revenus doivent être repris dans la déclaration.</td></tr>
<tr><td rowspan="2">Supérieur à 57.590,00 EUR</td><td>57.590,00 EUR sont considérés comme des revenus mobiliers</td></tr>
<tr><td>Le solde est considéré comme un revenu professionnel</td><td>Un précompte mobilier de 27 % est retenu.</td></tr>
</table>

6.1. Revenus visés

Il faut raisonner en deux étapes pour déterminer si les revenus attribués à un auteur ou un artiste sont visés par la nouvelle loi :

a) Est-ce que l'œuvre qui lui a permis d'acquérir les revenus est une œuvre protégée ?

b) Est-ce que ces revenus découlent d'une cession ou d'une concession de ses droits pécuniaires sur l'œuvre ?

---

10 *Cf.* article. 19*bis* § 3 du CIR.

11 *Cf.* articles 19*bis*, § 1er, alinéa 4 et 19*bis*, § 2 du CIR.

6.1.1. *Œuvre protégée*

Sont concernés par le nouveau régime fiscal les droits d'auteur et les droits voisins, ainsi que les revenus des licences légales ou obligatoires, visés par la loi du 30 juin 1994 relative au droit d'auteur et aux droits voisins ou par des dispositions analogues de droit étranger.

La notion de droits d'auteur n'est pas définie dans le Code des impôts sur les revenus. Par conséquent, il faut comprendre notamment par cette notion les droits d'auteur et droits voisins tels que mentionnés dans la loi du 30 juin 1994 relative au droit d'auteur et aux droits voisins.

En vertu de la loi du 30 juin 1994, l'auteur d'une œuvre se voit reconnaître:

- **des droits patrimoniaux**: droit exclusif de fixer, de reproduire, de publier, de distribuer, de communiquer au public, d'adapter et de traduire son œuvre;
- **des droits extrapatrimoniaux ou moraux**: droit exclusif de divulguer, de revendiquer ou de refuser la paternité, droit au respect de son œuvre ainsi que le droit de repentir;
- **certains droits particuliers de caractère patrimonial**: essentiellement un droit à rémunération en cas de copie privée et de reprographie.

Il est à remarquer que seuls les droits patrimoniaux sont cessibles. Nonobstant toute cession, l'auteur continue à jouir des droits extrapatrimoniaux.

Par «œuvres», on entend toutes les créations originales, notamment du domaine littéraire, scientifique et artistique, quel qu'en soit le mode ou la forme d'expression graphique, audiovisuelle ou autres, telles que:

- les livres, brochures et autres écrits;
- les conférences, allocutions, sermons et autres œuvres de même nature;
- les œuvres dramatiques ou «dramatico-musicales»;
- les œuvres chorégraphiques et les pantomimes;
- les compositions musicales avec ou sans paroles;
- les œuvres cinématographiques, auxquelles sont assimilées les œuvres exprimées par un procédé analogue à la cinématographie;
- les œuvres de dessin, de peinture, d'architecture, de sculpture, de gravure, de lithographie, les œuvres photographiques, auxquelles sont assimilées les œuvres exprimées par un procédé analogue à la photographie;
- les œuvres des arts appliqués;
- les illustrations, les cartes géographiques;
- les plans, croquis et ouvrages plastiques relatifs à la géographie, à la topographie, à l'architecture ou aux sciences.

6.1.2. *Cession ou concession des droits pécuniaires sur l'œuvre*

Dans l'avis publié aux débiteurs de droits d'auteur et des droits voisins (*Moniteur belge* du 9 décembre 2008), il est mentionné que le législateur a entendu réserver le nouveau régime fiscal décrit en préambule aux auteurs et aux artistes qui perçoivent des droits d'auteur après avoir cédé ou concédé leurs droits sur l'exploitation et la diffusion de leurs œuvres. Il ne peut être question, sur la base de la nouvelle loi, de transformer demain en droits d'auteur des revenus qui constituent aujourd'hui des rémunérations ou des profits de professions libérales.

À ce titre, l'avis cite les exemples suivants:

1) l'avocat consulté réclame généralement des honoraires à son client pour sa prestation globale (conseil et conclusions écrites). Ces honoraires restent des profits. Il n'y a pas de droits d'auteur sur les conclusions ni sur le contrat de bail, par exemple, rédigé par l'avocat à la demande de son client. L'avocat ne cède ni ne concède à son client le droit de diffuser son œuvre à charge pour ce dernier de lui verser des droits pour cette diffusion. L'avocat ne pourrait pas percevoir demain pour bénéficier des dispositions de la loi du 16 juillet 2008 des droits d'auteur pour les courriers et leur contenu adressés à ses clients;

2) le photographe free-lance invité par un journal local à faire et lui remettre une photo d'une équipe sportive de la région reçoit pour sa photo un profit. Si le photographe cède ou concède le droit de diffuser cette photo dans un ouvrage par exemple et qu'il est prévu en outre des droits spécifiques dans le cadre de cette diffusion, il y a droits d'auteur;
3) le chanteur qui se produit en Belgique reçoit une rémunération pour sa prestation de la part de l'organisateur du spectacle; cette rémunération n'est pas qualifiée de droit d'auteur. Si à l'occasion de cette prestation, un enregistrement est fait et un CD est vendu, les droits que le chanteur va percevoir sur la vente du CD – et uniquement ces droits – sont qualifiés de droit d'auteur.

6.2. Œuvre créée dans le cadre d'un contrat de travail

Quel est le sort des droits d'auteur dans le cas d'une œuvre créée par un auteur dans le cadre d'un contrat de travail?

En principe, ces droits sont maintenus à l'auteur. Mais il existe une possibilité pour l'auteur de les transférer à son employeur à condition qu'il s'agisse d'un contrat de travail à durée indéterminée ou d'un statut réglementaire dont l'objet est la production régulière ou successive d'œuvres. Cette cession doit se faire dans le cadre d'une convention distincte du contrat de travail afin qu'il n'y ait pas de confusion entre le contrat d'emploi et la cession du droit d'auteur.

Cette possibilité de cession ne vaut pas en ce qui concerne les droits extrapatrimoniaux ou le droit à la rémunération pour copie privée qui eux sont incessibles.

Ceci peut être illustré par l'exemple suivant.

ex *Monsieur Luc est employé par la SPRL Pick, qui est par ailleurs son éditeur, pour rédiger des textes. À ce titre, il perçoit une rémunération.*

Si ce texte est publié et que la publication donne droit à des droits d'auteur, ces derniers et seulement eux constituent des droits d'auteur. La rémunération perçue par Luc, quant à elle, n'est pas «requalifiée» ni «requalifiable» en droit d'auteur.

6.3. Frais forfaitaires

À défaut de preuve de frais réels, un forfait de 50% est appliqué sur la première tranche de revenu (jusqu'à 15.360,00 EUR pour l'exercice d'imposition 2017) et de 25% sur les 15.350,00 EUR suivants. Au-delà de 30.710,00 EUR, aucun frais forfaitaire n'est porté en compte.

Ceci peut être illustré par l'exemple suivant.

ex

Revenus résultant de la cession ou de la concession des droits d'auteur et des droits voisins	*Forfait*
2.000,00	*1.000,00 (c'est-à-dire 50% de 2.000,00 EUR)*
20.000,00	*8.840,00 (c'est-à-dire 50% de 15.360,00 EUR majoré de 25% de 4.640,00)*
40.000,00	*11.517,50 (c'est-à-dire 50% de 15.360,00 EUR majoré de 25% de 15.350,00)*

Le bénéficiaire des revenus de droits d'auteur et des droits voisins peut demander au débiteur de ses revenus de ne pas appliquer les forfaits de frais en question, mais d'opérer la retenue de 15% de précompte sur le montant brut qui lui est attribué.

6.4. Pluralité de débiteurs

En cas de pluralité de débiteurs, le contribuable a deux possibilités:

- soit il informe les débiteurs des revenus concernés pour que le montant du précompte mobilier retenu par l'ensemble des débiteurs de revenus corresponde au montant du précompte mobilier effectivement dû. Dans ce cas, le contribuable bénéficie de la dispense de déclaration pour les revenus de droit d'auteur et voisins soumis à précompte mobilier libératoire;
- soit il n'informe pas les débiteurs des revenus concernés: dans ce cas, le montant du précompte mobilier retenu par l'ensemble des débiteurs de revenus de droit d'auteur et voisins du contribuable ne correspond pas au montant du précompte mobilier effectivement dû. Le contribuable ne bénéficie pas de la dispense de déclaration pour ces revenus et doit reprendre ceux-ci dans sa déclaration à l'impôt des personnes physiques.

Ceci peut être illustré par l'exemple suivant.

ex *Monsieur Luc perçoit des revenus de droit d'auteur et voisins de trois débiteurs différents.*

Il n'informe aucun de ses débiteurs de revenus qu'ils sont plusieurs en cette qualité. Par conséquent, chaque débiteur agit dans l'ignorance des autres.

Revenus résultant de la cession ou de la concession des droits d'auteur et des droits voisins	***Forfait***	***Montant imposable***	***Précompte retenu***
Débiteur A: 14.000,00 EUR	*7.000,00*	*7.000,00*	*1.050,00*
Débiteur B: 7.000,00 EUR	*3.500,00*	*3.500,00*	*525,00*
Débiteur C: 8.000,00 EUR	*4.000,00*	*4.000,00*	*600,00*
Total: 29.000 EUR	*14.500,00*	*14.500,00*	*2.175,00*

Luc doit remplir le cadre VII de sa déclaration de la manière suivante:

Revenus résultant de la cession ou de la concession des droits d'auteur et des droits voisins	***Forfait***	***Frais forfaitaire réellement appliqués***	***Montant des revenus sur lequel le précompte mobilier n'a pas été retenu***
29.000,00	*11.090,00*	*14.500,00*	*3.410,00*

Cadre VII. Revenus des capitaux et biens mobiliers		
D. Revenus de la cession ou de la concession de droits d'auteur, de droits voisins et de licences légales et obligatoires		
Revenus bruts	*29.000,00 (Code 1117-47)*	*Code 2117-17*
Frais	*11.090,00 (Code 1118-46)*	*Code 2118-16*
Précompte mobilier	*2.175,00 (Code 1119-45)*	*Code 2119-15*

6.5. Revenus professionnels

1299-56/1427-28/1756-87 ou 2299-29/2427-95/2756-57

Si pour l'année 2016, les revenus de droit d'auteur et voisins perçus s'élèvent à plus de 57.590,00 EUR, la partie qui excède le montant de 57.590,00 EUR doit être considérée comme des revenus professionnels si l'activité est professionnelle et comme des revenus divers si l'activité est occasionnelle.

Les revenus supérieurs au plafond de 57.590,00 EUR, et « requalifiés » en revenus professionnels, doivent obligatoirement faire l'objet d'une déclaration à l'impôt des personnes physiques en tant que revenus professionnels.

Le précompte mobilier qui a été retenu sur les revenus professionnels doit être mentionné selon le cas au cadre :

- IV (traitements, salaires, allocations de chômage, etc.) au point L « Précompte mobilier sur les revenus de la cession ou de la concession de droits d'auteur, de droits voisins et de licences légales mentionnés sous A1 ou A6 » ;
- XV (rémunérations des dirigeants d'entreprise) au point 17 « Précompte mobilier sur les revenus de la cession ou de la concession de droits d'auteur, de droits voisins et de licences légales mentionnés sous la rubrique 1 » ;
- XVIII (précompte afférent à une activité professionnelle indépendante) au point 1 « Précompte mobilier ».

7. Additionnels communaux

Lorsque des contribuables résidents belges perçoivent des revenus de capitaux et biens mobiliers d'origine étrangère qui n'ont pas été soumis au précompte mobilier, ils sont tenus de déclarer ces revenus. Or, lorsque les revenus mobiliers sont déclarés, la taxe communale additionnelle est toujours due, conformément aux articles 465 et 466 du Code des impôts sur les revenus.

En revanche, lorsque des contribuables résidents belges perçoivent des revenus de capitaux et biens mobiliers d'origine belge, ces revenus sont soumis au précompte mobilier libératoire. Dans le régime du précompte mobilier libératoire, le montant des revenus de capitaux et biens mobiliers ayant fait l'objet d'une retenue à la source ne doit pas être déclaré et n'est par conséquent pas soumis à la taxe additionnelle.

Enfin, il n'y a pas de taxes communales additionnelles à l'impôt des personnes physiques dues sur les dividendes et les intérêts, peu importe l'origine de ces revenus.

L'impôt afférent aux dividendes, intérêts, redevances reste une compétence exclusive fédérale et fait donc uniquement partie de l'impôt des personnes physiques fédéral.

Autrement dit, les régions ne peuvent pas appliquer des centimes additionnels à l'impôt relatif aux dividendes, intérêts et redevances.

III.
REVENUS DONT LA DÉCLARATION EST FACULTATIVE

1160-04 à 1436-19/2160-71 à 2436-86

Nous avons vu que, lorsque le précompte mobilier a été retenu à la source, le contribuable a le choix:

- soit de ne pas déclarer le revenu;
- soit de déclarer en partie ou en totalité le revenu.

En raison du caractère libératoire du précompte mobilier, les revenus mobiliers qui ont fait l'objet d'un prélèvement à la source et dont la mention est facultative ne sont généralement pas déclarés. Dans de rares cas, lorsque les revenus du contribuable sont peu importants et constitués essentiellement de revenus de capitaux et biens mobiliers (cas de certains retraités, voire d'étudiants), la déclaration de ces revenus pourra entraîner un remboursement d'impôt.

Autrement dit, seuls les contribuables qui peuvent récupérer totalement ou partiellement le précompte mobilier retenu à la source ont intérêt à faire usage de cette faculté de déclaration. C'est le cas lorsque le revenu imposable est inférieur à la quotité du revenu exempté d'impôt.

ex *Marguerite, célibataire, née le 24 avril 1993, étudiante à l'université de Liège, a encaissé au cours de l'année 2016 les revenus suivants:*

- *dividendes d'origine belge sur lesquels un précompte mobilier de 27% a été retenu: 3.893,33 EUR;*
- *les intérêts d'origine belge sur lesquels un précompte mobilier de 15% a été retenu: 2.000,00 EUR;*
- *dividendes d'origine étrangère sur lesquels un précompte mobilier de 27% a été retenu: 321,20 EUR.*

Marguerite a intérêt à déclarer les revenus des capitaux et biens mobiliers encaissés au cours de la période imposable 2016 à concurrence de la quotité du revenu exempté d'impôt à savoir 7.420,00 EUR.

À cette fin, elle mentionne dans sa déclaration:

- *en premier lieu, les dividendes d'origine belge sur lesquels un précompte mobilier de 27% a été retenu à la source (ce qui représente un revenu brut imposable de 5.333,33 EUR c'est-à-dire 3.893,33 EUR × (100/73);*
- *en second lieu, les dividendes d'origine étrangère sur lesquels un précompte mobilier de 27% a été retenu à la source (ce qui représente un revenu brut imposable de 440,00 EUR c'est-à-dire 321,20 EUR × (100/73);*
- *en dernier lieu, les intérêts d'origine belge sur lesquels un précompte mobilier de 15% a été retenu à la source pour un montant brut de 1.646,67 EUR c'est-à-dire 7.420,00 – 5.333,33 – 440,00.*

Marguerite remplit le cadre VII de sa déclaration de la manière suivante:

Cadre VII – Revenus des capitaux et biens mobiliers		
A. Revenus de capitaux avant déduction des frais d'encaissement et de garde		
1. Revenus dont la déclaration est facultative		
Avec précompte mobilier de 27%	***4.214,53*** *(Code 1160-04)*	*Code 2160-71*
Avec précompte mobilier de 15%	***1.347,00*** *(Code 1162-02)*	*Code 2162-79*

Sur la base de cette déclaration, le calcul de l'impôt s'effectue de la manière suivante.

Détermination	*Capitaux (1160)*	*4.214,53*	***5.773,33***
Montant imposable	*Précompte mobilier (27/73 × 4.214,53)*	*1.558,80*	
	Capitaux (1163)	*1.399,67*	***1.646,67***
	Précompte mobilier (15/85 × 1.399,67)	*247,00*	
	Imposables à 27 %	***5.773,33***	
	Imposables à 15 %	***1.646,67***	
	Revenus des capitaux imposables globalement	***7.420,00***	
Calcul de l'impôt	*Quotité exemptée*	***7.420,00***	
	Impôt de base	***1.855,00*** *c'est-à-dire 7.420,00 (revenus imposables) × 25 % (barème)*	
	Réduction d'impôt sur quotité exemptée	***– 1.855,00*** *c'est-à-dire 7.420,00 (quotité exemptée) × 25 % (barème)*	
	Impôt à répartir	***0,00***	
	Impôt État	***0,00***	
	Précompte mobilier	***– 1.805,80***	
	Solde impôt État	***– 1.805,80***	
	À vous rembourser	***1.805,80***	

IV.
LE PRÉLÈVEMENT POUR L'ÉTAT DE RÉSIDENCE (P.E.R.)

1556-94/2555-64

La directive épargne 2003/48/CE, visant à garantir une imposition effective des revenus de l'épargne sous forme de paiements d'intérêts, a été transposée en droit belge par la loi du 17 mai 2004, et la directive 2003/49/CE (dite «sociétés associées, intérêts-redevances») a été intégrée dans l'AR/CIR par l'arrêté royal du 22 décembre 2003.

Pour imposer les paiements d'intérêts que perçoit un résident d'un État membre de l'Union européenne dans un autre État membre de l'Union européenne, vingt deux États membres de l'Union européenne (l'Allemagne, Chypre, le Danemark, l'Espagne, l'Estonie, la Finlande, la France, la Grèce, la Hongrie, l'Irlande, l'Italie, la Lettonie, la Lituanie, Malte, les Pays-Bas, la Pologne, le Portugal, le Royaume-Uni, la Slovaquie, la Slovénie, la Suède et la Tchéquie) échangent, depuis le 1er juillet 2005, des informations sur les intérêts que les résidents encaissent dans d'autres États membres.

Dans ce cadre, les données suivantes sont communiquées par la personne physique ou morale qui paie des intérêts dans le cadre de sa profession ou de son activité commerciale à l'autorité compétente de son État de résidence fiscale qui les transmet à son tour à l'administration fiscale belge:

- l'identité et le domicile du bénéficiaire;
- le nom et l'adresse de l'agent payeur;
- le numéro de compte du bénéficiaire ou une description claire de la créance productive d'intérêt;
- un certain nombre de données sur les paiements d'intérêts proprement dits.

Le conseil de l'Union européenne a décidé le 10 novembre 2015 de supprimer cette directive à partir du 1er janvier 2016.

Seule l'Autriche a reçu une dérogation pour continuer à appliquer une imposition immédiate de l'épargne des étrangers, appelée le prélèvement pour l'État de résidence, jusqu'au 1er janvier 2017.

Concrètement, toutes les personnes physiques ou morales établies en Autriche qui paient des intérêts dans le cadre de leurs professions ou de leurs activités commerciales auront l'obligation de prélever la retenue à la source européenne sur le montant de ces intérêts.

Toutefois, ce prélèvement n'est pas appliqué si le bénéficiaire fournit un "certificat" adéquat, qu'il peut obtenir auprès des services fiscaux dont il dépend dans son pays. Ce certificat est valable trois ans maximum.

Le taux du prélèvement pour l'État de résidence est fixé comme suit:

- 15% durant les trois années à compter du 1er juillet 2005;
- 20% durant les trois années suivantes à partir du 1er juillet 2009 pour autant que ces revenus se rapportent à une période débutant le 1er juillet 2005;
- 35% par la suite.

Le bénéficiaire résident belge de revenus d'intérêts sur lesquels une retenue à la source a été appliquée à l'étranger reste tenu de déclarer ces revenus dans son pays de résidence à savoir la Belgique. Autrement dit, la retenue à la source appliquée à l'étranger n'est pas libératoire, le résident belge bénéficiaire de revenus d'intérêts sur lesquels le prélèvement pour l'État de résidence a été appliqué à l'étranger reste tenu de déclarer ces revenus dans son pays de résidence.

Le prélèvement pour l'État de résidence ne constitue pas un impôt du pays dans lequel il a été effectué, mais bien une avance à valoir sur l'impôt qui doit être perçu dans l'État de résidence du bénéficiaire. Ceci implique, d'une part, que le montant de revenus mobiliers imposables à l'impôt des personnes physiques comprend également le prélèvement pour l'État de résidence et, d'autre part, que le prélèvement pour l'État de résidence retenu à l'étranger sur des sommes non imposables au titre de revenus mobiliers en Belgique doit être repris sur la déclaration à l'impôt des personnes physiques.

ex *Dans le courant de l'année 2016, Luc, résident fiscal belge, perçoit, directement auprès d'une banque établie en Autriche, la somme de 650,00 EUR suite à la détention d'un coupon d'une obligation étrangère qu'il détient au porteur. L'institution financière autrichienne a prélevé pour l'État de résidence la somme de 350,00 EUR.*

Luc remplit les cadres VII et XIII de la déclaration de la manière suivante:

Cadre VII – Revenus des capitaux et biens mobiliers		
A. Revenus de capitaux avant déduction des frais d'encaissement et de garde		
2. Revenus dont la déclaration est obligatoire		
d) Autres revenus sans précompte mobilier		
Imposables à 27%	*1.000,00 (Code 1144-11)*	*Code 2144-78*

Cadre XIII – Montant imputable du prélèvement pour l'État de résidence		
Montant du prélèvement pour l'État de résidence, qui a été retenu sur les intérêts que vous avez perçus	*200,00 (Code 1555-94)*	*Code 2555-64*

Luc doit reprendre 1.000,00 EUR d'intérêts dans sa déclaration fiscale. Ces intérêts sont imposés au taux distinct de 27%. Sur l'impôt belge dû, Luc peut imputer le prélèvement pour l'État de résidence de 350,00 EUR.

Partie 6

L'exercice de l'activité professionnelle

I.
GÉNÉRALITÉS

1. Aperçu général des revenus professionnels

Pour rappel les revenus professionnels comprennent :

- les bénéfices des entreprises ;
- les profits des titulaires de professions libérales, charges ou offices et des personnes qui exercent une occupation lucrative ;
- les rémunérations ;
- les pensions, rentes et allocations en tenant lieu ;
- les bénéfices ou les profits obtenus après la cessation de l'activité professionnelle.

Dans cette partie de l'ouvrage, sont examinés les revenus obtenus en cours d'activité, c'est-à-dire les bénéfices, les profits et les rémunérations. Les pensions et les bénéfices ou profits obtenus après la cessation sont analysés dans la partie relative à la cessation de l'activité professionnelle (voir pages 531 et suivantes).

2. Aperçu général des revenus exonérés

Article 38 CIR

Certains revenus sont toujours exonérés d'impôt, quels qu'en soient les bénéficiaires. Ils ne doivent JAMAIS être déclarés. Ces revenus sont, soit exonérés en vertu de l'article 38 du Code des impôts des revenus, soit non imposables parce qu'ils ne sont pas visés par le Code.

Ils peuvent être synthétisés de la manière suivante :

<table>
<tr><th colspan="2">Revenus ou indemnités</th><th>Précisions</th></tr>
<tr><td colspan="2">Allocations familiales, allocations de naissance et primes d'adoption</td><td>Il s'agit des indemnités légales. Les indemnités extralégales accordées, par exemple, par l'employeur, sont imposables.</td></tr>
<tr><td rowspan="2">Pensions ou dotations de guerre</td><td>À charge du trésor aux victimes des deux guerres ainsi qu'aux victimes de certains faits survenus au Congo, au Rwanda et au Burundi</td><td rowspan="2">L'exonération est également accordée aux ayants droit.</td></tr>
<tr><td>Aux militaires ayant effectués du service pendant la guerre 1940 – 1945 dans les forces belges en Grande-Bretagne</td></tr>
<tr><td colspan="2">Allocations attribuées aux personnes handicapées, à charge du Trésor</td><td>Il s'agit des allocations qui sont attribuées en exécution de la législation relative à l'octroi d'allocations aux handicapés.</td></tr>
</table>

<table>
<tr><th colspan="2">Revenus ou indemnités</th><th>Précisions</th></tr>
<tr><td rowspan="3">Allocations légales pour frais funéraires et soins de santé</td><td>Il s'agit soit du remboursement total ou partiel des soins de santé, soit d'une indemnité forfaitaire pour frais funéraires</td><td>Par les mutuelles, les assureurs-loi, le Fonds des accidents du travail ou le Fonds des maladies professionnelles</td></tr>
<tr><td>Au titre de l'assurance mutualiste libre</td><td>Par les mutualités et unions de mutualité approuvées</td></tr>
<tr><td>Frais funéraires uniquement aux ayants droit des membres ou anciens membres du personnel</td><td>Par l'État, les communautés et les régions</td></tr>
<tr><td colspan="2">Allocations obtenues en raison d'un contrat d'assurances contre les accidents corporels</td><td>Uniquement les contrats d'assurance individuels</td></tr>
<tr><td colspan="2">Allocations des pompiers volontaires des services publics d'incendie et des agents volontaires de la Protection civile</td><td>À concurrence de 4.380,00 EUR</td></tr>
<tr><td colspan="2">Participations des travailleurs aux bénéfices</td><td></td></tr>
<tr><td colspan="2">Avantages résultant dans le chef du bénéficiaire du paiement direct par INAMI de cotisations ou primes à un organisme de pension pour des contrats en exécution du régime d'avantages sociaux prévu à l'article 54 de la loi du 14 juillet 1994 relative à l'assurance obligatoire soins de santé et indemnités</td><td></td></tr>
<tr><td colspan="2">Indemnités forfaitaires reçues par le service des Tutelles du SPF Justice en vue d'assurer la représentation de mineurs étrangers non accompagnés et qui, au cours de la période imposable, n'ont pas exercé plus de deux tutelles</td><td>L'exonération ne s'applique que pour maximum cinq tutelles exercées au cours de la période imposable.</td></tr>
<tr><td colspan="2">Bourses d'étude allouées aux étudiants</td><td>Pour autant qu'elles ne rémunèrent pas des prestations</td></tr>
<tr><td colspan="2">Les indemnités octroyées en vertu de la loi du 7 août 1974 instituant le droit à un minimum des moyens d'existence</td><td>Voir QP n° 153 du 18 février 1981, Van Steenkiste</td></tr>
<tr><td colspan="2">Les interventions du Fonds d'indemnisation des victimes de l'amiante</td><td>Applicable à partir du 1er avril 2007</td></tr>
</table>

Revenus ou indemnités	Précisions
Les indemnités forfaitaires de défraiement octroyées en raison de la fourniture de prestations artistiques et/ou de la production des œuvres artistiques pour le compte d'un donneur d'ordre, à concurrence d'un montant maximum de 2.466,34 EUR.	L'exonération est octroyée si les conditions suivantes sont réunies: 1) le contribuable doit être en possession d'une carte «artistes» dûment complétée; 2) l'indemnité forfaitaire de défraiement ne peut pas dépasser 123,32 EUR par jour par donneur d'ordre. Lorsque le donneur d'ordre paie un montant supérieur, la totalité de l'indemnité n'est pas prise en compte pour l'exonération; 3) le contribuable ne peut pas être lié, au moment de la fourniture d'une prestation artistique et/ou de la production d'une œuvre artistique, au même donneur d'ordre par un contrat de travail, un contrat d'entreprise ou une désignation statutaire sauf si lui et le donneur d'ordre apportent la preuve de la différence de nature des prestations entre les différentes activités.
Les avantages non récurrents liés aux résultats (à concurrence d'un montant maximum de 2.798,00 EUR).	Ils doivent être payés ou attribués en application du chapitre II de la loi du 21 décembre 2007 relative à l'exécution de l'accord interprofessionnel 2007-2008 ainsi que du Titre XIII, Chapitre unique «Mise en place d'un système d'avantages non récurrents liés aux résultats pour les entreprises publiques autonomes» de la loi du 24 juillet 2008 portant des dispositions diverses (I) et qui sont effectivement soumis à la cotisation spéciale prévue à l'article 38, § 3*novies*, de la loi du 29 juin 1981 établissant les principes généraux de la sécurité sociale des travailleurs salariés.
La mise à disposition d'un vélo	
Les cotisations et primes patronales payées dans le cadre d'une assurance-groupe, d'un engagement individuel de pension, que ces engagements soient collectifs ou individuels	

D'autres revenus sont partiellement exonérés d'impôts, comme par exemple:

- les indemnités accordées par l'employeur pour remboursement des frais de déplacements (domicile – lieu de travail) sous certaines conditions pour autant qu'ils ne dépassent 380,00 EUR pour l'exercice d'imposition 2017;
- les revenus de prestations ALE à concurrence de 4,10 EUR par heure de prestation;
- les indemnités kilométriques allouées pour les déplacements en vélo entre le domicile et le lieu de travail pour maximum 0,22 EUR par kilomètre;

- l'intervention par l'employeur dans l'acquisition d'un PC à l'état neuf pour maximum 840,00 EUR pour l'exercice d'imposition 2017;
- l'octroi de chèques-repas, chèque sport-culture ou éco-chèques;
- les rémunérations payées ou attribuées en exécution d'un contrat de travail Flexi-job au sens de l'article 3, 4° de la loi du 11 novembre 2005 portant des dispositions diverses en matière sociale pour autant qu'elles aient été soumises à la cotisation spéciale de 25% prévue par l'article 38 § 3*sexdecies* de la loi du 29 juin 1981 établissant les principes généraux de la sécurité sociale des travailleurs salariés;
- les rémunérations relatives à 300 heures supplémentaires dans l'HORECA pour les employés n'utilisant pas de caisse enregistreuse, visées à l'arrêté royal du 30 décembre 2009 fixant la définition et les conditions auxquelles doit répondre un système de caisse enregistreuse dans le secteur HORECA et 360 heures supplémentaires pour ceux qui dans l'HORECA utilisent une caisse enregistreuse agréée;
- les indemnités complémentaires reçues dans le cadre d'une reprise de travail pour un travailleur ayant atteint l'âge de 50 ans en sus de son allocation de chômage.

II.
LES DIFFÉRENTS BÉNÉFICIAIRES DE REVENUS PROFESSIONNELS

Article 23 CIR

Les distinctions entre les différentes sortes de revenus professionnels sont essentielles dans la mesure où elles permettent, notamment en fonction du type de revenus, d'établir les règles fiscales relatives:

- à l'imposition ou la non-imposition des revenus;
- au moment de l'imposition;
- aux déductions fiscales;
- au calcul de l'impôt.

En outre, la qualification correcte des revenus peut avoir d'importantes conséquences en matière sociale.

Un critère simple pour distinguer les catégories de revenus professionnels est de se référer à la qualité du bénéficiaire des revenus. Ainsi on distingue les indépendants des travailleurs.

Les revenus que les mandataires publics, tels les échevins ou les conseillers communaux, recueillent en raison des fonctions qu'ils exercent dans des associations intercommunales ou dans certaines institutions ou commissions publiques, et qui doivent être considérées comme le prolongement de leur mandat, tombent dans la même catégorie de revenus professionnels que celle à laquelle appartiennent les indemnités afférentes à ce mandat.

Ceci implique que les jetons de présence que recueillent les intéressés, par exemple comme membres d'un conseil de police, sont imposables à titre de:

- profits en ce qui concerne les jetons de présence octroyés aux conseillers communaux;
- rémunérations de travailleurs en ce qui concerne les jetons de présence octroyés aux échevins.

Pour ce qui concerne la qualification fiscale des jetons de présence recueillis par les membres d'un conseil d'administration d'une régie communale autonome, il convient d'établir la distinction suivante (*cf.* QP n° 551 de Monsieur Vanherstraeten du 6 décembre 2004. Voir aussi question de M. Benoît Piedbœuf au ministre des Finances chargé de la lutte contre la fraude fiscale, sur « les mandats publics et les cotisations sociales » (n° 8713, Compte-Rendu Analytique, 2015-2016, Com. 320, p. 1)) :

- si la régie communale autonome, quel que soit l'impôt auquel elle est assujettie, exploite une entreprise, poursuit un but de lucre ou s'occupe d'activités lucratives qui dépassent le cadre de l'article 182 du Code des impôts des revenus (et donc en d'autres termes, constitue une « société »), ces jetons de présence doivent être considérés comme des rémunérations de dirigeants d'entreprises ;
- si ce n'est pas le cas, les jetons de présence que les échevins et les conseillers communaux recueillent comme membres du conseil d'administration de cette régie communale autonome, tombent dans la même catégorie de revenus professionnels, que celle à laquelle appartiennent les indemnités afférentes à ce mandat.

1. Les indépendants

Un indépendant est une personne qui ne se trouve pas dans les liens de subordination vis-à-vis d'un employeur. Une telle activité peut s'exercer à titre principal ou accessoire.

Sont visés :

- les entreprises (bénéfices) ;
- les titulaires de profession libérale, charge ou office ainsi que les personnes qui exercent une occupation lucrative (profits) ;
- les dirigeants d'entreprise (rémunérations de dirigeants d'entreprise).

Pratiquement, une distinction doit être faite entre les bénéfices et les profits issus d'une activité professionnelle et les bénéfices ou les profits occasionnels.

Il est question de bénéfices ou profits occasionnels lorsque le contribuable, en dehors de l'exercice d'une activité professionnelle, effectue de manière occasionnelle ou fortuite des opérations génératrices de revenus pour autant que ceux-ci excèdent la gestion normale du patrimoine privé.

Par contre, si les opérations sont suffisamment fréquentes ou liées entre elles ou si elles impliquent la mise en œuvre d'une organisation professionnelle, les revenus sont considérés comme des bénéfices ou des profits ordinaires.

ex

1. *Luc a acheté un immeuble, pour lequel il a recouru à l'emprunt. Il donne en location l'immeuble pendant quatre années. Il revend l'immeuble quatre années plus tard, en réalisant une importante plus-value.*
Les éléments de fait propres à cette situation ne permettent pas de conclure à l'exercice d'une activité professionnelle.
Le cas échéant, ces revenus seront considérés comme des revenus divers (cf. page 219).

2. *Luc, chômeur, acquiert, de manière régulière (un par an), des immeubles en recourant à l'emprunt. Il transforme ces immeubles en immeubles à appartements, donne ces appartements en location ou les revend en fonction des opportunités du marché, tout en réalisant d'importantes plus-values.*
Compte tenu de la fréquence et de la répétition des opérations, les revenus qui en sont issus sont à considérer comme des revenus d'une activité professionnelle pour les raisons suivantes :
- *Luc a acquis des immeubles de manière régulière ;*
- *il a systématiquement transformé les immeubles ;*
- *il recourt à l'emprunt ;*
- *les immeubles sont revendus régulièrement en fonction des opportunités du marché.*

Dans ce cas de figure, l'ensemble des revenus produits par les immeubles, à savoir les revenus issus des plus-values mais aussi les revenus de la location, sont à considérer comme des béné-

fices, car Luc réalise, de manière fréquente et habituelle, des actes commerciaux, à savoir des achats et des ventes d'immeubles.

1.1. Les entreprises

Les personnes visées sont celles qui exploitent des entreprises industrielles, artisanales, commerciales ou agricoles quelconques.

Les revenus des entreprises sont des bénéfices.

1.1.1. *Les entreprises industrielles ou artisanales*

Les entreprises *industrielles ou artisanales* sont celles qui ont pour objet essentiel d'extraire, de fabriquer, de transformer ou de conditionner des matières.

Elles sont *industrielles* lorsque leur activité est exercée avec une mise en œuvre de moyens mécaniques dans des mines, carrières, puits...

Elles sont *artisanales* lorsque l'artisan, indépendamment de tout patron, se charge des commandes qui lui sont faites, des travaux pour le compte des consommateurs à qui il livre directement le produit de son travail.

ex *Citons à titre d'exemples les imprimeurs, menuisiers, forgerons, électriciens cordonniers...*

1.1.2. *Les entreprises commerciales*

Les entreprises *commerciales* sont celles qui :

- assurent la circulation, la conservation et la distribution au consommateur des produits créés par les entreprises industrielles ou artisanales et qui, contrairement à ces dernières, ne soumettent pas ces produits à une main d'œuvre avant de les livrer à la consommation, mais les vendent comme tels, après leur avoir fait subir de simples manipulations commerciales inhérentes aux besoins du négoce ;
- exercent des actes qualifiés de commerciaux dans les articles 2 et 3 du Code du commerce et qui n'ont pas le caractère d'opérations industrielles ni de prestations de service. Le simple fait de réaliser des actes commerciaux de manière répétée et continuelle, même à titre d'appoint et en l'absence d'un numéro d'entreprise, est suffisant pour être considéré comme une entreprise commerciale.

Sur la base de la définition générale, sont des commerçants :

- les exploitants de restaurant, d'épiceries, de cafés, les détaillants en lingerie, vêtements...
- les bouchers, laitiers, glaciers...
- les assureurs, représentants de commerce, courtiers en immeubles, les banquiers qui exercent leur activité de manière indépendante ;
- les pharmaciens qui ne se limitent pas exclusivement à acheter et vendre des produits affectés à l'acte de guérir (comme les articles de toilette, les produits de beauté, les parfums...) ; dans cette hypothèse, tous les revenus sont à considérer comme des bénéfices ;
- les mécaniciens-dentistes ;
- les commerçants en instruments médicaux et chirurgicaux ;
- les exploitants de salons de beauté ;
- les entreprises de prestations de services comme les entreprises de transport (taxis, autocars...), les salons de coiffure, les blanchisseries, les hôtels, etc.

1.1.3. *Les entreprises agricoles*

Il s'agit des entreprises qui cultivent la terre ou qui pratiquent l'élevage.

ex *Citons ici les agriculteurs, horticulteurs, fruiticulteurs, etc.*

1.2. Les titulaires d'une profession libérale, charge ou office et les personnes exerçant une occupation lucrative

Les personnes visées sont:

- les titulaires de professions libérales;
- les titulaires d'une charge ou d'un office;
- les personnes qui exercent une occupation lucrative.

Les revenus professionnels imposables de ces contribuables sont des profits.

1.2.1. *Les titulaires de professions libérales*

Il s'agit de toutes les personnes qui accomplissent des actes à caractère purement ou principalement intellectuel.

ex *Citons ici les médecins, vétérinaires, architectes, comptables, experts-comptables, ingénieurs conseils, écrivains, avocats, sculpteurs, sexologues, psychologues...*

1.2.2. *Les titulaires d'une charge ou d'un office*

C'est dans cette catégorie que l'on retrouve, notamment, les notaires et les huissiers de justice.

1.2.3. *Les personnes qui exercent une occupation lucrative*

L'occupation lucrative est l'occupation exercée par une personne physique qui consiste en l'accomplissement d'un ensemble d'opérations qui sont suffisamment fréquentes et liées entre elles pour constituer une occupation continue et habituelle et débordent de la gestion normale du patrimoine privé (voir page 208). Il s'agit d'une activité indépendante dont les revenus ne sont pas à considérer comme des bénéfices et qui ne sont pas obtenus dans le cadre d'une profession libérale, d'une charge ou d'un office ou en tant que dirigeant d'entreprise. Les revenus qui découlent de l'exercice de cette activité sont des profits.

Pour apprécier si une personne physique exerce une occupation lucrative, il convient de se baser sur les éléments de fait propres à chaque situation, tels que:

- le nombre, la nature et la succession rapide des opérations;
- l'organisation qu'elles impliquent;
- le fait que les opérations réalisées soient étroitement liées, le cas échéant avec l'activité principale du bénéficiaire ou qu'elles se situent dans le prolongement de cette activité professionnelle;
- le fait que les opérations réalisées l'ont été avec le recours systématique à l'emprunt, notamment en matière immobilière;
- le fait que les opérations soient réalisées en association.

Pour établir le caractère professionnel des opérations, l'administration est en droit d'invoquer l'ensemble des opérations, si celles-ci s'étendent sur plusieurs années.

ex **1.** *Marguerite, fiscaliste renommée, donne une seule fois une conférence relative aux actualités fiscales dans son ancienne université.*

Les éléments de fait propres à cette situation, à savoir le fait de donner une conférence durant l'année et le lien avec l'activité principale de Marguerite, ne permettent pas de conclure à l'exercice d'une occupation lucrative.
Les revenus obtenus sont à considérer comme des revenus divers.

2. *Marguerite, fiscaliste renommée, donne chaque année, une conférence relative aux actualités fiscales.*
   Compte tenu de la régularité des prestations ainsi que du lien avec l'activité principale de Marguerite, les revenus obtenus sont des revenus issus d'une occupation lucrative.
3. *Luc donne en location un gîte meublé durant toute l'année. Il ne procure aux locataires aucun service, ceux-ci étant tenus de faire le ménage, d'apporter leurs draps, de faire la cuisine...*
   Les revenus issus de la location non meublée de l'immeuble sont des revenus immobiliers.
   Les revenus issus de la location des meubles sont des revenus mobiliers.
4. *Chaque année, Luc donne en location un gîte durant les mois de juillet et d'août. Il procure aux occupants successifs les draps, nettoie le gîte après leur départ et leur sert le petit-déjeuner.*
   Malgré le fait que l'occupation ne soit exercée que durant une partie de l'année, les revenus produits sont issus d'une occupation lucrative. Ces revenus sont imposables à titre de profits pour les raisons suivantes:
   - *les locations sont fréquentes et régulières;*
   - *Luc fournit aux locataires des services (nettoyage et petit-déjeuner).*

1.3. Les associations qui ne possèdent pas la personnalité juridique

La « règle de professionnalisation » appliquée automatiquement aux revenus produits ou recueillis par des personnes morales dotées de la personnalité juridique, telle qu'elle est fixée par la jurisprudence de la Cour de cassation ne s'applique pas toujours aux associations qui ne possèdent pas la personnalité juridique.

L'appréciation de la nature des revenus recueillis par une association qui ne possède pas la personnalité juridique dépend des activités qu'elle exerce. Par conséquent, le fait de déterminer si une association sans personnalité juridique se livre ou non à une exploitation industrielle, commerciale ou agricole ou à une occupation lucrative dépend des circonstances de fait et notamment des conditions et modalités de gestion de l'activité exercée. La détermination des activités normales des associés ou membres et la relative présence de non-particuliers en qualité d'associés ou membres, peuvent, le cas échéant, être prises en considération dans l'appréciation des circonstances de fait.

Dans les associations de fait sans personnalité juridique qui recueillent des bénéfices ou profits, les prélèvements des membres et leurs parts dans les bénéfices ou profits distribués ou non distribués, sont considérés et imposés comme des bénéfices ou profits desdits membres.

1.4. Les dirigeants d'entreprise

Sur le plan fiscal, on distingue deux types de dirigeants d'entreprise:

- les dirigeants personnes physiques mandataires (administrateurs, gérants, liquidateurs ou personnes exerçant des fonctions analogues);
- les personnes physiques qui exercent au sein d'une société une activité dirigeante ou une fonction dirigeante de gestion journalière, d'ordre commercial, technique ou financier, en dehors d'un contrat de travail.

Remarquons ici que les revenus de ces personnes sont obtenus:

- en l'absence d'un contrat de travail et d'un lien de subordination;
- de manière indépendante.

Les revenus professionnels des dirigeants d'entreprise sont des rémunérations de dirigeant d'entreprise.

2. Les travailleurs

Les travailleurs sont toutes les personnes qui se trouvent dans un lien de subordination vis-à-vis de leur employeur.

Les revenus de ces personnes sont des rémunérations de travailleur.

En principe, ces personnes sont celles qui :

- soit se trouvent dans les liens d'un contrat de travail vis-à-vis de leur employeur (employés, ouvriers, gens de maison...). Le contrat de travail est une convention par laquelle un travailleur s'engage, contre rémunération, à effectuer un travail sous l'autorité d'un employeur ;
- soit travaillent sous un statut (fonctionnaires, enseignants...).

En la matière, c'est le lien de subordination qui permet de distinguer le travailleur du véritable indépendant. La signature d'un contrat de travail n'est pas nécessairement relevant.

ex *Luc est un agent d'assurances. Il ne conclut des contrats qu'au bénéfice d'une seule compagnie d'assurances. Les revenus perçus de cette compagnie sont à considérer comme des rémunérations, et ce indépendamment de la signature d'un contrat de travail. Il suffit qu'il existe une certaine dépendance vis-à-vis de l'employeur.*

3. Le cheminement logique en matière de revenus d'activités

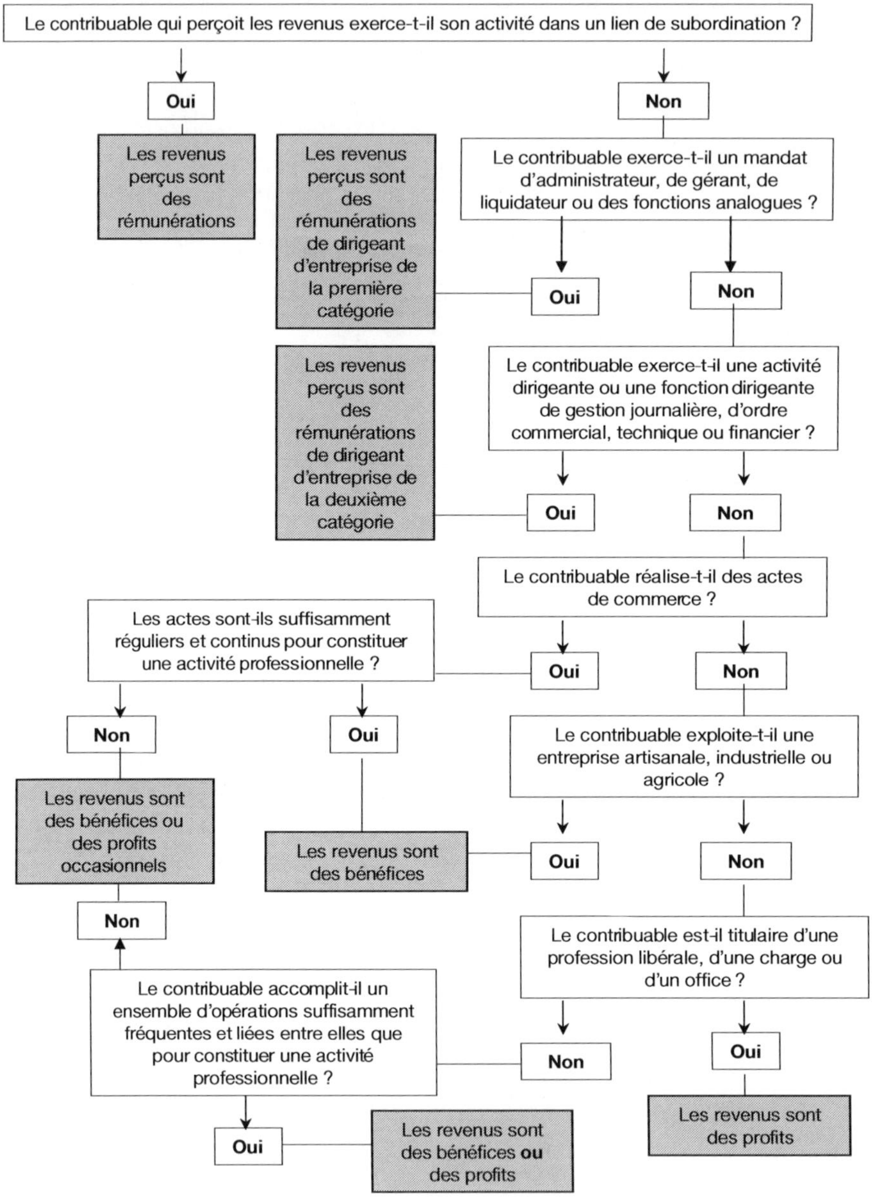

III.
LES REVENUS PROFESSIONNELS OBTENUS EN COURS D'ACTIVITÉ

Dans cette partie de l'ouvrage, nous examinons les revenus qu'un contribuable peut obtenir de l'exercice de son activité professionnelle, à savoir:

Les revenus proprement dits	– des entreprises	*cf.* page 259
	– des titulaires de profession libérale, charge ou office ou des personnes exerçant une occupation lucrative	*cf.* page 266
	– des travailleurs	*cf.* page 272
	– des dirigeants d'entreprise	*cf.* page 275
	Les avantages de toute nature	*cf.* page 286
	Les avantages sociaux	*cf.* page 319
	Les avantages anormaux ou bénévoles accordés par les entreprises	*cf.* page 327
Les indemnités	– des entreprises – des titulaires de professions libérale, charge ou office ou des personnes exerçant une occupation lucrative – des travailleurs – des dirigeants d'entreprise	*cf.* page 331
Les plus-values	des entreprises et des titulaires de profession libérale, charge ou office ou des personnes exerçant une occupation lucrative	*cf.* page 362

Les revenus que le contribuable obtient en raison ou à l'occasion de la cessation complète et définitive de son activité professionnelle ou comme pensions, sont analysés dans la septième partie de l'ouvrage, à partir de la page 531.

1. Les bénéfices imposables des entreprises

Articles 24, 25, 26 et 37 CIR

Les entreprises réalisent des bénéfices.

Nous analysons ici:

- les bénéfices ordinaires;
- le moment de l'imposition;
- les éléments constitutifs des bénéfices.

1.1. Bénéfices d'opérations

Article 24, alinéa 1er, 1° CIR

1600-49/2600-19

Les bénéfices imposables sont ceux qui proviennent de toutes les opérations traitées directement ou indirectement par les établissements des entreprises ou à l'intermédiaire de ceux-ci.

Il s'agit en l'occurrence des bénéfices de toutes les opérations réalisées par l'exploitant dans le cadre de son activité professionnelle, même si ces opérations sont de natures différentes ou si elles sont de natures différentes de celles habituellement réalisées par l'exploitant.

Il n'importe pas non plus que ces opérations aient été réalisées en Belgique ou à l'étranger.

Sur la base de cette définition très générale, sont notamment imposables:

- les bénéfices liés à toutes les opérations commerciales, industrielles, artisanales ou agricoles de l'exploitant;
- les bénéfices issus de la publicité;
- les bénéfices issus d'opérations illicites (travail au noir par exemple);
- les subsides obtenus;
- les revenus issus de la location d'un bien meuble ou immeuble affecté à l'exercice de l'activité professionnelle;
- les ristournes obtenues;
- les remboursements de cotisations sociales ou d'impôts déterminés.

1.2. Moment de l'imposition

Les ventes de l'entreprise peuvent être payées immédiatement. Dans cette hypothèse, les revenus générés par les opérations sont imposables dès l'encaissement.

Dans l'hypothèse où l'entreprise accorde des délais de paiement, elle dispose alors d'une créance sur son client.

Les bénéfices issus d'une créance sont imposables dès que la créance est certaine et liquide, et ce, indépendamment de la date d'encaissement effective de celle-ci.

Pratiquement, c'est l'établissement de la facture qui fait naître la créance et la rend certaine et liquide.

Cette créance ne peut être exclue des bénéfices imposables que si le contribuable démontre que celle-ci a acquis un caractère irrécouvrable. Une réduction de valeur sur créance pourra alors être actée pour autant qu'elle corresponde à une perte incontestable. Pour une analyse plus complète des créances irrécouvrables, nous renvoyons le lecteur à la partie de l'ouvrage relative aux réductions de valeur et provisions exonérées (voir page 457).

ex *Marguerite est gérante d'un magasin de TV-HIFI-VIDEO. Elle vend à Luc un téléviseur PLASMA pour le prix de 6.500,00 EUR le 25 novembre 2016. Luc lui paie un acompte de 1.000,00 EUR. Marguerite établit la facture pour le solde le jour même et l'envoie à Luc le lendemain. Luc paie le solde à Marguerite en février 2017.*

Son montant total de 6.500,00 EUR est imposable en 2016, soit pour l'exercice d'imposition 2017.

Les créances résultant de contrats dans lesquels figure une condition suspensive n'acquièrent un caractère certain et liquide qu'au moment où la condition suspensive se réalise.

ex *Luc, agent immobilier, vend un immeuble à Marguerite. Dans le contrat de vente, il est stipulé que la vente se fera pour autant que Marguerite obtienne un emprunt auprès de son organisme bancaire (condition suspensive).*

La créance est certaine et liquide, et donc imposable, au moment où Marguerite obtient son emprunt auprès de sa banque.

En ce qui concerne les associations qui ne possèdent pas la personnalité juridique et qui recueillent des bénéfices, l'ensemble des bénéfices est considéré comme attribué aux membres à la date de clôture des comptes annuels auxquels il se rapporte ou au 31 décembre de l'année, à défaut de comptabilité ; la part des bénéfices non distribués, considérée comme attribuée à chaque membre, est déterminée conformément aux stipulations de la convention d'association ou, à défaut, par part virile.

1.3. Les éléments constitutifs du bénéfice

1.3.1. *Le bénéfice brut*

Pour les industriels, artisans, commerçants ou agriculteurs, le bénéfice brut d'exploitation peut être déterminé, en pratique, de la manière suivante :

Terme	Précisions
Chiffre d'affaires (hors TVA)	Le chiffre d'affaires doit être diminué des commissions, ristournes, escomptes... accordés (pour autant qu'ils ne soient pas déduits directement de la facture)
– Achats sortis	Stock initial des marchandises au premier jour de la période imposable (en général le premier jour de l'année) + Achats de marchandises au cours de la période imposable, le cas échéant diminués des commissions, ristournes, escomptes obtenus... (pour autant qu'ils n'aient pas été déduits des factures établies par les fournisseurs) – Stock final au dernier jour de la période imposable (en général le dernier jour de l'année)
= BÉNÉFICE BRUT	Code 1600-49/2600-19 de la déclaration

ex *Luc, détaillant en articles de sport, a réalisé au cours de l'année 2016 un chiffre d'affaires de 300.000,00 EUR (Hors TVA). Il a effectué des achats de marchandises pour 200.000,00 EUR. Son stock initial est de 150.000,00 EUR. Son stock final est de 180.000,00 EUR.*
Sont bénéfice brut est de :

Chiffre d'affaires	*300.000,00*
– Achats sortis, *C'est-à-dire 150.000,00 + 200.000,00 – 180.000,00*	*– 170.000,00*
= BÉNÉFICE BRUT	*130.000,00*

Il remplit le cadre XVIII de sa déclaration de la manière suivante :

Cadre XVIII – Bénéfices d'entreprises industrielles, commerciales ou agricoles		
1. Bénéfice brut de l'exploitation proprement dite	*130.000,00* *(Code 1600-49)*	*Code 2600-19*

Incidence de la TVA

La plupart des entreprises sont assujetties à la TVA.

La TVA est une taxe qui doit être supportée par le consommateur final. L'assujetti ne joue qu'un rôle d'intermédiaire entre le consommateur final et l'État.

Le chiffre d'affaires pris en considération pour déterminer le bénéfice brut est donc hors TVA. Il en est de même pour l'évaluation des achats ainsi que du stock initial et final. Il s'agit de montants hors TVA.

En principe, la TVA n'a aucune incidence sur le montant des bénéfices imposables.

Toutefois, l'administration considère que, lorsque l'exploitant n'a pas déclaré une partie des ventes, la TVA due sur ces opérations a été portée en compte aux clients. Dans ce cas, elle majore les revenus imposables, non seulement du montant des ventes non déclarées, mais aussi du montant de la TVA non payée au Trésor.

L'administration déroge à cette règle :

- quand le contribuable démontre que la dette de TVA n'a pas été comptée en totalité ou en partie à ses clients ;
- quand, sur la base des éléments de fait propres à la situation, il peut être admis que la TVA n'a pas été portée en compte.

Lorsque cette TVA est ajoutée aux revenus imposables, elle peut, par la suite, être déduite à titre de charges professionnelles, mais uniquement pour l'année au cours de laquelle le montant éludé est effectivement supporté.

ex *Lors d'un contrôle fiscal effectué en mai 2016 chez Marguerite, garagiste, il est établi que des ventes relatives à l'année 2013 n'ont pas été déclarées à concurrence de 30.000,00 EUR. Le taux de TVA pour ce type de ventes est de 21 %.*

L'administration fiscale majore les bénéfices imposables de Marguerite de 30.000,00 + 6.300,00 (TVA) = 36.300,00 EUR.

Si la TVA éludée fait l'objet d'un relevé de régularisation en 2016, signé pour accord, Marguerite peut déduire cette TVA supportée au titre de frais professionnels dans sa déclaration relative à l'exercice d'imposition 2017, et ce même si cette TVA est payée ultérieurement.

1.3.2. *Sous-estimations d'actif et surévaluations de passif*

Article 24, alinéa 1er, 4° CIR

Les sous-estimations d'actif et surestimations du passif sont des réserves occultes qui résultent du non-respect des règles comptables ou fiscales.

En ce qui concerne les sous-évaluations d'actif, il s'agit, notamment, d'éléments de l'actif entrés en possession ou toujours en possession de l'exploitant et qui ont été comptabilisés, totalement ou partiellement de manière erronée.

C'est par exemple le cas :

- d'éléments de l'actif qui ont été directement portés en charges dans un compte de résultats alors qu'ils devaient être amortis ;
- d'éléments d'actif qui ont fait l'objet d'amortissements ou de réductions de valeur exagérés ;
- de biens qui ont été sous-estimés dans l'inventaire de clôture.

Pour les surestimations de passif, il s'agit essentiellement de réserves occultes représentant des dettes fictives ou éteintes.

Remarque importante : ces réserves occultes sont imposables au cours de la période imposable de leur découverte, et ce, même si elles résultent d'écritures comptables relatives à des périodes imposables antérieures.

ex 1. *Luc, restaurateur, évalue son stock le 3 janvier 2016 à 5.000,00 EUR. Les services de recherche du SPF Finances constatent que le stock est de 15.000,00 EUR le 5 janvier 2016. Il n'y a eu aucune livraison entre ces deux dates. Luc s'est basé sur ces 5.000,00 EUR pour établir le montant de ses achats sortis, et donc également pour calculer son résultat imposable, pour l'exercice d'imposition 2017.*

Il y a une sous-estimation d'actif de 10.000,00 EUR. Ce montant, qui représente une réserve occulte, doit être ajouté aux résultats du restaurateur pour l'exercice d'imposition 2017.

2. *Marguerite, industrielle en personne physique, a reçu en 2013 de son fournisseur Luc une note de crédit de 5.000,00 EUR relative à une facture de 20.000,00 EUR qui a été reprise intégralement dans les achats. La note de crédit n'a pas été comptabilisée.*

   L'absence de cette note de crédit dans la comptabilité donne lieu à une surestimation de sa dette vis-à-vis du fournisseur Luc. Il s'agit d'un bénéfice imposable.

   Si l'administration fiscale découvre cette surestimation en 2016 à l'occasion de la vérification de la période imposable 2014, elle peut rajouter le montant de la note de crédit, soit 5.000,00 EUR pour la période imposable 2014.

1.3.3. *Revenus des biens immobiliers et mobiliers à caractère professionnel*

Article 37 CIR

Nous avons analysé, dans les parties précédentes de cet ouvrage, le régime fiscal des revenus produits par des biens immobiliers ou mobiliers non affectés à l'exercice de l'activité professionnelle (voir page 95 et page 226).

À cette occasion, nous avons précisé, à l'aide d'exemples, que l'affectation « privée » ou professionnelle d'un bien immobilier ou mobilier est une question de fait.

Lorsque l'affectation est « professionnelle », les revenus produits par le bien, immobilier ou mobilier, sont des revenus professionnels. Pour un commerçant, ces revenus sont imposables à titre de bénéfices ordinaires, et donc soumis au taux d'impôt progressif.

Lorsqu'il y a affectation professionnelle, le précompte immobilier devient déductible à titre de charges professionnelles. Le précompte mobilier retrouve son caractère d'avance sur l'impôt définitif, et est imputable sur l'impôt dû (*cf.* pages 491 et suivantes).

ex

1. *Marguerite, célibataire, est brasseur indépendante. Elle donne en location à Luc plusieurs cafés dont elle est propriétaire (RC: 3.000,00 EUR) . Luc est contractuellement tenu de vendre dans ses cafés la bière produite par Marguerite. Celle-ci perçoit pour l'année 2016 des loyers relatifs à la location des cafés pour un montant de 80.000,00 EUR.*

   Compte tenu du lien existant entre la location des cafés et l'exploitation commerciale de Marguerite, les biens immobiliers doivent être considérés comme étant affectés à l'exercice de l'activité professionnelle.

   Marguerite remplit sa déclaration de la manière suivante:

Cadre III – Revenus de biens immobiliers		
2. Immeubles utilisés pour votre profession	*3.000,00 (Code 1105-59)*	*Code 2105-29*

Cadre XVIII – Bénéfices d'entreprises industrielles, commerciales ou agricoles		
1. Bénéfice brut de l'exploitation proprement dite	*80.000,00 (Code 1600-49)*	*Code 2600-19*

2. *Luc est un ferrailleur indépendant. Il perçoit le montant des factures établies sur un compte bancaire, compte servant uniquement à l'activité professionnelle de l'intéressé. Ce compte produit en 2016 des intérêts de 1.400,00 EUR, sur lesquels un précompte mobilier de 210,00 EUR a été retenu par l'organisme bancaire. Luc a donc perçu un montant de 1.190,00 EUR.*

   Ce compte bancaire doit être considéré comme étant affecté à l'exercice de l'activité professionnelle.

Luc remplit sa déclaration de la manière suivante :

Cadre XVIII – Bénéfices d'entreprises industrielles, commerciales ou agricoles		
3. Résultats financiers	*1.400,00 (Code 1602-47)*	*Code 2602-17*

Cadre XX – Précomptes afférents à une activité professionnelle indépendante		
1. Précompte mobilier	*210,00 (Code 1756-87)*	*Code 2756-57*

1.3.4. *Rémunérations de l'entrepreneur*

Article 25, 1° CIR

Les rémunérations que l'exploitant s'attribue pour son travail personnel ne sont pas déductibles au titre de dépenses professionnelles.

Si l'entrepreneur déduit sa rémunération au titre de charges professionnelles, un montant équivalent doit être rajouté au montant de ses bénéfices imposables.

1.3.5. *Profits de spéculations*

Article 25, 3° CIR

Les spéculations sont des opérations, même isolées, qui sont effectuées à la suite de prévisions, d'observations et d'études relatives au cours de la Bourse et des prix (relatives à des titres, marchandises, biens immobiliers...), en vue de réaliser un bénéfice à l'occasion de la hausse ou de la baisse des prix.

Un tel bénéfice est imposable à titre de revenus professionnels, sauf s'il s'agit de bénéfices réalisés par un particulier à l'occasion d'opérations mobilières ou immobilières d'achat et de vente, lorsque ces opérations sont purement accidentelles et ne résultent pas d'opérations effectuées dans le cadre de l'exercice de l'activité professionnelle. Le cas échéant, ces revenus pourraient se voir imposés à titre de revenus divers (*cf.* page 575).

1.3.6. *Sommes affectées au remboursement du capital et à l'extension de l'entreprise ou à l'accroissement de la valeur des éléments de l'actif*

Article 25, 4° CIR

A. Remboursement de capital

Le capital remboursé, relatif à des dettes contractées par l'exploitant, n'est pas déductible à titre de dépense professionnelle.

Si l'entrepreneur déduit du capital remboursé au titre de charges professionnelles, un montant équivalent doit être rajouté au montant de ses bénéfices imposables.

B. Sommes affectées à l'extension de l'entreprise ou à l'accroissement de la valeur des éléments d'actif

Certains exploitants revendiquent la déduction au titre de dépenses professionnelles des remboursements en capital d'emprunts affectés à l'acquisition d'immobilisations incorporelles (clientèle, fonds de commerce...), corporelles (terrains, matériel...) ou financières, soit affectées à l'extension ou à l'amélioration de certains de ces éléments d'actif.

Il arrive également que, lorsque l'entreprise produit elle-même certaines immobilisations ou encore procède elle-même à des travaux d'extension, l'exploitant porte en dépenses professionnelles le prix de revient de ces immobilisations ou travaux (main-d'œuvre, matières premières, matières consommables...) sans aucune compensation dans le montant des bénéfices.

Toutes ces dépenses comptabilisées en charges doivent être rajoutées en bénéfices, à l'exception des amortissements admissibles et/ou des réductions de valeur éventuelles.

Remarque : les dépenses qui n'augmentent pas la valeur des immobilisations corporelles de l'entreprise, mais qui représentent des frais d'entretien ou de réparation, ne doivent pas être reprises dans les bénéfices.

ex *Luc est entrepreneur en travaux publics. Il charge une partie de son personnel de construire le nouveau bureau de l'entreprise. Pour ce faire, le personnel utilise des matières premières et des matériaux de l'entreprise à concurrence de 15.000,00 EUR. Luc déduit dans ses dépenses professionnelles le prix de revient de la main-d'œuvre (10.000,00 EUR) ainsi que des matières premières utilisées.*

Un montant de 25.000,00 EUR doit être ajouté aux bénéfices de Luc.

Luc peut comptabiliser un amortissement sur la valeur d'acquisition du bâtiment.

Il en est de même pour les éventuels honoraires versés à l'architecte chargé d'établir les plans d'aménagement.

1.3.7. *Fonds de prévision ou provisions*

L'exploitant ne peut déduire au titre de dépenses professionnelles le montant des fonds destinés à couvrir des frais ou pertes futures, dont le montant ne peut être déterminé avec certitude, ou qui sont consacrées par l'entrepreneur à augmenter le montant de ses fonds propres. La déduction de tels frais est, en principe, impossible à l'impôt des personnes physiques (*cf.* toutefois page 457).

Lorsque l'exploitant revendique la déduction de provisions dans ses dépenses professionnelles, un montant équivalent doit être rajouté à ses bénéfices.

1.3.8. *Réserves*

Si le contribuable tient une comptabilité en partie double, il est imposable sur les réserves comptabilisées.

1.4. Les barèmes forfaitaires de taxation

En principe chaque entreprise doit tenir une comptabilité probante au sens fiscal du terme. Une comptabilité n'est probante que si :

- elle constitue un ensemble cohérent, permettant de déterminer avec précision le montant des revenus imposables à l'impôt des personnes physiques ;
- toutes les écritures comptabilisées font l'objet d'une pièce justificative ;
- tous les montants comptabilisés correspondent à la réalité des opérations.

Pour autant que la comptabilité présentée par le contribuable se révèle probante, l'administration accepte le bénéfice déclaré.

Toutefois, le législateur a prévu, *en l'absence de documents probants*, la possibilité d'établir la cotisation selon des barèmes forfaitaires de taxation. Pour la plupart de ces barèmes, c'est le montant des achats qui sert de base à la détermination du chiffre d'affaires.

Il existe de barèmes pour les professions suivantes :

- boulanger, boulanger-pâtissier ;
- glacier ;
- détaillant en alimentation générale ;
- crémier laitier ambulant ;
- boucher charcutier ;
- poissonnier, poissonnier ambulant ;
- détaillant en gibier et volailles ;
- pharmacien ;
- marchand de textiles et d'articles en cuir ;
- marchand de chaussures ;
- marchand de journaux ;
- marchand de frites ;
- cafetier ;
- cordonnier ;
- coiffeur ;
- agriculteur ;
- aviculteur utilitaire ;
- batelier ;
- certains producteurs de fruits ;
- certains horticulteurs, pépiniéristes, maraîchers, horticulteurs...

Ces barèmes peuvent être utilisés soit par les contribuables, soit par l'administration fiscale.

Seuls les *contribuables* qui exercent une profession visée par un barème peuvent revendiquer leur application.

Le barème leur est appliqué à moins que *l'administration* ne démontre, sur la base d'éléments probants, que le montant des revenus issus du barème est inférieur au bénéfice réel.

L'administration peut également utiliser ces barèmes lorsqu'elle démontre préalablement que la comptabilité d'un contribuable n'est pas probante au sens fiscal du terme et ne permet pas de déterminer avec précision le montant de ses revenus imposables.

Dans une telle hypothèse, le montant des bénéfices nets du contribuable peut être déterminé sur la base du barème forfaitaire qui est d'application.

2. Les profits

2.1. Profits imposables

2.1.1. *Recettes*

Article 27, 1° CIR

1650-96/2650-66

Les profits proprement dits sont toutes les recettes obtenues par le titulaire d'une profession libérale, charge, office ou par une personne qui exerce une occupation lucrative à l'occasion de l'exercice de l'activité professionnelle.

En principe, toutes les sommes perçues par ces contribuables en raison de l'exercice de leur profession sont à considérer comme des profits. C'est par exemple le cas des remboursements de frais ou des indemnités de déplacement.

Jusqu'à présent, l'administration fiscale considérait que l'utilisation du terme « recettes » par le législateur ne permettait pas de reprendre parmi les revenus imposables de ces contribuables

les remboursements de cotisations sociales. Ainsi, les dispositions administratives applicables aux titulaires d'une profession libérale, charge ou office précisaient que les éventuels remboursements de cotisations sociales devaient tout d'abord être déduits des cotisations sociales payées durant la période imposable et que le solde éventuel était non imposable.

Ce régime favorable a cependant donné lieu dans un certain nombre de cas à des abus. Ainsi il a notamment été établi que certains indépendants débutants sollicitaient pendant les trois premières années d'assujettissement au statut social des indépendants, le remplacement des « cotisations provisoires » normalement dues pour cette période par des « cotisations volontaires » basées sur des revenus professionnels beaucoup plus élevés et souvent complètement fictifs. Après que ces cotisations volontaires excédentaires aient été portées en déduction à titre de frais professionnels, elles étaient remboursées en grande partie au cours de l'année de régularisation par la caisse d'assurances sociales et dépassaient la plupart du temps les cotisations sociales dues pour cette année.

Selon les jugements des tribunaux de première instance de Bruxelles et de Liège, de telles cotisations volontaires excédentaires ne peuvent en aucune manière être considérées comme des cotisations sociales déductibles au sens de l'article 52, 7° du Code des impôts sur les revenus (Bruxelles, 5 mai 2004 et Liège, 26 avril 2005).

Suite à un nouvel examen de cette problématique, l'administration fiscale a décidé qu'en ce qui concerne les titulaires de professions libérales, charges, offices ou autres occupations lucratives, les remboursements de cotisations sociales qui ont lieu à partir du 1er janvier 2010 doivent être considérés pour leur montant total comme des profits de l'année au cours de laquelle le remboursement a lieu ; en d'autres mots, ce remboursement ne peut plus être déduit des cotisations sociales payées (et déductibles à titre de frais professionnels) au cours de la même année (*cf.* Circulaire n° Ci.RH.241/597.673 (AFER 29/2010) du 2 avril 2010).

ex *Luc, célibataire, est médecin.*

Les situations suivantes peuvent se présenter en ce qui concerne les paiements et remboursements de cotisations sociales :

	Hypothèse 1	*Hypothèse 2*	*Hypothèse 3*
Janvier 2016	*Paiement de 3.000,00*	*Paiement de 3.000,00*	*Néant*
Octobre 2016	*Remboursement de 2.000,00*	*Remboursement de 5.000,00*	*Remboursement de 3.000,00*

Luc remplit le cadre XVIII de sa déclaration de la manière suivante :

	Hypothèse 1	*Hypothèse 2*	*Hypothèse 3*
1. Recettes provenant de l'exercice de la profession	*2.000,00 (Code 1650-96)*	*5.000,00 (Code 1650-96)*	*3.000,00 (Code 1650-96)*
9. Cotisations sociales	***3.000,00*** *(Code 1656-90)*	***0,00*** *c'est-à-dire 3.000,00 – 3.000,00 (Code 1656-90)*	***0,00*** *(Code 1656-90)*

- les remboursements d'impôts préalablement déduits ;
- les sous-évaluations d'actif ou surestimations de passif.

Ainsi le sculpteur ou le peintre, qui a déduit le montant des achats destinés à ses sculptures ou à ses tableaux au titre de charges professionnelles, n'est pas imposable sur la valeur des tableaux ou sculptures non vendus à la fin de la période imposable.

2.1.2. *Moment de l'imposition*

Les profits sont imposables au moment de leur perception effective.

Les créances ou les droits aux honoraires ne sont pas imposables. L'imposition naît uniquement au moment de l'encaissement effectif des créances ou lors du paiement des honoraires dus.

Ainsi, le médecin est imposable sur ses honoraires au moment de la perception de ceux-ci ou de leur mise à disposition sur un compte bancaire.

Par contre, le médecin qui exerce son activité dans une clinique ou dans un hôpital est imposable au moment où l'établissement hospitalier perçoit les honoraires au profit du médecin, et non au moment où il perçoit effectivement ses honoraires de l'hôpital ou de la clinique.

ex *Marguerite, célibataire, exerce son activité de médecin au sein de l'hôpital Saint-Pierre. L'hôpital perçoit les honoraires de décembre 2015 pour Marguerite, honoraires rétrocédés à Marguerite en janvier 2016.*

Ces honoraires sont imposables dans le chef du médecin en 2015.

En ce qui concerne les associations qui ne possèdent pas la personnalité juridique et qui recueillent des profits, l'ensemble des profits est considéré comme attribué aux membres à la date de clôture des comptes annuels auxquels il se rapporte ou au 31 décembre de l'année, à défaut de comptabilité; la part des profits non distribués, considérée comme attribuée à chaque membre, est déterminée conformément aux stipulations de la convention d'association ou, à défaut, par part virile.

2.1.3. *Revenus des biens immobiliers et mobiliers à caractère professionnel*

Nous renvoyons le lecteur à la page 263.

2.1.4. *Indemnités des hommes politiques*

Article 27, 5° CIR

Sont imposables comme des profits les indemnités des membres de la Chambre des représentants, du Sénat, des Parlements de communauté et de région et du Parlement européen, ainsi que les indemnités pour l'exercice de fonctions spéciales au sein de ces assemblées, à l'exception des remboursements pour frais exposés effectués par la Chambre des représentants, le Sénat, les Parlements de communauté et de région et le Parlement européen.

2.2. Revenus imposables distinctement

Article 171, 6°, 2e alinéa CIR

1652-94/2652-64

Certains profits sont imposables distinctement au taux moyen afférent à l'ensemble des autres revenus imposables de la période imposable aux conditions suivantes:

- les profits sont relatifs à des prestations qui doivent avoir été effectuées sur une durée supérieure à douze mois;
- les profits doivent avoir été payés, directement ou indirectement par une autorité publique; en l'occurrence, en entend par autorité publique les pouvoirs publics (État, communautés,

régions...), les institutions créées avec l'appui de ces pouvoirs (organismes parastataux, établissements publics, intercommunales...) et, de façon générale, tous les organismes et établissements d'intérêt public dont les traitements et salaires du personnel sont conventionnellement alignés sur les rémunérations que l'État accorde à ses agents;
- en principe, ils doivent être payés en une fois.

Seule la partie des profits relative aux prestations accomplies pendant une période supérieure à la période de douze mois susvisée est imposable distinctement.

ex *Luc est architecte et effectue depuis janvier 2015 jusque septembre 2016 des prestations pour l'État belge (soit sur une durée de 21 mois). Il perçoit de l'État belge les honoraires relatifs à ses prestations d'un montant de 40.000,00 EUR en novembre 2016.*

Luc remplit le cadre XIX de sa déclaration de la manière suivante:

Cadre XIX – Profits des professions libérales, charges, offices et autres occupations lucratives		
1. Recettes (autres que celles visées aux rubriques 2 à 4) provenant de l'exercice de la profession	*22.857,14* *C'est-à-dire 40.000,00 × (12/21)* *(Code 1650-96)*	*Code 2650-66*
4. Arriérés d'honoraires	*17.142,86* *C'est-à-dire 40.000,00 × (9/21)* *(Code 1652-94)*	*Code 2652-64*

2.3. Les profits d'activités exercées à l'étranger

Les profits de source belge ou étrangère doivent être déclarés. La source des profits est déterminée en fonction de l'endroit où l'activité a été exercée. Le régime d'imposition dépend de l'existence ou non d'une convention préventive de la double imposition.

2.3.1. *Une convention préventive de la double imposition a été conclue entre la Belgique et l'État où est exercée l'activité*

Lorsque le contribuable dispose à l'étranger d'une base fixe, les profits imputables à cette base fixe ne sont pas imposables en Belgique, mais bien dans l'État où est située la base fixe.

Selon le droit commun, la base fixe désigne un endroit servant à l'exercice d'une profession libérale ou d'autres activités indépendantes.

Pour être considéré comme une base fixe:
- l'endroit doit présenter un certain caractère de fixité ou de permanence;
- le contribuable doit en disposer de façon habituelle.

Ces revenus doivent être déclarés en Belgique et sont exonérés sous réserve de progressivité.

L'imposition effective ou non de ces revenus à l'étranger est sans importance.

ex *Marguerite exerce une activité de vétérinaire. Elle est résidente belge et exerce son activité de vétérinaire en tant qu'indépendante dans une clinique vétérinaire située en France.*

Les revenus générés par la base fixe sont imposables en France et sont exonérés en Belgique sous réserve de progressivité.

2.3.2. *Il n'y a pas de convention préventive de la double imposition conclue entre la Belgique et l'État ou est exercée l'activité*

En l'absence d'une convention préventive de la double imposition, l'impôt relatif aux profits réalisés et *effectivement* imposés à l'étranger est réduit de moitié.

Les profits sont considérés comme imposés à l'étranger s'ils ont été soumis au régime fiscal qui est normalement applicable à de tels revenus dans le pays d'origine.

Lorsque les profits ne respectent pas ces conditions, ils sont imposables en Belgique au tarif normal.

3. Les revenus des sociétés civiles et associations sans personnalité juridique

Articles 29 et 364 CIR

3.1. Notion

Sont visées :

- les sociétés civiles ou les associations sans personnalité juridique qui recueillent des bénéfices ou des profits. Ces sociétés ou associations ne possèdent pas une personnalité juridique distincte de celle de leurs membres ou associés ;
- les sociétés commerciales irrégulièrement constituées ;
- les sociétés agricoles, à l'exception de celles qui ont opté pour l'assujettissement à l'impôt des sociétés ;
- les groupements d'intérêt économique ;
- les groupements européens d'intérêt économique.

Ne sont donc pas concernées par ce régime les associations de fait qui ne se livrent ni à une exploitation commerciale, industrielle ou agricole, ni à une occupation lucrative, mais se bornent à gérer ou administrer des biens immobiliers ou mobiliers. Les revenus des biens immobiliers et mobiliers de ces associations sont imposables dans le chef de leurs membres au titre de revenus immobiliers ou mobiliers.

3.2. Régime fiscal

Les revenus des associations ou sociétés susvisées sont, selon les cas, des bénéfices ou des profits.

Les associés ou membres de telles sociétés ou associations sont imposables sur :

- leurs prélèvements ;
- leurs parts dans les bénéfices ou les profits distribués ou non distribués.

La part des bénéfices ou des profits de chaque associé est déterminée conformément aux stipulations du contrat ou de la convention d'association ou, à défaut, par part virile.

Les bénéfices ou profits dissimulés, dont l'administration a démontré l'existence et le montant, doivent être répartis entre les associés ou membres de la même manière que les bénéfices ou profits non distribués, à moins que les associés ou membres ne démontrent que la répartition de ceux-ci doit être différente.

Les éléments exonérés, comme par exemple une déduction pour investissement ou encore une plus-value temporairement exonérée, sont déduits, par priorité des bénéfices ou profits non distribués. Le solde éventuel est imputé sur les bénéfices ou profits distribués aux associés. Cette imputation s'effectue proportionnellement au montant de leur part dans les bénéfices ou profits de l'année (comptable) qui ont été réellement attribués, montant déterminé avant toute autre déduction sur ces bénéfices ou ces profits.

L'ensemble des bénéfices ou des profits est considéré comme attribué à la date de clôture des comptes annuels auxquels ils se rapportent ou, à défaut de comptabilité, au 31 décembre de l'année.

3.3. Exemple

Luc et Marguerite, géomètres, ont signé un contrat d'association qui prévoit une distribution des profits à concurrence de 20.000,00 EUR pour Luc et 15.000,00 EUR pour Marguerite. Le solde des profits est réparti à parts égales.

Au cours de l'année 2016, l'association réalise des profits à concurrence de 60.000,00 EUR. Dans ce montant figure une plus-value temporairement exonérée (pas de remploi effectué) d'un montant de 30.000,00 EUR.

Les profits imposables dans le chef de Luc et de Marguerite se déterminent de la manière suivante:

	Luc	*Marguerite*
Distribution	*20.000,00*	*15.000,00*
Répartition du solde	*12.500,00, c'est-à-dire 25.000,00/2*	*12.500,00, c'est-à-dire 25.000,00/2*
Quotité exonérée du solde (plus-value)	*– 12.500,00*	*– 12.500,00*
Quotité exonérée restante (plus-value)	*– 2.857,14, c'est-à-dire 5.000,00 × (20.000,00/35.000,00)*	*– 2.142,86, c'est-à-dire 5.000,00 × (15.000,00/35.000,00)*

4. Tableau comparatif relatif à la taxation des bénéfices et des profits

Les revenus imposables	Bénéfices	Moment de l'imposition	Profits	Moment de l'imposition
Revenus de toutes les opérations	Imposables		Uniquement les recettes	
Remboursement de cotisations sociales	Imposables		Imposables	
Remboursement d'impôts	Imposables	Dès que la créance est certaine et liquide	Non imposables	Au moment de l'encaissement
Sous-évaluations d'actif	Imposables		Non imposables	
Surestimations du passif	Imposables		Non imposables	
Avantages anormaux ou bénévoles	Imposables		Non imposables	

5. Les rémunérations

5.1. Rémunérations des travailleurs

Articles 23, § 1er, 4°, 30, 1° et 31 CIR

5.1.1. *Les rémunérations proprement dites*

Article 31, alinéa 1er, 1° CIR

1250-11/2250-78

Les rémunérations sont toutes les rétributions qui constituent, pour le travailleur, le produit du travail au service de l'employeur.

Ces rémunérations comprennent tous les salaires, traitements, commissions, gratifications, primes, indemnités et toutes autres rétributions analogues, y compris les pourboires, et autres allocations, même accidentelles, obtenues en raison ou à l'occasion de l'exercice de l'activité professionnelle, à un titre quelconque, sauf en remboursement de dépenses propres à l'employeur (voir page 332).

Sont, entre autres, considérées comme des rémunérations imposables, le pécule de vacances, les jetons de présence alloués aux fonctionnaires ou magistrats en raison de leur qualité de membres de commissions quelconques, les interventions dans les frais de garde des enfants, les primes syndicales, etc.

Pratiquement, le montant des rémunérations imposables des travailleurs figure au code 250 de la fiche 281.10 établie par l'employeur.

Les pourboires perçus par les personnes rémunérées totalement ou partiellement au pourboire (personnel de salons de coiffure, restaurants, cafés, cinémas...) ne figurent pas sur cette fiche et doivent être rajoutés aux revenus y figurant. Ces personnes doivent déclarer leurs rémunérations effectivement perçues, étant entendu que le total des pourboires ainsi que des rémunérations et des avantages octroyés par l'employeur (à l'exclusion du pécule de vacances et des indemnités exceptionnelles) ne peut être inférieur au montant qui a été pris en compte pour le calcul du précompte professionnel.

Lorsqu'un paiement a été effectué par le débiteur, il est sans relevance qu'il y ait ou non attribution (possibilité d'encaissement immédiat). Dès que les sommes sont définitivement déposées ou versées sur le compte financier du bénéficiaire, elles sont mises à sa disposition. Le fait que pour des dispositions de droit civil ou social, le compte soit bloqué et que le travailleur n'est pas temporairement en mesure de retirer ces sommes, est sans incidence et n'enlève rien au fait qu'elles aient été effectivement mises à sa disposition (circulaire n° Ci.RH 241/616.119 (AGFisc n° 45/2013) du 5 novembre 2013).

5.1.2. *Pécule de vacances anticipé*

Articles 31, alinéa 1er, 1° et 171, 6°, 1er tiret CIR

1251-10/2251-77

Ce pécule, qui figure en regard du code 251 de la fiche 281.10 établie par l'employeur, représente la quotité du pécule de vacances acquise et payée :

- au travailleur (employé ou ouvrier)
- au dirigeant d'entreprise occupé dans le cadre d'un contrat de travail

durant l'année au cours de laquelle il quitte son employeur.

Ce pécule est imposable distinctement au taux moyen de l'exercice d'imposition.

5.1.3. *Arriérés de rémunérations*

Articles 31, alinéa 1er, 1° et 171, 5°, b CIR

1252-09/2252-76

Les arriérés de rémunérations ordinaires sont indiqués au code 252 de la fiche 281.10 établie par l'employeur.

Ces arriérés bénéficient d'une taxation à un taux distinct, en l'occurrence le taux moyen afférent à l'ensemble des revenus imposables de la dernière année au cours de laquelle le contribuable a eu une activité professionnelle normale.

À cet égard, l'arrêt de la Cour de cassation du 12 juin 1992 précise que lorsqu'une activité professionnelle, en raison de la cessation de celle-ci, n'est exercée que pendant une partie de l'année, cette année ne peut être considérée comme une année durant laquelle le contribuable a exercé une activité professionnelle normale.

Ce taux n'est pas obligatoirement le taux moyen relatif à la dernière année d'imposition.

Dans une circulaire du 13 novembre 2013 (AGFisc 46/2013), l'Administration a redéfini le taux à prendre en considération, à la suite d'un arrêt de la Cour de cassation du 14 mars 2013.

Dorénavant, seule la dernière année durant laquelle le contribuable a eu une *activité professionnelle normale* peut être considérée comme une année de référence valable. Le fait qu'une activité professionnelle puisse être considérée comme « normale » doit être apprécié sur la base des circonstances de fait propres à chaque cas individuel.

L'année durant laquelle un contribuable n'a *pas* exercé une activité professionnelle normale mais a obtenu, durant chacun des 12 mois de l'année considérée, des revenus professionnels imposables (y compris des revenus de remplacement, pensions, rentes, etc.), ne peut désormais *plus* être considérée comme une année de référence valable (par exemple, un contribuable qui a été professionnellement actif pendant 3 mois et a perçu des revenus de remplacement durant les 9 autres mois d'inactivité).

Le taux moyen afférent à l'ensemble des revenus imposables de la dernière année au cours de laquelle le contribuable a eu une activité professionnelle normale est fixé pour chaque conjoint séparément.

5.1.4. *Indemnités de reclassement*

Article 171, 5°, f) CIR

Articles 36 à 38 de la loi du 23 décembre 2005 concernant le pacte des générations, *M.B.*, 30 décembre 2005

1262-96/2262-66 et 1308-50/2308-20

Les entreprises en restructuration doivent créer une cellule pour l'emploi dès qu'elle veut mettre des travailleurs en prépension à un âge inférieur à l'âge normal de la prépension en vigueur dans l'entreprise (actuellement le plus souvent 58 ans). C'est donc uniquement au cas où l'employeur souhaite se servir de la possibilité d'appliquer le régime fédéral de la prépension à un âge inférieur, qu'il est tenu par la condition préalable de participer à une cellule pour l'emploi. Il s'agit d'un lien de coopération où les partenaires sociaux (entreprise en restructuration et organisations syndicales représentatives) investissent en collaboration avec le public (service subrégional de l'emploi) et le privé (par exemple, fonds de formation sectoriel) dans le reclassement des travailleurs menacés de licenciement, en particulier ceux de 45 ans et plus.

L'entreprise en restructuration est tenue, pour chaque travailleur licencié, qui avait au moins 45 ans au moment de l'annonce du licenciement collectif et qui s'est inscrit dans la cellule pour l'emploi, de payer durant une période de 6 mois une indemnité de reclassement qui équivaut au salaire en cours et aux avantages acquis en vertu du contrat de travail.

Les travailleurs de plus de 45 ans qui ne comptent pas un an d'ancienneté dans l'entreprise peuvent participer volontairement à la cellule pour l'emploi. Ils ne bénéficient toutefois pas de l'indemnité de reclassement.

L'indemnité de reclassement visée à l'alinéa précédent est assimilée à l'indemnité de congé qui est octroyée quand l'employeur résilie le contrat sans motif grave ou sans respecter le délai de préavis prévu par la loi. Cette indemnité remplace en tout ou en partie l'indemnité de congé allouée au travailleur.

Cette indemnité présente le caractère d'une indemnité de rupture : le travailleur est considéré comme n'étant plus en service, il est dispensé de prestation, mais il perçoit pendant six mois son salaire normal. Cette indemnité de reclassement qui est payée chaque mois est déduite de l'indemnité de rupture due normalement par l'employeur.

Cette indemnité peut être réduite pendant les périodes de reprise du travail (en effet, un nouveau salaire est payé par le nouvel employeur) et même disparaître. En ce qui concerne ce dernier point, on peut songer à des périodes où le travailleur ne collabore pas ou collabore insuffisamment à son reclassement.

L'indemnité de reclassement bénéficie d'une taxation à un taux distinct, en l'occurrence le taux moyen afférent à l'ensemble des revenus imposables de la dernière année au cours de laquelle le contribuable a eu une activité professionnelle normale.

5.1.5. *Les rémunérations du mois de décembre payées pour la première fois au cours de ce même mois par une autorité publique*

Articles 31, alinéa 1er, 1° et 171, 6°, 3e tiret CIR

1247-14/2247-81

Le taux afférent à l'ensemble des autres revenus imposables s'applique aux rémunérations du mois de décembre qui sont, pour la première fois, payées ou attribuées par une autorité publique au cours de ce mois de décembre au lieu du mois de janvier de l'année suivante (suite à une décision de cette autorité publique de payer effectivement en décembre – au lieu du mois de janvier de l'année suivante – les rémunérations du mois de décembre).

Par « autorité publique », on entend les pouvoirs publics (l'État, les communautés, les régions, les provinces, les communes), les institutions créées avec l'appui de ces pouvoirs (les organismes parastataux, les établissements publics, les régies, les sociétés intercommunales, etc.) et, de façon générale, tous les organismes et établissements d'intérêt public dont les traitements et salaires du personnel sont conventionnellement alignés sur les rémunérations que l'État accorde à ses agents.

Sont visés, non seulement les organismes d'intérêt public, mais aussi les universités.

5.1.6. *Les rémunérations des travailleurs de l'HORECA*

Articles 171, al. 1er, 1°, f.

1263-95/2263-65

Sont imposables au taux de 33 % les rémunérations pour des prestations faites pendant 50 jours au maximum par année et qui sont payées ou attribuées aux travailleurs occasionnels occupés chez un travailleur de l'HORECA (y compris des agences d'intérim) pour autant que l'employeur et le travailleur concluent un contrat de travail pour une durée déterminée ou un contrat de travail pour un travail nettement défini, pour un maximum de deux jours consécutifs et pour lesquelles les cotisations sociales sont calculées sur un forfait horaire ou journalier visé à l'article 31*ter*, alinéa 2 de l'arrêté royal du 28 novembre 1969 pris en exécution de la loi du 27 juin 1969 révisant l'arrêté-loi du 28 décembre 1944 concernant la sécurité sociale des travailleurs d'entreprise.

Les rémunérations liées à des heures supplémentaires réalisées par des travailleurs de l'HORECA sont exonérées d'impôts à concurrence de 300 heures lorsqu'elles sont payées par un employeur qui n'utilise pas la *black box* («caisse enregistreuse» selon l'arrêté royal du 30 décembre 2009 fixant les définitions et les conditions auxquelles doit répondre un système de caisse enregistreuse dans le secteur HORECA) et à concurrence de 360 heures pour les travailleurs employés par des employeurs qui utilisent cette *black box* (article 38 §1 30° du C.I.R./92).

5.1.7. *Les rémunérations des Flexi-job*

Les rémunérations qui sont payées ou attribuées en exécution d'un contrat de travail Flexi-job au sens de l'article 3, 4° de la loi du 16 novembre 2015 portant les dispositions diverses en matière sociale sont exonérées d'impôts à condition qu'elles soient effectivement soumises à la cotisation spéciale de 25% prévue à l'article 38 § 3*sexdecies* de la loi du 29 juin 1981 établissant les principes généraux de la sécurité sociale des travailleurs salariés (article 38 § 1 20° du C.I.R./92).

5.2. Rémunérations des dirigeants d'entreprise

Les rémunérations des dirigeants d'entreprise sont celles qui rémunèrent des mandats ou des activités exercés au sein de sociétés.

5.2.1. *Sociétés*

Dans le Code des impôts sur les revenus, la société se définit comme «toute société, association, établissement ou organisme quelconque régulièrement constitué qui possède la personnalité juridique et se livre à une exploitation ou à des opérations de caractère lucratif».

Une ASBL est en principe assujettie à l'impôt des personnes morales.

Sur le plan fiscal, les ASBL peuvent se voir assujetties à l'ISOC si elles se livrent à une exploitation ou à des opérations de caractère lucratif.

Lorsqu'une ASBL ne poursuit pas de but lucratif, les opérations suivantes ne sont pas considérées comme des opérations de caractère lucratif:

- des opérations isolées ou exceptionnelles;
- des opérations qui constituent dans le placement des fonds récoltés dans l'exercice de leur fonction statutaire;
- des opérations qui constituent une activité ne comportant qu'accessoirement des opérations industrielles, commerciales ou agricoles ou ne mettant pas en œuvre des méthodes industrielles ou commerciales.

Si une ASBL ne poursuit pas de but lucratif et se limite aux trois types d'opérations susmentionnées, elle n'est pas considérée, sur le plan fiscal, comme une société.

Pour les ASBL, nous pouvons conclure que:

- soit l'ASBL est assujettie à l'impôt des sociétés: dans cette hypothèses, les revenus perçus par les dirigeants de ces ASBL sont des rémunérations de dirigeant d'entreprise;
- soit l'ASBL n'est pas assujettie à l'impôt des sociétés: dans cette hypothèse, les revenus perçus par les dirigeants de ces ASBL ne sont JAMAIS des rémunérations de dirigeant d'entreprise. Dans cette hypothèse, pour qualifier les revenus, il convient de se référer à la relation contractuelle entre le dirigeant et l'ASBL:
    - soit le dirigeant a signé un contrat de travail; dans ce cas, les revenus perçus de l'ASBL sont des rémunérations ordinaires;
    - soit il n'y a pas de contrat de travail; dans ce cas, les revenus perçus de l'ASBL sont des profits.

Le débiteur des rémunérations ne doit pas, selon la Cour de Cassation, être une «société» au sens fiscal : le 11 mars 2016, la Cour de Cassation a réouvert le débat en estimant qu'une personne physique qui est administrateur d'une ASBL (qui ne se livre pas à des opérations lucratives) est bien un dirigeant au sens de l'article 32 du CIR 92 (Cass. 11 mars 2016, RG nº F.14.0168.F).

5.2.2. *Dirigeants d'entreprise*

Article 32 CIR

Les dirigeants d'entreprise forment une catégorie particulière de contribuables. Du point de vue social, ce sont de véritables indépendants. En matière fiscale, le législateur fait la distinction entre :

- les personnes physiques qui exercent un mandat d'administrateur, de gérant, de liquidateur ou des fonctions analogues (dirigeants de la première catégorie) ;
- les personnes physiques qui exercent au sein de la société une fonction dirigeante de gestion journalière, d'ordre commercial, financier ou technique, en dehors d'un contrat de travail (dirigeants de la deuxième catégorie).

Cette distinction est essentielle dans la mesure où seuls les dirigeants d'entreprise de la première catégorie sont visés par la requalification des loyers en rémunérations (voir page 112).

A. **Dirigeants de la première catégorie**

Sont ici visées les personnes physiques chargées de représenter la société auprès des tiers, à savoir les administrateurs, les gérants, les liquidateurs ou les personnes exerçant des fonctions analogues à celles des administrateurs, gérants ou liquidateurs.

Les administrateurs sont nommés dans les statuts ou par l'assemblée générale à des mandats d'administration dans des sociétés.

Les gérants de sociétés de personnes sont nommés par les associés, dans les statuts ou encore à l'occasion d'une assemblée générale.

Les liquidateurs sont les personnes chargées de la liquidation des sociétés et peuvent exercer leurs fonctions dans des sociétés de capitaux ou de personnes.

Sont également ici visées les personnes physiques qui exercent des fonctions analogues à celles des administrateurs, gérants ou liquidateurs.

Ces personnes exercent des fonctions qui, en vertu de la loi, sont propres aux administrateurs, gérants ou liquidateurs, sans en avoir la qualité. Pour établir si des personnes relèvent de cette catégorie, il convient d'examiner la nature du pouvoir dont disposent réellement ces personnes.

Ainsi, les attributions suivantes peuvent, entre autres, être considérées comme relevant de la compétence d'un administrateur ou gérant :

- le fait qu'un contribuable ait le droit de traiter au nom de la société sans restriction ni réserve, de la représenter en toute circonstance et de l'engager sans limitation ;
- le pouvoir de faire, sans limitation aucune, les achats et ventes rentrant dans le cadre de l'activité sociale et celui d'agir en justice ;
- le pouvoir de gérer les avoirs en banque de la société et d'investir les fonds disponibles ;
- le fait de signer seul la déclaration fiscale à l'impôt des sociétés.

Les personnes qui exercent de tels pouvoirs sont fiscalement considérées comme des dirigeants d'entreprise de la première catégorie.

Les administrateurs d'ASBL sont des dirigeants d'entreprise de la première catégorie pour autant que l'ASBL soit assujettie à l'ISOC.

Par contre, le contribuable qui remplit des fonctions de gestion journalière de la société, sans être administrateur, gérant ou liquidateur, ne peut être considéré comme relevant de la catégorie des dirigeants de la première catégorie.

La notion de «gestion journalière» n'est pas définie dans la loi. Nous pouvons en trouver une définition dans la jurisprudence: cette fonction comprend tous les actes d'exploitation accomplis dans le cadre des décisions du conseil d'administration et dont l'ensemble constitue en quelque sorte la vie quotidienne de la société. Il s'agit donc de tous les actes courants et normaux à l'exclusion des actes à caractère exceptionnel (Liège, 15 juin 1988, FJF, n° 88/132).

Sur le plan fiscal, les personnes qui exercent de telles fonctions sont considérées comme des dirigeants d'entreprise de la deuxième catégorie.

ex *Marguerite est administratrice d'une Intercommunale ayant pris la forme d'une ASBL.*
Les revenus perçus par Marguerite ne peuvent être considérés comme des rémunérations de dirigeant d'entreprise.
En effet, d'une part, les intercommunales sont assujetties à l'impôt des personnes morales et, d'autre part, les intercommunales ayant la forme d'ASBL ne peuvent pas légalement se livrer à des opérations industrielles ou commerciales.
Les revenus perçus par Marguerite sont des profits.

B. Dirigeants de la deuxième catégorie

Sont ici visées les personnes physiques qui:

- exercent en dehors d'un contrat de travail;
- exercent une activité ou une fonction dirigeante;
- d'ordre commercial, technique, financière ou de gestion journalière.

Les fonctions doivent être exercées en dehors d'un contrat de travail. En effet, si ces personnes sont engagées en vertu d'un contrat de travail, les revenus en découlant sont à considérer comme des rémunérations ordinaires.

L'activité ou la fonction exercée doit être dirigeante. Sont donc visés ici les indépendants ayant une fonction au sein de la direction.

Ces personnes doivent exercer des activités d'ordre commercial, technique, financier ou encore de gestion journalière.

ex *Luc est considéré comme un dirigeant d'entreprise de la deuxième catégorie s'il exerce, en dehors d'un contrat de travail, une fonction de directeur financier au sein de la société.*

C. Cheminement logique en matière de dirigeants d'entreprise

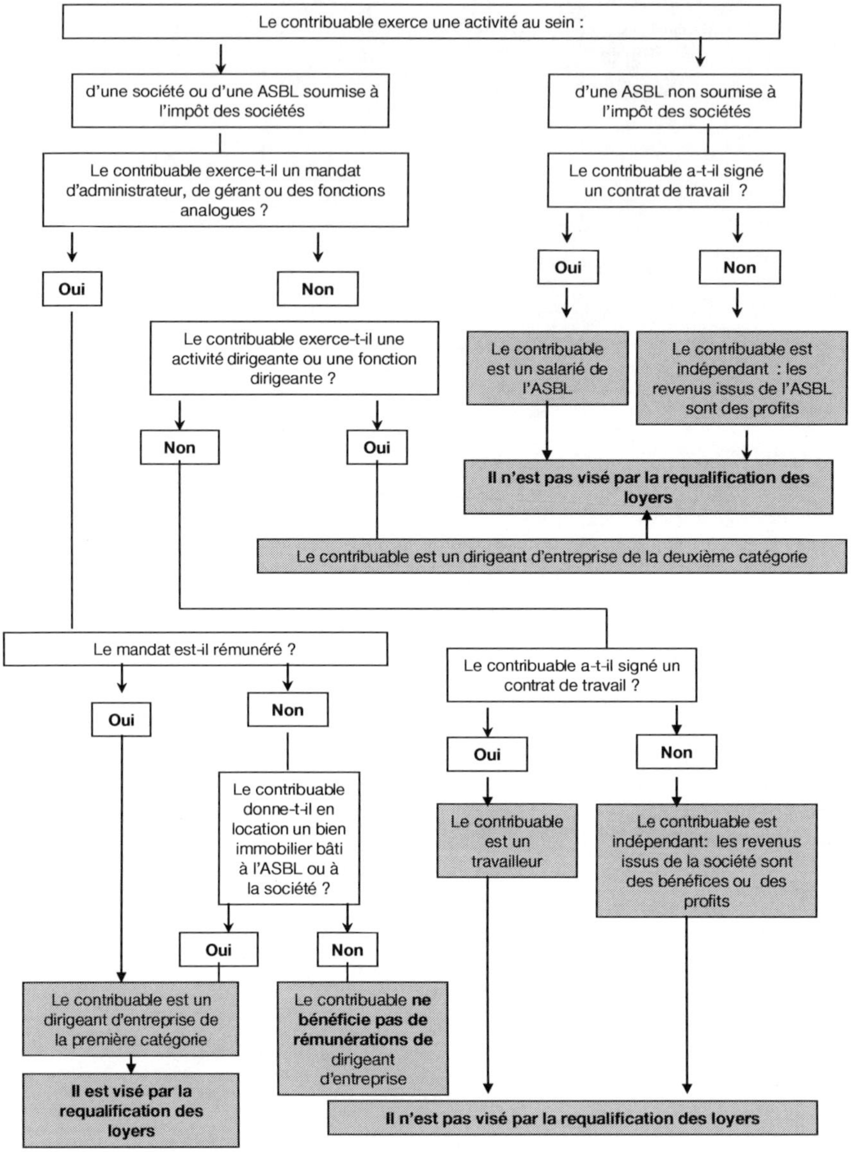

5.2.3. *Les rémunérations imposables des dirigeants d'entreprise*

A. Principe d'attraction

Le principe d'attraction est un principe selon lequel tous les revenus professionnels qu'un dirigeant d'entreprise perçoit de la société dans laquelle il exerce son mandat ou sa fonction sont à considérer comme des rémunérations de dirigeants d'entreprise, et ce, peu importe la nature des revenus obtenus par le dirigeant.

Ce principe permet d'éviter que les personnes exerçant plusieurs fonctions au sein de la société puissent bénéficier d'une double déduction de frais forfaitaires. Sans le principe d'attraction, les dirigeants d'entreprise de la première catégorie qui exercent au sein de l'entreprise une activité en vertu d'un contrat de travail pourraient déduire deux forfaits au titre de frais professionnels.

N'entrent en considération pour le principe d'attraction que les revenus professionnels. Les revenus immobiliers, mobiliers et divers éventuellement obtenus de la société n'entrent pas en considération pour l'application de ce principe.

1. *Chez les dirigeants de la première catégorie*

L'ensemble des revenus professionnels perçus d'une société dont le contribuable exerce un mandat d'administrateur, gérant, liquidateur ou des fonctions analogues sont à considérer comme des rémunérations de dirigeant d'entreprise.

Les situations suivantes peuvent se présenter :

Le contribuable est	Mais bénéficie aussi de	Qualification des revenus
Administrateur, gérant, liquidateur ou exerce des fonctions analogues	Profits	Mandat : revenus de dirigeant d'entreprise Profits : revenus de dirigeant d'entreprise
	Bénéfices	Mandat : revenus de dirigeant d'entreprise Bénéfices : revenus de dirigeant d'entreprise
	Rémunérations	Mandat : revenus de dirigeant d'entreprise Rémunérations : revenus de dirigeant d'entreprise
	Revenus immobiliers	Mandat : revenus de dirigeant d'entreprise Revenus immobiliers : revenus immobiliers
	Revenus mobiliers	Mandat : revenus de dirigeant d'entreprise Revenus mobiliers : revenus mobiliers
	Revenus divers	Mandat : revenus de dirigeant d'entreprise Revenus divers : revenus divers

ex *Luc est administrateur d'une société pour laquelle il perçoit des rémunérations de dirigeant de 15.000,00 EUR sur lesquelles un précompte professionnel de 3.000,00 EUR a été retenu. Il exerce aussi un emploi de salarié au sein de la société, pour lequel il perçoit des rémunérations de 45.000,00 EUR sur lesquelles un précompte professionnel de 15.000,00 EUR a été retenu.*

Luc remplit sa déclaration de la manière suivante :

Cadre XVII – Rémunérations des dirigeants d'entreprise		
1. Rémunérations	*400 : 45.000,00* *400 : 15.000,00*	*400*
c. Total des rubriques 1, a et 2, b	*60.000,00* *(Code 1400-55)*	*Code 2400-25*
11. Précompte professionnel		
a) suivant fiches	*407 : 15.000,00* *407 : 3.000,00*	*407*
c) Total des rubriques 11, a et 11, b	*18.000,00 (Code 1407-48)*	*Code 2407-18*

14. *Rémunérations des dirigeants d'entreprise occupés dans le cadre d'un contrat de travail*		
a) suivant fiches	*411 : 45.000,00*	*411*
c) Total des rubriques 14, a et 14, b	*45.000,00 (Code 1411-44)*	*Code 2411-14*

2. *Chez les dirigeants d'entreprise de la deuxième catégorie*

La situation est plus problématique pour les dirigeants d'entreprise de la deuxième catégorie.

En effet, le ministre a affirmé (*cf.* Q & R, Chambre, 2002-2003, n° 152 du 20 janvier 2003, p. 19448), en contradiction avec une partie de la doctrine, que le principe d'attraction s'appliquait également pour les dirigeants de la seconde catégorie.

Si l'on s'en tient à la position du ministre, un membre du comité de direction indépendant (dirigeant d'entreprise de la deuxième catégorie) qui exerce également des fonctions de directeur financier salarié ou encore qui effectue des missions en tant que travailleur indépendant pour cette même société verra l'ensemble des revenus obtenus de la société considérés comme des rémunérations de dirigeant d'entreprise.

3. *Exceptions au principe d'attraction*

a) Première exception

Ne sont pas visées, «les personnes physiques qui exercent des fonctions salariées dans une société où elles détiennent aussi un mandat non rémunéré d'administrateur. En effet, elles ne peuvent bénéficier d'une double déduction forfaitaire, puisqu'elles ne touchent aucune rémunération du fait de leur mandat» (Cour d'arbitrage, n° 30/2001, 1er mars 2001).

De manière plus générale, le principe d'attraction ne s'applique pas aux revenus professionnels des travailleurs qui exercent un mandat gratuit au sein de la société.

b) Deuxième exception

Le ministre (*cf.* Q & R, Chambre, 2002-2003, n° 152 du 20 janvier 2003, p.19448) considère que, lorsqu'un avocat ou un architecte exerce une activité indépendante en tant que personne physique et qu'il est en outre également administrateur dans une société dont l'objet social n'a aucun rapport avec son activité professionnelle d'avocat ou d'architecte, les honoraires qu'il recueille pour une mission occasionnelle qu'il accomplit en tant qu'avocat ou architecte indépendant pour la société dans laquelle il est administrateur peuvent être considérés comme des profits de professions libérales, et ce, eu égard à l'indépendance inhérente à la profession libérale.

c) Troisième exception

Le capital pension octroyé par la société (dans le cadre d'un plan de pension non externalisé) à un administrateur qui poursuit l'exercice de son mandat est considéré comme une pension visée à l'article 34 aux conditions suivantes :

- le bénéficiaire doit avoir exercé auparavant, dans la société, en vertu d'un contrat de travail, une fonction salariée soumise à l'ONSS et distincte de son mandat d'administrateur ;
- le capital doit avoir été convenu contractuellement et représenter une pension extralégale liée à l'activité salariée visée ci-dessus et non liée au mandat d'administrateur ;
- le capital est octroyé à l'occasion de la cessation définitive de l'activité salariée parce qu'un certain âge est atteint ou pour cause de décès ;
- l'activité poursuivie dans la société doit rester strictement limitée au mandat général d'administrateur proprement dit.

Ainsi, le capital versé à un administrateur employé, qui continue une activité d'employé à côté de son mandat d'administrateur, doit être considéré comme une rémunération de dirigeant d'entreprise (*cf.* QP n° 1069 du 2 mai 1994, Dupré).

B. Les rémunérations proprement dites

Article 32, 2e alinéa, 1° CIR

1400-55/2400-25

Les rémunérations, dont le montant est repris sur la fiche 281.20 du dirigeant, comprennent les tantièmes, jetons de présence, émoluments et toutes autres sommes, fixes ou variables, allouées par des sociétés.

Tout comme les travailleurs, les dirigeants sont imposables sur leur pécule de vacances anticipé. (*cf.* page 272).

On entend par tantièmes toute distribution de bénéfices versés aux administrateurs de société, quelle qu'en soit la forme, hormis les dividendes. Il s'agit de sommes prélevées sur le bénéfice de l'entreprise et attribuées aux administrateurs par l'assemblée générale.

Ces tantièmes sont imposables à titre de rémunérations de dirigeant d'entreprise. Ils constituent des revenus de la période imposable au cours de laquelle ils ont été payés ou attribués. Il y a attribution dès que les montants octroyés par l'assemblée générale sont disponibles pour l'administrateur.

ex *En mai 2016, l'assemblée générale décide d'octroyer des tantièmes de 20.000,00 EUR à son administratrice, Marguerite. Ce montant est versé sur le compte de Marguerite.*

Ce montant de 20.000,00 EUR constitue des rémunérations de dirigeant d'entreprise imposables dans le chef de Marguerite pour l'exercice d'imposition 2017 (période imposable 2016). Par contre, la société pourra prétendre à la déduction de ces montants pour la période imposable 2015 (c'est-à-dire la période imposable au cours de laquelle elles sont supportées).

Certaines sommes, bien qu'octroyées par la société, ne constituent pas des revenus de dirigeant d'entreprise.

Ainsi les dividendes octroyés par la société sont toujours considérés comme des revenus mobiliers.

De même, les dépenses propres à la société ne sont pas imposables dans le chef du dirigeant d'entreprise (*cf.* page 332).

Remarques: les arriérés de rémunérations des dirigeants d'entreprise sont imposés au taux progressif et ne bénéficient pas d'un taux d'imposition distinct.

C. Les loyers requalifiés

Article 32, 2e alinéa, 3° CIR

1401-54/2401-24

Pour l'analyse de ces revenus, nous renvoyons le lecteur à la page 112.

5.3. Rémunérations obtenues par des sportifs, arbitres, formateurs, entraineurs et accompagnateurs

Article 171, 1°, i et 4°, j CIR

1273-85 / 1310-48 / 1274-84 / 1275-83 / 1311-47 / 1238-23 / 1276-82 / 1277-81 / 1312-46 / 1278-80 / 1279-79 / 1313-45 / 1239-22 / 1280-78 /

2273-55 / 2310-18 / 2274-54 / 2275-53 / 2311-17 / 2238-90 / 2276-52 / 2277-51 / 2312-16 / 2278-50 / 2279-49 / 2313-15 / 2239-89 / 2280-48

Les revenus professionnels payés ou attribués en 2016 aux:

- sportifs (en cette qualité) âgés d'au moins 26 ans au 1er janvier de l'exercice d'imposition 2017, pour leurs prestations sportives;
- arbitres de compétitions sportives pour leurs prestations arbitrales;
- formateurs, entraîneurs et accompagnateurs, pour leur activité de formation, d'encadrement ou de soutien des sportifs;

sont imposés distinctement au taux de 33% pour un montant brut maximum de 18.890,00 EUR, à condition qu'ils perçoivent d'une autre activité professionnelle des revenus professionnels qui atteignent un montant brut imposable total **plus élevé** que le montant brut imposable total des revenus professionnels perçus de leur activité sportive, d'arbitre, de formateur, d'entraîneur ou d'accompagnateur.

Afin de placer tous les contribuables sur un pied d'égalité, sans faire de distinction entre les différents types de revenus professionnels perçus, c'est le montant brut imposable des revenus professionnels générés par les différentes activités professionnelles qui est pris en considération pour faire la comparaison entre les revenus professionnels perçus de leur activité principale et ceux perçus de leur activité dans le secteur du sport.

On doit entendre par:

- «accompagnateurs», les personnes qui s'occupent de la logistique des sportifs et des compétitions sportives, telle que l'organisation de leurs déplacements, l'entretien des installations, du matériel et des tenues mis à la disposition des sportifs ou les contacts avec l'équipe adverse;
- «formateurs», les personnes qui encadrent sportivement les jeunes sportifs, en les formant à la pratique de leur sport au sens large, quelle que soit la dénomination de leur fonction ou de leur titre: éducateur, professeur, soigneur, moniteur, préparateur physique, etc. Il va de soi que la fonction d'entraîneur et de formateur sera parfois remplie par la même personne.

Les rémunérations payées ou attribuées à de jeunes sportifs âgés de 16 à 25 ans sont imposées distinctement à 16,5% pour la tranche de revenus qui n'excède pas (pour l'année civile 2016) un montant brut maximum de 18.890,00 EUR (montant indexé). Les jeunes sportifs visés sont uniquement ceux qui perçoivent des rémunérations pour leurs prestations sportives et qui, au 1er janvier de l'exercice d'imposition 2017, ont entre 16 et moins de 26 ans.

ex **1.** *Luc, né le 4 janvier 1987, a perçu en qualité de sportif professionnel la somme de 50.000,00 EUR. Il n'exerce aucune autre activité professionnelle.*

Luc remplit le cadre IV de sa déclaration de la manière suivante:

Cadre IV – Traitements, salaires, allocations de chômage, indemnités légales de maladie-invalidité, revenus de remplacement et prépensions		
A. Rémunérations ordinaires		
1. Traitements et salaires	*0,00 (Code 250)*	*Code 250*
3. Total des rubriques 1 et 2	*0,00 (Code 1250-11)*	*Code 2250-78*
13. Rémunérations obtenues par des sportifs dans le cadre de leurs prestations sportives		

a) traitements, salaires, etc.: 1. ordinaires	*50.000,00 (Code 1273-85)*	*Code 2273-55*
H. Précompte professionnel		
1. Suivant fiches	*17.800,00 (Code 286)*	*Code 286*
3. Total des rubriques 1 et 2	*17.800,00 (Code 1286-72)*	*Code 2286-42*

Le revenu professionnel brut obtenu par Luc dans le cadre de ses prestations sportives (50.000,00 EUR) est imposable au taux progressif de l'impôt des personnes physiques.

2. *Luc, né le 4 janvier 1988, a perçu en qualité de sportif professionnel la somme de 20.000,00 EUR. Il a également perçu en tant qu'enseignant la somme de 30.000,00 EUR.*
Luc remplit le cadre IV de sa déclaration de la manière suivante:

Cadre IV – Traitements, salaires, allocations de chômage, indemnités légales de maladie-invalidité, revenus de remplacement et prépensions		
A. Rémunérations ordinaires		
1. Traitements et salaires, etc.	*30.000,00 (Code 250)*	*Code 250*
3. Total des rubriques 1 et 2	*30.000,00 (Code 1250-11)*	*Code 2250-78*
13. Rémunérations obtenues par des sportifs dans le cadre de leurs prestations sportives		
a) traitements, salaires, etc.	*20.000,00 (Code 1273-85)*	*Code 2273-55*
H. Précompte professionnel		
1. Suivant fiches	*17.800,00 (Code 286)*	*Code 286*
3. Total des rubriques 1 et 2	*17.800,00 (Code 1286-72)*	*Code 2286-42*

Le revenu professionnel brut obtenu par Luc dans le cadre de ses prestations sportives (ce revenu professionnel à un caractère «accessoire» étant donné que les rémunérations provenant des activités professionnelles autres que sportives excèdent les rémunérations provenant des activités sportives) est imposable au taux:

- *distinct de 33 % pour un montant brut imposable de 18.000,00 EUR.*
- *progressif pour le solde (2.000,00 EUR).*

L'avertissement extrait de rôle que recevra Luc fera apparaître la détermination des revenus nets imposables suivants:

Détermination des revenus imposables	
Revenus professionnels	
Traitements et salaires	*30.000,00 (Code 1250-11)*

Traitements et salaires: sportifs	*20.000,00* *(Code 1273-85)*
Charges prof. forfaitaires	*– 3.490,44*
Différence	***46.509,56***
Imposable globalement	*29.766,12* *c'est-à-dire 46.509,56 × (50.000,00 – 18.000,00) / 50.000,00*
Imposable distinctement Sportifs, arbitres,... au taux de 33 %	*16.743,44* *c'est-à-dire 46.509,56 × 18.000,00 / 50.000,00*

6. Les avantages

Nous analysons dans cette section, d'une part, les avantages qu'un contribuable peut obtenir ou attribuer dans le cadre de l'exercice de son activité professionnelle et, d'autre part, le régime fiscal prévu pour ces avantages.

Les questions suivantes sont abordées:

- qu'est-ce qu'un avantage fiscal?
- quelle est la nature de l'avantage fiscal?
- quel est le régime fiscal de l'avantage?

6.1. Qu'est-ce qu'un avantage fiscal?

Dans le Petit Larousse, l'avantage est défini comme «un profit, un gain».

Pour qu'un avantage soit imposable dans le chef de son bénéficiaire, ce dernier doit acquérir ce profit ou ce gain du chef ou à l'occasion de l'exercice de son activité professionnelle. Il doit donc y avoir un lien causal entre l'obtention de l'avantage et l'activité professionnelle exercée par le bénéficiaire de l'avantage. C'est à l'administration fiscale qu'il incombe de démontrer ce lien causal. De tels avantages sons appelés avantages de toute nature.

Peuvent bénéficier d'avantages de toute nature les travailleurs, mais aussi les dirigeants d'entreprise, les personnes qui réalisent des bénéfices et des profits.

Certains avantages de toute nature sont exonérés dans le chef du bénéficiaire, bien qu'ils aient été obtenus dans le cadre de l'exercice de l'activité professionnelle. Ces avantages sont dénommés les avantages sociaux.

L'absence d'un tel lien professionnel n'empêche pas une imposition éventuelle de l'avantage sous certaines conditions dans le chef de celui qui accorde l'avantage. Ces avantages sont appelés avantages anormaux ou bénévoles (*cf.* page 327).

ex

1. *Luc, garagiste concessionnaire d'une marque automobile, bénéficie d'un voyage offert par son fournisseur, en raison de son volume de vente de voitures neuves.*
2. *Marguerite, médecin généraliste, se voit offrir un voyage aux sports d'hiver par une firme pharmaceutique.*
3. *Luc, employé ou gérant de la SPRL Pick, bénéficie de la mise à disposition gratuite d'un véhicule.*

Dans les trois cas susvisés, Luc et Marguerite ont obtenu un avantage de toute nature en raison ou à l'occasion de l'exercice de leurs activités professionnelles.

L'existence d'un *lien causal* entre l'exercice de l'activité professionnelle et l'obtention de l'avantage est donc nécessaire pour que l'avantage soit imposable dans le chef du bénéficiaire.

ex *La SPRL Pick a prêté à Luc la somme de 50.000,00 EUR en vue de l'acquisition d'un terrain à bâtir. Le contrat de prêt qui a été conclu entre la SPRL Pick et Luc ne stipule pas que ce dernier doive payer des intérêts à la SPRL pour rémunérer l'usage de l'argent prêté.*

Ne pas verser d'intérêts à la SPRL implique un enrichissement dans le chef de Luc, à savoir l'économie de la somme que celui-ci aurait dû payer à la SPRL pour l'usage des sommes prêtées.

Si l'administration apporte la preuve de l'existence d'un lien causal entre l'obtention de l'avantage (en l'occurrence la non-rémunération de l'usage de l'argent prêté) et l'exercice de l'activité professionnelle de Luc (par exemple celui-ci est gérant de la SPRL Pick), elle peut, sur la base du Code des impôts sur les revenus, considérer que Luc est imposable sur un avantage de toute nature.

Par contre, s'il n'existe aucun lien professionnel entre Luc et la SPRL Pick (Luc est par exemple associé non actif de la SPRL), il ne peut être question d'avantage de toute nature imposable dans son chef. Le cas échéant, des avantages anormaux ou bénévoles peuvent être imposés dans le chef de la SPRL Pick.

6.2. La nature fiscale des avantages

Le Code des impôts sur les revenus distingue trois catégories d'avantages:

- les avantages de toute nature;
- les avantages sociaux;
- les avantages anormaux ou bénévoles.

Les avantages de toute nature sont *imposables* dans le chef du bénéficiaire. Ils comprennent aussi bien les avantages en nature que les avantages résultant de la prise en charge de dépenses personnelles du bénéficiaire.

Constituent notamment des avantages de toute nature:

- la disposition gratuite
  - d'un véhicule appartenant à l'employeur;
  - d'une habitation appartenant à l'employeur;
- la distribution par l'employeur de marchandises à titre gratuit ou en dessous du prix de revient;
- les sommes versées par l'employeur à titre d'intervention dans
  - les frais de scolarité des enfants du travailleur;
  - les coûts d'une garderie d'enfants organisée hors de l'entreprise.

Les frais supportés par l'employeur en vue de l'attribution de ces avantages sont déductibles au titre de frais professionnels, à condition toutefois d'être justifiés par la production de fiches individuelles et d'un relevé récapitulatif.

Les avantages sociaux sont des avantages obtenus par les contribuables qui perçoivent des rémunérations (rémunérations de travailleurs ou de dirigeants d'entreprise) en raison ou à l'occasion de l'exercice de leur activité professionnelle. Ces avantages sont exonérés dans le chef de leur bénéficiaire.

Ces avantages sociaux alloués par l'employeur ont pour objectif d'améliorer les rapports entre les membres du personnel et de renforcer les liens entre ceux-ci et l'entreprise.

Les avantages sociaux sont:

- les avantages dont il n'est pas possible, en raison des modalités de leur octroi, de déterminer le montant effectivement recueilli par le bénéficiaire (par exemple, la fourniture quotidienne de repas au personnel à un prix social, les fêtes de Saint-Nicolas, etc.);
- les avantages qui, bien que personnalisables, n'ont pas le caractère d'une véritable rémunération (ces avantages constituent un secours dans des circonstances exceptionnelles tels que lors d'une intervention chirurgicale, lors du décès d'un membre de la famille, etc.);
- les menus avantages ou les cadeaux d'usage obtenus à l'occasion ou en raison d'événements sans rapport direct avec l'activité professionnelle (par exemple, le cadeau lors d'un mariage, d'une décoration ou d'un jubilé, etc.).

Les avantages sociaux ne constituent pas, en principe, des frais professionnels déductibles pour l'employeur.

Les avantages obtenus en dehors de l'exercice de l'activité professionnelle peuvent éventuellement être *des avantages anormaux ou bénévoles.*

L'avantage est *anormal* si, eu égard aux circonstances économiques du moment, il est contraire à l'ordre habituel des choses, aux règles ou aux usages commerciaux établis; il est en opposition avec ce qui est d'usage dans des cas semblables. L'avantage permet au bénéficiaire de s'enrichir sans qu'il y ait en retour de sa part une prestation effective correspondante.

L'avantage est *bénévole* s'il est accordé sans qu'il constitue l'exécution d'une obligation ou sans aucune contrepartie.

Lorsqu'un tel avantage est accordé par une entreprise industrielle, agricole ou commerciale quelconque, les avantages anormaux ou bénévoles constituent, en principe, des bénéfices dans le chef de l'entreprise.

6.3. Le régime fiscal des avantages

6.3.1. *Les avantages de toute nature*

A. Catégorie de revenus

L'avantage appartient à la même catégorie de revenus professionnels que les revenus obtenus à l'occasion de l'exercice de l'activité professionnelle du contribuable, à savoir:

- les bénéfices (art. 25, 2° CIR);
- les profits (art. 27, 2° CIR);
- les rémunérations des travailleurs (art. 31, 2° CIR);
- les rémunérations des dirigeants d'entreprise (art. 32, al. 2, 2° CIR).

Pour les contribuables bénéficiant de rémunérations de travailleurs, l'administration fiscale considère que tout avantage consenti par un employeur au profit de ses travailleurs constitue dans leur chef un avantage de toute nature imposable. Ceci résulte des dispositions de l'article 31, alinéa 1er du Code des impôts sur les revenus qui précise que « les rémunérations des travailleurs sont toutes les rétributions qui constituent, pour le travailleur, le produit du travail au service d'un employeur ».

Il s'agit ici d'une présomption, qui peut être renversée par le travailleur ou son employeur. Pour cela, le travailleur ou l'employeur doit apporter, par tous les moyens de preuve admis par le droit commun, la preuve que l'avantage ne trouve pas sa cause dans l'exercice de l'activité professionnelle ou encore que celui-ci aurait été obtenu même en l'absence d'une telle activité.

Cette présomption existe également pour les dirigeants d'entreprise.

Les rubriques de la déclaration concernant les avantages de toute nature sont reprises dans le tableau suivant:

<table>
<tr><th>Nature des revenus</th><th>Cadre de la déclaration</th><th>Rubriques concernées</th><th colspan="2">Codes concernés</th><th>Libellé</th></tr>
<tr><td rowspan="4">Traitements, salaires, allocations de chômage, indemnités légales de maladie-invalidité, etc.</td><td rowspan="4">Cadre IV</td><td>A. 1</td><td colspan="2">1250-11 et 2250-78</td><td>Traitements et salaires</td></tr>
<tr><td>A. b), 2°</td><td colspan="2"></td><td>S'ils ne sont pas compris au A. 1 : avantages de toute nature</td></tr>
<tr><td>A. 4</td><td>1248-13 et 1249-79</td><td>2248-80 et 2249-13</td><td>Options sur actions ou parts attribuées</td></tr>
<tr><td>A. 10</td><td>1254</td><td>2254</td><td>Remboursement des déplacements du domicile au lieu de travail</td></tr>
<tr><td rowspan="3">Rémunérations des dirigeants d'entreprise</td><td rowspan="3">Cadre XV</td><td>1</td><td colspan="2">1400-55 ou 2400-25</td><td>Rémunérations</td></tr>
<tr><td>1. b, 2°</td><td colspan="2"></td><td>S'ils ne sont pas compris au 1 : avantages de toute nature</td></tr>
<tr><td>2</td><td>1404-51 et 1414-41</td><td>2404-21 et 2414-11</td><td>Options sur actions ou parts attribuées</td></tr>
<tr><td>Bénéfices d'exploitations industrielles, commerciales ou agricoles</td><td>Cadre XVI</td><td>1</td><td>1600-49</td><td>2600-19</td><td>Bénéfice brut de l'exploitation proprement dite</td></tr>
<tr><td>Profits des professions libérales, charges, offices ou autres occupations lucratives</td><td>Cadre XVII</td><td>1</td><td>1650-96</td><td>2650-66</td><td>Recettes provenant de l'exercice de la profession (à l'exclusion de celles visées à la rubrique 2 ci-après)</td></tr>
</table>

B. Évaluation de l'avantage de toute nature

1. *Principe*

La valeur de l'avantage qui est attribué en argent ne pose aucun problème.

L'avantage de toute nature qui est obtenu autrement qu'en espèces est compté pour la valeur réelle qu'il a dans le chef du bénéficiaire.

L'avantage doit donc être déterminé par référence à la valeur réelle qu'il a dans le chef du bénéficiaire, ce qui revient à se poser la question suivante : quel est le montant que le bénéficiaire doit dépenser dans des conditions normales pour bénéficier d'un tel avantage ?

Puisque l'évaluation exacte d'un avantage de toute nature sur la base de la valeur réelle peut s'avérer problématique, le Roi, dans des cas très limités, évalue de façon forfaitaire certains avantages de toute nature.

Tout d'abord, l'article 18, § 2 de l'arrêté royal d'exécution du Code des impôts sur les revenus stipule que « pour les avantages dont la valeur est déterminée par une réglementation sociale ou économique, la valeur à prendre en considération est égale à celle qui est fixée par cette réglementation ».

C'est par exemple le cas du logement gratuit attribué à certaines catégories du personnel rétribué par l'État (policiers, militaires, personnel enseignant, etc.).

L'article 18, § 3 de l'arrêté royal d'exécution du Code des impôts sur les revenus énumère les avantages de toute nature qui sont obligatoirement évalués selon les règles y mentionnées. Il s'agit notamment des avantages qui sont accordés :

- par un employeur à un travailleur ;
- par une société à son dirigeant d'entreprise ;
- par un fournisseur à un entrepreneur.

Il s'agit :

- de l'octroi d'un prêt consenti sans intérêt ou à un taux d'intérêt réduit ;
- de la disposition gratuite d'immeubles ou parties d'immeubles ;
- de la disposition gratuite d'une seule pièce ;
- de la fourniture gratuite du chauffage et de l'électricité utilisée à des fins autres que le chauffage ;
- de la disposition gratuite de domestiques, ouvriers domestiques, jardiniers, chauffeurs, etc. ;
- des avantages recueillis par le personnel domestique ;
- de la fourniture gratuite aux gens de mer et aux ouvriers de la construction en raison de l'éloignement du chantier ;
- de repas sociaux fournis gratuitement ;
- de l'utilisation à des fins personnelles d'un véhicule mis gratuitement à disposition ;
- de l'utilisation à des fins personnelles d'un PC ou d'une connexion internet mis gratuitement à disposition.

Lorsqu'il s'agit d'une mise à disposition, le bénéficiaire ne peut jamais être propriétaire du bien mis à sa disposition (par exemple, l'immeuble, le véhicule, etc.). Lorsque l'avantage consiste en la fourniture gratuite (par exemple, le chauffage, l'électricité, etc.), le bénéficiaire ne peut pas être le débiteur des dépenses facturées.

Lorsque le bénéficiaire intervient dans les frais, l'avantage doit être diminué de l'intervention.

2. *Avantages de toute nature obtenus en espèces*

a) Principe

Les avantages obtenus en espèces sont imposables à concurrence du montant effectivement obtenu par le contribuable. Ainsi, l'employé qui voit son employeur supporter, à sa décharge, certaines dépenses privées ou professionnelles lui incombant, est imposable sur le montant effectivement payé par l'employeur.

ex **1.** *Luc, célibataire, a pris en location un immeuble situé rue de l'École n° 225 à 1000 Bruxelles. Le bail qu'il a conclu, en 2014, avec le propriétaire mentionne qu'il doit verser un loyer mensuel de 600,00 EUR.*

Si, pendant toute l'année 2016, le loyer est payé par l'employeur de Luc, celui-ci est imposé sur un avantage de toute nature qui s'élève à 7.200,00 EUR (12 × 600,00 EUR).

Il remplit sa déclaration de la manière suivante :

Cadre IV – Traitements, salaires, allocations de chômage, indemnités légales de maladie invalidité, revenus de remplacement et prépensions		
1.a. Traitements et salaires	*Code 250*	*Code 250*
	Code 250	*Code 250*
	Code 250	*Code 250*
1.b. S'ils ne sont pas compris sous le nº 1 :		
1º Pécule de vacances (montant net + précompte professionnel)		
2º Avantages de toute nature	***7.200,00***	
3º Autres		
3. Total des rubriques 1 et 2	*Code 1250-11*	*Code 2250-78*

2. *Marguerite, célibataire, est gérante de la SA Pick. La société a payé en 2016 la somme de 6.800,00 EUR pour le compte de Marguerite. Cette somme correspond aux cotisations sociales légales dont Marguerite est redevable dans le cadre du statut social des indépendants.*

Le cadre XVII de la déclaration relative à l'exercice d'imposition 2017 de Marguerite se présente comme suit :

Cadre XVII – Rémunérations de dirigeants d'entreprise		
1. Rémunérations : *a) suivant fiches :*	*Code 400*	*Code 400*
	Code 400	*Code 400*
	Code 400	*Code 400*
b) qui ne figurent pas sur une fiche :		
1º Pécule de vacances (montant net + précompte professionnel)		
2º Avantages de toute nature	***6.800,00***	
3º Autres		
c) total des rubriques 1, a et 1, b	*Code 1400-55*	*Code 2400-25*
9. Cotisations sociales personnelles non retenues	***6.800,00*** *(Code 1405-50)*	*Code 2405-20*

b) Cas particuliers

Dans deux cas où l'avantage est obtenu en espèces, le législateur a prévu des évaluations particulières. En l'occurrence, il s'agit :

- de l'intervention de l'employeur dans les frais de déplacement ;
- des plans PC (voir page 299).

§ 1er. *Remboursement de frais de déplacement*

Article 38, alinéa 1er, 9º et 14º CIR

1254-07/1255-06 et 2254-07/2255-06

Le régime fiscal des indemnités accordées pour des frais de déplacement dépend :

- de la nature des déplacements effectués ;
- de la personne qui effectue le déplacement : un travailleur ou un dirigeant d'entreprise.

S'il s'agit de déplacements du domicile au lieu fixe de travail, les indemnités qui sont payées en compensation constituent des dépenses qui incombent au travailleur ou au dirigeant d'entreprise et à ce titre sont imposables dans leur chef.

De telles indemnités sont, sous certaines conditions, exonérées.

S'il s'agit de déplacements professionnels, les indemnités payées en compensation constituent des dépenses incombant à l'employeur et sont à ce titre exonérées dans le chef du travailleur ou du dirigeant d'entreprise.

Déplacements domicile – lieu fixe de travail

- *Lieu fixe de travail*

Le lieu fixe de travail est celui où s'effectue une activité stable, même de courte durée. Il s'oppose aux lieux de travail fréquentés dans le cadre d'une activité itinérante, par exemple, d'un représentant de commerce. Il n'est pas indispensable que le contribuable se rende tous les jours au même lieu de travail pour que celui-ci soit considéré comme fixe. Il suffit que le contribuable se rende sur ce lieu de manière régulière dans le temps.

- *Avantage de toute nature*

Les coûts supportés par le travailleur ou le dirigeant d'entreprise pour se rendre de son domicile à son lieu de travail sont des frais propres au contribuable.

L'intervention de l'employeur dans les frais de déplacement du domicile au lieu fixe de travail est imposable dans le chef du bénéficiaire de l'avantage de toute nature.

Lorsque l'entreprise décide de transférer le siège de l'activité à un autre endroit, les indemnités que les travailleurs perçoivent de l'employeur, en compensation des frais de déplacements supplémentaires auxquels les travailleurs se voient confrontés, peuvent être considérées comme des remboursements de dépenses propres à l'employeur. À ce titre, elles ne sont pas considérées comme des avantages de toute nature, si les conditions suivantes sont remplies :

- le transfert doit être imposé de manière unilatérale par l'employeur – un simple changement d'affectation sur la base des dispositions d'un contrat de travail individuel ne satisfait cependant pas à cette condition ;
- les indemnités sont uniquement accordées aux membres du personnel qui étaient déjà en service avant le transfert des activités ;
- les frais remboursés ne peuvent pas excéder les indemnités forfaitaires que l'État alloue à son personnel (*cf.* page 333) ;
- l'indemnité doit être calculée sur la base du nombre de kilomètres supplémentaires qui sont effectués par rapport à la situation d'avant le transfert.

Lorsque le bénéficiaire de l'avantage est un travailleur, le montant de l'avantage de toute nature doit être indiqué en regard des Codes 1254 ou 2254 (lettre V) de la déclaration.

Cadre IV – Traitements, salaires, allocations de chômage, indemnités légales de maladie invalidité, revenus de remplacement et prépensions		
10. Remboursement des frais de déplacement du domicile au lieu de travail		
a) Montant total	Code 1254-07	Code 2254-74
b) Exonération	Code 1255-06	Code 2255-73

Pour les dirigeants d'entreprise, le montant de l'avantage est mentionné en regard du Code 1400-55 ou 2400-25 (lettre T.Dir) de la déclaration.

Cadre XVII – Rémunérations de dirigeants d'entreprise		
1. Rémunérations : *a) suivant fiches :*	Code 400	Code 400
	Code 400	Code 400
	Code 400	Code 400
b) qui ne figurent pas sur une fiche :		
1° Pécule de vacances (montant net + précompte professionnel)		
2° Avantages de toute nature		
3° Autres		
c) total des rubriques 1, a et 1, b	Code 1400-55	Code 2400-25

- *Exonération – Aperçu des moyens de transport*

La loi précise que les indemnités obtenues par un travailleur sont exonérées partiellement ou entièrement à certaines conditions. Le montant de l'exonération dépend du moyen de transport utilisé par le contribuable à cette fin.

Les distinctions suivantes doivent être faites :

1. *transport public en commun. Le train, le tram, le bus, le métro et tout autre moyen de locomotion affecté au service public par des entreprises publiques de transport, telles que la SNCB, la STIB, les TEC, DE LIJN.*
   Pour que les dispositions relatives aux exonérations soient d'application, il n'est pas exigé que :
   - le travailleur utilise régulièrement les transports publics en commun ;
   - le travailleur dispose d'un abonnement régulier ;
   - le transport en commun concerne la totalité du déplacement.
2. *transport collectif organisé (T.C.O.) :*
   le transport des membres du personnel au moyen de tout véhicule susceptible de permettre le transport *d'au moins deux personnes,* tels que, notamment, un autocar, un autobus, une voiture, un minibus, etc.
   Le T.C.O. doit être organisé par l'employeur ou un groupe d'employeurs.
   Les règles d'utilisation du T.C.O. ainsi que les conditions d'indemnisation doivent faire l'objet de conventions collectives ou individuelles écrites conclues entre l'employeur ou le groupe d'employeurs et chaque travailleur.
3. *vélo* ;
4. *autre moyen de transport :*
   tout autre moyen de transport autre que les transports publics en commun et le transport collectif organisé.

- *Montant de l'exonération*

Le législateur fait une distinction entre les travailleurs (a) et les dirigeants d'entreprise (b). Pour la distinction de ces deux catégories de contribuables, le lecteur est renvoyé à la page 257.

Remarque

Les sommes relatives aux interventions dans les dépenses de déplacement entre le domicile et le lieu de travail qui sont versées dans le courant de l'année qui suit celle au cours de laquelle lesdites interventions auraient dû être versées ne peuvent bénéficier d'aucune exonération. Elles constituent des arriérés de rémunérations imposables au taux moyen afférent à l'ensemble des revenus imposables de l'année antérieure pendant laquelle le contribuable a eu une activité professionnelle normale (*cf.* la Décision anticipée n° 600.441 du 5 décembre 2006).

a) Travailleur

Règle générale

Lorsque le travailleur ne revendique pas la déduction de ses frais professionnels réels, les indemnités allouées par l'employeur sont partiellement ou intégralement exonérées.

Lorsque le travailleur revendique la déduction de ses frais professionnels réels, les indemnités allouées par l'employeur ne sont *jamais* exonérées.

Exception : les indemnités vélo

Les indemnités accordées pour les déplacements domicile-lieu de travail effectués à vélo sont entièrement ou partiellement exonérées, même si le travailleur ou le dirigeant d'entreprise revendique la déduction de ses frais réels.

Mise à disposition d'un véhicule par l'employeur

Plutôt que d'accorder des indemnités domicile-lieu de travail, l'employeur peut mettre à disposition, gratuitement ou à coût réduit, un véhicule.

L'usage personnel d'un tel véhicule (par exemple : domicile-lieu de travail, déplacements purement privés) donne lieu à un avantage de toute nature imposable dans le chef de l'utilisateur du véhicule. Le calcul du montant de cet avantage est précisé plus loin (*cf.* page 309).

Lorsque ce véhicule est utilisé aussi bien dans le cadre du T.C.O. que comme moyen de transport pour effectuer les déplacements domicile-lieu de travail du contribuable, cette mise à disposition est assimilée à une indemnité que l'employeur accorde à ses travailleurs. L'avantage de toute nature qui en résulte entre, par conséquent, en considération pour une exonération.

Le montant de l'exonération dépend de l'usage réel du véhicule

- *Montants*

Le montant de ces exonérations dépend du moyen de transport utilisé et peut être synthétisé de la manière suivante :

1. *transport public en commun* ;
   Exonération : le montant total de l'intervention de l'employeur dans les frais du transport public, pour autant que le contribuable ne revendique pas la déduction de ses frais professionnels réels.
2. *utilisation d'un transport collectif organisé par l'employeur* ;
   Exonération : le montant de l'intervention de l'employeur limité au prix d'un abonnement de train hebdomadaire en 1re classe pour une distance équivalente, pour autant que le contribuable ne revendique pas la déduction de ses frais professionnels réels. L'éventuelle partie de l'indemnité pour transport collectif organisé (autre que celui effectué au moyen d'un véhicule mis à disposition) qui excède le prix d'un abonnement de train première classe est reprise parmi les avantages de toute nature.
   L'avantage qui résulte pour le travailleur de la mise à disposition d'un véhicule est intégralement exonérée (sans aucune limitation) dans la mesure où ce véhicule est utilisé pour le T.C.O.
   L'avantage relatif aux déplacements domicile-lieu de travail que le chauffeur effectue seul est intégralement exonéré à la condition suivante :
   - le transport collectif est organisé par l'employeur ;
   - le travailleur est désigné par l'employeur pour conduire le véhicule ;

- le véhicule est exclusivement affecté à ce transport collectif (aucune utilisation personnelle du véhicule);
- un règlement précise clairement que le véhicule ne peut en aucun cas être utilisé autrement que dans le cadre professionnel (courses, week-end, vacances, etc.).

L'avantage de toute nature est exonéré pour autant que le contribuable ne revendique pas la déduction de ses frais professionnels réels.

3. *utilisation d'un vélo*;
   Exonération: un montant de 0,22 EUR par kilomètre parcouru, et ce même si le contribuable revendique la déduction de ses frais professionnels réels.
4. *utilisation d'un autre moyen de transport*;
   Exonération: un montant de 380,00 EUR.

En vue d'éviter que la hausse du coût de l'énergie ne constitue un frein à la mobilité des travailleurs, le montant maximum non indexé de l'exonération des indemnités accordées par l'employeur en remboursement ou paiement des frais de déplacement du domicile au lieu du travail, autre que par transport public en commun ou un transport collectif des membres du personnel organisé par l'employeur ou par un groupe d'employeurs, a été porté (à partir de l'exercice d'imposition 2010) à 250,00 EUR (montant non indexé).

Cette exonération n'est accordée que pour autant que le contribuable ne revendique pas la déduction de ses frais professionnels réels.

Pratiquement, le montant de l'intervention de l'employeur figure à la rubrique 18 de la fiche 281.10 et est ventilé de la façon suivante:

18. Intervention dans les frais de déplacement	a) transport public en commun		
	b) transport collectif organisé		
Véhicule mis à disposition Nombre de kilomètres: _______	c) Autre moyen de transport		
	d) Total	254	_______

La déclaration doit être remplie de la manière suivante :

Fiche 281.10	Indemnités accordées par l'employeur en remboursement des frais de déplacements du domicile au lieu de travail incombant au travailleur		Montant total de l'indemnité à reprendre au Code 1254-07 ou 2254-74 de la déclaration	Montant total de l'exonération à reprendre au Code 1255-06 ou 2255-73 de la déclaration
18. Intervention dans les frais de déplacement	a) transport public en commun	xxxx,xx EUR	Le montant de l'indemnité figurant à la rubrique 18, a de la fiche 281.10 (*)	Le montant de l'indemnité pour lequel le travailleur a réellement utilisé un ou plusieurs transports publics en commun.
	b) transport collectif organisé	xxxx,xx EUR	Le montant de l'indemnité figurant à la rubrique 18, b de la fiche 281.10.	Le montant de l'indemnité pour lequel le travailleur a réellement utilisé un transport collectif organisé par l'employeur ou par un groupe d'employeurs. Ce montant a été limité par l'employeur au prix de l'abonnement première classe en train pour une distance équivalente à celle parcourue avec ce transport collectif. (on tient compte du prix d'une carte de train hebdomadaire multiplié par le nombre de jours pour lesquels le contribuable a fait usage du T.C.O. divisé par 5).
	c) autre moyen de transport	xxxx,xx EUR	Le montant de l'indemnité figurant à la rubrique 18, c de la fiche 281.10.	Le montant de l'indemnité est exonéré pour un montant maximum de 380,00 EUR. Lorsque l'employeur attribue au travailleur une indemnité pour les déplacements effectués à bicyclette, la partie exonérée de celle-ci (0,22 EUR) ne figure pas sur la fiche 281. L'excédent éventuel apparaît à la rubrique 18, c de ladite fiche ; **ce solde est intégralement imposable et ne bénéficie pas de l'exonération de 380,00 EUR.**
	d) Total	xxxx,xx EUR		

(*) Ce montant est également mentionné sur la fiche lorsque l'employeur intervient dans le prix d'un abonnement auprès d'une société de transport public en commun et paie directement le montant de l'intervention à ladite société (système du tiers payant).

Lorsque l'employeur accorde une indemnité globale sans que celle-ci ne soit indiquée aux Codes a et/ou b du cadre 18 de la fiche des revenus et que ces indemnités sont relatives aux déplacements domicile-lieu de travail pour lesquels le travailleur a utilisé un transport en commun ou un transport collectif organisé, la déclaration doit être remplie de la manière suivante (l'exonération totale est calculée dans l'ordre suivant) :

Indemnités accordées par l'employeur en remboursement des frais de déplacements du domicile au lieu de travail incombant au travailleur		Montant total de l'indemnité à reprendre au Code 1254-07 ou 2254-74 de la déclaration	Montant total de l'exonération à reprendre au Code 1255-06 ou 2255-73 de la déclaration	Document à joindre à la déclaration
Autre moyen de transport	xxxx,xx EUR	Le montant de l'indemnité figurant à la rubrique 18, c de la fiche 281.10.	Le montant de l'indemnité est tout d'abord exonéré à concurrence d'un montant maximum de 380,00 EUR.	
Transport public en commun	0,00 EUR		Ensuite, le solde de l'indemnité est exonéré à concurrence d'un montant qui correspond aux frais de déplacement que le travailleur a réellement effectué au moyen d'un ou de plusieurs transports publics en commun.	– une note reprenant un relevé des moyens de transport utilisés et un détail chiffré de l'exonération revendiquée. – les pièces justificatives concernant les déplacements effectués au moyen des transports publics en commun et/ou au moyen d'un transport collectif organisé.
Transport collectif organisé	0,00 EUR		Finalement, le solde de l'indemnité est exonéré à concurrence d'un montant qui correspond aux frais de déplacement que le travailleur a réellement effectué au moyen du T.C.O. Ce montant doit être limité au prix de l'abonnement hebdomadaire en première classe en train pour une distance équivalente à celle parcourue avec ce transport collectif. (on tient compte du prix d'une carte de train multiplié par le nombre de jours pour lesquels le contribuable a fait usage du T.C.O. divisé par 5).	

ex **1.** *Luc effectue tous les jours (soit 210 jours pour l'année 2016) le trajet de son domicile à son lieu fixe de travail de la manière suivante:*

- *domicile-gare, avec son propre véhicule;*
- *de la gare à un point de ralliement en train;*
- *du point de ralliement au lieu de travail en T.C.O. (20 km).*

Le coût d'une carte train 1re classe d'une semaine pour une distance de 20 km est de 26,00 EUR.

Première hypothèse:

La SPRL Pick, son employeur, lui verse une indemnité de 3.392,00 EUR. Luc ne revendique pas la déduction de ses frais professionnels réels.

La fiche 281.10 établie par la SPRL Pick se présente comme suit:

18. Intervention dans les frais de déplacement	*a) transport public en commun*	*1.500,00*	
	b) transport collectif organisé	*1.092,00*	
Véhicules mis à disposition *Nombre de kilomètres: ---------*	*c) autre moyen de transport*	*800,00*	
	d) total	*254*	*3.392,00*

Le cadre IV de la déclaration souscrite par Luc se présente comme suit:

Cadre IV – Traitements, salaires, allocations de chômage, indemnités légales de maladie invalidité, revenus de remplacement et prépensions		
10. Remboursement des frais de déplacement du domicile au lieu de travail		
a) Montant total	*3.392,00 (Code 1254-07)*	*Code 2254-74*
b) Exonération	*2.972,00 c'est-à-dire (1.500,00 + 1.092,00 + 380,00) (Code 1255-06)*	*Code 2255-73*

Deuxième hypothèse:

La SPRL Pick, son employeur, lui verse une indemnité de 3.392,00 EUR. Luc ne revendique pas la déduction de ses frais professionnels réels.

La fiche 281.10 établie par la SPRL Pick se présente comme suit:

18. Intervention dans les frais de déplacement	*a) transport public en commun*		
	b) transport collectif organisé		
Véhicules mis à disposition Nombre de kilomètres: ---------	*c) autre moyen de transport*		
	d) total	*254*	*3.392,00*

Le montant de 3.392,00 EUR est censé se rapporter à:

Indemnités accordées par l'employeur en remboursement des frais de déplacements du domicile au lieu de travail incombant au travailleur		***Montant de l'indemnité à reprendre au Code 1255-06 ou 2255-73 de la déclaration***	***Document à joindre à la déclaration***
Autre moyen de transport	*380,00 EUR*	*380,00 EUR*	
Transport public en commun	*1.500,00 EUR*	*1.500,00 EUR*	*– une note reprenant un relevé des moyens de transport utilisés et un détail chiffré de l'exonération revendiquée; – les pièces justificatives concernant les déplacements effectués au moyen des transports publics en commun et/ou au moyen d'un transport collectif organisé.*
Transport collectif organisé	*1.512,00*	*1.092,00 EUR c'est-à-dire 26,00 × 210 / 5*	

Le cadre IV de la déclaration souscrite par Luc se présente comme suit :

Cadre IV – Traitements, salaires, allocations de chômage, indemnités légales de maladie invalidité, revenus de remplacement et prépensions		
10. Remboursement des frais de déplacement du domicile au lieu de travail		
a) Montant total	*3.392,00 (Code 1254-07)*	*Code 2254-74*
b) Exonération	*2.972,00 c'est-à-dire (380,00 + 1.500,00 + 1.092,00) (Code 1255-06)*	*Code 2255-73*

Troisième hypothèse :

La SPRL Pick, son employeur, lui verse une indemnité de 3.392,00 EUR. Luc revendique la déduction de ses frais professionnels réels.

Le cadre IV de la déclaration souscrite par Luc se présente comme suit :

Cadre IV – Traitements, salaires, allocations de chômage, indemnités légales de maladie invalidité, revenus de remplacement et prépensions		
10. Remboursement des frais de déplacement du domicile au lieu de travail		
a) Montant total	*3.392,00 (Code 1254-07)*	*Code 2254-74*
b) Exonération	*0,00 (Code 1255-06)*	*Code 2255-73*

2. *Marguerite, célibataire, effectue tous les jours (soit 220 jours pour l'année 2016) le trajet de son domicile à son lieu fixe de travail de la manière suivante :*

- *elle utilise un vélo pour les déplacements du domicile à la gare (cinq kilomètres aller) ;*
- *elle utilise le train pour les déplacements de la gare au lieu de travail.*

Son employeur, la SPRL Pick, lui verse une indemnité de 1.000,00 EUR qui se décompose de la manière suivante :

- *400,00 EUR pour l'abonnement de train ;*
- *550,00 EUR d'indemnités pour le vélo.*

Marguerite ne revendique pas la déduction de ses frais professionnels réels.

La fiche 281.10 établie par la SPRL Pick se présente comme suit :

18. Intervention dans les frais de déplacement	*a) transport public en commun*	*400,00*	
	b) transport collectif organisé	*0,00*	
Véhicules mis à disposition Nombre de kilomètres :	*c) autre moyen de transport (vélo)*	*116,00 (c'est-à-dire 600,00 – 220 jours × 2 (aller/retour) × 5 × 0,22)*	
	d) total	*254*	*516,00*

26. Renseignements : divers	*a) déplacements à vélo* *• total des kilomètres parcourus aller et retour pendant l'année 2016 :* *• indemnité totale :*	*2.200* *550,00*
	b) dépenses propres à l'employeur	
	c) pourboires	
	d) travailleurs frontaliers : nombre de jours de sortie de zone frontalière	
	e) rémunérations pour préavis presté : (...)	

Le cadre IV de la déclaration souscrite par Marguerite se présente comme suit :

Cadre IV – Traitements, salaires, allocations de chômage, indemnités légales de maladie invalidité, revenus de remplacement et prépensions		
10. Remboursement des frais de déplacement du domicile au lieu de travail		
a) Montant total	*516,00 (Code 1254-07)*	*Code 2254-74*
b) Exonération	*400,00 (Code 1255-06)*	*Code 2255-73*

3. *La SPRL « Pick », employeur de Luc, lui propose d'utiliser son propre véhicule à des fins de covoiturage, dans le cadre d'un transport collectif organisé.*
Le domicile de Luc est distant de 100 km de son lieu fixe de travail. Il effectue ce trajet 220 jours durant l'année 2016. Sur son chemin, Luc prend Marguerite, dont le domicile est distant de 80 km de son lieu de travail.
La fiche 281.10 établie par la SPRL Pick se présente comme suit :

18. Intervention dans les frais de déplacement	*a) transport public en commun*		
	b) transport collectif organisé		
Véhicules mis à disposition *Nombre de kilomètres :* *----------*	*c) autre moyen de transport*		
	d) total	*254*	*2.020,00*

Le montant de l'exonération se calcule de la manière suivante :

Indemnités accordées par l'employeur en remboursement des frais de déplacements du domicile au lieu de travail incombant au travailleur		***Montant de l'indemnité à reprendre au Code 1255-06 ou 2255-73 de la déclaration***	***Document à joindre à la déclaration***
Autre moyen de transport	*380,00 EUR*	*380,00 EUR*	

Indemnités accordées par l'employeur en remboursement des frais de déplacements du domicile au lieu de travail incombant au travailleur		***Montant de l'indemnité à reprendre au Code 1255-06 ou 2255-73 de la déclaration***	***Document à joindre à la déclaration***
Transport public en commun	*0,00 EUR*	*0,00 EUR*	*– une note reprenant un relevé des moyens de transport utilisés et un détail chiffré de l'exonération revendiquée;* *– les pièces justificatives concernant les déplacements effectués au moyen des transports publics en commun et/ ou au moyen d'un transport collectif organisé.*
Transport collectif organisé	*1.640,00 EUR*	*Prix hebdomadaire de l'abonnement de train en première classe pour une distance de 80 km : 68,00 EUR.* *Montant maximum exonéré : (68,00 × 220) / 5 = 2.992,00 limité à 1.640,00 EUR.*	

Le cadre IV de la déclaration souscrite par Luc se présente comme suit :

Cadre IV – Traitements, salaires, allocations de chômage, indemnités légales de maladie invalidité, revenus de remplacement et prépensions		
10. Remboursement des frais de déplacement du domicile au lieu de travail		
a) Montant total	*2.020,00 (Code 1254-07)*	*Code 2254-74*
b) Exonération	*2.020,00 c'est-à-dire (380,00 + 1.640,00) (Code 1255-06)*	*Code 2255-73*

b) Dirigeant d'entreprise

À l'exception de l'indemnité pour vélo, le montant des indemnités allouées par l'employeur au dirigeant d'entreprise est intégralement imposable.

§ 2. *Plan PC*

Articles 38, alinéa 1er, 17°, 533 CIR et 19 AR/CIR

En exécution d'offres qui ont été faites depuis le 1er janvier 2009

1240-1241 – 2240-2241

Circulaire n° Ci.RH.241/602.082 du 11 juillet 2011

Le régime d'exonération en matière d'impôts des personnes physiques pour les offres qu'un travailleur reçoit de son employeur dans le cadre d'un plan PC privé a été modifié pour les offres qui ont été faites depuis le 1er janvier 2009.

Sont exonérées à concurrence de 840,00 EUR maximum pour la période imposable 2016, les interventions de l'employeur dans le prix d'achat payé par le travailleur pour l'achat à l'état neuf d'un PC avec ou sans périphériques, connexion internet et abonnement à l'internet, à condition que les rémunérations brutes imposables de ce travailleur n'excèdent pas 33.170,00 EUR et sans que cet employeur ne puisse à aucun moment être lui-même propriétaire des éléments susmentionnés.

Par « travailleur », on entend tous les salariés, ouvriers, employés et fonctionnaires, qui sont embauchés avec un contrat de travail ou comme statutaire. Les dirigeants d'entreprise sont donc exclus, même s'ils sont engagés sous contrat d'emploi.

En ce qui concerne l'achat d'un PC ou de périphériques, l'exonération n'est octroyée qu'une fois par période de trois périodes imposables. Ainsi, si le travailleur bénéficie de l'avantage lié à l'intervention de l'employeur dans un PC en 2016, il ne peut bénéficier d'une éventuelle exonération pour l'acquisition de périphériques en 2017. Par « périphériques », on entend aussi les imprimantes, les iPad et les tablettes.

On peut constater que le régime est dorénavant simplifié de manière drastique et l'employeur n'est plus tenu de rédiger un plan organisé.

En effet, il suffit ainsi que l'employeur fasse savoir à son travailleur qu'il est disposé à lui rembourser la totalité ou une partie du prix d'achat d'un PC (avec ou sans périphériques et/ou connexion internet et/ou abonnement internet). S'il le souhaite, l'employeur peut bien entendu organiser l'achat lui-même au profit de son « travailleur ».

Il va de soi que, dans le cadre de PC privé, le « travailleur » doit toujours pouvoir présenter la preuve d'achat, et l'employeur la preuve de son intervention.

Dans les travaux parlementaires (*cf.* DOC 52 1786/001, p. 32), on précise que le travailleur doit mentionner dans sa déclaration à l'impôt des personnes physiques, exercice d'imposition 2013, sous un code séparé le montant de l'intervention de l'employeur et sous un deuxième code le montant de l'exonération en mentionnant :

- soit le montant total de l'intervention lorsque l'intervention est moins élevée que 840,00 EUR et que les rémunérations brutes qui sont reprises sous le code 1250-11 ou 2250-78 n'excèdent pas 33.170,00 EUR;
- soit le montant maximum lorsque l'intervention est égale ou excède 840,00 EUR et que les rémunérations brutes qui sont reprises sous le code 1250-11 ou 2250-78 n'excèdent pas 33.170,00 EUR ;
- soit rien du tout lorsque les rémunérations brutes qui sont reprises sous le code 1250-11 ou 2250-78 excèdent 33.170,00 EUR.

3. *Avantages de toute nature évalués à leur valeur réelle*

a) Principe

Les avantages obtenus en nature pour lesquels il n'existe aucune évaluation forfaitaire sont évalués à la valeur réelle qu'ils ont dans le chef du bénéficiaire.

Il convient pour ces avantages de toute nature de déterminer le montant que le bénéficiaire aurait dû dépenser, dans des conditions normales, pour bénéficier de l'avantage.

Cette évaluation a un aspect subjectif. Songeons, par exemple, au salarié d'une société multinationale qui doit participer pour le compte de son employeur à un séminaire professionnel organisé en Chine. À la fin de ce séminaire, l'employeur lui offre une semaine complémentaire tous frais payés dans l'hôtel cinq étoiles où s'est organisé le séminaire.

Cette évaluation dans le chef du bénéficiaire pose parfois problème. Il est en effet peu probable que le montant des frais supportés par l'employeur corresponde à la valeur réelle que l'avantage a dans le chef du travailleur.

Lorsqu'un employeur fournit aux membres de son personnel, gratuitement ou à prix réduit, des marchandises qu'il a produites ou qu'il commercialise, l'avantage de toute nature correspond au prix de revient ou d'acquisition effectivement supporté par l'employeur, diminué le cas échéant de l'intervention de l'employé.

Pour bénéficier de cette évaluation favorable de l'avantage de toute nature, les conditions suivantes doivent être remplies:

- il doit s'agir de biens de consommation courante ou de biens durables d'un prix relativement modique, comme par exemple une télévision ou une voiture d'un type courant;
- les biens doivent être utilisés par le travailleur pour ses besoins strictement personnels;
- pour les biens durables, leur fourniture ne doit pas se répéter trop fréquemment, compte tenu de la durée normale d'utilisation de ces biens.

ex *La société SA Pick vend des véhicules automobiles de type courant, dont le prix de revient s'élève à 10.000,00 EUR (TVA comprise). Le prix de vente normal de la voiture est de 11.500,00 EUR (TVA comprise). Luc, employé de cette société achète en 2016 une de ces voitures au prix de 8.000,00 EUR (TVA comprise).*

L'avantage de toute nature imposable dans le chef de Luc s'élève à 10.000,00 – 8.000,00 = 2.000,00 EUR.

b) Cas particulier : assurance soins de santé

Articles 38, § 1er, alinéa 1er, 11° et 20° et 53, 14° et 21° CIR

Circulaire n° Ci.RH.332/577.284 du 14 avril 2006

Les avantages résultant pour les travailleurs ou les dirigeants d'entreprise de la prise en charge de cotisations patronales ou d'entreprise versées dans le cadre d'assurances collectives ou individuelles pour soins de santé sont exonérés dans le chef des bénéficiaires pour autant que ces attributions n'aient pas comme objectif de compenser des pertes de revenus.

En outre, les prestations obtenues en exécution de ces engagements ne sont pas imposables dans le chef des bénéficiaires.

En corollaire, les primes patronales ou d'entreprise ne sont pas déductibles à titre de frais professionnels.

4. *Avantages de toute nature évalués de manière forfaitaire*

Le Roi a, en exécution de l'article 36, évalué certains avantages à un montant fixe.

Chaque fois que l'avantage de toute nature est déterminé forfaitairement, le montant imposable ne peut jamais être ni inférieur ni supérieur à la valeur forfaitaire fixée par le Roi. L'évaluation forfaitaire ne vaut que pour la détermination de l'avantage. L'évaluation forfaitaire n'a aucune incidence sur le montant déductible des frais ayant généré l'avantage de toute nature dans le chef de l'employeur.

ex *La SA Pick met gratuitement à la disposition de son administrateur Luc 2.000 litres de mazout de chauffage. L'article 18, § 3, 4° l'arrêté royal d'exécution du Code des impôts sur les revenus mentionne que l'avantage de toute nature relatif au chauffage s'élève à 1.870,00 (TVA comprise). Le montant des frais engagés par la SA Pick n'a aucune importance quant à la détermination de l'avantage de toute nature, comme il ressort du tableau suivant:*

	Coût supporté par la SA Pick	*Avantage de toute nature imposable dans le chef de Luc*
1re hypothèse	*1.500,00 TVA comprise*	*1.910,00*
2e hypothèse	*2.000,00 TVA comprise*	*1.910,00*

En outre, lorsque les avantages ne sont pas consentis à titre gratuit, le montant de l'avantage imposable fixé forfaitairement doit être diminué de l'intervention du bénéficiaire de cet avantage.

ex *La SA Pick met gratuitement à la disposition de son administrateur Luc 2.000 litres de mazout de chauffage. L'article 18, § 3, 4° de l'arrêté royal d'exécution du Code des impôts sur les revenus mentionne que l'avantage de toute nature relatif au chauffage s'élève à 1.910,00 EUR (TVA comprise). Luc est intervenu à concurrence de 500,00 EUR. Le montant des frais engagés par la SA Pick n'a aucune importance quant à la détermination de l'avantage de toute nature, comme il ressort du tableau suivant:*

	Coût supporté par la SA Pick	Avantage de toute nature imposable dans le chef de Luc
1re hypothèse	1.500,00 TVA comprise	1.410,00 (1.910,00 – 500,00)
2e hypothèse	1.800,00 TVA comprise	1.410,00 EUR (1.910,00 – 500,00)

a) Prêts sans intérêt ou à taux réduit

Article 18, § 3, 1° AR/CIR

L'avantage est calculé sur la base de la différence entre:

- d'une part, le taux d'intérêt de référence qui est fixé ci-après par type de prêt;
- d'autre part, le taux d'intérêt accordé à l'emprunteur, la réduction de taux pour enfants à charge n'étant pas prise en considération.

Le prêteur peut accorder à l'emprunteur une réduction de taux pour enfants à charge. L'article 18 de l'arrêté royal d'exécution du Code des impôts sur les revenus ne fixe pas forfaitairement cette réduction, de telle sorte que celle-ci peut être déterminée librement par le prêteur, sans que cela ait d'implication quant à la valorisation de l'avantage.

L'arrêté royal d'exécution du Code fait la distinction entre les prêts:

- hypothécaires;
- non hypothécaires à terme convenu;
- non hypothécaires sans terme.

§ 1er. *Prêts hypothécaires*

Le taux de référence est celui de l'année au cours de laquelle le contrat de prêt est conclu. Il est fixé une fois pour toutes.

Année	Prêt dont le remboursement est garanti par une assurance-vie mixte	Autres
2014	4,16	3,20
2015	2,47	2,41
2016	1,65	1,78

L'avantage est censé obtenu lors de chaque remboursement. L'avantage est calculé sur le capital restant dû avant le remboursement.

Lorsque le capital est remboursé en une fois à l'expiration du terme du prêt, l'avantage est calculé lors de chaque échéance d'intérêt ou à la fin de chaque mois civil lorsque le prêt est accordé sans intérêt.

ex *Marguerite est employée d'une banque belge. En février 2015, elle contracte auprès de son employeur un prêt hypothécaire sans intérêt de 204.000,00 EUR remboursable en 20 ans. Elle rembourse à son employeur 850,00 EUR par mois, et ce dès mars 2015. Cet emprunt n'est pas couvert par une assurance-vie mixte.*

Le taux à prendre en considération est de: 1,65 % – 0,00 % = 1,65 %.

Le solde restant dû au 1er janvier 2016 est de 204.000,00 – (850,00 × 10) = 195.500,00 EUR.

Pour l'exercice d'imposition 2017, le montant des avantages de toute nature peut être déterminé de la manière suivante:

Mois	*Solde restant dû*	Avantage imposable
Janvier	*195.500,00*	*195.500,00 × 1,65 % × 1/12 = 268,81*
Février	*194.650,00*	*267,64*
Mars	*193.800,00*	*266,47*
Avril	*192.950,00*	*265,31*
Mai	*192.100,00*	*264,14*
Juin	*191.250,00*	*262,97*
Juillet	*190.400,00*	*261,80*
Août	*189.550,00*	*260,63*
Septembre	*188.700,00*	*259,46*
Octobre	*187.850,00*	*258,29*
Novembre	*187.000,00*	*257,12*
Décembre	*186.150,00*	*255,96*
Total		***3.148,60***

Lorsque l'emprunt est refinancé, le nouveau taux à prendre en considération est le taux de référence de l'année du renouvellement de la dette.

En ce qui concerne les prêts à taux variable, le mode de calcul est identique. Par contre, le taux de référence à prendre en considération ne se détermine pas de la même manière.

L'analyse des avantages de toute nature résultant de prêts hypothécaires avec taux d'intérêt variable dépasse le cadre du présent ouvrage.

§ 2. *Prêts non hypothécaires à terme convenu*

Le taux d'intérêt de référence est celui de l'année au cours de laquelle le contrat est conclu.

Année	Voitures	Autres
2014	0,10	0,22
2015	0,09	0,22
2016	0,06	0,13

Le taux de chargement mensuel est converti en taux d'intérêt annuel suivant la formule suivante :

$$i = \frac{p \times 24\,n}{n+1}$$

Dans lequel :

i = le taux de chargement annuel réel

p = le taux de chargement mensuel

n = le délai de remboursement en mois (les 10 millièmes sont négligés)

ex *En mars 2016, Luc, employé de la SPRL Pick, obtient de son employeur un prêt personnel à titre gratuit de 5.000,00 EUR pour acheter des meubles. Ce prêt est remboursable à partir d'avril 2016. La durée de prêt est de deux ans et le taux d'intérêt fixé est de 1 % par an, Luc paie 210,51 EUR par mois.*

L'avantage de toute nature se détermine comme suit :

Taux de l'intérêt de référence pour l'avantage de toute nature en 2016 = 0,13 × 24 × 24 / 25 = 2,99 %.

Luc a donc eu un avantage de toute nature pour l'année 2016 (exercice d'imposition 2017) de 2,99 % × 5.000 EUR × 9 / 12 = 112,12 EUR.

Lorsque le crédit de paiement est accordé à taux d'intérêt réduit et que l'intérêt réclamé est calculé en fonction d'un taux de chargement mensuel (toujours appliqué au montant initial du prêt), l'avantage imposable est calculé en multipliant le montant de l'intérêt payé durant l'année concernée par un «coefficient d'avantage» déterminé au moyen de la formule suivante:

$$\text{Coefficient d'avantage} = \frac{\text{Taux de chargement mensuel fixé par AR (1)} - \text{Taux de chargement mensuel normal (2)}}{\text{Taux de chargement mensuel appliqué (3)}}$$

(1) taux de chargement mensuel: consulter le tableau ci-dessus.

(2) taux de chargement mensuel normal: taux prévu avant réduction éventuelle du taux pour enfants à charge.

(3) taux de chargement mensuel appliqué: taux de chargement réellement appliqué (donc après réduction éventuelle du taux pour enfants à charge).

Le coefficient d'avantage est calculé jusqu'à la troisième décimale (les dix millièmes sont négligés).

ex *En mars 2016, Luc, employé de la SPRL Pick, obtient de son employeur un prêt personnel de 5.000,00 EUR pour acheter des meubles. Ce prêt est remboursable à partir d'avril 2016. La durée du prêt est de 9 mois et le remboursement mensuel de 557,87 EUR. Le taux de chargement mensuel appliqué s'élève à 0,10 %.*

L'avantage de toute nature se détermine en fonction du cœfficient d'avantage qui est de:

$$\text{Coefficient d'avantage} = \frac{0{,}13 - 0{,}10}{0{,}10}$$

Luc a payé des intérêts en 2016 à concurrence de: (557,87 × 9) – 5.000,00 = 20,83 EUR.

L'avantage de toute nature imposable est de: 20,83 × 0,3 = 6,25 EUR.

§ 3. *Prêts non hypothécaires sans terme convenu*

Sont notamment visés ici les intérêts relatifs aux comptes courants des dirigeants d'entreprise. Le taux de référence est celui de l'année au cours de laquelle l'emprunteur a disposé des sommes empruntées.

Année au cours de laquelle l'emprunteur a disposé des sommes	Taux de référence à prendre en considération
2014	9,20
2015	8,16
2016	9,27

L'avantage est calculé à la fin de chaque mois civil au cours duquel l'emprunteur a disposé des sommes empruntées.

Si le compte courant débiteur n'a pas subi de fluctuations anormales au cours de la période imposable, l'avantage de toute nature peut être calculé à l'aide de la formule suivante:

$$\frac{\text{Solde débiteur au 1}^{\text{er}}\text{ janvier} + \text{Solde débiteur au 31 décembre de la période imposable}}{2} \times \text{Taux de référence}$$

Lorsque le compte courant a subi des modifications anormales au cours de la période imposable, l'avantage est calculé en appliquant la formule susvisée mensuellement.

ex 1. *Le compte courant de Marguerite, dirigeante de la SPRL Pick, présente les soldes débiteurs suivants :*

Au 1er janvier 2016	*35.000,00 EUR*
Au 31 décembre 2016	*37.000,00 EUR*

Ce compte n'a pas subi de variations anormales durant l'année 2016.
L'avantage de toute nature peut être déterminé de la manière suivante :

$$\frac{35.000,00 + 37.000,00}{2} \times 9,27\ \% = 3.337,20 \text{ EUR}$$

2. *Le compte courant de Luc, dirigeant de la SPRL Pick, présente les fluctuations suivantes :*

Dates	***Retrait***	***Versement***	***Solde compte courant fin du mois***
Au 1er janvier 2016			*35.000,00 Débit*
Le 1er avril 2016		*40.000,00*	*5.000,00 Crédit*
Le 17 juillet 2016	*50.000,00*		*45.000,00 Débit*
Le 4 octobre 2016	*30.000,00*		*75.000,00 Débit*
Au 31 décembre 2016			*75.000,00 Débit*

En juin 2016, l'assemblée générale de la SPRL décide d'allouer des tantièmes à Luc à concurrence de 30.000,00 EUR.
L'avantage de toute nature peut être évalué de la manière suivante :

Mois	***Évaluation de l'avantage de toute nature***
Janvier –mars	*35.000,00 × 9,27% × (3/12) = 811,12*
Avril – juin	*0,00*
Juillet	*(0,00 + 45.000,00) / 2) × 9,27% × (1/12) = 173,81*
Août – septembre	*45.000,00 × 9,27% × (2/12) = 695,25*
Octobre	*((45.000,00 + 75.000,00) / 2) × 9,27% × 1/12 = 463,50*
Novembre – décembre	*75.000,00 × 9,27% × 2/12 = 1.158,75 (*)*
Avantage de toute nature imposable	*3.302,43*

(*) L'attribution des tantièmes lors de l'assemblée générale de juin est sans incidence sur le calcul de l'avantage de toute nature imposable. En effet, ceux-ci sont attribués lors de l'assemblée générale, soit postérieurement à la période imposable.

b) Disposition gratuite d'immeubles ou de parties d'immeubles

Article 18, § 3, 2° AR/CIR

L'article 18, § 3, 2° de l'arrêté royal d'exécution du Code des impôts sur les revenus ne s'applique qu'aux immeubles situés en Belgique, étant donné que l'avantage de toute nature est calculé par référence à leur revenu cadastral non indexé. Si l'immeuble est situé à l'étranger, l'avantage imposable correspond à la valeur locative de l'immeuble.

L'avantage de toute nature est établi forfaitairement à 100/60 ou 100/90 du revenu cadastral *indexé* du bien immobilier ou de la partie du bien immobilier selon qu'il s'agit d'un bien immobilier bâti ou non bâti.

Cependant, pour les biens immobiliers bâtis ou les parties de tels biens qui sont mis à disposition par des personnes morales, l'avantage est établi comme suit :

- si le revenu cadastral *non indexé* du bien immobilier ou de la partie du bien immobilier est inférieur ou égal à 745,00 EUR :
  100/60 du revenu cadastral *indexé* du bien immobilier ou de la partie du bien immobilier, multiplié par 1,25 ;
- si le revenu cadastral *non indexé* du bien immobilier ou de la partie du bien immobilier est supérieur à 745,00 EUR :
  100/60 du revenu cadastral *indexé* du bien immobilier ou de la partie du bien immobilier, multiplié par 3,80.

Dans tous les cas, s'il s'agit d'une habitation meublée, l'avantage de toute nature est majoré de 2/3.

Le forfait (100/60 ou 100/90 du RC indexé éventuellement multiplié par 1,25 ou 3,80) ne peut être réduit *prorata temporis* que si la mise à disposition du bien immobilier ne se fait que durant une partie de la période imposable. On tient compte du nombre réel de jours durant lesquels l'immeuble a été mis à disposition (CIR (AGFisc n° 43/2016) du 19 décembre 2016).

Si le revenu cadastral non indexé excède 745,00 EUR suite à des travaux de transformation, la détermination forfaitaire de l'avantage de toute nature doit tenir compte *prorata temporis* des différentes estimations du revenu cadastral non indexé (QP n° 228 du 16 janvier 1996 de monsieur Tavernier).

La Cour d'appel de Gand, le 24 mai 2016 (*T.F.R.*, 2016, liv. 505, p. 631) et la Cour d'Appel d'Anvers, le 24 janvier 2017 (*cf. Fiscologue*, n° 1509, p. 8), ont estimé que la différence de traitement entre les dirigeants d'entreprise et les salariés, par l'application d'un coefficient de 3,8, au lieu de 1,25 était contraire à l'article 159 de la constitution car violant le principe d'égalité constitutionnelle devant l'impôt. Aucune justification objective n'appuie cette discrimination. L'avantage de toute nature pour les dirigeants est donc ramené au coefficient de 1,25 comme pour les salariés.

Lorsque l'importance de l'immeuble excède manifestement les besoins personnels de l'occupant, compte tenu de sa situation sociale et de la composition de son ménage, on ne doit tenir compte, pour la détermination de l'avantage imposable, que du revenu cadastral non indexé d'un immeuble qui correspond aux besoins réels de l'occupant.

En résumé :

<table>
<tr><th colspan="4">Détermination de l'avantage de toute nature résultant de la disposition gratuite d'immeubles ou parties d'immeubles situés en Belgique</th></tr>
<tr><td></td><td>Mis à disposition par un employeur personne physique</td><td colspan="2">Mis à disposition par un employeur personne morale</td></tr>
<tr><td>1. Immeuble ou partie d'immeuble bâtis</td><td colspan="3"></td></tr>
<tr><td rowspan="3">a) Non meublé</td><td rowspan="3">RC Indexé × 100/60</td><td colspan="2">Le revenu cadastral non indexé ou la partie du revenu cadastral non indexé :</td></tr>
<tr><td>est inférieur ou égal à 745,00 EUR</td><td>RC indexé × 100/60 × 1,25</td></tr>
<tr><td>est supérieur à 745,00 EUR</td><td>RC indexé × 100/60 × 3,80</td></tr>
</table>

b) Meublé	5/3 × (RC indexé × 100/60)	Le revenu cadastral non indexé ou la partie du revenu cadastral non indexé :	
		est inférieur ou égal à 745,00 EUR	5/3 x (RC indexé × 100/60 × 1,25)
		est supérieur à 745,00 EUR	5/3 (RC indexé × 100/60 × 3,80)
2. Immeuble ou partie d'immeuble non bâti	RC indexé × 100 / 90		

Ce tableau est établi sous réserve de la légalité du coefficient de 3,80 (voir *infra*).

ex **1.** *Luc, commerçant indépendant en matériel informatique, met (pendant toute la période imposable 2016) gratuitement à disposition de son employée, Marguerite, un appartement non meublé situé au-dessus du magasin, dont le revenu cadastral non indexé est de 800,00 EUR. L'avantage peut être déterminé de la manière suivante :*

Détermination de l'avantage de toute nature	
Revenu cadastral indexé	*(800,00 × 1,7418) = 1.393,44 arrondi à 1.393,00*
Avantage de toute nature	*1.393,00 × (100/60) × 1,25 = 2.902,08*
Intervention de Luc	*0,00*
Avantage de toute nature imposable	***2.902,08***

Marguerite remplit sa déclaration de la manière suivante :

Cadre IV – Traitements, salaires, allocations de chômage, indemnités légales de maladie invalidité, revenus de remplacement et prépensions		
1. Traitements, salaires, etc. *a) suivant fiches :*	*Code 250*	*Code 250*
	Code 250	*Code 250*
	Code 250	*Code 250*
b) qui ne figurent pas sur une fiche :		
1° Pécule de vacances (montant net + précompte professionnel)		
2° Avantages de toute nature	***2.902,08***	
3° Autres		
3. Total des rubriques 1 et 2	*Code 1250-11*	*Code 2250-78*

2. *La SPRL Pick met à la disposition de sa gérante, Marguerite, une maison d'habitation meublée dont le revenu cadastral non indexé est de 2.200,00 EUR. Marguerite verse tous les mois à la société un montant de 500,00 EUR pour l'occupation de cette maison.*

L'avantage peut être déterminé de la manière suivante :

Détermination de l'avantage de toute nature	
Revenu cadastral indexé	*(2.200,00 × 1,7418) = 3.831,96 arrondi à 3.832,00*
Avantage de toute nature	*5/3 × 3.832,00 × (100/60) × 3,80 = 40.448,89*
Intervention de Marguerite	*– 6.000,00*
Avantage de toute nature imposable	***34.448,89***

Exemple sous réserve de la légalité du coefficient de 3,80.

Marguerite remplit sa déclaration de la manière suivante :

Cadre XVII – Rémunérations de dirigeants d'entreprise		
1. Rémunérations a) suivant fiches :	*Code 400*	*Code 400*
	Code 400	*Code 400*
	Code 400	*Code 400*
b) qui ne figurent pas dans la fiche :		
1° Pécule de vacances (montant net + précompte professionnel)		
2° Avantages de toute nature	***39.045,00***	
3° Autres		
c) Total des rubriques 1, a et 1, b	*Code 1400-55*	*Code 2400-25*

c) Disposition gratuite d'une seule pièce

Article 18, § 3, 3° AR/CIR

L'avantage (logement, chauffage, éclairage) est fixé forfaitairement à 0,74 EUR par jour ou 266,40 EUR par an.

d) Fourniture gratuite de chauffage et d'électricité utilisée à des fins autres que le chauffage

Article 18, § 3, 4° AR/CIR

L'avantage est évalué de la manière suivante :

- lorsque l'avantage est accordé à un dirigeant d'entreprise ou à du personnel de direction :
  - 1.910,00 EUR pour le chauffage ;
  - 950,00 EUR pour l'électricité.
- lorsque l'avantage est accordé à d'autres bénéficiaires :
  - 860,00 EUR pour le chauffage ;
  - 430,00 EUR pour l'électricité.

Est considéré comme personnel de direction, celui qui n'est pas éligible comme délégué du personnel dans le conseil d'entreprise et dans les comités de protection et de prévention au travail.

Se pose ici à nouveau la problématique éventuelle d'une discrimination non justifiée entre les dirigeants d'entreprise et les autres personnes bénéficiant de tels avantages.

Quel critère objectif permet cette différenciation ? (voir en ce sens la problématique de la mise à disposition gratuite d'immeuble ci-dessus).

e) Disposition gratuite de domestiques, ouvriers domestiques, jardiniers, chauffeurs...

Article 18, § 3, 5° AR/CIR

L'avantage annuel est évalué à 5.950,00 EUR par ouvrier, servante, ouvrière... occupé à temps plein.

f) Avantages recueillis par le personnel domestique

Article 18, § 3, 6° AR/CIR

La valeur des avantages peut être déterminée de la manière suivante:

Nature des avantages	Par jour	Par année
Premier repas (déjeuner)	0,55 EUR	198,00 EUR
Deuxième repas (repas principal)	1,09 EUR	392,40 EUR
Troisième repas (souper)	0,84 EUR	302,40 EUR
Logement, chauffage, éclairage	0,74 EUR	266,40 EUR

g) Repas sociaux fournis gratuitement ou à prix réduits aux membres du personnel d'une entreprise

Article 18, § 3, 8° AR/CIR

L'avantage se détermine en principe de la même manière que pour le personnel domestique.

h) Utilisation d'un véhicule mis gratuitement à disposition des travailleurs ou dirigeants d'entreprise

Depuis le 1er janvier 2014, la mise à disposition gratuite de véhicules pour les travailleurs ou les dirigeants d'entreprise est régie non plus par l'arrêté royal mais par l'article 36, § 2 du CIR 92, en raison du fait que cet avantage entre en considération dans le cadre de la fixation de la base imposable à l'impôt des sociétés.

Il arrive que l'entreprise mette à disposition de ses travailleurs ou dirigeants d'entreprise un véhicule. En principe, la mise à disposition de ce véhicule donne lieu à l'imposition d'un avantage de toute nature dans le chef de celui qui en bénéficie. Son évaluation dépend du type de véhicule et de l'utilisation qui en est faite.

§ 1er. *Voitures visées*

Les véhicules concernés sont les véhicules visés à l'article 65 du Code des impôts sur les revenus à savoir les voitures, voitures mixtes, minibus et fausses camionnettes.

§ 2. *Principe: cf. page 311*

§ 3. *Transport collectif organisé (T.C.O.)*

Circulaire n° Ci.RH.241/550.265 du 18 juillet 2002

Circulaire n° Ci.RH.241/569.802 du 23 août 2005

L'avantage qui résulte de la mise à disposition gratuite d'une voiture qui est utilisée dans le cadre d'un T.C.O. est un avantage imposable dans le chef du chauffeur.

Dans ce cadre, il convient de faire la distinction entre:

- les déplacements communs effectués dans le cadre du T.C.O.: l'avantage de toute nature est entièrement exonéré (voir page 291);

- les déplacements non communs, qui ne font pas partie du T.C.O. Ces déplacements sont à considérer comme des déplacements privés et l'administration peut en principe imposer un avantage de toute nature. Néanmoins, l'administration accepte que cet avantage ne soit pas calculé, pour autant que les conditions suivantes soient remplies :
  - le transport collectif est organisé par l'employeur ;
  - le travailleur est désigné par l'employeur pour conduire le véhicule ;
  - le véhicule est exclusivement affecté à ce transport collectif (aucune utilisation personnelle du véhicule) ;
  - un règlement précise clairement que le véhicule ne peut en aucun cas être utilisé autrement que dans le cadre professionnel (courses, week-end, vacances, etc.).

Lorsque ces conditions ne sont pas remplies, l'exonération concernant cette partie de l'avantage de toute nature s'élève à 380,00 EUR maximum.

§ 4. *Les camionnettes de livraison et les véhicules servant aux visites en clientèle et aux missions professionnelles itinérantes*

Circulaire n° Ci.RH.241/569.802 du 23 août 2005

Il s'agit de véhicules pouvant servir à effectuer des livraisons, des visites en clientèle ou du transport de personnel, que les travailleurs peuvent dans certains cas ramener à la maison en fin de journée pour des raisons pratiques et économiques (diminution des trajets).

De tels déplacements effectués entre le domicile du travailleur et le premier client ou la première mission itinérante et inversement sont en effet considérés comme professionnels de sorte qu'en l'absence d'une quelconque utilisation personnelle du véhicule, aucun avantage de toute nature ne doit être imposé dans le chef du travailleur.

§ 5. *Véhicules autres que les voitures, voitures mixtes ou minibus*

L'article 36 § 2 du Code ne s'applique qu'aux voitures, voitures mixtes et minibus étant donné que la taxe de circulation des autres véhicules est calculée sur leur poids et non sur leur puissance. En ce qui concerne les véhicules qui ne sont pas des voitures, voitures mixtes ou minibus, l'avantage n'est pas calculé de manière forfaitaire.

En cas d'utilisation à des fins personnelles d'un autre véhicule, il faut, pour fixer l'avantage de toute nature imposable, tenir compte de la valeur réelle qu'ils ont dans le chef du bénéficiaire. Dans ce cas, on doit l'estimer par exemple par le biais du prix de revient au kilomètre (*cf.* QP n° 5236 de monsieur Van der Maelen du 1er février 2005). On tient ici compte du nombre réel de kilomètres parcourus pour l'utilisation personnelle du véhicule.

§ 6. *Les concessionnaires automobiles et les garagistes*

Il arrive fréquemment que les concessionnaires automobiles et les garagistes mettent une voiture à la disposition de leurs collaborateurs avec laquelle ces derniers effectuent le trajet entre le domicile et le lieu du travail. Les intéressés disposent donc tous les jours d'une voiture, mais il ne s'agit pas toujours nécessairement du même véhicule, car les voitures du parc automobile du garage en question sont également utilisées comme véhicule de test ou de remplacement et les travailleurs doivent dès lors se contenter du véhicule disponible ce jour-là.

L'utilisation à des fins personnelles par des travailleurs d'un véhicule mis gratuitement à leur disposition par l'employeur constitue un avantage de toute nature. Le fait que l'employeur soit un concessionnaire automobile ou un garagiste et met à disposition un véhicule pourvu de plaques « marchand » ne signifie pas que l'avantage de toute nature n'est pas imposable.

§ 7. *Déclaration fiscale*

1) *Travailleur*

La manière dont l'avantage de toute nature, calculé de la manière susvisée, doit être déclaré, dépend de l'usage du véhicule.

Dans la mesure où le véhicule est utilisé pour les déplacements domicile-lieu de travail (même dans le cadre du T.C.O.), l'avantage fiscal qui en découle doit être fiscalement considéré comme une indemnité en espèces que l'employeur attribue au travailleur de tels déplacements (voir page 289). Nous en concluons que:

- l'avantage doit être déclaré en Code 1254-07 (ou 2254-74) pour les travailleurs (lettre V de la déclaration);
- le montant exonéré doit être mentionné au Code 1255-06 ou 2255-73 et dépend du fait que:
  - le véhicule a été ou non utilisé pour le T.C.O.;
  - le contribuable revendique ou non ses frais réels.

Pour les travailleurs qui n'effectuent aucun déplacement du domicile au lieu de travail fixe mais utilisent le véhicule à des fins personnelles, le montant de l'avantage de toute nature doit être repris en regard des Codes 1250-11 ou 2250-78 (lettre T) de la déclaration. Dans cette dernière hypothèse, aucune exonération n'est octroyée.

2) *Dirigeants d'entreprise*

Pour les dirigeants d'entreprise, le montant de l'avantage est mentionné en regard du Code 1400-55 ou 2400-25 de la déclaration. Aucune exonération n'est octroyée.

À partir du 1er janvier 2012, l'avantage de toute nature résultant de l'utilisation à des fins personnelles d'un véhicule mis gratuitement à disposition est exclusivement calculé sur la base de la valeur catalogue et de l'émission CO_2. Le nombre de kilomètres privés parcourus avec le véhicule n'a plus d'influence sur le calcul de l'avantage.

L'avantage de toute nature est calculé en appliquant un pourcentage CO_2 à 6/7 de la valeur catalogue du véhicule mis gratuitement à disposition selon la formule suivante:

$$\text{ATN} = \%\ \text{Coefficient } CO_2 \times \text{Valeur catalogue} \times 6/7$$

Le Roi détermine chaque année l'émission de référence-CO_2 en fonction de l'émission CO_2 moyenne de l'année qui précède la période imposable par rapport à l'émission CO_2 moyenne de l'année de référence 2011 selon les modalités qu'Il fixe.

L'avantage ne peut jamais être inférieur à 1.260,00 EUR (montant indexé pour l'année civile 2016).

Lorsque l'avantage n'est pas consenti à titre gratuit, l'intervention du bénéficiaire de l'avantage est déduite de l'avantage déterminé conformément aux règles exposées ci-avant.

Coefficient CO_2

Le pourcentage de base CO_2 en 2016 s'élève à:

- 5,50% pour une émission de référence CO_2 de 107 g/Km pour les véhicules à moteur alimenté à l'essence, au LPG ou au gaz naturel;
- 5,50% pour une émission de référence CO_2 de 89 g/Km pour les véhicules à moteur alimenté au diesel;
- 4,00% pour les véhicules qui émettent 0 gramme de CO_2 par kilomètre, comme les véhicules électriques.

Lorsque l'émission du véhicule concerné :

- dépasse l'émission de référence (107 g/Km pour les véhicules à moteur alimenté à l'essence, au LPG ou au gaz naturel ou 89 g/Km pour les véhicules à moteur alimenté au diesel), le pourcentage de base est augmenté de 0,10 % par gramme de CO_2, avec un maximum de 18 % ;
- est inférieure à l'émission de référence (107 g/Km pour les véhicules à moteur alimenté à l'essence, au LPG ou au gaz naturel ou 89 g/Km pour les véhicules à moteur alimenté au diesel), le pourcentage de base est réduit de 0,10 % par gramme de CO_2, avec un minimum de 4,00 %.

Les véhicules pour lesquels aucune donnée relative à l'émission de CO_2 n'est disponible au sein de la direction de l'immatriculation des véhicules sont assimilés aux véhicules émettant un taux de CO_2 de :

- 205 grammes par kilomètre s'ils sont propulsés par un moteur à essence, au LPG ou au gaz naturel ;
- 195 grammes par kilomètre s'ils sont propulsés par un moteur au diesel.

Valeur catalogue

Par valeur catalogue, il faut entendre : le prix catalogue du véhicule à l'état neuf lors d'une vente à un particulier, options et taxe sur la valeur ajoutée réellement payée comprises, sans tenir compte des réductions, diminutions, rabais ou ristournes.

Cette définition vaut tant pour les véhicules neufs, les véhicules d'occasion et les véhicules en leasing.

ex *Pour la période allant du 1er janvier 2016 au 30 avril 2016, la SA Pick a mis à disposition de sa gérante, Marguerite, une Renault (essence) d'une puissance fiscale de 13 CV. Le taux d'émission de CO_2 est de 120 grammes par kilomètre. La valeur catalogue du véhicule s'élève à 30.000,00 EUR.*

L'avantage de toute nature pour l'année civile 2016 résultant de l'utilisation à des fins personnelles du véhicule est calculé comme suit :

30.000 EUR (valeur catalogue) × 6/7 × 6,8 % (pourcentage CO_2) × 4/12 = 582,86 EUR

Compte tenu du fait que l'émission de CO_2 dépasse à concurrence de 5 grammes l'émission de CO_2 de référence fixée à 107 g/km pour les véhicules à moteur alimenté à l'essence, le pourcentage de base de 5,5 % doit être augmenté de 1,3 % {(120 g/km – 107 g/km) × 0,10}.

Vehicules d'occasion

Afin de tenir compte de l'âge du véhicule, la valeur catalogue est multipliée par le pourcentage allant de 100 à 70 :

Période écoulée depuis la première inscription du véhicule	Pourcentage
De 0 à 12 mois	100 %
De 13 à 24 mois	94 %
De 25 à 36 mois	88 %
De 37 à 48 mois	82 %
De 49 à 60 mois	76 %
À partir de 61 mois	70 %

Un mois commencé compte pour un mois entier.

ex *À partir du 1er janvier 2016, la SA Pick met à disposition de sa gérante Marguerite, une Renault (essence) d'une puissance fiscale de 13 CV acquise à l'état neuf. Le taux d'émission de CO_2 est de 120 grammes par kilomètre. La valeur catalogue du véhicule s'élève à 30.000,00 EUR.*

L'avantage de toute nature (pour la période allant du 1er janvier au 31 décembre 2016) résultant de l'utilisation à des fins personnelles du véhicule est calculé comme suit :

30.000 EUR (valeur catalogue) × 6/7 × 6,8 % (pourcentage CO_2) × 100 % = 1.748,57 EUR.

Dans l'hypothèse où le véhicule est âgé de deux ans, l'avantage de toute nature serait calculé comme suit : 30.000 EUR (valeur catalogue) × 6/7 × 6,8 % (pourcentage CO_2) × 88 % = 1.538,74 EUR.

i) Disposition gratuite de matériel informatique

Article 18, § 4 AR/CIR

L'utilisation gratuite à des fins personnelles d'un PC privé mis à disposition ou d'une connexion à Internet est soumise à l'évaluation forfaitaire suivante :

- 180,00 EUR par an pour un PC mis gratuitement à disposition ;
- 60,00 EUR pour la connexion à l'Internet et l'abonnement à l'Internet.

Ces montants doivent être réduits *prorata temporis* en cas de mise à disposition limitée à une partie de la période imposable.

Sont visées toutes les installations informatiques (quels que soient la catégorie, la marque, le type, le prix, etc.) composées au plus :

- d'un PC ;
- d'un écran ;
- d'un clavier ;
- d'une souris ;
- d'une imprimante ;
- d'un scanner ;
- d'enceintes ;
- de logiciels ;
- de toutes les connexions internet de tout genre à savoir les abonnements internet permettant un accès rapide illimité à l'internet (abonnements ADSL, télédistribution...), mais également les heures de communications facturées s'il est fait usage, par exemple, d'un système avec accès gratuit à l'internet.

Ne sont pas visées, les installations informatiques dans les locaux professionnels de l'employeur que le travailleur peut utiliser occasionnellement à des fins privées.

Les frais relatifs à la ligne téléphonique peuvent être considérés comme des frais de connexion à l'Internet pour autant que le bénéficiaire ne soit pas redevable des factures téléphoniques. Le bénéficiaire de l'avantage ne peut pas non plus être titulaire de l'abonnement à Internet.

Lorsque les frais relatifs à la ligne téléphonique sont pris en charge par le bénéficiaire, ceux-ci ne peuvent pas être considérés comme une intervention déductible de l'avantage de toute nature.

Circulaire n° Ci.RH.241/616975 (AFER 2/2014) du 16 janvier 2014

Aucun avantage de toute nature ne sera imposé dans le chef du travailleur ou du dirigeant d'entreprise lorsque les trois conditions suivantes sont remplies simultanément :

- L'utilisation privée par le travailleur est formellement interdite sur la base des dispositions réglementaires ou contractuelles écrites ;
- Le travailleur s'engage par écrit à respecter cette interdiction d'utilisation privée ;
- L'employeur prend les dispositions techniques utiles (pare-feu, etc.) pour limiter au maximum l'utilisation de l'installation informatique à des fins privées.

j) Options sur actions

Articles 403 à 407 de la loi-programme (I) du 24 décembre 2002[1], loi du 26 mars 1999[2]

1248-13/1249-12 et 2248-80/2249-79

§ 1er. *Définitions: l'option «call» et l'option «put»*

Un contrat d'option donne le droit au titulaire d'acheter (une option d'achat) ou de vendre (une option de vente) un nombre déterminé d'unités d'actif sous-jacent à l'émetteur de l'option, à un prix déterminé (un prix d'exercice de l'option) et à une date déterminée (l'échéance de l'option).

1. *Option «call»: prix d'exercice = 100*
prix de l'option = 010
Lorsque la valeur de l'action sous-jacente augmente au-delà du prix d'exercice de l'option, le détenteur de l'option aura intérêt à exercer son droit d'acheter l'action. Par contre, lorsque la valeur des actions n'excède pas le prix d'exercice, celui-ci aura intérêt à ne pas exercer son droit d'acheter l'action.

2. *Option «put»: prix d'exercice = 100*
prix de l'option = 010
Lorsque la valeur de l'actif sous-jacent diminue au-delà du prix d'exercice de l'option, le détenteur de l'option aura intérêt à exercer son droit de vendre l'action. Par contre, lorsque la valeur des actions excède le prix d'exercice, celui-ci aura intérêt à ne pas exercer son droit de vendre l'action.

§ 2. *Offre et attribution*

Lorsqu'un employeur se propose d'offrir à son personnel des options sur actions, le bénéficiaire doit, pour bénéficier de l'imposition forfaitaire, accepter l'offre par écrit, au plus tard le 60e jour qui suit la date de l'offre, et ce, même si l'exercice de l'option est soumis à des conditions suspensives ou résolutoires.

S'il n'accepte pas l'offre par écrit dans ce délai, il sera considéré comme ayant refusé l'offre.

Le bénéficiaire qui accepte l'offre en dehors du délai de 60 jours ne peut pas bénéficier de l'évaluation forfaitaire légalement prévue. L'examen de cette problématique dépasse le cadre du présent ouvrage.

a) L'offre

La date de l'offre de l'option notifiée au «bénéficiaire» détermine:

- le point de départ du délai de 60 jours dans lequel le bénéficiaire doit notifier son acceptation pour bénéficier d'une imposition forfaitaire;
- le moment auquel il faut se placer pour quantifier la valeur de l'action «sous-jacente».

b) L'attribution

Lorsque le bénéficiaire a accepté l'offre par écrit au plus tard le soixantième jour qui suit la date de l'offre, l'option est, au point de vue fiscal, censée attribuée ce soixantième jour, même si l'exercice de l'option est soumis à des conditions suspensives ou résolutoires.

Le corollaire de l'imposition immédiate de l'avantage obtenu sous forme d'option sur action au moment de l'attribution de cet avantage est la non-imposition de tous les avantages directs ou indirects qui peuvent découler de l'aliénation, de l'exercice de l'option ou de l'aliénation des actions acquises par l'effet de cet exercice (pour autant que les options ou les actions n'aient pas été affectées à l'exercice de l'activité professionnelle).

---

1 *M.B.*, 31 décembre 2002.

2 *M.B.*, 1er avril 1999.

§ 3. *Détermination du montant de l'avantage de toute nature imposable*

OPTIONS COTÉES OU NÉGOCIÉES EN BOURSE	OPTIONS NON COTÉES ET NON NÉGOCIÉES EN BOURSE	
	AVANTAGE DETERMINÉ FORFAITAIREMENT	
	L'action « sous-jacente » est cotée ou négociée en bourse	**L'action « sous-jacente » est non cotée et non négociée en bourse**
ATN = le dernier cours de clôture de l'option qui précède diminué de l'intervention du bénéficiaire de l'avantage	AU CHOIX de l'offrant de l'option : **18 %** – soit du cours moyen de clôture de l'action pendant les 30 jours précédant l'offre – soit du dernier cours de clôture qui précède le jour de l'offre *diminué de l'intervention du bénéficiaire de l'avantage.*	**18 %** – de la valeur réelle de l'action au moment de l'offre (sur avis conforme du commissaire réviseur de la société émettrice des actions sur lesquelles porte l'option ou, à défaut de commissaire réviseur dans cette société, par un réviseur d'entreprise désigné par celle-ci, ou si la société émettrice est non-résidente, par un expert-comptable de statut comparable désigné par celle-ci) – *diminués de l'intervention du bénéficiaire de l'avantage.*
Si le prix d'exercice de l'option est inférieur à la valeur, au moment de l'offre, des actions sur lesquelles porte l'option, cette différence est ajoutée à l'avantage imposable.		

Lorsque l'option est accordée pour une durée supérieure à cinq ans à dater de l'offre, l'avantage imposable forfaitairement est majoré de 1 % de ladite valeur par année ou partie d'année au-delà de la cinquième année. Pour l'application de cette disposition, il en résulte que toute année commencée est donc comptée pour une année entière.

ex **1.** *Des droits d'option sont attribués gratuitement à tous les membres du personnel de la société « SA Pick ». Ils sont assortis d'une période d'exercice de 10 ans à compter de la date de l'octroi. Les options ne sont pas cotées ou négociées en bourse. Le cours de référence de l'action « Pick » est de 65,00 EUR. Le prix d'exercice de l'option est fixé à 66,00 EUR.*

Luc, salarié de la SA Pick, qui a reçu une option sur action, bénéficie d'un avantage de toute nature de 14,95 EUR (65,00 × (18 % + 5 %)).

Luc remplit sa déclaration de la manière suivante :

Cadre IV – Traitements, salaires, allocations de chômage, indemnités légales de maladie invalidité, revenus de remplacement et prépensions		
A. Rémunérations ordinaires		
5. Options sur actions ou parts attribuées :		
a) en 2013	***14,95*** *(Code 1249-12)*	*Code 2249-79*
b) de 2001 à 2012 : montant qui devient imposable en 2013	*Code 1248-13*	*Code 2248-80*

2. *Des droits d'option sont attribués gratuitement à tous les membres du personnel de la société « SPRL Pick ». Ils sont assortis d'une période d'exercice de 10 ans à compter de la date de l'octroi. Les options ne sont pas cotées ou négociées en bourse. Le cours de référence de l'action « Pick » est de 65,00 EUR. Le prix d'exercice de l'option est fixé à 60,00 EUR.*

Marguerite, célibataire, gérante de la SPRL Pick, qui a reçu une option sur action, bénéficie d'un avantage de toute nature de 19,95 EUR (65,00 × (18 % + 5 %) + (65,00 – 60,00)).
Marguerite remplit sa déclaration de la manière suivante:

Cadre XVII – Rémunérations de dirigeants d'entreprise		
3. Options sur actions ou parts attribuées:		
a) en 2013	***19,95*** *(Code 1404-51)*	*Code 2404-21*
b) de 2001 à 2012: montant qui devient imposable en 2013	*Code 1414-41*	*Code 2414-11*

§ 4. *Réduction de moitié de l'avantage déterminé forfaitairement*

Le pourcentage de 18 % majoré de 1 % par année ou partie d'année au-delà de la période d'exercice de cinq ans est réduit de moitié lorsque les quatre conditions suivantes sont réunies simultanément:

1. le prix d'exercice de l'option est déterminé de manière certaine au moment de l'offre (ne répond pas à cette condition, un prix d'exercice déterminé en fonction de la valeur de cette action à une date postérieure à celle de l'offre ou en fonction de paramètres non connus au moment de l'offre, tels que des indices boursiers ou bénéfices futurs);
2. l'option comporte les clauses suivantes:
   - elle ne peut être exercée ni avant l'expiration de la troisième année civile qui suit celle au cours de laquelle l'offre a lieu, ni après l'expiration de la dixième année qui suit celle au cours de laquelle l'offre a eu lieu;
   - elle ne peut être cédée entre vifs;

   Pour les plans d'options sur actions conclus entre le 1er janvier 2003 et le 31 août 2008, la société qui offre les options pouvait, avant le 30 juin 2009, en accord avec les bénéficiaires des options, allonger la période d'exercice de maximum 5 ans sans charge fiscale supplémentaire. Toutefois, la prolongation ne vaut, pour l'ensemble des plans souscrits par un même bénéficiaire auprès d'une même société, que pour des options à concurrence d'une valeur fiscale de 100.000,00 EUR.

   Cet accord devait avoir été notifié à l'administration avant le 31 juillet 2009.

   Si l'option ne comporte pas ces clauses, les « pourcentages » sont néanmoins réduits si le bénéficiaire s'engage par écrit à respecter les obligations citées ci-dessus (pour autant que les autres conditions soient respectées).
3. le risque de diminution de valeur des actions sur lesquelles porte l'option après l'attribution de celle-ci ne peut être couvert directement ou indirectement ni par la personne qui attribue l'option ni par une personne qui se trouve avec celle-ci dans des liens d'interdépendance;
4. l'option porte sur des actions de la société au profit de laquelle l'activité professionnelle est exercée ou sur des actions d'une société liée.

ex *Des droits d'option sont attribués (le 24 juin 2016) gratuitement à tous les membres du personnel de la société « SA Pick ». Ils sont assortis d'une période d'exercice de 10 ans à compter de la date de l'octroi. Les options ne sont pas cotées ou négociées en bourse. Les droits d'option ne peuvent être exercés avant le 1er janvier 2021. Le cours de référence de l'action « SA Pick » est de 65,00 EUR. Aucune couverture n'a été prise pour couvrir le membre du personnel contre le risque de réduction de la valeur de l'action sous-jacente par rapport au prix d'exercice de l'option. Le prix d'exercice de l'option est fixé à 66,00 EUR.*
Luc, employé de la « SA Pick » qui a reçu dix options sur action, bénéficie d'un avantage de toute nature de 74,75 EUR c'est-à-dire 11,50 × 65,000 EUR × ((18 % + 5 %) / 2).
Luc remplit sa déclaration de la manière suivante:

Cadre IV – Traitements, salaires, allocations de chômage, indemnités légales de maladie invalidité, revenus de remplacement et prépensions		
A. Rémunérations ordinaires		
5. Options sur actions ou parts attribuées:		
a) en 2016	***74,75*** *(Code 1249-12)*	*Code 2249-79*
b) de 1999 à 2015: montant qui devient imposable en 2016	*Code 1248-13*	*Code 2248-80*

§ 5. *Imposition ultérieure*

Dans les cas suivants, un avantage supplémentaire est calculé:

- les conditions prévues par la loi pour l'octroi de la réduction du pourcentage de 18 % majoré de 1 % par année ou partie d'année au-delà de la cinquième ne sont plus satisfaites (par exemple, exercice de l'option avant l'expiration de la troisième année civile qui suit celle au cours de laquelle l'offre a lieu);
- l'option est assortie de clauses ayant pour objet d'octroyer au bénéficiaire de l'option un avantage certain.

Dans le premier cas, l'avantage de toute nature imposable correspond à la différence entre l'avantage déterminé forfaitairement sur la base du taux de 18 % (éventuellement majoré) et l'avantage déterminé forfaitairement sur la base du taux réduit.

Dans le deuxième cas, l'avantage de toute nature correspond au montant de l'avantage qui est devenu certain dans la mesure où il excède le montant de l'avantage déterminé forfaitairement.

ex *Des droits d'option sont attribués (le 24 juin 2013) gratuitement et à titre personnel aux membres du personnel de la société «SA Pick». Ils sont assortis d'une période d'exercice de 10 ans à compter de la date de l'octroi. Les options ne sont pas cotées ou négociées en bourse. Les droits d'option ne peuvent être exercés avant le 1er janvier 2014. Le cours de référence de l'action «SA Pick» est de 65,00 EUR. Aucune couverture n'a été prise pour couvrir le membre du personnel contre le risque de réduction de la valeur de l'action sous-jacente par rapport au prix d'exercice de l'option. Le prix d'exercice de l'option est fixé à 66,00 EUR.*

Luc exerce l'option le 24 mars 2016 au moment où le sous-jacent vaut 130,00 EUR.

Luc, employé de la «SA Pick», qui a reçu en 2010 dix options sur action, doit déclarer en 2016 un avantage supplémentaire déterminé de la manière suivante:

Détermination de l'avantage de toute nature
Avantage déterminé forfaitairement sur la base du taux de 18 %: 10 × 65,00 EUR × (18 % + 5 %) = 149,50 EUR. *Avantage déterminé forfaitairement sur la base du taux réduit en 2010: 10 × 65,00 EUR × ((15 % + 5 %) / 2) = 65,00 EUR.* *Avantage supplémentaire à déclarer en 2013: 84,50 EUR (149,50 EUR – 65,00 EUR).*

Luc remplit sa déclaration de la manière suivante:

Cadre IV – Traitements, salaires, allocations de chômage, indemnités légales de maladie invalidité, revenus de remplacement et prépensions		
A. Rémunérations ordinaires		
5. Options sur actions ou parts attribuées:		
a) en 2016	*Code 1249-12*	*Code 2249-79*
b) de 1999 à 2015: montant qui devient imposable en 2016	***84,50*** *(Code 1248-13)*	*Code 2248-80*

k) Tableau synoptique des évaluations forfaitaires en matière d'avantages de toute nature

Type d'avantage		Montant imposable	
Prêt sans intérêt ou à taux réduit		*Cf.* page 302	
Mise à disposition d'immeuble ou de partie d'immeuble	**Par une personne physique**	RC indexé × 100/60 RC indexé × 100/90 si non bâti	
	Par une société	RC ≤ 745,00 EUR	RC indexé × 100/60 × 1,25 RC indexé × 100/90 si non bâti
		RC > 745,00 EUR	RC indexé × 100/60 × 3,80 (sous réserve) RC indexé x 100/90 si non bâti
Mise à disposition d'une pièce		0,74 EUR par jour ou 266,40 EUR par an	
Chauffage		Dirigeants ou personnel de direction	1.910,00 EUR pour l'exercice d'imposition 2017
		Autres	860,00 EUR pour l'exercice d'imposition 2017
Électricité		Dirigeants ou personnel de direction	950,00 EUR pour l'exercice d'imposition 2017
		Autres	430,00 EUR pour l'exercice d'imposition 2017
Mise à disposition de personnel		5.950,00 EUR par unité temps plein	
Repas sociaux		Petit déjeuner	0,55 EUR ou 198,00 EUR
		Déjeuner	1,09 EUR ou 392,40 EUR
		Souper	0,84 EUR ou 302,40 EUR
Mise à disposition d'un véhicule (voiture, voiture mixte, minibus et fausse camionnette) – pas de frais réels y relatifs	**Domicile-lieu de travail**	ATN = % coefficient CO_2 × Valeur catalogue × 6/7 × pourcentage de vétusté	
	Pas de domicile-lieu de travail	ATN = % coefficient CO_2 × Valeur catalogue × 6/7 × pourcentage de vétusté	
Mise à disposition gratuite d'un véhicule (voiture, voiture mixte, minibus et fausse camionnette) frais réels relatifs au véhicule		ATN = % coefficient CO_2 × Valeur catalogue × 6/7 × pourcentage de vétusté	
Mise à disposition PC		180,00 EUR	
Mise à disposition internet		60,00 EUR	
Options sur actions		Valeur de l'option si cotée en Bourse 18 % + 1 % par année supplémentaire au-delà de 5 années si non cotée en Bourse (possibilité de réduction de moitié de ces pourcentages).	

C. Précompte professionnel, établissement des fiches 281 et des relevés 325

L'article 270 du Code des impôts sur les revenus précise que sont notamment redevables du précompte professionnel les contribuables qui, à titre de débiteurs, paient ou attribuent des rémunérations.

Les avantages de toute nature qui constituent des revenus professionnels pour les bénéficiaires doivent faire l'objet d'une justification par la production de fiches individuelles et d'un relevé récapitulatif établis par le débiteur dans les formes et délais déterminés par le Roi. Ces formalités permettent à l'administration de vérifier l'exacte déclaration de ces revenus par les bénéficiaires.

Lorsque ces formalités n'ont pas été remplies par les débiteurs des avantages, les frais afférents à l'attribution de l'avantage ne peuvent être admis comme frais professionnels déductibles dans leur chef.

6.3.2. *Les avantages sociaux ou assimilés*

Pour rappel, tous les avantages en nature ne sont pas nécessairement imposables. Ainsi, l'article 38, § 1er, alinéa 1er, 11° du Code des impôts sur les revenus stipule que les avantages sociaux obtenus par les travailleurs ou les dirigeants d'entreprise ou leurs ayants droit sont exonérés dans le chef de leur bénéficiaire. En contrepartie, les frais relatifs à ces avantages sociaux ne constituent pas des frais professionnels déductibles pour l'employeur ou la société.

Cependant, l'administration considère que peuvent être déduits au titre de dépenses professionnelles pour l'employeur ou la société tout en restant exonérés dans le chef des bénéficiaires, les avantages sociaux suivants :

- les voyages collectifs de maximum un jour pour le personnel (à l'exclusion des pensionnés et anciens travailleurs) ;
- l'utilisation occasionnelle des installations de l'entreprise (terrains et matériel de sport, salles de sport, de cinéma ou de théâtre, salles de réunion...) par les membres du personnel qui s'occupent de sport, de culture ou d'occupation des loisirs ;
- la distribution gratuite de potage, de café, de thé, de bière ou de rafraîchissements pendant les heures de travail ;
- la distribution gratuite de fruits (*cf.* Circulaire n° Ci.RH.242/618.836 (AGfisc n° 27/2012) du 6 août 2012) ;
- les frais découlant de l'accès obligatoire, en vertu du règlement de travail, à un économat ou à une masse d'habillement ou à un service médical ou pharmaceutique ;
- la formation professionnelle spécifique des membres du personnel ;
- le transport collectif, gratuit ou à un prix réduit, de membres du personnel depuis le domicile, la gare, l'arrêt du bus, etc., jusqu'au lieu de travail et retour, organisé par l'employeur (en utilisant ses propres moyens de transport ou ceux d'un exploitant d'autocars).

Les avantages visés à l'article 38, § 1er alinéa 1er, 25° du Code des impôts sur les revenus concernant l'intervention de l'employeur ou de l'entreprise dans :

- les chèques sport/culture ;
- les éco-chèques ;
- les titres-repas ;

doivent répondre aux conditions imposées par l'article 38/1 du Code.

Les frais afférents aux avantages sociaux ou assimilés suivants sont partiellement déductibles dans le chef du débiteur des avantages :

- repas sociaux fournis dans un restaurant d'entreprise ;
- titres-repas (dénommés également chèques-repas ou chèques restaurant) ;
- crèches d'entreprise ;
- cadeaux offerts à certaines occasions pour le personnel ;
- frais de réception et frais de restaurant exposés à certaines occasions pour le personnel.

A. Repas sociaux fournis dans un restaurant d'entreprise

Par les termes « restaurant d'entreprise », il faut entendre un restaurant qui sert, aux membres du personnel de l'entreprise, des repas principaux à caractère social (à titre gratuit ou à prix réduit) et à l'exploitation duquel l'employeur contribue directement ou indirectement.

Sont ainsi visés les types de restaurants suivants :

- le restaurant exploité par l'entreprise dans ses propres locaux ;
- le restaurant exploité par un tiers (service traiteur, firme spécialisée) dans les locaux de l'entreprise ;
- le restaurant d'un autre employeur lorsque le personnel peut y avoir accès ;
- le restaurant « interprofessionnel » autonome financé partiellement par l'employeur.

Les dépenses effectuées en vue de la fourniture au personnel dans le restaurant d'entreprise, de repas principaux à caractère social, sont partiellement déductibles au titre de frais professionnels.

La partie des frais qui doit être rejetée en dépense non admise, dans le chef de l'employeur est égale à 1,09 EUR diminué de l'intervention du travailleur. Cette différence doit être multipliée par le nombre de repas servis. Le montant de 1,09 EUR est censé correspondre à l'économie réalisée par le travailleur si le repas lui avait été servi gratuitement.

Cette disposition s'applique également en cas de fourniture gratuite ou à prix réduit d'un repas de midi se composant uniquement de soupe et de tartines avec garnitures. Le montant de 1,09 EUR est remplacé par 0,84 EUR.

ex *Les dépenses effectuées en vue de la fourniture au personnel, dans le restaurant d'entreprise, de repas principaux à caractère social coûtent à l'entreprise « Pick » 5,50 EUR par repas fourni.*

Le montant des dépenses qui ne sont pas admises au titre de frais professionnels dans le chef de l'entreprise « Pick » s'élève à :

Première hypothèse :
Le travailleur reçoit gratuitement le repas servi dans le restaurant d'entreprise.
La quotité des frais non admis au titre de frais professionnels dans le chef de l'entreprise « Pick » s'élève à 1,09 EUR par repas fourni.

Deuxième hypothèse :
Le travailleur intervient à concurrence de 0,75 EUR pour le repas servi dans le restaurant d'entreprise.
La quotité des frais non admis au titre de frais professionnels dans le chef de l'entreprise « Pick » s'élève à 0,34 EUR par repas fourni.

Troisième hypothèse :
Le travailleur intervient à concurrence de 2,00 EUR pour le repas servi dans le restaurant d'entreprise.
La totalité des frais professionnels relatifs aux repas principaux sociaux sont déductibles dans le chef de l'entreprise « Pick ».

B. Titres-repas (dénommés également chèques-repas ou chèques restaurant)

Article 38 § 2 du Code

a) Chèques-repas délivrés aux travailleurs

Pour l'administration fiscale, le chèque-repas est considéré comme un avantage non imposable dans le chef du bénéficiaire lorsque les conditions suivantes sont satisfaites :

1. l'attribution des titres-repas doit être prévue par une convention collective de travail conclue au niveau du secteur ou de l'entreprise.
   Si une telle convention ne peut être conclue à défaut de délégation syndicale ou s'il s'agit d'une catégorie de personnel qui habituellement n'est pas visée par une telle convention, l'attribution peut être réglée par une convention individuelle. Cette convention doit

être écrite et le montant du titre-repas ne peut pas être supérieur à celui octroyé par une convention collective de travail dans la même entreprise qui prévoit la valeur faciale du titre-repas la plus élevée;

2. le nombre de titres-repas doit être égal au nombre de journées au cours desquelles le travailleur a effectivement fourni des prestations de travail (quelle qu'en soit la durée). Par les termes «journées au cours desquelles le travailleur a fourni un travail effectif normal», il y a lieu de comprendre, les jours de présence physique du travailleur sur le lieu de travail ou à un autre endroit où, en raison de son travail, sa présence est requise.

   Il en résulte qu'aucun titre-repas ne peut être attribué notamment pour les jours fériés, les jours de repos compensatoires et de vacances, les jours de salaires garanti en cas de maladie, les congés pour dons de sang, les récupérations d'heures supplémentaires, les jours de grève.

   Par contre, un titre-repas doit être octroyé pour les journées au cours desquelles les délégués syndicaux effectifs ou remplaçants participent à des réunions des organes de concertation ou suivent une formation syndicale. Cette position est fondée sur le fait que leurs présences aux journées citées est nécessaire dans l'intérêt de l'entreprise et obligatoire dans le cadre de dispositions légales. De même, lorsqu'un travailleur suit une formation dans le cadre d'un congé-éducation payé et que cette formation coïncide avec ses heures normales de travail, un titre-repas est dû pour les jours où une formation est effectivement suivie et qui coïncident avec ces heures normales de travail;
3. le titre-repas doit être délivré au nom du travailleur; cette condition est censée être remplie si son octroi et les données y relatives (nombre de titres-repas, montant brut des titres-repas diminué de la part personnelle du travailleur) figurent au compte individuel du travailleur, conformément à la réglementation relative à la tenue des documents sociaux;
4. le titre-repas doit mentionner clairement que sa validité est limitée à douze mois et qu'il ne peut être accepté qu'en paiement d'un repas ou pour l'achat d'aliments prêts à la consommation;

   Ceci a pour conséquence qu'après douze mois, les titres-repas sont périmés et ne sont donc plus utilisables.
5. l'intervention de l'employeur dans le montant du titre-repas ne peut excéder 6,91 EUR par titre-repas;
6. l'intervention du travailleur s'élève au minimum à 1,09 EUR par titre-repas.

Si une des conditions mentionnées ci-dessus n'est pas respectée, l'avantage provenant de l'attribution d'un titre-repas doit être considéré comme une rémunération imposable dans le chef du bénéficiaire (et donc déductible dans le chef de l'employeur).

Par contre, si elles sont respectées, la valeur du titre-repas diminuée de l'intervention du bénéficiaire dans le prix de celui-ci constitue un avantage exonéré dans le chef du bénéficiaire et une dépense non admise au titre de frais professionnels dans le chef de l'employeur. L'intervention de l'employeur dans le coût des titres-repas est déduite à titre de frais professionnels jusqu'à concurrence de maximum 2,00 EUR par titre-repas attribué et ce que l'employeur ait ou non augmenté son intervention.

Ce que l'employeur paie éventuellement en sus de la valeur faciale des titres-repas à la société émettrice et qui correspond aux prestations de services effectuées par cette dernière (frais d'édition, de livraison...) est déductible à titre de dépenses professionnelles.

La conversion d'éco-chèques en titres-repas est admise sur le plan fiscal: en effet, dans ce cas, un avantage exonéré est remplacé par un autre avantage exonéré (*cf.* Circulaire n° Ci. H.242/614.292 (AGfisc n° 13/2012) du 19 mars 2012).

b) Chèques-repas délivrés aux dirigeants d'entreprises indépendants

Pour l'administration fiscale, les titres-repas qui sont délivrés aux dirigeants d'entreprises indépendants par l'entreprise où ils exercent leur activité en tant que tels sont considérés comme des avantages non imposables dans le chef du bénéficiaire pour autant que toutes les conditions reprises ci-après soient simultanément respectées.

1. L'octroi de titres-repas aux dirigeants d'entreprises indépendants est subordonné à l'octroi de titres-repas aux travailleurs de l'entreprise, prévu par une convention collective de travail conclue au sein du secteur ou de l'entreprise. Si une telle convention ne peut être conclue à défaut de délégation syndicale ou lorsqu'il s'agit d'une catégorie de personnel qui habituellement n'est pas visée par une telle convention, l'octroi peut être régi par une convention individuelle.
2. L'octroi de titres-repas aux dirigeants d'entreprises indépendants doit être régi par une convention individuelle écrite et le montant du titre-repas ne peut être supérieur à celui octroyé par convention collective de travail dans la même entreprise qui prévoit la valeur faciale du titre-repas la plus élevée.
3. Le nombre de titres-repas octroyés doit être égal au nombre de journées au cours desquelles le dirigeant d'entreprise indépendant a effectivement fourni des prestations de travail. Le nombre maximal de journées de prestations comptabilisées pour l'octroi de titres-repas ne pourra être supérieur au nombre maximal de jours pouvant être prestés au cours du trimestre par un travailleur occupé à temps plein dans l'entreprise.

   Ce mode de calcul doit être prévu par convention collective de travail, ou, pour les entreprises qui n'ont pas institué de conseil d'entreprise ni de comité pour la prévention et la protection du travail ni de délégation syndicale, dans le règlement de travail.

   Les titres-repas doivent être délivrés chaque mois, en une ou plusieurs fois, en fonction du nombre prévisible de journées du mois au cours desquelles des prestations de travail seront effectuées par le dirigeant d'entreprise indépendant; au plus tard le dernier jour du premier mois qui suit le trimestre, le nombre de titres-repas doit être mis en concordance avec le nombre de journées au cours desquelles des prestations de travail auront été fournies durant ce trimestre, comme précisé à l'alinéa précédent.

   Les titres-repas qui excèdent le nombre maximal de journées de prestations sont considérés comme rémunération.
4. Le titre-repas est délivré au nom du dirigeant d'entreprise indépendant; cette condition est censée être remplie si son octroi et les données y relatives (nombre de titres-repas, montant brut des titres-repas diminué de la part personnelle du dirigeant d'entreprise indépendant) figurent sur un document écrit reprenant notamment l'identité complète du dirigeant d'entreprise indépendant ainsi que de l'entreprise au sein de laquelle il exerce ses activités. Ledit document devra être conservé avec les documents comptables et fera partie intégrante de ceux-ci.

   Tous les titres-repas octroyés sans que cette condition soit remplie sont considérés comme rémunération.
5. Le titre-repas mentionne clairement que sa validité est limitée à douze mois et qu'il ne peut être accepté qu'en paiement d'un repas ou pour l'achat d'aliments prêts à la consommation.

   Tous les titres-repas sur lesquels ces renseignements n'apparaissent pas sont considérés comme rémunération.
6. L'intervention de l'entreprise dans le montant du titre-repas ne peut excéder 6,91 EUR par titre-repas.

   Tous les titres-repas pour lesquels l'intervention de l'entreprise est supérieure à 6,91 EUR sont considérés comme rémunération.

7. L'intervention du dirigeant d'entreprise indépendant s'élève au minimum au minimum à 1,09 EUR par titre-repas.

   Tous les titres-repas pour lesquels l'intervention du dirigeant d'entreprise indépendant ne s'élève pas à 1,09 EUR sont considérés comme rémunération.

Si toutes les conditions mentionnées ci-dessus sont respectées, la valeur du titre-repas diminuée de l'intervention du bénéficiaire dans le prix de celui-ci constitue un avantage exonéré dans le chef du bénéficiaire et une dépense non admise au titre de frais professionnels dans le chef de l'employeur. Depuis le 1er février 2009, l'intervention de l'employeur dans le coût des titres-repas est déduite à titre de frais professionnels jusqu'à concurrence de maximum 2,00 EUR par titre-repas attribué et ce que l'employeur ait ou non augmenté son intervention.

Cas particulier:

Pour les dirigeants indépendants exerçant à ce titre une activité dans plusieurs entreprises, seul un titre-repas par journée calendrier de travail peut être considéré comme un avantage social avec un maximum de 220 titres par an.

C. Crèche d'entreprise

Circulaire n° Ci.RH.241/496.409 du 6 janvier 1998

L'administration considère que l'utilisation d'une crèche installée au sein de l'entreprise constitue un avantage social non imposable dans le chef du bénéficiaire.

Dans le chef de l'entreprise, le montant des frais déductibles se calcule de la manière suivante:

Frais relatifs à la crèche
– Intervention des parents
– Avantage social exonéré dans le chef des parents

L'avantage social immunisé retiré par les travailleurs peut être déterminé sur la base du montant que les travailleurs/parents devraient payer à une crèche ordinaire, le cas échéant diminué de la participation réclamée par les employeurs.

Le montant versé par l'employeur à titre d'intervention dans les frais de crèche de ses travailleurs est imposable intégralement à titre d'avantage de toute nature.

D. Cadeaux remis à un membre du personnel à l'occasion de son mariage

Sont considérés comme des avantages sociaux les cadeaux en nature, en espèces ou sous forme de chèques-cadeaux remis à un travailleur à l'occasion de son mariage ou de l'accomplissement de la déclaration de cohabitation légale pour autant que le montant octroyé ne dépasse pas 200,00 EUR par travailleur.

Les chèques-cadeaux:

- ne peuvent être échangés qu'auprès des entreprises qui ont conclu préalablement un accord avec les émetteurs de ces bons de paiement;
- doivent avoir une validité limitée dans le temps;
- ne peuvent être payés en espèces au bénéficiaire.

Lorsque le cadeau (en nature, en espèces ou sous forme de chèques-cadeaux) remis au travailleur excède la valeur de 200,00 EUR, la différence entre la valeur du cadeau et le montant maximum exonéré de 200,00 EUR est considérée comme un avantage de toute nature.

E. Cadeaux (autres qu'à l'occasion du mariage) offerts à certaines occasions pour le personnel

Circulaire n° Ci.RH.242/593.494 du 26 août 2008
Circulaire n° Ci.RH.242/557.976 du 20 mai 2005
Circulaire n° Ci.RH.242/562.868 du 10 février 2005
Circulaire n° Ci.RH.242/554.090 du 16 décembre 2002

Pour rappel, les cadeaux visés sont ceux qui sont obtenus à l'occasion ou en raison d'événements sans rapport direct avec l'activité professionnelle (par exemple le cadeau lors d'une décoration ou d'un jubilé, etc.) d'une valeur modique.

Ainsi, l'attribution d'une prime unique de 500,00 EUR à tous les travailleurs d'une société, accordée à l'occasion du soixantième anniversaire de cette société, constitue un avantage social non déductible à titre de frais professionnels (*cf.* Décision anticipée n° 2011.484 du 20 décembre 2011).

Il en est de même pour l'attribution d'un voyage offert à l'occasion des dix ans d'une société, et ce à concurrence de 500,00 EUR par personne (*cf.* Décision anticipée n° 2013.102 du 30 avril 2013).

Les frais de cadeaux attribués en nature, en espèces ou sous la forme de bons de paiement de quelque nature que ce soit à l'exception des chèques-repas (chèques-cadeaux, chèques-surprises, chèques-culture, chèques-cinéma, etc.) sont intégralement déductibles lorsque :

a) tous les membres du personnel (pas seulement une catégorie) doivent avoir obtenu le même avantage ;
b) l'attribution doit avoir lieu à l'occasion :
   1. de la Saint-Nicolas, de la Noël, du nouvel an ou d'une fête votive en usage dans la profession concernée, telle que la Saint-Eloi ou la Sainte-Barbe ;
   2. de la remise de décorations aux membres du personnel ou de leur mise à la retraite ;
c) les bons de paiement que reçoit le personnel ne peuvent être échangés qu'auprès d'entreprises qui ont préalablement conclu un accord avec l'émetteur desdits bons de paiement. Ils doivent en outre avoir une durée de validité limitée d'un an et ne peuvent, en aucun cas, être payés en argent au bénéficiaire.

Pour être entièrement déductible au titre de frais professionnels, le montant total attribué par bénéficiaire ne peut pas dépasser :

Événements visés	Montants maximum déductibles par travailleur
La Saint-Nicolas, la Noël, le nouvel an ou une fête votive en usage dans la profession concernée, telle que la Saint-Eloi ou la Sainte-barbe, un anniversaire...	35,00 EUR par année et par travailleur. À l'occasion de la fête de la Saint-Nicolas ou d'une autre fête ayant le même caractère social, un montant annuel supplémentaire de maximum 35,00 EUR peut être accordé pour chaque enfant à charge du travailleur. Le montant annuel supplémentaire de maximum 35,00 EUR précité peut également être accordé par l'employeur pour chaque enfant ou enfant d'adoption de ses travailleurs qui ne fait pas partie de leur ménage au 1er janvier de l'exercice d'imposition et qui, au 31 décembre de l'année d'attribution, n'est pas âgé de plus de 18 ans pour autant que les autres conditions pour être considéré comme enfant à charge du travailleur soient réunies (*cf.* page 47).
La remise d'une décoration honorifique	105,00 EUR par année et par travailleur.
La mise à la retraite ou la mise à la prépension	35,00 EUR par année complète de service que le travailleur a prestée pour l'employeur qui offre le cadeau avec un minimum global de 105,00 EUR. Ainsi, par exemple, le plafond est de 875,00 EUR pour 25 années de service, de 1.225,00 EUR pour 35 années de service, etc.

Les montants dont il est question (35,00 EUR, etc.) peuvent être cumulés.

Ces montants sont exonérés de cotisations sociales à l'exception du *montant total* des cadeaux pour la mise à la retraite d'un travailleur excédant un montant de 875,00 EUR.

F. **Prime d'ancienneté**

Circulaire n° Ci.RH.242/608.543 (AGFisc 27/2011) du 23 mai 2011

La prime d'ancienneté est, en vertu de l'article 38, § 1er, alinéa 1er, 11° du Code des impôts sur les revenus, considérée comme un avantage social exonéré dans le chef du travailleur, lorsque les conditions suivantes sont remplies :

- la prime est attribuée deux fois au maximum au cours de la carrière d'un travailleur chez un employeur ;
- le premier paiement ou attribution de la prime survient au plus tôt dans l'année calendrier au cours de laquelle le travailleur atteint 25 ans de service auprès de l'employeur et au plus tôt dans l'année calendrier au cours de laquelle ces 25 ans de service sont atteints et elle s'élève au maximum :
  - soit à une fois le montant brut du salaire mensuel (avant déduction des cotisations de sécurité sociale) ;
  - soit à une fois le montant brut moyen du salaire mensuel dans l'entreprise.
- le second paiement ou attribution de la prime survient au plus tôt dans l'année calendrier au cours de laquelle le travailleur atteint 35 ans de service auprès de l'employeur et au plus tôt dans l'année calendrier au cours de laquelle ces 35 ans de service sont atteints et elle s'élève au maximum :
  - soit à deux fois le montant brut du salaire mensuel (avant déduction des cotisations de sécurité sociale) ;
  - soit à deux fois le montant brut moyen du salaire mensuel dans l'entreprise.

La condition d'exonération est liée au fait qu'elle soit octroyée **au plus tôt** à respectivement 25 ou 35 ans de service du travailleur sans qu'il soit exigé qu'elle soit accordée à l'occasion des 25 ou 35 ans de service du travailleur. Il en résulte qu'une prime d'ancienneté octroyée pour la première fois à l'occasion des 30 ans de service du travailleur répond bien à la condition d'exonération liée à l'attribution de la prime.

Au cours d'une année calendrier, les deux modes de calcul du montant maximum exonéré des primes d'ancienneté (le calcul sur base du montant brut du salaire mensuel et le calcul sur base du montant brut moyen du salaire mensuel dans l'entreprise) ne peuvent être appliqués en même temps par un employeur. Dans le cas contraire, aucune exonération à titre d'avantage social dans le chef du travailleur ne pourrait s'appliquer pour toutes les primes d'ancienneté payées ou attribuées pendant l'année calendrier.

Lorsque la prime d'ancienneté excède la limite maximale, seule la partie de la prime qui excède le montant maximum autorisé est considérée comme un avantage imposable dans le chef du travailleur. Dans ce cas, la prime constitue, dans le chef de l'employeur, une charge professionnelle déductible pour autant que le montant de l'avantage soit repris sur une fiche individuelle 281.10.

Une prime qui est octroyée lors de la mise à la pension ou lors de la fermeture de l'entreprise et qui est déterminée également sur la base du nombre d'années de service auprès de l'employeur, n'est pas considérée comme une prime d'ancienneté. Une telle prime n'est en effet pas octroyée en raison de l'ancienneté de service auprès du même employeur mais en raison de la mise à la pension ou de la fermeture de l'entreprise. Une telle prime doit être considérée comme une indemnité de dédit, parce qu'il est mis fin au contrat de travail au moment de la fermeture de l'entreprise.

G. Frais de réception et frais de restaurant exposés à certaines occasions pour le personnel

QP n° 317 du 2 mai 2000 de Mme Pieters

Les frais de restaurant ou de réception sont intégralement déductibles lorsqu'ils:

- sont afférents à des manifestations amicales organisées au profit exclusif de l'ensemble des membres du personnel (et non d'une catégorie d'entre eux) à l'occasion:
  - de la Saint-Nicolas, de la Noël, du nouvel an ou d'une fête votive en usage dans la profession concernée, telle que la Saint-Eloi ou la Sainte-barbe;
  - de la remise de décorations aux membres du personnel, de leur mise à la retraite ou de leur mise à la prépension;
- conservent un caractère modique par bénéficiaire.

Si la fête n'est pas organisée au profit exclusif de l'ensemble des membres du personnel mais également destinées à d'autres invités (clients, etc.), la globalité du montant des frais exposés ne sera déductible qu'à concurrence:

- de 69,00 % pour les frais de restaurant;
- de 50 % pour les frais de réception.

H. Eco-chèques

Article 38/1 § 4 CIR

Les éco-chèques constituent un avantage assimilé à un avantage social pour autant:

- qu'ils ne sont pas octroyés en remplacement de la rémunération, de primes, d'avantages de toute nature ou de toute autre allocation quelconque;
- que toutes les conditions suivantes sont respectées:
  1) l'octroi de l'éco-chèque doit être prévu par une convention collective de travail conclue au niveau du secteur ou de l'entreprise ou, si la conclusion d'une convention collective n'est pas possible, par une convention individuelle écrite étant entendu que, dans une entreprise occupant des travailleurs, le même règlement doit s'appliquer tant aux dirigeants d'entreprise qu'aux travailleurs;
  2) la convention collective de travail ou la convention individuelle mentionne la valeur nominale maximum de l'éco-chèque avec un montant maximum de 10,00 EUR par éco-chèque, ainsi que la fréquence de l'octroi des éco-chèques pendant une année civile;
  3) l'éco-chèque est délivré au nom du travailleur ou du dirigeant d'entreprise;
  4) l'éco-chèque mentionne clairement que sa validité est limitée à 24 mois à partir de la date de sa mise à la disposition du travailleur ou du dirigeant d'entreprise et qu'il ne peut être utilisé que pour l'achat de produits et services à caractère écologique visés dans une convention collective conclue au sein du Conseil national du travail;
  5) les éco-chèques ne peuvent être échangés contre espèces ni totalement ni partiellement;
  6) le montant total des éco-chèques octroyés par l'employeur ou l'entreprise ne peut dépasser par travailleur ou dirigeant d'entreprise 250,00 EUR.

Si toutes les conditions mentionnées ci-dessus sont respectées, les éco-chèques constitueront un avantage exonéré dans le chef du bénéficiaire et une dépense non admise au titre de frais professionnels dans le chef de l'employeur.

La conversion de titres-repas en éco-chèques est admise sur le plan fiscal: en effet, dans ce cas, un avantage exonéré est remplacé par un autre avantage exonéré (*cf.* Circulaire n° Ci. H.242/614.292 (AGfisc n° 13/2012) du 19 mars 2012).

I. Chèques sport/culture

Article 38/1 § 3 CIR

Circulaire n° Ci.RH.242/579.489 (AFER 29/2009) du 2 juin 2009

Les chèques sport/culture constituent un avantage assimilé à un avantage social pour autant :

- qu'ils ne sont pas octroyés en remplacement de la rémunération, de primes, d'avantages de toute nature ou de toute autre allocation quelconque ;
- que toutes les conditions suivantes sont respectées :
  1) l'octroi du chèque sport/culture doit être prévu par une convention collective de travail conclue au niveau du secteur ou de l'entreprise ou, si la conclusion d'une convention collective n'est pas possible, par une convention individuelle écrite étant entendu que, dans une entreprise occupant des travailleurs, le même règlement doit s'appliquer tant aux dirigeants d'entreprise qu'aux travailleurs ;
  2) le chèque sport/culture est délivré au nom du travailleur ou du dirigeant d'entreprise ;
  3) le chèque sport/culture mentionne clairement que sa validité est limitée à 15 mois, du 1er juillet de l'année au 30 septembre de l'année suivante ;
  4) le montant total des chèques sport/culture octroyés par l'employeur ou l'entreprise ne peut dépasser par travailleur ou dirigeant d'entreprise 100,00 EUR par an ;
  5) les chèques sport/culture ne peuvent être échangés contre espèces ni totalement ni partiellement.

Si toutes les conditions mentionnées ci-dessus sont respectées, les chèques sport/culture constitueront un avantage exonéré dans le chef du bénéficiaire et une dépense non admise au titre de frais professionnels dans le chef de l'employeur.

6.3.3. *Avantages anormaux ou bénévoles*

A. Principe

Lorsqu'une *entreprise industrielle, agricole ou commerciale quelconque* accorde un avantage anormal ou bénévole à une autre personne, l'administration peut ajouter cet avantage à la base imposable de l'entreprise, sous certaines conditions.

Cette disposition permet d'éviter des transferts de bénéfices vers des personnes physiques ou morales qui permettraient à ces bénéfices de connaître un sort fiscal plus avantageux.

B. Anormal ou bénévole

Les avantages consentis doivent être soit anormaux, soit bénévoles.

L'avantage suppose l'enrichissement du bénéficiaire et, pour la personne qui octroie l'avantage, l'absence d'une contrepartie effective équivalente à l'avantage octroyé.

L'avantage est *anormal* si, eu égard aux circonstances économiques du moment, il est contraire à l'ordre habituel des choses, aux règles ou aux usages commerciaux établis ; il est en opposition avec ce qui est d'usage dans des cas semblables. L'avantage permet au bénéficiaire de s'enrichir sans qu'il y ait en retour de sa part une prestation effective correspondante.

L'avantage est *bénévole* s'il est accordé sans qu'il constitue l'exécution d'une obligation ou sans aucune contrepartie.

C. Régime fiscal

Les avantages anormaux ou bénévoles consentis *par une entreprise industrielle, agricole ou commerciale quelconque* sont imposables dans son chef à titre de bénéfices ordinaires sauf si le contribuable démontre que ces avantages interviennent pour déterminer les revenus imposables du bénéficiaire.

C'est à l'administration qu'il incombe de démontrer, d'une part qu'il y eu un avantage consenti et, d'autre part le montant de l'avantage consenti.

Lorsque l'avantage anormal ou bénévole consiste en une dépense, celle-ci doit également être examinée sous l'angle du respect des conditions relatives à la déduction des frais professionnels. Par conséquent, le rejet d'une dépense déterminée à titre de frais professionnels ne fait pas obstacle à la taxation du revenu qui apparaît dans le chef d'un autre contribuable du fait de cette dépense.

D. Exemples

ex *À l'échéance d'un contrat de leasing, Luc est titulaire d'une option d'achat sur un véhicule précédemment affecté à l'exercice de son activité professionnelle. Il décide de ne pas lever l'option à l'échéance de son contrat et:*

Première hypothèse: de la céder, sans contrepartie à son employée Marguerite.

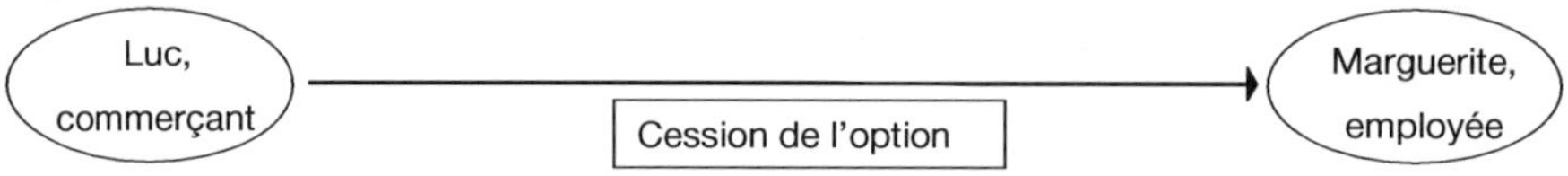

Dans cette hypothèse, Luc n'est pas imposable sur un avantage anormal ou bénévole. En effet, l'avantage a été obtenu en raison ou à l'occasion de l'exercice de l'activité professionnelle de Marguerite. Il s'agit dans son chef d'un avantage de toute nature. Marguerite est imposable sur un montant correspondant à la valeur de marché du véhicule diminuée du prix d'exercice de l'option.

Deuxième hypothèse: de la céder, sans contrepartie à une amie de la famille de Marguerite.

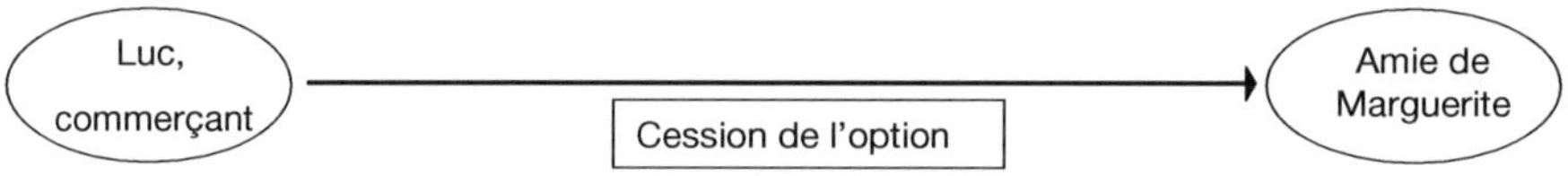

Dans cette hypothèse, Luc est imposable sur un avantage anormal ou bénévole correspondant à la valeur de marché du véhicule diminuée du prix d'exercice de l'option. L'avantage octroyé à l'amie de Marguerite n'intervient pas dans la détermination de ses revenus imposables. En effet, celui-ci ne peut pas être considéré comme un avantage de toute nature dans le chef de l'amie de Marguerite étant donné que celui n'est pas obtenu en raison ou à l'occasion de l'exercice de son activité professionnelle.

6.4. Cheminement logique en matière d'avantages

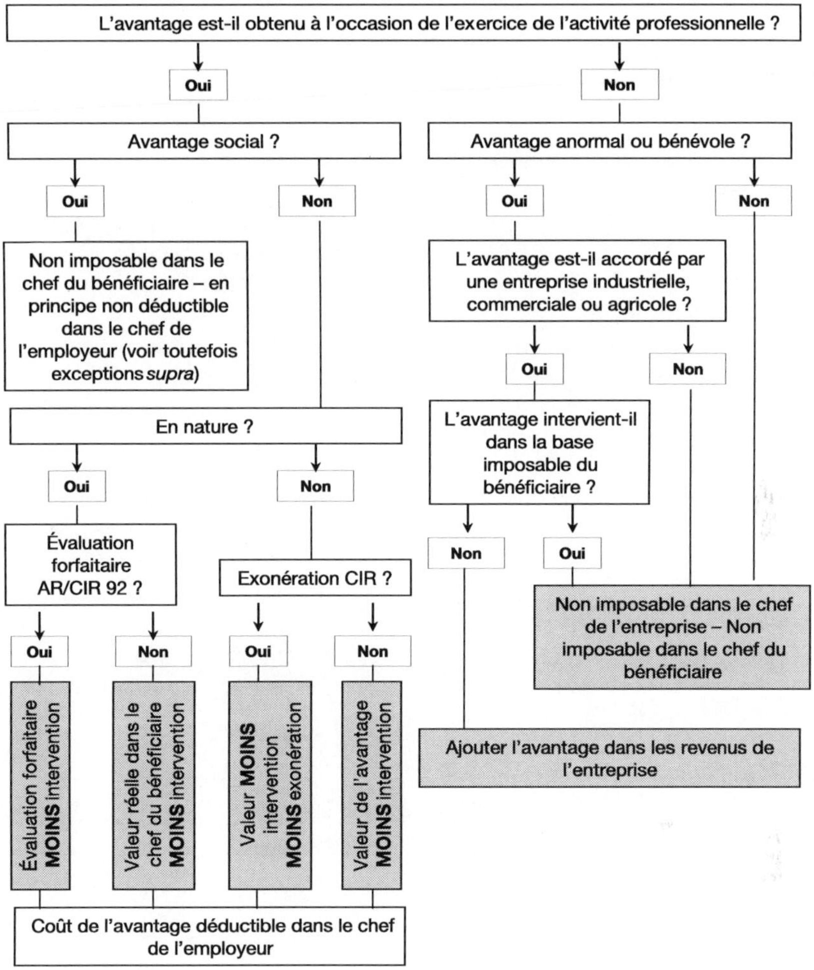

6.5. Avantages non récurrents

Article 38, § 1er, alinéa 1er, 24° CIR

1242-19 / 1243-18 / 1244-17 / 1418-37 / 1420-35 / 2242-86 / 2243-85 / 2244-84 / 2418-07 / 2420-05

6.5.1. *Définition*

Par avantages non récurrents liés aux résultats, il faut entendre :

« Les avantages liés aux résultats collectifs d'une entreprise ou d'un groupe d'entreprises, ou d'un groupe bien défini de travailleurs, sur la base de critères objectifs. Ces avantages dépendent de la réalisation d'objectifs clairement balisés, transparents, définissables/mesurables et vérifiables, à l'exclusion d'objectifs individuels et d'objectifs dont la réalisation est manifestement certaine au moment de l'introduction d'un système d'avantages liés aux résultats. »

Le terme « collectif » signifie qu'il doit s'agir d'un système d'avantages destinés à toute une entreprise, à un groupe d'entreprises ou à un groupe bien défini de travailleurs, liés à des résultats collectifs dépendant de la réalisation d'objectifs collectifs.

Les avantages qui ne satisfont pas à cette définition n'entrent pas en ligne de compte pour le régime fiscal et parafiscal spécial proposé dans cette loi.

La notion de « groupe bien défini de travailleurs » ne peut exclure les P.M.E. du système. Les P.M.E. ne comptant qu'un seul travailleur peuvent introduire un avantage non récurrent lié aux résultats pour autant que cet avantage ne soit pas lié à un objectif individuel.

Par ailleurs, les objectifs sont liés à l'entreprise instaurant les avantages non récurrents et non aux travailleurs individuels.

L'exclusion des objectifs dont la réalisation est manifestement certaine a pour but d'éviter de déguiser une rémunération sous la forme d'avantages liés aux résultats, en faisant dépendre purement l'attribution de ces avantages de certains objectifs.

6.5.2. *Régime social*

Sur le plan social, les avantages non récurrents liés aux résultats sont exclus de la notion de rémunération telle que reprise dans la loi du 29 juin 1981 établissant les principes généraux de la sécurité sociale des travailleurs salariés. Ils ne tombent pas sous l'application des cotisations ordinaires de sécurité sociale.

Pour l'année civile 2016, cette exclusion joue à concurrence d'un plafond de 2.798,00 EUR **par travailleur chez chaque employeur** qui l'occupe. Depuis le 1er janvier 2013, les avantages non récurrents sont soumis à une cotisation :

- spéciale de 33 % à charge de l'employeur, calculée sur un montant maximum de 3.219,00 EUR ;
- de solidarité de 13,07 % à charge du travailleur salarié.

À partir de cette même date, le montant maximum de ces avantages est majoré au niveau social à 3.219,00 EUR (montant indexé pour l'année 2016).

6.5.3 *Régime fiscal*

A. Dans le chef des travailleurs

Sur le plan fiscal, les avantages liés aux résultats sont exonérés d'impôts sur les revenus à concurrence de 2.798,00 EUR pour l'exercice d'imposition 2017, à la condition qu'ils soient effectivement soumis à la cotisation patronale spéciale visée ci-dessus. La loi du 24 juillet 2008 étend la mesure aux travailleurs intérimaires et aux entreprises publiques autonomes.

L'exonération fiscale ne s'applique qu'à concurrence de 2.798,00 EUR pour l'année civile 2016 par travailleur, quel que soit le nombre d'employeurs attribuant ledit avantage au cours de la même année. En outre, le travailleur est redevable d'une cotisation de solidarité de 13,07 %.

ex *Un employeur octroie un avantage non récurrent de 3.219,00 EUR. La cotisation de solidarité de 13,07 % est retenue, à savoir 420,72 EUR. Le solde de l'avantage, 2.798,00 EUR, est exempté d'impôt des personnes physiques car il est inférieur à la limite de 2.695,00 EUR.*

Par conséquent, le bénéficiaire des avantages non récurrents doit mentionner dans sa déclaration à l'impôt des personnes physiques sous un code séparé le montant des avantages non récurrents versés par ses différents employeurs (à savoir le code 1242-19 pour les travailleurs et le code 1418-37 pour les dirigeants d'entreprise) et sous un deuxième code (à savoir le code 1244-17 pour les travailleurs et le code 1420-35 pour les dirigeants d'entreprise) le montant de l'exonération en mentionnant :

- soit le montant total de l'intervention lorsque l'intervention est moins élevée que 2.798,00 EUR ;
- soit le montant maximum (2.798,00 EUR) lorsque l'intervention est égale ou excède 2.798,00 EUR.

B. Dans le chef de l'employeur

Articles 52, 3°, d et 52, 9° CIR

La cotisation patronale spéciale de sécurité sociale est fiscalement déductible au titre de frais professionnel. Les avantages payés ou attribués sont également déductibles, à condition qu'ils soient effectivement soumis à la cotisation spéciale de sécurité sociale.

Dans l'exemple susvisé, l'employeur est redevable d'une cotisation de 3.219,00 EUR × 33 % = 1.062,27 EUR. Tant l'avantage de 3.219,00 EUR que la cotisation de 1.062,27 EUR sont déductibles.

À noter que si un employeur verse à son travailleur un avantage supérieur au plafond exonéré, le montant qui excède ce plafond sera soumis au régime fiscal et parafiscal normal.

7. Les indemnités

Sont analysées dans cette partie de l'ouvrage les indemnités de toute nature obtenues par le travailleur, le dirigeant d'entreprise, le contribuable qui réalise des bénéfices ou des profits, voire, dans certains cas, le chômeur ou encore le pensionné.

Il s'agit des indemnités et allocations suivantes :

Indemnités obtenues en remboursement de dépenses propres à l'employeur	*Cf.* page 332
Indemnités de non-concurrence	*Cf.* page 336
Indemnités pour dommage moral	*Cf.* page 338
Indemnités obtenues en compensation ou à l'occasion de tout acte susceptible d'entraîner une réduction de l'activité professionnelle	*Cf.* page 339
Indemnités obtenues en raison d'une perte temporaire de revenus	*Cf.* page 345
Indemnités pour perte permanente de revenus	*Cf.* page 350
Indemnités ALE	*Cf.* page 355
Indemnités pour activité de bénévolat	*Cf.* page 356
Indemnités pour les bénévoles pour lesquels il existe un régime fiscal particulier	*Cf.* page 357

7.1. Indemnités obtenues en remboursement de dépenses propres à l'employeur

Articles 31, alinéa 1er, 1° et 32 alinéa 2, 1° CIR

Un travailleur ou un dirigeant d'entreprise peut, dans le cadre de l'exercice de son activité professionnelle, être amené à engager des frais qui, en principe, incombent à son employeur ou à sa société, tels que, entre autres :

- l'utilisation de la voiture ;
- des frais de restaurant, de cadeaux d'affaires, de représentation engagés ;
- des frais de téléphone, de GSM...

7.1.1. *Présomption d'exemption*

Les articles 31, alinéa 1er, 1° et 32 alinéa 2, 1° du Code des impôts sur les revenus introduisent une présomption : les indemnités payées par l'employeur en remboursement de dépenses qui lui sont propres ne constituent pas des revenus professionnels imposables.

En supportant ces dépenses de cette manière, l'employeur considère qu'elles ont été faites pour son compte et à son profit. Ces dépenses sont déductibles dans son chef pour autant qu'il démontre le caractère professionnel des sommes remboursées au travailleur ou au dirigeant d'entreprise.

Pratiquement, l'administration s'adresse à l'employeur en lui demandant d'apporter une double preuve :

- d'une part, que les dépenses engagées par l'employeur sont des dépenses qui lui incombent ;
- d'autre part, que l'indemnité a été effectivement consacrée à de tels frais.

À défaut d'une telle justification, les sommes ainsi remboursées ne peuvent pas être admises au titre de frais professionnels dans le chef de l'employeur.

La carence de l'employeur ou de la société à fournir cette double preuve n'implique pas, ipso facto, la taxation des indemnités dans le chef du travailleur ou du dirigeant d'entreprise. Pour cela, l'administration doit prouver, en se basant sur un ensemble de faits, que les montants qui ont été alloués au travailleur ou au dirigeant d'entreprise constituent en réalité des rémunérations déguisées.

ex *Marguerite emploie Luc depuis 2010. Chaque mois, elle lui rembourse un forfait de 400,00 EUR (soit 4.800,00 EUR), censés représenter un forfait mensuel destiné à couvrir les déplacements de Luc pour le compte de Marguerite.*

Interrogée par l'administration, Marguerite ne peut produire aucun document justificatif. Ceci implique un rejet de la charge dans son chef.

Toutefois, cette carence n'est pas suffisante en soi pour imposer les 4.800,00 EUR en rémunérations déguisées chez Luc.

En analysant la comptabilité de Marguerite, l'administration se rend compte que, depuis janvier 2016, celle-ci met à disposition de Luc un véhicule destiné à ses déplacements professionnels, et dont tous les frais sont intégralement payés par Marguerite.

Sur la base de ces éléments, l'administration peut considérer que le forfait remboursé constitue bien une rémunération déguisée imposable dans le chef de Luc depuis 2016. En effet, ce forfait est censé représenter une dépense qui n'existe plus.

7.1.2. *Remboursement sur la base de documents justificatifs*

Les dépenses exposées pour le compte de l'employeur peuvent faire l'objet d'un remboursement sur la base de pièces justificatives, comme les factures, les tickets de caisse, les souches TVA ou tout autre document justificatif. Dans cette hypothèse, la déduction des frais dans le chef de l'employeur et la non-imposition des indemnités dans le chef du travailleur ne posent, en principe, aucun problème.

7.1.3. *Remboursements sur la base de forfaits*

Les indemnités allouées aux travailleurs ou aux dirigeants d'entreprise peuvent être déterminées forfaitairement.

Ces forfaits sont calculés:

- soit sur la base de normes sérieuses et concordantes;
- soit sur la base d'autres critères sans aucun usage de critères raisonnables, concordants et contrôlables.

A. Indemnités forfaitaires fixées d'après des normes sérieuses

Le fait que le montant de certaines dépenses propres à l'employeur soit calculé forfaitairement par celui-ci n'est pas de nature à leur faire perdre le caractère de dépenses effectives, lorsque leur montant a été fixé d'après des normes sérieuses.

1. *Frais de voiture, de motocyclette et de cyclomoteur*

On peut généralement considérer que les indemnités allouées en remboursement de frais de voiture couvrent des charges effectives dans la mesure où le montant desdites indemnités, fixées en fonction du kilométrage réellement parcouru pour compte de l'employeur, ne dépasse pas celui des indemnités de même nature allouées par l'État aux membres de son personnel conformément à l'article 13 de l'arrêté royal du 18 janvier 1965 portant règlementation générale en matière de frais de parcours.

L'indemnité kilométrique accordée aux agents de l'État est constante, quelle que soit la cylindrée du véhicule.

Son montant en est le suivant:

Période	Indemnité par km
Du 1er juillet 2014 au 30 juin 2015	0,3468 EUR
Du 1er juillet 2015 au 30 juin 2016	0,3412 EUR
Du 1er juillet 2016 au 30 juin 2017	0,3363 EUR

Ce montant est également admis pour les remboursements de frais de déplacement pour l'usage de motocyclettes et cyclomoteurs.

Le travailleur ou le dirigeant d'entreprise qui effectue des déplacements pour le compte de son employeur avec son véhicule personnel, déplacements qui lui sont remboursés sur la base d'une indemnisation déterminée forfaitairement d'après des normes sérieuses, ne reprend, en général, pas le montant de ses frais de déplacement dans ses frais professionnels. Dans cette hypothèse, l'indemnité n'est pas imposable.

Lorsque ces frais de déplacement sont déduits au titre de frais professionnels, la distinction suivante doit être effectuée:

- si l'indemnisation forfaitaire est inférieure au montant déductible des frais liés à ces déplacements, l'intéressé peut reprendre parmi ses frais professionnels la différence entre ce montant déductible et l'indemnisation obtenue. La manière de procéder est expliquée en page 437.
- si, par contre, le montant de l'indemnisation est supérieur au montant déductible des frais liés à ces déplacements, le travailleur n'a aucun intérêt à reprendre ces frais parmi les frais professionnels. Dans cette hypothèse, l'indemnité forfaitaire ne constitue en principe pas davantage une rémunération imposable, sauf s'il devait s'avérer qu'elle n'a pas été fixée selon des normes sérieuses. En l'occurrence, il s'agit d'un complément de

rémunération, à concurrence du montant qui dépasse celui des indemnités de même nature allouées par l'État aux membres de son personnel.

2. *Frais de séjour en Belgique*

Article 2 AR du 24 décembre 1964 fixant les indemnités pour frais de séjour des membres du personnel des ministères[3]

Sont considérés comme étant effectués sur la base de normes sérieuses les remboursements de frais de séjour exposés à l'occasion de déplacements de service en Belgique, dont le montant n'est pas supérieur aux indemnités analogues octroyées par l'État aux membres de son personnel de la classe A4 et A5.

Les indemnités suivantes sont exonérées pour autant que les conditions liées à la durée des déplacements soient respectées.

	Déplacement par journée calendrier		Supplément pour la nuit	
Montant de base	De + 5 heures à – 8 heures	De + de 8 heures (*)	Logement aux frais du membre du personnel	Logement gratuit
	2,38 EUR	11,95 EUR	27,22 EUR	14,33 EUR
Montant indexé à partir du 1/1/2016	3,90 EUR	19,60 EUR	44,85 EUR	23,50 EUR

(*) Ces montants maxima sont également valables pour les déplacements d'une durée ininterrompue de plus de 5 heures à moins de 8 heures qui comprennent entièrement la 13e et la 14e heures du jour.

3. *Frais de séjour à l'étranger*

Circulaire n° Ci.RH.241/534.514 (AFER 17/2006) du 11 mai 2006

Circulaire n° Ci.RH.241/591.838 (AFER 32/2008) du 22 septembre 2008

Les indemnités allouées pour des voyages de service à l'étranger, d'une durée de maximum 30 jours calendrier, sont considérées comme non imposables pour autant qu'elles ne soient pas supérieures à 37,18 EUR par jour dans les cas suivants:

- pour chaque jour entier d'absence;
- pour les voyages de service dont l'aller et le retour s'effectuent au cours des mêmes 24 heures avec une absence d'au moins 10 heures.

Si la durée de l'absence est inférieure à 10 heures, seul le remboursement sur la base de frais justifiés par la production de documents probants peut être admis comme un remboursement de frais propres à l'employeur. Le montant de ces indemnités est toutefois non imposable dans la mesure où il n'excède pas le montant des indemnités que l'État accorde aux membres de son personnel.

Les frais de séjour susvisés concernent en fait des frais autres que les frais de déplacement (train, voitures...), c'est-à-dire les frais de repas et de boissons pris à l'extérieur de l'entreprise mais pour compte de cette dernière, en raison de prestations d'une durée supérieure à 5 heures par jour.

[3] Modifié par l'AR du 4 décembre 1990 (*M.B.*, 16 janvier 1991).

Ce montant couvre les frais de repas et les autres menues dépenses. Il ne couvre pas les frais de logement, ni les frais de déplacement ou de voyage vers l'étranger aller-retour.

Des indemnités d'un montant supérieur à 37,18 EUR peuvent être admises lorsque celles-ci sont justifiées par des circonstances propres au pays où le contribuable effectue sa mission.

À cet effet, les indemnités forfaitaires journalières, telles qu'elles sont fixées par pays pour les fonctionnaires du SPF Affaires étrangères, Commerce extérieur et Coopération au développement sont considérées comme étant déterminées sur la base de normes sérieuses. La liste complète de ces pays est reprise dans une circulaire (circulaire n° Ci.RH.241/609.972 (AGFisc n° 36/2013) du 10 octobre 2013).

En outre, les indemnités dorénavant octroyées pour des séjours de plus de 30 jours successifs peuvent être exonérés d'impôt, pour autant que:

- le montant maximum journalier attribué ne dépasse le montant de l'indemnité forfaitaire journalière déterminée par pays pour les fonctionnaires en poste du SPF Affaires étrangères, Commerce extérieur et Coopération au Développement, le montant de 37,18 EUR pouvant être appliqué;
- l'attribution ou le paiement de ces indemnités pour une même mission est limitée à 24 mois;
- l'attribution cesse en cas d'établissement définitif à l'étranger du travailleur ou du dirigeant d'entreprise concerné.

4. *Indemnités forfaitaires R.G.P.T.*

Les indemnités forfaitaires R.G.P.T. qui sont accordées en vertu des conventions collectives de travail conclues dans le secteur du transport de choses au moyen de véhicules à moteur peuvent être considérées comme des remboursements de dépenses propres à l'employeur qui sont déterminées selon des normes sérieuses. Ceci n'est valable que pour autant que d'autres indemnités de même nature ne soient pas attribuées aux chauffeurs concernés.

L'indemnité R.G.P.T. doit être inscrite sur la fiche 281.10 des travailleurs sous la rubrique «frais propres à l'employeur».

5. *Télétravail*

Circulaire n° Ci.RH.241/616975 (AFER 2/2014) du 16 janvier 2014

Lorsque le (télé)travailleur (ou dirigeant d'entreprise) utilise son propre ordinateur dans le cadre de son travail à domicile, l'administration s'abstiendra de demander toute justification lorsque le montant de l'intervention de l'employeur est fixé forfaitairement à 20,00 EUR par mois.

Si le montant alloué est supérieur à 20,00 EUR par mois et que la preuve que l'indemnité n'a pas été effectivement consacrée à de tels frais manque, la quotité de l'indemnité qui excède les 20,00 EUR doit être considérée comme une rémunération imposable et soumise au précompte professionnel.

Ces dispositions s'appliquent *mutatis mutandis* lorsque l'employeur (ou la société) intervient dans le paiement d'une connexion et d'un abonnement internet privé du (télé)travailleur (ou dirigeant d'entreprise).

ex *Dans le cadre du télétravail, Marguerite utilise son propre ordinateur et sa propre connexion internet. Elle reçoit à ce titre une indemnité mensuelle de son employeur à concurrence de 50,00 EUR.*

L'administration acceptera sans plus une indemnité de 40,00 EUR (20,00 EUR pour l'ordinateur et 20,00 EUR pour la connexion internet) comme étant un remboursement de dépenses propres à l'employeur.

À défaut de preuve, les 10,00 EUR excédentaires sont considérés comme des rémunérations imposables.

B. Autres indemnités forfaitaires

L'administration admet certaines autres indemnités forfaitaires qui dépassent le cadre du présent ouvrage.

Lorsque les indemnités allouées forfaitairement au travailleur ne sont pas basées sur des normes sérieuses, l'administration peut considérer les montants alloués au travailleur comme étant imposables, et ce, pour autant qu'elle démontre qu'il s'agit de rémunérations déguisées.

7.1.4. *Déductibilité au titre de frais professionnels*

Les limites de déduction normales des frais professionnels sont applicables dans le chef de l'employeur pour les indemnités qu'il rembourse soit sur la base de pièces justificatives, soit sur une base forfaitaire.

Ainsi, sont déductibles dans le chef de l'employeur :

Frais concernés par l'indemnité	Montant admis au titre de frais professionnels
Frais de vêtements (art. 53, 7° et 11° CIR)	Rien, sauf s'il s'agit de vêtements professionnels spécifiques (*cf.* page 423)
Frais de réception et de cadeaux d'affaires (art. 53, 8° et 11° CIR)	50 % de l'indemnité (*cf.* page 425)
Frais de restaurant (art. 53, 8°*bis* et 53, 11° CIR)	69 % de l'indemnité (*cf.* page 428)
Frais de toute nature qui se rapportent à la chasse, à la pêche, à des yachts ou autres bateaux de plaisance et à des résidences de plaisance ou d'agrément (art. 53, 9° et 11° CIR)	Rien sauf s'ils sont nécessités par l'exercice de son activité professionnelle en raison même de l'objet de cette activité (*cf.* page 399)
Frais qui dépassent de manière déraisonnable les besoins professionnels (art. 53, 10° et 11° CIR)	Rien (*cf.* page 405)
Frais de voiture (art. 66, § 1er CIR)	75 % du montant total de l'indemnité
Frais de séjour	100 %

7.2. Indemnités de non-concurrence

Articles 25, 6°, a ; 27, 1er alinéa 4°, a ; 28, alinéa 1er, 3°, a ; 31, alinéa 2, 3° ; 32, alinéa 2, 2° ; 90, 1° ; 171, 1°, a et 171, 5°, a CIR

7.2.1. *Définition*

D'une manière générale, la clause de non-concurrence vise à interdire à un employé, à un ouvrier, à un représentant de commerce, même après son départ de l'entreprise, d'exercer des activités similaires, soit en exploitant une entreprise, soit en s'engageant chez un employeur concurrent. Il a ainsi la possibilité de porter préjudice à l'entreprise qu'il a quittée en utilisant les connaissances particulières qu'il a acquises, en matière industrielle ou commerciale.

Lorsque cette clause concerne une personne qui réalise des bénéfices ou des profits, les indemnités qui en découlent sont assimilées aux indemnités obtenues, en cours d'exploitation ou à l'occasion de la cessation définitive et complète de celle-ci, en compensation ou à l'occasion de tout acte susceptible d'entraîner une réduction de l'activité professionnelle ou des bénéfices ou des profits de l'entreprise. Pour une analyse complète de ces dispositions, nous renvoyons le lecteur à la page 339.

Dans cette sous-section, sont examinées les indemnités de non-concurrence obtenues par les travailleurs ou les dirigeants d'entreprise.

Ces indemnités peuvent, selon les cas, être considérées comme :

- des revenus divers imposables au taux de 33 %, et sur lesquelles aucune cotisation sociale n'est due ;
- des indemnités payées contractuellement ou non, ensuite de la cessation du contrat de travail ou de la rupture d'un contrat de travail, imposables à titre de revenus professionnels.

Cette distinction est essentielle, non seulement parce qu'elle conditionne le sort fiscal qui est applicable aux revenus, mais aussi parce qu'elle a des conséquences sur le plan du régime social, par le biais de retenues ou non de cotisations sociales.

7.2.2. *Sort fiscal des indemnités de non-concurrence*

A. Distinction

Il convient d'établir une distinction entre l'indemnité issue :

- d'une convention de non-concurrence conclue pendant l'exécution du contrat de travail (travailleurs), du mandat (dirigeants d'entreprise de la première catégorie) ou de l'activité ou de la fonction dirigeante (dirigeant d'entreprise de la deuxième catégorie) ;
- d'une convention de non-concurrence conclue postérieurement à l'exécution du contrat de travail (travailleurs), du mandat (dirigeants d'entreprise de la première catégorie) ou de l'activité ou de la fonction dirigeante (dirigeant d'entreprise de la deuxième catégorie).

B. Indemnités payées en application d'une clause contractuelle

Le ministre considère (*cf.* QP n° 371 de Mme Pieters du 10 novembre 2005) que ces indemnités sont fiscalement à considérer comme des revenus professionnels. En effet, elles constituent le produit indirect de l'exercice de l'activité professionnelle. Le droit de renoncer à exercer des activités similaires ne peut naître qu'au cours et en raison de l'exercice de l'activité déterminée en exécution du contrat de travail, du mandat ou de l'activité ou de la fonction dirigeante.

Se basant sur un arrêt de la Cour de cassation du 3 novembre 1997, de telles indemnités doivent être considérées comme des indemnités obtenues en raison ou à l'occasion de la rupture d'un contrat de travail (*cf.* page 531).

Ces indemnités sont exonérées à concurrence d'un montant de 1.310,00 EUR pour autant que certaines conditions soient remplies (*cf.* page 532). Le solde bénéficie d'une imposition au taux moyen afférent à l'ensemble des revenus imposables de la dernière année pendant laquelle le contribuable a eu une activité professionnelle normale (*cf.* page 273).

C. Indemnités payées en application d'une clause conclue postérieurement à la cessation du contrat de travail ou du mandat

Dans la question parlementaire susvisée, le ministre confirme la position de la Cour de cassation dans son arrêt du 22 septembre 2003. Les indemnités résultant de conventions de non-concurrence, non reprises dans un contrat de travail, mais signées postérieurement à la fin du contrat de travail, sont des indemnités qui visent à renoncer à un droit personnel, à savoir le droit d'exercer une activité professionnelle.

En principe, de telles indemnités ne sont pas imposables à titre de revenus professionnels. Ces revenus sont imposables, mais à titre de revenus divers (non soumis aux cotisations sociales) au taux de 33 %. Selon la Cour, le contrat de travail et l'engagement de non-concurrence doivent être dissociés.

Le Tribunal de première instance de Louvain a confirmé cette position dans un jugement du 4 mars 2005.

Notons toutefois que l'administration fiscale et l'O.N.S.S. peuvent toujours démontrer que l'indemnité de non-concurrence constitue, dans les faits, une indemnité de dédit déguisée.

Ainsi le Tribunal de première instance de Mons, le 19 novembre 2003, le Tribunal de première instance de Louvain, le 7 mai 2004 et le Tribunal de première instance de Bruges, le 12 novembre 2012, ont considéré que les indemnités versées juste après la rupture du contrat de travail (en l'occurrence deux jours, un jour et immédiatemment après) devaient être imposées à titre d'indemnités de dédit. Les clauses de non-concurrence faisaient, dans les deux cas, référence à l'expérience acquise par le bénéficiaire de l'indemnité au sein de la société. Les tribunaux ont considéré que les conventions de non-concurrence ne peuvent être considérées comme indépendantes du contrat d'emploi.

D. Obligations à remplir par le débiteur des revenus

Lorsque les revenus sont professionnels, le débiteur des revenus doit établir dans les formes et délais prévus par la loi des fiches 281.10 et des relevés 325.10. Il doit également verser un précompte professionnel.

Si les revenus sont des revenus divers, le débiteur des revenus doit établir une fiche 281.00 et n'est pas tenu de verser du précompte professionnel.

E. Cheminement en matière d'indemnités de non-concurrence

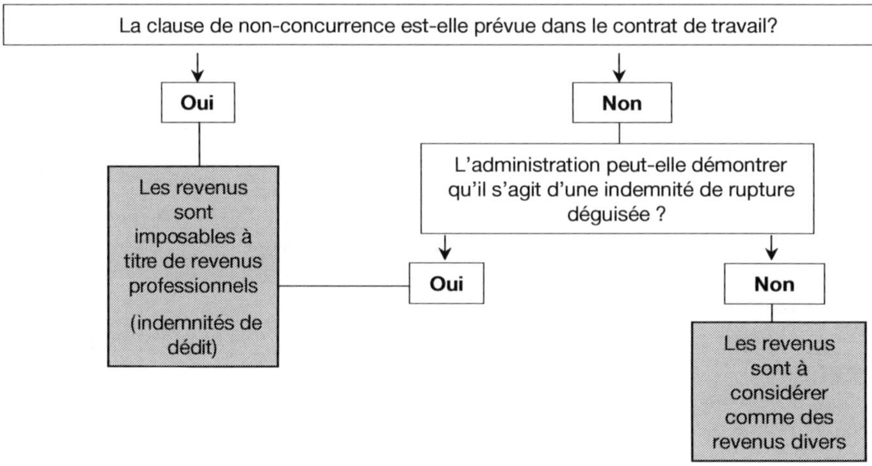

7.3. Indemnité pour dommage moral

Circulaire n° Ci.RH.241/539.525 (AFER 12/2004) du 9 mars 2004

Compte tenu des dispositions générales de l'article 31, 2e alinéa, 3° du Code des impôts sur les revenus, chaque indemnité que l'employeur paie à ses travailleurs, en raison ou à l'occasion de la cessation du travail ou de la rupture du contrat de travail, est imposable.

Le préjudice moral provoqué par le licenciement est, selon les cas, l'atteinte :

- à l'honneur et à la réputation par suite de calomnie, diffamation, etc. ;
- à l'intégrité physique (blessures, opérations consécutives graves, traitements prolongés et douloureux, etc.) ;
- aux sentiments ;
- à la beauté physique.

La preuve que l'indemnité n'est pas imposable incombe au travailleur. Celle-ci sera pratiquement impossible à apporter si elle n'est pas octroyée par un tribunal ou une cour du travail.

Lorsque le travailleur démontre que l'indemnité a été allouée pour couvrir un dommage moral, celle-ci est partiellement ou intégralement exonérée.

La qualification d'indemnités pour dommage moral donnée d'initiative par l'employeur n'est pas relevant en soi. Le caractère non imposable n'est acquis que si l'indemnisation trouve sa source dans une décision judiciaire visant à dédommager le travailleur d'un dommage moral causé par l'employeur.

Il en ressort que, lorsqu'un tribunal ou une Cour du travail décide d'allouer pour un cas précis une indemnité pour dommage moral suite à une faute commise par l'employeur en raison ou à l'occasion de la cessation de travail ou de la rupture d'un contrat de travail, cette indemnité n'est pas imposable.

Dans le cas d'un licenciement collectif, l'indemnisation revêt également, pour des raisons d'équité, un caractère non imposable lorsque l'employeur étend celle-ci aux autres travailleurs concernés qui ne sont pas allés en justice mais qui sont placés dans la même situation que les travailleurs de la même entreprise pour lesquels une décision judiciaire a été rendue.

7.4. Indemnités obtenues en compensation ou à l'occasion de tout acte quelconque susceptible d'entraîner une réduction de l'activité professionnelle

7.4.1. *Principe*

Sont incluses dans les bénéfices des entreprises industrielles, commerciales ou agricoles, les indemnités de toute nature que l'entrepreneur obtient en cours d'exploitation en compensation ou à l'occasion de tout acte quelconque susceptible d'entraîner une réduction de l'activité professionnelle ou des bénéfices de l'entreprise.

Sont incluses dans les profits, les indemnités de toute nature obtenues au cours de l'exercice de l'activité professionnelle en compensation ou à l'occasion de tout acte quelconque susceptible d'entraîner une réduction de l'activité professionnelle ou des profits de celle-ci.

Dans les deux cas (bénéfices ou profits), il apparaît que les indemnités visées sont identiques quant à leur nature.

À titre exemplatif, sont notamment visées les indemnités obtenues en cours d'exploitation :

- en contrepartie d'un engagement de renoncer, pendant une période déterminée, à la fabrication ou la vente d'un produit déterminé ou à réduire l'exercice d'une activité intellectuelle déterminée ;
- pour une rupture d'un bail commercial ;
- pour cause de perte de clientèle ou d'un fonds de commerce ;
- en raison d'une perte de bénéfices ou d'une perte sur bétail en cas d'expropriation.

Lorsque le bénéficiaire de l'indemnité est une entreprise, le montant de l'indemnité doit être indiqué selon les cas en regard des codes 1605-44, 1607-42, 1618-31 ou 1610-39 (2605-14, 2607-12, 2618-01, 2610-09) de la déclaration.

Cadre XVIII – Bénéfices d'entreprises industrielles, commerciales ou agricoles		
6. Indemnités		
a) Imposables distinctement (à 12,5 %)	Code 1607-42	Code 2607-12
b) Imposables distinctement (à 16,5 %)	Code 1605-44	Code 2605-14

c) Imposables distinctement (à 33%)	Code 1618-31	Code 2618-01
d) Imposables globalement	Code 1610-39	Code 2610-09

Pour les profits, le montant de l'indemnité est mentionné en regard des Codes 1655-91, 1667-79 ou 1661-85 (2655-61, 2667-49, 2661-55) de la déclaration.

Cadre XIX – Profits des professions libérales, charges, offices ou autres occupations lucratives		
8. Indemnités et primes		
a) Imposables distinctement (à 16,5%)	Code 1655-91	Code 2655-61
b) Imposables distinctement (à 33%)	Code 1667-79	Code 2667-49
c) Imposables globalement	Code 1661-85	Code 2661-55

7.4.2. *Existence d'un lien causal entre l'acte et l'indemnité*

Pour que l'indemnité obtenue en cours d'exploitation soit imposable, il faut que le bénéficiaire ait acquis l'indemnité en compensation ou à l'occasion de tout acte quelconque susceptible d'entraîner une réduction de l'activité professionnelle ou des bénéfices ou profits de celle-ci. Autrement dit, il doit y avoir un lien causal entre l'obtention de l'indemnité et l'activité professionnelle exercée par le bénéficiaire de l'indemnité. C'est à l'administration fiscale qu'il incombe de démontrer ce lien causal.

7.4.3. *Moment de l'imposition*

A. Bénéfices

Une indemnité obtenue en compensation ou à l'occasion d'une réduction de l'activité professionnelle est considérée comme étant acquise à la date à laquelle le droit à cette indemnité a été reconnu par le débiteur. À cette date, le bénéficiaire acquiert une créance certaine sur l'indemnité.

B. Profits

Une indemnité obtenue en compensation ou à l'occasion d'une réduction de l'activité professionnelle n'est imposable qu'à partir du moment où le contribuable la perçoit ou peut disposer de son montant

En résumé :

	Moment de l'imposition	
	Bénéfices	**Profits**
Indemnités obtenues en compensation ou à l'occasion de tout acte quelconque susceptible d'entraîner une réduction de l'activité professionnelle	À la date à laquelle la créance est née et a acquis un caractère certain et liquide	À la date de perception ou de disposition

7.4.4. *Taux d'imposition*

Article 171, 4, b), alinéa 1 CIR

A. Taux distinct de 16,50%

Les indemnités sont imposables au taux de 16,50% si elles sont obtenues :

- soit à la suite du décès,
- soit à la suite d'une maladie ou d'un handicap,
- soit à l'occasion d'un acte forcé,
- soit à l'occasion d'un acte survenant à partir de l'âge de 60 ans,

et dans la mesure *où elles n'excèdent pas un revenu dit de référence.*

La partie des indemnités qui excède le revenu dit de référence est imposable globalement.

1. *Décès*

Le Code des impôts sur les revenus ne stipule pas expressément quelle est la personne dont le décès donne droit au taux de 16,5 %. En tout état de cause, il ne peut pas s'agir du décès du contribuable. En effet, dans ce cas, les indemnités qui seraient payées à la suite du décès de celui-ci ne peuvent plus compenser une réduction d'activité et ne peuvent dès lors pas être considérées comme des indemnités visées soit à l'article 25, 6°, a du Code des impôts sur les revenus soit à l'article 27, alinéa 2, 4°, a du Code des impôts sur les revenus.

Par conséquent, le taux de 16,5 % ne peut s'appliquer que lorsque son conjoint ou cohabitant légal aidant, voire un enfant aidant décède. Dans les deux cas envisagés (conjoint aidant ou enfant aidant), le contribuable doit apporter la preuve que ces derniers étaient indispensables à la poursuite de son activité professionnelle.

Par enfant, on entend un descendant du premier degré du contribuable et/ou de son conjoint ou un enfant d'adoption de l'un d'entre eux ou des deux.

L'administration considère que seul le décès de ces personnes entraîne l'application du taux de 16,5 %.

2. *Maladie ou handicap*

Le taux de 16,5 % est également d'application lorsqu'un enfant indispensable ou le conjoint aidant est frappé d'une maladie ou d'un handicap dans les limites de l'article 135, alinéa 1er, 1° du Code des impôts sur les revenus.

Dans les deux cas envisagés (conjoint aidant ou enfant aidant), le contribuable doit apporter la preuve que ces derniers étaient indispensables à la poursuite de son activité professionnelle.

3. *Acte forcé*

Par acte forcé, on entend l'acte qui est la conséquence d'un sinistre, d'une expropriation, d'une réquisition en propriété ou d'un autre événement analogue, c'est-à-dire un événement qui survient indépendamment de la volonté de l'intéressé.

4. *Revenu de référence*

Le revenu de référence correspond aux bénéfices ou profits nets imposables afférents à l'activité délaissée au cours des quatre années (la période de référence) qui précèdent celle de la réduction de l'activité.

La période de référence coïncide avec les quatre dernières années précédant la période imposable de la réduction de l'activité. L'année de la réduction d'activité doit toujours être négligée dans le décompte de la période de référence, même si la réduction d'activité est intervenue le 31 décembre.

Lorsque l'activité professionnelle n'a pas été exercée durant les quatre années de la période de référence dans son entièreté, il convient, selon les cas, de tenir compte uniquement de trois, de deux, voire d'une année.

ex **1.** *Luc, avocat depuis 1981, s'engage le 24 juin 2016 à ne plus plaider pendant cinq ans des affaires fiscales auprès des tribunaux de première instance de Bruxelles. En contrepartie de cet engagement, il perçoit une indemnité de 249.000,00 EUR.*
Pour la détermination du revenu de référence, la période de référence à prendre en considération concerne les profits nets imposables afférents à l'activité délaissée des périodes imposables 2012 à 2015.

2. *Marguerite, fleuriste indépendante depuis le 15 juillet 2014 obtient suite à l'expropriation (le 23 mai 2016) de son commerce une indemnité pour trouble commercial.*
Pour la détermination du revenu de référence, la période de référence à prendre en considération concerne les bénéfices nets imposables afférents à l'activité délaissée des périodes imposables 2014 et 2015.

Lorsque l'indemnité est obtenue par un contribuable qui a lui-même repris l'exploitation ou l'activité professionnelle (ou une ou plusieurs branches de celle-ci) pendant la période de référence, à la faveur du régime de la continuation, le revenu et la période de référence doivent être déterminés comme si l'opération n'avait pas eu lieu.

Il s'ensuit que dans un tel cas le revenu de référence doit également comprendre les bénéfices ou profits nets (ou les pertes) afférents à l'activité délaissée ou réduite réalisés au cours de la période de référence par le contribuable qui a cédé l'exploitation, etc., sous le régime de la continuation.

ex *Luc débute son activité indépendante de boulanger/traiteur le 1er avril 1988. Il cesse son activité le 30 juin 2013 et le 1er juillet 2013 son fils reprend ce commerce à la faveur du régime de la continuation.*

Le fils (Serge) s'engage, le 1er septembre 2016, à cesser pendant 10 ans l'activité de traiteur.

La période de référence couvre les années 2011 à 2014, c'est-à-dire les quatre années précédant celle de la cessation.

Le revenu de référence est par conséquent égal à la somme des bénéfices imposables globalement de l'activité traiteur :

- *des années 2012 à 2013 (période du 1er janvier 2012 au 30 juin 2013) afférents à l'activité de Luc ;*
- *des années 2013 (période du 1er juillet 2013 au 31 décembre 2013), 2014 et 2015 afférentes à l'activité de Serge.*

Pour chacune des périodes de référence, il faut déterminer le résultat propre à l'activité délaissée.

Les revenus «effectivement» imposés distinctement ne peuvent pas être pris en considération pour déterminer le revenu de référence.

Le revenu de référence s'obtient en additionnant algébriquement les résultats nets positifs et négatifs de la période de référence.

Par résultats nets, il faut entendre les résultats imposables avant toute déduction à caractère fiscal, comme la déduction pour investissement ou encore l'exonération pour personnel sup-plémentaire.

ex 1. *Luc, né le 20 mars 1955, est avocat depuis 1981. Le 24 juin 2016, il s'engage à ne plus plaider pendant cinq ans des affaires fiscales auprès des tribunaux de première instance de Bruxelles. En contrepartie de cet engagement, il perçoit une indemnité le 1er juillet 2016 la somme de 249.000,00 EUR.*
Les profits nets déclarés au cours des quatre années précédant cet accord sont décomposés de la manière suivante :

Période imposable	***Profits nets imposables globalement résultant des affaires fiscales plaidées auprès des tribunaux de première instance de Bruxelles***	***Profits nets imposables globalement résultant des autres affaires fiscales***	***Total des profits nets imposables globalement déclarés par Luc***
2015	*45.000,00*	*135.000,00*	*180.000,00*
2014	*48.000,00*	*126.000,00*	*174.000,00*
2013	*62.000,00*	*122.000,00*	*184.000,00*
2012	*67.000,00*	*115.000,00*	*182.000,00*
Total	***222.000,00***	***498.000,00***	***720.000,00***

Le cadre XIX de la déclaration souscrite par Luc se présente comme suit :

Cadre XIX – Profits des professions libérales, charges, offices ou autres occupations lucratives		
8. Indemnités et primes		
a) imposables distinctement (à 16,5 %)	***222.000,00*** *(Code 1655-91)* *L'indemnité est obtenue à l'occasion d'un engagement survenant à partir de l'âge de 60 ans.*	*Code 2655-61*
b) imposables distinctement (à 33 %)	*Code 1667-79*	*Code 2667-49*
c) imposables globalement	*27.000,00 (Code 1661-85)* *La partie de l'indemnité qui excède le revenu dit de référence (222.000,00 EUR) est imposable globalement.*	*Code 2661-55*

2. *Marguerite (née le 23 juin 1984), fleuriste indépendante depuis le 15 juillet 2014 obtient, suite à l'expropriation (le 23 mai 2016) de son commerce, une indemnité pour trouble commercial d'un montant de 15.000,00 EUR. La ville de Liège lui octroie cette indemnité le 22 décembre 2016 et la paie le 23 janvier 2017. Marguerite continue son commerce à Boncelles.*
Les bénéfices nets déclarés au cours des années précédant l'expropriation sont les suivants :

Période imposable	***Totaux des bénéfices nets imposables globalement déclarés par Marguerite***
2015	*26.000,00*
2014	*(6.000,00)*
Total	***20.000,00***

Le cadre XVIII de la déclaration souscrite par Marguerite (exercice d'imposition 2017) se présente comme suit :

Cadre XVIII – Bénéfices d'entreprises industrielles, commerciales ou agricoles		
6. Indemnités		
a) imposables distinctement (à 12,5 %)	*Code 1607-42*	*Code 2607-12*
b) imposables distinctement (à 16,5 %)	***15.000,00*** *(Code 1605-44)* *L'indemnité est obtenue à l'occasion d'un acte forcé.*	*Code 2605-14*
c) imposables distinctement (à 33 %)	*Code 1618-31*	*Code 2618-01*
d) imposables globalement	*Code 1610-39*	*Code 2610-09*

En effet, Marguerite étant commerçante, le bénéfice est imposable au cours de la période pendant laquelle la créance a acquis un caractère certain, à savoir en 2016.

B. Taux distinct de 33,00%

Les indemnités sont imposables au taux distinct de 33,00%, si elles:

- sont obtenues avant l'âge de 60 ans et
- ne sont pas en rapport avec un décès et
- ne sont pas en rapport avec une maladie ou un handicap et
- ne résultent pas d'un acte forcé,

et dans la mesure où elles n'excèdent pas le montant des bénéfices ou profits nets imposables réalisés au cours des quatre années qui précèdent celle de la réduction de l'activité.

La partie des indemnités qui excède le revenu dit de référence est imposable globalement.

ex *Luc (célibataire) né le 20 mars 1965 est avocat depuis 1991. Le 24 juin 2016, il s'engage à ne plus plaider pendant cinq ans des affaires fiscales auprès des tribunaux de première instance de Bruxelles. En contrepartie de cet engagement, il perçoit en indemnité le 1er juillet 2016 la somme de 249.000,00 EUR.*

Les profits nets déclarés au cours des quatre années précédant cet accord sont décomposés de la manière suivante:

Période imposable	***Profits nets imposables globalement résultant des affaires fiscales plaidées auprès des tribunaux de première instance de Bruxelles***	***Profits nets imposables globalement résultant des autres affaires fiscales***	***Total des profits nets imposables globalement déclarés par Luc***
2015	*45.000,00*	*135.000,00*	*180.000,00*
2014	*48.000,00*	*126.000,00*	*174.000,00*
2013	*62.000,00*	*122.000,00*	*184.000,00*
2012	*67.000,00*	*115.000,00*	*182.000,00*
Total	***222.000,00***	***498.000,00***	***720.000,00***

Le cadre XIX de la déclaration souscrite par Luc se présente comme suit:

Cadre XIX – Profits des professions libérales, charges, offices ou autres occupations lucratives		
8. Indemnités et primes		
a) imposables distinctement (à 16,5%)	*Code 1655-91*	*Code 2655-61*
b) imposables distinctement (à 33%)	***222.000,00*** (Code 1667-79) *L'indemnité est obtenue à l'occasion d'un engagement survenant avant l'âge de 60 ans. Il ne s'agit pas d'un acte forcé.*	*Code 2667-49*
c) imposables globalement	27.000,00 (Code 1661-85) *La partie de l'indemnité qui excède le revenu dit de référence (222.000,00 EUR) est imposable globalement.*	*Code 2661-55*

7.4.5. *Cas particuliers*

Les primes et les indemnités instaurées en tant qu'aide au secteur agricole par les Communautés européennes sont toujours imposables au taux de 16,50%.

Sont notamment visées, les primes:

- de mise en jachère;
- spéciales en faveur des producteurs de viande bovine;
- spéciales au producteur détenant sur son exploitation des bovins mâles;
- pour certains bovins mâles abattus;
- pour vaches allaitantes;
- destinées à compenser une perte de revenu des producteurs de viande ovine (moutons) et caprine (chèvres).

Les primes à la vache allaitante et les primes de droits au paiement unique, instaurées en tant qu'aide au secteur agricole par les Communautés européennes et qui sont payées pendant les années 2008 à 2014, sont imposées au taux de 12,5%.

7.5. Indemnités obtenues en réparation d'une perte temporaire de revenus

Articles 25, §, b, 27, 4°, b, 31, alinéa 1er, 4°, 31*bis* et 32, alinéa 2, 2° CIR

7.5.1. *Principe*

Sont ici visées les indemnités quelconques obtenues par le travailleur, le dirigeant d'entreprise ou l'indépendant, en réparation totale ou partielle d'une perte temporaire de revenus. C'est donc le fait qu'elles soient en principe temporaires qui les caractérise, contrairement aux indemnités pour perte permanente de revenus (pensions).

D'une manière générale, il s'agit de toutes les indemnités que le contribuable obtient en compensation de la perte temporaire de revenus subie en raison de maladie, d'invalidité, de chômage, d'accident ou de tout événement analogue.

Lorsque de telles indemnités réparent une perte de revenus, elles sont toujours imposables, qu'elles soient légales, extralégales ou qu'elles soient versées par un tiers ou par l'assureur de ce tiers.

Par contre, la partie des indemnités qui représentent la réparation effective d'un dommage moral (*cf.* page 338) ou qui constituent le remboursement de frais médicaux à une victime d'un accident ne sont pas imposables.

Du point de vue fiscal, les indemnités qui réparent une perte temporaire de revenus sont à considérer comme des revenus de remplacement et doivent être déclarés dans la première partie de la déclaration, en cadre IV, et ce, indépendamment de la qualification professionnelle des revenus (rémunérations, bénéfices ou profits).

En principe, ces indemnités sont imposables au taux progressif et donnent droit à une réduction d'impôt qui est fonction du type de revenus et de l'imposition des contribuables (imposition commune ou en tant qu'isolés).

Lorsqu'il s'agit d'arriérés, ces revenus sont imposables à un taux distinct, le taux moyen normal de la dernière année d'activité (voir page 273). Dans cette hypothèse, aucune réduction d'impôt n'est accordée.

Nous analysons de manière succincte:

- les allocations de chômage;
- les indemnités légales et complémentaires en cas de maladie, d'invalidité, de maladie professionnelle ou d'accident du travail;
- les prépensions et les indemnités complémentaires payées par un ancien employeur en vertu d'une convention collective de travail ou d'une convention individuelle;
- les autres revenus de remplacement;
- certaines particularités propres aux travailleurs indépendants.

7.5.2. *Allocations de chômage*

1260-01 à 1265-93 (2260-68 à 2265-63)

Sont visées toutes les allocations de chômage, qu'elles soient légales, extralégales ou encore qu'il s'agisse d'allocations d'attente.

Le montant à déclarer de ces indemnités figure sur les fiches 281.13 établies par divers organismes (CAPAC, syndicats, Fonds de sécurité et d'existence...).

En principe, les allocations de chômage sont soumises au précompte professionnel au taux de 10,09%.

Sont cependant soumises au précompte professionnel au taux de 26,75% (allocations payées ou attribuées depuis le 1er janvier 2014) les allocations payées ou attribuées aux chômeurs temporaires, à savoir :

- les ouvriers dont le contrat de travail est suspendu par manque de travail résultant de causes économiques ;
- les employés dont le contrat de travail est suspendu dans le cadre du régime collectif temporaire de chômage économique.

7.5.3. *Indemnités légales et complémentaires en cas de maladie, d'invalidité, de maladie professionnelle ou d'accident du travail et autres revenus de remplacement*

1266-92 à 1272-86 (2292-36 à 2272-56)

Il s'agit ici :

- des indemnités versées en exécution de la législation, belge ou étrangère, relative à l'assurance maladie invalidité (le montant doit être déclaré en regard des Codes 1266-92 et 1268-90 ou 2266-62 et 2268-60 et figure sur les fiches 281.12 si les indemnités sont versées en vertu de la législation belge) ;
- des indemnités complémentaires en cas de maladie ou d'invalidité (dont le montant à déclarer figure sur les fiches 281.10 ou 281.14 en regard des Codes 1269-89 ou 2269-59 et 1272-84 ou 2272-56) ;
- des indemnités légales ou complémentaires en cas de maladie professionnelle ou d'accident du travail (dont le montant à déclarer figure sur les fiches 281.10 ou 281.14 en regard des Codes 1270-88 ou 2270-58 et 1272-86 ou 2272-56) ;
- des autres revenus de remplacement.

7.5.4. *Allocations de chômage avec complément d'entreprise (auparavant prépensions)*

Article 31, 4° et 31*bis*

Circulaire n° AAF/2008-0449-1 (AAD 13/2008) du 16 juillet 2008

A. Prépensions proprement dites

Une prépension (chômage avec complément d'entreprise) se compose de deux parties :

- une allocation de chômage ;
- une indemnité complémentaire qui est payée en application :
  - de la convention n° 17 du 18 décembre 1974 en application d'un règlement d'indemnités complémentaires en faveur des certains travailleurs s'ils sont licenciés ;
  - d'une convention qui a été conclue conformément aux dispositions de la loi du 5 décembre 1968 concernant les CCT et les comités paritaires, et qui prévoit des

avantages au moins équivalents à ceux de la convention n° 17. En principe les prépensions ne sont plus attribuées avant l'âge de 50 ans.

Les indemnités complémentaires qui sont attribuées en capital en plus des prépensions, sont imposables en tant qu'indemnités obtenues en raison ou à l'occasion de la cessation complète et définitive de l'activité ou du contrat de travail (QP n° 12343 du 19 septembre 2006 de Bogaert, *cf.* page 512).

B. Indemnités complémentaires en plus de la prépension ou des allocations de chômage

Pour qu'une indemnité soit considérée comme une « indemnité complémentaire », certaines conditions doivent être remplies.

1. *Conditions relatives à l'activité professionnelle du bénéficiaire*

Les indemnités complémentaires doivent être versées par un employeur :

- à d'anciens travailleurs en sus de leur prépension ;
- à d'anciens travailleurs :
  - qui n'entrent pas en considération pour une prépension mais qui bénéficient d'allocations de chômage comme chômeurs complets ou
  - qui pourraient bénéficier d'allocations de chômage comme chômeurs complets s'ils n'avaient pas repris le travail.

  Dans ce cas les indemnités complémentaires ne peuvent pas être payées en vertu :
  - d'une CCT sectorielle conclue avant le 30 septembre 2005 ;
  - d'un accord sectoriel qui prolonge une CCT sectorielle conclue avant le 30 septembre 2005 sans interruption.

  (on retrouve dans ces deux catégories d'indemnités complémentaires aussi bien les indemnités « canada dry » que les « pseudo-prépensions »).

2. *Conditions relatives à l'âge du bénéficiaire*

Ces indemnités complémentaires doivent être versées à d'anciens travailleurs qui ont atteint l'âge de **50 ans**.

Les indemnités qui sont attribuées à des travailleurs **de moins de 50 ans** ne sont pas considérées comme des indemnités complémentaires mais bien comme des allocations de chômage extralégales.

Les allocations de chômage extralégales bénéficient d'une réduction d'impôt moindre que les indemnités complémentaires (*cf.* page 506).

3. *Conditions relatives à la convention de paiement*

Dans les conventions collectives de travail ou dans les accords qui prévoient le paiement de l'indemnité complémentaire, l'obligation pour l'ancien employeur de poursuivre le paiement de ces indemnités après reprise du travail doit être mentionnée.

Les indemnités pour lesquelles la poursuite du paiement n'est pas prévue, sont toutefois considérées jusqu'au 31 décembre 2008 comme des « indemnités complémentaires lorsque leur règlement par convention ne prévoit pas explicitement que le paiement est interrompu en cas de reprise du travail. Pour être considérée comme une indemnité complémentaire, il suffit que la CCT ou que la convention individuelle ne contienne pas de clause de non paiement en cas de reprise du travail.

Les « indemnités canada dry » qui sont payées en vertu :

- d'une CCT sectorielle conclue avant le 30 septembre 2005 ou
- d'un accord sectoriel qui prolonge une CCT sectorielle conclue avant le 30 septembre 2005 sans interruption,

... ne sont pas à considérer comme des «indemnités complémentaires» mais bien comme des allocations extralégales de chômage.

C. Déclaration

Les prépensions sont mentionnées sur une fiche 281.18 et doivent être déclarées en regard des codes 1281-77/2281-47 ou 1282-76/2282-46.

Les indemnités complémentaires sont mentionnées sur une fiche 281.17 et doivent être déclarées aux codes 1292-66/1293-65/1294-64/1295-63 ou 2292-36/2293-35/2294-34/2295-33.

Le tableau suivant précise plus clairement comment les indemnités, qui ne satisfont pas les conditions susvisées, doivent être déclarées.

Indemnités payées	A considérer fiscalement comme
À d'anciens travailleurs de moins de 50 ans	Allocations de chômage extralégales
À d'anciens travailleurs qui sont encore en service et qui bénéficient d'allocations de chômage en raison d'une inactivité temporaire	Allocations de chômage extralégales
En sus d'une allocation crédit-temps	Autres revenus de remplacement
En vertu d'une convention sectorielle conclue avant le 30 septembre 2005 ou qui prolonge une telle convention	Allocations extra-légales de chômage

D. Régime d'imposition

1. *Prépensions*

Les prépensions sont toujours imposables en tant que revenus de remplacement et donnent donc droit à une réduction d'impôt.

2. *Conditions relatives à la convention de paiement*

En ce qui concerne les indemnités complémentaires, le législateur a fait une distinction :

- les indemnités complémentaires sont considérées comme des revenus de remplacement et donnent droit à une réduction d'impôt :
  - si l'obligation pour l'ancien employeur de poursuivre le paiement de ces indemnités après reprise du travail est mentionnée dans la CCT ou dans une convention individuelle ;
  - si l'obligation du poursuivre le paiement n'est pas exclue dans la CCT ou dans une convention individuelle ;
- les indemnités complémentaires ne sont pas considérées comme des revenus de remplacement et ne donnent pas droit à une réduction d'impôt si l'obligation de poursuite de paiement est exclue dans la CCT ou dans une convention individuelle. De telles indemnités ne sont pas imposées comme des revenus de remplacement durant la période d'inactivité. Lorsqu'elles sont versées par l'employeur en cas de reprise d'activité, elles donnent alors droit à une réduction d'impôt.

Le tableau suivant précise dans quels cas l'indemnité complémentaire est imposée comme un revenu de remplacement :

	La CCT ou la convention individuelle qui prévoit le paiement d'une indemnité complémentaire	
	Ne contient aucune clause de non paiement en cas de reprise du travail	Contient une clause de non paiement en cas de reprise du travail
Période d'inactivité	Oui	Non
Période d'activité	Oui	Oui

En ce qui concerne le calcul de le réduction d'impôt, nous renvoyons le lecteur aux pages 501 et suivantes.

7.5.5. *Les autres revenus de remplacement*

Sont visées les indemnités imposables qui réparent une perte temporaire de rémunérations, bénéfices ou profits, et qui ne sont ni une prépension, ni des allocations de chômage, ni des indemnités complémentaires, ni des indemnités payées pour cause de maladie, d'invalidité, de maladie professionnelle ou d'accident du travail.

Le montant à déclarer de ces indemnités figure sur les fiches 281.10 en regard des Codes 1271-87 ou 1272-86 et 1272-56 ou 2271-57.

Doivent également être déclarés ici, les indemnités qui ne figurent pas sur une fiche individuelle, notamment:

- celles qui ont été payées par ou au nom d'un tiers responsable d'un accident de la circulation au profit du contribuable qui en est victime si elles réparent une perte de revenus;
- celles qui ont été versées par un fonds social, un fonds de sécurité et d'existence ou un syndicat.

La contre-valeur des timbres intempérie pour les travailleurs du secteur de la construction est à considérer comme un autre revenu de remplacement. Ce montant est mentionné sur une fiche 281.18.

7.5.6. *Particularités dans le chef des indépendants*

Les indemnités de toute nature que le contribuable obtient en cours d'exploitation en réparation totale ou partielle d'une perte temporaire de bénéfices ou de profits sont également à considérer comme des revenus de remplacement et à déclarer dans ce cadre IV de la déclaration en regard des codes 1269-89 à 1272-86 ou 2269-59 à 2272-56.

Doivent notamment être déclarées, les indemnités qui résultent:

- d'une incapacité temporaire de travail, totale ou partielle, survenue à la suite d'une maladie ou d'un accident, lorsqu'elles sont payées, soit par une société mutuelliste reconnue en exécution de la législation concernant l'assurance en cas de maladie ou d'invalidité, soit par un tiers responsable ou par l'assureur en responsabilité civile de ce tiers;
- d'un sinistre ou d'un autre événement quelconque (chômage, grève, accident, incendie...) ayant entraîné soit une réduction ou une limitation temporaire de l'activité, soit la perte temporaire (totale ou partielle) de l'usage de l'un ou l'autre élément d'actif (installations, machines, outillage...) affecté à l'exercice de l'activité professionnelle;
- d'une transaction intervenue pour mettre fin à un litige né d'une rupture irrégulière d'un contrat.

Dans le chef des contribuables qui réalisent des bénéfices, ces indemnités sont imposables au moment où l'indemnité est considérée comme acquise, c'est-à-dire au moment où le droit à cette indemnité a été reconnu par le débiteur.

Dans le chef des contribuables qui réalisent des profits, ces indemnités sont imposables au moment où le contribuable la perçoit ou peut disposer de ce montant.

7.6. Indemnités pour pertes permanentes de revenus

Articles 34 § 1er, 1*bis* et 39 § 1er CIR

1211-50 à 1225-38 – 2211-20 à 2225-06

7.6.1. *Principe*

Sont en principe imposables les pensions et les rentes viagères ou temporaires, ainsi que les allocations en tenant lieu, qui constituent la réparation totale ou partielle d'une perte permanente de rémunérations, de bénéfices ou de profits. Sur le plan fiscal, ces indemnités sont assimilées à des pensions.

Ces indemnités sont de trois types :

- les indemnités octroyées dans le cadre de la loi sur les accidents de travail et les maladies professionnelles ;
- les indemnités légales octroyées en raison d'une maladie ou d'un accident de droit commun ;
- les indemnités extralégales octroyées en raison d'un accident du travail ou d'une maladie professionnelle (revenu garanti).

7.6.2. *Trois types d'indemnités*

A. Indemnités accordées dans le cadre de la loi sur les accidents de travail et les maladies professionnelles

1. *Principe*

Sont en principe imposables, les indemnités, allocations, rentes et rentes de conversion de capitaux en tenant lieu, octroyées en application de la législation relative aux accidents de travail ou maladies professionnelles ayant entraîné une incapacité permanente.

Ces indemnités donnent lieu à l'établissement par le débiteur des revenus d'une fiche 281.16 et d'un relevé 325.16.

2. *Exonérations*

Le législateur prévoit l'exonération de ces indemnités dans la mesure où elles ne visent pas à réparer une perte permanente de rémunérations, de bénéfices ou de profits.

ex *Marguerite, professeur de gymnastique, perçoit une indemnité légale due en vertu de la législation sur les accidents de travail d'un montant annuel net de 4.000,00 EUR.*

À la suite de son accident, Marguerite a repris son travail à 100 %. Elle n'a donc pas subi de perte de revenus. Le montant de 4.000,00 EUR est exonéré.

Ne sont pas censées constituer la réparation d'une telle perte de revenus les pensions, rentes ou allocations en tenant lieu qui sont :

- soit octroyées en complément d'une pension de retraite ou de survie ;
- soit octroyées en raison d'un accident de travail ou d'une maladie professionnelle ayant entraîné une incapacité de 20 % ou moins.

Pratiquement, ces indemnités sont généralement attribuées par les Fonds des maladies professionnelles, le Fonds des Accidents du Travail, l'Office de la Sécurité Sociale d'Outre-Mer, les Caisses d'assurance contre les accidents du travail, les entreprises belges d'assurance habilitées à l'assurance contre les accidents du travail.

Ces organismes exonèrent intégralement de la retenue du précompte professionnel les indemnités:

- octroyées complémentairement à une pension de retraite ou de survie;
- lorsque le pourcentage d'incapacité permanente n'est pas supérieur à 20%;
- lorsque le bénéficiaire est en service et perçoit une rémunération normale de son employeur qui lui paie également l'indemnité, en particulier dans le secteur public;
- lorsque les bénéficiaires sont soit le conjoint ou cohabitant légal survivant, soit les enfants ou les parents de la personne décédée d'un accident du travail ou d'une maladie professionnelle.

Dans ces quatre situations, aucune fiche n'est établie par le débiteur des revenus.

Lorsque le pourcentage d'incapacité est supérieur à 20%, le débiteur des revenus est tenu de déterminer le montant brut imposable de la manière suivante:

Montant brut des indemnités, allocations ou rentes
– Cotisations sociales retenues obligatoirement
– Indemnité × (20% /taux d'incapacité permanente)
= Montant imposable

C'est ce montant qui figure sur la fiche fiscale et qui donne lieu au calcul et au versement du précompte professionnel dans le chef du débiteur des revenus. De cette manière, l'exonération de 20% est accordée à la source.

Le contribuable peut apporter la preuve que la perte effective des revenus professionnels subie en raison de l'accident de travail ou de la maladie professionnelle est inférieure au montant mentionné sur la fiche fiscale. Dans cette hypothèse, il ne mentionne que le montant correspondant effectivement à cette perte de revenus et joint à sa déclaration une note indiquant les raisons pour lesquelles le montant mentionné sur la fiche diffère de celui déclaré.

3. *Décès de la victime*

Circulaire n° Ci.RH.241/543.986 du 6 novembre 2001

En cas de décès de la victime suite à un accident du travail ou une maladie professionnelle, une rente légale peut être versée au conjoint, aux enfants ou aux parents de la victime décédée. La veuve ou le veuf bénéficie d'une rente légale équivalente à l'indemnité pour incapacité de travail correspondant à 30% d'invalidité. Les enfants et les parents bénéficient d'une rente cor-respondant à l'indemnité pour un taux maximum de 20% d'invalidité.

Le bénéficiaire a, en tout état de cause, droit à l'exonération de la quotité afférente aux premiers 20%. Cela signifie notamment que la rente légale perçue par les enfants et les parents n'est jamais imposable.

Pour la partie supérieure à ces 20% (à savoir 10%), le bénéficiaire (veuve ou veuf) devrait, en principe, apporter la preuve que l'accident du travail ou la maladie professionnelle n'a pas occasionné dans son propre chef une perte effective de revenus ou que celle-ci est inférieure à la quotité afférente aux 10%.

Afin d'éviter des procédures et des discussions stériles, il peut être admis que toutes les rentes légales versées en cas de décès de la victime, suite à l'accident du travail ou la maladie professionnelle, peuvent être totalement exonérées.

B. Indemnités octroyées en vertu du droit commun

Les indemnités obtenues dans le cadre d'une maladie ou d'un accident de droit commun ne sont pas imposables :

- si elles n'ont pas de lien direct ou indirect avec l'activité professionnelle ;
- et si elles ne représentent pas la réparation d'une perte de revenus professionnels.

Sur cette base, ne sont notamment pas imposables :

- les indemnités payées par un tiers responsable ou par l'assureur de celui-ci suite à un accident survenu dans le cadre de la vie privée, si elles ne compensent pas une perte de revenus ;
- les indemnités payées par l'assureur de la victime elle-même, suite à un accident survenu dans le cadre de la vie privée, si elle ne compense pas une perte de revenus.

C. Indemnités octroyées dans le cadre de l'assurance revenu garanti

1. *Principe*

Sont en principe imposables les indemnités, allocations rentes et rentes de conversion de capitaux en tenant lieu, extralégales, octroyées en raison d'un accident ou d'une maladie ayant entraîné une perte permanente de revenus.

Ces indemnités donnent en principe lieu à l'établissement par le débiteur des revenus d'une fiche 281.14 et d'un relevé 325.14.

2. *Exonérations*

L'administration considère que ces indemnités sont toujours imposables, qu'il y ait ou pas de perte de revenus dans le chef du bénéficiaire de la rente.

Toutefois, la Cour d'arbitrage[4] a jugé que ces dispositions étaient discriminatoires dans les cas suivants :

- lorsque les indemnités, qui sont versées en exécution d'un contrat d'assurance conclu pour couvrir une incapacité physiologique et/ou économique (assurance revenu garanti), ne compensent pas une perte de revenus et que les primes n'ont pas fait l'objet d'une déduction au titre de charges professionnelles (arrêt n° 120/2001 du 10 octobre 2001) ; la Cour n'aperçoit pas ce qui pourrait justifier que l'indemnisation versée en exécution de ce type de contrat d'assurance soit soumise à l'impôt, alors qu'elle ne constitue pas un revenu de remplacement. Pareille imposition a pour effet de créer une discrimination entre les victimes d'un accident, selon qu'elles sont indemnisées en exécution des dispositions législatives relatives aux accidents du travail, à la suite d'une action de droit commun de la responsabilité, ou en exécution d'un contrat d'assurance ;
- lorsque les indemnités, qui sont versées en exécution d'un contrat d'assurance collective conclue par l'employeur du bénéficiaire, ne compensent pas une perte de revenus (arrêt n° 55/2003 du 30 avril 2003) ; la Cour n'aperçoit pas ce qui pourrait justifier que l'indemnisation versée en exécution d'un contrat collectif d'assurance qui couvre l'incapacité physiologique et/ou économique soit soumise à l'impôt, alors qu'elle ne constitue pas un revenu de remplacement. Pareille imposition a pour effet de créer une discrimination entre les victimes d'un accident qui n'ont pas subi de perte de revenus, selon que l'indemnisation qu'elles perçoivent leur est versée en exécution d'un contrat d'assurance individuel ou en exécution d'un contrat collectif.

---

4 La dénomination a depuis lors changé : la Cour d'arbitrage est devenue la Cour constitutionnelle le 7 mai 2007.

La Cour de cassation, dans un arrêt du 15 janvier 2004, a jugé que l'activité d'un bénévole non rémunéré ne peut être considérée comme une activité professionnelle. En effet, cette activité ne lui procure pas de revenus professionnels imposables. L'indemnité payée à un bénévole non rémunéré suite à un accident dont il a été la victime au cours de son activité non rémunérée, en vertu d'une assurance contre les accidents corporels, n'est donc pas imposable, l'indemnité ne se rattachant pas à une activité professionnelle.

3. *Primes déduites à titre de frais professionnels par le bénéficiaire*

La Cour d'arbitrage[5] a considéré que les indemnités versées en exécution d'un contrat de type revenu garanti, sans que le bénéficiaire ait subi une perte de revenus, et lorsque les primes liées au contrat d'assurance ont été déduites à titre de charges professionnelles, étaient imposables (arrêt n° 102/2005 du 1er juin 2005). En effet, si les allocations versées en exécution d'un contrat d'assurance individuelle contre les accidents corporels doivent être exonérées d'impôt lorsque les primes liées au contrat n'ont pas été déduites fiscalement par le bénéficiaire de l'indemnité, il est justifié que l'indemnité attribuée en exécution d'un contrat d'assurance individuelle en réparation d'une incapacité de travail pour cause de maladie et d'invalidité soit taxée lorsque la prime correspondante a été déduite par le bénéficiaire de l'indemnité à titre de charge professionnelle. Ceci résulte de la définition de la notion de «frais professionnels»: la prime déduite a pour but d'acquérir ou de conserver des revenus imposables, de sorte que l'indemnité octroyée est nécessairement imposable.

4. *Primes déduites à titre de frais professionnels par l'employeur du bénéficiaire*

Dans son arrêt n° 146/2008 du 30 octobre 2008, la Cour constitutionnelle mentionne qu'il n'est pas justifié que l'indemnisation versée en exécution d'un contrat collectif d'assurance qui couvre l'incapacité physiologique et/ou économique soit soumise à l'impôt, alors qu'elle ne constitue pas un revenu de remplacement. Pareille imposition a pour effet de créer une discrimination entre les victimes d'un accident qui n'ont pas subi de perte de revenus, selon que l'indemnisation qu'elles perçoivent leur est versée en exécution d'un contrat d'assurance individuel ou en exécution d'un contrat collectif.

Lorsque le contrat d'assurance a été conclu par l'employeur du bénéficiaire, ce dernier, n'ayant pas acquitté les primes, ne peut les déduire en charge professionnelle. Le fait que l'employeur aurait pu, éventuellement, effectuer la déduction des primes est étranger au bénéficiaire de l'indemnité. La circonstance que les primes aient été, le cas échéant, déduites ne saurait avoir d'influence sur le fait générateur de l'impôt, tel qu'il se déduit de l'article 31, alinéa 2, 4° du Code des impôts sur les revenus, interprété à la lumière de la volonté du législateur, exprimée dans les travaux préparatoires de la loi du 5 janvier 1976, et qui était de fonder la taxation sur la perte de revenus professionnels et la compensation de cette perte par l'indemnité versée. Le critère de distinction ne saurait dès lors être considéré comme pertinent au regard de l'objet de la disposition.

7.6.3. *Allocations en capital qui ont le caractère d'indemnité constituant la réparation totale ou partielle d'une perte permanente de bénéfices, profits ou rémunérations*

Article 169 CIR

Les allocations uniques en capital payées à un contribuable en lieu et place de la rente ou de la pension à laquelle il pourrait prétendre, en réparation totale ou partielle d'une perte perma-

[5] La dénomination a depuis lors changé: la Cour d'arbitrage est devenue la Cour constitutionnelle le 7 mai 2007.

nente de bénéfices, de profits ou de rémunérations, sont, pour la détermination du montant imposable, converties en rentes fictives.

Du point de vue fiscal, ces revenus sont imposables au titre de pensions et donnent droit à une réduction d'impôt.

Le capital est converti en rente fictive, en fonction de coefficients fixés par le Roi. Les rentes sont imposées durant au maximum 10 ou 13 années consécutives, selon que le bénéficiaire avait atteint l'âge de 65 ans ou était plus jeune et, pour la première fois, pour l'année de paiement ou de l'attribution du capital. Le montant de la rente est cumulé avec les autres revenus imposables soumis au taux progressif. Ces rentes ne doivent plus être déclarées à partir de période imposable qui suit l'année du décès.

Ces coefficients sont les suivants :

Âge du bénéficiaire	Pourcentage
65 ans	5%
63 et 64 ans	4,5%
61 et 62 ans	4%
59 et 60 ans	3,5%
56 à 58 ans	3%
51 à 55 ans	2,5%
46 à 50 ans	2%
41 à 45 ans	1,5%
Jusque 40 ans	1%

ex *Marguerite, célibataire, née en janvier 1968, a perçu en mars 2016 un capital de 100.000,00 EUR à la suite d'un accident de droit commun, en réparation d'une perte permanente de revenus.*

Marguerite est imposable durant 13 périodes imposables successives sur une rente de conversion (pension) de 100.000,00 × 2% = 2.000,00 EUR, ce montant étant globalisé avec ses autres revenus imposables.

Marguerite remplit le cadre V de sa déclaration de la manière suivante :

Cadre V – Pensions		
A. Pensions (autres que celles visées sub 2 et 3)		
j) rentes de conversion de capitaux et de valeurs de rachat payés ou attribués		
1° en 2016	*2.000,00*	*Code 1216-45*

7.6.4. *Cheminement en matière d'indemnités qui réparent une perte permanente de revenus*

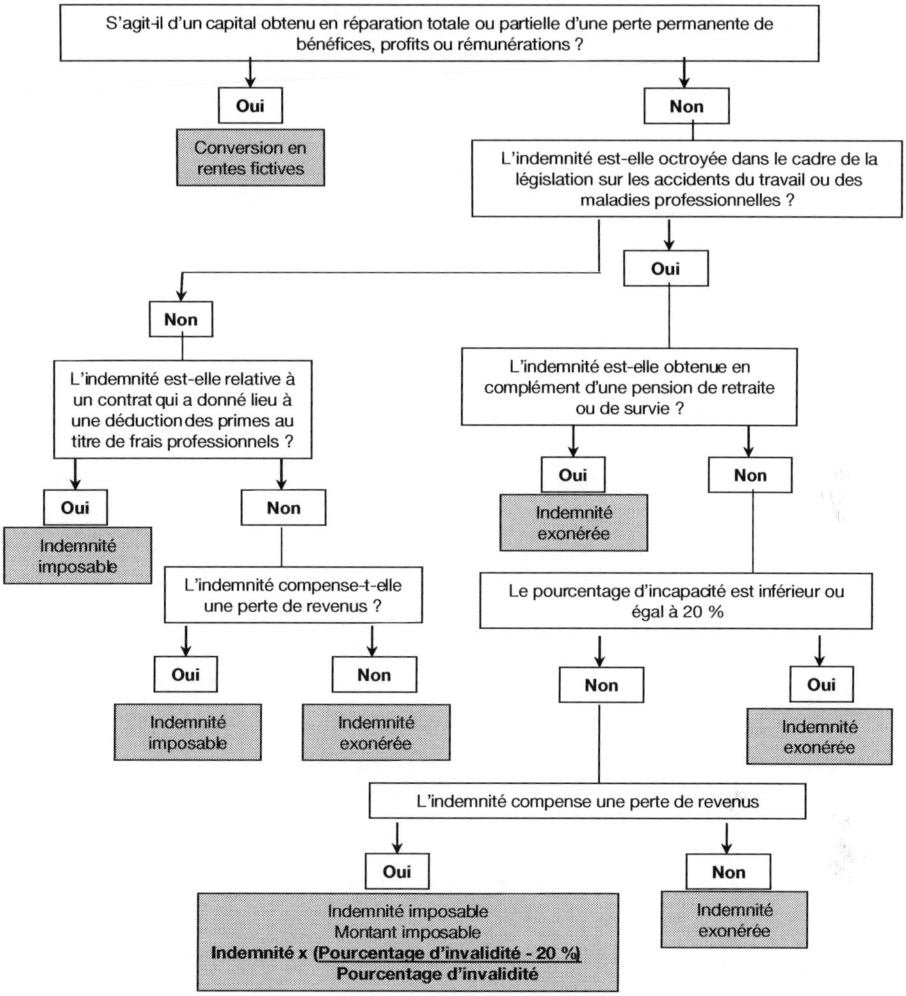

7.7. Indemnités obtenues dans le cadre des agences locales pour l'emploi (ALE)

Article 38, alinéa 1er, 13° CIR et loi du 2 janvier 2001[6]

Circulaire n° Ci.RH.241/469.269 du 28 février 1997

Les revenus obtenus pour des prestations fournies dans le cadre d'un contrat de travail ALE tel qu'il est défini à l'article 3 de la loi du 7 avril 1999 relative au contrat de travail ALE, sont exonérés d'impôt à concurrence de 4,10 EUR par heure de prestation.
La partie de l'indemnité qui excède 4,10 EUR est considérée fiscalement comme une allocation de chômage.

---

[6] Entrée en vigueur le 3 janvier 2001.

L'administration fiscale a également décidé que les indemnités relatives à des remboursements de frais de déplacement du domicile au lieu de travail et des frais de repas octroyées exclusivement pour des prestations effectuées dans le cadre d'une ALE ne sont pas, compte tenu des termes généraux de l'article 38, 13° du Code des impôts sur les revenus, imposables[7].

Si les indemnités concernent des remboursements pour des déplacements de service effectués pendant l'exécution des prestations susvisées pour le compte de l'ALE, elles ne sont en principe pas considérées comme des revenus professionnels imposables conformément à l'article 31, alinéa 2, 1° du Code des impôts sur les revenus.

Pour que les indemnités ne soient pas imposables, il est requis, dans les deux cas, qu'elles couvrent des frais réels ou, lorsqu'il s'agit d'indemnités forfaitaires, qu'elles soient fixées d'après des normes sérieuses.

7.8. Indemnités pour activité de bénévolat

Circulaire n° Ci.RH.241/509.803 du 5 mars 1999

Circulaire n° Ci.RH.241/601.872 (AFER 2/2010) du 6 janvier 2010

Addendum du 14 janvier 2013 à la Circulaire n° Ci.RH. 241/509.873 (AGfisc 9/2003) du 5 mars 1999

Les bénévoles sont des personnes physiques qui exercent, sans aucune rémunération, des activités de manière tout à fait désintéressée, dans le cadre d'une structure organisée ou réglementée.

Les indemnités que des clubs, fédérations, associations, institutions, ou l'autorité publique allouent dans le cadre de leurs objectifs sportifs, sociaux ou culturels, à leurs bénévoles non rémunérés, à titre de remboursement forfaitaire de frais (que ces derniers supportent dans le cadre de leur activité bénévole), couvrent des frais réels et ne sont par conséquent pas imposables lorsque les conditions suivantes sont réunies :

- l'activité de bénévole doit s'exercer
  - pour le compte d'une personne morale telle qu'une association sans but lucratif, une mutuelle, un service public ou un établissement d'utilité publique, une commune, un centre public d'aide sociale,
  - ou pour le compte d'une association sans personnalité juridique comme une association ou un groupement de fait,

  qui ne se livrent pas à une exploitation ou à des opérations de caractère lucratif ;
- l'activité de bénévole doit être exercée de manière purement désintéressée ;
- le bénévole n'a aucune relation professionnelle avec le club, la fédération, l'association, l'institution sans but lucratif ou le service public dans lequel il exerce de manière tout à fait désintéressée son activité bénévole ;
- l'activité de bénévole doit être exercée dans le cadre d'activités sociales, culturelles ou sportives du club, de la fédération, de l'association, de l'institution ou de l'autorité publique ;
- ces indemnités n'excèdent pas, par bénéficiaire, 32,71 EUR par jour et 1.308,38 EUR par an (montant indexé valable pour l'exercice d'imposition 2017).

Les frais concernés sont :

- des frais pour les déplacements que les bénévoles effectuent avec leur propre moyen de transport ou au moyen d'un transport en commun entre leur domicile et le siège du club, de la fédération, de l'association, de l'institution ou le lieu d'où les activités sont organisées, dirigées ou administrées (par exemple, le local du club, le terrain de sport, le centre culturel, la salle de réunion, etc.) ou les endroits en rapport avec les

7 QP n° 225 du 15 janvier 1996 posée par le Représentant Eerdekens, *Q. R., Ch. repr., sess.* 1995-1996, n° 45, p. 6202.

activités de l'association mais qui ne sont pas un lieu fixe d'activité (trajets pour des compétitions en déplacement, manifestations, conférences, journées de formation, etc.);
- les frais de séjour (notamment les rafraîchissements et les repas);
- tous les autres frais pour lesquels, du fait de la nature et du montant minime, il n'est pas d'usage de produire des pièces justificatives (frais qui se rapportent à l'équipement sportif, téléphone, fax, utilisation de PC, internet, correspondance, documentation, petit matériel, etc.).

Comme elles ne sont pas censées tomber dans le champ d'application de l'impôt sur les revenus, les indemnités qui respectent les conditions mentionnées ci-dessus ne doivent pas figurer sur une fiche 281.10 et un relevé récapitulatif 325.10 correspondant. Le service de taxation dont dépend le club, la fédération, l'association, l'institution ou l'autorité publique concerné, peut toutefois obliger ce club, cette fédération, etc., à produire annuellement une liste nominative mentionnant les sommes allouées par bénéficiaire.

Par contre, les indemnités qui excèdent au cours de la période imposable 2017 plus de 32,71 EUR par jour ou plus de 1.308,38 EUR par an *doivent être intégralement* considérées comme des revenus imposables. Autrement dit, lorsque l'un de ces deux plafonds est dépassé, tous les revenus provenant de l'activité bénévole pendant la période imposable doivent être intégralement considérés comme des revenus imposables. Cependant, ces montants peuvent être exonérés d'impôt à titre de remboursement de frais incombant à la fédération, à l'association, à l'institution ou à l'autorité publique, pour autant que les conditions suivantes soient simultanément réunies:
- l'indemnité est destinée à couvrir des frais qui sont propres au club, à la fédération, à l'association, à l'institution ou à l'autorité publique;
- l'indemnité a été effectivement consacrée à de tels frais.

Depuis le 29 mai 2009, le remboursement forfaitaire de frais jusqu'à concurrence des plafonds journalier et annuel précités (32,71 EUR par jour ou 1.308,38 EUR par an), peut être combiné avec le remboursement des frais réels de déplacement limités à 2000 kms par an et par volontaire.

7.9. Indemnités des bénévoles pour lesquels il existe un régime fiscal particulier

Circulaire n° Ci.RH.241/425.005 du 14 juin 1991
Circulaire n° Ci.RH.241/601.872 du 6 janvier 2010

7.9.1. *Remboursements forfaitaires de frais accordés par les clubs de football amateurs des divisions inférieures à certains joueurs, entraîneurs et préposés*

Les indemnités accordées par les clubs de football amateurs des divisions inférieures (provinciales ou régionales), qui sont versées:
- aux joueurs qui pratiquent leur sport par pur délassement;
- aux entraîneurs auxiliaires qui pratiquent leur sport par pur délassement;
- aux délégués de club (pour autant que l'indemnité perçue ne dépasse pas celle des joueurs);
- aux personnes chargées de l'entretien du terrain (pour autant que l'indemnité perçue ne dépasse pas celle des joueurs);
- aux parents de joueurs ou autres volontaires qui font le transport des joueurs avec leur propre voiture;
- aux parents ou autres volontaires qui font la lessive des équipements des joueurs,

constituent des indemnités de remboursement de dépenses propres à l'employeur qui ne sont pas soumises à l'impôt dans le chef des bénéficiaires jusqu'à un montant maximum de:
- 12,50 EUR par jour de match pour les joueurs, les entraîneurs auxiliaires, les délégués de club, les personnes chargées de l'entretien du ou des terrains;

- l'indemnité forfaitaire octroyée aux agents de l'État qui effectuent des déplacements de service pour les parents ou autres volontaires qui font le transport des joueurs avec leur propre voiture ;
- 15,00 EUR par équipe et par match pour les parents ou autres volontaires qui font la lessive des équipements.

Les indemnités qui dépassent les limites précitées *doivent être intégralement* considérées, dans le chef des bénéficiaires, comme des rémunérations imposables qui doivent être renseignées sur des fiches n° 281.10 et sur un relevé récapitulatif n° 325.10 correspondant.

Par « match », il y a lieu d'entendre tous les matchs, y compris les éventuels matchs amicaux préparatoires à l'une ou l'autre rencontre importante. Les entraînements ne sont pas visés ici.

L'attention est attirée sur le fait que le bénévole a toujours le choix entre ce régime fiscal particulier et le régime fiscal général des indemnités dans le cadre d'activités bénévoles tel que visé ci-avant (indemnités pour activité de bénévolat).

7.9.2. *Indemnités que les clubs de football de division 1 nationale ou l'Union Royale belge des sociétés de Football Association allouent aux stewards qui collaborent à la sécurité dans les stades*

Circulaire n° Ci.RH.241/463.482 du 12 août 1996

Les indemnités que :

- les clubs de division 1 nationale, à l'occasion des matchs de championnats de Belgique, de coupe de Belgique et de coupe d'Europe y compris les matchs amicaux préparatoires à l'une ou l'autre rencontre importante ;
- l'URBSFA, à l'occasion des matchs prestés par l'équipe nationale belge,

allouent aux stewards qui collaborent à la sécurité dans le stade constituent, jusqu'à un montant maximum de 25,00 EUR par match, des indemnités de remboursement de dépenses propres à l'employeur qui ne sont pas soumises à l'impôt dans le chef des bénéficiaires.

L'excédent éventuel est à considérer comme une indemnité imposable à titre de rémunérations de travailleur, qui doit figurer sur une fiche de rémunérations à établir par le débiteur des revenus.

7.9.3. *Indemnités allouées par les clubs de football appartenant à l'URBSFA à leurs contrôleurs, caissiers et responsables des contrôleurs et caissiers*

Circulaire n° Ci.RH.241/489.207 du 24 juin 1997

Les indemnités que :

- les clubs de football appartenant à l'URBSFA, à l'occasion des matchs de championnats de Belgique, de coupe de Belgique et de coupe d'Europe y compris les matchs amicaux préparatoires à l'une ou l'autre rencontre importante,
- l'URBSFA, à l'occasion des matchs prestés par l'équipe nationale belge,

accordent :

- à leurs contrôleurs,
- à leurs caissiers,
- aux responsables des contrôleurs et caissiers,

constituent, jusqu'à un montant maximum de :

- 12,50 EUR par match pour les contrôleurs,
- 20,00 EUR pour les caissiers,
- 25,00 EUR pour les responsables des contrôleurs et caissiers,

des indemnités de remboursement de dépenses propres à l'employeur qui ne sont pas soumises à l'impôt dans le chef des bénéficiaires.

L'excédent éventuel est à considérer comme une indemnité imposable à titre de rémunérations de travailleur, qui doit figurer sur une fiche de rémunération à établir par le débiteur des revenus.

L'attention est attirée sur le fait que le bénévole a toujours le choix entre ce régime fiscal particulier et le régime fiscal général des indemnités dans le cadre d'activités bénévoles tel que visé ci-avant (indemnités pour activité de bénévolat).

7.9.4. *Indemnités qui sont payées ou attribuées aux joueurs et collaborateurs dans les divisions inférieures de sports d'équipes amateurs autres que le football amateur*

Circulaire n° Ci.RH.241/486.611 du 7 avril 1998

Les indemnités qui sont versées :

- aux joueurs qui pratiquent leur sport par pur délassement,
- aux entraîneurs auxiliaires qui pratiquent leur sport par pur délassement,
- aux délégués de club (pour autant que l'indemnité perçue ne dépasse pas celle des joueurs),
- aux personnes chargées de l'entretien du terrain (pour autant que l'indemnité perçue ne dépasse pas celle des joueurs),
- aux parents de joueurs ou autres volontaires qui font le transport des joueurs avec leur propre voiture,
- aux parents ou autres volontaires qui font la lessive des équipements des joueurs,

accordées par les clubs de sport amateurs de divisions inférieures (provinciales ou régionales) affiliés à :

- la Fédération flamande de Volley-ball,
- la Fédération royale belge de Basket-ball,
- la Fédération royale belge de Hockey sur gazon,
- la ligue francophone de Hand-ball,

constituent, jusqu'à un montant maximum de :

- 12,50 EUR par jour de match pour les joueurs, les entraîneurs auxiliaires, les délégués de club, les personnes chargées de l'entretien du ou des terrains,
- l'indemnité forfaitaire octroyée aux agents de l'État qui effectuent des déplacements de service pour les parents ou autres volontaires qui font le transport des joueurs avec leur propre voiture,
- 15,00 EUR par équipe et par match pour les parents ou autres volontaires qui font la lessive des équipements,

des indemnités de remboursement de dépenses propres à l'employeur qui ne sont pas soumises à l'impôt dans le chef des bénéficiaires.

Les indemnités qui dépassent les limites précitées *doivent être intégralement* considérées, dans le chef des bénéficiaires, comme des rémunérations imposables qui doivent être renseignées sur des fiches n° 281.10 et sur un relevé récapitulatif n° 325.10 correspondant.

L'attention est attirée sur le fait que le bénévole a toujours le choix entre ce régime fiscal particulier et le régime fiscal général des indemnités dans le cadre d'activités bénévoles tel que visé ci-avant (indemnités pour activité de bénévolat).

7.9.5. *Allocations des pompiers volontaires*

Les allocations des pompiers volontaires des services publics d'incendie et des agents volontaires de la Protection civile sont exonérées à concurrence de 4.380,00 EUR (montant indexé pour l'exercice d'imposition 2017).

7.9.6. *Cheminement en matière d'indemnités de bénévolat*

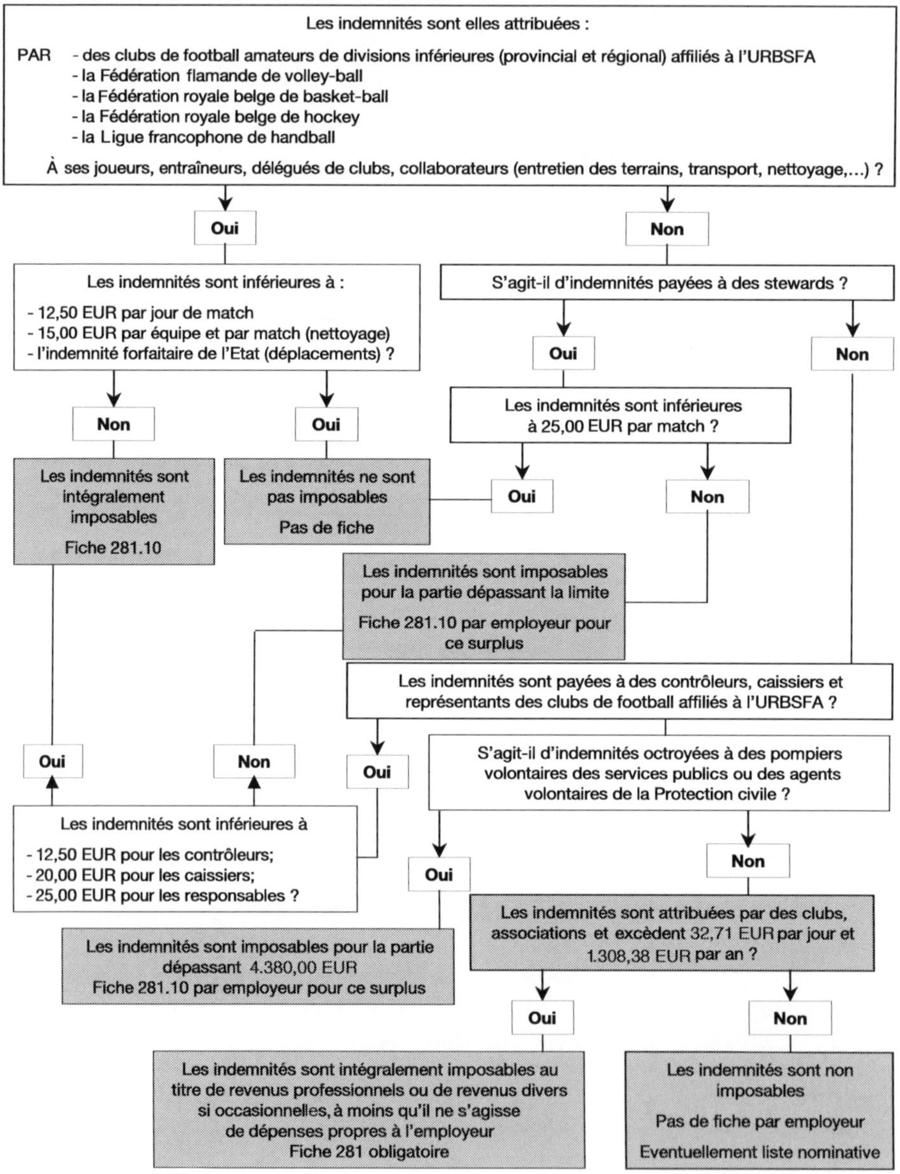

7.10. **Indemnités attribuées aux artistes**

Article 38, § 1, 23° et § 4 et art. 97, § 2 CIR

Circulaire n° AAF/2008-0438-1 (AFZ 11/2008) du 11 juillet 2008

Circulaire n° Ci.RH.242/599.141 (AFER 42/2009) du 26 août 2009

Circulaire n° Ci.RH.241/606.414 (AFER 57/2010) du 13 août 2010

Le statut social des artistes, entré en vigueur le 1er juillet 2003, a pour effet que les artistes sont soumis à la sécurité sociale des travailleurs salariés. En vertu du nouveau statut social, toute indemnité octroyée à un artiste en contrepartie de la prestation artistique exécutée est considérée comme un salaire soumis à cotisations et ce, quel que soit la dénomination, la forme, la fréquence ou le montant de cette indemnité. Les remboursements de frais ne tombent pas sous la notion de rémunérations.

Dans le cadre du statut social des artistes, il est prévu que, sous des conditions strictes, les petites indemnités octroyées à des artistes dans le cadre d'activités artistiques de « petite échelle » (par exemple : free-podium dans un café, prestation d'une troupe théâtrale d'amateurs, exposition occasionnelle d'une académie de beaux-arts, etc.) sont considérées comme des indemnités forfaitaires de défraiement. Cette mesure sociale particulière ne peut pas fonctionner sans mesure fiscale d'accompagnement. Cette mesure fiscale d'accompagnement consiste en ce que les montants qui entrent en ligne de compte pour la mesure sociale soient, dans la plupart des cas, exonérés d'impôt mais à concurrence d'un montant maximum de 2.000,00 EUR par année civile (montant à indexer – 2.466,34 EUR pour l'exercice d'imposition 2017). Dans la mesure où le montant est dépassé, la partie qui excède 2.000,00 EUR par année civile (2.466,34 EUR pour l'exercice d'imposition 2017) est un revenu imposable.

Puisque le droit fiscal fait une distinction entre les revenus professionnels et les revenus divers et que les activités artistiques peuvent avoir un caractère professionnel ou occasionnel, l'exonération est réglée tant en matière de revenus professionnels que de revenus divers.

7.10.1. *Incompatibilité avec le régime des indemnités pour des activités de bénévolat*

Le régime fiscal des indemnités allouées pour des activités de bénévolat ne peut s'appliquer lorsque le contribuable effectue des prestations artistiques et que le régime des petites indemnités pour les artistes lui est applicable.

En effet, les indemnités pour activités de bénévolat ne sont pas considérées comme des revenus professionnels imposables, tandis que les petites indemnités pour les artistes se rapportent à des revenus professionnels imposables pour lesquels une exonération a été expressément prévue par le législateur.

Il en résulte que les dispositions de l'article 38, § 1er, alinéa 1er, 23° du Code des impôts sur les revenus, ne constituent pas un régime d'option. Toutes les petites indemnités que le contribuable perçoit dans le cadre de prestations artistiques tombent sous l'application de cet article.

7.10.2. *Revenus professionnels des artistes*

A. **Principe**

Est exonérée l'indemnité forfaitaire de défraiement qui est obtenue dans le cadre de l'exercice d'une activité professionnelle en tant qu'artiste et qui satisfait à certaines conditions. Il s'agit plus particulièrement de l'indemnité forfaitaire de défraiement octroyée en raison de la fourniture de prestations artistiques et/ou de la production des œuvres artistiques pour le compte d'un donneur d'ordre.

Par « fourniture de prestations artistiques et/ou de la production des œuvres artistiques » et par « donneur d'ordre », il convient d'entendre respectivement :

- la création et/ou l'exécution ou l'interprétation d'œuvres artistiques dans le secteur de l'audiovisuel et des arts plastiques, de la musique, de la littérature, du spectacle, du théâtre et de la chorégraphie) ;
- celui qui donne mission à un contribuable de fournir une prestation artistique ou de produire une œuvre artistique au sens du tiret ci-avant ; est aussi considéré comme donneur d'ordre celui chez qui le contribuable est mis à disposition).

B. **Conditions à respecter**

Afin d'obtenir l'exonération visée, les conditions suivantes doivent être remplies à savoir :

1. Le contribuable doit être en possession d'une carte « artistes » dûment complétée et dont le modèle est fixé par le Ministre qui a les affaires sociales dans ses attributions ;
2. L'indemnité forfaitaire de défraiement ne peut pas dépasser 100,00 EUR (montant à indexer – 123,32 EUR pour l'exercice d'imposition 2017) par jour par donneur d'ordre. Lorsque le donneur d'ordre paie un montant supérieur, la totalité de l'indemnité n'est pas prise en compte pour l'exonération ;
3. Le contribuable ne peut pas être lié, au moment de la fourniture d'une prestation artistique et/ou de la production d'une œuvre artistique, au même donneur d'ordre par un contrat de travail, un contrat d'entreprise ou une désignation statutaire sauf si lui et le donneur d'ordre apportent la preuve de la différence de nature des prestations entre les différentes activités. Ainsi, un acteur lié à une institution déterminée pour la fourniture d'activités artistiques n'entrera pas en considération pour l'exonération s'il participe par exemple à une soirée de bienfaisance sur l'ordre de la même institution. Par contre, un employé pourra sans problèmes fournir pour son employeur une activité artistique qui entre en considération pour l'exonération.

7.10.3. *Revenus divers des artistes*

Lorsque les activités artistiques ont un caractère occasionnel, une règle d'exonération pour les revenus divers analogue à la règle d'exonération pour les revenus professionnels est également applicable pour les indemnités forfaitaires de défraiement. L'exonération maximale s'élève aussi à un montant maximum de 2.000,00 EUR par année civile (montant à indexer – 2.466,34 EUR pour l'exercice d'imposition 2017) et les conditions à remplir sont identiques.

8. Les plus-values

8.1. Principe

Articles 24, alinéa 1er, 2° et 27, alinéa 2, 3° CIR

En vertu de l'article 24, al. 1er, 2° du Code des impôts sur les revenus, les accroissements de la valeur des éléments d'actif affectés à l'exercice de l'activité professionnelle et les amoindrissements de la valeur des éléments du passif de cette activité sont compris dans les bénéfices des entreprises industrielles, commerciales ou agricoles lorsque ces plus- ou moins-values ont été exprimées ou réalisées dans les comptes annuels.

Conformément à l'article 27, al. 2, 3° du Code des impôts sur les revenus, toutes les plus-values réalisées sur des éléments de l'actif affecté à l'exercice de la profession sont comprises dans les profits.

En l'absence de disposition fiscale expresse, les rémunérations des travailleurs et des dirigeants d'entreprise ne comprennent pas les plus-values réalisées ou exprimées sur des éléments de l'actif affecté à l'exercice de l'activité professionnelle.

8.1.1. *Accroissements de la valeur des éléments de l'actif*

L'article 24, alinéa 1er, 2° du Code des impôts sur les revenus inclut dans les bénéfices des entreprises industrielles, commerciales ou agricoles, les accroissements de valeur des éléments affectés à l'exercice de l'activité professionnelle et de tout amoindrissement de la valeur des éléments du passif résultant de cette activité, lorsque ces plus-values ou moins-values ont été réalisées ou exprimées dans la comptabilité ou les comptes annuels.

L'article 27, alinéa 2, 3° du Code des impôts sur les revenus inclut dans les profits toutes les plus-values réalisées sur des éléments de l'actif affectés à l'exercice de la profession.

Faute de disposition fiscale expresse, les rémunérations des travailleurs et des dirigeants d'entreprise ne comprennent pas les plus-values réalisées ou exprimées sur des éléments de l'actif affectés à l'exercice de leur activité professionnelle.

Le Code des impôts sur les revenus vise trois catégories de plus-values à savoir :

- les plus-values non exprimées et non réalisées (dénommées ci-après les plus-values latentes) ;
- les plus-values exprimées mais non réalisées ;
- les plus-values réalisées.

Les plus-values réalisées ou exprimées sont imposables sous réserve d'une exonération totale ou partielle, qui peut être de nature temporaire ou permanente. Cette exonération est obtenue en fonction de la nature de l'actif concerné (voir page 373).

Les plus-values sur des immobilisations financières sont toujours imposables même si elles ne sont pas exprimées ou pas réalisées (voir page 366).

Le tableau suivant précise dans le chef de quel contribuable sont imposables les plus-values réalisées sur des éléments de l'actif ou les moins-values sur des éléments du passif.

<table>
<tr><th rowspan="3">Nature de la plus-value</th><th colspan="4">La personne qui réalise des plus-values recueille des revenus professionnels qui sont des :</th></tr>
<tr><th rowspan="2">Bénéfices</th><th rowspan="2">Profits</th><th colspan="2">Rémunérations de</th></tr>
<tr><th>travailleurs</th><th>dirigeants d'entreprise</th></tr>
<tr><td>Plus-values non exprimées et non réalisées sur des éléments de l'actif</td><td>Art. 24, al. 1er, 3° CIR (cf. page 365).</td><td colspan="3">Pas d'imposition
Absence de dispositions légales</td></tr>
<tr><td>Plus-values exprimées mais non réalisées sur des éléments de l'actif</td><td>Art. 24, al. 1er, 2° CIR (cf. page 366)</td><td colspan="3">Pas d'imposition
Absence de dispositions légales</td></tr>
<tr><td>Plus-values réalisées sur des éléments de l'actif</td><td>Art. 24, al. 1er, 2° CIR (cf. page 366)</td><td>Art. 27, al. 1er, 3° CIR (cf. page 366)</td><td colspan="2">Pas d'imposition
Absence de dispositions légales</td></tr>
</table>

ex 1. *Luc, employé ou dirigeant d'entreprise de la « SPRL Pick », vend en 2016 sa voiture. Celle-ci était affectée à l'exercice de son activité professionnelle à concurrence de 40 %. À l'occasion de cette aliénation, il réalise une plus-value de 1.000,00 EUR.*

À défaut d'une disposition fiscale expresse en la matière, Luc n'est pas imposable sur la quotité professionnelle de la plus-value fiscale réalisée à l'occasion de la vente de sa voiture.

2. *Marguerite, fleuriste indépendante, vend en 2016 sa camionnette. Celle-ci était affectée totalement à l'exercice de son activité professionnelle. À l'occasion de cette aliénation, elle réalise une plus-value de 1.000,00 EUR.*
Sur la base de l'article 24, alinéa 1er, 2° du Code des impôts sur les revenus, les bénéfices imposables de Marguerite comprennent la plus-value de 1.000,00 EUR réalisée à l'occasion de la vente de sa camionnette.

3. *Luc, sculpteur de renommée mondiale, décide en 2016 de réévaluer ses œuvres d'art invendues à concurrence de 625.000,00 EUR. Cette réévaluation est basée sur la valeur de vente d'œuvres similaires.*
À défaut d'une disposition expresse en la matière, Luc n'est pas imposable sur la plus-value fiscale exprimée sur ses œuvres d'art en stock. Conformément à l'article 27, alinéa 2, 3° du Code des impôts sur les revenus, seules les plus-values réalisées sont comprises dans ses profits imposables.

8.1.2. *Amoindrissement de la valeur des éléments du passif*

La remise d'une dette, impliquant l'extinction d'une obligation, entraîne une plus-value de patrimoine résultant d'une diminution du passif. Cette remise doit, par conséquent, être considérée, dans le chef des entreprises industrielles, commerciales ou agricoles qui en bénéficient, comme un élément du bénéfice imposable de la période au cours de laquelle cette remise lui a été consentie.

Le tableau suivant précise dans le chef de quel contribuable sont imposables les moins-values sur des éléments du passif :

Nature de la plus-value	La personne qui réalise des plus-values recueille des revenus professionnels qui sont des :			
	Bénéfices	Profits	Rémunérations de	
			travailleurs	dirigeants d'entreprise
Amoindrissement de la valeur des éléments du passif	Art. 24, al. 1er, 2° CIR (*cf.* page 364).	Pas d'imposition Absence de dispositions légales		

8.2. Immobilisations affectées à l'exercice de l'activité professionnelle

Pour que les accroissements d'avoirs soient imposables à l'impôt des personnes physiques soit comme des bénéfices d'exploitation, soit comme des profits, ils doivent se rapporter à des éléments affectés à l'exercice de l'activité professionnelle.

Sont légalement considérées comme affectées à l'exercice de l'activité professionnelle :

- les immobilisations acquises ou constituées dans le cadre de cette activité professionnelle et figurant parmi les éléments de l'actif ; dans cette hypothèse, l'affectation professionnelle dépend de la tenue d'une comptabilité ;
- les immobilisations ou la partie de celles-ci en raison desquelles des amortissements ou des réductions de valeur sont admis fiscalement ;
- les immobilisations incorporelles constituées pendant l'exercice de l'activité professionnelle et qui figurent ou non parmi les éléments de l'actif (il s'agit par exemple d'un brevet, d'une marque, d'une enseigne, d'un pas de porte, d'un fonds de commerce ou d'une dénomination, d'une clientèle, d'un *goodwill* acquis gratuitement ou à titre onéreux ou qui ont été créés ou constitués par le contribuable lui-même).

Si un bien immobilier est partiellement affecté par un contribuable qui réalise des bénéfices ou des profits à l'exercice de son activité professionnelle et que des amortissements ont été actés non pas sur l'immeuble lui-même mais sur les travaux de transformation de l'immeuble, le bien immobilier est considéré comme étant entièrement affecté à l'exercice de l'activité professionnelle (*cf.* page 101). Pour le calcul de la plus-value imposable, il y a lieu de tenir compte, tant de la partie professionnelle de la valeur d'acquisition du bien (terrain et construction) que du coût des travaux de transformation.

En résumé,

	Immobilisations acquises ou constituées dans le cadre de cette activité professionnelle		Immobilisations incorporelles constituées pendant l'exercice de l'activité professionnelle
	Tient une comptabilité	**Ne tient pas une comptabilité**	
Entreprise industrielle, commerciale ou agricole	Les immobilisations reprises à l'actif sont affectées à l'exercice de l'activité professionnelle.	Les immobilisations sont considérées comme affectées à l'exercice de l'activité professionnelle si ces immobilisations ont fait l'objet d'amortissements ou de réductions de valeur qui ont été admises au titre de frais professionnels.	Sont considérées comme affectées à l'exercice de l'activité professionnelle, même si ces immobilisations ne sont pas reprises à l'actif ou n'ont pas fait l'objet d'un amortissement ou d'une réduction de valeur admise au titre de frais professionnels.
Titulaire de professions libérales, charges ou autres occupations lucratives			

ex

1. *Luc, avocat, a acheté en février 2011 des meubles de bureau. Ceux-ci sont revendus en décembre 2016 à son beau-frère.*
   Si les meubles de bureau utilisés par Luc dans le cadre de son activité professionnelle n'ont pas été repris à l'actif et n'ont fait pas l'objet d'amortissements, Luc n'est pas imposable sur la plus-value réalisée à l'occasion de cette vente.
2. *Marguerite, fleuriste, a acquis un immeuble qu'elle n'a jamais amorti. Plusieurs années plus tard, elle effectue dans cet immeuble des travaux d'aménagement du rez-de-chaussée de l'immeuble. Elle décide alors d'amortir ces travaux.*
   L'immeuble est affecté à l'exercice de l'activité professionnelle, et ce, malgré le fait que Marguerite n'ait jamais amorti l'immeuble.

8.3. Plus-values sur immobilisations financières et autres valeurs de portefeuille

Les plus-values latentes sont des plus-values qui ne sont ni exprimées, ni réalisées.

Les plus-values latentes ne sont jamais imposables, à moins qu'elles soient relatives à des immobilisations financières et autres titres en portefeuille appartenant à des entreprises.

Le montant imposable correspond à la plus-value compensant totalement ou partiellement les réductions de valeurs admises au cours des périodes imposables antérieures.

Ces plus-values ne sont imposables que dans la mesure où elles compensent des dépréciations admises du point de vue fiscal :

- soit à partir de l'année 1976, pour les contribuables qui clôturent leur comptabilité par année civile ;
- soit à partir de l'exercice comptable clôturé au cours de l'année 1977, pour les contribuables qui tiennent leur écriture autrement que par année civile.

Pour l'application de cette disposition, les plus-values sur immobilisations financières ou valeurs de portefeuille sont censées compenser en premier lieu les dernières réductions de valeur comptabilisées sur ces effets.

ex *Luc, commerçant, a acheté en 1977, 100 actions de la SPRL Pick pour la somme de 15.000,00 EUR. Ces actions ont été affectées à l'exercice de son activité professionnelle.*

Au 31 décembre 2016, les actions reprises dans la comptabilité de Luc apparaissent pour une valeur de 8.750,00 EUR à la suite de la comptabilisation des réductions de valeur ci-après admises au point de vue fiscal:

- *3.750,00 EUR pour l'année 1978;*
- *2.500,00 EUR pour l'année 2012.*

La valeur unitaire de l'action SPRL Pick est de 145,00 EUR le 31 décembre 2016. La valeur réelle des actions est donc de 14.500,00 EUR et la plus-value non exprimée et non réalisée est de 14.500,00 – 8.780,00, soit 5.720,00 EUR.

La plus-value imposable est déterminée de la manière suivante:

		Reprise de la plus-value	Montant imposable
Valeur d'acquisition	*15.000,00*		
Valeur le 31/12/2016	*14.500,00*		
Moins-value 1978	*3.750,00*	*3.250,00*	*0,00*
Moins-value 2012	*2.500,00*	*2.500,00* *Par priorité*	*2.500,00*
Montant imposable			*2.500,00*

8.4. Plus-values exprimées mais non réalisées

L'entreprise industrielle, commerciale ou agricole qui procède à une réévaluation des éléments qui font partie de son patrimoine n'est pas imposable sur des réévaluations pour autant qu'elles soient relatives à des éléments du patrimoine de l'entreprise autres que des stocks et des commandes en cours d'exécution au sens de la législation relative à la comptabilité et aux comptes annuels des entreprises.

Cette exonération ne s'applique pas aux plus-values exprimées mais non réalisées constatées à l'occasion de la conversion, dans le chef du même contribuable, de droits de participation dans un compartiment d'une société d'investissement en droits de participation dans un autre compartiment de la même société d'investissement.

8.5. Plus-values réalisées

Les plus-values réalisées sont en principe imposables. Dans cette partie, nous analyserons:

Ce qu'il convient d'entendre par plus-value réalisée	*Cf.* page 366
Comment les plus-values imposables doivent être calculées	*Cf.* page 367
À quel moment cette plus-value est imposable	*Cf.* page 369
Le taux d'imposition	*Cf.* page 371
Les exonérations partielles ou totales des plus-values	*Cf.* page 372

8.5.1. *Nature fiscale des plus-values réalisées*

Le Code des impôts sur les revenus distingue trois catégories de plus-values réalisées:

- les plus-values forcées;
- les plus-values réalisées de plein gré;
- les plus-values constatées.

Les plus-values forcées sont celles qui résultent d'un sinistre, d'une expropriation, d'une réquisition en propriété ou d'un événement totalement indépendant de la volonté du bénéficiaire de l'indemnité c'est-à-dire un événement qu'on ne peut ni empêcher ni prévenir et qu'on ne peut que subir.

Les plus-values réalisées de plein gré sont celles qui ont été volontairement réalisées par le bénéficiaire à l'occasion d'une aliénation quelconque, notamment en cas de cession, d'échange ou d'apport en société.

Par plus-values constatées, on entend les plus-values non réalisées sur des immobilisations mais constatées dans un acte quelconque (promesse de vente, contrat de location-vente, etc.) dressé lors de la cessation de l'activité à laquelle ces éléments étaient affectés.

8.5.2. *Calcul de la plus-value*

Circulaire n° Ci.RH.241/576.972 (AFER 11/2006) du 6 avril 2006

La plus-value réalisée est égale à la différence positive entre, d'une part, l'indemnité perçue ou la valeur de réalisation du bien, diminuée des frais de réalisation et, d'autre part, sa valeur d'acquisition ou d'investissement diminuée des réductions de valeur et amortissements admis antérieurement.

A. Valeur de réalisation

Par valeur de réalisation, on entend :

En cas de vente	Le prix de vente
En cas d'échange	La valeur du bien reçu en échange
En cas d'apport en société	La valeur des actions ou parts reçues

En cas de sinistre, expropriation, réquisition en propriété ou événement analogue, on tient compte de l'indemnité perçue.

B. Valeur d'acquisition

Par valeur d'acquisition, il faut entendre :

soit le **prix d'acquisition,** qui comprend outre le prix d'achat, les frais accessoires tels que les impôts non récupérables et les frais de transport,
soit le **coût de revient,** c'est-à-dire le prix d'acquisition des matières premières, des matières consommables, des fournitures majoré des coûts de fabrication directement imputables au produit ou groupe de produits. L'entreprise peut également y inclure une quote-part des coûts de fabrication qui ne sont qu'indirectement imputables au produit ou groupe de produits,
soit la **valeur d'apport,** qui correspond à la valeur conventionnelle des apports. Cette valeur n'inclut pas les impôts et les frais relatifs aux apports qui peuvent être soit portés en compte de résultats au cours de l'année de l'apport, soit portés sous la rubrique frais d'établissement.

C. Frais de réalisation

1620-29/2620-96 et 1675-71/2675-41

Les frais de réalisation sont tous les frais liés à l'opération de réalisation du bien dans son ensemble, c'est-à-dire tant les frais supportés au cours de la période imposable de la réalisation du bien (frais de notaire, frais de courtage, frais bancaire, etc.) que les frais antérieurs à la période imposable de réalisation du bien directement liés à cette réalisation (frais de publicité, etc.).

Voici une liste non limitative des frais supportés à l'occasion de la réalisation d'un élément d'actif qui doivent, pour la détermination de la plus-value à prendre en considération, être portés en déduction de l'indemnité perçue ou de la valeur de réalisation :

- frais de publicité ;
- frais de notaire ;
- frais de courtage ;
- frais financiers (par exemple les différences de change) ;
- escomptes financiers ;
- impôts sur les opérations ;
- impositions à l'exportation ;
- frais d'assurance et de couverture ;
- commissions ;
- honoraires de conseillers ;
- frais de transport ;
- frais de contrôle technique ;
- frais d'expertise, évaluation, étude ;
- etc.

Pratiquement, la fixation du montant de la plus-value – et par conséquent la détermination du montant des frais de réalisation de la plus-value – a des incidences fiscales, essentiellement en ce qui concerne les plus-values qui bénéficient d'un régime fiscal plus favorable, à savoir :

- les plus-values exonérées ;
- les plus-values imposables distinctement ;
- les plus-values imposables de manière étalée.

En déduisant les frais de réalisation du produit du bien réalisé, on diminue dans la même mesure le montant de la plus-value qui entre en considération pour l'exonération, l'imposition distincte ou la taxation étalée. Ainsi on augmente le montant qui est imposable au taux progressif.

D. Amortissements ou réductions de valeur admis antérieurement

Par amortissements et réductions de valeur admis antérieurement, on entend les amortissements et les réductions de valeur correspondant à une dépréciation réelle, et ce, même si en vertu d'autres dispositions légales, ces amortissements (c'est le cas des amortissements relatifs aux voitures, voitures mixtes et minibus) ou ces réductions de valeur ne sont pas admis au titre de frais professionnels.

La plus-value fiscale est donc égale à la plus-value comptable lorsque le bien réalisé a fait l'objet d'amortissements ou réductions de valeur qui ont été intégralement admis fiscalement.

E. Synthèse

<table>
<tr><th>Plus-values réalisées de plein gré</th><th>Plus-values forcées</th></tr>
<tr><td>Valeur de réalisation – Frais de réalisation</td><td>Indemnité perçue – Frais de réalisation</td></tr>
<tr><td colspan="2">Moins</td></tr>
<tr><td colspan="2">Valeur d'acquisition
–
Amortissements comptabilisés admis (pour les actifs dont l'usage est limité dans le temps)
–
Réductions de valeur actées admises (pour les actifs dont l'usage n'est pas limité dans le temps)</td></tr>
</table>

ex *Marguerite, fleuriste indépendante, a acquis en 2013, une camionnette pour la somme de 12.500,00 EUR hors TVA. La camionnette est affectée à 90% à l'exercice de la profession et est amortie sur 5 ans au taux linéaire de 20%. La camionnette est vendue en février 2016 pour la somme de 6.250,00 EUR hors TVA. Les frais supportés par Marguerite à l'occasion de la réalisation de la camionnette s'élèvent à 125,00 EUR hors TVA.*

<table>
<tr><th colspan="5">Détermination de la plus-value (quote-part professionnelle)</th></tr>
<tr><td colspan="2">Valeur de réalisation</td><td colspan="2">6.250,00 × 90%</td><td>5.625,00</td></tr>
<tr><td colspan="2">Frais de réalisation</td><td colspan="2">125,00 × 90%</td><td>– 112,50</td></tr>
<tr><td rowspan="2">Valeur fiscale nette de la camionnette</td><td>Valeur d'acquisition</td><td>12.500,00 × 90%
= 11.125,00</td><td>11.250,00</td><td rowspan="2">– 4.500,00</td></tr>
<tr><td>Amortissements actés admis en 2013, 2014 et 2015</td><td>11.250,00 × 20% × 3
= 6.750,00</td><td>– 6.750,00</td></tr>
<tr><td colspan="4">Plus-value imposable</td><td>1.012,50</td></tr>
</table>

8.5.3. *Moment de l'imposition*

Le moment de l'imposition de la plus-value fiscale diffère selon que la plus-value réalisée est:

- de plein gré;
- forcée;
- constatée.

A. Plus-values réalisées de plein gré

1. *Principe*

Les plus-values réalisées de plein gré sont imposables à la date à laquelle la créance est née et a acquis un caractère certain et liquide, et ce, même si le prix est payé par versements échelonnés sur plusieurs années ou n'est pas payé de la manière convenue et aux époques fixées.

Lorsque le prix de cession est lié aux bénéfices ou profits futurs du cessionnaire, il convient de distinguer les situations suivantes:

- si le cessionnaire est une société qui possède la personnalité juridique, le caractère imposable de la quotité des bénéfices ou profits revenant au cédant naît à la date d'approbation des comptes annuels de cette société;
- si le cessionnaire n'est pas une société qui possède la personnalité juridique, le caractère imposable de la quotité des bénéfices ou profits revenant au cédant naît à la date à laquelle le cédant reçoit une créance certaine et liquide.

Dans ces deux hypothèses, lorsqu'un montant minimum global est convenu, la créance est certaine et liquide à due concurrence et intervient pour le calcul de la plus-value imposable dès la conclusion de l'accord. Le même raisonnement vaut *mutatis mutandis* si le cessionnaire garantit au cédant un montant annuel minimum pendant un nombre d'années bien défini.

ex *Luc, conseil fiscal, cède en 2016 sa clientèle (jamais amortie) à Marguerite, expert-comptable. Le prix de la clientèle est fixé de la manière suivante:*

2016: 20.000,00 EUR

2017: 20.000,00 EUR + 3% des profits nets réalisés par Marguerite

2018: 20.000,00 EUR + 3% des profits nets réalisés par Marguerite

2019: 20.000,00 EUR + 3% des profits nets réalisés par Marguerite

Luc est imposable sur:
en 2016: 80.000,00 EUR (créance certaine et liquide)
en 2017: 3% des profits nets réalisés
en 2018: 3% des profits nets réalisés

2. *Cas particuliers*

- Une créance résultant d'un contrat dans lequel une *condition suspensive* est insérée, n'acquiert un caractère certain et liquide qu'au moment où la condition suspensive est réalisée.
- Une créance résultant d'un contrat soumis à une *condition résolutoire* est imposable dès la signature de la convention.

Lorsqu'une créance ne produit pas d'intérêts et n'est exigible qu'après un an ou plus, cette créance n'entre en considération, à l'occasion de sa naissance, que sous déduction d'un escompte, calculé selon le tarif de la Banque nationale. Dans cette hypothèse, la plus-value est également calculée sur la base de la valeur de réalisation après déduction d'un escompte.

Ceci a pour conséquence que le résultat fiscal sera scindé entre, d'une part, la plus-value fiscale déterminée sur la base de la valeur escomptée de la créance et, d'autre part, l'intérêt qui est censé être implicitement compris dans la créance.

ex *Le 28 février 2016, Luc notaire vend son étude (acquise en 1979 pour la somme de 200.000,00 EUR) pour un montant de 600.000,00 EUR. Le prix de vente est payable en une fois. La créance n'est pas productive d'intérêt. Le taux d'intérêt du marché s'élève à 2,5%.*

Il apparaît, à l'analyse du tableau suivant, que la créance est calculée différemment selon qu'elle soit ou pas exigible à plus d'un an:

	Paiement le 28/2/2016	***Paiement le 28/2/2019***
Prix de vente	*600.000,00*	*571.080,00 (valeur escomptée compte tenu du taux de 2,5%)*
Valeur d'acquisition	*200.000,00*	*200.000,00*
Plus-value	*400.000,00*	*371.080,00*

La différence entre la valeur escomptée et le prix de vente représente l'intérêt qui est censé être implicitement compris dans la créance. Ceux-ci seront imposables au cours des exercices d'imposition 2017, 2018 et 2019 à concurrence de 11.880,20 EUR, 14.579,98 EUR et 2.460,00 EUR.

B. Plus-values forcées

Les plus-values forcées sont imposables soit à la date de la fixation de la créance lorsqu'elles se rapportent à des stocks et commandes en cours d'exécution, soit à la date de perception effective de l'indemnité lorsqu'elles se rapportent à d'autres éléments de l'actif.

C. Plus-values constatées

Les plus-values constatées sont imposables à la date de l'acte qui en révèle l'existence.

D. Synthèse

		Moment de l'imposition	
		Bénéfices	Profits
Plus-values réalisées de plein gré		À la date à laquelle la créance est née et a acquis un caractère certain et liquide	
Plus-values forcées	Stocks et/ou commandes en cours d'exécution	À la date de la fixation de la créance	
	Autres éléments de l'actif	À la date de perception effective de l'indemnité	
	Plus-values constatées	À la date de l'acte qui en révèle l'existence	

8.5.4. *Taux d'imposition*

Les plus-values réalisées sur des immobilisations corporelles ou financières affectées à l'exercice de l'activité professionnelle depuis plus de 5 ans au moment de leur réalisation, pour lesquelles il n'est pas opté pour la taxation étalée visée à l'article 47 du Code des impôts sur les revenus, et sur d'autres actions ou parts acquises depuis plus de cinq ans, sont imposables au taux de 16,5 %. Les autres plus-values sont imposables au taux progressif.

Les tarifs d'application sur les plus-values réalisées sur des immobilisations, actions et autres éléments de l'actif peuvent être synthétisés selon le schéma suivant :

	Bénéfices ou profits (le contribuable n'a pas opté pour le régime de la taxation étalée quand cela était possible)			
	Immobilisations		Autres actions et parts	Autres éléments
	incorporelles	corporelles / financières		
		affectées depuis		
		plus de cinq ans	cinq ans et moins	
Taux de taxation	Imposable globalement (*)	16,5 % sauf si imposition au taux global plus favorable	Imposable globalement	Imposable globalement
Code de la déclaration				
Bénéfices	Codes 1604 ou 2604	Codes 1603-46 ou 2603-16	Codes 1604-45 ou 2604-15	Codes 1603-46 ou 2603-76
Profits	Codes 1654 ou 2654	Codes 1653-93 ou 2653-63	Codes 1654-92 ou 2654-62	Codes 1653-93 ou 2653-63

(*) L'administration considère que les indemnités obtenues au cours de l'exercice de l'activité professionnelle pour la cession d'éléments d'actif incorporels, investis par un contribuable qui réalise des bénéfices ou des profits, tels la clientèle, le fonds de commerce, le droit au bail, les quotas laitiers et betteraviers..., peuvent bénéficier du régime d'imposition prévu pour les indemnités qui compensent une perte de revenus (voir page 339), en raison de la non-périodicité du revenu, dès qu'une indemnité couvre un manque à gagner et qu'il y a un lien de cause à effet entre l'acte susceptible d'entraîner une réduction d'activité ou des bénéfices et l'indemnité perçue.

ex *Marguerite, fleuriste indépendante, a acquis le 23 juin 2011, une camionnette pour la somme de 12.500,00 EUR hors TVA. La camionnette est affectée à 90 % à l'exercice de la profession et amortie sur 5 ans au taux linéaire de 20 %. La camionnette est vendue le 12 février 2016 pour la somme de 2.000,00 EUR hors TVA. Les frais supportés par Marguerite à l'occasion de la réalisation de la camionnette s'élèvent à 125,00 EUR hors TVA.*

Détermination de la plus-value (quote-part professionnelle)			
Valeur de réalisation	*2.000,00 × 90 %*		***1.800,00***
Frais de réalisation	*125,00 × 90 %*		***– 112,50***
Valeur fiscale nette de la camionnette	*11.250,00 – 11.250,00*		***– 0,00***
Valeur d'acquisition	*12.500,00 × 90 %*	*11.250,00*	
Amortissements actés admis en 2011, 2012, 2013, 2014 et 2015	*11.250,00 × 20 % × 5*	*– 11.250,00*	
Plus-value imposable	*1.800,00 – 112,50 – 0,00*		***1.687,50***

Le cadre XVIII de la déclaration souscrite par Marguerite se présente comme suit :

Cadre XVIII – Bénéfices d'entreprises industrielles, commerciales ou agricoles		
4. Plus-values (après déduction des frais de réalisation)		
a) Imposables distinctement (à 16,5 %)	***1.675,00*** *(la camionnette est affectée à l'exercice de l'activité professionnelle depuis plus de cinq ans)* *(Code 1603-45)*	*Code 2603-16*
b) Imposables globalement	*Code 1604-45*	*Code 2604-15*
7. Frais professionnels		
a) Frais de réalisation d'éléments de l'actif sur lesquels une plus-value (imposable ou non) a été réalisée pendant la période imposable	*112,50* *(Code 1620-29)*	*Code 2620-96*

8.6. Plus-values réalisées exonérées

Les plus-values réalisées sont imposables sous réserve d'une exonération totale ou partielle, qui peut-être de nature temporaire ou permanente.

Les principales exonérations concernent :

- la quotité monétaire (*cf.* page 373) ;
- les voitures, voitures mixtes et minibus (*cf.* page 374) ;
- les immeubles non bâtis des exploitations agricoles ou horticoles (*cf.* page 377) ;
- les véhicules d'entreprise (*cf.* page 377) ;
- les bateaux de navigation intérieure destinés à la navigation commerciale (*cf.* page 381) ;
- les immobilisations corporelles ou incorporelles bénéficiant du régime de la taxation étalée (*cf.* page 385).

8.6.1. *Quotité monétaire*

Articles 2, 7° et 44 § 1er, 2° CIR

Les plus-values réalisées sur les immobilisations incorporelles, corporelles et financières et autres valeurs de portefeuille, sont exonérées dans la mesure où l'indemnité perçue ou la valeur de réalisation du bien n'excède pas la valeur réévaluée des actifs réalisés, diminuée des amortissements et réductions de valeur antérieurement admis.

A. **Actifs visés**

Les actifs visés sont les éléments d'actifs acquis ou constitués avant 1950 et ont la nature :

- d'immobilisations incorporelles ;
- d'immobilisations corporelles ;
- d'immobilisations financières ;
- d'autres valeurs de portefeuille.

B. **Montant exonéré**

La partie de l'indemnité perçue ou la valeur de réalisation qui n'excède pas la valeur réévaluée de l'actif réalisé, diminué des amortissements et réductions de valeur antérieurement admis, est exonérée.

Par valeur réévaluée, il faut entendre la valeur attribuée aux biens affectés à l'exercice de l'activité professionnelle après revalorisation de la valeur d'acquisition par l'utilisation d'un coefficient dépendant de l'année d'acquisition du bien. Ces coefficients sont repris à l'article 2, 7° du Code des impôts sur les revenus.

Années	Coefficients applicables
1918 et antérieurs	16,33
1919	11,49
1920	6,15
1921	6,30
1922	6,43
1923	4,37
1924	3,89
1925	4,02
1926	2,72
1927 à 1934 incluse	2,35
1935	1,86
1936 à 1943 incluse	1,70
1944 à 1948 incluse	1,14
1949	1,10
1950 et suivantes	1,00

C. Exemple

Luc, avocat fiscaliste, a acquis en 1949 un bâtiment pour 20.000,00 EUR qui a été affecté entièrement à l'exercice de son activité professionnelle. Ce bâtiment est amorti à concurrence de 16.000,00 EUR. Luc vend, le 4 mars 2016, le bâtiment pour la somme de 250.000,00 EUR.

Détermination de la plus-value (quote-part professionnelle)				
Valeur de réalisation				***250.000,00***
Frais de réalisation				***(0,00)***
Valeur fiscale nette de l'immeuble	*Valeur d'acquisition revalorisée*	*20.000,00 × 1,10 =*	*22.000,00*	***– 6.000,00***
	Amortissements admis		*– 16.000,00*	
Plus-value imposable				***244.000,00***

Le cadre XIX de la déclaration souscrite par Luc se présente comme suit :

Cadre XIX – Profits des professions libérales, charges, offices ou autres occupations lucratives		
6. Plus-values (après déduction des frais de réalisation si vous optez pour la déduction des frais professionnels réels)		
a) imposables distinctement (à 16,5 %)	***244.000,00*** *(l'immeuble est affecté à l'exercice de l'activité professionnelle depuis plus de cinq ans) (Code 1653-93)*	*Code 2653-63*
b) imposables globalement	*Code 1654-92*	*Code 2654-62*
10. Autres frais professionnels (ne pas compléter si vous souhaitez l'application du forfait légal) :		
a) frais de réalisation d'éléments de l'actif sur lesquels une plus-value (imposable ou non) a été réalisée pendant la période imposable	*Code 1675-71*	*Code 2675-41*

8.6.2. *Plus-values réalisées sur des voitures, voitures mixtes et minibus*

Les plus-values réalisées sur des voitures, voitures mixtes et minibus ne sont prises en considération pour la détermination des bénéfices ou profits qu'à concurrence de 75 %.

En ce qui concerne le calcul de la plus-value, nous renvoyons à la page 367.

Lorsque le véhicule a également été utilisé pour des déplacements domicile-lieu de travail, le ministre (*cf.* QP n° 730 du 29 septembre 1993 de M. Van Grembergen) a précisé que, pour déterminer la quotité professionnelle du véhicule, il y a lieu de tenir compte tant des déplacements domicile-lieu de travail que des autres déplacements professionnels. Les plus-values en découlant sont prises en considération à concurrence de 75 %.

A. Voitures visées

Sont visées par cette disposition fiscale, les voitures, voitures mixtes et minibus à l'exception des voitures qui sont :

- affectées exclusivement à un service de taxis ou à la location avec chauffeur et sont exemptées à ce titre de la taxe de circulation sur les véhicules automobiles ;

- affectées exclusivement à l'enseignement pratique dans des écoles de conduite agréées et qui sont spécialement équipées à cet effet ;
- données exclusivement en location à des tiers.

1. *Voiture*

Par voiture, il faut entendre tout véhicule automobile dont l'habitacle est uniquement conçu et construit pour le transport de personnes et qui peut comprendre, en transport rémunéré de personnes, huit places au maximum, non compris le siège du conducteur.

Sont notamment visés les coupés, les limousines, les berlines, les cabriolets, les voitures de sport et les voitures familiales.

2. *Voiture mixte*

Par voiture mixte, il faut entendre tout véhicule automobile conçu et construit pour le transport de personnes et de choses et qui peut comprendre, en transport rémunéré de personnes, huit places au maximum, non compris le siège du conducteur.

Sont notamment visés les « breaks » et les « station wagons » dont l'espace derrière le siège du conducteur est aménagé de telle façon que des sièges peuvent y être placés.

3. *Minibus*

Par minibus, il faut entendre tout véhicule automobile conçu et construit pour le transport rémunéré de personnes, comprenant huit places au maximum, non compris le siège du conducteur, et équipé d'une carrosserie d'un type analogue à celui de camionnettes ou d'autobus.

4. *Fausse camionnette*

Depuis l'exercice d'imposition 2008, cette disposition fiscale s'applique également aux plus-values réalisées lors de la vente d'une « fausse camionnette » (par exemples un véhicule tout-terrain de luxe, un « 4 × 4 »...) qui était inscrite en tant que camionnette dans le répertoire de la D.I.V mais qui ne correspond pas à la définition fiscale de la camionnette.

Au niveau fiscal, sont seulement considérées comme des camionnettes, tous véhicules :

- conçus et construits pour le transport de choses dont la masse maximale autorisée n'excède pas 3.500 kg, formés d'une cabine unique complètement séparée de l'espace de chargement et comportant deux places au maximum, celle du conducteur non comprise, ainsi que d'un plateau de chargement ouvert ;
- conçus et construits pour le transport de choses dont la masse maximale autorisée n'excède pas 3.500 kg, formés d'une cabine double complètement séparée de l'espace de chargement et comportant six places au maximum, celle du conducteur non comprise, ainsi que d'un plateau de chargement ouvert ;
- conçus et construits pour le transport de choses dont la masse maximale autorisée n'excède pas 3.500 kg, formés simultanément d'un espace réservé aux passagers comportant deux places au maximum, celle du conducteur non comprise, et d'un espace de chargement séparé, dont la distance entre tout point de la cloison de séparation située derrière la rangée de sièges avant et le bord arrière intérieur de l'espace de chargement, mesuré dans l'axe longitudinal du véhicule, à une hauteur située à 20 cm au-dessus du plancher, atteint au moins 50 % de la longueur de l'empattement. En outre, cet espace de chargement doit être pourvu, sur toute sa surface, d'un plancher horizontal fixe faisant partie intégrante de la carrosserie ou y fixé de manière durable et exempt de tout point d'attache pour des banquettes, sièges ou ceintures de sécurité complémentaires ;

- conçus et construits pour le transport de choses dont la masse maximale autorisée n'excède pas 3.500 kg, formés simultanément d'un espace réservé aux passagers comportant six places au maximum, celle du conducteur non comprise, et d'un espace de chargement complètement séparé, dont la distance entre tout point de la cloison de séparation située derrière la dernière rangée de sièges avant et le bord arrière intérieur de l'espace de chargement, mesuré dans l'axe longitudinal du véhicule, à une hauteur située à 20 cm au-dessus du plancher, atteint au moins 50 % de la longueur de l'empattement. En outre, cet espace de chargement doit être pourvu, sur toute sa surface, d'un plancher horizontal fixe faisant partie intégrante de la carrosserie ou y fixé de manière durable et exempt de tout point d'attache pour des banquettes, sièges ou ceintures de sécurité complémentaires.

Lorsque la camionnette ne répond pas à l'un des véhicules énumérés ci-dessus, elle doit être considérée comme une voiture, une voiture mixte ou un minibus.

B. Exemple

Marguerite, fleuriste indépendante, a acquis en 2013, une voiture pour la somme de 12.500,00 EUR y compris la TVA non déductible. La voiture est affectée à 60 % à l'exercice de la profession et est amortie sur 5 ans au taux linéaire de 20 %. La voiture est vendue en février 2016 pour la somme de 6.250,00 EUR hors TVA. Les frais supportés par Marguerite à l'occasion de la réalisation de la voiture s'élèvent à 125,00 EUR hors TVA.

Détermination de la plus-value (quote-part professionnelle)				
Valeur de réalisation		*6.250,00 × 60 %*		***3.750,00***
Frais de réalisation		*125,00 EUR × 60 %*		***– 75,00***
Valeur fiscale nette de la voiture	*Valeur d'acquisition*	*12.500,00 × 60 %*	*7.500,00*	***– 3.000,00***
	Amortissements admis en 2010, 2011 et 2012	*7.500,00 × 20 % × 3*	*– 4.500,00*	
Plus-value				*675,00*
Plus-value imposable		*675,00 × 75 %*		***506,25***

Le cadre XVIII de la déclaration souscrite par Marguerite se présente comme suit :

Cadre XVIII – Bénéfices d'entreprises industrielles, commerciales ou agricoles		
4. Plus-values (après déduction des frais de réalisation)		
a) Imposables distinctement (à 16,5 %)	*Code 1603-46*	*Code 2603-16*
b) Imposables globalement	***506,25*** *(la voiture est affectée à l'exercice de l'activité professionnelle depuis cinq ans ou moins)* *(Code 1604-45)*	*Code 2604-15*
7. Frais professionnels		
a) frais de réalisation d'éléments de l'actif sur lesquels une plus-value (imposable ou non) a été réalisée pendant la période imposable	*75,00* *(Code 1620-29)*	*Code 2620-96*

8.6.3. *Plus-values réalisées sur les immeubles non bâtis des exploitations agricoles ou horticoles*

Les plus-values réalisées sur des immeubles non bâtis des exploitations agricoles ou horticoles sont totalement et inconditionnellement exonérées à titre de revenus professionnels. En ce qui concerne le calcul de la plus-value, nous renvoyons à la page 367.

Cette exonération s'applique tant en cours d'activité que lors de la cessation de l'activité, mais ne porte pas préjudice à une éventuelle taxation de cette plus-value à titre de revenus divers.

En effet, si ces immeubles sont aliénés dans les 8 ans à partir de la date d'acquisition, l'article 90, 8° du Code des impôts sur les revenus peut s'appliquer (*cf.* page 211).

8.6.4. *Plus-values réalisées sur des véhicules d'entreprise*

Article 44*bis* du Code

La plus-value réalisée sur des véhicules d'entreprise est exonérée si un montant égal au prix de réalisation de ces éléments de l'actif est remployé, par le contribuable, sous la forme de véhicules d'entreprise, répondant à des normes écologiques, utilisés en Belgique pour l'exercice de l'activité professionnelle. En ce qui concerne le calcul de la plus-value, nous renvoyons à la page 367.

A. **Plus-values visées**

Les véhicules d'entreprise visés sont :

- soit les véhicules, affectés au transport rémunéré de personnes, notamment les autobus, les autocars et les voitures affectées exclusivement à un service de taxi ou à la location avec chauffeur ;
- soit les véhicules affectés au transport de biens, notamment les tracteurs et camions, et les remorques et semi-remorques avec un poids maximal admis d'au moins 4 tonnes.

Le régime fiscal des plus-values réalisées sur des véhicules d'entreprise s'applique aux plus-values réalisées :

- à l'occasion d'un sinistre, d'une réquisition en propriété ou d'un autre événement analogue ;
- à l'occasion d'une aliénation non visée ci-dessus.

Les plus-values réalisées de plein gré doivent concerner des véhicules d'entreprise qui ont la nature d'immobilisation depuis plus de trois ans. Le délai de trois ans est calculé à partir de la date à laquelle les véhicules d'entreprise ont été investis dans l'entreprise jusqu'à la date de leur aliénation.

B. **Régime optionnel**

Pour bénéficier de ce régime, le contribuable doit obligatoirement exprimer son choix au moyen d'un relevé 276 N. Ce relevé doit être joint à sa déclaration à l'impôt des personnes physiques afférente à la période imposable au cours de laquelle la plus-value a été réalisée et pour les exercices d'imposition suivants, et ce, jusqu'à l'exercice d'imposition afférent à la période imposable dans laquelle le délai de remploi est venu à expiration.

Lorsque le contribuable a demandé l'exonération, il ne peut plus, en cas de non-respect des conditions, revendiquer le régime de la taxation étalée pour la période imposable durant laquelle le délai de remploi est venu à expiration. Ceci implique qu'en cas d'aliénation de véhicules d'entreprise, le contribuable doit opter, dès le début, pour le système de l'exonération totale ou pour celui de la taxation étalée (*cf.* page 385).

C. Nature, lieu et montant du remploi

1. *Nature du remploi*

Le remploi doit revêtir la forme de véhicules d'entreprise répondant à des normes écologiques. Ces conditions diffèrent selon que le véhicule d'entreprise désigné à titre de remploi est:

- une remorque ou une semi-remorque affectée au transport de marchandises;
- une remorque tirée exclusivement par des autobus ou des autocars;
- un camion, un tracteur, un autocar ou un autobus;
- un véhicule automobile affecté soit à un service de taxis soit à la location avec chauffeur.

Les conditions auxquelles ces véhicules doivent satisfaire sont les suivantes:

Nature du remploi	Conditions
Une remorque ou une semi-remorque affectée au transport de marchandises	Être: a) acquise à l'état neuf; b) équipée d'une suspension pneumatique ou reconnue équivalente; d'une masse maximale autorisée d'au moins quatre tonnes
Une remorque tirée exclusivement par des autobus ou des autocars	Être: a) acquise à l'état neuf; b) d'une masse maximale autorisée de plus de 750 kg.
Un camion, un tracteur, un autocar ou un autobus	a) Être acquis à l'état neuf ou ne pas avoir été mis en circulation il y a plus de trois ans b) Répondre à l'une des normes écologiques fixées ci-dessous: 1. le niveau d'émission d'azote (norme NO_x) est inférieur à 4,9 gr/kWh; 2. le véhicule est équipé d'une suspension pneumatique ou reconnue équivalente; 3. le véhicule est constitué d'au moins 25 % de matériaux recyclables; 4. la carrosserie du véhicule est recouverte d'une couche de laque ayant un effet neutre pour l'environnement; 5. le véhicule fait usage pour la transmission, d'une boîte de vitesse électronique; 6. le véhicule est équipé d'une surveillance caméra ou radar améliorant le champ de vision du conducteur; L'article 20, § 2 de l'arrêté royal d'exécution du Code des impôts sur les revenus précise que, dès qu'une norme écologique devient obligatoire, le véhicule doit satisfaire à au moins une des autres conditions pour entrer en considération comme un réinvestissement valable. Pour pouvoir bénéficier de l'exonération, l'entreprise doit présenter au fonctionnaire chargé de l'établissement de l'impôt, les documents délivrés par le constructeur, l'importateur ou l'installateur qui prouvent qu'il est satisfait à l'une ou à plusieurs des conditions écologiques citées ci-dessus.
Un véhicule automobile affecté soit à un service de taxis soit à la location avec chauffeur	L'unique condition consiste à acquérir ces véhicules à l'état neuf. En effet, dans le segment des voitures, voitures mixtes et minibus, l'évolution technologique est telle qu'un nouveau véhicule sera au moins aussi propre que celui qu'il remplace.

2. *Lieu du remploi*

Le remploi de l'indemnité perçue ou la valeur de réalisation doit être effectué sous la forme d'un véhicule d'entreprise utilisé en Belgique, c'est-à-dire dans un établissement ou une base fixe dont dispose le contribuable en Belgique.

3. *Montant du remploi*

Pour bénéficier du régime fiscal des plus-values réalisées sur véhicules d'entreprise, le contribuable doit remployer dans les formes requises et dans le délai imparti une somme égale à la valeur de réalisation totale des éléments d'actifs réalisés ou au montant de l'indemnité perçue.

D. **Délai du remploi**

Le délai dans lequel le remploi doit être effectué diffère selon le cas s'il s'agit d'une plus-value forcée ou d'une plus-value réalisée de plein gré.

1. *Plus-values forcées*

Le remploi doit être effectué, au plus tard, à la cessation de l'activité professionnelle et au maximum dans un délai expirant un an après la fin de la période imposable de perception de l'indemnité.

Si la date à laquelle expire le délai est expressément prévue par la loi, celle-ci est cependant muette en ce qui concerne la date à laquelle ce délai prend cours. À cet égard, il convient de remarquer que, dans certains cas, le contribuable a intérêt à reconstituer ses éléments d'actifs détruits ou disparus avant même qu'il ait reçu l'indemnité. Bien que le remploi implique l'idée de disposition effective et préalable de l'indemnité, on considère toutefois que le délai de remploi commence à courir à partir de la date du sinistre et, en cas d'expropriation, à partir de l'acte par lequel l'autorité expropriante a manifesté pour la première fois au propriétaire son intention d'acquérir le bien exproprié.

ex *Le camion, que Marguerite affecte à son activité de fleuriste indépendante, est incendié le 24 novembre 2015. Suite à ce sinistre, sa compagnie d'assurance lui verse, le 4 février 2016, une indemnité de 6.250,00 EUR.*

Fin de la période imposable de perception de l'indemnité : 31 décembre 2016.

Expiration du délai : 31 décembre 2017.

Période pendant laquelle le remploi peut être effectué : du 24/11/2015 au 31/12/2017.

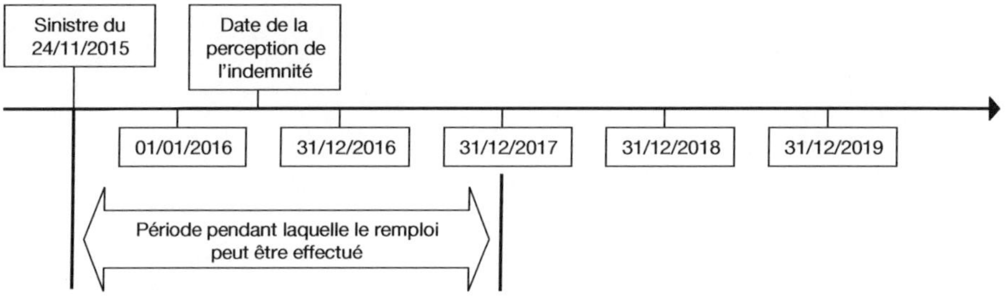

2. *Plus-values réalisées de plein gré*

Le remploi doit être effectué au plus tard à la cessation de l'activité professionnelle et dans un délai de deux ans prenant cours le premier jour de l'année civile de réalisation des plus-values visées ci-dessus.

ex *Le camion, que Marguerite affecte depuis quatre ans à son activité de fleuriste indépendante, est vendu à Luc le 24 novembre 2016.*

Premier jour de l'année civile de réalisation de la plus-value : 1er janvier 2016.

Expiration du délai : 31 décembre 2017.

Période pendant laquelle le remploi peut être effectué : du 01/01/2016 au 31/12/2017.

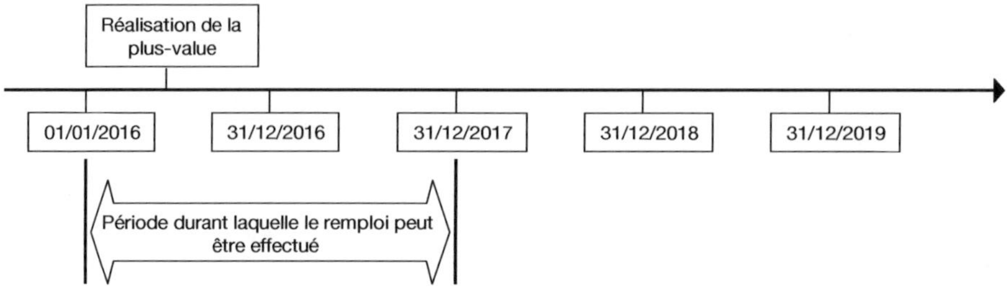

E. Non-respect des conditions de remploi

Lorsqu'un montant égal à l'indemnité ou la valeur de réalisation n'est pas remployé dans les formes (*cf.* page 382) et les délais (*cf.* page 383), la plus-value réalisée est intégralement considérée comme un bénéfice ou un profit de la période imposable pendant laquelle le délai de remploi est venu à expiration. Le contribuable ne peut plus à ce moment opter pour le régime classique d'imposition de la plus-value

Des intérêts de retard sont dus sur la partie de l'impôt qui correspond à la plus-value, à partir du 1er janvier de l'exercice d'imposition pour lequel la plus-value aurait dû être imposée si le contribuable n'avait pas opté pour le régime de l'exonération de la plus-value réalisée.

F. Exemple

ex *Marguerite, célibataire, fleuriste indépendante, a acquis le 30 septembre 2011 un camion pour la somme de 12.500,00 EUR hors TVA. Le camion est affecté à 60 % à l'exercice de la profession et est amorti sur 5 ans au taux linéaire de 20 %. Le camion est vendu en avril 2016 pour la somme de 1.250,00 EUR hors TVA. Les frais supportés par Marguerite à l'occasion de la réalisation du camion s'élèvent à 125,00 EUR hors TVA.*

Elle désigne à titre de remploi un camion répondant aux normes écologiques reprises à l'article 20 de l'arrêté royal d'exécution du Code des impôts sur les revenus acquis pour la somme de 15.000,00 EUR hors TVA. Le camion est totalement affecté à l'exercice de l'activité professionnelle et est amorti au taux linéaire de 20 %.

Détermination de la plus-value (quote-part professionnelle)				
Valeur de réalisation		*1.250,00 × 60 %*		***750,00***
Frais de réalisation		*125,00 × 60 %*		***– 75,00***
Valeur fiscale nette du camion	*Valeur d'acquisition*	*12.500,00 × 60 %*	*7.500,00*	***– 0,00***
	Amortissements actés admis en 2008, 2009, 2010, 2011 et 2012	*7.500,00 × 20 % × 5*	*7.500,00*	
Plus-value exonérée				***675,00***

Le cadre XVIII de la déclaration relative à l'exercice d'imposition 2017 souscrite par Marguerite se présente comme suit :

Cadre XVIII – Bénéfices d'entreprises industrielles, commerciales ou agricoles		
4. Plus-values (après déduction des frais de réalisation)		
a) Imposables distinctement (à 16,5 %)	*Code 1603-46*	*Code 2603-16*
b) Imposables globalement	***0,00*** *(Marguerite a opté pour l'exonération de la plus-value réalisée sur le véhicule d'entreprise) (Code 1604)*	*Code 2604-15*
7. Frais professionnels		
a) frais de réalisation d'éléments de l'actif sur lesquels une plus-value (imposable ou non) a été réalisée pendant la période imposable	*75,00 (Code 1620-29)*	*Code 2620-96*

8.6.5. ***Plus-values réalisées sur les bateaux de navigation intérieure destinés à la navigation commerciale***

Article 44*ter* CIR

La plus-value réalisée sur des bateaux de navigation intérieure destinés à la navigation commerciale est entièrement exonérée, lorsqu'un montant égal à l'indemnité ou à la valeur de réalisation est remployé, par le contribuable, sous la forme de bateaux de navigation intérieure, répondant à des normes écologiques, utilisés en Belgique pour l'exercice de l'activité professionnelle. En ce qui concerne le calcul de la plus-value, nous renvoyons à la page 367.

A. **Plus-values visées**

Les bateaux de navigation intérieure visés sont :

- soit les bâtiments affectés au transport de biens ou de personnes, tant pour compte propre que pour compte de tiers ;
- soit les bâtiments affectés au poussage de bâtiments de navigation intérieure, tant pour compte propre que pour compte de tiers.

Le régime fiscal des plus-values réalisées sur les bateaux de navigation intérieure s'applique aux plus-values réalisées :

- à l'occasion d'un sinistre, d'une réquisition en propriété ou d'un autre événement analogue ;
- à l'occasion d'une aliénation non visée ci-dessus.

Les plus-values réalisées de plein gré doivent concerner des bateaux de navigation intérieure destinés à la navigation commerciale qui ont la nature d'immobilisation depuis plus de cinq ans. Le délai de cinq ans est calculé à partir de la date à laquelle les bateaux de navigation intérieure ont été investis dans l'entreprise jusqu'à la date de leur aliénation.

B. **Régime optionnel**

Pour bénéficier de ce régime, le contribuable doit obligatoirement exprimer son choix au moyen d'un relevé 276 P. Ce relevé doit être joint à sa déclaration à l'impôt des personnes physiques afférente à la période imposable au cours de laquelle la plus-value a été réalisée et pour les exercices d'imposition suivants, et ce, jusqu'à l'exercice d'imposition afférent à la période imposable dans laquelle le délai de remploi est venu à expiration.

Lorsque le contribuable a demandé l'exonération, il ne peut plus, en cas de non-respect des conditions, revendiquer le régime de la taxation étalée pour la période imposable durant laquelle le délai de remploi est venu à expiration. Ceci implique qu'en cas d'aliénation de bateaux de navigation intérieure, le contribuable doit opter, dès le début, pour le système de l'exonération totale ou pour celui de la taxation étalée (voir page 385).

C. Nature, lieu et montant du remploi

1. *Nature du remploi*

Le remploi doit revêtir la forme de bateaux de navigation intérieure qui:

1. répondent à une des normes écologiques suivantes:
   - le bateau est équipé d'un type agréé de moteur de propulsion conforme au Règlement de Visite des Bateaux du Rhin ou à l'arrêté royal du 5 décembre 2004 concernant les normes relatives aux émissions de gaz et de particules polluants des moteurs à combustion interne, destinés aux engins mobiles non routiers;
   - le bateau est équipé d'une installation technique réglementaire pour la prévention de l'écoulement de combustible à bord lors du remplissage des citernes à combustible;
   - le bateau est équipé d'une commande active d'étrave, manœuvrable depuis le poste de gouverne;
   - le bateau est équipé d'un radar réglementaire et d'une timonerie aménagée pour la conduite par une seule personne;
   - le bateau est équipé d'un axe d'hélice étanche qui rend impossible le flux d'eau ou de lubrifiants dans le bateau et évite le reflux de lubrifiants polluant l'eau;
   - le bateau a été construit ou adapté de telle manière que le plancher et les parois des cales sont constituées de surfaces lisses en acier de sorte que les membrures ne soient plus apparentes;
2. sont destinés à la navigation commerciale;
3. répondent simultanément à au moins deux des conditions suivantes à l'exception des bateaux de navigation intérieure de maximum 1.500 tonnes de capacité qui doivent remplir uniquement la condition visée au a) ci-après:
   - être d'une année de construction plus récente – de cinq ans au moins – que le bâtiment auquel se rapporte la plus-value;
   - avoir au moins 25% de capacité supplémentaire ou, dans le cas d'un pousseur, 25% de force motrice supplémentaire, que le bâtiment auquel se rapporte la plus-value;
   - avoir une ancienneté d'exploitation de vingt ans au maximum.

L'article 21, § 2 de l'arrêté royal du Code des impôts sur les revenus précise que, dès qu'une norme écologique devient obligatoire, le bateau de navigation intérieure doit satisfaire à au moins une des autres conditions pour entrer en considération comme un réinvestissement valable.

Pour pouvoir bénéficier de l'exonération, les normes écologiques doivent être attestées par une mention dans les certificats techniques obligatoires ou par une déclaration d'une société de classification.

2. *Lieu du remploi*

Le remploi de l'indemnité perçue ou la valeur de réalisation doit être effectué sous la forme de bateaux de navigation intérieure utilisés en Belgique, c'est-à-dire dans un établissement ou une base fixe dont dispose le contribuable en Belgique.

3. *Montant du remploi*

Pour bénéficier du régime fiscal des plus-values réalisées sur véhicules d'entreprise, le contribuable doit remployer dans les formes requises et dans le délai imparti une somme égale à la valeur de réalisation totale des éléments d'actifs réalisés ou au montant de l'indemnité perçue.

D. Délai du remploi

Le délai dans lequel le remploi doit être effectué diffère selon le cas s'il s'agit d'une plus-value forcée ou d'une plus-value réalisée de plein gré.

1. *Plus-values forcées*

Le remploi doit être effectué, au plus tard, à la cessation de l'activité professionnelle et au maximum dans un délai expirant cinq ans après la fin de la période imposable de perception de l'indemnité.

Si la date à laquelle expire le délai est expressément prévue par la loi, celle-ci est cependant muette en ce qui concerne la date à laquelle ce délai prend cours. À cet égard, il convient de remarquer que, dans certains cas, le contribuable a intérêt à reconstituer ses éléments d'actifs détruits ou disparus avant même qu'il ait reçu l'indemnité. Bien que le remploi implique l'idée de disposition effective et préalable de l'indemnité, on considère toutefois que le délai de remploi commence à courir à partir de la date du sinistre.

ex *Le bateau de navigation intérieure que Marguerite affecte à son activité professionnelle est incendié le 24 novembre 2015. Suite à ce sinistre, sa compagnie d'assurance lui verse, le 4 février 2016, une indemnité de 56.250,00 EUR.*

Fin de la période imposable de perception de l'indemnité: 31 décembre 2014.

Expiration du délai: 31 décembre 2021.

Période pendant laquelle le remploi peut être effectué: du 24/11/2015 au 31/12/2021.

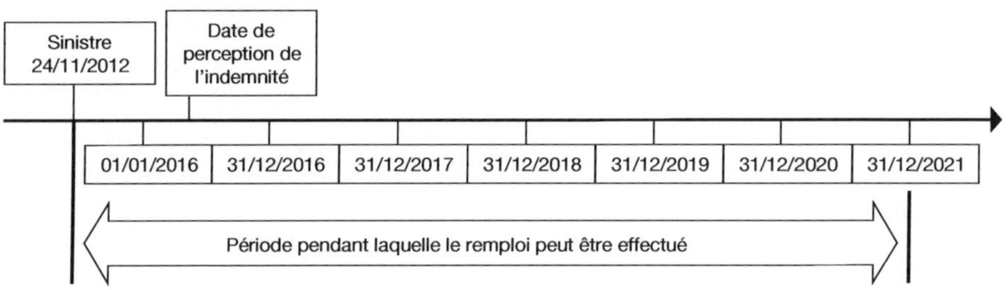

2. *Plus-values réalisées de plein gré*

Le remploi doit être effectué au plus tard à la cessation de l'activité professionnelle et dans un délai de cinq ans prenant cours le premier jour de la période imposable au cours de laquelle la plus-value a été réalisée ou le premier jour de la pénultième période imposable précédant celle au cours de laquelle la plus-value a été réalisée.

Le bateau de navigation intérieure, que Marguerite affecte depuis six ans à son activité professionnelle, est vendu à Luc le 24 novembre 2016.

Premier jour de l'année civile de réalisation de la plus-value: 1er janvier 2016.

Expiration du délai: 31 décembre 2020.

Sur base de l'exemple mentionné ci-dessus, la période pendant laquelle le remploi peut être effectué est:

- soit la période imposable allant du 1er janvier 2016 au 31 décembre 2020:

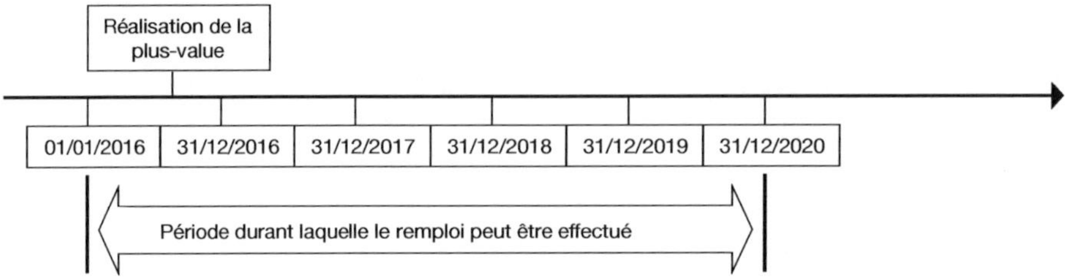

- soit la période imposable allant du 1er janvier 2016 au 31 décembre 2020.

E. Non-respect des conditions de remploi

Lorsqu'un montant égal à l'indemnité ou la valeur de réalisation n'est pas remployé dans les formes (*cf.* page 382) et les délais (*cf.* page 383), la plus-value réalisée est intégralement considérée comme un bénéfice ou un profit de la période imposable pendant laquelle le délai de remploi est venu à expiration. Le contribuable ne peut plus à ce moment opter pour le régime classique d'imposition de la plus-value.

Des intérêts de retard sont dus sur la partie de l'impôt qui correspond à la plus-value, à partir du 1er janvier de l'exercice d'imposition pour lequel la plus-value aurait dû être imposée si le contribuable n'avait pas opté pour le régime de l'exonération de la plus-value réalisée.

F. Exemple

Marguerite, célibataire, indépendants qui exploitent deux bateaux, a acquis le 30 septembre 2006 un bateau de navigation intérieure pour la somme de 122.500,00 EUR hors TVA. Le bateau est affecté à 100 % à l'exercice de la profession et est amorti sur 10 ans au taux linéaire de 10 %. Le bateau est vendu en avril 2016 pour la somme de 12.500,00 EUR hors TVA.

Elle désigne à titre de remploi un bateau de navigation intérieure répondant aux normes écologiques reprises à l'article 21 de de l'arrêté royal du Code des impôts sur les revenus acquis pour la somme de 150.000,00 EUR hors TVA. Le bateau est totalement affecté à l'exercice de l'activité professionnelle et est amorti au taux linéaire de 10 %.

Détermination de la plus-value (quote-part professionnelle)			
Valeur de réalisation			*12.500,00*
Frais de réalisation			*0,00*
Valeur fiscale nette du bateau	*Valeur d'acquisition*	*122.500,00*	*– 0,00*
	Amortissements actés admis en 2003, 2004, 2005, 2006, 2007, 2008, 2009, 2010, 2011 et 2012	***122.500,00*** *c'est-à-dire 122.500,00 × 10 % × 10*	
Plus-value exonérée			*12.500,00*

Le cadre XVIII de la déclaration relative à l'exercice d'imposition 2017 souscrite par Marguerite se présente comme suit :

Cadre XVIII – Bénéfices d'entreprises industrielles, commerciales ou agricoles		
4. Plus-values (après déduction des frais de réalisation)		
a) Imposables distinctement (à 16,5 %)	*Code 1603-46*	*Code 2603-16*
b) Imposables globalement	***0,00*** *(Marguerite a opté pour l'exonération de la plus-value réalisée sur le bateau de navigation intérieure) (Code 1604-45)*	*Code 2604-15*
7. Frais professionnels		
a) frais de réalisation d'éléments de l'actif sur lesquels une plus-value (imposable ou non) a été réalisée pendant la période imposable	*0,00 (Code 1620-29)*	*Code 2620-96*

8.6.6. *Taxation étalée des plus-values*

A. Plus-values visées

Le régime de la taxation étalée s'applique à la *quotité non monétaire* des plus-values forcées ou réalisées de plein gré, sur des immobilisations incorporelles sur lesquelles des amortissements ont été admis fiscalement, ou sur des immobilisations corporelles au sens de la législation comptable.

En ce qui concerne le calcul de la plus-value, nous renvoyons à la page 367.

Lorsqu'une plus-value réalisée concerne un véhicule, dont certains frais doivent être limités à 75 % en vertu de l'article 66 du Code des impôts sur les revenus, les plus-values réalisées sur de tels véhicules doivent également être limitées à 75 % dans le résultat fiscal. Par conséquent un montant de seulement 75 % de la plus-value sur véhicule entre en considération pour la taxation étalée.

1. *Plus-values forcées*

Les plus-values forcées sont celles qui sont réalisées à l'occasion d'un sinistre, d'une expropriation, d'une réquisition en propriété ou d'un événement analogue.

Les circonstances suivantes sont considérées comme analogues à une expropriation ou à une réquisition à la suite de laquelle une plus-value a été réalisée :

- les indemnités versées par le Fonds des calamités pour des dégâts à des biens immobiliers affectés à l'exercice de l'activité professionnelle et causés par une tempête ou d'autres circonstances relevant de la force majeure (QP n° 293 du sénateur Capoen du 05 mars 1993);
- la cession à l'amiable de ses installations par une entreprise menacée d'une expropriation inévitable (Journal de Fiscalité, Cour d'appel de Gand, 14 mars 1976, pp. 115-120);
- la perception d'indemnités pour dégâts miniers causés à des affectations professionnelles (QP du sénateur Dalem, Bulletin des Contributions n° 628, pp. 1191-1192);
- le bail commercial d'une société est résilié de manière anticipée à la suite de la vente de l'immeuble qu'elle loue. Dans la mesure où cet événement est étranger à toute intervention du locataire et qu'il ne peut être évité, la Cour d'appel de Bruxelles dans un arrêt

du 20 septembre 1996 considère que cet événement doit être assimilé dans le chef du locataire à un événement analogue visé à l'article 47 du Code des impôts sur les revenus.

Par contre, ne sont pas considérés comme des événements analogues à une expropriation, réquisition :

- la plus-value résultant d'une indemnité perçue en raison de la rupture unilatérale d'un contrat d'exclusivité de vente (Question parlementaire du représentant Heughebaert, Bulletin des Contributions n° 613, pp. 183-184). On notera cependant que la Cour d'appel de Gand du 19 mars 1998 a estimé que le retrait unilatéral d'une concession devait être assimilé à un événement analogue visé à l'article 47 du Code des impôts sur les revenus dans la mesure où le retrait constituait un événement soudain, imprévisible et indépendant de la volonté du contribuable ;
- la possibilité de refus définitif du permis d'exploitation pour l'utilisation de certaines machines ou de certains appareils qui conduit une entreprise à déménager (Cour d'appel de Gand du 23 décembre 1986) ;
- l'indemnité versée à l'expiration du contrat de bail pour absence de restitution d'un fonds de commerce (Cour d'appel de Liège du 24 avril 1965, Bulletin des Contributions n° 429, pp 507-510) ;
- lorsqu'un contribuable est contraint, en raison de la nouvelle réglementation de la profession et du titre d'expert-comptable, de céder un portefeuille d'assurances, la plus-value qu'il réalise à cette occasion résulte de l'encaissement du prix de vente d'un actif incorporel et non de la perception d'une indemnité du chef d'événement analogue visé à l'article 47 du Code des impôts sur les revenus (Cour d'appel de Mons du 15 mars 1996).

Contrairement à ce qui est prévu pour les plus-values réalisées de plein gré, le législateur n'a, pour les plus-values forcées, fixé aucune condition quant à la durée d'affectation des biens concernés.

En cas de plus-value forcée, le contribuable peut opter pour le régime de la taxation étalée, et ce, même si le bien n'était pas affecté à l'exercice de l'activité professionnelle depuis plus de cinq ans.

2. *Plus-values réalisées de plein gré*

En ce qui concerne les plus-values réalisées de plein gré, le régime de la taxation étalée n'était initialement applicable qu'à la quotité non monétaire des plus-values réalisées à l'occasion d'une vente. L'article 8, 1° de la loi du 22 décembre 1998 a étendu, à partir de l'exercice d'imposition 1998, le régime de la taxation étalée à la quotité non monétaire des plus-values réalisées à l'occasion d'une aliénation quelconque, notamment en cas de cession, d'échange ou d'apport en société.

Pour pouvoir bénéficier du régime de la taxation étalée, les plus-values réalisées de plein gré doivent concerner des actifs qui ont la nature d'immobilisations corporelles ou incorporelles depuis plus de cinq ans. Le délai de cinq ans est calculé à partir de la date à laquelle les éléments d'actif ont été investis dans l'entreprise jusqu'à la date de leur aliénation.

Schématiquement, les plus-values visées par le régime de la taxation étalée sont les suivantes :

<table>
<tr><th rowspan="2"></th><th colspan="2">Immobilisations incorporelles sur lesquelles des amortissements ont été admis fiscalement et corporelles détenues</th></tr>
<tr><th>depuis cinq ans et moins</th><th>depuis plus de cinq ans</th></tr>
<tr><td>Plus-values réalisées de plein gré</td><td>Le régime normal</td><td rowspan="2">Le régime normal ou le régime de la taxation étalée</td></tr>
<tr><td>Plus-values forcées</td><td>Le régime normal ou le régime de la taxation étalée</td></tr>
</table>

B. Indemnités ou parties d'indemnités d'expropriation

Les indemnités pour cause d'utilité publique comprennent généralement un « préjudice immobilier » qui représente le dommage résultant de la privation de la propriété d'un bien immeuble et un « préjudice mobilier » qui résulte du départ forcé, provoqué par l'expropriation.

Les indemnités couvrant un « préjudice immobilier » se composent habituellement de la valeur principale de l'immeuble, des frais de remploi et des intérêts d'attente. La Cour de cassation, en date du 13 février 1968, a jugé que les frais de remploi et les intérêts d'attente doivent être cumulés avec la valeur principale pour déterminer la plus-value susceptible d'être prise en considération pour l'application de l'article 47 du Code des impôts sur les revenus.

Les indemnités mobilières se composent notamment :

- de l'indemnité pour perte de bail avantageux accordée à un locataire ; cette partie tombe dans le champ d'application de l'article 47 du Code des impôts sur les revenus.
- de l'indemnité pour trouble dans la clientèle qui est destinée à couvrir la perte d'un actif immatériel, la clientèle ; cette partie tombe dans le champ d'application de l'article 47 du Code des impôts sur les revenus.
- de l'indemnité pour trouble commercial ou trouble dans les affaires qui représente l'indemnisation forfaitaire des bénéfices ou profits espérés ; cette partie est en principe imposable en vertu de l'article 25, 6°, a) ou 27, 2e alinéa, 4°, a) du Code des impôts sur les revenus et ne tombe pas dans le champ d'application de l'article 47 du Code des impôts sur les revenus.
- de l'indemnité qui est versée pour couvrir les frais qui devront être exposés suite au départ forcé ou à la réinstallation ; cette partie est en principe imposable en vertu de l'article 24, 1er alinéa du Code des impôts sur les revenus et ne tombe pas dans le champ d'application de l'article 47 du Code des impôts sur les revenus.
- de l'indemnité allouée pour dépréciation des marchandises suite à l'expropriation ; cette partie est en principe imposable en vertu de l'article 25, 6°, b) ou 27, 2e alinéa, 4°, b) du Code des impôts sur les revenus et ne tombe pas dans le champ d'application de l'article 47 du Code des impôts sur les revenus.

Les indemnités qui tombent dans le champ d'application de l'article 47 du Code des impôts sur les revenus sont taxables pour l'année de la perception de l'indemnité.

Les indemnités qui ne tombent pas dans le champ de l'application de l'article 47 du Code des impôts sur les revenus sont taxables :

- en ce qui concerne les contribuables qui réalisent des bénéfices, l'année de la fixation de la créance ; lorsque les indemnités sont fixées à la suite d'un arrangement à l'amiable, elles sont seulement obtenues par l'exproprié le jour de l'approbation de l'acte, au nom du département acquéreur, par le Président du Comité d'acquisition. Dans le cas d'une expropriation judiciaire, elle sera considérée comme réalisée et acquise à la date du jugement définitif fixant le montant des indemnités.
- en ce qui concerne les contribuables qui réalisent des profits, l'année de la perception.

Schématiquement, ceci peut se résumer de la manière suivante:

<table>
<tr><th rowspan="2"></th><th rowspan="2">Montant</th><th rowspan="2">Dispositions fiscales visées</th><th colspan="2">Moment de l'imposition</th></tr>
<tr><th>Bénéfices</th><th>Profits</th></tr>
<tr><td rowspan="3">Préjudice Immobilier</td><td>Valeur principale</td><td rowspan="3">Entrent dans le champ de l'application de l'article 47 du Code des impôts sur les revenus</td><td colspan="2" rowspan="3">L'année de la perception</td></tr>
<tr><td>Frais de remploi</td></tr>
<tr><td>Intérêts d'attente</td></tr>
<tr><td rowspan="5">Préjudice mobilier</td><td>Perte de bail avantageux accordée à un locataire</td><td rowspan="2">Entrent dans le champ de l'application de l'article 47 du Code des impôts sur les revenus</td><td rowspan="5">L'année de la fixation de la créance résultant de l'expropriation</td><td rowspan="5">L'année de la perception</td></tr>
<tr><td>Trouble dans la clientèle</td></tr>
<tr><td>Trouble commercial ou dans les affaires</td><td>Articles 25, 6°, a ou 27, 4°, a du Code des impôts sur les revenus</td></tr>
<tr><td>Indemnités pour dépréciation des marchandises</td><td>Articles 25, 6°, b ou 27, 4°, b du Code des impôts sur les revenus</td></tr>
<tr><td>Sommes couvrant les frais occasionnés par le départ forcé ou qui devront être exposés pour la réinstallation</td><td>Article 24, alinéa 1er, 1 du Code des impôts sur les revenus (voir page 387)</td></tr>
</table>

Tenant compte du prescrit de l'article 47 du Code des impôts sur les revenus, une indemnité globale attribuée pour «trouble dans la clientèle et dans les affaires» doit être considérée comme la rémunération d'une perte d'un élément du fonds de commerce, lorsqu'il n'est pas possible de faire la distinction entre les deux éléments de manière judicieuse, ou lorsque la distinction n'est pas effectuée dans la décision qui a attribué l'indemnité en question.

Si le décompte dressé par le Comité d'acquisition d'immeubles par compte de l'État n'est pas par lui-même opposable au contribuable, rien ne s'oppose à ce que l'administration des contributions directes, en tant que présomption de l'homme, l'utilise pour établir le régime fiscal des différents éléments qui composent l'indemnité d'expropriation.

Comme toute présomption de l'homme, le contribuable peut apporter la preuve contraire. Cette preuve incombe au contribuable qui doit opposer à la présomption invoquée par l'administration des éléments concluants (*Bull.*, n° 647, p. 322. À titre d'exemples voir les arrêts de la Cour d'appel de Mons du 11 avril 1985, *Bull.* n° 647, pp. 314-321 et de la Cour d'appel d'Anvers du 9 juin 1981, *Bull.* n° 622, pp. 2707 à 2713).

ex *Luc, garagiste indépendant est exproprié pour cause d'utilité publique. Il perçoit les indemnités suivantes:*

Indemnité immobilière	*150.000,00*
Frais de remploi	*3.000,00*
Intérêts d'attente	*2.000,00*

Indemnité mobilière	
Perte de bail avantageux accordée à un locataire	*5.000,00*
Trouble dans la clientèle	*6.000,00*
Trouble commercial ou dans les affaires	*3.000,00*
Indemnités pour dépréciation des marchandises	*3.000,00*
Sommes couvrant les frais occasionnés par le départ forcé ou qui devront être exposés pour la réinstallation	*5.000,00*

La valeur résiduelle du bâtiment est de 100.000,00 EUR. L'immeuble est affecté depuis trois ans à l'exercice de l'activité professionnelle.

Les montants perçus par Luc sont à traiter de la manière suivante:

	Montant imposable	*Régime fiscal*	*Code de la déclaration*
Bâtiment	*(150.000,00 + 3.000,00 + 2.000,00) – 100.000,00 = 55.000,00*	***Plus-value sur immobilisations corporelles:*** *soit taxation étalée* *soit taxation au taux progressif*	*1603-46/2603-16* *1604-45/2604-15*
Perte de bail	*5.000,00*	***Plus-values sur immobilisations incorporelles:*** *taxation au taux progressif (taxation étalée possible)*	*1604-45/2604-15*
Trouble dans la clientèle	*6.000,00*		
Trouble commercial dans les affaires	*3.000,00*	***Compensation pour réduction d'activité:*** *soit la partie qui ne dépasse pas la limite: taxation au taux distinct de 16,5 %; le solde au taux progressif*	*1605-44/2605-14* *1610-39/2610-09*
Indemnité pour dépréciation des marchandises	*3.000,00*	***Perte temporaire de revenus:*** *taxation au taux progressif*	*1271-87/2271-57*
Sommes couvrant les frais occasionnés par le départ forcé ou qui devront être exposés pour la réinstallation	*5.000,00*	***Bénéfices ordinaires:*** *taxation au taux progressif*	*1600-49/2600-19*

C. Régime optionnel

Pour bénéficier du régime de la taxation étalée, le contribuable doit obligatoirement exprimer son choix au moyen d'un relevé 276 K. Ce relevé doit être joint à sa déclaration à l'impôt des personnes physiques afférente à la période imposable au cours de laquelle la plus-value a été réalisée et pour les exercices d'imposition suivants, et ce, jusqu'à taxation complète de la plus-value.

D. Taux d'imposition

La plus-value imposée selon le régime de la taxation étalée est imposable globalement.

Le tableau suivant peut aider quant au choix de la taxation étalée ou non.

Bénéfices ou profits	**Plus-values sur immobilisations corporelles**	Plus-values forcées	Affectées depuis plus de cinq ans	Opte pour la taxation étalée	Imposable globalement
				N'opte pas pour la taxation étalée	16,5 % sauf si imposition au taux global plus favorable
			Affectées depuis cinq ans et moins	Opte pour la taxation étalée	Imposable globalement
				N'opte pas pour la taxation étalée	Imposable globalement
		Plus-values réalisées de plein gré	Affectées depuis plus de cinq ans	Opte pour la taxation étalée	Imposable globalement
				N'opte pas pour la taxation étalée	16,5 % sauf si imposition au taux global plus favorable
			Affectées depuis cinq ans et moins	Les conditions pour opter pour la taxation étalée ne sont pas rencontrées	Imposable globalement
	Plus-values sur immobilisations incorporelles	Plus-values forcées	Affectées depuis plus de cinq ans	Opte pour la taxation étalée	Imposable globalement
				N'opte pas pour la taxation étalée	Imposable globalement (*)
			Affectées depuis cinq ans et moins	Opte pour la taxation étalée	Imposable globalement
				N'opte pas pour la taxation étalée	Imposable globalement (*)
		Plus-values réalisées de plein gré	Affectées depuis plus de cinq ans	Opte pour la taxation étalée	Imposable globalement
				N'opte pas pour la taxation étalée	
			Affectées depuis cinq ans et moins	Les conditions pour opter pour la taxation étalée ne sont pas rencontrées	Imposable globalement (*)

(*) L'administration considère que les indemnités obtenues au cours de l'exercice de l'activité professionnelle pour la cession d'éléments d'actif incorporels investis par un contribuable, qui réalise des bénéfices ou des profits, tels que, par exemple, la clientèle, le fonds de commerce, le droit au bail, les quotas laitiers et betteraviers, peuvent bénéficier du régime d'imposition prévu pour les indemnités qui compensent une perte de revenus, en raison de la non-périodicité du revenu, dès qu'une indemnité couvre un manque à gagner et qu'il y a un lien de cause à effet entre l'acte susceptible d'entraîner une réduction d'activité ou des bénéfices et l'indemnité perçue.

E. Nature, lieu et montant du remploi

1. *Généralités*

La quotité non monétaire des plus-values réalisées sur des immobilisations incorporelles et corporelles n'est soumise à la taxation étalée que si un montant égal au prix de réalisation ou à l'indemnité obtenue pour la perte de ces éléments de l'actif est remployé par le contribuable en immobilisations incorporelles ou corporelles (neuves ou d'occasion) amortissables utilisées en Belgique pour l'exercice de l'activité professionnelle.

Les éléments de l'actif acquis à titre de remploi ne doivent pas être conservés pendant un délai minimum déterminé, mais leur aliénation implique la taxation immédiate de la plus-value proportionnellement à la valeur non encore amortie de cet actif.

2. *Nature du remploi*

Le remploi doit être effectué en immobilisations incorporelles ou corporelles neuves ou d'occasions amortissables. Le remploi en plusieurs éléments amortissables est permis.

Constituent notamment des remplois valables :

- un immeuble bâti (à l'exclusion de la valeur du terrain) reçu par une société en raison d'un apport qui n'est pas exonéré d'impôts (QP n° 599 de M. Vergote du 17 juin 1993) ;
- l'achat d'un immeuble en viager ;
- les immobilisations détenues en location-financement (QP n° 653 de M. Breyne, *Bull.*, p. 1942).

Par contre, ne constituent pas des remplois valables :

- les frais d'établissement ;
- les immobilisations incorporelles et corporelles dont l'usage n'est pas limité dans le temps ;
- les immobilisations financières et les autres valeurs en portefeuille ;
- les actifs circulants au sens de la législation comptable ;
- 25 % de la valeur d'acquisition des véhicules dont la déduction de certains frais est limitée à 75 %, en vertu de l'article 66 du Code des impôts sur les revenus ;
- un apport d'un immeuble en exemption d'impôt, en vertu de l'article 46, § 1er, alinéa 1er, 2° du Code des impôts sur les revenus (QP n° 111 du Sénateur Hatry du 23 août 1996) ;
- un investissement dont le droit d'usage est cédé à un tiers, en vertu d'un contrat de leasing (QP n° 617 du Sénateur Heughebaert, *Bull.*, p. 1258).

3. *Lieu du remploi*

Le remploi de la valeur de réalisation ou de l'indemnité doit être effectué sous la forme d'immobilisations incorporelles ou corporelles amortissables utilisées en Belgique, c'est-à-dire dans un établissement ou une base fixe dont dispose le contribuable en Belgique.

4. *Montant du remploi*

Pour bénéficier de la taxation étalée, le contribuable doit remployer dans les formes requises et dans le délai imparti une somme égale à la valeur de réalisation du total des éléments d'actifs réalisés ou au montant de l'indemnité perçue.

Lorsque la plus-value réalisée concerne une voiture, voiture mixte ou un minibus en vertu de l'article 66 du Code des impôts sur les revenus, le prix de réalisation ou l'indemnité perçue doit être remployé à concurrence de 75 %.

F. Délai du remploi

1. *Plus-values forcées*

Le remploi doit être effectué au plus tard à la cessation de l'activité professionnelle et dans un délai expirant trois ans après la fin de la période imposable de perception de l'indemnité.

Si la date à laquelle expire le délai est expressément prévue par la loi, celle-ci est cependant muette en ce qui concerne la date à laquelle ce délai prend cours. À cet égard, il convient de remarquer que, dans certains cas, le contribuable a intérêt à reconstituer ses éléments d'actifs détruits ou disparus avant même qu'il ait reçu l'indemnité. Bien que le remploi implique l'idée de disposition effective et préalable de l'indemnité, on considère toutefois que le délai de remploi commence à courir à partir de la date du sinistre et, en cas d'expropriation, à partir de l'acte par lequel l'autorité expropriante a manifesté pour la première fois au propriétaire son intention d'acquérir le bien exproprié.

Si l'indemnité est perçue en plusieurs fois, le délai de remploi se termine, pour chaque quotité séparément, trois ans après la fin de la période imposable au cours de laquelle cette quotité a été perçue.

ex *La camionnette, que Marguerite affecte à son activité de fleuriste indépendante, est incendiée le 24 novembre 2015. Suite à ce sinistre, sa compagnie d'assurance lui verse, le 4 février 2016, une indemnité de 6.250,00 EUR.*

Fin de la période imposable de perception de l'indemnité : 31 décembre 2016.

Expiration du délai : 31 décembre 2017.

Période pendant laquelle le remploi peut être effectué : du 24/11/2015 au 31/12/2019.

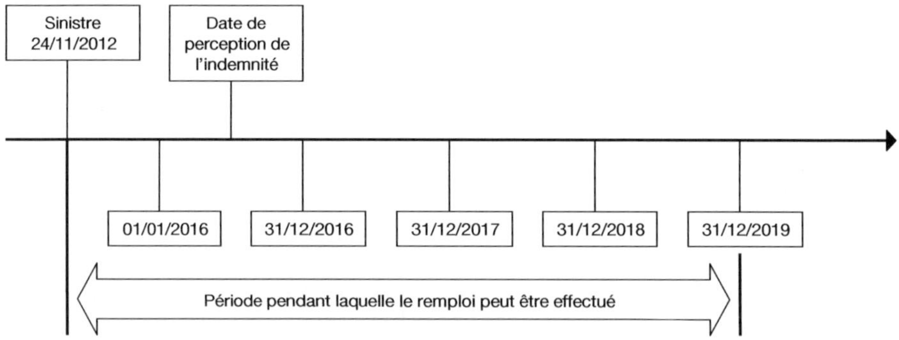

2. *Plus-values réalisées de plein gré*

Le remploi doit être effectué au plus tard à la cessation de l'activité et dans un délai de trois ans prenant cours le premier jour de la période imposable de réalisation des plus-values visées ci-dessus.

ex *La camionnette, que Marguerite affecte depuis six ans à son activité de fleuriste indépendante, est vendue à Luc le 24 novembre 2016.*

Premier jour de la période imposable de réalisation de la plus-value : 1er janvier 2016.

Expiration du délai : 31 décembre 2018.

Période pendant laquelle le remploi peut être effectué : du 01/01/2016 au 31/12/2018.

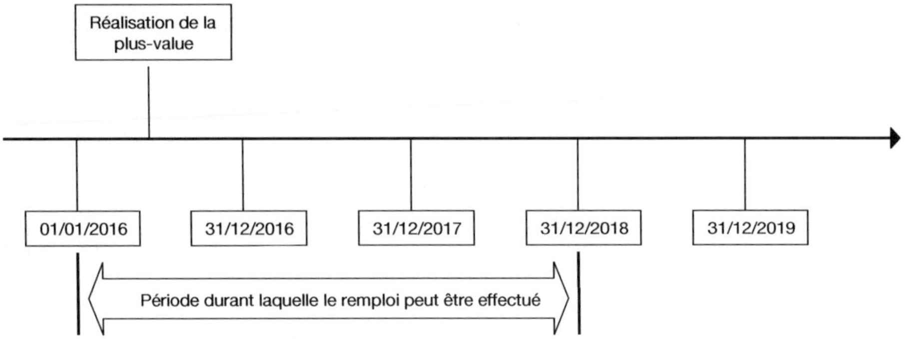

Lorsque le remploi revêt la forme d'un immeuble bâti, d'un navire ou d'un aéronef, le délai de remploi est porté à cinq ans prenant cours le premier jour de la période imposable de réalisation de la plus-value ou le premier jour de la pénultième période imposable précédant celle de réalisation de la plus-value.

Sur la base de l'exemple mentionné ci-dessus, la période pendant laquelle le remploi sous la forme d'un immeuble bâti, d'un navire ou d'un aéronef peut être effectué est :

- soit la période imposable allant du 1er janvier 2014 au 31 décembre 2018 ;
- soit la période imposable allant du 1er janvier 2016 au 31 décembre 2020.

G. Calcul de la quotité de la plus-value à imposer par période imposable

En principe, la quotité non monétaire de la plus-value à imposer pendant la période imposable au cours de laquelle un amortissement est comptabilisé sur un remploi valable se calcule de la manière suivante :

$$\text{Quotité de la plus-value imposable pour une période imposable déterminée} = \frac{\left(\text{Montant de la plus-value} \times \text{Amortissements admis sur les actifs de remplacement}\right)}{\text{Prix de réalisation ou l'indemnité à remployer.}}$$

Les amortissements des actifs de remplacement doivent, le cas échéant :

- pour la période de réalisation de la plus-value, être augmentés des amortissements qui ont déjà été admis sur les actifs de remplacement ;
- pour la période imposable de mise hors d'usage ou d'aliénation d'un actif de remplacement, être augmentés de la valeur résiduelle fiscale de cet actif ;
- être diminués de la quotité des amortissements proportionnellement afférente à la partie de l'actif de remplacement qui n'était pas nécessaire pour atteindre le montant d'investissement requis.

1. *Marguerite, célibataire, fleuriste indépendante, a acquis le 9 mars 2011 une voiture pour la somme de 12.500,00 EUR y compris la TVA non déductible. La voiture est affectée à 60 % à l'exercice de la profession et est amortie sur 5 ans au taux linéaire de 20 %. La voiture est vendue en avril 2016 pour la somme de 1.250,00 EUR hors TVA. Les frais supportés par Marguerite à l'occasion de la réalisation de la voiture s'élèvent à 125,00 EUR hors TVA.*
Elle désigne à titre de remploi un ordinateur acquis pour la somme de 990,00 EUR hors TVA. L'ordinateur est totalement affecté à l'exercice de l'activité professionnelle et est amorti au taux linéaire de 25 %.

Première étape : Détermination de la plus-value (quote-part professionnelle)

Détermination de la plus-value (quote-part professionnelle)				
Valeur de réalisation		*1.250,00 × 60 %*		***750,00***
Frais de réalisation		*125,00 EUR × 60 %*		***– 75,00***
Valeur fiscale nette de la voiture	*Valeur d'acquisition*	*12.500,00 × 60 %*	*7.500,00*	***– 0,00***
	Amortissements admis en 2008, 2009, 2010, 2011 et 2012	*7.500,00 × 20 % × 5*	*7.500,00*	
Plus-value				***675,00***
Plus-value imposable		*675,00 × 75 %*		***506,25***

Deuxième étape : Détermination du montant à remployer

Lorsque la plus-value réalisée concerne un véhicule soumis à la législation prévue à l'article 66 du Code des impôts sur les revenus, le prix de vente ou l'indemnité perçue doit être remployé à concurrence de 75 %.

Il en résulte que le montant à remployer s'élève à 562,50 EUR c'est-à-dire 1.250,00 × 75 % × 60 % (quote-part professionnelle).

Troisième étape : Détermination de la quotité imposable de la plus-value

Période imposable	**Amortissements admis au titre de frais professionnels**	**Amortissements pris en considération pour le calcul de la quotité imposable de la plus-value**	**Quotité imposable de la plus-value**
		Ordinateur désigné à titre de remploi pour 562,50 EUR	
2016	*247,50 c'est-à-dire 990,00 × 25 %*	*140,625 c'est-à-dire 562,50 × 25 %*	*126,5625 c'est-à-dire 506,25 × (140,625 / 562,50)*
2017	*247,50 c'est-à-dire 990,00 × 25 %*	*140,625 c'est-à-dire 562,50 × 25 %*	*126,5625 c'est-à-dire 506,25 × (140,625 / 562,50)*
2018	*247,50 c'est-à-dire 990,00 × 25 %*	*140,625 c'est-à-dire 562,50 × 25 %*	*126,5625 c'est-à-dire 506,25 × (140,625 / 562,50)*
2019	*247,50 c'est-à-dire 990,00 × 25 %*	*140,625 c'est-à-dire 562,50 × 25 %*	*126,5625 c'est-à-dire 506,25 × (140,625 / 562,50)*

Le cadre XVIII de la déclaration relative à l'exercice d'imposition 2017 souscrite par Marguerite se présente comme suit :

Cadre XVIII – Bénéfices d'entreprises industrielles, commerciales ou agricoles		
4. Plus-values (après déduction des frais de réalisation)		
a) Imposables distinctement (à 16,5 %)	*Code 1603-46*	*Code 2603-16*
b) Imposables globalement	***126,56*** *(le taux de 16,50 % ne s'applique pas lorsque le contribuable opte pour le régime de la taxation étalée)* *(Code 1604-45)*	*Code 2604-15*
7. Frais professionnels		
a) frais de réalisation des éléments d'actif sur lesquels une plus-value (imposable ou non) a été réalisée pendant la période imposable	*56,25* *c'est-à-dire 75,00 × 75 %* *(Code 1620-29)*	*Code 2620-96*

2. *Marguerite, célibataire, fleuriste indépendante, a acquis le 9 mars 2011, une camionnette pour la somme de 12.500,00 EUR non compris la TVA. La camionnette est affectée à 60 % à l'exercice de la profession et est amortie sur 5 ans au taux linéaire de 20 %. La camionnette est vendue en avril 2016 pour la somme de 1.250,00 EUR hors TVA. Les frais supportés par Marguerite à l'occasion de la réalisation de la camionnette s'élèvent à 125,00 EUR hors TVA.*
Elle désigne à titre de remploi :

– *des meubles de bureau acquis pour 600,00 EUR ;*
– *et, pour le solde, une camionnette acquise pour la somme de 20.000,00 EUR.*

Les meubles de bureau et la camionnette sont totalement affectés à l'exercice de l'activité professionnelle et sont amortis respectivement au taux linéaire de 10 % et 20 %.

<u>Première étape</u> : Détermination de la plus-value (quote-part professionnelle)

Valeur de réalisation		*1.250,00 × 60 %*	***750,00***	
Frais de réalisation		*125,00 × 60 %*	***– 75,00***	
Valeur fiscale nette de la voiture	*Valeur d'acquisition*	*12.500,00 × 60 %*	*7.500,00*	***– 0,00***
	Amortissements admis en 2011, 2012, 2013, 2014 et 2015	*7.500,00 x 20 % × 5*	*7.500,00*	
Plus-value imposable		*750,00 – 75,00 – 0,00*	***675,00***	

<u>Deuxième étape</u> : Détermination du montant à remployer

Le montant à remployer s'élève à 750,00 EUR c'est-à-dire 1.250,00 EUR × 60 % (quote-part professionnelle).

Troisième étape: Détermination de la quotité imposable de la plus-value

Période imposable	Amortissements admis au titre de frais professionnels		Amortissements pris en considération pour le calcul de la quotité imposable de la plus-value		Quotité imposable de la plus-value
	Meubles de bureau	Camionnette	Meubles de bureau	Camionnette désignée à titre de remploi à concurrence de 150,00 EUR	
2016	60,00 c'est-à-dire 600,00 × 10%	4.000,00 c'est-à-dire 20.000,00 × 20%	60,00 c'est-à-dire 600,00 × 10%	30,00 c'est-à-dire 150,00 × 20%	81,00 c'est-à-dire 675,00 × (90,00 / 750,00)
2017	60,00 c'est-à-dire 600,00 × 10%	4.000,00 c'est-à-dire 20.000,00 × 20%	60,00 c'est-à-dire 600,00 × 10%	30,00 c'est-à-dire 150,00 × 20%	81,00 c'est-à-dire 675,00 × (90,00 / 750,00)
2018	60,00 c'est-à-dire 600,00 × 10%	4.000,00 c'est-à-dire 20.000,00 × 20%	60,00 c'est-à-dire 600,00 × 10%	30,00 c'est-à-dire 150,00 × 20%	81,00 c'est-à-dire 675,00 × (90,00 / 750,00)
2019	60,00 c'est-à-dire 600,00 × 10%	4.000,00 c'est-à-dire 20.000,00 × 20%	60,00 c'est-à-dire 600,00 × 10%	30,00 c'est-à-dire 150,00 × 20%	81,00 c'est-à-dire 675,00 × (90,00 / 750,00)
2020	60,00 c'est-à-dire 600,00 × 10%	4.000,00 c'est-à-dire 20.000,00 × 20%	60,00 c'est-à-dire 600,00 × 10%	30,00 c'est-à-dire 150,00 × 20%	81,00 c'est-à-dire 675,00 × (90,00 / 750,00)
2021	60,00 c'est-à-dire 600,00 × 10%		60,00 c'est-à-dire 600,00 × 10%		54,00 c'est-à-dire 675,00 × (60,00 / 750,00)
2022	60,00 c'est-à-dire 600,00 × 10%		60,00 c'est-à-dire 600,00 × 10%		54,00 c'est-à-dire 675,00 × (60,00 / 750,00)
2023	60,00 c'est-à-dire 600,00 × 10%		60,00 c'est-à-dire 600,00 × 10%		54,00 c'est-à-dire 675,00 × (60,00 / 750,00)
2024	60,00 c'est-à-dire 600,00 × 10%		60,00 c'est-à-dire 600,00 × 10%		54,00 c'est-à-dire 675,00 × (60,00 / 750,00)
2025	60,00 c'est-à-dire 600,00 × 10%		60,00 c'est-à-dire 600,00 × 10%		54,00 c'est-à-dire 675,00 × (60,00 / 750,00)

Le cadre XVIII de la déclaration relative à l'exercice d'imposition 2017 souscrite par Marguerite se présente comme suit:

Cadre XVIII – Bénéfices d'entreprises industrielles, commerciales ou agricoles		
4. Plus-values (après déduction des frais de réalisation)		
a) Imposables distinctement (à 16,5%)	Code 1603-46	Code 2603-16
b) Imposables globalement	81,00 (le taux de 16,50% ne s'applique pas lorsque le contribuable opte pour le régime de la taxation étalée) (Code 1604-45)	Code 2604-15

Cadre XVIII – Bénéfices d'entreprises industrielles, commerciales ou agricoles		
7. Frais professionnels		
a) frais de réalisation d'éléments de l'actif sur lesquels une plus-value (imposable ou non) a été réalisée pendant la période imposable	*75,00* *(Code 1620-29)*	*Code 2620-96*

H. Non-respect des conditions de remploi

Lorsqu'un montant égal à l'indemnité ou la valeur de réalisation n'est pas remployé dans les formes (*cf.* page 391) et les délais (*cf.* page 392), la plus-value réalisée ou la quotité non encore imposée de celle-ci est considérée comme un bénéfice ou un profit de la période imposable pendant laquelle le délai de remploi est venu à expiration.

Des intérêts de retard sont dus sur la partie de l'impôt relative à la plus-value, à partir du 1er janvier de l'exercice d'imposition pour lequel la plus-value aurait dû être imposée si le contribuable n'avait pas opté pour le régime de la taxation étalée de la plus-value réalisée.

Le Tribunal de première instance de Gand (14 décembre 2010) a rappelé que l'article 47, § 6 du Code des impôts sur les revenus prescrit de manière suffisamment précise que la plus-value doit être considérée comme un revenu de la période imposable pendant laquelle le délai de remploi est venu à expiration, de sorte que la plus-value ne peut être traitée comme un revenu d'une autre période imposable (*cf. Fiscologue*, n° 1240, p. 6).

8.7. Les plus-values sur des immobilisations affectées à l'exercice de l'activité professionnelle situées dans un pays avec lequel la Belgique a conclu une convention préventive de la double imposition

Une distinction doit être faite entre les immeubles et les meubles affectés à l'étranger à l'exercice de l'activité professionnelle.

8.7.1. *Les immeubles*

Les plus-values réalisées sur des immeubles affectés à l'exercice de l'activité professionnelle sont imposables dans l'État de situation du bien.

Ces revenus doivent être déclarés en Belgique, mais sont exonérés sous réserve de progressivité. Lors du calcul du montant de l'imposition et de l'exonération, les revenus générés par les plus-values réalisées sur des immobilisations situées à l'étranger ne peuvent jamais bénéficier d'une taxation à un taux distinct (comme c'est le cas pour les plus-values sur immobilisations corporelles situées en Belgique affectées depuis plus de cinq ans à l'exercice de l'activité professionnelle).

En effet, les revenus qui sont exonérés en vertu de conventions internationales préventives de la double imposition ne sont jamais pris en compte pour la taxation distincte, étant donné que l'imposition de ceux-ci, quel que soit le taux appliqué, serait en contradiction flagrante avec le prescrit des conventions (QP n° 215 du Sénateur De Clippele du 27 mai 1991).

Cette disposition concerne tant les bénéfices que les profits.

ex *Marguerite, célibataire, industrielle, réalise en 2016 deux plus-values de respectivement 20.000,00 EUR et 35.000,00 EUR à l'occasion de la vente de deux bâtiments, affectés à l'exercice de son activité professionnelle, situés en Espagne. Les immeubles sont affectés depuis respectivement 8 ans et 3 ans à l'exercice de l'activité professionnelle de Marguerite.*

Marguerite remplit le cadre XVIII de sa déclaration de la manière suivante:

Cadre XVIII – Bénéfices d'entreprises industrielles, commerciales ou agricoles		
4. Plus-values (après déduction des frais de réalisation)		
a) Imposables distinctement (à 16,5%)	*20.000,00 (Code 1603-46)*	*Code 2603-16*
b) Imposables globalement	*35.000,00 (le taux de 16,50% ne s'applique pas lorsque le contribuable opte pour le régime de la taxation étalée) (Code 1604-45)*	*Code 2604-15*
17. Indiquez le pays, le code en regard duquel ils ont été mentionnés et le montant des revenus d'origine étrangère mentionnés aux rubriques 1 à 14, pour lesquels vous avez droit à une réduction d'impôt pour revenus d'origine étrangère.		
Pays: Espagne	*Code 1603-46*	*Montant: 20.000,00*
Pays: Espagne	*Code 1604-45*	*Montant: 35.000,00*

Les revenus déclarés aux Codes 1603-46 et 1604-45 sont imposables globalement et exonérés sous réserve de progressivité.

8.7.2. **Les meubles**

Les bénéfices d'origine étrangère comprennent les revenus des biens mobiliers affectés à l'exercice de l'activité professionnelle.

Pour déterminer comment la Belgique peut imposer les revenus (au taux plein ou exonération sous réserve de progressivité), il convient de:

- pour les bénéfices: vérifier si le contribuable exerce son activité à l'étranger par l'intermédiaire d'un établissement stable et si les plus-values sont imputables à l'établissement stable;
- pour les profits: vérifier si le contribuable dispose dans l'État étranger d'une base fixe et si les plus-values sont imputables à cette base fixe.

ex *Luc, architecte résident, 38 ans, décide d'arrêter son activité dans un bureau de Paris. À cette occasion, il cède le 15 juin 2016 le mobilier qui se trouvait dans le bureau qu'il occupait à Paris pour 15.000,00 EUR (acquis en 1998). La valeur résiduelle de ce mobilier est de 0,00 EUR.*

Il cède également à un bureau parisien sa clientèle pour un montant de 70.000,00 EUR.

Les profits imposables en Belgique, sous réserve de progressivité, relatifs à l'activité exercée en France par Luc, s'élèvent à 25.000,00 EUR en 2012, 20.000,00 EUR en 2013, 24.000,00 EUR en 2014 et 20.000,00 EUR en 2015.

Luc remplit le cadre XIX de sa déclaration de la manière suivante:

Cadre XIX – Profits des professions libérales, charges, offices ou autres occupations lucratives			
4. Plus-values (après déduction des frais de réalisation si vous optez pour la déduction des frais professionnel réels)			
a) Imposables distinctement (à 16,5%)		*15.000,00 (Code 1653-93)*	*Code 2653-63*
6. Indemnités			
b) imposables distinctement à 33%		*70.000,00 (Code 1667-79)*	*Code 2667-49*

Cadre XIX – Profits des professions libérales, charges, offices ou autres occupations lucratives		
17. Indiquez le pays, le code en regard duquel ils ont été mentionnés et le montant des revenus d'origine étrangère mentionnés aux rubriques 1 à 14, pour lesquels vous avez droit à une réduction d'impôt pour revenus d'origine étrangère.		
Pays: France	*Code 1653-93*	*Montant: 15.000,00*
Pays: France	*Code 1667-79*	*Montant: 70.000,00*

Les revenus déclarés aux Codes 1653 et 1667 sont imposables globalement et exonérés sous réserve de progressivité.

IV.
LES FRAIS PROFESSIONNELS

Dans cette partie de l'ouvrage, nous analysons, en matière de frais professionnels:

Pour être déduits au titre de frais professionnels, les frais supportés par le contribuable doivent répondre simultanément aux quatre conditions suivantes:

- se rattacher nécessairement à l'exercice de l'activité professionnelle exercée (le critère de causalité);

- avoir été faits ou supportés pendant la période imposable (le critère d'annualité);
- avoir été faits ou supportés en vue d'acquérir ou de conserver des revenus professionnels imposables (le critère de finalité);
- être justifiés quant à leur réalité et leur montant.

Seules sont déductibles à titre de frais professionnels, les dépenses que le contribuable a faites ou supportées lui-même pour acquérir ou conserver les revenus imposables. Par conséquent, les frais supportés par des tiers ne constituent pas, pour le contribuable, des frais déductibles.

L'administration n'a pas le pouvoir d'apprécier l'opportunité ou l'utilité des frais qu'il a plu au contribuable de faire, mais elle peut vérifier s'ils ont été effectivement faits et aussi contrôler leur nature, c'est-à-dire rechercher s'ils ont le caractère de dépenses professionnelles. Ainsi, par exemple, l'administration ne peut refuser à un contribuable la déduction, au titre de dépenses professionnelles, des frais de déplacement supplémentaires engendrés par le choix d'un itinéraire plus long mais plus rapide entre son domicile et son lieu de travail, pour autant que ces déplacements soient justifiés à suffisance en fait.

1. Analyse des conditions

Article 49 CIR

1.1. Se rattacher nécessairement à l'exercice de l'activité professionnelle exercée

Il doit y avoir un lien direct et nécessaire entre la dépense et l'exercice de l'activité professionnelle. Autrement dit, les dépenses qui ne sont pas inhérentes (c'est-à-dire qui ne sont pas liées de manière intime et nécessaire) à l'exercice de l'activité professionnelle ne seront pas admises au titre de dépenses professionnelles.

Ainsi, ne sont pas déductibles au titre de charges professionnelles, les dépenses:

- de nourritures ou de boissons ne résultant pas d'impératifs professionnels mais de besoins vitaux qui s'imposent à chacun;
- qui sont la conséquence de l'état physiologique du contribuable lui permettant de mener une vie normale indépendamment de ses activités professionnelles (les frais d'oculiste, de lunettes – *cf.* par exemple la QP n° 520 de Monsieur Josy Arens du 22 mars 2010 –, de prothèse dentaire, etc.);
- nécessitées par des besoins évidents d'hygiène corporelle élémentaire (tels que savon, eau, lotions capillaires, coiffeur, shampooing, laque, sous-vêtements, mouchoirs, etc.) et n'ayant aucun rapport avec l'exercice d'une activité professionnelle;
- résultant d'un événement de la vie privée qui ne présente pas de caractère professionnel (frais de naissance, d'adoption, de communion, de noce, etc.);
- exposées pour assurer la garde des enfants pendant l'exercice de l'activité professionnelle;
- consécutives de l'état de santé d'une personne faisant partie du ménage du contribuable (par exemple, les dépenses occasionnées par l'engagement d'un garde-malade, etc.);
- de formation exposées pour pouvoir exercer une activité professionnelle sans aucun rapport direct avec l'activité professionnelle du moment (ainsi dans un arrêt du 18 janvier 2001, la Cour d'appel de Bruxelles a jugé que les frais de formation suivie par le contribuable, sans obligation quelconque, visant à exercer une fonction nouvelle au sein d'une société, ne sont pas déductibles);
- de publications générales lorsqu'elles ne présentent pas de rapport étroit avec l'activité professionnelle (ainsi dans un arrêt du 3 octobre 1997, la Cour d'appel de Bruxelles

considère qu'un abonnement à De Standaard n'est pas déductible au titre de frais professionnels dans le chef d'un avocat, car même si cette publication contient des rubriques fiscales et juridiques, celles-ci n'en sont néanmoins que de la vulgarisation);

- effectuées pour réparer les conséquences de manœuvres délictueuses (ainsi dans un arrêt du 16 septembre 2004, la Cour de cassation considère que le remboursement de sommes escroquées même si ces dernières ont été imposées dans le chef de l'escroqueur ne constitue pas une dépense professionnelle);
- effectuées pour limiter les conséquences d'un délit étranger à l'exercice de l'activité professionnelle (par exemple, les sommes payées à un avocat qui défend le contribuable dans une procédure pénale suite à un faux en écritures);
- trouvant leur cause dans des fautes ou pratiques nullement nécessaires à l'exercice de l'activité professionnelle (par exemple, les sommes supportées par un contribuable à la suite d'une condamnation encourue par lui du chef d'un accident de roulage, provoqué en état d'ébriété, même si celui-ci était en tournée d'affaires au moment de l'accident).

Cette condition implique, également, que les frais mixtes doivent être ventilés suivant des quotités (éventuellement à convenir entre le contribuable et le service de taxation dont il dépend) en vue de déterminer le montant de la dépense déductible au titre de frais professionnels.

ex *Luc parcourt chaque jour ouvrable (225 jours pour l'année 2016), en voiture, la distance de 54 kilomètres pour se rendre à son lieu de travail. Il en profite pour déposer sa fille Clémentine chez ses parents, qui en assurent la garde. Ce déplacement génère 6 kilomètres supplémentaires par jour de travail.*

Au cours de l'année 2016, le compteur du pick-up de Luc indique que les kilomètres parcourus en 2016 s'élèvent à 15.000 kilomètres.

Si Luc opte pour la déduction des frais professionnels réels, la quote-part professionnel du pick-up sera déterminé comme suit:

$$\frac{(54 \text{ km} - 6 \text{ km}) \times 225 \text{ jours}}{15.000 \text{ km}} = 72\ \%$$

1.2. Avoir été faits ou supportés pendant la période imposable

Sont considérés comme ayant été faits ou supportés pendant la période imposable, les frais professionnels qui, pendant cette période, sont effectivement payés ou supportés ou qui ont acquis le caractère de dettes ou pertes liquides et certaines et sont comptabilisées comme telles.

Ceci signifie que sont déductibles des revenus réalisés au cours de la période imposable, les dépenses professionnelles:

- réellement faites pendant cette période;
- qui, pendant cette période, ont acquis le caractère de dettes ou pertes certaines et liquides et ont été comptabilisées comme telles.

1.2.1. *Signification du mot «comptabilisées»*

Pour les commerçants, le mot «comptabilisées» ne signifie pas que la comptabilité doit être tenue conformément au droit comptable. La comptabilité doit être régulière, ce qui signifie qu'elle doit présenter les mêmes garanties d'exactitude qu'une comptabilité tenue conformément à la loi précitée.

Ainsi, la comptabilité tenue par un commerçant sera admise fiscalement, si:

- les livres et documents produits constituent un ensemble cohérent permettant de déterminer avec précision les revenus imposables du contribuable;

- toutes les écritures sont appuyées par des pièces justificatives;
- les chiffres comptabilisés correspondent à la réalité.

Quant aux personnes exerçant des professions libérales, charges, offices ou occupations lucratives, le législateur fiscal impose une comptabilité spéciale basée sur la tenue de carnets de reçus et d'un livre-journal de recettes et de dépenses.

Dans ses arrêts rendus le 4 avril 1962 (*Bull.* n° 392, p. 2038), le 10 mars 1964 (*Pasicrisie*, 1964, I, p. 745), le 21 décembre 1965 (*Pasicrisie*, 1967, I, p. 557) et le 8 novembre 1966 (*Pasicrisie*, 1967, I, p. 328), la Cour de cassation a précisé que, pour pouvoir être déduites des revenus professionnels imposables et être considérées comme faites pendant la période imposable, il faut que les dépenses professionnelles qui n'ont pas été payées aient été comptabilisées comme dettes certaines et liquides dans une comptabilité régulière.

Le ministre des Finances a confirmé cette jurisprudence en précisant que si la comptabilité n'est pas probante au sens fiscal du terme, il faut en conclure que seuls sont admis au titre de frais professionnels les frais payés ou supportés pendant l'année ou l'exercice comptable (QP n° 406 de Claude Eerdekens du 26 juin 2000).

1.2.2. *Dettes ou pertes certaines et liquides*

Sont considérés comme dettes ou pertes liquides ou certaines, celles qui existent et dont le montant est connu à la fin de l'année ou de l'exercice comptable.

C'est le cas notamment:

- des taxes et cotisations légalement dues dont le montant exact est connu;
- des factures délivrées par les fournisseurs;
- des traitements, salaires, gratifications et autres rétributions analogues, ainsi que les cotisations sociales ou d'assurances y afférentes, dont le principe de la débition et le montant sont légalement ou contractuellement établis.

Il en résulte que sont notamment exclues des charges professionnelles:

- les dettes certaines mais non liquides, c'est-à-dire les dettes dont le principe est établi avec certitude mais dont le montant n'a pas encore été fixé d'une manière précise et définitive;
- les dettes probables.

1.2.3. *Dettes se rapportant partiellement ou totalement à une période future*

C'est la dette dans son ensemble qui peut être déduite au titre de frais professionnels.

Rien ne s'oppose cependant à ce que les contribuables qui tiennent une comptabilité régulière portent la partie des frais payés pendant une année ou un exercice comptable déterminé se rapportant à une période future dans un compte de régularisation comme actif provisoire, et ne débitent les comptes de charges correspondants que pendant l'exercice comptable auxquelles lesdites charges se rapportent.

ex *Luc, conseiller fiscal, a payé le 4 avril 2016 la somme de 800,00 EUR relatif à un abonnement concernant une revue fiscale. Cet abonnement couvre la période allant du 1er avril 2016 au 31 mars 2017.*

Luc a le choix de reprendre le montant de l'abonnement parmi ses charges professionnelles, à concurrence:

- *soit de 800,00 EUR;*
- *soit de 600,00 EUR (9/12 × 800,00); le solde (200,00 EUR) étant à reprendre parmi les charges professionnelles relatives à l'exercice d'imposition 2018.*

1.2.4. *Choix du moment de la déduction pour les contribuables tenant une comptabilité régulière*

Le contribuable n'a pas le choix de considérer une dépense comme une charge professionnelle :

- soit pour la période imposable au cours de laquelle la charge a acquis la nature d'une dette certaine et liquide ;
- soit pour la période imposable au cours de laquelle cette charge a été payée.

La dépense est admise au titre de frais professionnels, uniquement au cours de la période imposable où l'un des deux événements susvisés est survenu en premier lieu.

Le ministre des Finances a précisé que la quotité de la provision de pécule de vacances qui n'a pas été comptabilisée à la clôture de l'exercice constitue des charges professionnelles de l'exercice comptable au cours duquel le paiement a eu lieu (QP n° 520 de monsieur Claude Eerdekens du 27 novembre 2000).

ex *Luc, commerçant tenant une comptabilité régulière, a reçu le 20 décembre 2015 une facture (montant hors TVA : 180,00 EUR) concernant les prestations effectuées par son conseiller fiscal au cours du mois de novembre 2015. Cette facture n'a pas été enregistrée dans sa comptabilité relative à l'année 2015. La facture est enregistrée dans la comptabilité relative à l'année 2016 au moment de son paiement qui a lieu le 18 janvier 2016.*

La déduction, au titre de frais professionnels, de la charge (180,00 EUR) au cours de l'exercice d'imposition 2017 ne peut pas être admise étant donné que cette charge a acquis le caractère d'une dette certaine et liquide au cours de l'exercice d'imposition 2016.

1.3. Avoir été faits ou supportés en vue d'acquérir ou de conserver des revenus imposables

Sont déductibles au titre de frais professionnels, les dépenses qui ont un rapport avec l'acquisition ou la conservation des revenus professionnels.

Ainsi, les sommes décaissées à titre de libéralités (subsides, dons, cotisations, etc., à des associations caritatives, culturelles, sportives ou récréatives) ne constituent pas des dépenses faites en vue d'acquérir ou de conserver des revenus professionnels.

Lorsque des doutes subsistent quant au fait de savoir si les dépenses exposées constituent des frais de publicité plutôt que des libéralités, le contribuable doit se poser la question de savoir si celles-ci contribuent à stimuler le développement de son activité professionnelle en lui donnant plus de publicité ou en présentant celle-ci sous un jour plus favorable auprès du public. Si c'est le cas, les dépenses ainsi faites seront déductibles au titre de charges professionnelles.

En principe, les sommes payées par le contribuable en sa qualité de membre d'un service-club (Kiwanis, Rotary, etc.) ne sont pas déductibles au titre de charges professionnelles. En cela, la jurisprudence se base notamment sur le fait que les membres de tels clubs s'engagent, par leur affiliation, à réaliser les objectifs de l'association, objectifs qui n'ont aucun lien avec l'activité professionnelle exercée par les membres. Le ministre des Finances a cependant précisé que si le contribuable est à même de prouver à suffisance de droit que, dans son propre cas, les cotisations payées à tel service-club ont bien, dans une certaine mesure, un rapport avec sa profession et sont faites en vue d'acquérir ou de conserver des revenus imposables, il peut déduire, dans la même mesure, ces cotisations au titre de frais professionnels (QP n° 86 posée par Mme Pieters le 6 novembre 2003).

La cotisation de membre qu'un contribuable paie à un groupement professionnel ou à un ordre auquel il est assujetti constitue une dépense professionnelle. Il en est de même pour la cotisation syndicale qui est versée par les salariés.

1.4. Être justifiés quant à leur réalité et leur montant

Le contribuable doit justifier la réalité et le montant de ces frais au moyen de documents probants. Ces documents probants à fournir sont, par exemple, la facture ou le reçu dont il est question à l'article 320 du Code des impôts sur les revenus ou toute autre pièce imposée par une disposition légale ou réglementaire quelconque.

Ce n'est que lorsqu'il n'est pratiquement pas possible de produire ces pièces qu'on peut se contenter de moyens de preuves admis par le droit commun, y compris les présomptions de l'homme, à l'exception du serment, pour autant qu'il apporte la preuve qu'il s'agit de dépenses professionnelles :

- dont les documents probants ont été détruits, volés ou égarés par inadvertance ;
- pour lesquels il n'est pas de pratique courante d'exiger ou d'obtenir des documents justificatifs.

En ce qui concerne ce dernier point, il est à noter que le législateur a donné pouvoir au Roi de fixer, pour les catégories de contribuables qu'il désigne, des critères et des normes permettant de déterminer dans quelle mesure au maximum sont déductibles les frais professionnels qui ne peuvent habituellement pas être appuyés de pièces justificatives, à savoir les frais de représentation, les dépenses relatives aux produits d'entretien, les petits frais de bureau, les cotisations à caractère social, les frais de vêtements professionnels, de linge et de blanchissage et les dépenses pour périodique sans facture. Cette mesure n'a pas reçu à ce jour d'application concrète.

L'obligation de justifier le montant de chaque dépense n'est pas absolue et d'autres voies sont possibles.

1.4.1. *Accords collectifs*

Articles 50 et 342 CIR

L'administration peut conclure tant sur le plan local que sur le plan régional des accords collectifs sur des dépenses ou des charges professionnelles qu'il n'est généralement pas possible de justifier au moyen de documents probants.

À ce jour, des accords collectifs ont été conclus pour les :

Avocats	*cf.* Circulaire n° Ci.RH.842/596.566 (AGFisc n° 37/2011) du 13 juillet 2011
Huissiers de justice	*cf.* Circulaire n° Ci.RH.842/296.961 du 16 mai 1990.
Exploitants d'appareil automatique de divertissement	*cf.* Circulaire n° Ci.RH.84/307.510 du 7 janvier 1981.
Gardiennes indépendantes d'enfants à domicile	*cf.* Circulaire n° Ci.RH.84/405.023 du 19 décembre 1996 et Ci.RH.842/576.229 (AFER 10/2006) du 15 février 2006.

1.4.2. *Accords individuels*

Article 50 CIR

Seuls les accords conformes à la loi sont impératifs. Autrement dit, dès qu'un accord va à l'encontre d'un texte de loi, le contribuable ne peut pas l'invoquer.

Ainsi, un accord individuel qui fixe les dépenses professionnelles déductibles à 30 % du salaire brut est contraire à l'article 51 du Code des impôts sur les revenus, et est par conséquent illégal. Il n'est donc pas permis, en application de cet article, d'estimer le montant global des dépenses ou charges professionnelles à un pourcentage fixe des rémunérations brutes.

Les seuls accords individuels qui peuvent intervenir entre le contribuable et l'administration concernent en réalité des situations de fait qui peuvent porter :

- sur un montant de frais ;
- sur un pourcentage de frais ;
- sur la quotité professionnelle lorsqu'il s'agit de frais mixtes.

Cet accord peut être conclu de manière soit explicite soit implicite.

Ainsi, une vérification sommaire d'une déclaration peut donner naissance à un accord qui lie l'administration lorsque cette déclaration comprend, par exemple, des frais mixtes qui ont été examinés et acceptés par le fonctionnaire taxateur.

L'administration ne peut pas revenir avec effet rétroactif sur un accord conclu, sauf :

- si elle prouve que cet accord a été obtenu au moyen de données fausses ou volontairement inexactes et,
- si les données relatives à des frais sur lesquels porte l'accord se trouvent modifiées suite à un changement dans les conditions de l'exercice de l'activité professionnelle.

Lorsque l'administration entend mettre fin à un accord, elle doit le remettre en question de manière formelle, étant entendu que la modification ne peut avoir d'effet que pour la période imposable suivant celle au cours de laquelle l'administration a fait connaître clairement sa nouvelle manière de voir au contribuable.

Le contribuable quant à lui peut dénoncer l'accord en déclarant spontanément une quote-part professionnelle, par exemple de son immeuble, plus élevée que celle initialement déterminée avec l'approbation de l'administration.

1.5. Frais déraisonnables

Les dépenses professionnelles ne peuvent être déduites au titre de frais professionnels que dans la mesure où elles ne dépassent pas de manière déraisonnable les besoins professionnels du contribuable. Ainsi, les dépenses professionnelles exposées en raison ou à l'occasion de l'exercice de l'activité professionnelle qui ont un caractère somptuaire, en ce sens qu'elles sont inspirées par le désir ou le souci d'afficher un certain standing, de mener un certain train de vie ou d'entretenir des relations mondaines ne sont pas déductibles au titre de frais professionnels.

C'est à l'administration qu'il appartient d'indiquer dans quelle mesure et pour quelle raison une dépense déterminée est qualifiée de déraisonnable, sans toutefois pouvoir s'immiscer dans la gestion des affaires du contribuable ou juger de l'opportunité de la dépense.

Pour apprécier le caractère déraisonnable d'une dépense, l'administration tient compte de la nature de l'activité professionnelle exercée par le contribuable, ainsi que des conditions dans lesquelles celle-ci est exercée et des revenus qu'elle procure au contribuable.

2. Charges afférentes aux biens immobiliers affectés à l'exercice de l'activité professionnelle

Articles 49, 52, 1° et 53, 1° CIR

Les loyers, charges locatives ainsi que les frais généraux d'entretien, de chauffage, d'électricité... de biens immeubles ou d'une partie de ceux-ci qui sont utilisés dans le cadre de l'exercice de l'activité professionnelle du contribuable sont déductibles au titre de frais professionnels.

2.1. Contribuable propriétaire de l'immeuble

Le propriétaire d'un bien immobilier dans lequel il exerce son activité professionnelle peut notamment déduire à titre de frais professionnels :

- les frais généraux d'entretien ;
- les dépenses de chauffage ;
- les dépenses d'éclairage ;
- les frais d'assurance ;
- les frais de surveillance ;
- les frais d'ameublement ;
- les amortissements relatifs à l'immeuble ;
- le précompte immobilier ;
- les intérêts de capitaux empruntés à des tiers en vue de l'acquisition de l'immeuble.

Ces frais ne sont déductibles qu'à concurrence de la quote-part professionnelle du bien immobilier. Cette quote-part professionnelle est déterminée en tenant compte du rapport existant entre la partie affectée à l'exercice de la profession et le bien immobilier entier.

2.1.1. *Frais d'assurance*

Les frais d'assurance relatifs à la partie de l'immeuble affectée à l'exercice de l'activité professionnelle sont déductibles.

L'administration considère qu'un contribuable qui contracte un emprunt hypothécaire en vue de la construction ou l'acquisition d'un bien immobilier qu'il affecte à l'exercice de son activité professionnelle, et qui conclut à cette occasion une assurance sur la vie du type « assurance solde restant dû » ne peut pas déduire la (les) prime(s) relative(s) à ce contrat au titre de dépenses professionnelles.

2.1.2. *Précompte immobilier*

Le précompte immobilier y compris les accroissements, majorations, frais et intérêts de retard y afférents sont déductibles au titre de frais professionnels. Par contre, les frais de poursuite afférents au précompte immobilier ne sont pas déductibles au titre de frais professionnels.

A. Région wallonne et Région de Bruxelles-Capitale

Pour la détermination du précompte immobilier déductible au titre de frais professionnel, il doit être tenu compte du montant du précompte immobilier tel qu'il a été établi après déduction de la réduction pour habitation modeste.

Cette réduction n'est pas accordée pour la partie de l'habitation affectée à l'exercice de l'activité professionnelle quand la quote-part professionnelle dépasse un quart de l'habitation entière.

Ceci implique que le précompte immobilier admis au titre de frais professionnel est déterminé de la manière suivante :

Quote-part professionnelle de l'immeuble	Précompte immobilier admis au titre de frais professionnels
N'excède pas 25 %	Précompte immobilier **après** application des réductions × quote-part professionnelle
Excède 25 %	Précompte immobilier **avant** application de la réduction pour habitation modeste × quote-part professionnelle

ex *Marguerite, enseignante, affecte à l'exercice de son activité professionnelle une partie de l'immeuble dont elle est propriétaire. Au cours de la période imposable 2016, le précompte immobilier avant déduction de la réduction pour habitation modeste s'élève à 360,00 EUR.*

Quote-part professionnelle de l'immeuble	*Précompte immobilier admis au titre de frais professionnels*
20%	*(360,00 EUR – 90,00 EUR c'est-à-dire la réduction pour habitation modeste) × 20% =* ***54,00 EUR***
50%	*(360,00 EUR × 50%) =* ***180,00 EUR***

B. Région flamande

Pour la détermination du précompte immobilier déductible au titre de frais professionnel, il doit être tenu compte du montant du précompte immobilier tel qu'il a été établi après déduction des réductions prévues par la Région flamande.

2.2. Contribuable locataire de l'immeuble

Le locataire d'un bien immobilier dans lequel il exerce son activité professionnelle peut notamment déduire à titre de frais professionnels :

- les frais généraux d'entretien ;
- les dépenses de chauffage ;
- les dépenses d'éclairage ;
- les frais d'assurance ;
- les frais de surveillance ;
- les frais d'ameublement ;
- le loyer et les charges locatives ;
- les sommes remises au propriétaire à titre de garantie locative pour la période imposable pendant laquelle il est établi qu'elles ont été acquises au propriétaire :
  - soit en dédommagement des dégâts locatifs ;
  - soit en récupération de loyers impayés.

Ces frais ne sont déductibles qu'à concurrence de la quote-part professionnelle du bien immobilier. Celle-ci est déterminée par le rapport existant entre la partie affectée à l'exercice de la profession et le bien immobilier entier loué.

2.2.1. *Bien immobilier appartenant en propre à son conjoint*

Le contribuable peut déduire de ses revenus professionnels imposables un loyer normal à titre de frais professionnels, pour autant :

- que le paiement d'un loyer soit justifié en droit ;
- qu'il soit établi que ce paiement a réellement été effectué ;
- que le conjoint propriétaire de l'immeuble n'ait pas la qualité de co-exploitant.

2.2.2. *Loyer payé pour une résidence secondaire à proximité du travail*

En principe, les loyers et les charges locatives afférents aux biens immobiliers ou parties de biens immobiliers affectés à l'habitation ne constituent pas des frais professionnels.

Cependant, la déduction du loyer et des charges locatives d'une résidence secondaire peut être admise comme charge professionnelle lorsque les frais sont nécessaires à l'exercice de l'activité professionnelle.

Cette nécessité peut être admise à la condition que le contribuable démontre que la location d'une résidence secondaire n'est pas dictée pas des motifs à caractère privé, mais :

- soit qu'elle a pour objectif de lui éviter une navette anormalement longue ou singulièrement difficile ;
- soit qu'il peut toujours être rappelé à l'usine ou au bureau, en dehors des heures de travail, et qu'il habite trop loin pour pouvoir y donner une suite suffisamment rapide.

La déduction du loyer et des charges locatives d'une seconde résidence peut être cumulée avec la déduction des frais liés aux déplacements normaux du domicile au lieu de résidence et avec les frais de déplacement journalier du lieu de résidence secondaire au lieu de travail (voir page 429).

2.2.3. *Frais de déménagement*

En principe, les frais de déménagement constituent des dépenses à caractère personnel qui ne peuvent pas être considérées comme des frais professionnels.

Cependant, ces frais acquièrent le caractère de dépenses professionnelles lorsque le contribuable démontre :

- soit que son employeur lui a imposé comme *condition sine qua non* l'obligation de s'établir à proximité de son nouveau lieu de travail ;
- soit que la conservation de son domicile lui imposerait des navettes journalières d'une durée anormalement longue ou difficile.

2.2.4. *Loyer payé pour un bien immobilier trop vaste pour les besoins de l'activité professionnelle*

Le loyer relatif à la partie vide de l'immeuble et qu'il ne donne pas en location constitue des frais non déductibles au titre de charges professionnelles.

2.3. Sécurisation des locaux professionnels

Articles 64*ter*, 2° CIR

Sont déductibles, à concurrence de 120 %, les frais suivants faits ou supportés (à partir du 1er janvier 2009) en matière de sécurisation :

- les frais d'abonnement pour le raccordement à une centrale d'alarme autorisée pour la gestion d'alarmes qui proviennent de systèmes installés dans des biens immobiliers afin de prévenir ou de combattre des délits contre des personnes ou des biens ;
- les frais en cas de recours à une entreprise de gardiennage autorisée pour effectuer du transport protégé tel que visé à l'article 8, § 1er, 2°, de l'arrêté royal du 7 avril 2003 réglant certaines méthodes de surveillance et de protection du transport de valeurs et relatif aux spécificités techniques des véhicules de transport de valeurs ;
- les frais en cas de recours collectif par un groupe d'entreprises à une entreprise de gardiennage autorisée pour l'exécution de missions de gardiennage relatives à la surveillance et protection de biens mobiliers ou immobiliers.

3. Charges financières

Articles 49, 52, 2°, 54 et 55 CIR

Les charges financières afférentes à des capitaux empruntés à des *tiers et engagés* dans l'exercice de l'activité professionnelle sont déductibles au titre de frais professionnels.

La déduction des intérêts au titre de frais professionnels est refusée:

- quand ils sont considérés comme des indemnités rémunérant le capital propre du contribuable;
- quand ils concernent des emprunts conclus à des fins privées.

Lorsqu'un contribuable acquiert, à l'aide de fonds propres et d'un emprunt, un immeuble dont une partie sert exclusivement à son activité professionnelle et que l'autre partie est affectée à des fins privées, les fonds empruntés peuvent être considérés comme ayant servi, par priorité, à financer les investissements professionnels (QP n° 1346 de M. Thissen du 14 juin 2001).

3.1. Intérêts exagérés

Les intérêts d'obligations, de prêts, de créances, de dépôts et d'autres titres constitutifs d'emprunts ne sont considérés comme frais professionnels que dans la mesure où ils ne dépassent pas un montant correspondant au taux pratiqué sur le marché compte tenu des éléments particuliers propres aux risques liés à l'opération, notamment de la situation financière du débiteur et de la durée du prêt.

3.1.1. *Taux du marché*

Le contribuable doit prouver que les charges financières payées n'excèdent pas un montant correspondant au taux du marché compte tenu des circonstances de fait dans lesquelles le crédit a été obtenu.

Le taux du marché doit être déterminé concrètement pour chaque opération de crédit, en tenant compte notamment:

- de la nature du crédit;
- de son montant et de sa durée;
- de la capacité financière de l'emprunteur (à savoir les garanties à fournir, son degré de solvabilité);
- des éléments propres à la monnaie dans laquelle la créance est exprimée;
- etc.

Lorsque le débiteur des charges financières n'est pas directement ou indirectement lié au sens de l'article 11 du Code des sociétés ou d'une disposition analogue en vigueur dans un autre État membre de l'Espace économique européen au bénéficiaire desdits intérêts, aucune preuve ne doit être apportée quant au caractère normal du taux lorsque les charges financières ont été payées:

- en raison d'obligations émises publiquement et d'autres titres analogues constitutifs d'emprunts;
- à l'un des établissements suivants:
  a) les établissements de crédit:
    - de droit belge, agréés conformément à la loi du 22 mars 1993,
    - relevant du droit d'un autre État membre de l'Espace économique européen, et autorisés, conformément à la loi du 22 mars 1993, à exercer leurs activités sur le territoire belge, soit par l'établissement d'une succursale, soit en libre prestation de services,
    - du droit d'un autre État membre de l'Espace économique européen, agréés en cette qualité dans leur État d'origine conformément aux dispositions nationales de cet État transposant la directive 2006/48/CE, et non actifs sur le territoire belge.

  b) la Banque nationale de Belgique et l'Institut de Réescompte et de Garantie;

  c) les entreprises de capitalisation régies par l'arrêté royal n° 43 du 15 décembre 1934;

d) les entreprises de prêts hypothécaires soumises à l'arrêté royal n° 225 du 7 janvier 1936 réglementant les prêts hypothécaires et organisant le contrôle des entreprises de prêts hypothécaires, ainsi que les entreprises hypothécaires soumises à la loi du 4 août 1992 relative au crédit hypothécaire (y compris les entreprises relevant du droit d'un autre État membre de l'espace économique européen soumises à une législation analogue en vigueur dans un autre État membre de l'Espace économique européen afin de permettre la libre prestation de services passive);

e) les sociétés qui ont pour objet exclusif ou principal le financement de ventes à tempérament et sont soumises à l'application de la loi du 12 juin 1991 (y compris les entreprises analogues relevant du droit d'un autre État membre de l'Espace économique européen, agréées en cette qualité dans leur État d'origine conformément aux dispositions nationales de cet État transposant la directive 2008/48/CE du Parlement européen et du Conseil du 23-4-2008 concernant les contrats de crédit aux consommateurs et abrogeant la directive 87/102/CE du Conseil);

f) les entreprises d'assurances:
   - de droit belge, agréées conformément à la loi du 9 juillet 1975;
   - relevant du droit d'un autre État membre de l'Espace économique européen, et autorisées, conformément à la loi du 9 juillet 1975, à exercer leurs activités sur le territoire belge, soit par l'établissement d'une succursale, soit en libre prestation de services;
   - les autres entreprises d'assurances, relevant du droit d'un autre État membre de l'espace économique européen, agréées en cette qualité dans leur État d'origine conformément aux dispositions nationales de cet État transposant les directives européennes en matière d'agrément des entreprises d'assurance, et non actives sur le territoire belge

g) la Société fédérale de participations et d'investissement et les sociétés régionales d'investissement régies par la loi du 2 avril 1962 ainsi que celles qui sont régies par le décret flamand du 7 mai 2004 relatif aux sociétés d'investissement des autorités flamandes.

3.1.2. *Date d'appréciation du taux du marché*

Le taux pratiqué à prendre en considération pour fixer dans quelle mesure la limite de déductibilité des intérêts est éventuellement dépassée est, selon le cas:

- soit le taux pratiqué le jour à partir duquel les sommes empruntées commencent à produire des intérêts (une prorogation ou une reconduction tacite de la convention au-delà du terme initialement prévu est assimilée à la conclusion d'une nouvelle convention);
- soit, lorsque la convention stipule un intérêt variable ou une clause d'indexation, le taux d'intérêt qui est appliqué à l'échéance ou les taux qui, éventuellement, ont été successivement pratiqués au cours de la période à laquelle se rapportent les intérêts.

3.2. Intérêts payés à des personnes bénéficiant à l'étranger d'un régime fiscal favorable

La loi instaure une présomption légale de simulation à l'égard, notamment, des charges financières versées à des personnes bénéficiant d'un régime fiscal étranger favorable. Cette présomption légale n'est cependant pas irréfragable. Le contribuable peut apporter la preuve contraire uniquement en établissant que les dépenses concernées ne dépassent pas la rémunération normalement appliquée pour le type d'opérations effectuées. Ainsi, il peut éviter que ces dépenses ne soient réintégrées dans sa base imposable.

3.2.1. *Dépenses visées*

Sont visées les dépenses relatives :

- aux intérêts d'emprunts ;
- aux redevances pour la concession de l'usage de brevets d'invention, procédés de fabrication et autres droits analogues ;
- aux rémunérations de prestations ou de services.

3.2.2. *Qualité du bénéficiaire des sommes versées*

Les dépenses concernées doivent être attribuées *directement ou indirectement* :

- soit à un contribuable non-résident,
- soit à un établissement situé à l'étranger,

  qui :
  - soit n'est pas soumis à un impôt sur les revenus,
  - soit est soumis à un régime fiscal notablement plus avantageux que celui auquel lesdites sommes seraient taxées en Belgique en ce qui concerne les intérêts d'emprunts, les redevances pour la concession de l'usage de brevets d'invention, procédés de fabrication et autres droits analogues ou les rémunérations de prestations ou de services.

3.2.3. *Preuve contraire*

La présomption légale de simulation est réfragable étant donné que le contribuable peut apporter la preuve que les dépenses envisagées constituent des frais professionnels. Pour cela, le contribuable doit prouver que les montants versés répondent à des opérations réelles et sincères et qu'ils ne dépassent pas les limites normales.

Cette preuve suppose que l'on puisse établir non seulement la matérialité de l'emprunt accordé, des droits incorporels concédés ou des services rendus au contribuable belge mais également que leur utilisation par ce dernier est justifiée par des nécessités industrielles, commerciales ou financières. En ce qui concerne le caractère normal des paiements effectués, on se réfère aux conditions qui seraient appliquées pour des transactions entre parties indépendantes, en prenant en considération les prestations effectuées, les conditions et circonstances des opérations (*Droit fiscal, Principes généraux et impôts sur les revenus*, par Marc Dassesse et Pascal Minne, Bruylant, 4e édition, pp. 650-651).

Le commentaire des impôts sur les revenus précise que, lorsque le caractère anormal d'une dépense est établi, c'est toute la dépense et non seulement la partie anormale qui doit être rejetée des frais généraux (ComIR 54/28).

Cependant, le ministre des Finances a laissé entendre qu'une opération peut être à la fois réelle et sincère tout en dépassant « les limites normales » ; dans ce cas, seule la partie qui dépasse les « limites normales » est rejetée comme dépense professionnelle (*Doc. parl.*, Ch. repr, sess. 91/92, n° 444/9, p.132).

3.3. Intérêts des sommes empruntées pour acquitter l'impôt des personnes physiques ou pour effectuer des versements anticipés à valoir sur cet impôt

Les intérêts relatifs à des fonds empruntés pour effectuer des versements anticipés à valoir sur l'impôt des personnes physiques et/ou pour payer, à l'échéance normale, l'impôt des personnes physiques proportionnellement afférent aux revenus professionnels sont déductibles au titre de frais professionnels.

Le contribuable doit prouver que les sommes empruntées ont effectivement été affectées à de telles fins.

4. Amortissements

Articles 49, 61 à 66 CIR

Les dispositions fiscales, en ce qui concerne la nature des éléments amortissables, ne s'écartent pas des règles comptables, à savoir que seules sont amortissables les immobilisations corporelles et incorporelles dont l'usage est limité dans le temps ainsi que les frais d'établissement.

Pour être admis au titre de frais professionnels:

- l'amortissement doit être nécessaire (par nécessaire, il convient d'entendre que l'amortissement doit correspondre à une dépréciation réelle);
- cette dépréciation doit être réellement survenue pendant la période imposable;
- l'amortissement doit être calculé sur la valeur d'investissement ou de revient des éléments amortissables.

4.1. Dépréciation survenue pendant la période imposable

Théoriquement, la règle paraît simple: l'amortissement à admettre annuellement au titre de frais professionnels ne peut dépasser la dépréciation réelle c'est-à-dire la perte effective de valeur marchande que les biens, investis dans l'entreprise, ont subie au cours de la période imposable.

Vu l'impossibilité de déterminer avec une précision mathématique l'importance d'une dépréciation des éléments de l'actif d'une entreprise, l'administration a adopté le système de pourcentages forfaitaires annuels qui, par catégories d'éléments de l'actif, sont fixés de commun accord entre l'entreprise et le fonctionnaire en charge du dossier.

La règle de l'annualité de l'impôt et le principe de concordance de l'amortissement avec la dépréciation réellement survenue pendant la période imposable s'opposent à la récupération d'amortissements non comptabilisés au cours d'exercices comptables antérieurs.

Cependant, l'administration tolère la récupération des «manquants d'amortissements» par un prolongement de la période normale d'investissement, c'est-à-dire par la continuation de l'admission suivant le rythme antérieurement convenu et sans pouvoir dépasser l'amortissement maximal annuel.

ex *Pour illustrer ceci, prenons l'exemple suivant.*

Mobilier de bureau (valeur d'acquisition: 2.500,00 EUR – durée d'utilisation du mobilier de bureau: 10 ans)			
Année	***Amortissements comptabilisés***	***Manquants d'amortissements***	***Amortissements admis***
2016	*250,00*	*0*	*250,00*
2017	*200,00*	*50,00*	*200,00*
2018	*200,00*	*50,00*	*200,00*
2019	*250,00*	*0*	*250,00*

Mobilier de bureau (valeur d'acquisition: 2.500,00 EUR – durée d'utilisation du mobilier de bureau: 10 ans)			
2020	*150,00*	*100,00*	*150,00*
2021	*250,00*	*0*	*250,00*
2022	*150,00*	*100,00*	*150,00*
2023	*250,00*	*0*	*250,00*
2024	*250,00*	*0*	*250,00*
2025	*250,00*	*0*	*250,00*
2026	*250,00*	*(250,00) = Récupération de manquants d'amortissements*	*250,00*
2027	*50,00*	*(50,00) = Récupération de manquants d'amortissements*	*50,00*

4.2. Base de calcul des amortissements

Les amortissements sont considérés comme des frais professionnels dans la mesure où ils sont basés sur la valeur d'investissement ou de revient.

Par valeur d'investissement ou de revient, il faut entendre:

- soit le *prix d'acquisition*, qui comprend outre le prix d'achat, les frais accessoires tels que les impôts non récupérables et les frais de transport;
- soit le *coût de revient*, c'est-à-dire le prix d'acquisition des matières premières, des matières consommables, des fournitures, majoré des coûts de fabrication directement imputables au produit ou groupe de produits. L'entreprise peut également y inclure une quote-part des coûts de fabrication qui ne sont qu'indirectement imputables au produit ou groupe de produits;
- soit la *valeur d'apport*, qui correspond à la valeur conventionnelle des apports. Cette valeur n'inclut pas les impôts et les frais relatifs aux apports qui peuvent être soit portés en compte de résultats au cours de l'année de l'apport, soit portés sous la rubrique frais d'établissement;
- soit *la partie des versements échelonnés représentant la reconstitution en capital de la valeur du bien*, lorsqu'il s'agit de droits d'usage dont l'entreprise dispose sur des immobilisations corporelles, en vertu de contrats de crédit-bail ou de conventions d'emphytéose, de superficie ou de droits immobiliers similaires.

Lorsque l'immobilisation investie dans l'activité professionnelle a été acquise antérieurement à son affectation à des fins professionnelles, soit à titre onéreux, soit à titre gratuit, par exemple suite à une succession, l'amortissement doit se calculer sur la valeur réelle de ce bien à la date de son affectation professionnelle.

Les amortissements relatifs au montant de réévaluation des immobilisations ne peuvent être admis au titre de frais professionnels, étant donné que ceux-ci ne sont pas basés sur la valeur d'investissement ou de revient des éléments amortissables.

4.3. Frais d'établissement

Les frais d'établissement peuvent être amortis, soit intégralement pendant la période imposable au cours de laquelle ces frais ou coûts sont exposés, soit par annuités fixes échelonnées sans interruption sur un nombre d'années déterminé par le contribuable.

4.4. Frais accessoires

Les frais accessoires peuvent être amortis :

- au même rythme que le principal ;
- à un autre rythme que le principal ;
- intégralement pendant la période imposable.

En ce qui concerne les voitures, voitures mixtes, minibus et fausses camionnettes, autres que ceux utilisés exclusivement pour le transport rémunéré de personnes, tels que ces véhicules sont définis par la réglementation relative à l'immatriculation des véhicules à moteur, les frais accessoires sont *toujours* amortis de la même manière que la valeur d'investissement ou de revient de ces véhicules.

Par frais accessoires, il convient, notamment, d'entendre :

- la TVA non récupérable ;
- les frais de transport ;
- les frais d'expertise ;
- les frais d'installation, de placement, de montage ;
- les honoraires ;
- les droits d'enregistrement et autres droits analogues ;
- les droits à l'importation et autres frais de dédouanement.

Ce qui précède peut être illustré par les exemples suivants :

Exemple n° 1 *Acquisition par Marguerite d'une machine 25.000,00 EUR hors TVA – Frais d'installation de la machine 500,00 EUR hors TVA – La durée d'utilisation de la machine est estimée à 10 ans.*		
Première possibilité les frais accessoires sont amortis au même rythme que le principal	*Deuxième possibilité les frais accessoires sont amortis intégralement au cours de la période imposable où ils ont été exposés*	*Troisième possibilité les frais accessoires sont amortis à un rythme différent de la valeur d'acquisition (par exemple au taux de 20 %)*
2.550,00 *c'est-à-dire 25.500,00 × 10 %.*	***3.000,00*** *c'est-à-dire 500,00 + 25.000,00 × 10 %.*	***2.600,00*** *c'est-à-dire 20 % de 500,00 + 10 % de 25.000,00.*

Exemple n° 2 *Acquisition par Luc, représentant de commerce, d'une voiture mixte (25.000,00 EUR hors TVA) – La durée d'utilisation de la voiture est estimée à 5 ans – La voiture est affectée entièrement à l'exercice de l'activité professionnelle.*
Pour toutes les dépenses relatives aux voitures, voitures mixtes, minibus et fausses camionnettes, la TVA déductible (pour les contribuables assujettis à la TVA) ne peut en aucun cas excéder 50 %. ***5.525,00*** *c'est-à-dire (25.000,00 + (21 % × 50 % × 25.000,00)) × 20 %.*

4.5. Immobilisations corporelles ou incorporelles

4.5.1. *Acquises lors du premier exercice de l'activité professionnelle*

L'année au cours de laquelle le contribuable entame son activité professionnelle, l'annuité d'amortissement afférente aux immobilisations affectées à celle-ci doit toujours *être réduite proportionnellement* au nombre de mois d'exercice de la profession durant cette année.

En d'autres termes, le montant de l'annuité d'amortissement est, dans ce cas, réduit *prorata temporis*. Le mois de début de l'activité professionnelle peut être compté pour un mois entier.

ex *Luc, qui exerce pour la première fois une activité d'indépendant (début de l'activité : 26 août 2013), fait l'acquisition le 9 septembre 2013 d'une machine (100.000,00 EUR HTVA). La machine peut être amortie en 10 ans.*

Année	*Amortissements admis fiscalement*
2016	*5/12 × 100.000,00 × 10 % = 4.166,67*
2017	*100.000,00 × 10 % = 10.000,00*
2018	*100.000,00 × 10 % = 10.000,00*
2019	*100.000,00 × 10 % = 10.000,00*
2020	*100.000,00 × 10 % = 10.000,00*
2021	*100.000,00 × 10 % = 10.000,00*
2022	*100.000,00 × 10 % = 10.000,00*
2023	*100.000,00 × 10 % = 10.000,00*
2024	*100.000,00 × 10 % = 10.000,00*
2025	*100.000,00 × 10 % = 10.000,00*
2026	*5.833,33*

4.5.2. *Acquises lors d'un exercice autre que le premier exercice de l'activité professionnelle*

Un amortissement annuel complet peut être accordé pour l'année pendant laquelle les immobilisations amortissables ont été acquises ou constituées.

En d'autres termes, l'amortissement n'est pas, dans ce cas réduit *prorata temporis.*

ex *Marguerite, indépendante depuis 2004, a fait l'acquisition le 9 septembre 2016 d'une machine (100.000,00 EUR HTVA). La machine peut être amortie en 10 ans.*

Année	*Amortissements admis fiscalement*
2016	*100.000,00 × 10 % = 10.000,00*
2017	*100.000,00 × 10 % = 10.000,00*
2018	*100.000,00 × 10 % = 10.000,00*
2019	*100.000,00 × 10 % = 10.000,00*

Année	*Amortissements admis fiscalement*
2020	*100.000,00 × 10 % = 10.000,00*
2021	*100.000,00 × 10 % = 10.000,00*
2022	*100.000,00 × 10 % = 10.000,00*
2023	*100.000,00 × 10 % = 10.000,00*
2024	*100.000,00 × 10 % = 10.000,00*
2025	*100.000,00 × 10 % = 10.000,00*

4.5.3. *Modification de la durée de l'exercice comptable*

Lorsqu'un exercice comptable est inférieur ou supérieur à un an suite à une modification de la date du bilan, l'amortissement doit être diminué ou augmenté proportionnellement à la durée de l'exercice comptable.

4.6. Modes d'amortissement

4.6.1. *Amortissement linéaire*

L'amortissement linéaire est la méthode suivant laquelle l'amortissement est évalué annuellement à un montant fixe, obtenu par l'application d'un pourcentage constant de dépréciation, à la valeur d'investissement ou de revient de l'élément à amortir.

Le taux linéaire d'amortissement est obtenu de la manière suivante :

$$\frac{100}{\text{Durée de vie présumée du bien}}$$

ex *Pour illustrer ceci, prenons l'exemple suivant.*

Valeur d'acquisition d'un ordinateur	*3.000,00*
Durée d'utilisation présumée	*3 ans*
Taux d'amortissement linéaire	*33,33 %*
Annuité d'amortissement linéaire	*1.000,00*

Lorsque la durée de l'année comptable est inférieure ou supérieure à un an, le montant de l'amortissement est diminué ou augmenté en fonction de la durée de la période imposable.

4.6.2. *Amortissement accéléré*

A. Dégressif

L'amortissement dégressif s'applique à toutes les immobilisations dont l'usage est limité dans le temps à l'exception :

- des immobilisations incorporelles. Toutefois, les investissements en œuvres audiovisuelles peuvent être amortis de manière dégressive. Sont visées les œuvres audiovisuelles d'origine belge et étrangère, quelle que soit la durée de projection, y compris les actualités et les films publicitaires;

- des immobilisations dont l'usage a fait l'objet d'une cession au profit de tiers par le contribuable qui amortit les immobilisations (peu importe en l'occurrence combien de temps, à qui ou sous quelle forme l'usage des immobilisations est cédé). Ces immobilisations sont exclues du régime de l'amortissement dégressif dès que leur usage fait l'objet, par le contribuable qui les amortit, d'une cession au profit de tiers, c'est-à-dire à partir de la période imposable au cours de laquelle cette cession a eu lieu, même si lesdites immobilisations ont été amorties antérieurement suivant le régime dégressif;
- des voitures, voitures mixtes, minibus et fausses camionnettes, telles que ces véhicules sont définis dans la réglementation relative à l'immatriculation des véhicules à moteur, sauf s'il s'agit de véhicules qui sont affectés exclusivement à un service de taxis ou à la location avec chauffeur et qui sont exemptés à ce titre de la taxe de circulation sur les véhicules automobiles;
- des bicyclettes mises à disposition des travailleurs pour le déplacement de leur domicile à leur lieu de travail.

1. *Détermination du taux d'amortissement dégressif*

Pour déterminer le taux d'amortissement dégressif, on agit de la manière suivante.

En premier lieu, on calcule le taux d'amortissement linéaire;

En second lieu, on détermine le taux d'amortissement dégressif; en aucun cas, le taux d'amortissement dégressif ne peut excéder le double du taux d'amortissement linéaire correspondant à la durée normale d'utilisation de l'immobilisation concernée. Il en résulte que le contribuable peut fixer librement un taux d'amortissement dégressif à un montant inférieur au montant considéré, pour autant que ce montant ne dépasse pas la limite susvisée. Cependant, ce taux ne peut pas être modifié pour les années ultérieures.

Tableau des taux d'amortissement dégressif admissibles pour les durées d'utilisation de 3 à 20 ans			
Durée d'utilisation (en années)	**Taux linéaire** Par mesure de simplification, les pourcentages d'amortissement linéaire *peuvent* être arrondis à l'unité supérieure ou inférieure suivant que la première décimale est au moins égale ou inférieure à 5		**Taux maximum dégressif**
	Non arrondi	**Arrondi**	
3	**33,33**	**33**	66,66
4	25	25	50
5	20	20	40
6	16,66	17	34
7	14,28	14	28,56
8	12,5	13	26
9	11,11	11	22,22
10	10	10	20
11	9,09	9	18,18

Tableau des taux d'amortissement dégressif admissibles pour les durées d'utilisation de 3 à 20 ans			
Durée d'utilisation (en années)	**Taux linéaire** Par mesure de simplification, les pourcentages d'amortissement linéaire *peuvent* être arrondis à l'unité supérieure ou inférieure suivant que la première décimale est au moins égale ou inférieure à 5		**Taux maximum dégressif**
	Non arrondi	**Arrondi**	
12	8,33	8	16,66
13	7,69	8	16
14	7,14	7	14,28
15	6,66	7	14
16	6,25	6	12,5
17	5,88	6	12
18	5,55	6	12
19	5,26	5	10,52
20	5	5	10

2. *Détermination de l'annuité d'amortissement dégressif*

Pour déterminer l'annuité d'amortissement dégressif, on applique le taux d'amortissement dégressif à la «valeur fiscale résiduelle» des éléments de l'actif. Cette valeur résiduelle est égale à la valeur d'investissement ou de revient, diminuée des amortissements effectués et admis jusqu'à la fin de l'exercice comptable précédent.

Lors de l'exercice comptable pour lequel l'annuité d'amortissement dégressif n'excède plus l'annuité d'amortissement linéaire, le contribuable peut passer de l'amortissement dégressif à l'amortissement linéaire.

L'annuité d'amortissement dégressif ne peut en aucun cas dépasser *40 % de la valeur d'investissement ou de revient des immobilisations.* Le terme «annuité» implique un montant sur une base annuelle; l'annuité d'amortissement limitée à 40% de la valeur d'investissement ou de revient doit par conséquent être réduite ou majorée dans la mesure nécessaire dans tous les cas où la période d'amortissement réelle est supérieure ou inférieure à douze mois.

La limite de 40% ne porte pas sur le pourcentage de l'amortissement, mais uniquement sur l'annuité d'amortissement. Le taux d'amortissement peut donc être supérieur à 40%; cependant, l'amortissement dégressif qui en résulte ne peut jamais être supérieur à 40% de la valeur d'investissement.

ex *Ceci peut être illustré par les exemples suivants:*

Exemple n° 1 Acquisition en 2016 par Marguerite, fleuriste indépendante, d'un ordinateur affecté exclusivement à l'exercice de son activité professionnelle (2.000,00 EUR hors TVA) – La durée d'utilisation de l'ordinateur est estimée à 4 ans – Marguerite opte pour le taux d'amortissement dégressif de 50% (2 × 25%).			
Année	***Valeur résiduelle***	***Annuité d'amortissement dégressif***	***Annuité d'amortissement linéaire***
2016		**1.000,00** *c'est-à-dire 2.000,00 × 50%.* *Ce montant excède 40% de la valeur d'investissement (800,00).* *Montant à reprendre parmi les charges professionnelles:* **800,00**	*L'annuité d'amortissement dégressif excède l'annuité d'amortissement linéaire*
2017	*1.200,00*	**600,00** *c'est-à-dire 1.200,00 × 50%.* *Ce montant n'excède pas 40% de la valeur d'investissement (800,00).* *Montant à reprendre parmi les charges professionnelles:* **600,00**	*L'annuité d'amortissement dégressif excède l'annuité d'amortissement linéaire*
2018	*600,00*	**300,00** *c'est-à-dire 600,00 × 50%.* *Ce montant n'excède pas 40% de la valeur d'investissement (800,00)*	*L'annuité d'amortissement dégressif est inférieure à l'annuité d'amortissement linéaire.* *Montant à reprendre parmi les charges professionnelles:* **500,00**
2019	*100,00*		*Montant à reprendre parmi les charges professionnelles:* **100,00**

Exemple n° 2 Acquisition en 2016 par Marguerite, exerçant pour la première fois une activité d'indépendante en 2016 (début d'activité: 26 octobre 2016), d'un ordinateur affecté exclusivement à l'exercice de son activité professionnelle (2.000,00 EUR hors TVA) – La durée d'utilisation de l'ordinateur est estimée à 4 ans – Marguerite opte pour le taux d'amortissement dégressif de 50% (2 × 25%).			
Année	***Valeur résiduelle***	***Annuité d'amortissement dégressif***	***Annuité d'amortissement linéaire***
2016		**250,00** *c'est-à-dire 2.000,00 × 50% × 3/12.* *Ce montant excède 40% de la valeur d'investissement × 3/12 (200,00).* *Montant à reprendre parmi les charges professionnelles:* **200,00**	*L'annuité d'amortissement dégressif excède l'annuité d'amortissement linéaire.*
2017	*1.800,00*	**900,00** *c'est-à-dire 1.800,00 × 50%.* *Ce montant excède 40% de la valeur d'investissement (800,00).* *Montant à reprendre parmi les charges professionnelles:* **800,00**	*L'annuité d'amortissement dégressif excède l'annuité d'amortissement linéaire.*

Exemple n° 2 *Acquisition en 2016 par Marguerite, exerçant pour la première fois une activité d'indépendante en 2016 (début d'activité : 26 octobre 2016), d'un ordinateur affecté exclusivement à l'exercice de son activité professionnelle (2.000,00 EUR hors TVA) – La durée d'utilisation de l'ordinateur est estimée à 4 ans – Marguerite opte pour le taux d'amortissement dégressif de 50 % (2 × 25 %).*			
2018	*1.000,00*	**500,00** *c'est-à-dire 1.000,00 × 50 %.* *Ce montant n'excède pas 40 % de la valeur d'investissement (800,00).*	*L'annuité d'amortissement dégressif est inférieure à l'annuité d'amortissement linéaire.* *Montant à reprendre parmi les charges professionnelles :* **500,00**
2019	*500,00*		*Montant à reprendre parmi les charges professionnelles :* **500,00**

3. *Relevé 276 K*

Les contribuables qui, pour des immobilisations amortissables acquises ou constituées à partir d'une période imposable quelconque, optent pour le régime d'amortissements dégressifs, doivent notifier cette option au contrôle des contributions de leur ressort, dans le délai prescrit pour la remise de la déclaration à l'impôt des personnes physiques afférente à cette période. Cette notification doit être annexée à la déclaration et être accompagnée d'un relevé indiquant, pour chaque groupe d'immobilisations de même nature, qui sont amorties au même taux dégressif :

- la nature des diverses immobilisations ainsi groupées ;
- leur valeur d'investissement ou de revient ;
- leur durée normale probable d'utilisation ;
- le taux d'amortissement dégressif.

Ce choix est irrévocable à l'égard de chaque groupe d'immobilisations acquises ou constituées pendant la période imposable. Ce choix est également irrévocable pour les groupes d'immobilisations de même nature amortissables au même taux dégressif, acquises ou constituées pendant les périodes imposables subséquentes, sauf si avant l'expiration d'une des périodes, le contribuable a notifié au contrôle des contributions ou au bureau central de taxation du ressort sa décision de renoncer au régime d'amortissements dégressifs sur l'ensemble ou sur une partie nettement précisée desdits groupes d'immobilisations acquises ou constituées à partir de la même période.

Cette renonciation reste valable aussi longtemps que le contribuable n'aura pas notifié une nouvelle option dans les formes et délais prévus mentionnés ci-dessus.

B. **Doublement des amortissements linéaires**

L'aide aux *entreprises* dans le cadre de l'expansion économique régionale est actuellement une matière entièrement régionalisée. L'autorisation de pratiquer le doublement des amortissements linéaires est donc accordée par les exécutifs régionaux.

Les autorisations de doublement temporaire de l'annuité d'amortissement linéaire normal, notifiées à l'administration des contributions directes et qui ont été accordées par le Gouvernement régional compétent ou le membre du Gouvernement régional que celui-ci désigne sont, dans la pratique, habituellement exécutées. Toutefois, s'il ressort de l'examen effectué par l'agent taxateur que l'autorisation donnée n'est pas conforme aux dispositions du Code des impôts sur les revenus (par exemple, parce qu'elle concerne des immobilisations qui ont déjà fait l'objet, sous l'une ou l'autre forme, d'un amortissement accéléré, des immobilisations incorporelles, etc.), le doublement de l'annuité d'amortissement linéaire normal sera naturellement refusé (QP du Représentant Chevalier Pierre, Bulletin «Questions et réponses» n° 20 du 5 février 1996).

1. *Éléments de l'actif à prendre en considération*

Le doublement de l'amortissement linéaire ne s'applique qu'au *matériel*, à *l'outillage* et aux *bâtiments industriels*.

2. *Détermination de l'amortissement*

L'entreprise a l'autorisation de pratiquer, sur certaines immobilisations, pendant un maximum de *3 périodes imposables successives*, un amortissement annuel égal au *double* de l'annuité d'amortissement linéaire normal.

Après la période pour laquelle le doublement a été appliqué, le régime d'amortissement dégressif peut s'appliquer pour autant que:

- le choix pour ce régime soit notifié pour les investissements concernés dans les formes et délais imposés;
- ces investissements puissent être rangés dans un groupe d'éléments de même nature amortissables au même taux dégressif que ceux qui ont été acquis ou constitués durant une période imposable antérieure et pour lesquels l'option susvisée a été exprimée.

C. Stations de rechargement des véhicules électriques

En vue d'encourager l'achat de véhicules à propulsion électrique, le gouvernement a décidé d'instaurer des incitants fiscaux destinés à promouvoir l'infrastructure nécessaire qui peut garantir que ces voitures pourront être utilisées de manière optimale.

Ainsi, les stations de rechargement des véhicules électriques peuvent, en ce qui concerne les investissements des années 2010 à 2012, être amorties en deux annuités fixes.

4.7. Amortissement l'année de la cession du bien

Les immobilisations ne peuvent pas être amorties pour l'année de leur cession. Cette interdiction résulte de la règle comptable qui précise que l'amortissement doit être acté à la fin de la période comptable. Pour les immobilisations qui sont cédées pendant l'exercice de l'activité professionnelle, aucun amortissement ne peut être comptabilisé à la fin de la période comptable (Cour d'appel de Liège, 24 mai 1995, *F.J.F.* n° 95/153).

5. Impôts, précomptes et taxes

Articles 53, 2° à 5° CIR

L'impôt des personnes physiques ne constitue pas une dépense admise au titre de frais professionnels.

Les accroissements, majorations, frais et intérêts de retard afférents à l'impôt des personnes physiques et aux précomptes mobiliers ne constituent pas non plus des frais professionnels.

C'est également le cas des sommes à valoir sur l'impôt des personnes physiques, à savoir toutes les sommes qui servent au paiement anticipatif de l'impôt.

Par conséquent, ne sont, notamment, pas déductibles au titre de frais professionnels:

- les versements anticipés;
- le précompte professionnel imputable sur l'impôt des personnes physiques;

- les précomptes mobiliers imputables sur l'impôt des personnes physiques;
- la quotité d'impôt étranger imputable sur l'impôt des personnes physiques.

Les accroissements, les majorations, les frais et les intérêts de retard liés à ces sommes ne constituent pas des dépenses admises au titre de frais professionnels.

Enfin, le Code des impôts sur les revenus mentionne également que ne sont pas déductibles au titre de frais professionnels, le précompte mobilier supporté par le débiteur du revenu mobilier à la décharge du bénéficiaire et la cotisation spéciale pour la sécurité sociale.

Par contre, peuvent notamment être déduits au titre de frais professionnels:

- la TVA pour les contribuables qui ne sont pas assujettis à la TVA;
- le précompte immobilier «professionnel»;
- la taxe sur les jeux et paris;
- la taxe sur les appareils automatiques de divertissement;
- les droits d'accises et de douanes, tant ceux qui ont été payés à l'échéance que ceux qui ont été fraudés et recouvrés ultérieurement;
- les taxes de brevet, de marques de fabrique, ainsi que les droits de concession;
- les taxes locales atteignant les entreprises industrielles, commerciales ou agricoles:
  - la taxe communale sur les spectacles de divertissements;
  - la taxe sur la force motrice;
  - la taxe sur le personnel occupé;
  - la taxe communale sur la distribution gratuite d'imprimés publicitaires toutes boîtes;
- la taxe communale sur égouts et pavage dans la mesure où elle se rapporte à l'exercice de l'activité professionnelle;
- les taxes d'environnement dues par les entreprises en tant que telles;
- les impôts étrangers qui ne sont pas imputables;
- les accroissements d'impôts, les majorations, les frais et les intérêts de retard lorsqu'ils se greffent à des impôts eux-mêmes déductibles à titre de frais professionnels;
- l'Eurovignette.

6. Amendes, pénalités et confiscations

Article 53, 6° CIR

Circulaire n° Ci.RH.243/588.588 (AFER 25/2008) du 13 août 2008

En principe, les amendes pénales et administratives, y compris les amendes transactionnelles, les confiscations et les pénalités de toute nature ne constituent pas des frais professionnels déductibles.

La position administrative est de considérer toutes les amendes (amendes fiscales, amendes judiciaires et administratives transactionnelles, amendes sociales...) comme des dépenses non admises au titre de frais professionnels.

Ainsi, sont donc, entre autres, exclues de la déduction au titre de frais professionnels :

- toutes les amendes fixes mentionnées dans le Code des impôts sur les revenus, aussi bien les amendes administratives (art. 445 CIR) que les amendes pénales (entre autres, art. 449, 450, 452 et 456 CIR) ;
- les amendes TVA non-proportionnelles ou fixes (entre autres art. 70, § 4 CTVA) ;
- les amendes de roulage (mais pas, par exemple, les accroissements d'impôt appliqués suite au paiement tardif de la taxe de circulation) ;
- les amendes judiciaires transactionnelles ;

- les amendes encourues par les travailleurs et qui incombent à l'employeur ;
- les amendes infligées par l'Union européenne en cas de violation des règles de la concurrence ;
- les amendes pour violation de la réglementation des prix ou de la qualité, de la législation de l'environnement, des règles de concurrence, etc.

Par dérogation à cette règle, sont notamment déductibles au titre de frais professionnels :

- les accroissements d'impôts ou taxes déductibles ;
- les majorations de cotisations sociales (*cf.* n° 53/111 du ComIR) ;
- les indemnités résultant de l'inexécution d'une obligation contractuelle.

6.1. Accroissements d'impôts ou taxes déductibles

La Cour de cassation a décidé que les amendes fiscales prévues à l'article 70 du Code de la TVA (c'est-à-dire les amendes proportionnelles) consistant en une augmentation de la taxe due pouvaient être déduites par le contribuable au titre de frais professionnels.

La Cour se fonde sur un examen des travaux parlementaires de la loi du 20 novembre 1962 portant réforme des impôts sur les revenus, dont il ressort que les termes «pénalités de toute nature» visent non pas les sanctions consistant en accroissement d'impôts mais des sanctions qui ont le caractère de peines (Cass., 12 janvier 1995, Liège, 2 mars 1994).

Dans les travaux préparatoires, il est précisé que les termes «pénalités de toute nature» ne visent pas les accroissements dont sont majorés les impôts et taxes qui conservent le caractère de charges professionnelles déductibles. Ces accroissements peuvent être déduits des revenus, au même titre que le principal, car ils font partie intégrante de l'impôt ou de la taxe («Exposé des motifs de la loi du 20 novembre 1962 portant réforme des impôts sur les revenus», *Pasinomie*, 1962, p. 1331).

Il en résulte que les accroissements liés à des impôts déductibles au titre de frais professionnels sont eux-mêmes déductibles.

Ainsi, sont déductibles au titre de frais professionnels les amendes proportionnelles qui se rapportent à des impôts déductibles tels que la TVA, les droits d'enregistrement ou l'eurovignette.

6.2. Inexécution d'une obligation contractuelle

Les amendes conventionnelles dues entre parties en cas d'inexécution d'une obligation contractuelle constituent des dépenses déductibles au titre de frais professionnels.

7. Vêtements

Article 53, 7° CIR

Circulaire n° Ci.RH.241/559.092 du 23 novembre 2005

Les frais de vêtements non spécifiques ne sont pas déductibles au titre de frais professionnels. Cette exclusion s'étend à toutes les dépenses liées aux vêtements précités telles que les frais de lavage, de nettoyage à sec, d'entretien et de réparation.

Par dérogation à la limitation évoquée ci-dessus, sont totalement déductibles :

- les frais de vêtements professionnels spécifiques imposés par une convention collective de travail ou une réglementation relative à la protection du travail ;
- les vêtements professionnels «spéciaux» ;
- les tenues de voyage spécifiques ;
- les équipements de protection des motocyclistes.

7.1. Vêtements imposés par une réglementation relative à la protection du travail ou une convention collective de travail

Les frais de vêtements de travail devant être portés par le travailleur sur les lieux du travail, en raison d'une obligation inscrite soit dans une convention collective de travail soit dans la réglementation relative à la protection du travail, sont entièrement déductibles au titre de frais professionnels.

Ainsi, les casques, salopettes, gants spéciaux, bottes, chaussures de sécurité, etc. que les travailleurs sont tenus de porter en permanence sur les lieux de leur travail (chantiers de construction, industrie chimique...) en raison des dangers pour leur sécurité ou leur santé que l'activité exercée en ces lieux leur fait courir, sont entièrement déductibles au titre de frais professionnels.

De même, sont entièrement déductibles les frais relatifs aux vêtements énumérés dans certaines conventions collectives de travail tels que les tabliers, blouses, bonnets, uniformes (képi, veste, chemise, cravate, etc.) ou autres équipements qui, dans la vie privée courante, ne peuvent pas servir comme tenues de ville, du soir, de cérémonie, de voyage ou de loisir.

7.2. Vêtements spéciaux

Pour être considérés comme spéciaux, les vêtements en cause doivent répondre à quatre conditions :

- il doit s'agir de vêtements spéciaux pour exercer la profession ;
- ils doivent être adaptés à cette fin ;
- compte tenu de la nature de l'activité professionnelle, ils sont obligatoires, nécessaires ou d'usage ;
- ils ne sont pas considérés ou ne peuvent servir comme tenues de ville, du soir, de cérémonie, de voyage ou de loisir.

Ainsi, sont notamment déductibles au titre de frais professionnels :

- les tabliers, costumes en lin des médecins, chirurgiens, dentistes, infirmiers ;
- la veste de travail du boucher et du boulanger ;
- le bleu de travail du garagiste ;
- le cache-poussière porté dans certaines professions ;
- la toge des magistrats ;
- la robe des avocats ;
- le costume à paillettes du chanteur, du cabaretier, du jongleur, etc. ;
- l'habit du chef d'orchestre et des musiciens ;
- la longue robe de scène des cantatrices ;
- l'équipement sportif (training et chaussures de sport) des entraîneurs sportifs et professeurs de gymnastique qui exercent leurs activités sportives à titre professionnel ;
- les cuissardes du pisciculteur et du marin pêcheur.

7.3. Tenue de voyage spécifique

L'administration admet que les frais exposés pour des pièces vestimentaires acquises en vue d'un voyage professionnel (activités au niveau de la construction, inspection des mines, prospection pétrolière, expéditions scientifiques, etc.) et qui ne peuvent être portées en Belgique, dans la vie courante, sont encore entièrement déductibles au titre de frais professionnels.

C'est le cas d'une tenue d'esquimau acquise en vue d'exercer une activité professionnelle au Groenland.

7.4. Équipements de protection des motocyclistes

En ce qui concerne l'équipement de protection des motocyclistes, il peut être admis que l'aspect sécuritaire prend le pas sur l'aspect purement vestimentaire, de sorte que les frais pour un tel équipement peuvent être considérés non pas comme des frais de vêtement proprement dits mais bien comme des frais d'équipement de protection de motocycliste amortissables (une durée d'amortissement de trois ans peut être admise pour amortir l'équipement de protection de motocycliste et le casque). Ceci n'est valable que si cet équipement constitue de manière prépondérante un élément essentiel à la sécurité de celui qui les porte.

Par équipement de protection de motocycliste, il convient d'entendre :

- le casque, y compris les produits d'entretien y afférant (par exemple, le système antibuée) ;
- les bouchons d'oreille ;
- le foulard ou le tour de cou ;
- le masque antipollution ;
- la veste équipée, au minimum, de protections aux coudes et aux épaules ;
- le gilet avec protection pour le dos, à porter sous la veste ;
- le pantalon de moto ;
- les gants de motocycliste ;
- les chaussures ou les bottes protégeant au minimum la cheville ;
- l'équipement de protection contre la pluie ;
- l'équipement thermique (par exemple, les vêtements spécifiques de protection chauffants) ;
- les survêtements rétro réfléchissants ;
- les produits d'entretien pour les vêtements de motocycliste (par exemple la graisse pour cuir, spray imperméabilisant, etc.) ;
- les lunettes d'aviateur pour les casques ouverts sans visière.

Les vêtements, même en cuir, portés pour de strictes raisons de confort ou pour suivre la mode, ne donnent pas lieu à une déduction à titre de frais professionnels.

Outre les conditions générales de déduction au titre de frais professionnels, l'équipement de protection de motocycliste est admis au titre de frais professionnels lorsque les conditions suivantes sont remplies :

- l'équipement de protection doit être acheté dans un commerce spécialisé dans ce type de matériel ;
- il doit s'agir d'un équipement spécifique et de protection moto (pour les vêtements extérieurs) ou des sous-vêtements thermiques (les T-shirts, pulls, chaussettes... sont exclus) ;
- une facture est établie ;
- sur cette facture, il est précisé la marque, le modèle et la description de l'équipement de protection moto.

8. Frais de réception et cadeaux d'affaires

Article 53, 8° CIR

Les frais de réception sont des frais que le contribuable expose pour recevoir des clients potentiels, des fournisseurs, des relations d'affaires et d'autres personnes, dans ses propres locaux ou ailleurs, pour favoriser la promotion de ses affaires.

Il s'agit notamment :

- des frais de traiteur ;
- des frais d'achat de boissons, d'aliments, d'articles pour fumeurs ;

- des frais d'achat de fleurs en vue de l'organisation d'une réception ou pour orner les tables à l'occasion d'un banquet;
- de l'amortissement ou la location de locaux;
- des salaires du personnel d'accueil et de service qui sont liés à l'accueil des visiteurs.

Par cadeaux d'affaires, il convient d'entendre des objets d'une certaine valeur, offerts périodiquement (par exemple, en fin d'année) ou occasionnellement, dans le cadre de relations professionnelles.

Peuvent être considérés comme des cadeaux d'affaires offerts aux clients, relations d'affaires ou à des intermédiaires méritants:

- le vin, l'alcool, le champagne;
- les parfums et les eaux de toilette;
- les articles de cuir et articles de luxe;
- les chèques-cadeaux, les chèques-surprises et les chèques culture;
- les appareils ménagers (petit ménager électrique, frigo, congélateur, four à micro-ondes);
- les montres;
- les chronomètres;
- les jumelles;
- les appareils photographiques;
- les caméras;
- les enregistreurs;
- les projecteurs de diapositives;
- les magnétoscopes;
- les téléviseurs;
- les ordinateurs.

8.1. Frais de réception

La quotité professionnelle des frais de réception est déductible au titre de frais professionnels à concurrence de 50%.

La TVA sur les frais de réception n'est pas déductible en vertu des dispositions relatives à la TVA. Cette TVA est déductible au titre de frais professionnels à concurrence de 50%.

Les frais de réception liés à des voyages d'affaires à l'étranger sont intégralement déductibles au titre de frais professionnels. Le contribuable doit démontrer que ces voyages ont une importance évidente pour ses affaires ou pour les affaires d'un tiers qu'il représente en Belgique.

Par dérogation à la limitation à 50%, sont intégralement déductibles:

- les frais de publicité et de démonstration;
- les frais de réception qui sont relatifs à des manifestations amicales qui sont organisées pour l'ensemble du personnel à l'occasion de la Saint-Nicolas, de la Noël, du nouvel an ou encore d'une fête votive comme la Saint-Eloi ou la Sainte-barbe.

8.1.1. *Frais de publicité et de démonstration*

Les frais de publicité et de démonstration demeurent intégralement déductibles.

Ainsi sont intégralement déductibles:

- les frais de transport exposés par l'entreprise en vue, par exemple, du déplacement gratuit en autobus de ses clients jusqu'au point de vente et retour;
- les frais de démonstration, avec remise éventuelle d'échantillons commerciaux;
- les frais qu'entraîne la dégustation de produits fabriqués ou vendus par la firme;

- les frais de tournées payées dans des cafés par des marchands de bière et des représentants de brasseries ;
- les frais qui se rapportent spécifiquement aux salles d'exposition comprises dans l'enceinte d'une entreprise et où les produits fabriqués par l'entreprise sont exposés.

8.1.2. *Frais de réception ayant un caractère social*

Nous renvoyons le lecteur à la page 326 (Frais de réception et frais de restaurant exposés à certaines occasions pour le personnel).

8.1.3 *Frais afférents à la location de loges dans les stades de football*

Le régime fiscal relatif aux frais exposés pour assister à un match dans des loges de football, ou dans des places VIP lors d'autres compétitions sportives, peut être résumé comme suit (*cf.* Q.R., *Ch. repr.*, sess. 2005-2006, n° 113, pp. 21557-21560).

Les dépenses faites par les entreprises en ce qui concerne l'accès à de telles loges ou places VIP (billets d'entrée, abonnements, etc.) sont considérées comme des frais de publicité dans la mesure où ces entreprises peuvent prouver que l'usage de ces emplacements vise à leur apporter une quelconque forme de publicité. Dans la mesure où il est satisfait à cette condition, de tels frais sont intégralement déductibles.

Les frais liés à l'accueil de clients, fournisseurs ou relations d'affaires potentiels dans de tels lieux sont considérés comme des frais de réception. Sont particulièrement visés ici les frais de nourriture (repas, snacks, friandises, etc.), de boissons, d'articles pour fumeurs, de fleurs, etc. En vertu de l'article 53, 8° du Code des impôts sur les revenus, la quotité professionnelle des frais de réception n'est déductible à titre de frais professionnels qu'à concurrence de 50 %.

8.2. Cadeaux d'affaires

La quotité professionnelle des frais de cadeaux d'affaires est déductible au titre de frais professionnels à concurrence de 50 %.

Les frais de cadeaux liés à des voyages d'affaires à l'étranger restent intégralement déductibles au titre de frais professionnels. Le contribuable doit démontrer que ces voyages ont une importance évidente pour ses affaires ou pour les affaires d'un tiers qu'il représente en Belgique.

Par dérogation à la limitation à 50 %, sont intégralement déductibles les frais suivants :

- les frais engagés pour une loterie ;
- les articles publicitaires ;
- les échantillons ;
- les frais de nature sociale.

8.2.1. *Loterie*

Lorsqu'une entreprise organise une loterie ou un concours auquel seuls les consommateurs peuvent prendre part, les prix qui échoient aux gagnants ne sont pas considérés comme des cadeaux d'affaires, de sorte que les frais s'y rapportant restent déductibles à 100 % au titre de frais professionnels.

8.2.2. *Articles publicitaires*

Sont également déductibles intégralement au titre de frais professionnels, les cadeaux d'affaires pour lesquels les conditions suivantes sont respectées :

- ils sont destinés à une très large diffusion ;
- ils ne sont pas réservés à une catégorie restreinte de clients ou de relations d'affaires ;

- ils ont une valeur modique pour celui qui le reçoit;
- ils portent de manière apparente et durable la dénomination de l'entreprise donatrice.

Un cadeau d'affaires est de faible valeur lorsque le prix de revient ou la valeur normale du cadeau n'excède pas la somme de 50,00 EUR TVA non comprise.

La TVA grevant les articles publicitaires est déductible au sens du Code de la TVA.

8.2.3. *Échantillons*

Les frais relatifs aux échantillons (c'est-à-dire une petite quantité d'un produit, qui permet d'en faire connaître ou d'apprécier les qualités au futur utilisateur ou consommateur) sont intégralement déductibles au titre de frais professionnels.

La TVA ayant grevé les frais de fabrication ou d'achat d'échantillons distribués gratuitement est déductible au sens du Code de la TVA lorsque les échantillons sont de même nature que les biens vendus par l'entreprise.

8.2.4. *Cadeaux ayant un caractère social*

Nous renvoyons le lecteur à la page 323.

La TVA grevant les cadeaux ayant un caractère social n'est pas déductible au sens du Code de la TVA. Cette TVA est déductible au titre de frais professionnels à concurrence de 50%.

9. Frais de restaurant

Article 53, 8*bis* CIR

Les frais de restaurant sont les frais de repas qui sont servis dans un restaurant, ainsi que les frais de boissons et des articles pour fumeur servis à la même occasion.

Par restaurant, il convient d'entendre établissement (par exemple, une friterie, un snack-bar, une pizzeria, un fast-food, la petite restauration dans les débits de boissons...), où des repas sont préparés et vendus pour être consommés dans l'établissement.

Les frais qui résultent de la fourniture gratuite de petits-déjeuners aux visiteurs de foires doivent également être considérés comme des frais de restaurant.

La quotité professionnelle des frais de restaurant (y compris les frais de repas exposés à l'étranger) est déductible au titre de frais professionnels à concurrence de 69%.

Par dérogation à la limitation à 69%, les frais suivants sont intégralement déductibles:

- les frais de restaurant exposés par des représentants du secteur alimentaire;
- les frais de restaurant ayant un caractère social.

9.1. Les frais exposés par des représentants du secteur alimentaire

Les frais de restaurant exposés par des représentants du secteur alimentaire effectués dans le cadre de leurs obligations commerciales sont intégralement déductibles au titre de frais professionnels. Le représentant doit établir que les frais en cause sont nécessités par l'exercice de sa profession dans le cadre d'une relation potentielle ou réelle de fournisseur à client.

Cette exception s'applique uniquement aux représentants de producteurs, de grossistes ou d'importateurs de produits destinés à l'alimentation humaine et qui sont offerts en dégustation à l'occasion d'un repas avec des clients potentiels.

Cette exception n'est pas d'application pour les représentants, les commerçants ou les importateurs de produits tels que :

- la vaisselle ;
- les aliments pour animaux ;
- la farine ;
- la levure ;
- les articles pour fumeurs ;
- les cuisines industrielles.

De même, les rédacteurs des revues gastronomiques ne peuvent pas bénéficier de l'exception prévue à l'égard des représentants du secteur alimentaire.

9.2. Les frais de repas sociaux

Nous renvoyons le lecteur aux pages 319 (avantages sociaux) et 326 (frais de restaurant exposés à certaines occasions).

10. Frais de déplacement du domicile au lieu de travail

Articles 66, §§ 4 et 5 et 66*bis* CIR

Circulaire n° Ci.RH.241/555.223 du 8 avril 2004 et du 20 septembre 2005

Par déplacement du domicile au lieu de travail, on entend pour un :

Travailleur ou un dirigeant d'entreprise	Chaque déplacement (aller et retour) effectué pour se rendre de son domicile à un lieu fixe de travail afin d'y exercer son activité professionnelle.
Indépendant	Les déplacements effectués entre le domicile et le lieu fixe où il exerce, organise, dirige ou administre son activité professionnelle (usine, cabinet, atelier, etc.).
Représentant de commerce	S'il est tenu de se rendre chaque jour chez son employeur avant de visiter sa clientèle, seuls les déplacements entre son domicile et le lieu où se trouve son employeur constituent des déplacements du domicile au lieu de travail.

Le trajet à retenir n'est pas nécessairement le plus court, mais bien celui qui, compte tenu de la distance, de la densité du trafic, de l'état des routes et de la durée des déplacements, peut être considéré comme normal. La distance supplémentaire qui résulte de détours effectués pour des raisons personnelles, notamment pour déposer ou reprendre des enfants à l'école ou à un service de garde, ne peut pas être considérée comme un déplacement entre le domicile et le lieu de travail.

Le régime fiscal des déplacements du domicile au lieu de travail diffère selon le moyen de transport utilisé par le contribuable.

10.1. Frais afférents aux voitures, voitures mixtes, minibus et fausses camionnettes

Les frais professionnels afférents à l'utilisation de voitures, voitures mixtes, minibus et fausses camionnettes pour les déplacements du domicile au lieu de travail sont fixés forfaitairement à 0,15 EUR par kilomètre.

Si un contribuable dispose de deux lieux de travail dont l'un coïncide avec son domicile, le forfait de 0,15 EUR par kilomètre s'applique aux déplacements afférents aux déplacements entre un tel domicile et l'autre lieu de travail (*cf.* arrêt de la Cour de cassation du 12 juin 2003).

Pour les déplacements entre deux lieux de travail, l'administration accepte que le contribuable puisse opter pour l'application du forfait de 0,15 EUR en ce qui concerne les déplacements en ces différents lieux de travail.

10.1.1. *Contribuables pouvant bénéficier du forfait de 0,15 EUR*

Le forfait de 0,15 EUR par kilomètre n'est accordé au contribuable que si le véhicule en question :

- soit est sa propriété ;
- soit est immatriculé à son nom auprès de la Direction pour l'Immatriculation des Véhicules ;
- soit est mis à disposition de façon permanente ou habituelle en vertu d'un contrat de location ou de leasing ;
- soit appartient à son employeur ou à sa société et que l'avantage éventuel découlant de l'utilisation de ce véhicule est taxé dans son chef.

Dans les trois premiers cas, le forfait peut être accordé au conjoint ou à un enfant du contribuable, lorsque ce conjoint ou cet enfant utilise le véhicule pour le déplacement entre le domicile et le lieu de travail étant toutefois entendu que le forfait ne peut être accordé qu'à un seul contribuable pour ce qui concerne le trajet effectué en commun. Il n'est pas exigé que l'enfant cohabite avec le contribuable ni qu'il soit fiscalement à sa charge.

Pour les avantages attribués à partir du 1er janvier 2012, les frais professionnels pour le déplacement du domicile au lieu de travail ne peuvent jamais être plus élevés que l'avantage de toute nature résultant de l'utilisation à des fin personnelles d'un véhicule mis gratuitement à disposition. Lorsque l'avantage n'est pas consenti à titre gratuit, on doit tenir compte de l'intervention qui a été déduite pour déterminer l'avantage de toute nature imposable.

Ainsi, le forfait de 0,15 EUR par kilomètre peut être appliqué, par exemple :

- par la fille de Luc, lorsqu'elle utilise la voiture de son père pour ses déplacements entre son domicile et son lieu de travail, même si elle n'habite plus chez ses parents et qu'elle est éventuellement mariée ;
- par le fils de Marguerite qui utilise la voiture de sa mère pour ses déplacements entre son domicile et son lieu de travail, même s'il ne peut plus être considéré fiscalement comme personne à charge.

Par contre, le forfait de 0,15 EUR par kilomètre ne s'applique pas lorsque la voiture est notamment utilisée par :

- la personne avec laquelle le contribuable forme un ménage de fait ;
- les ascendants du contribuable ou de son conjoint ;
- les collatéraux du contribuable ou de son conjoint ;
- les parents adoptifs du contribuable.

10.1.2. *Frais couverts par le forfait de 0,15 EUR*

Le forfait de 0,15 EUR par kilomètre englobe tous les frais directs et indirects afférents à l'utilisation du véhicule, à l'exception des frais :

- de financement ;
- de mobilophonie (pour mémoire).

En vue de mettre fin à la discussion, devant les tribunaux, autour du fait que des moins-values constituent ou non des frais professionnels et donc sont déductibles ou pas en plus du forfait de 0,15 EUR par kilomètre, le législateur a précisé que les frais professionnels afférents à l'utilisation des voitures, voitures mixtes, minibus ou fausses camionnettes comprennent également les moins-values sur ces véhicules.

Etant donné que cette modification législative veut uniquement clarifier l'intention du législateur, le fait que la modification soit applicable aux moins-values subies à partir du 1er janvier 2008 ne peut pas être invoqué comme argument pour déclarer que les moins-values subies avant cette date seraient déductibles en plus du forfait de 0,15 EUR par kilomètre parcouru (*cf. Doc. parl.* n° 52/1608/001, p. 92).

10.1.3. *Justification des frais*

Le contribuable doit uniquement établir qu'il a utilisé sa voiture pour les trajets entre le domicile et le lieu de travail et justifier le nombre de kilomètres parcourus à cette fin, par exemple au moyen d'une attestation justifiant le nombre de jours de travail et des factures d'achat, entretien du véhicule avec mention du kilométrage.

10.2. **Frais afférents aux autres moyens de transport**

Les frais professionnels afférents aux déplacements entre le domicile et le lieu du travail qui sont effectués par un moyen de transport autre que ceux visés ci-avant, sont, à défaut de preuves, fixés forfaitairement à 0,15 EUR par kilomètre parcouru sans que la distance prise en compte du domicile au lieu de travail puisse excéder 100 kilomètres (aller simple).

Les frais professionnels afférents aux déplacements entre le domicile et le lieu du travail effectués en bicyclette sont, à défaut de preuves, fixés forfaitairement à 0,22 EUR (montant de base 0,145 EUR) par kilomètre parcouru.

10.2.1. *Autre moyen de transport*

Par «autre moyen de transport», il convient d'entendre tout moyen de transport autre qu'une voiture, voiture mixte, minibus ou une fausse camionnette, qui:

- est la propriété du contribuable;
- est immatriculé au nom du contribuable auprès de la Direction pour l'Immatriculation des Véhicules;
- est mis à la disposition du contribuable de façon permanente ou habituelle en vertu d'un contrat de location ou de leasing;
- appartient à l'employeur ou à la société du contribuable et que l'avantage éventuel découlant de l'utilisation de ce véhicule est taxé dans son chef.

Ce forfait peut, notamment, s'appliquer aux déplacements qui sont effectués:

- à pied;
- en vélo;
- en transport public;
- à motocyclette;
- au moyen d'un véhicule de société (camionnette, jeep, pick-up);
- au moyen d'un transport collectif organisé par l'employeur (ou un groupe d'employeurs);
- au moyen d'une voiture, voiture mixte, minibus ou une fausse camionnette appartenant par exemple au frère du contribuable.

10.2.2. *Défaut de preuves*

Le forfait de 0,15 EUR par kilomètre ne s'applique qu'à défaut de preuves. Ceci implique qu'un contribuable qui sollicite la déduction de ses frais professionnels réels, peut toujours prouver que ses frais relatifs aux déplacements entre le domicile et le lieu de travail effectués par un « autre moyen de transport » sont supérieurs à 0,15 EUR par kilomètre.

10.2.3. *Covoiturage*

Le forfait de 0,15 EUR par kilomètre est applicable à tous les contribuables qui accompagnent la personne utilisant une voiture, voiture mixte ou minibus.

Cela concerne notamment la personne avec laquelle le contribuable forme un ménage de fait, les ascendants et les collatéraux du contribuable.

En cas de covoiturage, le passager qui ne fait pas usage du forfait de 0,15 EUR par kilomètre (limité à 100 kilomètres pour le trajet aller simple) peut déduire au titre de frais professionnels ses interventions dans le covoiturage à concurrence de :

- soit 75 % s'il s'agit d'une voiture, voiture mixte, minibus ou une fausse camionnette ;
- soit 100 % s'il s'agit d'un autre véhicule.

Le passager doit apporter la preuve du paiement effectif.

Lorsque l'intervention versée par le passager est d'une telle ampleur que l'on peut parler de transport rémunéré de personnes, ladite intervention constitue dans le chef du conducteur un revenu imposable qu'il doit mentionner dans sa déclaration (*cf.* QP n° 27 posée le 9 septembre 1999 par le représentant Leterme, Questions et Réponses, Chambre, 1999-2000, QRVA 50 004, pp. 365 à 367).

10.3. **Synthèse**

Nous venons de voir qu'il existe différentes possibilités de déduction des frais réels pour les déplacements entre le domicile et le lieu de travail à savoir :

- l'application du forfait de 0,15 EUR par kilomètre pour les déplacements avec la voiture personnelle, la voiture-mixte, le minibus ou la fausse camionnette ;
- l'application du forfait de 0,15 EUR par kilomètre ou des frais professionnels justifiés pour les déplacements au moyen d'un véhicule autre que la voiture personnelle, la voiture-mixte, le minibus ou la fausse camionnette ;
- l'application du forfait de 0,15 EUR par kilomètre (limité à 100 km par trajet simple) ou l'intervention du passager dans les frais de covoiturage.

Selon le mode de transport utilisé, les combinaisons suivantes sont possibles :

- l'application du forfait de 0,15 EUR par kilomètre pour la partie du déplacement entre le domicile et le lieu de travail effectué avec la voiture personnelle, et du forfait de 0,15 EUR par kilomètre (limité à 100 kilomètres par trajet aller simple) pour la partie du déplacement entre le domicile et le lieu de travail effectué au moyen d'un véhicule autre que la voiture personnelle, la voiture-mixte, le minibus ou la fausse camionnette ou en tant que passager dans le cadre du covoiturage.

ex *Luc habite à Boncelles et son lieu fixe de travail se situe à Bruxelles. Chaque matin, il utilise sa voiture pour se rendre à la gare du Guillemins d'où il prend ensuite le train (Liège – Bruxelles).*
Nombre de jours de travail en 2016 : 220.
Distance Boncelles – Gare du Guillemins : 15 kilomètres.
Distance Liège – Bruxelles : 96 kilomètres.

La déduction des frais professionnels réels fixés forfaitairement s'élève à :

Déduction des frais professionnels pour le trajet effectué	***Détermination du montant des frais professionnels***
avec la voiture	***990,00*** *c'est-à-dire 220 × 15 × 2 × 0,15*
avec le train	***6.336,00*** *c'est-à-dire 220 × 96 × 2 × 0,15*
Total	***7.326,00***

Pour rappel, l'indemnité éventuellement allouée par l'employeur en remboursement de frais pour les déplacements domicile-lieu de travail n'est pas exonérée lorsque le contribuable revendique ces frais professionnels réels.

- l'application du forfait de 0,15 EUR par kilomètre pour la partie du déplacement entre le domicile et le lieu de travail effectué avec la voiture personnelle et les frais professionnels justifiés pour la partie du déplacement entre le domicile et le lieu de travail effectué au moyen d'un véhicule autre que la voiture personnelle, la voiture-mixte, le minibus ou la fausse camionnette.

ex

Marguerite habite à Boncelles et son lieu fixe de travail se situe à Bruxelles. Chaque matin, elle utilise sa voiture pour se rendre à la gare du Guillemins d'où elle prend ensuite le Thalys (Liège – Bruxelles Midi). Pour l'année 2016, ses frais de train s'élèvent à 7.000,00 EUR.

Nombre de jours de travail en 2016 : 220.

Distance Boncelles – Gare du Guillemins : 15 kilomètres.

La déduction des frais professionnels réels s'élève à :

Déduction des frais professionnels pour le trajet effectué	***Détermination du montant des frais professionnels***
avec la voiture	***990,00*** *c'est-à-dire 220 × 15 × 2 × 0,15*
avec le train	***7.000,00***
Total	***7.990,00***

11. Frais afférents aux autres déplacements professionnels

Article 66, § 1 à § 3 CIR

Le régime d'imposition pour déplacements autres que les déplacements domicile lieu de travail diffère en fonction du contribuable qui utilise le moyen de transport.

11.1. Frais afférents aux voitures, voitures mixtes, minibus et fausses camionnettes

Les frais afférents à l'utilisation de voitures, voitures mixtes, minibus et fausses camionnettes pour les déplacements professionnels autres que le domicile au lieu de travail ne sont déductibles qu'à concurrence de 75 %.

Cette limitation ne s'applique pas :

- aux voitures affectées exclusivement à un service de taxis ou à la location avec chauffeur et sont exemptés à ce titre de la taxe de circulation sur les véhicules automobiles ;
- aux voitures affectées exclusivement à l'enseignement pratique dans des écoles de conduite agréées et qui sont spécialement équipées à cet effet ;
- aux voitures données exclusivement en location à des tiers ;
- aux voitures utilisées exclusivement pour le transport rémunéré de petites marchandises par des entreprises ayant pour objet de tels transports ;
- à 60 % des frais relatifs à l'utilisation des voitures dites « de direction » pour autant que les conditions suivantes soient réunies :
  - il doit s'agir de constructeurs, importateurs et négociants de véhicules à l'état neuf qui ont un numéro d'entreprise à titre principal ;
  - les véhicules doivent avoir le caractère de marchandises et sont prélevés temporairement sur le stock en vue de les affecter en ordre principal à des essais de démonstrations avec des clients potentiels ;
  - les frais sur lesquels se calcule la proportion de 60 % comportent uniquement la taxe de circulation, les primes d'assurance ainsi que les frais d'entretien ordinaire.
- des frais de taxis pour le transport de colis non accompagné, à condition que la facture qui s'y rapporte mentionne avec précision :
  - la date, l'heure et le prix de la course ;
  - le nom ou la dénomination ainsi que l'adresse complète du destinataire ;
  - la nature, le nombre et le poids des colis transportés à cette occasion.

11.1.1. *Frais soumis à la limitation de 75 %*

Sont soumis à la limitation de 75 % tous les frais directs et indirects afférents à l'utilisation en Belgique ou à l'étranger d'une voiture, d'une voiture mixte, d'un minibus ou d'une fausse camionnette à l'exception des frais :

- de financement ;
- de mobilophonie (pour mémoire) ;

À partir du 1er janvier 2010, la déductibilité des frais de carburant est limitée à 75 %.

La limitation de 75 % ne s'applique pas aux frais consentis par le contribuable dans le but de pouvoir offrir des places de stationnement à sa clientèle.

À titre exemplatif, les frais tombant sous la limitation de 75 % sont :

- les amortissements de la voiture, ainsi que des accessoires et équipements (y compris installation LPG, ceintures de sécurité supplémentaires, système d'alarme, etc.) parfois facturés séparément ;
- les frais d'assurance (responsabilité civile, défense en justice, omnium, vol) ;
- la taxe de circulation, la taxe de mise en circulation ;
- les cotisations payées à des organisations d'assistance automobile (Touring Secours, RACB, etc.) ou à des organismes qui assurent le dépannage ou le rapatriement de la voiture (à l'exclusion de la cotisation qui se rapporte à des risques personnels des voyageurs eux-mêmes) ;
- l'achat de pièces de rechange, d'accessoires et d'équipement susceptibles d'être portés directement en frais (extincteur, trousse de premiers soins, etc.) ;
- la carburant ;
- la moins-value en cas de revente ;

- les frais d'entretien (vidanges, graissages, réglages, etc.) même ceux effectués par le contribuable lui-même ;
- les frais de réparation ;
- les frais de dépannage ou de remorquage du véhicule en panne ;
- les frais d'expertise et de justice (y compris les honoraires d'avocats) en rapport avec l'usage de la voiture ;
- les frais de lavage de voitures, effectués dans des installations spécialisées (*car-wash*) ou au sein de l'entreprise ;
- les frais de garage (amortissement ou loyer de garages, de boxes ou d'autres espaces de stationnement) ;
- les frais de stationnement ou de parking (redevances de parcmètres individuels ou collectifs) et les péages (belges et étrangers) ;
- les redevances payées lors du contrôle technique ;
- la TVA non déductible, amortie ou portée directement en frais ;
- les frais résultant de l'usage de taxis ;
- tous les frais résultant de la location d'un véhicule, avec ou sans chauffeur, auprès d'une entreprise établie en Belgique ou à l'étranger.

ex *L'usage de la voiture de Marguerite, fleuriste indépendante, est le suivant :*

Déplacements du domicile au lieu de travail	*6.000 km*
Déplacements professionnels autres que domicile-lieu de travail	*9.000 km*
Déplacements personnels	*5.000 km*

Les frais afférents à l'utilisation de sa voiture sont les suivants pour l'année 2016 :

Amortissements	*3.226,00*
Assurance	*1.325,00*
Taxe de circulation	*790,00*
Entretiens	*1.113,00*
Garage	*750,00*
Intérêts	*326,00*
Carburant	*2.624,00*

La déduction des frais professionnels réels s'élève à :

Déplacement du domicile au lieu de travail	*6.000 × 0,15 + 326,00 × (6.000 km / 20.000 km)*		***997,80***
Déplacements professionnels autres que les déplacements du domicile au lieu de travail	*Amortissements*	*3.226,00 × (9.000 km / 20.000 km) × 75 %*	***1.088,78***
	Assurance	*1.325,00 × (9.000 km / 20.000 km) × 75 %*	***447,19***
	Taxe de circulation	*790,00 × (9.000 km / 20.000 km) × 75 %*	***266,63***
	Entretiens	*1.113,00 × (9.000 km / 20.000 km) × 75 %*	***375,64***
	Garage	*750,00 × (9.000 km / 20.000 km) × 75 %*	***253,12***
	Intérêts	*326 × (9.000 km / 20.000 km)*	***146,70***
	Carburant	*2.624,00 × (9000 km / 20.000 km) × 75 %*	***885,60***
Total			***4.461,46***

11.1.2. *Impact de la règle des 75 % sur la TVA*

Pour toutes les dépenses relatives aux voitures, la TVA déductible (pour les contribuables assujettis à la TVA) ne peut excéder en aucun cas 50 %.

La TVA non déductible au niveau de la déclaration TVA est en principe déductible au titre de frais professionnels à l'impôt des personnes physiques mais est soumise à la règle des 75 % lorsqu'elle concerne des frais soumis à cette règle.

1. *L'usage professionnel de la voiture de Marguerite, célibataire, fleuriste indépendante, est évalué à 80 %. Cet usage ne concerne pas des déplacements du domicile au lieu de travail. Elle reçoit le 11 mars 2016 une facture d'entretien concernant cette voiture pour un montant de 412,00 EUR (hors TVA).*

Le montant de la dépense qui peut être déduite au titre de frais professionnels s'élève à 266,67 EUR c'est-à-dire 247,20 EUR + 19,47 EUR.

Ce montant est déterminé de la manière suivante :

Montant hors TVA	*412,00 EUR × 80 % (quote-part professionnelle) × 75 %*		***247,20***
TVA	*TVA qui aurait pu être récupérée par le biais de la déclaration à la TVA si la déduction n'était pas limitée à 50 %*	***69,22*** *c'est-à-dire 412,00 × 21 % × 80 % (quote-part professionnelle)*	***19,47*** *(25,96 × 75 %)*
	TVA qui a été déduite dans la déclaration à la TVA	***43,26*** *c'est-à-dire 412,00 × 21 % × 50 %*	
	TVA qui ne peut être récupérée par le biais de la déclaration à la TVA	***25,96*** *c'est-à-dire 69,22 – 43,26*	

2. *L'usage professionnel de la voiture de Marguerite, célibataire, fleuriste indépendante, est évalué à 40 %. Cet usage ne concerne pas des déplacements du domicile au lieu de travail. Elle reçoit le*

11 mars 2016 une facture d'entretien concernant cette voiture pour un montant de 412,00 EUR (hors TVA).

Le montant de la dépense qui peut être déduite au titre de frais professionnels s'élève à 123,60 EUR.

Ce montant est déterminé de la manière suivante:

<table>
<tr><td>Montant hors TVA</td><td colspan="2">412,00 × 40% (quote-part professionnelle) × 75%</td><td>123,60</td></tr>
<tr><td rowspan="2">TVA</td><td>TVA qui a été déduite dans la déclaration à la TVA</td><td>34,61
c'est-à-dire 412,00 × 21% × 40%</td><td rowspan="2">0,00</td></tr>
<tr><td>TVA qui ne peut être récupérée par le biais de la déclaration à la TVA</td><td>0,00</td></tr>
</table>

3. *L'usage professionnel de la voiture de Luc, avocat, est évalué à 40%. Cet usage ne concerne pas des déplacements du domicile au lieu de travail. Il reçoit le 11 mars 2016, une facture d'entretien concernant cette voiture pour un montant de 412,00 EUR (hors TVA).*

Le montant de la dépense qui peut être déduite au titre de frais professionnels s'élève à 149,56 EUR, c'est-à-dire 123,60 EUR + 25,96 EUR.

<table>
<tr><td>Montant hors TVA</td><td colspan="2">412,00 EUR × 40% (quote-part professionnelle) × 75%</td><td>123,60</td></tr>
<tr><td rowspan="3">TVA</td><td>TVA qui aurait pu être récupérée par le biais de la déclaration à la TVA si la déduction n'était pas limitée à 50%</td><td></td><td rowspan="3">25,96
c'est-à-dire 34,61 × 74%</td></tr>
<tr><td>TVA qui a été déduite dans la déclaration à la TVA</td><td></td></tr>
<tr><td>TVA qui ne peut être récupérée par le biais de la déclaration à la TVA</td><td>34,61
c'est-à-dire 412,00 EUR × 21% × 40%</td></tr>
</table>

11.1.3. *Justification des frais*

La réalité des frais afférents à l'utilisation de voitures, voitures mixtes, minibus et fausses camionnettes pour les déplacements professionnels autres que le domicile au lieu de travail doit être prouvée au moyen de pièces justificatives telles que les factures TVA, les notes, les reçus, etc.

Les frais de carburant peuvent toutefois être évalués de manière forfaitaire pour autant que le contribuable établisse le nombre de kilomètres parcourus et la consommation moyenne de la voiture (*cf.* index page 643).

La formule qui doit être appliquée en se basant sur le nombre de km effectués (à l'exclusion des déplacements domicile – lieu de travail) est la suivante:

$$\frac{\text{Consommation moyenne de la voiture x Prix moyen du carburant}}{100}$$

ex *Marguerite, fleuriste indépendante, a parcouru en 2016 avec sa voiture 18.725 km à des fins professionnelles pour le compte de son entreprise. Tous ses déplacements concernent des déplacements profession-*

nels autres que des déplacements domicile-lieu de travail. La consommation moyenne de sa voiture est de 7 litres au 100 kilomètres. Le prix moyen du diesel pour l'année 2016 est de 1,1871 par litre.

Les frais de carburant qui peuvent être repris parmi les charges professionnelles de Marguerite s'élève à 1.555,99 EUR c'est-à-dire :

$$\frac{18.725 \text{ km} \times 7 \text{ litres} \times 1{,}1871}{100}$$

11.1.4. ***Remboursement de frais incombant à l'employeur***

L'administration a fixé à 30 % la part des frais afférents au carburant compris dans l'indemnité forfaitaire accordée aux membres du personnel en remboursement de frais incombant à l'employeur. Le contribuable peut cependant démontrer que sa consommation atteint en réalité plus de 30 % de l'indemnité totale.

La quotité de l'indemnité soumise à la limitation de la déduction à 75 % des frais de voiture s'applique au montant de l'indemnité, diminué du montant relatif au carburant.

Depuis le 1er janvier 2010, à défaut de frais de financement, l'intégralité de l'indemnité des frais incombant à l'employeur est limitée à 75 %.

ex *Luc, employé par Marguerite, utilise durant l'année 2016 sa voiture pour des déplacements professionnels pour le compte de l'entreprise de Marguerite.*
Marguerite lui rembourse un montant forfaitaire de 1.250,00 EUR.

Dans le chef de Marguerite

Le montant de l'indemnité qui peut être déduite par Marguerite au titre de frais professionnels s'élève à 937,50 EUR c'est-à-dire (1.250,00 EUR × 75 %).

Dans le chef de Luc

S'il ne revendique pas la déduction de ses frais professionnels réels, l'indemnité de 1.250,00 EUR est non imposable.
S'il revendique la déduction des ses frais professionnels réels (parce que ceux-ci sont supérieurs à l'indemnité perçue), l'indemnité de 1.250,00 EUR doit être déduite des frais professionnels et est censée se rapporter à des frais déductibles à 75 % ou 100 % dans la même mesure que pour la déduction des frais dans le chef de Marguerite.
Ainsi, Luc peut déduire pour ces déplacements :

	À déduire	**Frais non déductibles**
Frais déductibles à 100 % (financement)	*0,00*	*0,00*
Autres frais	*937,50* *c'est-à-dire 1.250,00 × 75 %*	*312,50*
Frais déductibles	*937,50*	

11.2. **Frais afférents aux autres moyens de transport**

Les véhicules qui ne sont pas des voitures, des voitures mixtes, des minibus ou des fausses camionnettes échappent :

- à la limitation de 0,15 EUR par kilomètre pour les déplacements du domicile au lieu de travail ;
- à la limitation de 75 %.

Les véhicules concernés sont notamment:

- les autobus;
- les autocars;
- les camionnettes;
- les camions;
- les motocyclettes;
- les motos;
- les tracteurs;
- les remorques;
- les semi-remorques.

ex *L'usage du pick-up de Marguerite, fleuriste indépendante, est le suivant:*

Déplacements du domicile au lieu de travail	*6.000 km*
Déplacements professionnels autres que domicile-lieu de travail	*9.000 km*
Déplacements personnels	*5.000 km*

Les frais afférents à l'utilisation de sa voiture sont les suivants pour l'année 2016:

Amortissements	*3.226,00*
Assurance	*1.325,00*
Taxe de circulation	*790,00*
Entretien	*1.113,00*
Garage	*750,00*
Intérêts	*326,00*
Carburant	*2.624,00*

La déduction des frais professionnels réels s'élève à:

Déplacements professionnels	*Amortissements*	*3.226,00 × (15.000 km / 20.000 km)*	***2.419,50***
	Assurance	*1.325,00 × (15.000 km / 20.000 km)*	***993,75***
	Taxe de circulation	*790,00 × (15.000 km / 20.000 km)*	***592,50***
	Entretiens	*1.113,00 × (15.000 km / 20.000 km)*	***834,75***
	Garage	*750,00 × (15.000 km / 20.000 km)*	***562,50***
	Intérêts	*326 × (15.000 km / 20.000 km)*	***244,50***
	Carburant	*2.624,00 × (15.000 km / 20.000 km)*	***1.968,00***
Total			***7.615,50***

12. Frais relatifs au transport collectif des membres du personnel organisé par l'employeur ou un groupe d'employeurs

Article 64*ter*, alinéa 1er, 1° CIR

Les frais exposés par un employeur ou par un groupe d'employeurs pour l'organisation du transport collectif des membres du personnel entre le domicile et le lieu du travail par minibus, autobus ou autocar sont déductibles à concurrence de 120%.

Si les minibus, autobus et autocars ne sont que partiellement utilisés par l'employeur ou par un groupe d'employeurs pour le transport collectif des membres du personnel entre le domicile et le lieu de travail, la déduction à concurrence de 120% n'est applicable que dans la mesure où ces véhicules sont utilisés pour un tel transport collectif.

Par conséquent, la limitation de 75% n'est pas applicable aux frais susmentionnés en ce qui concerne les minibus. Seule la partie des frais de minibus qui se rapportent directement au transport collectif organisé échappe à la limitation des 75%.

Les frais relatifs aux voitures et voitures mixtes utilisées pour le transport collectif organisé restent par contre soumis à la limitation des 75%.

12.1. Déplacements du domicile au lieu de travail

Cette disposition s'applique à certains frais relatifs au transport collectif des membres du personnel :

- entre le domicile et le lieu de travail ;
- qui couvre une partie de ce trajet, par exemple entre le lieu d'embarquement, l'arrêt de bus ou la gare et l'entreprise.

Par contre, le transport des membres du personnel organisé par l'entreprise entre le siège de l'entreprise et un chantier ne tombe pas dans le champ d'application de cette disposition.

12.2. Véhicules visés

Sont visés, les minibus, les autobus et les autocars (dont l'employeur est propriétaire, ou pris en location ou en leasing par lui), tels que ces véhicules sont définis par la réglementation relative à l'immatriculation des véhicules à moteur.

Minibus	Les véhicules automobiles conçus et construits pour le transport de personnes et qui peuvent comprendre, en transport rémunéré de personnes, huit places au maximum, non compris le siège du conducteur, et équipés d'une carrosserie d'un type analogue à celui des camionnettes ou d'autobus.
Autobus et autocars	Les véhicules automobiles conçus et construits pour le transport de personnes, autres que les voitures, les voitures mixtes et les minibus.

Les «monovolumes» ne sont pas visés, étant donné qu'en principe, ils n'ont pas de carrosserie du même type qu'une camionnette ou qu'un autobus.

12.3. **Frais visés**

Les frais déductibles à 120% sont ceux qui sont faits par un employeur ou un groupe d'employeurs pour l'organisation du transport collectif des membres du personnel entre le domicile et le lieu de travail, avec des minibus, autobus ou autocars.

Cela concerne notamment:

- les frais se rapportant directement aux minibus, autobus et autocars susmentionnés, tels que les amortissements, les frais d'entretien et de réparation, la taxe de circulation, les assurances, le carburant, etc.;
- les versements effectués à des entreprises qui organisent, à la place de l'employeur, le transport collectif des travailleurs avec de tels véhicules.

Par contre ne sont pas visés:

- les frais de financement relatifs à de tels moyens de transport;
- les frais qui se rapportent au chauffeur de ces moyens de transport (quand le transport collectif n'est pas sous-traité à des tiers).

Si le travailleur, dans le cadre d'un transport collectif organisé, paie un montant à l'employeur, la déduction majorée n'est d'application que sur le coût du transport collectif organisé diminué de la cotisation du travailleur (circulaire n° Ci.RH.243/580.473 (AFER 11/2008) du 13 avril 2008).

ex *L'usage du minibus de Marguerite, traiteur indépendante, est le suivant:*

Déplacements pour le transport collectif des membres du personnel du domicile au lieu de travail	*6.000 km*
Déplacements professionnels autres que domicile-lieu de travail	*9.000 km*
Déplacements personnels	*5.000 km*

Les frais afférents à l'utilisation du minibus sont les suivants pour l'année 2016:

Amortissements	*3.226,00*
Assurance	*1.325,00*
Taxe de circulation	*790,00*
Entretien	*1.113,00*
Garage	*750,00*
Intérêts	*326,00*

La déduction des frais professionnels réels s'élève à:

Nature des frais	***Transport collectif***	***Déplacements professionnels***	
Amortissements	***1.161,36*** *c'est-à-dire 3.226,00 × (6.000 km / 20.000 km) × 120%*	***1.088,78*** *c'est-à-dire 3.226,00 × (9.000 km / 20.000 km) × 75%*	***2.250,14***
Assurance	***477,00*** *c'est-à-dire 1.325,00 × (6.000 km / 20.000 km) × 120%*	***447,19*** *c'est-à-dire 1.325,00 × (9.000 km / 20.000 km) × 75%*	***924,19***

Nature des frais	*Transport collectif*	*Déplacements professionnels*	
Taxe de circulation	***284,40*** *c'est-à-dire 790,00 × (6.000 km / 20.000 km) × 120%*	***266,63*** *c'est-à-dire 790,00 × (9.000 km / 20.000 km) × 75%*	***551,03***
Entretien	***400,68*** *c'est-à-dire 1.113,00 × (6.000 km / 20.000 km) × 120%*	***375,64*** *c'est-à-dire 1.113,00 × (9.000 km / 20.000 km) × 75%*	***776,32***
Garage	***270,00*** *c'est-à-dire 750,00 × (6.000 km / 20.000 km) × 120%*	***253,12*** *c'est-à-dire 750,00 × (9.000 km / 20.000 km) × 75%*	***523,12***
Intérêts	***97,80*** *c'est-à-dire 326 × (6.000 km / 20.000 km)*	***146,70*** *c'est-à-dire 326 × (9.000 km / 20.000 km)*	***244,50***
Total			***5.269,30***

13. Frais relatifs à la mise à disposition d'une bicyclette

Article 64*ter*, alinéa 1er, 3° CIR

Circulaire n° CiRH.242/612.802 du 19 octobre 2011

La déduction des frais professionnels réels est portée à 120% des frais, qui ont été spécifiquement faits ou supportés depuis le 1er janvier 2009 par un employeur en vue d'encourager ses travailleurs à parcourir le trajet domicile-lieu de travail en bicyclette.

13.1. Déplacements du domicile au lieu de travail

Cette disposition s'applique aux frais faits ou supportés depuis le 1er janvier 2009 par un employeur en vue d'encourager ses travailleurs à utiliser la bicyclette uniquement pour le déplacement de leur domicile à leur lieu de travail.

13.2. Frais visés

Les frais déductibles à 120% sont les frais faits ou supportés spécifiquement par l'employeur en vue:

a) d'acquérir, de construire ou de transformer un bien immeuble destiné à l'entreposage des bicyclettes pendant les heures de travail des membres du personnel ou à mettre un vestiaire ou des sanitaires composés ou non de douches à la disposition de ceux-ci;

b) d'acquérir, d'entretenir et de réparer des bicyclettes et leurs accessoires qui sont mis à la disposition des membres du personnel.

13.3. Avantage découlant de cette mise à disposition

Avant le 1er janvier 2009, la mise à disposition d'un vélo «d'entreprise» était considérée comme un avantage de toute nature.

Le premier alinéa de l'article 38, 14° du Code des impôts sur les revenus a été complété de telle sorte que le travailleur soit (depuis le 1er janvier 2009) exonéré d'impôts dans le cas de la mise à disposition d'une bicyclette et d'accessoires (y compris les frais d'entretien et de garage) pour effectuer les déplacements entre le domicile et le lieu de travail.

L'avantage qui résulte de la mise à disposition d'une bicyclette est exonéré si la bicyclette est utilisée effectivement pour les déplacements domicile-lieu de travail et ce malgré le fait qu'elle soit en outre utilisée pour d'autres déplacements. Autrement dit, cette exonération concerne l'avantage qui résulte de la mise à disposition d'une bicyclette d'entreprise qui est utilisée tant pour les déplacements entre le domicile et le lieu de travail que pour les autres déplacements privés.

14. Cotisations d'assurance contre l'incapacité de travail en raison d'une maladie ou d'une invalidité et cotisations de mutuelle contre les petits risques

Article 52, 8° CIR

14.1. Incapacité de travail

Tous les montants qui sont payés par des indépendants ou par les travailleurs pour une assurance complémentaire visant à se protéger des risques d'incapacité de travail en raison de la maladie ou d'une invalidité sont déductibles au titre de frais professionnels.

Il est sans importance que les montants payés le soient à un fonds de maladie reconnu ou à une société d'assurances (en vertu d'une convention d'assurance contre la maladie ou un contrat de type revenus garantis).

Les montants ou les contributions pour une assurance libre complémentaire ne sont pas déductibles si elle couvre les risques suivants :

- les frais chirurgicaux, médicaux ou pharmaceutiques ;
- les risques physiologiques.

14.2. Cotisations de mutuelles contre les petits risques

Les cotisations d'assurance libre contre les petits risques (y compris les cotisations versées dans le cadre de la responsabilité financière des sociétés mutualistes) versées à une mutualité reconnue, par des contribuables indépendants, sont déductibles au titre de frais professionnels.

Ces cotisations doivent être mentionnées :

- en regard du Code 1223-38 ou 2223-08 lorsque le contribuable est un indépendant pensionné bénéficiant d'une pension de retraite en vertu de la législation relative à la pension de retraite et de survie des travailleurs ou un(e) veuf(ve) d'indépendant :

Cadre V – Pensions		
A. Pensions		
4. Cotisations sociales personnelles non retenues	Code 1223-38	Code 2223-08

- en regard du Code 1405-50 ou 2405-20 lorsque le contribuable est un dirigeant d'entreprise :

Cadre XVII – Rémunérations de dirigeants d'entreprises		
9. Cotisations sociales personnelles non retenues	Code 1405-50	Code 2405-20

- en regard du Code 1606-43 ou 2406-13 lorsqu'il s'agit de bénéfices :

Cadre XVII – Bénéfices d'entreprises industrielles, commerciales ou agricoles		
7. Frais professionnels c) Autres que ceux visés sous a et b	Code 1606-43	Code 2606-13

- en regard du Code 1656-90 ou 2456-60 lorsqu'il s'agit de profits :

Cadre XVIII – Profits des professions libérales, charges, offices ou autres occupations lucratives		
9. Cotisations sociales	Code 1656-90	Code 2656-60

Par contre, ne sont pas déductibles au titre de frais professionnels :

- les cotisations d'assurance libre ou complémentaire versées à une société mutualiste en vue de pouvoir bénéficier de certains services spécifiques tels que, par exemple, le transport des malades, les cures en plein air, l'intervention pour aide familiale ;
- les cotisations ou les primes payées à une société mutualiste ou à une compagnie d'assurances pour des assurances dites « hospitalisation ».

15. Frais spécifiques aux chômeurs et prépensionnés

Circulaire n° Ci.RH.243/497.236 du 10 juillet 1998

Les frais professionnels supportés au cours de la période imposable 2016 par les chômeurs ou les prépensionnés sont directement déductibles des allocations de chômage ou des prépensions perçues en 2016 (il n'y a pas de rubrique spécifique prévue dans la déclaration à l'impôt des personnes physiques pour mentionner ces frais professionnels).

15.1. Cotisations

15.1.1. *Syndicales*

Les cotisations syndicales sont toujours des frais professionnels, même si elles sont supportées par des chômeurs ou des prépensionnés durant une période de chômage ou de prépension.

Les primes syndicales perçues sont considérées comme un revenu imposable qualifié d'allocation de chômage ou de prépension si elles sont perçues pendant une période de chômage ou de prépension.

ex *Luc a perçu en 2016 des allocations de chômage (sans complément d'ancienneté) pour un montant de 11.897,00 EUR. Il a payé au cours de la même période des cotisations syndicales pour la somme de 120,00 EUR.*

Le cadre IV de la déclaration souscrite par Luc se présente comme suit :

Cadre IV – Traitements, salaires, allocations de chômage, indemnités légales de maladie invalidité, revenus de remplacement et prépensions		
B. Allocations de chômage		
1. Allocations sans complément d'ancienneté		
a) Allocations ordinaires (légales et complémentaires)	***11.777,00*** *(Code 1260-01)*	*Code 2260-68*
b) Arriérés	*(Code 1261-97)*	*Code 2261-67*

15.1.2. *Groupements professionnels*

Les cotisations payées à des groupements professionnels par des chômeurs ou des prépensionnés ne constituent pas dans leur chef des frais professionnels déductibles, étant donné que ces cotisations n'ont aucun rapport avec leur situation professionnelle actuelle.

15.2 Déplacements

Les frais inhérents aux déplacements du chômeur de son domicile au bureau de chômage ou au service public pour l'emploi constituent des frais professionnels déductibles.

Pour les déplacements effectués par un chômeur pour se rendre chez un employeur, en plus des preuves portant sur les frais de déplacement proprement dits, l'administration peut exiger à titre de preuve complémentaire la convocation du service public pour l'emploi ou de l'employeur concerné (*cf.* QP n° 696 de M. D'haeseleer du 14 mars 2005).

15.3. Action en justice pour la reconnaissance ou le maintien au droit au chômage ou à la prépension

Les frais résultant d'action en justice intentées par le chômeur ou le prépensionné pour que leur droit au chômage ou à la prépension soit reconnu ou maintenu constituent des dépenses déductibles au titre de frais professionnels.

15.4. Dépenses exposées dans le cadre d'une activité bénévole

Les dépenses relatives aux prestations effectuées à titre bénévole par le chômeur ou le prépensionné, avec l'accord du bureau de chômage et dans le respect de conditions déterminées, pour le compte d'un service public, d'un organisme d'intérêt public, d'un établissement d'enseignement organisé, reconnu ou subventionné par une Communauté, d'un centre culturel, d'une maison de jeunes ou d'une ASBL ne sont pas déductibles au titre de frais professionnels.

15.5. Frais de recherche d'un emploi

QP n° 397 de M. Eerdekens du 14 juin 2000

Les frais engagés par un chômeur en vue de trouver un emploi constituent des charges professionnelles dans la mesure où il établit que lesdits frais ont été exposés en vue de conserver le droit aux allocations de chômage.

Ainsi, les frais exposés par un chômeur se rendant chez un employeur sur injonction (convocation du service public pour l'emploi) sont considérés comme des frais professionnels. En effet, le chômeur doit donner une suite à cette convocation sous peine de se voir suspendre le paiement de ses allocations de chômage.

15.6. Dépenses exposées par les chômeurs mis au travail dans le cadre d'une agence locale pour l'emploi

Les dépenses inhérentes aux prestations fournies dans le cadre des ALE ne sont pas considérées comme des frais professionnels, étant donné que les indemnités obtenues pour ces prestations sont expressément exonérées à concurrence d'un maximum de 4,10 EUR par heure.

16. Frais spécifiques aux dirigeants d'entreprise

Articles 52, 11° et 53, 15° CIR

16.1. Prise en charge des pertes des sociétés

Les pertes subies par une société (résidente ou non résidente), prises en charge par un dirigeant d'entreprise, sont déductibles au titre de frais professionnels, dans le chef du dirigeant si les trois conditions suivantes sont simultanément réunies :

- la prise en charge des pertes sociales doit avoir été effectuée en vue de sauvegarder des revenus professionnels que le dirigeant retirent périodiquement de la société ;

- cette prise en charge doit être réalisée par un paiement irrévocable et sans condition, d'une somme d'argent;
- la société en cause doit avoir affecté la somme ainsi payée à l'apurement de ses pertes professionnelles.

L'administration n'admet pas que la totalité des pertes soit prise en charge par un seul dirigeant.

16.1.1. *Analyse des conditions*

A. Sauvegarder des revenus professionnels périodiques

Le terme «sauvegarder» implique que le dirigeant a déjà recueilli des revenus professionnels de la société.

Le terme «périodique», implique que les revenus professionnels recueillis doivent avoir un caractère répétitif et plus ou moins régulier.

Il doit y avoir une proportion raisonnable entre le montant de la perte prise en charge et le montant des rémunérations périodiques perçues par le contribuable de la part de la société dont la perte est prise en charge.

Dans son rapport annuel (Éd. 2007, p. 64), la Cour constitutionnelle mentionne que la disproportion entre le montant des pertes prises en charge et le montant des revenus professionnels ne constitue pas en soi un motif pour refuser la déduction des pertes prises en charge mais peut constituer un élément lors de l'appréciation de la condition légale que la prise en charge des pertes de la société doit être réalisée en vue de sauvegarder des revenus professionnels propres retirés périodiquement par l'administrateur ou l'associé actif de la société. La circonstance que l'administrateur a retiré des revenus professionnels de la société en perte ne démontre pas toujours que la prise en charge des pertes de la société a été réalisée en vue de sauvegarder des revenus professionnels retirés de la société par l'administrateur. Les juges d'appel qui ont considéré qu'il était tout à fait invraisemblable de soutenir qu'une somme d'argent est cédée annuellement à une société, alors que l'on ne pouvait raisonnablement espérer que les revenus de la société seraient un jour supérieurs aux pertes prises en charge, n'ont pas ajouté à la loi une condition qu'elle ne contient pas mais ont uniquement considéré que les conditions légales pour déduire les pertes n'étaient pas vérifiées dans les faits.

Lorsqu'une perte est prise en charge au moment où la société est déjà dissoute et mise en liquidation ou lorsqu'elle n'exerce plus d'activité, la dépense n'est pas supportée en vue de sauvegarder des revenus professionnels que le contribuable en cause perçoit périodiquement de ladite société.

B. Paiement irrévocable et sans condition

Par paiement d'une somme, il faut entendre toute opération qui traduit un décaissement effectif de la part du contribuable, à l'exclusion de simples écritures comptables effectuées au sein de la société.

La condition n'est pas remplie lorsque la prise en charge des pertes est notamment réalisée:

- par une inscription de ces pertes au débit du compte courant du dirigeant;
- par la reprise, par un dirigeant, à sa valeur nominale, d'une créance douteuse que détient la société sur un tiers.

Sont assimilées au paiement d'une somme d'argent, les avances en numéraires qui ont été consenties antérieurement par le contribuable en cause à sa société, à condition que:

- entre le versement de l'avance et la perte arrêtée à la clôture de l'exercice comptable, il existe un rapport évident;

- le dirigeant renonce expressément et irrévocablement au remboursement de l'avance;
- la société utilise l'avance, au plus tard lors de la détermination du résultat d'exploitation, pour réduire ses pertes professionnelles.

C. Affectation des sommes payées à l'apurement des pertes de la société

L'apurement des pertes de la société donne lieu aux écritures comptables suivantes dans le chef de la société:

55	banque		
794	à intervention dans la perte		
690	perte reportée de l'exercice précédent		
14	à perte reportée		

16.1.2. *Moment de la déduction*

Les cas suivants peuvent se présenter:

Cas envisagés	Moment de la déduction
Paiement définitif et irrévocable et apurement de la perte au cours de la même période imposable	La période imposable au cours de laquelle les deux opérations se sont produites.
Avances en numéraire consenties antérieurement par le dirigeant et utilisées pour l'apurement de la perte	La période imposable au cours de laquelle les avances ont été converties
Paiement définitif et irrévocable au cours d'une période imposable et apurement de la perte au cours d'une période imposable ultérieure	La période imposable au cours de laquelle la somme d'argent a été payée.

16.1.3. *Preuve à fournir*

Le dirigeant d'entreprise doit prouver que toutes les conditions sont remplies, notamment, en ce qui concerne:

- la réalité du paiement d'une somme d'argent à titre définitif et sans condition au profit de la société (par exemple, un virement bancaire);
- la preuve de l'affectation de cette somme à l'apurement des pertes de la société.

16.2. Prise en charge d'autres pertes

La garantie personnelle donnée volontairement par un dirigeant d'une société contre les risques d'une opération conclue à son intervention par cette société ne constitue pas un acte d'administration et la perte qui dérive éventuellement de cette caution personnelle n'est pas admise au titre de frais professionnels.

Par contre, la perte d'une caution qu'un dirigeant a dû fournir ensuite d'une faute commise par lui dans la gestion de la société peut être considérée comme ayant un caractère professionnel dans le chef de l'intéressé.

16.3. Déduction des intérêts afférents à l'acquisition d'actions ou parts

16.3.1. *Souscription d'actions ou parts à l'occasion de leur émission*

Les intérêts d'un emprunt contracté, à partir du 17 octobre 1995, par un dirigeant d'entreprise pour souscrire des actions ou parts d'une société à l'occasion de la constitution ou d'une augmentation de capital de cette société ne sont pas déductibles au titre de frais professionnels.

Les intérêts d'un emprunt contracté par un dirigeant d'entreprise pour souscrire à une augmentation de capital demeurent toutefois déductibles au titre de frais professionnels dans la mesure où l'augmentation de capital sert à relever le capital minimum d'une société anonyme au nouveau minimum légal de 61.500,00 EUR.

16.3.2. *Acquisition d'actions ou parts*

Les intérêts d'un emprunt contracté en vue de l'acquisition d'actions ou parts représentatives du capital social d'une société résidente sont déductibles au titre de frais professionnels, s'il est satisfait aux conditions suivantes :

- la dette doit avoir été contractée auprès de tiers ;
- la dette doit avoir été contractée en vue de l'acquisition d'actions ou parts représentatives d'une fraction du capital social ;
- il doit s'agir d'actions ou parts représentatives du capital social d'une société résidente ;
- le contribuable doit avoir, au cours de la période imposable, perçu périodiquement de cette société des rémunérations.

Il n'est pas nécessaire d'avoir la qualité de dirigeant d'entreprise au moment où l'emprunt est contracté, mais bien pendant la période au cours de laquelle les intérêts sont payés.

A. **Analyse des conditions**

1. *Dette contractée auprès de tiers*

Sont exclus de la déduction au titre de frais professionnels, les intérêts de dettes contractées auprès :

- de la société qui a émis les actions ou parts ;
- de toutes les entreprises à l'égard desquelles la société émettrice des actions ou parts se trouve directement ou indirectement dans des liens d'interdépendance.

Cette exclusion ne s'applique cependant pas aux dettes contractées auprès d'une institution financière.

2. *Acquisition d'actions ou parts représentatives du capital social*

La dette doit être conclue pour l'acquisition d'actions ou parts représentatives du capital social. Sont par conséquent exclues, les parts de fondateurs, les parts bénéficiaires, les actions de jouissance, les parts de dividendes, les parts de réserve, les actions industrielles, etc., qui donnent droit à une quotité des bénéfices distribués mais n'ont aucune contrepartie dans le capital social.

Les intérêts ne sont déductibles au titre de frais professionnels que dans la mesure où ils se rapportent à des montants ayant réellement servi à l'acquisition des actions ou parts. Si le montant emprunté dépasse la valeur d'acquisition des actions ou parts, les intérêts ne sont pas déductibles au titre de frais professionnels dans la mesure de ce dépassement.

ex *Marguerite a acheté, en 2013, 50 % des actions de la SPRL « Pick » au prix de 45.000,00 EUR. À cette occasion, elle a emprunté la somme de 60.000,00 EUR auprès d'une institution financière. Le 14 février 2016,*

Marguerite est devenue gérante de la «SPRL Pick». Les intérêts payés en 2016 à l'institution financière en vue du remboursement de son emprunt se sont élevés à 1.200,00 EUR.

Pour l'exercice d'imposition 2017, Marguerite peut déduire les intérêts à concurrence de 900,00 EUR c'est-à-dire 1.200,00 EUR × (45.000,00 EUR / 60.000,00 EUR).

3. *Société résidente*

La déduction des intérêts est réservée aux dirigeants d'entreprise de sociétés assujetties à l'impôt des sociétés belges.

4. *Percevoir périodiquement des rémunérations*

Les intérêts ne sont déductibles au titre de frais professionnels qu'à la condition que le dirigeant d'entreprise concerné ait perçu des rémunérations de la société, durant la période imposable. En outre, il doit s'agir de revenus périodiques (c'est-à-dire attribués au moins une fois par an).

Ces rémunérations doivent se trouver dans un «rapport normal» avec l'importance des sommes empruntées.

B. Moment où la déductibilité prend fin

Les intérêts des dettes contractées par un dirigeant d'entreprise cessent d'être déductibles au titre de frais professionnels à partir de la date:

- d'aliénation des actions ou parts par le dirigeant d'entreprise;
- du remboursement du capital social représenté par les actions ou parts acquises au moyen de l'emprunt.

ex *Marguerite a acheté, en 2013, 50% des actions de la SPRL «Pick» au prix de 45.000,00 EUR. À cette occasion, elle a emprunté la somme de 60.000,00 EUR auprès d'une institution financière. Le 14 février 2016, Marguerite est devenue gérante de la «SPRL Pick». Le capital social de la «SPRL Pick» a fait l'objet en 2016 d'un remboursement à concurrence de 50% du capital social représenté par ces actions.*

Les intérêts payés en 2016 à l'institution financière en vue du remboursement de son emprunt se sont élevés à 1.200,00 EUR.

Pour l'exercice d'imposition 2017, Marguerite peut déduire les intérêts à concurrence de 450,00 EUR c'est-à-dire 1.200,00 EUR × 50% × (45.000,00 EUR / 60.000,00 EUR).

16.4. Cession de rémunération

Circulaire n° Ci.RH.244/599.047 (AFER 41/2009) du 18 août 2009

Lorsque le dirigeant d'entreprise démontre que l'acquisition ou la conservation de son mandat de dirigeant et des revenus qu'il en retire est effectivement et expressément subordonnée à la rétrocession d'une quotité déterminée des émoluments qu'il perçoit, il peut, conformément à l'article 49 du Code des impôts sur les revenus, déduire pour leur montant net, les sommes ainsi rétrocédées en tant que frais professionnels, l'année de leur rétrocession effective.

Cette rétrocession de sommes effectuée par des dirigeants d'entreprise doit être justifiée par des fiches individuelles n° 281.50.

17. Frais spécifiques aux indépendants

Articles 52, 3° et 4°, 53, 1° et 57 CIR

17.1. Rémunérations

Les rémunérations des membres du personnel (traitements, salaires, indemnités, primes de fin d'année, avantages de toute nature accordés, etc.) et les frais connexes y afférents (charges sociales dues, etc.) sont déductibles au titre de frais professionnels lorsque ces rémunérations constituent la contre-valeur d'un travail ou d'un service presté dans l'intérêt de l'activité professionnelle de l'employeur.

Il en résulte que les rémunérations et frais connexes ou quotités de rémunérations et frais connexes qui rétribuent des prestations effectuées pour les besoins privés de l'employeur ne constituent jamais des dépenses admises au titre de frais professionnels.

ex *En septembre 2016, Luc, électricien, a acheté un immeuble qu'il affecte uniquement à des fins privées. Il effectue en décembre 2016, avec son employé, monsieur Huysmans, des travaux d'électricité dans cet immeuble.*

Pour l'exercice d'imposition 2017, Luc ne peut pas déduire au titre de frais professionnels les charges salariales et les frais connexes y afférant versés à monsieur Huysmans pour les prestations que ce dernier a effectuées en décembre 2016. En effet, ces prestations ont été effectuées pour les besoins privés de Luc.

La déduction des rémunérations et des frais connexes y afférant est toutefois subordonnée à l'établissement de fiches individuelles 281 et de relevés récapitulatifs. Ces fiches et ces relevés permettent à l'administration de contrôler à la fois la réalité et le caractère déductible des versements invoqués par l'employeur et le caractère effectif de l'imposition desdits montants dans le chef des bénéficiaires.

17.2. Rémunération de l'entrepreneur

La rémunération que l'entrepreneur s'attribue lui-même pour son travail personnel n'est pas déductible à titre de frais professionnels, mais constitue un élément du bénéfice imposable.

ex *En 2016, Marguerite, célibataire, fleuriste indépendante, a réalisé un bénéfice brut d'exploitation de 6.800,00 EUR. Au cours de la période 2016, elle a prélevé en espèces la somme de 22.000,00 EUR qui ont fait l'objet de l'inscription comptable suivante:*

Compte de résultats	*Rémunérations Marguerite*	*22.000,00*	
Compte de l'actif	*à banque*		*22.000,00*

Les rémunérations que Marguerite a comptabilisées par le débit d'un compte de résultats ne sont pas déductibles au titre de frais professionnels et doivent être ajoutés au bénéfice brut d'exploitation réalisé en 2016.

Le cadre XVII de la déclaration souscrite par Marguerite est complété de la manière suivante:

Cadre XVIII – Bénéfices d'entreprises industrielles, commerciales ou agricoles		
1. Bénéfice brut de l'exploitation proprement dite	***28.800,00*** *(Code 1600-49)*	*Code 2600-19*

17.3. Rémunérations attribuées aux membres de la famille faisant partie du ménage de l'employeur

Les rémunérations attribuées au conjoint ou cohabitant légal et les frais connexes y afférant ne sont jamais déductibles au titre de frais professionnels. Le contribuable peut uniquement attribuer une partie de ses bénéfices ou de ses profits au conjoint ou au cohabitant légal aidant (*cf.* pages 485 et suivantes).

Les rémunérations attribuées aux autres membres de la famille faisant partie du ménage de l'employeur et les frais connexes y afférant ne sont déductibles au titre de frais professionnels que dans la mesure où la rémunération attribuée ne dépasse pas le traitement ou salaire normal eu égard à la nature et à la durée des prestations réellement fournies par le bénéficiaire.

Pour que les rémunérations soient déductibles au titre de frais professionnels, l'employeur doit apporter la preuve que le membre de la famille fournit une prestation qui, en son absence, aurait dû être effectuée par une main-d'œuvre salariée externe.

18. Frais forfaitaires

Nous avons vu que tous les contribuables peuvent déduire de leurs revenus professionnels les frais qu'ils ont faits ou supportés au cours de la période imposable en vue de conserver ou d'acquérir lesdits revenus.

Cependant, le législateur a également prévu pour les bénéficiaires de certaines catégories de revenus professionnels, la possibilité de bénéficier «de forfaits légaux» de dépenses professionnelles. Ces forfaits se substituent aux charges réelles, à moins que le contribuable ne prouve que ces dernières soient supérieures.

Lorsque le montant des charges réelles mentionné par le contribuable est inférieur au montant des dépenses professionnelles forfaitaires, l'administration applique automatiquement le forfait. Toutefois, les modes d'imputation des pertes prévus dans l'arrêté royal du Code des impôts sur les revenus varient selon que le contribuable opte pour la déduction de ses charges professionnelles réelles ou pour la déduction du forfait. Dans le premier cas, les charges s'imputent par priorité sur les revenus imposables globalement, c'est-à-dire soumis à la progressivité des taux d'imposition (art. 13*bis*, § 5 AR/CIR). Dans le second cas, les charges sont réparties proportionnellement entre les revenus imposables globalement et les revenus imposables distinctement, c'est-à-dire qui échappent à la progressivité (art. 13*bis*, § 8 AR/CIR). Le contribuable en cause peut naturellement obtenir la révision de son imposition en introduisant une réclamation dans les formes et délai prévus à l'article 371 du Code des impôts sur les revenus (QP n° 10 de M. Draps du 22 avril 1988).

18.1. Revenus professionnels visés par le forfait légal

Les revenus professionnels pour lesquels le législateur a prévu un régime de charges professionnelles forfaitaires sont les suivants:

- les rémunérations des travailleurs;
- les rémunérations des dirigeants d'entreprises;
- les profits;
- les rémunérations des conjoints aidants.

Ce régime ne s'applique pas aux indemnités détenues en réparation totale ou partielle d'une perte temporaire de rémunérations ou de profits (*cf.* page 345).

Pour chaque exercice d'imposition, le contribuable a le choix entre la déduction de ses dépenses professionnelles réelles ou l'application du forfait.

Lorsque le contribuable perçoit des revenus professionnels de catégories différentes (par exemple rémunérations de travailleur et rémunérations de dirigeant d'entreprise) pour lesquelles le forfait est applicable, le contribuable peut:

- soit opter pour l'application du forfait légal pour toutes ces catégories de revenus professionnels;
- soit opter pour l'application du forfait pour certaines de ces catégories de revenus professionnels seulement.

Dans cette dernière hypothèse, l'administration fiscale veille à ce que les frais incombant à l'activité professionnelle pour laquelle le contribuable revendique le forfait légal ne soient pas défalqués au titre de frais professionnels réels des revenus des activités professionnelles pour lesquelles le contribuable opte pour les frais réels.

18.2. **Base de calcul du forfait légal**

La base de calcul des charges professionnelles forfaitaires est, pour une même catégorie de revenu professionnel, le montant brut imposable (globalement et distinctement) diminué des cotisations dues en exécution de la législation sociale. Les cotisations versées à des sociétés mutualistes reconnues, à titre d'assurance libre contre les «petits risques» sont assimilées aux cotisations sociales.

Concrètement, cela correspond pour:

Revenus professionnels	Cadre de la déclaration concerné	Base de calcul du forfait
Les rémunérations des travailleurs	Cadre IV	Au total des montants mentionnés aux rubriques A, 4 à 11, a diminué des montants mentionnés aux rubriques A, 11, b et A, 13.
Les rémunérations de dirigeants d'entreprises	Cadre XVII	Au total des montants mentionnés aux rubriques 3 à 8, diminué du montant mentionné à la rubrique 9.
Les profits	Cadre XIX	Au total des montants mentionnés aux rubriques 1 à 6, diminué du montant mentionné à la rubrique 7.
Les rémunérations de conjoints aidants	Cadre XXI	Au total du montant mentionné à la rubrique 1 diminué du montant mentionné à la rubrique 2.

18.3. **Calcul du forfait légal**

Les dépenses professionnelles forfaitaires sont déterminées suivant un pourcentage du revenu professionnel brut imposable diminué des cotisations sociales. Ces pourcentages diffèrent selon la catégorie de revenus professionnels envisagés.

Lorsque le contribuable exerce différentes activités professionnelles dont les revenus sont à ranger dans la même catégorie de revenus professionnels, les frais professionnels forfaitaires sont calculés sur l'ensemble des revenus provenant de ces activités.

18.3.1. ***Rémunérations des travailleurs et profits***

Pour les rémunérations de travailleur et les profits, les dépenses professionnelles forfaitaires se calculent suivant le barème ci-après.

Tranches de revenus	Taux
De 0,00 EUR à 8.450,00 EUR	28,70%
De 8.450,00 EUR à 19.960,00 EUR	10%
Supérieur à 19.960,00 EUR	3%

Le montant des dépenses professionnelles forfaitaires des travailleurs et des titulaires de professions libérales ne peuvent en aucun cas dépasser **4.240,00 EUR** pour l'exercice d'imposition 2017.

ex *Pour l'exercice d'imposition 2017, Luc, employé auprès de la SPRL Pick, a complété le cadre IV de sa déclaration de la manière suivante:*

Cadre IV – Traitements, salaires, allocations de chômage, indemnités légales de maladie invalidité, revenus de remplacement et prépensions		
A. Rémunérations ordinaires		
3. Total des rubriques 1 à 2	*54.328,10 (Code 1250-11)*	*Code 2250-78*
5. Pécules de vacances anticipé (autres que ceux visés sous 13, b et 14, b)	*327,25 (Code 1251-10)*	*Code 2251-77*
6. Arriérés (autres que ceux visés sous 13, c et 14, c)	*596,72 (Code 1252-09)*	*Code 2252-76*
H. Précompte professionnel	*22.341,86 (Code 1286-72)*	*Code 2286-42*

18.3.2. Rémunération des dirigeants d'entreprise

Pour les rémunérations des dirigeants d'entreprise, les dépenses professionnelles forfaitaires s'élèvent à 3 % avec un maximum de 2.390,00 EUR.

ex *Pour l'exercice d'imposition 2017, Luc, gérant de la SPRL Pick, a complété le cadre XVII de sa déclaration de la manière suivante:*

Cadre XVII – Rémunérations de dirigeants d'entreprise		
1. Rémunérations	*40.000,10*	
c) Total des rubriques 1, a et 1, b	*40.000,00 (Code 1400-55)*	*Code 2400-25*
3. Revenus locatifs à considérer comme rémunérations	*2.000,00 (Code 1401-54)*	*Code 2401-24*
9. Cotisations sociales non retenues	*3.200,00 (Code 1405-50)*	*Code 2405-20*
11. Précompte professionnel		
10. c) Total de la rubrique 11, a et 11, b:	*14.428,00 (Code 1407-48)*	*Code 2407-18*

Le montant des dépenses professionnelles forfaitaires pour les rémunérations de dirigeants d'entreprise perçues en 2016 par Luc se calcule de la manière suivante:

Forfait légal	***1.164,00*** *c'est-à-dire 3 % de 38.800,00*
Base de calcul du forfait	*c'est-à-dire 40.000,00 + 2.000,00 – 3.200,00*

Le montant des dépenses professionnelles forfaitaires pour les rémunérations de travailleurs perçues en 2016 par Luc se calcule de la manière suivante :

Forfait légal		***4.859,86*** *c'est-à-dire 2.535,00 + 1.266,10 + 1.058,76*
Base de calcul du forfait		***55.252,07*** *c'est-à-dire 54.328,10 + 327,25 + 596,72*
Tranches de revenus	*Taux*	
De 0,00 EUR à 8.450,00 EUR	*30 %*	***2.535,00*** *c'est-à-dire 30 % de 8.450,00*
De 8.450,00 EUR à 19.960,00 EUR	*11 %*	***1.266,10*** *c'est-à-dire 11 % de 5.570,00* *à savoir 19.960,00 – 8.450,00*
Supérieur à 19.960,00 EUR	*3 %*	***1.058,76*** *c'est-à-dire 3 % de 35.292,07 à savoir 55.252,07 – 19.960,00*

18.3.3. *Rémunérations des conjoints aidants*

Pour les rémunérations des conjoints aidants, les dépenses professionnelles forfaitaires correspondent à 5 % du montant brut des revenus diminué des cotisations dues en exécution de la législation sociale.

Le montant des dépenses professionnelles forfaitaires des conjoints aidants ne peuvent en aucun cas dépasser **3.980,00 EUR** pour l'exercice d'imposition 2017.

18.3.4. *Profits*

Pour les profits, les dépenses professionnelles forfaitaires se calculent selon le barème ci-après :

Tranche de revenus	
De 0,00 EUR à 5.760,00 EUR	28,7 %
De 5.760,00 EUR à 11.440,00 EUR	10 %
De 11.440,00 EUR à 19.040,00 EUR	5 %
Supérieur à 19.040,00 EUR	3 %

Les montants des dépenses professionnelles ou forfaitaires des profits ne peuvent en aucun cas dépasser 3.940,00 EUR pour l'exercice d'imposition 2017.

ex *Pour l'exercice d'imposition 2017, Luc, avocat, a complété le cadre XIX de sa déclaration de la manière suivante :*

Cadre XIX – profit des professions libérales – charge de l'office ou autres occupations lucratives		
1. *Recette (autre que celles visées aux rubrique 2 à 4) provenant de l'exercice de la profession*	*23.072,00 EUR* *(Code 1650-96)*	*Code 2650-66*

Le montant des dépenses professionnelles forfaitaires pour les profits perçus par Luc en 2016 se calcule de la manière suivante :

Forfait		***2.722,08*** *c'est-à-dire 1.653,12 + 568,00 + 380,00 + 120,96*
Base de calcul du forfait		***23.072,00***
Tranche de revenus	*Taux*	
De 0,00 EUR à 5.760,00 EUR	*28,70 %*	***1.653,12*** *c'est-à-dire 28,70 % de 5.760,00*
De 5.760,00 EUR à 11.440,00 EUR	*10 %*	***568,00*** *c'est-à-dire 10 % de 5.680,00* *à savoir 11.140,00 – 5.760,00*
De 11.140,00 EUR à 19.040,00 EUR	*5 %*	***380,00*** *c'est-à-dire 5 % de 7.600,00* *à savoir 19.040,00 – 11.440,00*
Supérieur à 19.040,00 EUR	*3 %*	***120,96*** *c'est-à-dire 3 % de 4.032,00* *à savoir 23.072,00 – 19.040,00*

18.4. **Autres forfaits**

18.4.1. ***Forfait pour longs déplacements***

Un complément de charges professionnelles forfaitaires est octroyé *uniquement aux travailleurs* pour lesquels, au 1er janvier 2016, la distance entre leur domicile et leur lieu de travail était d'au moins 75 kilomètres.

Forfait résultant de l'éloignement du domicile par rapport au lieu de travail	
Distance domicile-lieu de travail au 1er janvier 2016	Forfait complémentaire
De 75 km à 100 km	75,00 EUR
De 101 km à 125 km	125,00 EUR
Plus de 125 km	175,00 EUR

Le montant de ce forfait doit être mentionné en regard du Code 1256-05 ou 2256-72 de la déclaration.

18.4.2. ***Bourgmestres, échevins et présidents de CPAS***

Un forfait spécial est octroyé aux bourgmestres, aux échevins et aux présidents de centre publics d'aide sociale qui peuvent déduire pour leur mandat un montant égal à 30 % de la rémunération annuelle indexée d'un bourgmestre, d'un échevin ou d'un président de CPAS d'une commune de maximum 300 habitants.

Forfait particulier (*cf.* Circulaire n° Ci.RH.243/609.003 (AGFisc 18/2011) du 21 mars 2011)	
Bourgmestres	6.815,71 EUR pour l'exercice d'imposition 2018
Échevins et présidents de CPAS	4.089,43 EUR pour l'exercice d'imposition 2018

Le montant de ce forfait (éventuellement majoré des frais professionnels réels ou forfaitaires des autres rémunérations de travailleurs) doit être mentionné en regard du Code 1258-03 ou 2258-70 de la déclaration.

18.5. Imputation des frais forfaitaires

Les frais professionnels fixés forfaitairement sont déduits, suivant la règle proportionnelle, sur les revenus imposables globalement et distinctement.

ex *Pour l'exercice d'imposition 2017, Luc, employé auprès de la SPRL Pick, a complété les cadres IV de sa déclaration de la manière suivante:*

Cadre IV – Traitements, salaires, allocations de chômage, indemnités légales de maladie invalidité et prépensions		
A. Rémunérations ordinaires		
3. Total des rubriques 1 et 2	*54.238,10 (Code 1250-11)*	*Code 2250-78*
5. Pécules de vacances anticipés (autres que ceux visés sous 13, b et 14, b)	*327,25 (Code 1251-10)*	*Code 2251-77*
6. Arriérés (autres que ceux visés sous 13, d et 14, d)	*596,72 (Code 1252-09)*	*Code 2252-76*
16. Forfait pour longs déplacements	*125,00 (Code 1256-05)*	*Code 2256-72*
H. Précompte professionnel	*22.341,86 (Code 1286-72)*	*Code 2286-42*

Le montant des dépenses professionnelles forfaitaires pour les rémunérations de travailleurs perçues en 2016 par Luc se calcule de la manière suivante:

Montant des dépenses professionnelles forfaitaires		***4.365,00*** *c'est-à-dire 4.240,00 + 125,00 (forfait pour longs déplacements)*
Forfait légal		***4.399,69 limité à 4.240,00*** *c'est-à-dire 2.535,00 + 1.266,10 + 598,59*
Base de calcul du forfait		***55.252,07*** *c'est-à-dire 54.328,10 + 327,25 + 596,72*
Tranches de revenus	*Taux*	
De 0,00 EUR à 8.450,00 EUR	*30 %*	***2.535,00*** *c'est-à-dire 30 % de 8.450,00*
De 8.450,00 EUR à 19,960,00 EUR	*11 %*	***2.535,00*** *c'est-à-dire 11 % de 11.510,00 à savoir 19.960,00 – 8.450,00*
Supérieur à 19.960,00 EUR	*3 %*	***598,59*** *c'est-à-dire 3 % de 19.953,00 à savoir 55.252,07 – 19.960,00*

Les revenus professionnels après déduction des charges forfaitaires s'élèvent à:

Revenus professionnels	***Revenu brut***	***Imputation du forfait***	***Revenus nets***
Rémunérations ordinaires	*54.328,10*	***4.292,00*** *c'est-à-dire 4.365,00 × (54.328,10 / 55.252,07)*	***50.036,10*** *c'est-à-dire 54.328,10 – 4.292,00*

Revenus professionnels	*Revenu brut*	*Imputation du forfait*	*Revenus nets*
Pécule de vacances anticipé	*327,25*	***25,85*** *c'est-à-dire 4.365,00 × (327,25 / 55.252,07)*	***301,40*** *c'est-à-dire 327,25 – 25,85*
Arriérés	*596,72*	***47,15*** *c'est-à-dire 4.365,00 × (596,70 / 55.252,07)*	***549,55*** *c'est-à-dire 596,72 – 47,15*
Total	*= **55.252,07***	*= **4.365,00***	*= **50.887,07***

V.
PROVISIONS POUR RISQUES ET CHARGES ET RÉDUCTIONS DE VALEUR POUR PERTES PROBABLES

Articles 48 CIR et 22 à 27 AR/CIR

Nous avons vu que les bénéfices des entreprises industrielles, commerciales ou agricoles quelconques comprennent notamment:

- les créances certaines et liquides;
- les provisions, c'est-à-dire les sommes qui ont été maintenues dans l'entreprise en vue de couvrir des charges futures dont les montants ne peuvent pas être déterminés avec certitude à la clôture de la période imposable.

Les entreprises, contrairement aux contribuables qui réalisent des profits, se voient ainsi imposées sur des recettes qu'elles n'ont pas encore encaissées. Le législateur a cependant prévu que les créances commerciales qui présentent, à la date de clôture de l'exercice comptable, une incertitude quant à leur recouvrement peuvent faire l'objet d'une réduction de valeur exonérée.

De même, peuvent être exonérées les provisions pour risques et charges qui ont pour objet de couvrir des pertes ou des charges nettement circonscrites quant à leur nature, mais qui, à la date de clôture de l'exercice comptable, sont probables ou certaines mais indéterminées quant à leur montant.

Autrement dit, les provisions doivent se rapporter à des charges concrètes et bien définies pour lesquelles on peut prévoir avec une quasi certitude qu'elles apparaîtront effectivement et dont on peut évaluer approximativement le montant.

De cette définition, on peut conclure que sont toujours imposables les provisions pour risques et charges qui sont destinées:

- à faire face à des pertes sur des éléments d'actifs;
- à couvrir des risques ou des charges futurs qui sont:
  - *liquides*: la législation n'autorise pas la constitution de provisions pour des charges dont le montant est certain, mais dont la date de survenance est indéterminée (par exemple, des factures à recevoir...);
  - ou *probables* et dont le montant ne peut pas être déterminé approximativement; ainsi une provision peut, par exemple, être actée dans le but de couvrir les charges liées à un litige avec un client.

Par contre, peuvent être exonérées les provisions qui sont destinées à faire face:

- soit à des risques ou charges futurs mais certains, qui sont indéterminés quant à leur montant;
- soit à des risques ou charges qui ont pris naissance au cours de l'exercice mais qui sont indéterminés quant à leur montant.

Les réductions de valeur et provisions pour risques et charges exonérées qui sont comprises dans le bénéfice déclaré doivent être mentionnées en regard du Code 1609-40 ou 2609-10 de la déclaration :

Cadre XVIII – Bénéfices d'entreprises industrielles, commerciales ou agricoles		
8. Réductions de valeur et provisions pour risques et charges	Code 1609-40	Code 2609-10

Dans le cadre de cette section, nous examinons les conditions qui doivent être respectées pour que les provisions pour risques et charges et les réductions de valeur sur créances commerciales qui sont comprises dans les bénéfices soient exonérées.

1. Provisions pour risques et charges

Pour être exonérées, les provisions pour risques et charges doivent respecter toutes les conditions d'exonération qui sont prévues aux articles 48 du Code des impôts sur les revenus et 24 à 27 de l'arrêté royal du Code des impôts sur les revenus.

1.1. Conditions d'exonération

La loi permet l'exclusion des provisions pour risques et charges des bénéfices imposables de l'entreprise, si :

- elles sont comptabilisés à la clôture des écritures de la période imposable ;
- leur montant apparaît dans un ou plusieurs comptes distincts ;

et si les risques ou charges auxquelles les provisions sont destinées à faire face :

- sont nettement précisés quant à leur nature et à leur montant ;
- se rattachent à des événements survenus au cours de la période imposable ;
- sont admissibles au titre de frais professionnels ;
- sont repris dans un relevé 204.3.

1.1.1. *Sont nettement précisés quant à leur nature et à leur montant*

Cette condition implique :

- une individualisation précise de la nature du risque ou de la charge à prévoir ;
- que le risque ou la charge doit être probable : elle ne doit pas résulter d'un risque hypothétique ou d'ordre général. Il doit y avoir une quasi-certitude au moment de la constitution de la provision que la dépense ainsi provisionnée acquière vraisemblablement plus tard le caractère de dette certaine et liquide ;
- que le montant du risque ou de la charge soit susceptible d'être évalué avec une approximation suffisante (l'évaluation de la charge ne peut pas être arbitraire).

L'individualisation du risque ou de la charge implique une évaluation séparée de son montant probable. Ceci signifie que les provisions calculées sur une base forfaitaire (par exemple, un pourcentage du chiffre d'affaires) ne peuvent être admises.

1.1.2. *Se rattachent à des événements survenus au cours de la période imposable*

Le risque ou la charge « future » probable ou certaine doit se rattacher à des opérations précises effectuées au cours de la période imposable.

Il en résulte qu'une provision pour risque et charge probable n'est pas exonérée fiscalement si elle trouve son origine dans des événements :

- qui ont pris naissance après la fin de la période imposable ;
- qui sont survenus au cours d'une période imposable précédente ;
- qui ont pris naissance au cours de la période imposable mais qui ne subsistent plus à la clôture de celle-ci.

Pour vérifier si cette condition est respectée, il est demandé au contribuable d'indiquer (dans le relevé 204.3, au cadre II, B, colonne 4) de manière succincte, mais précise, les événements survenus pendant l'exercice comptable, qui rendent probables les pertes ou les charges auxquelles les provisions se rapportent.

L'omission de déclarer à l'annexe 204.3 la mention succincte, mais précise, des événements qui se sont produits et par lesquels les pertes invoquées deviennent probables, suffit à exclure les provisions du régime d'exonération.

De même, on demande au cadre II, B, colonne 2, d'établir une distinction entre :

- les charges qui résultent de l'activité professionnelle exercée pendant la période imposable ou d'événements survenus pendant la période imposable ;

ex *Une provision est constituée pour couvrir les futures indemnités de congé découlant du licenciement d'une personne.*
Une provision est constituée pour couvrir des charges futures suite à des litiges en cours avec, par exemple :
– des clients au sujet de biens livrés (contestations quant à leur qualité...) ;
– des fournisseurs (contestations quant aux livraisons reçues...).

- les charges qui sont couvertes anticipativement par des indemnités obtenues pendant l'exercice comptable du chef de sinistres, expropriations, réquisitions en propriété ou autres événements analogues ;

ex *Une entreprise expropriée se voit dans l'obligation de prendre en location de nouveaux bâtiments industriels. L'occupation de ces nouveaux locaux va entraîner, dans son chef, des frais de déménagement couverts anticipativement par une indemnité. Une provision peut être constituée pour faire face à ces frais de déplacement.*

- et les charges qui se rapportent, dans une mesure proportionnelle à la durée de la période imposable, à de grosses réparations d'immeubles, matériel et outillage, à l'exclusion de tout renouvellement, à effectuer périodiquement à des intervalles réguliers n'excédant pas 10 ans.

ex *Une provision est constituée pour faire face à une révision complète d'une machine qui a lieu tous les 4 ans. Le montant du coût de la révision est estimé à 2.500,00 EUR. L'entreprise peut constituer, chaque année, une provision exonérée de 625,00 EUR en vue de faire face à cette dépense future.*

1.1.3. *Comptabilisés à la clôture des écritures de la période imposable*

L'exonération de la provision est subordonnée à la tenue d'une comptabilité (qui peut être simplifiée ou en partie double).

La mauvaise classification d'une provision (par exemple, son transfert à un compte de réserve ou à un compte de dettes) entraîne l'imposition de cette provision.

1.1.4. *Sont admissibles au titre de frais professionnels*

Pour être exonérée fiscalement, la provision doit être destinée à faire face à une charge qui, si elle était intervenue au cours de l'exercice, aurait été normalement déductible au titre de frais professionnels des bénéfices imposables de cet exercice.

1.1.5. *Sont repris dans un relevé 204.3*

Le relevé 204.3 doit être remis conjointement avec la déclaration à l'impôt des personnes physiques. Aucune provision ne peut être exonérée si elle ne figure pas dans un relevé 204.3, mais le délai dans lequel ledit relevé doit être remis n'est pas fixé dans la réglementation *ad hoc*. Il en résulte que le relevé 204.3 peut être introduit, remplacé ou complété à n'importe quel moment de la procédure lorsqu'il apparaît que la provision peut être exonérée (*cf.* ComIR n° 48/6).

1.2. Sort ultérieur des provisions exonérées fiscalement

L'exonération est maintenue aussi longtemps que l'entreprise démontre que les frais ou les risques pour lesquels la provision a été constituée sont encore probables à la fin de la période imposable (cadre II, A du relevé 204.3). À défaut de pareille justification, la provision est considérée comme un bénéfice de la période imposable concernée.

2. Réductions de valeur

2.1. Conditions d'exonération

La loi permet l'exclusion des réductions de valeur pour créances commerciales douteuses (non représentée par des obligations) des bénéfices imposables de l'entreprise si :

- elles sont comptabilisées à la clôture des écritures de la période imposable,
- leur montant apparaît dans un ou plusieurs comptes distincts,

et si la perte à laquelle les réductions de valeur sont destinées à faire face :

- est nettement précisée quant à sa nature et à son montant,
- se rattache à des événements survenus au cours de la période imposable,
- est admissible au titre de pertes professionnelles,
- est reprise dans un relevé 204.3.

2.1.1. *Être nettement précisé quant à leur nature et à leur montant*

Cette condition implique :

- une *individualisation* précise de la nature de la perte à prévoir ;
- que la perte doit être probable : elle ne doit pas résulter d'un risque hypothétique ou d'ordre général. Il doit y avoir une quasi-certitude au moment de la constitution de la réduction que la perte acquière vraisemblablement plus tard le caractère de dette certaine et liquide ;
- que le montant de la perte soit susceptible d'être évalué avec une approximation suffisante (l'évaluation de la perte ne peut pas être arbitraire).

L'individualisation de la perte implique une évaluation séparée de son montant probable. Ceci signifie que les réductions de valeur calculées sur une base forfaitaire (par exemple sur la base de l'expérience), ne peuvent être admises.

2.1.2. *Se rattacher à des événements survenus au cours de la période imposable*

La perte probable doit se rattacher à des événements précis survenus au cours de la période imposable.

Il en résulte que la réduction de valeur n'est pas exonérée fiscalement si elle trouve son origine dans des événements :

- qui ont pris naissance après la fin de la période imposable ;
- qui sont survenus au cours d'une période imposable précédente ;

- qui ont pris naissance au cours de la période imposable mais qui ne subsistent plus à la clôture de celle-ci.

Pour vérifier si cette condition est respectée, il est demandé au contribuable d'indiquer (dans le relevé 204.3, au cadre I, B, colonne 4) de manière succincte mais précise, les événements survenus pendant l'exercice comptable, qui rendent probables les pertes auxquelles les réductions de valeur se rapportent.

L'omission de déclarer à l'annexe 204.3 la mention succincte, mais précise, des événements qui se sont produits et par lesquels les pertes invoquées deviennent probables, suffit à exclure les réductions du régime d'exonération.

2.1.3. *Comptabilisés à la clôture des écritures de la période imposable*

L'exonération de la réduction est subordonnée à la tenue d'une comptabilité (qui peut être simplifiée ou en partie double).

2.1.4. *Être admissible au titre de pertes professionnelles*

Pour être exonérée fiscalement, la réduction de valeur doit être destinée à faire face à une perte qui, si elle était intervenue au cours de l'exercice, aurait été normalement déductible au titre de pertes professionnelles des bénéfices imposables de cet exercice.

2.1.5. *Sont repris dans un relevé 204.3*

Le relevé 204.3 doit être remis conjointement avec la déclaration à l'impôt sur les revenus. Aucune réduction de valeur ne peut être exonérée si elle ne figure pas dans un relevé 204.3, mais le délai dans lequel ledit relevé doit être remis n'est pas fixé dans la réglementation *ad hoc*. Il en résulte que le relevé 204.3 peut être introduit, remplacé ou complété à n'importe quel moment de la procédure lorsqu'il apparaît que la réduction de valeur peut être exonérée.

2.2. Sort ultérieur des réductions de valeur exonérées fiscalement

L'exonération est maintenue aussi longtemps que le contribuable démontre que la perte pour laquelle la réduction de valeur a été constituée est encore probable à la fin de la période imposable (cadre I, A du relevé 204.3). À défaut de pareille justification, la réduction de valeur est considérée comme un bénéfice imposable de la période imposable concernée.

3. Loi sur la continuité des entreprises

Cette procédure de réorganisation judiciaire a pour but de préserver, sous le contrôle du juge, la continuité de l'entreprise en difficulté ou de tout ou partie de ses activités.

Elle permet d'accorder un sursis au débiteur en vue :

- soit de faciliter la conclusion d'un accord amiable ;
- soit d'obtenir l'accord des créanciers sur un plan de réorganisation ;
- soit de permettre le transfert sous autorité de justice à un ou plusieurs tiers de tout ou partie de l'entreprise ou de ses activités.

3.1. Dans le chef du créancier

Donnent lieu à une exonération fiscale pour réduction de valeur et provision, les créances sur les cocontractants pour lesquels un plan de réorganisation a été homologué par le tribunal, en vertu de la loi relative à la continuité des entreprises, et ce durant les périodes imposables jusqu'à l'exécution intégrale du plan ou la révocation de l'homologation.

3.2. Dans le chef du débiteur

Sont exonérés selon les modalités d'application fixées par la Roi, les bénéfices provenant de l'annulation de dettes à la suite de l'homologation par le tribunal d'un plan de réorganisation ou à la suite de la constatation par le tribunal d'un accord amiable en vertu de la loi relative à la continuité des entreprises.

Le montant résultant de l'annulation de la dette compris dans le bénéfice déclaré doit être mentionné en regard du Code 1608-41 ou 2608-11 de la déclaration :

Cadre XVIII – Bénéfices d'entreprises industrielles, commerciales ou agricoles		
9. Exonération des produits comptabilisés suite à l'homologation d'un plan de réorganisation ou la constatation d'un accord amiable par le tribunal	Code 1608-41	Code 2608-11

VI.
EXONÉRATIONS À CARACTÈRE ÉCONOMIQUE

Les contribuables qui déclarent des bénéfices ou des profits peuvent bénéficier d'exonérations fiscales.

Celles-ci ont pour but :

- soit de diminuer le coût du capital ; c'est le cas pour la déduction pour investissement ;
- soit de diminuer le coût du travail ; c'est notamment le cas de l'exonération pour personnel supplémentaire.

Dans le cadre de la présente section, nous allons successivement analyser les exonérations à caractère économique suivantes :

- l'exonération pour personnel supplémentaire affecté aux exportations et à la gestion intégrale de la qualité ;
- l'exonération pour autre personnel supplémentaire ;
- le bonus de tutorat ;
- le passif social en vertu du statut unique ;
- la déduction pour investissement.

1. Exonération pour personnel supplémentaire affecté aux exportations et à la gestion intégrale de la qualité

Articles 67 CIR et 46 AR/CIR

1612-37/2612-07

1.1. Principe

L'exonération pour personnel supplémentaire affecté aux exportations et à la gestion intégrale de la qualité permet uniquement *aux entrepreneurs* d'obtenir une exonération de leurs bénéfices à concurrence de 15.360,00 EUR (montant indexé pour l'exercice d'imposition 2017) par unité de personnel supplémentaire recruté et affecté en Belgique, *à temps plein*, dans l'entreprise :

- à un emploi de chef de service des exportations ;
- à un emploi de chef de service de la section gestion intégrale de la qualité.

Le montant exonéré doit être mentionné au cadre XVIII de la déclaration :

Cadre XVIII – Bénéfices d'entreprises industrielles, commerciales ou agricoles		
10. Exonération pour personnel supplémentaire affecté aux exportations et à la gestion intégrale de la qualité	Code 1612-37	Code 2612-07

1.2. Travailleur recruté

En principe, seul le personnel nouvellement recruté peut donner lieu à l'octroi d'une exonération.

Cependant, les entreprises peuvent obtenir une exonération pour le chef du service des exportations et de la section « gestion intégrale de la qualité », qui a déjà exercé à temps plein la fonction de chef de service. L'entreprise doit engager dans les trente jours un nouveau travailleur à temps plein pour occuper l'emploi devenu vacant en raison de cette mutation.

N'est pas considéré comme nouvellement recruté, le personnel qui était déjà engagé dans l'entreprise sur la base des hypothèses suivantes :

- le contribuable poursuit entièrement ou partiellement l'activité suite à une opération visée à l'article 46 (l'apport d'une branche d'activité ou d'une universalité de biens en exemption d'impôt) (*cf.* page 538) ;
- transfert de personnel entre entreprises qui se trouvent directement ou indirectement dans des liens quelconques d'interdépendance.

1.3. Absence de report

Le contribuable qui ne peut pas bénéficier de la totalité de l'exonération, parce que les bénéfices sont insuffisants, ne peut reporter le solde.

1.4. Relevé 276 W

Les entreprises doivent joindre à leur déclaration à l'impôt des personnes physiques un relevé nominatif qui varie en fonction du type d'exonération (développement du potentiel technologique de l'entreprise, emploi de chef de service des exportations ou emploi de chef de service de la section gestion intégrale de la qualité).

Les attestations suivantes doivent être jointes au relevé 276 W :

1. <u>En ce qui concerne un emploi de chef de service des exploitations :</u>

Une attestation nominative de l'agence belge du commerce extérieur doit être jointe. Cet office n'existe plus en tant que tel et est remplacé par une agence à l'exportation. Le modèle de cette attestation à fournir et le modèle du formulaire à compléter en vue de l'obtention de ladite attestation sont définis dans un arrêté ministériel du 27 août 1999 publié au *Moniteur belge* du 11 septembre 1999, deuxième édition (pp. 34100 et suivantes).

L'attestation doit être demandée auprès du service compétent dans les trois mois, à compter du dernier jour de la période imposable.

2. En ce qui concerne un emploi de chef de service de la section gestion intégrale de la qualité :

Une attestation nominative :

- du ministre qui a les Affaires économiques dans ses compétences ou de son délégué, pour les entreprises qui ont 50 travailleurs ou plus ;
- du ministre qui a les Classes moyennes dans ses compétences ou de son délégué, pour les entreprises de moins de 50 travailleurs.

Le modèle de cette attestation à fournir et le modèle du formulaire à compléter en vue de l'obtention de ladite attestation sont définis dans un arrêté ministériel du 12 août 1999 publié au *Moniteur belge* le 28 août 1999 (pp. 31929 et suivantes).

L'attestation doit être demandée auprès du service compétent dans les trois mois à compter du dernier jour de la période imposable.

1.5. Reprise de l'immunité

Lorsqu'un membre du personnel n'est plus affecté à l'une des fins prévues ci-dessus, l'exonération antérieurement accordée doit être totalement ou partiellement reprise. Elle est égale à la déduction à laquelle le membre désaffecté a individuellement donné droit.

Le montant de la reprise du bénéfice antérieurement exonéré doit être mentionné au cadre XVIII de la déclaration :

Cadre XVIII – Bénéfices d'entreprises industrielles, commerciales ou agricoles		
2. Bénéfice antérieurement exonéré qui devient imposable (à l'exception des plus-values)	Code 1601-48	Code 2601-18

2. Exonération pour autre personnel supplémentaire

Articles 67*ter* CIR (applicable à partir du 1er janvier 2008)

Circulaire n° Ci.RH.242/597.719 (AFER 52/2009) du 14 décembre 2009

1613-36/1666-80 et 2613-06/2666-50

2.1. Principe

L'exonération pour autre personnel supplémentaire permet aux contribuables qui réalisent des bénéfices ou des profits d'obtenir une exonération de leurs bénéfices ou profits à concurrence de 5.710,00 EUR (montant indexé pour l'exercice d'imposition 2017) par unité de personnel supplémentaire occupé en Belgique, dont le salaire brut journalier n'excède pas 90,32 EUR ou dont le salaire horaire brut n'est pas supérieur à 11,88 EUR.

Pour pouvoir bénéficier de cette exonération, le contribuable qui réalise des bénéfices ou des profits doit occuper moins de onze travailleurs.

Ce critère est apprécié :

- à la date du *31 décembre 1997*;
- ou à la fin de l'année au cours de laquelle a commencé l'exploitation lorsque celle-ci a débuté à une date ultérieure.

L'attention est attirée sur le fait que la condition concernant le nombre maximum de travailleurs occupés, autres que les dirigeants d'entreprises, vaut donc, depuis le 1er janvier 2008, également pour les personnes qui recueillent des profits, ce qui n'était pas le cas auparavant.

Les travailleurs à temps partiel sont ici comptés pour une unité quand il s'agit d'apprécier si la limite de onze travailleurs est ou non atteinte. Autrement dit, chaque personne inscrite au registre du personnel compte pour une unité.

Le fait que le nombre maximum de travailleurs soit dépassé à un autre moment que, soit le 31 décembre 1997, soit le 31 décembre de l'année au cours de laquelle a commencé l'exploitation, si cette date est postérieure au 31 décembre 1997, est sans incidence pour l'octroi de l'exonération.

2.2. Périodes imposables concernées

L'exonération se calcule en comparant la moyenne des travailleurs occupés par le contribuable, au cours d'une année civile, avec la moyenne des travailleurs occupés par le même contribuable au cours de l'année civile précédente.

Autrement dit, pour l'exercice d'imposition 2017, on compare la moyenne des travailleurs occupés par le contribuable de l'année civile 2016 avec la moyenne de l'année civile 2015.

2.3. Calcul du personnel supplémentaire

Le nombre total de membres du personnel supplémentaires se calcule en comparant le nombre moyen de membres du personnel occupés par le contribuable pendant *l'année civile* avec le nombre moyen de membres du personnel occupés par contribuable pendant l'année civile précédente.

Pour calculer ce nombre moyen, les travailleurs occupés à temps partiel sont convertis en équivalents temps plein. Les travailleurs qui bénéficient de l'exonération d'impôt pour personnel supplémentaire affecté à la recherche scientifique ne sont pas comptés.

Le nombre de journées de travail qui peuvent normalement être prestées par un seul travailleur durant une année déterminée, à savoir « 251 » ou « 303 » (selon qu'il s'agit de travailleurs occupés en régime hebdomadaire de cinq jours ou en régime hebdomadaire de six jours) est obtenu en déduisant des 365 jours que compte une année civile normale, les jours de week-end non prestés ainsi que les dix jours fériés légaux.

Pour bénéficier de l'exonération, les deux conditions suivantes doivent être réunies :

- l'ensemble du personnel occupé par le contribuable au cours de l'année civile envisagée doit avoir augmenté ;
- le personnel « à bas salaire » occupé par le contribuable au cours de l'année civile envisagée doit avoir augmenté.

L'accroissement est arrondi à l'unité :

- si moins de 50 centièmes : inférieure ;
- si égal ou plus de 50 centièmes : supérieure.

Le nombre de travailleurs pour lesquels l'exonération peut être obtenue correspond à l'accroissement du personnel « à bas salaire » sans toutefois excéder l'accroissement de l'ensemble du personnel occupé par le contribuable.

Autrement dit, aucune exonération n'est octroyée lorsque le nombre de membres de personnel « à bas salaire » occupé par le contribuable augmente alors que l'ensemble du personnel occupé par le contribuable diminue ou reste constant.

ex *Marguerite, célibataire, fleuriste indépendante, ayant commencé son exploitation le 30 mars 2016 occupe le 31 décembre 2016 deux travailleurs à bas salaire. Le régime de travail de ces deux travailleurs est le régime hebdomadaire de six jours.*

Le nombre de jours prestés par ces deux travailleurs s'élève à 476 jours.

Détermination de la moyenne du personnel occupé :

	Année 2015	**Année 2016**
Accroissement total du personnel	–	***2*** *c'est-à-dire 476 / 303 = 1,57 arrondi à 2*
Accroissement des travailleurs avec bas salaire	–	***2*** *c'est-à-dire 476 / 303 = 1,57 arrondi à 2*

Le cadre XVIII de la déclaration souscrite par Marguerite est complété de la manière suivante :

Cadre XVIII – Bénéfices d'entreprises industrielles, commerciales ou agricoles		
11. Exonération pour autre personnel supplémentaire	*11.420,00 c'est-à-dire 2 × 5.710,00 (Code 1613-36)*	*Code 2613-06*

2.4. Absence de report

Si les bénéfices ou les profits s'avèrent insuffisants pour absorber l'exonération à laquelle le contribuable a droit, la partie non déduite de l'exonération ne peut pas être reportée sur la période imposable suivante.

ex *Marguerite, célibataire, fleuriste indépendante, ayant commencé son exploitation le 30 mars 2016, occupe le 31 décembre 2016 deux travailleurs à bas salaire. Le régime de travail de ces deux travailleurs est le régime hebdomadaire de six jours.*

Le nombre de jours prestés par ces deux travailleurs s'élèvent à 476 jours.

Le bénéfice net s'élève à 9.126,00 EUR.

Détermination de la moyenne du personnel occupé :

	Année 2015	**Année 2016**
Accroissement total du personnel	–	***2*** *c'est-à-dire 476 / 303 = 1,57 arrondi à 2*
Accroissement des travailleurs avec bas salaire	–	***2*** *c'est-à-dire 476 / 303 = 1,57 arrondi à 2*

Le cadre XVIII de la déclaration souscrite par Marguerite est complété de la manière suivante :

Cadre XVIII – Bénéfices d'entreprises industrielles, commerciales ou agricoles		
11. Exonération pour autre personnel supplémentaire	*9.126,00 c'est-à-dire 2 × 5.710,00 limité au bénéfice net de la période imposable (Code 1613-36)*	*Code 2613-06*

2.5. Emplois visés

Pour déterminer le nombre d'unités de personnel supplémentaire, il n'est pas tenu compte de l'accroissement de personnel qui résulte de la reprise de travailleurs qui étaient déjà engagés avant le 1er janvier 1998 par des entreprises avec lesquelles le contribuable se trouvait directement des liens quelconques d'interdépendance ou dont il continuait l'activité en tout ou en partie.

2.6. Reprise de l'immunité

L'exonération accordée n'est définitivement acquise que si le personnel supplémentaire est conservé pendant deux ans.

Si la moyenne des membres du personnel occupés (personnel existant) diminue au cours de l'année civile qui suit celle de l'exonération, les bénéfices ou les profits de l'exercice au cours duquel se produit cette diminution doivent être augmentés, par unité en moins, du montant effectivement exonéré l'année précédente.

Ceci n'est cependant pas applicable si le contribuable démontre que l'emploi supplémentaire ayant donné lieu à l'octroi d'une exonération a été maintenu l'année suivante:

- soit par un contribuable qui continue l'activité en tout ou en partie suite à une cession non exonérée;
- soit par une entreprise avec laquelle le contribuable se trouve directement dans des liens quelconques d'interdépendance.

Le montant de la reprise:

- du bénéfice antérieurement exonéré doit être mentionné au cadre XVIII de la déclaration:

Cadre XVIII – Bénéfices d'entreprises industrielles, commerciales ou agricoles		
2. Bénéfice antérieurement exonéré qui devient imposable (à l'exception des plus-values)	Code 1601-48	Code 2601-18

- du profit antérieurement exonéré doit être mentionné au cadre XIX de la déclaration:

Cadre XIX – Profits des professions libérales, charges, offices ou autres occupations lucratives		
5. Profits antérieurement exonérés qui deviennent imposables (à l'exception des plus-values)	Code 1651-95	Code 2651-65

2.7. Relevé 276 T

Les entreprises ou les titulaires de professions libérales qui revendiquent le bénéfice de l'exonération pour autre personnel supplémentaire doivent joindre à leur déclaration à l'impôt des personnes physiques un relevé 276 T.

3. Stage en entreprise

Article 67*bis* CIR

1622-27/1678-68 ou 2622-94/2678-38

La loi du 23 décembre 2005 a instauré un «bonus de démarrage» pour les jeunes qui, dans le cadre d'une formation en alternance, effectuent un apprentissage pratique («stage») au sein d'une entreprise ou d'une institution d'un employeur.

Ce «bonus de démarrage» est accordé aux jeunes qui, dans le cadre de leur stage pour un employeur, entament, en exécution d'un contrat de formation ou d'emploi, une formation d'une durée de minimum quatre mois.

L'employeur qui offre une place de stage à ces jeunes dans ce cadre peut également bénéficier d'un avantage fiscal, appelé «bonus de tutorat».

Les rémunérations et les frais connexes qu'un employeur supporte sont déductibles au titre de frais professionnels. En outre, les contribuables qui réalisent des bénéfices ou des profits bénéficient d'une exonération de leurs bénéfices ou profits à concurrence de 20% desdits frais.

Cette exonération de 20% est calculée sur les rémunérations des stagiaires majorées des frais connexes suivants:

a) les charges sociales légalement dues;
b) les cotisations et primes patronales, versées en exécution:
   - d'une assurance complémentaire contre la vieillesse et le décès prématuré en vue de la constitution d'une rente ou d'un capital, en cas de vie ou en cas de décès;
   - d'un engagement collectif ou individuel de pension complémentaire de retraite et/ou de survie, en vue de la constitution d'une rente ou d'un capital en cas de vie ou en cas de décès;
   - d'un engagement de solidarité visé aux articles 10 et 11 de la loi du 28 avril 2003 relative aux pensions complémentaires et au régime fiscal de celles-ci et de certains avantages complémentaires en matière de sécurité sociale;
   - d'un engagement collectif ou individuel qui doit être considéré comme un complément aux indemnités légales en cas de décès ou d'incapacité de travail par suite d'un accident du travail ou d'un accident ou bien d'une maladie professionnelle ou d'une maladie.
c) les cotisations d'assurance ou de prévoyance sociale non visées au b) et dues en vertu d'obligations contractuelles.

Pour bénéficier de cette exonération, le contribuable doit tenir les documents suivants à la disposition de l'administration:

- la preuve qu'ils on bénéficié pendant la période imposable du bonus tutorat pour chaque stagiaire embauché;
- une liste nominative des stagiaires embauchés avec mention pour chaque stagiaire:
  - de l'identité complète et, le cas échéant, du numéro national;
  - des rémunérations brutes imposables payées ou attribuées, y compris les frais connexes.

Le montant exonéré doit être mentionné:

- au cadre XVIII de la déclaration pour les bénéfices des entreprises industrielles, commerciales ou agricoles:

Cadre XVIII – Bénéfices d'entreprises industrielles, commerciales ou agricoles		
12. Exonération pour emploi de stagiaires	Code 1622-27	Code 2622-94

- au cadre XIX de la déclaration pour les profits des professions libérales, charges, offices ou autres occupations lucratives:

Cadre XIX – Profits des professions libérales, charges, offices ou autres occupations lucratives		
12. Exonération pour emploi de stagiaires	Code 1678-68	Code 2678-38

4. Passif social en vertu du statut unique.

Article 67*quater* CIR et 46*ter* et 46*quater* AR/CIR

La loi du 26 décembre 2013, sur le statut unique entre les ouvriers et employés, comporte une mesure fiscale pour les entreprises.

Elle a en effet introduit une exonération pour passif social que l'on retrouve à l'article 67*quater* du Code.

Les entreprises peuvent bénéficier d'une exonération de leurs bénéfices ou profits par travailleur qui ont au moins 5 années de service après le 1er janvier 2014.

Cette exonération est en fonction de la rémunération du travailleur concerné.

Elle s'élève à trois semaines de rémunération par année de service commencée à partir de la sixième année de service qui suit le 1er janvier 2014.

À partir de la 21e année de service après le 1er janvier 2014, l'exonération d'impôt s'élèvera à une semaine de rémunération par année supplémentaire de service commencée.

Le Roi a introduit deux seuils, à savoir:

- le montant maximum de la rémunération à prendre en considération est fixée à:
  - 100% pour la tranche de 0,01 EUR à 1.500,00 EUR;
  - 30% pour la tranche de rémunération de 1.500,01 EUR à 2.600,00 EUR.

La provision exonérée doit être utilisée lorsque le travailleur quitte l'entreprise.

Lors du départ, l'entreprise devra donc reprendre, dans ses bénéfices et profits de la période imposable durant laquelle l'emploi prend fin, le montant total ainsi exonéré.

Cette utilisation de provision réduira le coût de départ du salarié supporté par l'entreprise.

En pratique, cette exonération sera possible à partir de l'exercice d'imposition 2020.

Pour pouvoir bénéficier de la présente exonération, l'entreprise doit tenir à disposition de l'administration fiscale une liste nominative des travailleurs embauchés qui mentionne pour chaque travailleur:

- l'identité complète ainsi que le cas échéant leur numéro national;
- la date d'entrée en service;
- l'ancienneté acquise dans le statut unique;
- les rémunérations brutes imposables payées ou attribuées au travailleur en ce compris les cotisations sociales du travailleur à limiter le cas échéant au montant fixé par l'article 46*ter* de l'AR/CIR.

5. Déduction pour investissement

Articles 68 à 77 CIR

1614-35/1662-84 ou 2614-05/2662-54

La déduction pour investissement permet aux contribuables qui réalisent des bénéfices ou des profits de déduire de leurs revenus professionnels une quotité du montant des investissements acquis à l'état neuf ou constitués à l'état neuf.

Celle-ci n'entre pas en ligne de compte pour la détermination des plus-values ou moins-values ultérieures suite à l'aliénation de ces investissements.

5.1. Conditions

Pour pouvoir bénéficier de la déduction pour investissement, les investissements effectués doivent respecter quatre conditions :

- avoir la nature d'une immobilisation corporelle ou incorporelle ;
- être acquis à l'état neuf ou constitués à l'état neuf ;
- être acquis ou constitués durant la période imposable ;
- être affectés en Belgique à l'exercice de l'activité professionnelle.

5.1.1. *Revêtir la forme d'une immobilisation corporelle ou incorporelle*

Les termes « immobilisations corporelles et incorporelles » ont la même signification que celle qui leur est attribuée par la législation relative à la comptabilité et aux comptes annuels des entreprises.

Ainsi, les immobilisations incorporelles comprennent, entre autres :

- les actifs qui sont constitués grâce aux efforts intellectuels ;
- les actifs tels que les brevets, licences, concessions...

Les immobilisations corporelles comprennent les droits réels sur des biens acquis ou créés par l'entreprise et qui sont engagés de manière durable dans l'activité de celle-ci.

Par conséquent, la déduction pour investissement n'est pas applicable notamment aux :

- frais d'établissement (par exemple, la taxe d'ouverture sur les débits de boissons) ;
- immobilisations financières ;
- dépenses qui n'augmentent pas la valeur de l'actif, comme par exemple les frais de réparation et d'entretien d'un bien immobilier, même si celles-ci sont considérées par le contribuable comme des actifs amortissables.

5.1.2. *Acquis à l'état neuf ou constitués à l'état neuf*

La déduction pour investissement est uniquement applicable aux immobilisations corporelles et incorporelles acquises ou constituées à l'état neuf.

Ainsi, l'administration considère que les immobilisations suivantes ne peuvent pas être considérées comme acquises ou constituées à l'état neuf :

- une construction acquise auprès d'un propriétaire qui l'avait auparavant donnée en location pendant un certain laps de temps (par contre, les constructions acquises par un contribuable et que le vendeur a construites en vue de leur mise en vente, si ces constructions n'ont pas été affectées à l'exercice de l'activité professionnelle dudit vendeur et si ce dernier ne les a pas données en location, sont susceptibles d'entrer en ligne de compte pour l'octroi de la déduction pour investissement) ;
- des terrains (dans un arrêt du 19 janvier 2000, la Cour d'appel de Gand estime que, bien que des terrains ne puissent jamais être neufs, cela n'empêche pas que les richesses naturelles du sous-sol puissent s'acquérir à l'état neuf, si ces richesses naturelles n'ont jamais été exploitées ou n'ont jamais fait l'objet d'amortissements dans le chef du cédant) ;
- une clientèle ;
- des immeubles existants (par contre, les nouvelles dépendances et les travaux d'aménagement de constructions existantes – travaux de menuiserie, maçonnerie, etc. – dans la mesure où il n'a pas été fait usage de matériaux de récupération sont susceptibles d'entrer en ligne de compte pour l'octroi de la déduction pour investissement (QP de M. Wauthy, Bull., n° 667, p. 2500)) ;

- des travaux effectués avec du matériel d'occasion ;
- un fonds de commerce.

En ce qui concerne la concession d'un brevet par une personne non résidente à une personne résidente belge, le ministre des Finances a répondu que le critère de nouveauté s'applique non au brevet lui-même mais à l'affectation qui en est faite en Belgique dans le cadre de l'activité professionnelle. Dans un arrêt du 24 décembre 1997, la Cour d'appel de Liège a considéré qu'un brevet déjà acquis et utilisé antérieurement par un autre contribuable n'est pas neuf.

Le Ministre des Finances considère que la condition de nouveauté est remplie lorsque, pratiquement, il y a concession simultanée à plusieurs contribuables établis en Belgique.

5.1.3. *Investissements réalisés pendant la période imposable*

La déduction pour investissement est applicable en principe pour chaque exercice d'imposition – sans préjudice de la possibilité accordée à certains contribuables de pratiquer une déduction étalée ordinaire ou majorée – pour les immobilisations qui ont été acquises ou constituées pendant l'exercice comptable rattaché à cet exercice d'imposition, c'est-à-dire qui deviennent amortissables durant cet exercice comptable.

En ce qui concerne les acomptes versés sur les immobilisations corporelles et incorporelles et les immobilisations corporelles en cours, l'administration considère que la déduction pour investissement doit être appliquée à partir de l'année durant laquelle les acomptes versés pour les immobilisations en cours sont comptabilisés en tant qu'immobilisations, quel que soit le choix fait par le contribuable en matière d'amortissements.

5.1.4. *Affectation en Belgique à l'exercice de l'activité professionnelle*

La déduction pour investissement est applicable uniquement aux investissements affectés en Belgique à l'exercice de l'activité professionnelle.

Il en résulte que ne sont pas susceptibles d'entrer en ligne de compte pour l'octroi de ladite déduction :

- les investissements effectués par un établissement stable ou une base fixe situés à l'étranger ;
- les biens immobiliers (neufs) situés à l'étranger.

5.2. Immobilisations neuves exclues de la déduction pour investissement

Même si elles respectent les conditions mentionnées ci-avant, certaines immobilisations acquises ou constituées à l'état neuf ne peuvent jamais être prises en considération pour l'octroi de la déduction pour investissement.

Il s'agit :

- des immobilisations qui ne sont pas affectées exclusivement à l'exercice de l'activité professionnelle ;
- des immobilisations acquises ou constituées en vue de les céder à un tiers ;
- de la plupart des voitures et voitures mixtes telles qu'elles sont définies par la réglementation relative à l'immatriculation des véhicules à moteur ;
- des immobilisations non amortissables ;
- des immobilisations dont l'amortissement est réparti sur moins de trois périodes imposables ;
- des frais accessoires au prix d'achat et des coûts indirects de production, lorsque ces frais ou coûts ne sont pas amortis en même temps que les immobilisations auxquelles ils se rapportent.

5.2.1. *Immobilisations affectées partiellement à l'exercice de l'activité professionnelle*

Les immobilisations corporelles ou incorporelles acquises ou constituées à l'état neuf qui ne sont pas affectées exclusivement à l'exercice de l'activité professionnelle (par exemple utilisation mixte) ne peuvent pas bénéficier de la déduction pour investissement.

En ce qui concerne les biens immobiliers bâtis qui ne sont pas affectés exclusivement à l'exercice de l'activité professionnelle, la déduction pour investissement peut être appliquée pour les locaux ou espaces pour lesquels il apparaît incontestablement qu'ils sont affectés exclusivement à l'exercice de l'activité professionnelle et qu'ils sont manifestement séparés des locaux ou espaces privés du contribuable.

5.2.2. *Immobilisations acquises ou constituées en vue de les céder à un tiers*

La cession du droit d'usage du bien d'investissement peut s'effectuer :

- soit en vertu d'un contrat de crédit-bail ou d'une convention d'emphytéose, de superficie ou de droits immobiliers similaires ;
- soit selon des modalités autres que celles mentionnées ci-avant.

A. En vertu d'un contrat de crédit-bail ou d'une convention d'emphytéose, de superficie ou de droits immobiliers similaires

Lorsque le droit d'usage sur un investissement est accordé à un tiers en exécution d'un contrat de leasing ou d'une convention d'emphytéose, de superficie ou de droits immobiliers similaires, le propriétaire juridique ne peut pas bénéficier de la déduction pour investissement.

Cette exclusion se rapporte exclusivement aux contrats de location-financement et aux conventions similaires pour lesquels tant la législation comptable que la loi fiscale disposent que les immobilisations qui font l'objet de telles conventions sont amortissables dans le chef du propriétaire économique (le preneur en location-financement, etc.) et non dans le chef du propriétaire juridique (le donneur en location-financement, etc.) des actifs. Elle tend uniquement à éviter que ce propriétaire juridique revendique une déduction pour investissement.

Seul le propriétaire économique peut bénéficier de l'octroi de la déduction pour investissement.

B. Selon des modalités autres

Lorsque le droit d'usage sur un investissement est accordé à un tiers, mais autrement qu'en exécution d'un contrat de leasing ou d'une convention d'emphytéose, de superficie ou de droits immobiliers similaires, la déduction pour investissement peut uniquement être accordée si le cessionnaire est une personne physique ou une société qui déclare des bénéfices ou des profits.

Sont visées par cette exclusion, les immobilisations dont l'usage a été cédé à un tiers, par exemple par location ou autre convention, ou même à titre gratuit.

Par conséquent, la déduction pour investissement n'est pas accordée, notamment, dans les cas suivants :

- la location, par une entreprise, de fauteuils de plage dans le cadre de l'exploitation d'une activité sur la plage ;
- un bien immobilier dont l'usage est cédé, même à titre gratuit, à un membre du personnel de l'entreprise ;
- la location de tentes à des particuliers ;
- les immobilisations qui sont occasionnellement louées à des particuliers qui n'affectent pas ces éléments à l'exercice de leur activité professionnelle ;
- des films vidéo achetés en vue de leur location à des particuliers.

Par contre, la déduction pour investissement est autorisée pour les investissements en immobilisations corporelles nouvelles dans le secteur hôtelier et dans celui des maisons de repos, lorsque la gestion de l'hôtel ou du home ne se limite pas essentiellement à la simple location de logements distincts mais procure aux personnes qui y sont accueillies, outre l'hébergement, un service continu consistant notamment en :

- la préparation et la fourniture du petit-déjeuner et autres repas ;
- l'entretien et le nettoyage de chambres individuelles, de salles communes de séjour et de détente ;
- la fourniture et l'entretien des draps, des serviettes de bain et des couvertures ;
- l'usage de téléphone, radio, TV, piscine couverte, sauna, bancs solaires...

Les immobilisations dont l'usage est cédé conformément aux modalités susvisées ne donnent pas droit à la déduction pour investissements, à moins que le cessionnaire soit une personne physique ou une société qui :

- affecte ces immobilisations à l'exercice de son activité professionnelle en Belgique ;
- réalise des bénéfices ou des profits ;
- satisfait aux conditions, critères et limites d'application de la déduction pour investissement (c'est-à-dire que le cessionnaire aurait pu bénéficier de la déduction pour investissement s'il avait acquis lui-même le bien d'investissement) ;
- n'en cède pas l'usage à une tierce personne en tout ou en partie.

La déduction pour investissement peut être refusée lorsque, pendant la période imposable durant laquelle le droit éventuel à la déduction pour investissement est acquis, les circonstances de fait et autres éléments démontrent que l'usage des immobilisations concernées sera cédé au sens de l'article 75, 3° du Code des impôts sur les revenus (QP n° 1411 du Représentant Van Kessel du 10 juin 1998).

Cette exclusion n'est pas applicable aux œuvres audiovisuelles.

Cette exclusion peut être schématisée de la manière suivante.

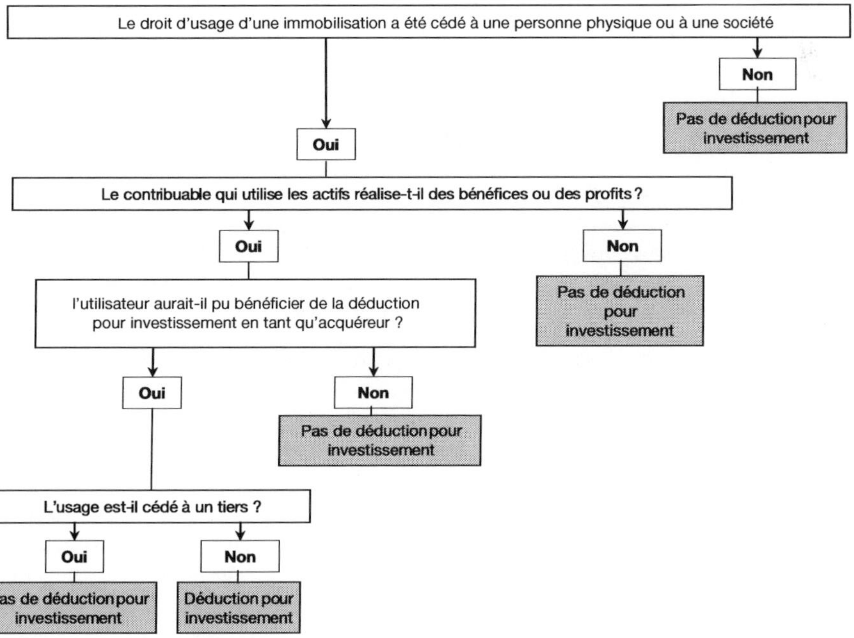

5.2.3. *Immobilisations non amortissables*

Sont exclues de la déduction pour investissement, les immobilisations acquises ou constituées à l'état neuf qui ne sont pas amortissables (par exemple, une œuvre d'art).

5.2.4. *Immobilisations dont l'amortissement est réparti sur moins de trois périodes imposables*

Sont exclues de la déduction pour investissement, les immobilisations acquises ou constituées à l'état neuf qui sont amortissables sur moins de trois périodes imposables.

5.2.5. *Voitures, voitures mixtes et fausses camionnettes*

Les voitures et les voitures mixtes telles qu'elles sont définies par la réglementation relative à l'immatriculation des véhicules à moteur sont exclues de la déduction pour investissement, à l'exception :

- des voitures qui sont affectées exclusivement à un service de taxis ou à la location avec chauffeur et qui sont exemptées à ce titre de la taxe de circulation sur les véhicules automobiles ;
- des voitures qui sont affectées exclusivement à l'enseignement pratique dans des écoles de conduite agréées et qui sont spécialement équipées à cet effet.

5.2.6. *Frais accessoires*

Les frais accessoires au prix d'achat et les coûts indirects de production sont pris en considération pour la déduction pour investissement s'ils sont amortis au même rythme que l'immobilisation à laquelle ils se rapportent et pour autant que cette immobilisation donne droit à la déduction pour investissement.

5.3. Base de calcul

La déduction pour investissement consiste à déduire des bénéfices ou profits un pourcentage soit de la valeur d'investissement ou de revient (dans le cas de la déduction pour investissement en une fois), soit des amortissements admissibles au titre de frais professionnels (dans le cas de la déduction pour investissement étalée).

Ce pourcentage varie selon :

- que la déduction s'opère en une fois ou de manière étalée ;
- la nature des biens d'investissements donnant lieu à l'octroi de la déduction.

5.3.1. *La déduction pour investissement en une fois*

Le pourcentage de la déduction pour investissement en une fois varie en fonction du type de biens d'investissement et du taux d'inflation de l'année précédant celle de l'exercice d'imposition (le plus souvent, l'année qui précède celle de l'investissement).

Pour les personnes physiques, pour l'exercice d'imposition 2017, le taux de base de la déduction est de 8 %.

Le pourcentage de base de la déduction est égale à l'augmentation exprimée en pourcent de la moyenne des indices des prix à la consommation du royaume, de la pénultième année qui précède celle dont le millésime désigne l'exercice d'imposition auquel est rattaché la période imposable au cours de laquelle l'investissement est effectué par rapport à la moyenne des indices des prix à la consommation de l'année précédente arrondi à l'unité supérieure ou inférieure selon que l'infraction atteint ou non 50 %, et majoré des 1,5 points sans que le pourcentage ainsi obtenu puisse être inférieur à 3,5 % ou supérieur à 10,5 %.

Ce pourcentage de base est cependant majoré :

- de 10 points pour les investissements suivants :
  - les brevets ;
  - les investissements pour la recherche et le développement ;
  - les investissements économiseurs d'énergie ;
  - les investissements dans un système d'extraction ou d'épuration d'air installé dans un fumoir d'un établissement horeca ;
  - les investissements en actifs numériques visant à intégrer et exploiter des systèmes de paiement et de facturation digitaux et les systèmes qui tendent à la sécurisation de la technologie de l'information et de la communication ;
- de 17 points pour les investissements qui tendent à la sécurisation :
  - des locaux professionnels et de leur contenu ;
  - des véhicules d'entreprise visés à l'article 44*bis*, § 1er, alinéa 3 à savoir les véhicules affectés au transport rémunéré :
    - de personnes, notamment les autobus, les autocars et les voitures affectées exclusivement soit à un service de taxi, soit à la location avec chauffeur ;
    - de biens, notamment les tracteurs et camions, et les remorques et semi-remorques avec un poids maximal admis d'au moins 4 tonnes.

ex *Marguerite, célibataire, fleuriste indépendante depuis 2005, a fait l'acquisition au cours de la période imposable 2016 :*

- *d'une machine (100.000,00 EUR HTVA) acquise à l'état neuf ;*
- *d'un brevet (60.000,00 EUR HTVA) utilisé pour la première fois en Belgique.*

Ces investissements n'ont pas fait l'objet d'une cession de leur droit d'usage au profit d'un tiers.

Suite à ces acquisitions, Marguerite a droit a une déduction pour investissement qui s'élève à 16.100,00 EUR c'est-à-dire (8 % de 100.000,00 EUR + 13,5 % de 60.000,00 EUR).

Le cadre XVIII de la déclaration souscrite par Marguerite est complété de la manière suivante :

Cadre XVIII – Bénéfices d'entreprises industrielles, commerciales ou agricoles		
13. Déduction pour investissement	*16.100,00 (Code 1614-35)*	*Code 2614-05*

5.3.2. *La déduction pour investissement étalée*

Les contribuables qui réalisent des bénéfices ou des profits qui occupent moins de vingt travailleurs au premier jour de la période imposable de l'acquisition ou de la constitution des immobilisations donnant lieu à l'octroi d'une déduction peuvent opter pour la déduction étalée.

Il en résulte qu'un contribuable qui entame une activité professionnelle peut toujours opter pour la déduction étalée, étant donné que, le premier jour de son activité professionnelle, il n'occupe aucun travailleur.

Pour le calcul du nombre de travailleurs occupés au premier jour de la période imposable, chaque travailleur à temps partiel doit être compté pour une unité.

En ce qui concerne la déduction pour investissement sur les acomptes, il doit être satisfait à la condition en matière de personnel au premier jour de la période imposable au cours de laquelle les acomptes doivent être comptabilisés comme immobilisations, et ce, quelle que soit la période imposable au cours de laquelle débutent les amortissements, et donc également la déduction pour investissement étalée (*cf.* QP n° 1403 du Représentant de Clippele du 30 janvier 1995 – *Bull. Q.R.* n° 147).

En ce qui concerne les investissements pour la recherche et le développement, le contribuable peut toujours opter pour la déduction étalée, même si elle occupe 20 travailleurs ou plus au premier jour de la période imposable.

Le tableau suivant précise les cas où la déduction pour investissement étalée est possible.

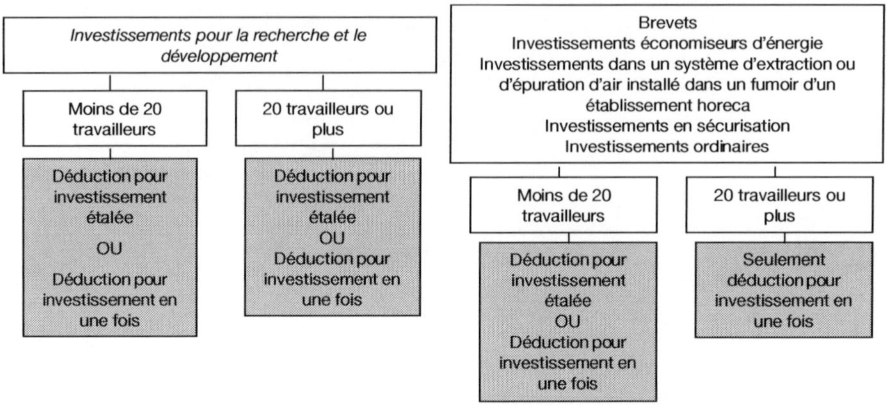

Le pourcentage de la déduction pour investissement étalée est le taux de base de la déduction pour investissement en une fois (8 % pour l'exercice d'imposition 2017) majoré de :

- 17 points pour les investissements suivants :
  - les brevets ;
  - les immobilisés en tenant à promouvoir la recherche et le développement de produits nouveaux et de technologie avancée n'ayant pas d'effet sur l'environnement ou visant à minimiser les effets négatifs sur l'environnement ;
  - les immobilisations qui tendent à une utilisation plus rationnelle de l'énergie, à l'amélioration des processus industriels du point de vue énergétique et plus spécialement à la récupération d'énergie dans l'industrie ;
  - un système d'extraction d'épuration d'air installé dans le fumoir d'un établissement HORECA ;
  - les immobilisations d'actifs numériques visant à intégrer et exploiter des systèmes de paiement et de facturation digitaux et les systèmes qui tendent à la sécurisation de la technologie, de l'information et de la communication ;
- 7 points pour les autres investissements.

Luc, avocat depuis 2001, a fait l'acquisition au cours de la période imposable 2016 de meubles de bureau (10.000,00 EUR HTVA) acquis à l'état neuf.

Ces meubles n'ont pas fait l'objet d'une cession de leur droit d'usage au profit d'un tiers.

La durée d'utilisation de ces meubles est de 10 ans et un amortissement de 1.000,00 EUR c'est-à-dire 10 % de 10.000,00 EUR a été repris parmi les frais professionnels de Luc.

Suite à cette acquisition, Luc a droit a une déduction pour investissement étalée qui s'élève à 150,00 EUR c'est-à-dire (15 % de 1.000,00 EUR).

Le cadre XIX de la déclaration souscrite par Luc est complété de la manière suivante :

Cadre XIX – Profits des professions libérales, charges, offices ou autres occupations lucratives		
13. Déduction pour investissement	***150,00*** *(Code 1662-84)*	*Code 2662-54*

5.4. Cession ou la mise hors d'usage des immobilisations

Lors de la cession ou de la mise hors d'usage d'une immobilisation pour laquelle le contribuable applique encore la déduction étalée, une déduction complémentaire peut être appliquée à concurrence de la différence positive entre :

- d'une part, le montant de la déduction en une fois qui aurait pu être opérée ;
- d'autre part, le montant total des déductions étalées déjà obtenues.

ex *Marguerite, célibataire, fleuriste indépendante, qui occupe moins de 20 travailleurs au 1er janvier 2016, opte pour la déduction étalée en ce qui concerne l'investissement suivant :*

- *un camion acheté neuf le 10 février 2016 : 25.000,00 EUR hors TVA ;*
- *durée d'utilisation probable : 5 ans.*

Suite à un sinistre, la carcasse du camion est aliénée le 24 mars 2017.

Montant de la déduction en une fois qui aurait pu être opérée au cours de l'exercice d'imposition 2016	*8 % de 25.000,00 EUR*	***2.000,00***
Montant total des déductions pour investissement étalées déjà obtenues	*25.000,00 EUR × 20 % × 15 %*	***750,00***
Déduction complémentaire à déduire au cours de l'exercice d'imposition 2018		***350,00*** *c'est-à-dire* *2.000,00 – 750,00*

Le cadre XVIII de la déclaration souscrite par Marguerite est complété de la manière suivante :

Cadre XVIII – Bénéfices d'entreprises industrielles, commerciales ou agricoles		
13. Déduction pour investissement	*750,00* *(Code 1614-35)*	*Code 2614-05*

5.5. Report de la déduction pour investissement

La déduction pour investissement ne peut pas aboutir à la création d'une perte dans le chef du contribuable qui en bénéficie.

Si les bénéfices ou les profits s'avèrent insuffisants pour absorber la déduction pour investissement à laquelle le contribuable a droit, la partie non accordée de la déduction pour investissement est reportée successivement sur les bénéfices ou les profits des périodes imposables suivantes sans aucune limite dans le temps.

Le report des déductions pour investissement est soumis aux limites suivantes :

Montant de la déduction pour investissement reportée d'une ou plusieurs années antérieures	inférieur ou égal à 952.070,00 EUR pour l'exercice d'imposition 2017	– supérieur à 952.070,00 EUR ; – inférieur ou égal à 3.808.290,00 EUR pour l'exercice d'imposition 2017	supérieur à 3.808.290,00 EUR pour l'exercice d'imposition 2017
Montant à déduire	Au maximum le stock de DPI reportée	Au maximum 952.070,00 EUR	Au maximum, 25 % du stock de DPI reportée

5.6. **Relevé 276 U**

Les contribuables qui revendiquent la déduction pour investissement doivent joindre à leur déclaration à l'impôt des personnes physiques de la période imposable au cours de laquelle les immobilisations ont été acquises ou constituées :

a) un relevé 276 U ;

b) un relevé indiquant, pour chaque catégorie d'immobilisations :
- la date d'acquisition ou de constitution ;
- la dénomination exacte ;
- la valeur d'investissement ou de revient ;
- la durée normale d'utilisation et la durée d'amortissement.

En ce qui concerne :

a) *les investissements pour la recherche et le développement* :
une attestation délivrée par la région compétente, par laquelle il est certifié que les produits nouveaux et les technologies avancées résultant de la recherche et du développement auxquels les immobilisations en question sont affectées n'ont pas d'effets sur l'environnement ou visent à minimiser les effets négatifs sur l'environnement.

b) *les brevets* :
une copie du contrat, sur la base duquel l'entreprise a acquis le brevet ou le droit d'exploitation de celui-ci et la preuve que le brevet ou le droit d'exploitation de celui-ci n'a jamais été affecté par une entreprise à l'exercice de son activité professionnelle en Belgique.

c) *les investissements économiseurs d'énergie et les investissements favorisant la réutilisation de récipients* :
une attestation de la région où s'effectue l'investissement.

d) *les investissements en sécurisation des locaux professionnels* :
- les factures relatives aux investissements ;
- la preuve du paiement des sommes figurant sur les factures ;
- l'attestation de l'entrepreneur sur la facture (ou sur une annexe) qui garantit la qualité du matériel ;
- pour les systèmes d'alarme et les systèmes de suivi, la preuve d'une convention écrite avec une centrale d'alarme autorisée.

Sur la facture (ou une annexe), l'entrepreneur doit préciser les locaux professionnels où sont exécutés les travaux et doit attester de leur qualité c'est-à-dire qu'il doit certifier que les investissements correspondent aux objectifs tels que mentionnés pour ce matériel et, le cas échéant, aux prescriptions techniques fixées par l'arrêté royal d'exécution du Code des impôts sur les revenus.

À titre d'exemple, peuvent donner droit à une déduction fiscale :

- matériel empêchant ou retardant les attaques par véhicule-bélier ;
- systèmes de contrôle d'accès des locaux professionnels ;
- matériel retardateur d'accès dans un parking ;
- vitrage retardateur d'intrusion ;
- volets roulants retardateurs d'intrusion ;
- systèmes de sécurisation pour les portes, fenêtres, volets, portes de garage, coupoles, fenêtres de toiture, soupiraux et barrières ;
- portes blindées ;
- matériel de détection des vols d'objets ;
- coffres munis d'une serrure retardatrice d'effraction ;
- caisses antivol ;
- systèmes de neutralisation de valeurs (light-CIT) ;

- barrières de sécurité d'un chantier;
- serrures et autres systèmes de sécurisation des matériaux sur un chantier;
- systèmes d'alarme;
- systèmes de caméras;
- systèmes de suivi.

e) *les investissements en actif numérique:*

- la facture délivrée par le prestataire de biens ou de services mentionnant la catégorie d'investissements:
  a. en ce qui concerne les immobilisations en actifs numériques visant à intégrer et exploiter des systèmes de paiement et de facturation digitaux:
     1° les investissements dans des systèmes (logiciels et équipements) facilitant le paiement électronique;
     2° les investissements dans des systèmes (logiciels et équipements) permettant la facturation, la signature ou l'archivage électroniques;
  b. en ce qui concerne les immobilisations en systèmes qui tendent à la sécurisation de la technologie de l'information et de la communication (TIC):
     1° les investissements dans des systèmes (logiciels et équipements) assurant la sécurisation des données, des réseaux et des applications TIC;
     2° les investissements dans les outils de contrôle et d'audit des systèmes de sécurisation des TIC;
     3° les investissements dans des systèmes (logiciels et équipements) permettant une gestion plus sécurisée des données à caractère personnel récoltées par l'entreprise;
  c. les investissements complémentaires utiles à l'implémentation des investissements en systèmes de paiement et de facturation digitaux ou de systèmes qui tendent à la sécurisation des TIC:
     1° les frais de développement de logiciel liés aux investissements repris aux points a), 1° à b), 3°, et qui sont amortis en même temps que les immobilisations auxquelles ils se rapportent;
     2° les investissements dans des systèmes (logiciels ou équipements) permettant l'interfaçage des systèmes visés aux points a), 1° à c), 1°, avec les systèmes de l'entreprise ou vers des systèmes extérieurs, en ce compris les investissements couvrant les interfaçages entre les systèmes de facturation, de paiement et les programmes comptables;
- une «attestation» telle que prévue par l'article 49/1 de l'AR/CIR.

VII.
DÉDUCTION DES PERTES PROFESSIONNELLES

Articles 23, 78 à 80 CIR et 6, 9 et 10 AR/CIR

Un contribuable peut, au cours d'une période imposable, réaliser une perte professionnelle. Cette perte peut être définie comme le solde déficitaire soit d'une activité professionnelle déterminée, soit de l'ensemble de ses activités professionnelles exercées au cours d'une même période imposable.

Dans la présente section, nous analysons de quelle manière les pertes professionnelles résultant d'activités professionnelles exercées en Belgique sont fiscalement déductibles des revenus imposables en Belgique au tarif normal.

1. Pertes professionnelles de la période imposable

Lorsqu'un contribuable exerce plusieurs activités professionnelles au cours de la même période imposable, les pertes professionnelles éprouvées en raison d'une de ses activités doivent être portées en déduction des revenus de ses autres activités professionnelles exercées au cours de la même période imposable.

Autrement dit, les résultats « positifs » et « négatifs » des différentes activités professionnelles exercées par le contribuable peuvent se compenser entre eux.

ex *Marguerite, célibataire, employée au SPF des Finances, exerce une activité complémentaire de fleuriste indépendante.*

Les cadres IV et XVIII de la déclaration souscrite par Marguerite sont complétés de la manière suivante :

Cadre IV – Traitements, salaires, allocations de chômage, indemnités légales de maladie invalidité, revenus de remplacement et prépensions		
A. Rémunérations ordinaires		
3. Total des rubriques 1 et 2	*24.000,00 (Code 1250-11)*	*Code 2250-78*
6. Arriérés (autres que ceux visés sous 13, c et 14, c)	*4.000,00 (Code 1252-09)*	*Code 2252-76*
18. Autres frais professionnels (à ne compléter que si vous ne souhaitez pas l'application du forfait légal)	*3.900,00 (Code 1258-03)*	*Code 2258-70*

Cadre XVIII – Bénéfices d'entreprises industrielles, commerciales ou agricoles		
1. Bénéfice brut de l'exploitation proprement dite	*2.800,00 (Code 1600-49)*	*Code 2600-19*
7. Frais professionnels : *c) autres que ceux visés sous a et b*	*4.000,00 (Code 1606-43)*	*Code 2606-13*

Détermination du revenu professionnel net imposable		
	Imposable globalement	*Imposable distinctement*
Rémunération de travailleurs	*20.100,00*	*4.000,00*
Imputation de la perte	*(1.200,00)*	*0,00*
Revenu professionnel net	*18.900,00*	*4.000,00*

2. Pertes professionnelles des périodes imposables antérieures

1349-09 ou 2349-76

Le solde déficitaire des revenus de l'ensemble des activités professionnelles exercées par un contribuable, au cours d'une même période imposable, peut être déduit des revenus professionnels des périodes imposables suivantes sans aucune limite dans le temps. On parle dans ce cas de pertes professionnelles des périodes imposables antérieures.

Le contribuable ne peut pas choisir la période imposable de déduction de ses pertes antérieures; celles-ci doivent venir en déduction du premier résultat positif.

Ces pertes doivent être indiquées en regard du Code 1349-09 ou 2349-76 du cadre VIII de la déclaration:

Cadre VIII – Pertes antérieures et dépenses déductibles		
1. Pertes professionnelles encore déductibles provenant de périodes imposables antérieures:		
b) Autres	Code 1349-09	Code 2349-76

2.1. Imputation

La perte professionnelle éprouvée au cours d'une période imposable antérieure est d'abord imputée, suivant la règle proportionnelle, sur les revenus professionnels imposables globalement ou exonérés en vertu de l'article 155 du Code des impôts sur les revenus des différentes activités professionnelles; le solde éventuel est ensuite imputé suivant la règle proportionnelle sur les revenus professionnels imposés distinctement des différentes activités professionnelles.

ex *Marguerite, célibataire, employée au SPF des Finances, exerce une activité complémentaire de fleuriste indépendante.*

Les cadres IV, VIII et XVIII de la déclaration souscrite par Marguerite sont complétés de la manière suivante:

Cadre IV – Traitements, salaires, allocations de chômage, indemnités légales de maladie invalidité, revenus de remplacement et prépensions...		
A. Rémunérations ordinaires		
3. Total des rubriques 1 et 2	*24.000,00 (Code 1250-11)*	*Code 2250-78*
6. Arriérés (autres que ceux visés sous 13, b et 14, d)	*4.000,00 (Code 1252-09)*	*Code 2252-76*
18. Autres frais professionnels (à ne compléter que si vous ne souhaitez pas l'application du forfait légal)	*3.900,00 (Code 1258-03)*	*Code 2258-70*

Cadre VIII – Pertes antérieures et dépenses déductibles		
1. Pertes professionnelles encore déductibles provenant de périodes imposables antérieures:		
b. Autres	*1.000,00 (Code 1349-09)*	*Code 2349-76*

Cadre XVII – Bénéfices d'entreprises industrielles, commerciales ou agricoles		
1. Bénéfice brut de l'exploitation proprement dite	*2.800,00 (Code 1600-49)*	*Code 2600-19*
7. Frais professionnels: c) autres que ceux visés sous a et b	*4.000,00 (Code 1606-43)*	*Code 2606-13*

Détermination du revenu professionnel net imposable		
	Imposable globalement	*Imposable distinctement*
Rémunération de travailleurs	*20.100,00*	*4.000,00*
Imputation de la perte de la période imposable	*(1.200,00)*	*0,00*
Imputation de la perte des périodes imposables antérieures	*(1.000,00)*	*0,00*
Revenu professionnel net	*17.900,00*	*4.000,00*

2.2. Preuve des pertes professionnelles antérieures

Le contribuable qui déduit des pertes professionnelles antérieures doit apporter la preuve de l'existence de ces pertes (c'est-à-dire de leur réalité et de leur montant) et du caractère professionnel de celles-ci.

Cette preuve peut être fournie au moyen de tous les modes de preuve admis par le droit commun. Elle doit reposer sur des éléments probants.

Les livres et documents présentés par le contribuable sont fiscalement considérés comme probants lorsque les conditions suivantes sont réunies :

- ils constituent un ensemble cohérent permettant la détermination et le contrôle de l'exactitude des revenus imposables ;
- toutes les opérations s'appuient sur des pièces justificatives ;
- les chiffres mentionnés correspondent à la réalité.

Ces livres et documents doivent être conservés jusqu'à la fin du septième exercice comptable qui suit la période imposable. Il en résulte qu'en cas de déduction de pertes professionnelles antérieures, l'expiration du délai de conservation des livres et documents de la période imposable au cours de laquelle la perte professionnelle a été éprouvée commence à compter à partir du premier jour de la période imposable qui suit celle au cours de laquelle la perte a été entièrement déduite.

3. Bénéfices ou profits provenant d'avantages anormaux ou bénévoles

Les pertes professionnelles ne sont pas déductibles de la partie des bénéfices ou des profits qui provient d'avantages anormaux ou bénévoles que le contribuable a retirés, directement ou indirectement, sous quelque forme et quelque moyen que ce soit, d'une entreprise à l'égard de laquelle il se trouve, directement ou indirectement, dans des liens d'interdépendance.

Le montant minimum des bénéfices ou des profits imposables est toujours au moins égal au montant des avantages anormaux ou bénévoles que l'entreprise ou la personne qui réalise des profits a obtenus au cours d'une période imposable.

La notion d'«avantage anormal ou bénévole» peut être définie comme suit:

- *avantage:* enrichissement du bénéficiaire et, pour la personne qui octroie l'avantage, l'absence d'une contrepartie effective équivalente à l'avantage octroyé (Cour d'appel d'Anvers, 13 mai 1991, SA A.M.E., *Jurisprudence Fiscale*, 91/149);
- *anormal*: qui est en opposition avec le cours normal des choses, des règles et usages établis ou encore, qui est en opposition avec ce qui est d'usage dans des cas semblables (même arrêt);
- *avantages bénévoles*: avantages qui sont accordés sans qu'ils constituent l'exécution d'une obligation ou ceux qui sont accordés sans contrepartie (Cour de cassation, 31 octobre 1979, Regents Park Land C° (Belgium) SA, *Bull.* n° 590, p. 2277).

Pour apprécier l'anormalité ou la normalité des avantages consentis ou leur caractère bénévole, il convient de se référer aux circonstances économiques du moment, à la situation respective des parties et aux éléments de faits de la cause (*cf.* notamment l'arrêt de la Cour d'appel de Mons du 3 novembre 1989 et l'arrêt de la Cour d'appel d'Anvers du 10 mai 1994).

ex *Première hypothèse:*

Marguerite, célibataire, est fleuriste indépendante. Le résultat de la période imposable équivaut à une perte de 10.000,00 EUR (constituée de recettes égales à 500.000,00 EUR et de frais égaux à 510.000,00 EUR); l'entreprise a bénéficié d'un avantage anormal en raison de coûts non supportés équivalents à 20.000,00 EUR.

Le cadre XVIII de la déclaration souscrite par Marguerite, fleuriste indépendante, se présente de la manière suivante:

Cadre XVIII – Bénéfices d'entreprises industrielles, commerciales ou agricoles		
1. Bénéfice brut de l'exploitation proprement dite	***20.000,00*** *(Code 1600-49)*	*Code 2600-19*

La perte à reporter sur la période imposable suivante s'élève à 30.000,00 EUR.

Deuxième hypothèse:

Marguerite, célibataire, est fleuriste indépendante. Le résultat de la période imposable est un bénéfice de 10.000,00 EUR (constituée de recettes égales à 510.000,00 EUR et de coûts égaux à 500.000,00 EUR); l'entreprise a bénéficié d'un avantage anormal en raison de coûts non supportés équivalent à 20.000,00 EUR.

Le cadre XVIII de la déclaration souscrite par Marguerite, fleuriste indépendante, se présente de la manière suivante:

Cadre XVIII – Bénéfices d'entreprises industrielles, commerciales ou agricoles		
1. Bénéfice brut de l'exploitation proprement dite	***20.000,00*** *(Code 1600-49)*	*Code 2600-19*

La perte à reporter sur la période imposable suivante s'élève à 10.000,00 EUR.

4. Pertes professionnelles afférentes à une activité professionnelle exercée sous la forme d'une association de fait

1350-08/2350-75

Les pertes afférentes à une activité professionnelle exercée sous la forme d'une association de fait sont déductibles des revenus professionnels des associés ou membres de l'association, lorsque:

a. soit les associés ou les membres de l'association de fait recueillent des bénéfices ou des profits et l'activité de l'association est de la même nature que l'activité professionnelle générant les bénéfices ou les profits (l'activité personnelle de l'associé ou du membre de l'association et l'activité de l'association doivent appartenir au même secteur d'activité économique et être étroitement liées de sorte que l'une des deux activités doit être considérée comme étant le prolongement de l'autre);

b. soit les associés ou les membres de l'association de fait établissent que les pertes résultent d'opérations qui répondent à des besoins légitimes de caractère financier ou économique.

Les pertes professionnelles provenant des périodes imposables antérieures doivent être indiquées en regard du Code 1350-08 ou 2350-75 du cadre VIII de la déclaration:

Cadre VIII – Pertes antérieures et dépenses déductibles		
1. Pertes professionnelles encore déductibles provenant de périodes imposables antérieures:		
a) Afférentes à une activité exercée sous la forme d'une association de fait	Code 1350-08	Code 2350-75

ex *Luc, agent immobilier depuis 2004, a réalisé au cours de la période imposable 2016 un bénéfice net imposable globalement de 89.000,00 EUR (bénéfice brut de 200.000 et 111.000 de frais professionnels).*

Luc est également associé dans une association de fait (constituée par trois associés ayant droit chacun à un 1/3 des bénéfices réalisés par l'association) ayant pour objet un important projet de lotissement. Au cours des périodes imposables 2015 et 2016, cette association a réalisé une perte professionnelle respectivement de 27.000,00 EUR pour la période imposable 2015 (non déduite à défaut de base imposable) et 6.000,00 EUR pour la période imposable 2016.

Les cadres VIII et XVIII de la déclaration souscrite par Luc se présente de la manière suivante:

Cadre XVIII – Bénéfices d'entreprises industrielles, commerciales ou agricoles		
1. Bénéfice brut de l'exploitation proprement dite	***200.000,00*** *(Code 1600-49)*	*Code 2600-19*
7. Frais professionnels *c) autres que ceux visés sous a et b*	***113.000,00*** *c'est-à-dire 111.000,00 + 1/3 de 6.000,00* *(Code 1606-43)*	*Code 2606-13*
18. Nature: association de fait projet de lotissement	*Code 1606-43*	*Montant:* *2.000,00*

Cadre VIII – Pertes antérieures et dépenses déductibles		
1. Pertes professionnelles encore déductibles provenant de périodes imposables antérieures:		
a) Afférentes à une activité exercée sous la forme d'une association de fait	***9.000,00*** *c'est-à-dire 1/3 de 27.000,00 (Code 1350-08)*	*Code 2350-75*

Détermination du revenu professionnel net imposable		
	Imposable globalement	*Imposable distinctement*
Bénéfice	*87.000,00*	*0,00*
Imputation de la perte des périodes imposables antérieures	*(9.000,00)*	*0,00*
Revenu professionnel net	*78.000,00*	*0,00*

5. Compensation des pertes entre conjoints ou cohabitants légaux

Lorsque le revenu de l'un des conjoints ou cohabitant légal est insuffisant pour apurer les pertes professionnelles déductibles de la période imposable ou des périodes imposables antérieures, le solde de la perte non encore déduite peut être imputée sur les revenus de l'autre conjoint ou cohabitant légal, après prise en compte de toutes les déductions auxquelles celui-ci a droit.

VIII. LES CONJOINTS OU COHABITANTS LÉGAUX AIDANTS

Le législateur social présume qu'une personne mariée ou ayant conclu un contrat de cohabitation a la qualité de conjoint aidant si elle:

- est le partenaire d'un travailleur indépendant;
- aide effectivement (régulièrement ou au moins 90 jours par an) son partenaire;
- n'a pas de revenu personnel d'une autre activité professionnelle, ni un revenu de remplacement donnant droit à une couverture à part entière dans le cadre de la sécurité sociale.

Si la présomption se confirme dans la réalité et que la personne mariée ou ayant conclu un contrat de cohabitation aide effectivement son conjoint travailleur indépendant, le statut social du conjoint aidant lui est applicable.

Dans cette hypothèse, le conjoint aidant doit s'affilier à la caisse de sécurité sociale à laquelle son conjoint – travailleur indépendant – est également affilié et adhérer s'il est né:

- avant le 1er janvier 1956, à défaut d'opter pour le maxi-statut, au mini-statut. À ce titre, le conjoint aidant est ainsi assuré contre l'incapacité de travail, l'invalidité et pour la maternité. Du point de vue fiscal, les contribuables qui n'optent pas pour le maxi statut relèvent de l'ancien régime des conjoints aidants;
- à partir du 1er janvier 1956, au maxi-statut et bénéficie ainsi d'une protection plus complète que dans le mini-statut: pension, prestations familiales, soins de santé, incapacité de travail, invalidité et maternité (pas d'assurance en cas de faillite).

D'un point de vue fiscal, un revenu d'aidant ne peut être attribué au conjoint de la personne considérée par les contributions comme dirigeant d'entreprise (les dirigeants agissent au nom de la société au sein de laquelle ils exercent une activité sans être engagés dans les liens d'un contrat de travail). Ceci a pour conséquence que la personne mariée ou ayant conclu un contrat de cohabitation et qui aide son conjoint ou partenaire dirigeant d'entreprise, est toujours exclu du champ d'application du statut social du conjoint aidant.

Les conjoints ou cohabitants légaux relèvent respectivement :

- soit de l'ancien régime des conjoints ou cohabitants légaux aidants ;
- soit du nouveau régime des conjoints ou cohabitants légaux aidants.

Le premier régime s'applique aux conjoints ou cohabitants légaux qui :

- soit ont un droit personnel dans le cadre de la sécurité sociale ;
- soit qui sont nés avant le 1er janvier 1956 et n'ont pas adhéré au maxi-statut.

Le second régime s'applique aux conjoints ou cohabitants légaux qui ont adhéré au maxi-statut.

1. L'ancien régime des conjoints ou cohabitants légaux aidants

Articles 86 et 89 CIR

1616-33/1663-83 et 2616-03/2663-53

1.1. Principe

Lorsqu'une cotisation est établie au nom de deux conjoints ou cohabitants légaux, un des deux conjoints ou cohabitants légaux peut attribuer à l'autre conjoint ou cohabitant qui l'aide effectivement dans l'exercice de son activité professionnelle une quote-part de ses bénéfices ou profits. Cette règle, purement fiscale, vise à diminuer les inégalités entre les couples où les deux conjoints ou cohabitants légaux exercent une activité indépendante distincte et les couples dans lesquels un des deux conjoints ou cohabitants légaux aide l'autre sans exercer d'activité propre ou en exerçant une activité propre limitée. Toutefois, ce système ne confère pas au conjoint ou cohabitant légal aidant de couverture sociale.

1.2. Conditions d'application

L'attribution à l'autre conjoint ou cohabitant légal n'est admise que si les conditions suivantes sont respectées :

- les contribuables font l'objet d'une imposition commune ;
- le conjoint aidé peut seulement attribuer une partie des ses bénéfices ou profits ;
- le conjoint aidant ne peut avoir bénéficié, personnellement, de revenus professionnels provenant d'une activité distincte supérieurs à 13.360,00 EUR (montant indexé pour l'exercice 2017) ;
- l'attribution est justifiée par une *aide effective* du conjoint ou cohabitant légal aidant dans l'activité professionnelle de l'autre conjoint ou cohabitant légal ;
- la quote-part attribuée ne peut dépasser la rémunération normale des prestations effectivement fournies par le conjoint aidant ;
- la quote-part ne peut excéder 30 % du total des revenus de l'activité professionnelle dans laquelle l'aide a été fournie, sauf s'il est manifeste que les prestations du conjoint ou cohabitant légal lui ouvrent droit à une quote-part plus importante.

1.3. Régime fiscal

1.3.1. *Principe*

Bien qu'il ne s'agisse pas forcément d'une réelle attribution en argent à l'autre conjoint ou cohabitant légal, le montant attribué est déductible dans le chef de l'aidé.

Dans le chef de l'aidant, ce revenu est fiscalement considéré comme un revenu propre, qui a la même nature fiscale que celle des revenus attribués par l'aidé.

1.3.2. *Montant de l'attribution*

Pour déterminer le montant de l'attribution au conjoint ou cohabitant légal aidant, il convient:

- d'évaluer et de justifier les prestations effectuées par le conjoint ou cohabitant légal aidant;
- le cas échéant de limiter le montant à attribuer à 30% des revenus de l'activité professionnelle exercée conjointement par les conjoints ou cohabitants légaux, sauf s'il est manifeste que la durée, l'importance et la nature des prestations du conjoint ou cohabitant légal aidant lui ouvrent des droits à des attributions plus importantes.

Pour déterminer ces 30%, il y a lieu de se baser sur les bénéfices ou les profits après déduction:

- des frais professionnels;
- des revenus imposés distinctement;
- de la partie des revenus exonérés pour des raisons économiques.

Le revenu attribué est un revenu net. Ceci signifie qu'aucune déduction de frais professionnels, *même justifiés*, n'est possible dans le chef du conjoint ou cohabitant légal aidant.

1.4. Exemple d'application

Luc et Marguerite sont mariés depuis 1994 et imposés en cumul. Luc est gérant de la SPRL Pick pour laquelle il perçoit des rémunérations d'un montant imposable de 13.000,00 EUR, sur lesquelles un montant de 2.000,00 EUR de précompte professionnel a été prélevé. Il paie des cotisations sociales d'un montant de 3.000,00 EUR et ne revendique pas la déduction des ses frais professionnels réels. En outre, il aide son épouse, expert-comptable, dans le cadre de l'exercice de son activité professionnelle. En 2016, Marguerite a perçu des recettes dont le montant s'élève à 150.000,00 EUR et a des frais professionnels justifiés à concurrence de 100.000,00 EUR, dont 5.000,00 EUR de cotisations sociales. Le couple peut justifier des prestations effectuées par Luc pour le compte de son épouse pour un montant de 15.000,00 EUR.

Luc et Marguerite remplissent le cadre XVII de leur déclaration de la manière suivante:

Cadre XVII – Rémunérations des dirigeants d'entreprise		
1. Rémunérations	*13.000,00*	
c. Total des rubriques 1, a et 1, b	*13.000,00 (Code 1400-55)*	*Code 2400-25*
9. Cotisations sociales personnelles non retenues	*3.000,00 (Code 1405-50)*	*Code 2405-20*
11. Précompte professionnel a) suivant fiches	*2.000,00 (Code 1407-48)*	*Code 2407-18*
c) Total des rubriques 11, a et 11, b	*2.000,00 (Code 1407-48)*	*Code 2407-18*

Et le cadre XIX de leur déclaration de la manière suivante :

Cadre XIX – Profits des professions libérales, charges, offices ou autres occupations lucratives		
1. Recettes provenant de l'exercice de la profession (à l'exclusion de celles visées à la rubrique 2 ci-après)	*Code 1650-96*	***150.000,00*** *(Code 2650-66)*
9. Cotisations sociales	*Code 1656-90*	***5.000,00*** *(Code 2656-60)*
10. Autres frais professionnels (ne pas compléter si vous souhaitez l'application du forfait légal):		
b) rémunérations attribuées au conjoint légal ou au cohabitant légal aidant	*Code 1669-77*	*Code 2669-47*
c) autres que ceux visés sous a et b	*Code 1657-89*	***95.000,00*** *(Code 2657-59)*
14. Attribution au conjoint aidant ou au cohabitant légal aidant	*Code 1663-83*	***15.000,00****(*)* *(Code 2663-53)*

(*) En effet, le montant net des revenus professionnels de l'autre activité exercée par Luc est de (13.000,00 – 3.000,00) – 5 % (13.000,00 – 3.000,00) = 9.500,00, soit un montant inférieur à 13.100,00 EUR. En outre, le montant de l'attribution est justifié et n'est pas supérieur à 30 % de 50.000,00 EUR (150.000,00 – 5.000,00 – 95.000,00), soit 15.000,00 EUR.

2. Le nouveau régime des conjoints aidants

Articles 30, 33, 33*bis*, 51, 3°, 52, 4°, 53, 12°, 53, 19°, 53, 20°, 57, 157, 270 et 289*ter* CIR

1611-30/2611-08, 1669-77/2669-47 et 1450-05/2450-72 à 1456-16/2456-66

2.1. Principe

Lorsqu'une cotisation est établie au nom de deux conjoints ou cohabitants légaux, l'un des deux conjoints ou cohabitants légaux peut attribuer à l'autre conjoint ou cohabitant qui l'aide effectivement dans l'exercice de son activité professionnelle une quote-part de ses bénéfices ou profits. Pour le conjoint ou cohabitant légal aidant, ces revenus sont de véritables rémunérations. Ce régime procure au conjoint ou cohabitant légal aidant une véritable couverture sociale.

2.2. Conditions d'application

Les conditions d'application sont presque identiques à celles d'application dans l'ancien régime (*cf.* page 487). En effet, contrairement à l'ancien régime, il n'est pas exigé qu'une cotisation soit établie au nom des deux conjoints ou cohabitants légaux. Il en résulte qu'une quote-part des bénéfices ou des profits peut être attribuée au cours de l'année du mariage (ou de la déclaration de cohabitation légale) pour la partie d'année qui suit le mariage (ou de la déclaration de cohabitation légale). De même, pour l'année du décès, une rémunération peut être attribuée au conjoint aidant, même lorsqu'il n'est pas opté pour une imposition commune.

En outre, le conjoint ou cohabitant aidant :

- n'exerce pas, pendant la période imposable, une activité professionnelle qui lui ouvre des droits propres à des prestations dans un régime obligatoire de pension, d'allocations familiales et d'assurance contre la maladie et l'invalidité, au moins égales à celles du statut social des travailleurs indépendants ;

- ne bénéficie pas d'une prestation dans le cadre du régime de la sécurité sociale lui ouvrant de tels droits propres.

2.3. Régime fiscal

2.3.1. *Dans le chef du conjoint ou cohabitant légal aidé*

Les bénéfices ou profits attribués au conjoint ou cohabitant légal sont considérés comme des rémunérations déductibles à titre de frais professionnels.

Les conjoints aidés ne sont pas tenus :

- d'établir des fiches et des relevés récapitulatifs relatifs aux rémunérations du conjoint ou cohabitant légal aidant ;
- de verser le précompte professionnel relatif à ces rémunérations.

2.3.2. *Dans le chef du conjoint ou du cohabitant légal aidant*

Les attributions sont considérées comme de véritables rémunérations.
Sont par conséquent déductibles dans le chef du bénéficiaire de l'attribution :

- ses cotisations sociales dues ;
- ses frais professionnels, qu'ils soient réels ou forfaitaires. Dans cette hypothèse, le montant du forfait est de 5 % des rémunérations après déduction des cotisations sociales.

Comme pour les indépendants, le conjoint ou cohabitant légal aidant est soumis aux règles en matière de versements anticipés, et notamment en ce qui concerne les majorations en cas d'absence de versements anticipés (*cf.* page 501).

2.4. Exemple

ex *Luc et Marguerite sont mariés depuis 1998 et imposés en cumul. Depuis 10 ans, Luc aide Marguerite, expert-comptable, dans l'exercice de son activité professionnelle. En 2016, Marguerite a perçu des recettes qui s'élèvent à 150.000,00 EUR et a des frais professionnels justifiés à concurrence de 100.000,00 EUR, dont 5.000,00 EUR de cotisations sociales. Marguerite attribue à Luc des rémunérations de conjoint aidant d'un montant de 15.000,00 EUR. Luc paie des cotisations sociales d'un montant de 3.000,00 EUR et ne revendique pas la déduction des ses frais professionnels réels.*

Luc et Marguerite remplissent le cadre XVIII de leur déclaration de la manière suivante :

Cadre XVIII – Profits des professions libérales, charges, offices ou autres occupations lucratives		
1. Recettes (autres que celles visées aux rubriques 2 à 4) provenant de l'exercice de la profession	*Code 1650-96*	***150.000,00*** *(Code 2650)*
9. Cotisations sociales	*Code 1656-90*	***5.000,00*** *(Code 2656)*
10. Autres frais professionnels (ne pas compléter si vous souhaitez l'application du forfait légal):		
b) rémunérations attribuées au conjoint légal ou au cohabitant légal aidant	*Code 1669-77*	***15.000,00*** *(*) (Code 2669)*
c) autres que ceux visés sous a et b	*Code 1657-89*	***95.000,00*** *(Code 2657)*
14. Attribution au conjoint aidant ou au cohabitant légal aidant	*Code 1663-83*	*(Code 2663-53)*

(*) Le montant de l'attribution est justifié et égal à 30% de 50.000,00 EUR (150.000,00 – 5.000,00 – 95.000,00), soit 15.000,00 EUR.

Et le cadre XXI de leur déclaration de la manière suivante:

Cadre XXI – Rémunérations des conjoints aidants et des cohabitants légaux aidants		
1. Rémunérations attribuées par votre conjoint ou votre cohabitant légal	*15.000,00 (Code 1450-05)*	*Code 2450-72*
2. Cotisations sociales	*3.000,00 (Code 1451-04)*	*Code 2451-71*
3. Autres frais professionnels (à ne compléter que si vous ne souhaitez pas l'application du forfait légal)	*(Code 1452-03)*	*Code 2452-70*

Luc a des rémunérations imposables qui peuvent être calculées de la manière suivante:

Rémunérations		*15.000,00*
Cotisations sociales		*– 3.000,00*
Frais forfaitaires	*(15.000,00 – 3.000,00) × 5 %*	*– 600,00*
Montant imposable		***11.400,00***

3. Cheminement logique en matière de conjoints ou cohabitants légaux aidants

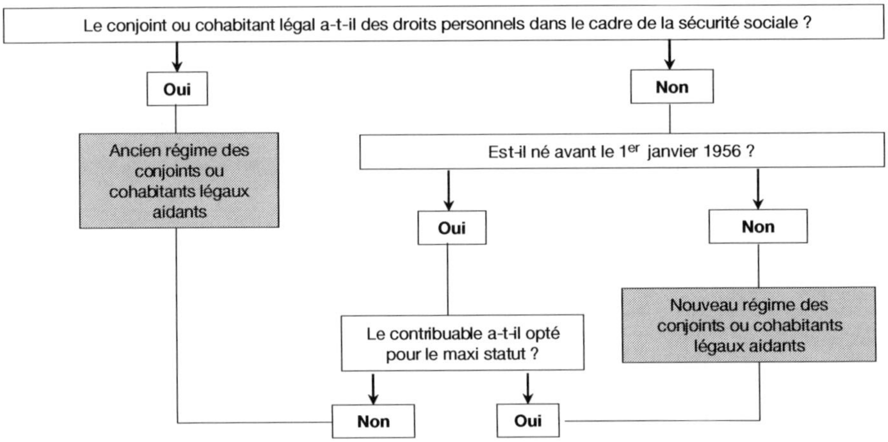

IX.
LE QUOTIENT CONJUGAL

Articles 87 et 88 CIR

Lorsqu'une imposition commune est établie, une partie des revenus professionnels de l'un des deux conjoints ou cohabitants légaux est attribuée à l'autre conjoint ou cohabitants pour autant que celui-ci ait peu ou pas de revenus professionnels propres.

Cette attribution, appelée quotient conjugal, ne doit pas être indiquée par le contribuable dans sa déclaration fiscale.

Le montant du quotient conjugal s'élève à 30 % du montant total des revenus professionnels nets imposés globalement du ménage, après imputation des pertes, sans pouvoir excéder 10.290,00 EUR (montant indexé pour l'exercice d'imposition 2017).

Il n'y a donc pas d'octroi d'un quotient conjugal lorsque chacun des deux conjoints ou cohabitants légaux bénéficient de revenus professionnels nets supérieurs à 10.290,00 EUR.

En ce qui concerne les déductions de pertes professionnelles entre conjoints ou cohabitants légaux, nous renvoyons le lecteur à la page 485.

X.
SOMMES À VALOIR SUR L'IMPÔT

Dans les travaux préparatoires de la loi du 20 novembre 1962 (portant sur la réforme des impôts sur les revenus) créant le régime d'un impôt global, il est précisé que les précomptes perçus constituent des avances à valoir sur l'impôt définitif.

Ces travaux préparatoires distinguent deux catégories de précomptes constituant des sommes à valoir sur l'impôt :

- les précomptes imputables non remboursables ;
- les précomptes imputables remboursables.

En conséquence, une retenue à la source via un précompte non imputable ne constitue jamais une avance à valoir sur l'impôt.

La quotité de l'impôt des personnes physiques proportionnellement afférente aux revenus professionnels peut être acquittée par imputation :

- du précompte mobilier ;
- du précompte professionnel ;
- du crédit d'impôt ;
- des versements anticipés ;
- de la quotité forfaitaire d'impôt étranger.

La quotité forfaitaire d'impôt étranger qui concerne les revenus mobiliers d'origine étrangère, autres que les dividendes, à considérer comme des revenus professionnels, n'est pas analysée dans le cadre du présent ouvrage.

1. Précompte mobilier

Articles 279 à 284 CIR

Pour rappel, les revenus des capitaux et biens mobiliers sont considérés comme des revenus professionnels lorsque ces avoirs sont affectés à l'exercice de l'activité professionnelle du bénéficiaire desdits revenus. Ces revenus sont soumis au précompte mobilier. Ce précompte n'est pas libératoire (*cf.* page 263).

Ces revenus doivent être indiqués en regard des Codes :

- 1602-47 ou 2602-17, s'il s'agit de bénéfices d'exploitations industrielles, commerciales ou agricoles ;
- 1650-96 ou 2650-66, s'il s'agit de profits de professions libérales, charges, offices ou occupations lucratives.

Le revenu net des capitaux et biens mobiliers est égal au montant encaissé ou recueilli sous quelque forme que ce soit (argent, titres, etc.), avant déduction :

- des frais d'encaissement, des frais de garde et des autres frais analogues ;
- du précompte mobilier.

Les impôts prélevés à l'étranger sur les revenus de capitaux d'origine étrangère ne doivent pas être ajoutés au montant encaissé ou recueilli pour la détermination du revenu net imposable.

Les frais d'encaissement et de garde sont à reprendre parmi les charges professionnelles réelles en regard des Codes :

- 1606-43 ou 2606-13, s'il s'agit de bénéfices d'exploitations industrielles, commerciales ou agricoles ;
- 1657-89 ou 2657-59, s'il s'agit de profits de professions libérales, charges, offices ou occupations lucratives.

1.1. Imputable

Lorsqu'il est imputable, le précompte mobilier retenu à la source doit être mentionné au cadre XX de la déclaration, en regard du Code 1756-87 ou 2756-57. Celui-ci est imputé sur la quotité de l'impôt des personnes physiques proportionnellement afférente aux revenus professionnels. L'excédent éventuel du précompte mobilier est imputé sur l'impôt frappant les autres revenus imposables ou est remboursé.

ex *Marguerite, célibataire, fleuriste indépendante, a perçu en 2016 un montant net de revenu de capitaux et biens mobiliers de 73,70 EUR (précompte mobilier retenu à la source 25,00 EUR). Au moment de l'encaissement, Marguerite a supporté 0,30 EUR de frais d'encaissement. D'autre part, elle a également dû payer des frais de garde (1,00 EUR) à une banque où elle a déposé ses titres. Les titres sont affectés à l'exercice de son activité professionnelle.*

Les cadres XVIII et XIX de la déclaration souscrite par Marguerite se présentent de la manière suivante :

Cadre XVIII – Bénéfices d'entreprises industrielles, commerciales ou agricoles		
3. Résultats financiers	*75,00 (Code 1602-47)*	*Code 2602-17*
7. Frais professionnels c) autres que ceux visés sous a et b	*1,30 (Code 1606-43)*	*Code 2606-13*

Cadre XIX – Précomptes afférents à une activité professionnelle indépendante		
1. Précompte mobilier	*25,00 (Code 1756-87)*	*Code 2756-57*

1.2. Non imputable

Pour les dividendes et les intérêts, le législateur a prévu des cas où le précompte mobilier retenu à la source ne peut pas s'imputer sur l'impôt des personnes physiques.

Le précompte mobilier non imputable est à reprendre parmi les charges professionnelles réelles en regard des Codes :

- 1606-43 ou 2606-13, s'il s'agit de bénéfices d'exploitations industrielles, commerciales ou agricoles ;
- 1657-89 ou 2657-59, s'il s'agit de profits de professions libérales, charges, offices ou occupations lucratives.

1.2.1. *Intérêts*

En ce qui concerne les intérêts, l'imputation du précompte mobilier n'est accordée qu'en proportion de la période pendant laquelle le contribuable a eu la pleine propriété des titres.

ex *Luc, courtier en immeubles, achète le 30 décembre 2016, une obligation hypothécaire à 10 ans émise le 31 décembre 2015. Cette obligation est affectée à l'exercice de son activité professionnelle.*

La valeur nominale de l'obligation s'élève à 2.000,00 EUR. Le taux d'intérêt est de 5 % et est payable chaque année le 31 décembre contre remise d'un coupon.

Le précompte mobilier retenu à la source par le débiteur des revenus, soit 27,00 EUR (27 % de 5 % de 2.000,00 EUR), constitue une somme à valoir sur l'impôt des personnes physiques à concurrence de ***0,15 EUR*** *à savoir 27,00 EUR × (2/365), c'est-à-dire la période 2016 au cours de laquelle Luc était propriétaire de l'obligation.*

Les cadres XVIII et XX de la déclaration souscrit par Luc se présente de la manière suivante :

Cadre XVIII – Bénéfices d'entreprises industrielles, commerciales ou agricoles		
3. Résultats financiers	***100,00*** *(Code 1602-47)*	*Code 2602-17*
7. Frais professionnels c) autres que ceux visés sous a et b	*14,92 (Code 1606-43)*	*Code 2606-13*

Cadre XX – Précomptes afférents à une activité professionnelle indépendante		
1. Précompte mobilier	*0,12 (Code 1756-87)*	*Code 2756-57*

1.2.2. *Dividendes*

En ce qui concerne les dividendes, l'imputation du précompte mobilier est subordonnée à deux conditions :

- avoir la pleine propriété des actions ou parts au moment de l'attribution ou de la mise en paiement des dividendes ;
- l'attribution ou la mise en paiement des dividendes n'entraîne pas une moins-value ou une réduction de valeur des actions ou parts (comptabilisée ou non) auxquelles ils se rapportent.

Pour l'administration, il n'est question d'une réduction de valeur que lorsque la valeur réelle des actions ou parts, à la fin de la période imposable au cours de laquelle le dividende a été attribué ou mis en paiement, est inférieur à la valeur fiscale desdites actions ou parts à la fin de la période imposable précédente.

La non-imputation du précompte mobilier est «proportionnelle» à la réduction de valeur ou à la moins-value résultant de l'attribution ou de la mise en paiement des dividendes.

Si la réduction de valeur ou la moins-value est supérieure au montant du dividende brut recueilli, la totalité du précompte mobilier constitue un précompte non imputable. Par contre, si la réduction de valeur ou la moins-value est inférieure au montant du dividende brut recueilli, le précompte mobilier n'est pas imputable à concurrence du rapport existant entre le montant de la réduction de valeur ou la moins-value et le montant du dividende brut recueilli.

La limitation de l'imputation du précompte mobilier ne s'applique pas si le contribuable établit qu'avant l'attribution des dividendes, les actions ou parts étaient détenues par lui-même en pleine propriété depuis une période ininterrompue de douze mois.

ex *Marguerite, célibataire, agent d'affaires, a acquis, en juin 2012, une action au prix de 540,00 EUR. Cette action, affectée à l'exercice de son activité professionnelle, a été revendue en avril 2016 au prix de 505,00 EUR après détachement du coupon net d'une valeur de 30,00 EUR (soit un dividende brut de 40,00 EUR).*

Sur cette opération, Marguerite a réalisé une perte de 35,00 EUR. Cette perte est imputable à l'attribution du dividende.

Le précompte mobilier retenu à la source par le débiteur des revenus (10,00 EUR) constitue un précompte mobilier non imputable sur l'impôt des personnes physiques à concurrence de 8,75 EUR c'est-à-dire 10,00 EUR × (35,00 EUR / 40,00 EUR).

Les cadres XVIII et XX de la déclaration souscrite par Marguerite se présentent de la manière suivante:

Cadre XVIII – Bénéfices d'entreprises industrielles, commerciales ou agricoles		
3. Résultats financiers	*40,00 (Code 1602-47)*	*Code 2602-17*
7. Frais professionnels c) autres que ceux visés sous a et b	*8,75 (Code 1606-43)*	*Code 2606-13*

Cadre XX – Précomptes afférents à une activité professionnelle indépendante		
1. Précompte mobilier	*1,25 EUR (Code 1756-87)*	*Code 2756-57*

2. Précompte professionnel

Article 296 CIR

Le montant du précompte professionnel perçu est imputé sur la quotité de l'impôt des personnes physiques proportionnellement afférente aux revenus professionnels.

Par le terme «perçu», on entend le précompte professionnel:

- effectivement retenu sur les revenus imposables, même si l'employeur est en défaut de paiement;
- non retenu qui est réellement versé au Trésor.

L'excédent éventuel du précompte professionnel est imputé sur l'impôt frappant les autres revenus imposables ou est remboursé.

En règle générale, le précompte professionnel doit être déclaré :

- au cadre IV lorsque les revenus professionnels concernent des rémunérations de travailleurs :

Cadre IV – Traitements, salaires, allocations de chômage, indemnités légales de maladie invalidité, revenus de remplacement et prépensions		
H. Précompte professionnel	Code 1286-72	Code 2286-42

- au cadre V, lorsque les revenus professionnels concernent des pensions, rentes et allocations en tenant lieu :

Cadre V – Pensions		
B. Précompte professionnel	Code 1225-36	Code 2225-06

- au cadre XVI, lorsque les revenus professionnels concernent des rémunérations de dirigeants d'entreprises :

Cadre XVII – Rémunérations de dirigeants d'entreprise		
11. Précompte professionnel		
c) Total de la rubrique 11, a et 11, b:	Code 1407-48	Code 2407-18

- au cadre XX de la déclaration, lorsque les revenus professionnels concernent les bénéfices d'exploitations industrielles, commerciales et agricoles ou les profits de professions libérales, charges, offices ou autres occupations lucratives :

Cadre XX – Précomptes afférents à une activité professionnelle indépendante		
3. Précompte professionnel	Code 1758-85	Code 2758-55

Il s'agit notamment du précompte professionnel qui a été retenu sur les jetons de présence des membres des conseils provinciaux, communaux, des conseils des centres publics d'aide sociale, des comités de gestion d'établissements ou organismes publics, etc.

3. Crédit d'impôt pour accroissement des immobilisations

Article 289*bis* CIR

Les contribuables qui déclarent des bénéfices ou des profits peuvent bénéficier d'un crédit d'impôt lorsque leurs immobilisations nettes qui sont affectées à l'exercice de l'activité professionnelle ont augmenté par rapport aux années précédentes.

Ce crédit d'impôt est calculé par conjoint ou cohabitant légal en cas d'imposition commune.

3.1. Attestation de la caisse d'assurances sociales

L'octroi du crédit d'impôt est subordonné à la condition que le contribuable soit en règle de paiement de ses cotisations sociales de travailleur indépendant à la fin de la période imposable pour laquelle il revendique le crédit d'impôt.

3.2. Base de calcul du crédit d'impôt

Par augmentation des immobilisations nettes qui sont affectées à l'exercice de l'activité professionnelle, on entend la différence positive entre :

- d'une part, la différence positive existant à la fin de la période imposable entre la valeur fiscale nette des immobilisations visées à l'article 41 du Code des impôts sur les revenus et le montant total des dettes dont le terme initial est supérieur à un an ;
- et, d'autre part, le montant le plus élevé atteint par cette différence à la fin de l'une des trois périodes imposables antérieures.

Pour rappel, sont notamment considérées comme affectées à l'exercice de l'activité professionnelle :

- les immobilisations acquises ou constituées dans le cadre de cette activité professionnelle et figurant parmi les éléments de l'actif ;
- les immobilisations ou la partie de celles-ci en raison desquelles des amortissements ou des réductions de valeur sont admis fiscalement ;
- les immobilisations incorporelles constituées pendant l'exercice de l'activité professionnelle et qui figurent ou non parmi les éléments de l'actif (il s'agit par exemple d'un brevet, d'une marque, d'une enseigne, d'un pas de porte, d'un fonds de commerce ou d'une dénomination, d'une clientèle, d'un *goodwill* acquis gratuitement ou à titre onéreux ou créé ou constitué par le contribuable lui-même).

3.3. Montant du crédit d'impôt

Le crédit d'impôt est égal à 10 % de la différence positive mentionnée ci-dessus avec un montant maximum de 3.750,00 EUR par exercice d'imposition. Ce montant n'est pas susceptible d'indexation.

ex *Luc est avocat. Les immobilisations nettes qui sont affectées à l'exercice de son activité professionnelle ainsi que les dettes ayant une durée de plus d'un an, ont varié, pour les périodes imposables allant de 2013 à 2016, de la manière suivante :*

	Période imposable 2013 (exercice d'imposition 2014)	*Période imposable 2014 (exercice d'imposition 2015)*	*Période imposable 2015 (exercice d'imposition 2016)*	*Période imposable 2016 (exercice d'imposition 2017)*
1. Valeur d'acquisition des immobilisations affectées à l'exercice de l'activité professionnelle	*12.000,00 EUR*	*13.000,00 EUR*	*11.000,00 EUR*	*12.000,00 EUR*
2. Amortissements ou réductions de valeur admis fiscalement	*8.000,00 EUR*	*9.500,00 EUR*	*8.800,00 EUR*	*9.900,00 EUR*
3. Valeur fiscale nette (différence entre la ligne 1 et la ligne 2)	*4.000,00 EUR*	*3.500,00 EUR*	*2.200,00 EUR*	*2.100,00 EUR*
4. Dettes dont le terme initial est supérieur à un an	*3.000,00 EUR*	*2.200,00 EUR*	*1.300,00 EUR*	*500,00 EUR*
Différence entre la valeur fiscale nette et les dettes (différence entre la ligne 3 et la ligne 4)	*1.000,00 EUR*	*1.300,00 EUR*	*900,00 EUR*	*1.600,00 EUR*

Pour la période imposable 2016, Luc peut revendiquer l'imputation d'un crédit d'impôt de 30,00 EUR, c'est-à-dire 10 % de (1.600,00 EUR – 1.300,00 EUR).

3.4. Montant non imputé du crédit d'impôt

Le crédit d'impôt n'est imputable sur l'impôt des personnes physiques qu'à concurrence de la quotité de l'impôt proportionnellement afférente aux revenus professionnels.

Si le crédit d'impôt excède cette quotité, l'excédent n'est pas restitué. Dans cette hypothèse, la quotité du crédit d'impôt non imputée est reportée sur l'impôt afférent aux revenus professionnels de la période imposable suivante et ainsi de suite jusqu'à la troisième période imposable suivante.

Si à l'issue de cet intervalle de report de trois périodes imposables, il subsiste encore un solde de crédit d'impôt qui n'a pu être imputé, celui-ci est définitivement perdu.

ex *Au cours de la période imposable 2015, Marguerite, célibataire (fleuriste indépendante) a bénéficié, suite à une augmentation de ses immobilisations nettes affectées à l'exercice de son activité professionnelle, d'un crédit d'impôt de 3.000,00 EUR. Un montant de 300,00 EUR a été imputé sur l'impôt dû.*

En conséquence, la quotité non imputée du crédit d'impôt à reporter sur les périodes imposables allant de 2016 à 2018 s'élève à 2.700,00 EUR.

Pour les périodes imposables allant de 2016 à 2017, l'impôt dû s'élève respectivement à :

	Période imposable 2016	***Période imposable 2017***
Impôt total	*4.000,00 EUR*	*5.000,00 EUR*
Quotité de l'impôt proportionnellement afférente aux revenus professionnels	***2.000,00 EUR***	*3.000,00 EUR*

Le crédit est imputé de la manière suivante :

	Période imposable 2016	***Période imposable 2017***
Montant du crédit repris au cadre XX de la déclaration à l'impôt des personnes physiques	*2.700,00 EUR (Code 1759-84)*	*700,00 EUR (Code 1759-84)*
Impôt total	*4.000,00 EUR*	*5.000,00 EUR*
Quotité de l'impôt proportionnellement afférente aux revenus professionnels	***2.000,00 EUR***	*3.000,00 EUR*
Crédit d'impôt à imputer	***Imputation du crédit d'impôt à concurrence de 2.000,00 EUR, c'est-à-dire la quotité de l'impôt proportionnellement afférente aux revenus professionnels***	*700,00 EUR*
Solde du crédit d'impôt à reporter	*700,00 EUR c'est-à-dire 2.700,00 EUR – 2.000,00 EUR.*	*0,00 EUR*

3.5. Relevé 276 J

Le contribuable qui demande une imputation du crédit d'impôt pour accroissement de ses avoirs professionnels doit joindre à sa déclaration à l'impôt des personnes physiques :

- un relevé 276 J complété, daté et signé ;

- une attestation conforme au modèle arrêté par le ministre qui a le statut social des indépendants dans ses compétences, certifiant que le contribuable est en règle de paiement de ses cotisations sociales de travailleur indépendant.

4. Crédit d'impôt sur les bas revenus

Article 289*ter* CIR

Le législateur, par le biais du crédit d'impôt sur les bas revenus, essaye :

- de lutter contre la pauvreté ;
- de revaloriser principalement les revenus des travailleurs indépendants.

Ce crédit d'impôt est calculé par contribuable sur la base d'un montant net de revenus déterminé provenant d'activités professionnelles (ci-après dénommé « revenu d'activités professionnelles »).

Afin d'éviter qu'une activité professionnelle puisse donner lieu deux fois à un crédit d'impôt, il est prévu qu'en cas d'imposition commune, le revenu d'activités professionnelles soit déterminé avant application du quotient conjugal et de la quote-part au conjoint aidant.

Aucun crédit d'impôt n'est accordé aux contribuables dont les revenus sont taxés de manière forfaitaire suite à une absence de déclaration ou en raison du caractère tardif de celle-ci (article 342 § 3 du Code).

4.1. Revenu d'activités

Le revenu d'activités professionnelles comprend tous les revenus professionnels nets (c'est-à-dire les revenus professionnels bruts diminués des charges professionnelles réelles ou forfaitaires), à l'exclusion :

- des pensions, rentes et allocations en tenant lieu ;
- des revenus imposés distinctement conformément à l'article 171 du Code des impôts sur les revenus ;
- les bénéfices ou profits qui sont considérés comme provenant d'une activité exercée à titre accessoire ;
- des indemnités obtenues en réparation totale ou partielle d'une perte temporaire de revenus ;
- des rémunérations des travailleurs (à l'exception des fonctionnaires statutaires) ou des dirigeants d'entreprise occupés dans le cadre d'un contrat de travail.

4.2. Limites à l'application du crédit d'impôt

Comme le crédit d'impôt sur les bas revenus a notamment pour but de lutter contre la pauvreté, celui-ci n'est octroyé que lorsque les deux limites suivantes sont respectées :

- l'ensemble des revenus nets du contribuable ne peut excéder 21.710,00 EUR pour l'exercice d'imposition 2017 ;
- les revenus d'activité doivent être compris entre 5.010,00 EUR et 21.710,00 EUR pour l'exercice d'imposition 2017.

Le crédit d'impôt est fonction du montant des revenus d'activités professionnelles calculé de la manière suivante :

Détermination du crédit d'impôt sur les bas revenus (exercice d'imposition 2017)		
Revenu d'activités professionnelles		Crédit d'impôt
De	À	
0,00	5.010,00	0,00
5.010,00	6.680,00	680,00 × (6.680,00 – montant du revenu d'activité) / (6.680,00 – 5.010,00)
6.680,00	16.710,00	680,00
16.710,00	21.710,00	680,00 × (21.710,00 – montant du revenu d'activité) / (21.710,00 – 16.710,00).
21.710,00		0,00

Ces montants sont encore limités de la manière suivante :

Première limitation :

Le crédit d'impôt ainsi calculé est limité à concurrence de la part du revenu d'activités professionnelles dans le total du montant net des revenus professionnels.

Deuxième limitation :

Afin d'éviter un effet trop brutal lors du dépassement de la limite de l'ensemble des revenus nets (21.710,00 EUR pour l'exercice d'imposition 2017), une règle de suppression graduelle est appliquée. Lorsque l'ensemble des revenus nets s'élève à plus de 16.710,00 EUR tout en ne dépassant pas 21.710,00 EUR, le crédit d'impôt calculé est limité à 680,00 × (21.710,00 – l'ensemble des revenus nets) / (21.710,00 – 16.710,00).

ex

1. *Marguerite, gérante de la SPRL Pick, a déclaré pour l'exercice d'imposition 2017 une rémunération de dirigeant d'entreprise de 17.000,00 EUR. Elle n'a pas bénéficié d'autres revenus au cours de la période imposable 2016.*
   Marguerite a droit à un crédit d'impôt pour bas revenus étant donné :
   - *que l'ensemble de ses revenus, à savoir 16.490,00 EUR c'est-à-dire 17.000,00 EUR diminué des charges forfaitaires de 510,00 EUR (3 % de 17.000,00 EUR), n'excède pas 21.710,00 EUR ;*
   - *les revenus d'activité (16.490,00 EUR) sont compris entre 5.010,0 EUR et 21.710,00 EUR.*

   Ce crédit d'impôt s'élève à 709,92 EUR c'est-à-dire 680,00 EUR × (21.710,00 – 16.490,00) / (21.710,00 EUR – 16.710,00 EUR).

2. *Luc, gérant de la SPRL Pick, est imposable pour l'exercice d'imposition 2017 sur les rémunérations nettes suivantes :*
   - *dirigeants d'entreprise après déduction des frais professionnels : 16.490,00 EUR ;*
   - *travailleurs après déduction des frais professionnels : 3.396,00 EUR.*

   Luc a droit à un crédit d'impôt pour bas revenus, étant donné :
   - *que l'ensemble des revenus de Luc, à savoir 19.886,00 EUR n'excède pas 21.710,00 EUR ;*
   - *les revenus d'activité (16.490,00 EUR) sont compris entre 5.010,00 EUR et 21.710,00 EUR.*

   Ce crédit d'impôt calculé s'élève à 709,62 EUR, c'est-à-dire 680,00 EUR × (21.710,00 EUR – 16.490,00 EUR) / (21.710,00 EUR – 16.710,00 EUR).

Première limitation :

Le crédit d'impôt ainsi calculé est limité à 588,68 EUR c'est-à-dire à concurrence de la part du revenu d'activités professionnelles (16.490,00 EUR) dans le total du montant net des revenus professionnels (19.886,00 EUR).

Deuxième limitation :

Le crédit d'impôt obtenu (588,68 EUR) est limité à 250,78 EUR c'est-à-dire 680,00 EUR × (21.710,00 EUR – 19.886,00 EUR) / (21.710,00 EUR – 16.710,00 EUR).

4.3. Contribuables qui exécutent des prestations de travail dans le secteur public

Le montant du crédit d'impôt est, pour les contribuables qui, autrement qu'en vertu d'un contrat de travail, exécutent des prestations de travail dans le secteur public, calculé de la même manière que pour les contribuables indépendants. À partir de l'exercice d'imposition 2017, le montant de base (680,00 EUR) est porté à 740,00 EUR. Cette augmentation du crédit d'impôt a déjà été répercutée dans le précompte professionnel applicable à partir du 1er janvier 2016.

ex *Marguerite, célibataire, membre du personnel du SPF Finances, exécute (autrement qu'en vertu d'un contrat de travail) des prestations de travail au sein SPF des Finances.*

Le cadre IV de sa déclaration à l'impôt des personnes physiques se présente de la manière suivante :

Cadre IV – Traitements, salaires, allocations de chômage, indemnités légales de maladie invalidité, revenus de remplacement et prépensions		
A. Rémunérations ordinaires		
3. Total des rubriques 1 et 2	*20.000,00 (Code 1250-11)*	*Code 2250-78*
18. Autres frais professionnels	*4.000,00 (Code 1258-03)*	*Code 2258-70*
J. Personnel du secteur public sans contrat de travail	*OUI (Code 1290-68)*	*Code 2290-38*

Marguerite a droit à un crédit d'impôt pour bas revenus étant donné :

- *que l'ensemble de ses revenus, à savoir 16.000,00 EUR c'est-à-dire 20.000,00 EUR diminué des charges réelles de 4.000,00 EUR, n'excède pas 21.710,00 EUR ;*
- *les revenus d'activité (16.000,00 EUR) sont compris entre 5.010,00 EUR et 21.710,00 EUR.*

Ce crédit d'impôt s'élève à 740,00 EUR.

4.4. Rémunérations attribuées aux conjoints aidants ou aux cohabitants légaux aidants visés à l'article 33 du Code des impôts sur les revenus

Aucun crédit d'impôt n'est accordé aux conjoints aidants dont les revenus proviennent d'activités exclues de l'application du crédit d'impôt ou d'activités dont les revenus sont en tout ou en partie fixés de manière forfaitaire.

Lors du calcul du crédit d'impôt, le montant de 680,00 EUR repris dans le tableau ci-avant est remplacé par le montant de 310,00 EUR pour les conjoints aidants.

5. Versements anticipés

L'impôt sur les bénéfices, les profits, les rémunérations des dirigeants d'entreprise ou sur les rémunérations des conjoints aidants visés à l'article 33 du Code des impôts sur les revenus est augmenté dans la mesure où ces revenus ne sont pas soumis au précompte.

Cette majoration peut cependant être évitée via un versement anticipatif de l'impôt au cours de l'année durant laquelle les revenus susvisés ont été recueillis.

Ce régime vise à ce que l'impôt sur les revenus, lorsqu'il n'y a pas de retenue de précompte professionnel ou de précompte mobilier, soit perçu durant la période imposable.

Les contribuables recueillant des revenus autres que des bénéfices, des profits, des rémunérations de dirigeants d'entreprise ou des rémunérations de conjoints aidants de l'article 33 du Code des impôts sur les revenus peuvent également payer de manière anticipée la totalité ou une partie de l'impôt qui n'a pas été perçue par voie de précomptes. Si le contribuable n'agit pas de la sorte, le montant de ses impôts n'est pas majoré.

Dans les cas où le contribuable a fait plus de versements anticipés que nécessaire pour éviter la majoration, il peut éventuellement bénéficier d'une bonification pour cet excédent.

Le montant des versements anticipés doit être mentionné au cadre XII de la déclaration:

Cadre XII – Versements anticipés relatifs à l'exercice d'imposition 2017		
Montant total des paiements	Code 1570-79	Code 2570-49

5.1. Majoration

Articles 157 à 168 CIR

La majoration s'applique à l'impôt calculé sur la base du montant net des revenus professionnels de dirigeants d'entreprise, de conjoints aidants de l'article 33 du Code des impôts sur les revenus, de bénéfices et de profits diminué, le cas échéant, des précomptes imputables, de la quotité forfaitaire d'impôt étranger et du crédit d'impôt qui se rattachent à ces revenus.

Pour le calcul de la majoration, on ne tient pas compte:

- des indemnités obtenues en réparation totale ou partielle d'une perte temporaire de bénéfices, de rémunérations ou de profits;
- des bénéfices, des rémunérations ou des profits imposés distinctement.

5.1.1. *Calcul*

La majoration est égale à la différence positive entre:

- le montant de l'impôt (106 % de l'impôt dû à l'État) sur lequel la majoration est calculée multiplié par 2,25 fois le taux de référence
- et le montant des versements anticipés multiplié par 3 fois, 2,5 fois, 2 fois et 1,5 fois le taux de référence, selon que ces versements ont été effectués au plus tard le 10 avril, le 10 juillet, le 10 octobre et le 20 décembre de l'année précédant celle dont le millésime désigne l'exercice d'imposition.

Le taux de référence ne peut être inférieur à 1 %.

Le taux de référence est de 1 % pour l'exercice d'imposition 2017.

Ce taux de référence correspond, pour l'exercice d'imposition 2017, à:

- une majoration de 2,25 % (2,25 × 1 %);

- une réduction de majoration:
  - de 3% (3 × 1%) des versements anticipés qui sont effectués au plus tard le 10 avril;
  - de 2,50% des versements anticipés qui sont effectués au plus tard le 10 juillet;
  - de 2% des versements anticipés qui sont effectués au plus tard le 10 octobre;
  - de 1,5% des versements anticipés qui sont effectués au plus tard le 20 décembre.

Pour le calcul de la majoration, on procède de la manière suivante:

(1) d'abord, il faut appliquer, au montant de l'impôt des personnes physiques à prendre en considération, la majoration qui serait due en l'absence de tout versement anticipé au cours de la période imposable concernée;

(2) ensuite, on calcule la diminution suite aux versements anticipés effectués au cours de la période imposable concernée;

(3) enfin, la différence obtenue représente la majoration due si cette dernière est positive (dans le cas contraire, aucune majoration n'est due). La majoration ainsi calculée est retenue à concurrence de 90% de son montant. Aucune majoration n'est due quand la différence positive ainsi obtenue n'atteint pas:
   - 0,50% de l'impôt qui sert de base à son calcul;
   - ou 50,00 EUR.

ex *Les cadres XII et XVIII de la déclaration souscrite par Marguerite, célibataire, fleuriste indépendante, sont complétés de la manière suivante:*

Cadre XII – Versements anticipés relatifs à l'exercice d'imposition 2014		
Montant total des paiements	*2.000,00 (Code 1570-79)*	*Code 2570-49*

Cadre XVIII – Bénéfices d'entreprises industrielles, commerciales ou agricoles		
1. Bénéfice brut de l'exploitation proprement dite	*32.000,00 (Code 1600-49)*	*Code 2600-19*
7. Frais professionnels réels c) autres que ceux visés sous a et b	*8.374,44 (Code 1606-43)*	*Code 2606-13*

Les versements anticipés de 2.000,00 EUR ont été effectués avant le 10 avril 2016.

La majoration pour absence ou insuffisance de versements anticipés se calcule de la manière suivante:

Base du montant net des revenus soumis à majoration		*23.625,56*
Impôt de base		*7.802,00 (à savoir 2.717,50 + 480,00 + 3.324,00 + 1.280,50)*
Tranches de revenus	***Taux***	
De 0,00 à 8.590,00	*25%*	*2.717,50 (à savoir 25% de 10.870,00)*
De 8.590,00 à 12.220,00	*30%*	*480,00 30% de 1.600,00 (à savoir 12.470,00 – 10.870,00)*
De 12.220,00 à 20.370,00	*40%*	*3.324,00 (40% de 8.310,00 à savoir 20.780,00 – 12.470,00)*

De 20.370,00 à 37.330,00	*45%*	*1.280,50* *(45% de 2.845,56 à savoir 23.625,56 – 20.780,00)*
À partir de 37.330,00	*50%*	
Impôt sur les quotités exemptées (voir page 55)		*1.855,00* *(à savoir 25% de 7.420,00)*
Différence entre l'impôt de base et l'impôt sur les quotités exemptées		*5.947,00* *(à savoir 7.802,00 – 1.855,00)*
Précomptes et autres éléments imputables afférents aux revenus sur lesquels l'impôt entre en ligne de compte pour la majoration		*0,00*
Montant de l'impôt (106% de l'impôt dû à l'État) sur lequel la majoration est calculée		*6.303,82* *(à savoir 106% de 5.947,00)*
Majoration globale		*141,84* *(à savoir 2,25% de 6.303,82)*
Réduction de la majoration		*60,00* *(à savoir 3% de 2.000,00)*
Majoration due		*73,65 EUR* *(à savoir 90% de 141,84 – 60,00). Le montant obtenu n'est pas inférieur à 0,50% du montant d'impôt sur lequel la majoration est calculée.*

5.1.2. *Jeunes indépendants*

Pour les contribuables qui s'établissent pour la première fois dans une profession indépendante, il est accordé une exonération de majoration d'impôt au cours des trois premières années de l'exercice de leur activité professionnelle.

L'année au cours de laquelle l'activité est exercée pour la première fois est comptée pour une année entière.

Cette information doit être indiquée au cadre XXIII de la déclaration :

Cadre XXIII – Premier établissement en qualité de travailleur indépendant		
Si vous êtes établi en qualité d'indépendant à titre principal pour la première fois en 2010, 2011 ou 2012, mentionnez ci-contre la date de commencement de cette activité (jour, mois, année)	Code 1552-97	Code 2552-67

5.2. Bonification

Article 175 à 177 CIR

Les versements anticipés qui ne sont pas nécessaires pour éviter une majoration d'impôt peuvent donner lieu à une bonification.

La bonification est calculée sur la différence :

- entre le montant total de l'impôt (106% de l'impôt dû à l'État) diminué des éléments imputables (précomptes imputables, quotité forfaitaire d'impôt étranger et crédit d'impôt),
- et le montant des versements anticipés nécessaires pour éviter une majoration.

La bonification est égale au montant des versements anticipés multiplié par 1,5 fois, 1,25 fois, 1 fois et 0,75 fois le taux de référence, selon que ces versements ont été effectués au plus tard le 10 avril, le 10 juillet, le 10 octobre et le 20 décembre de l'année précédant celle dont le millésime désigne l'exercice d'imposition.

Ceci correspond pour l'exercice d'imposition 2017, à un taux de :

- **1,50 %** (1,5 × 1 %) si le versement est effectué au plus tard le 10 avril ;
- **1,25 %** s'il est effectué au plus tard le 10 juillet ;
- **1,00 %** au plus tard le 10 octobre ;
- **0,75 %** au plus tard le 20 décembre.

ex *Les cadres XII et XVIII de la déclaration souscrite par Marguerite, célibataire, fleuriste indépendante, sont complétés de la manière suivante :*

Cadre XII – Versements anticipés relatifs à l'exercice d'imposition 2017		
Montant total des paiements (versement effectué au plus tard le 10 avril 2016)	*6.600,00 (Code 1570-79)*	*Code 2570-49*

Cadre XVII – Bénéfices d'entreprises industrielles, commerciales ou agricoles		
1. Bénéfice brut de l'exploitation proprement dite	*32.000,00 (Code 1600-49)*	*Code 2600-19*
7. Frais professionnels c) autres que ceux visés sous a et b	*8.374,44 (Code 1606-43)*	*Code 2606-13*

La majoration pour absence ou insuffisance de versements anticipés se calcule de la manière suivante :

Montant de base des revenus sur lesquels l'impôt peut être majoré		*23.625,56*
Impôt de base		*7.802,00 (c'est-à-dire 2.717,50 + 480,00 + 3.324,00 + 1.280,50)*
Tranches de revenus	*Taux*	
De 0,00 à 8.590,00	*25 %*	*2.717,50 (c'est-à-dire 25 % de 10.870,00)*
De 8.590,00 à 12.220,00	*30 %*	*480,00 (30 % de 1.600,00 à savoir 12.470,00 – 10.870,00)*
De 12.220,00 à 20.370,00	*40 %*	*3.324,00 (40 % de 8.310,00 à savoir 20.780,00 – 12.470,00)*
De 20.370,00 à 37.330,00	*45 %*	*1.280,50 (45 % de 2.845,56 à savoir 23.625,56 – 20.780,00)*
À partir de 37.330,00	*50 %*	
Impôt sur les quotités exemptées (voir page 55)		*1.855,00 (c'est-à-dire 25 % de 7.420,00)*
Différence entre l'impôt de base et les réductions d'impôt sur les quotités exemptées		*5.947,00 (c'est-à-dire 7.802,00 – 1.855,00)*
Précomptes et autres éléments imputables afférents aux revenus sur lesquels l'impôt entre en ligne de compte pour la majoration		*0,00*
Montant de l'impôt (106 % de l'impôt dû à l'État) sur lequel la majoration est calculée		*6.303,82 (c'est-à-dire 106 % de 5.947,00)*

Majoration globale	*141,84 (c'est-à-dire 2,25 % de 6.303,82)*
Partie du versement anticipé ne servant pas à éviter une majoration	*1.575,82 (c'est-à-dire 6.303,82 – 4.728,00)*
Versements anticipés nécessaires pour éviter une majoration (l'administration considère que les versements anticipés ont été faits au plus tard le 10 avril)	*4.728,00 (c'est-à-dire 141,84 / 3 %)*
Bonification due	*28,08 (c'est-à-dire 1.872,00 (6.600,00 – 4.728,00) × 1,50 %)*

5.3. Incidence d'une imposition commune

La majoration pour absence ou insuffisance de versements anticipés et la bonification pour versements anticipés de l'impôt se calculent par conjoint ou par cohabitant légal, sur la base des revenus propres de chacun d'eux. Ceci signifie que seuls les versements anticipés, que chaque conjoint ou cohabitant légal a personnellement effectués, sont pris en considération pour éviter une majoration de leurs impôts sur leurs propres revenus.

À cette règle, il existe deux exceptions. Ces deux exceptions concernent le « quotient conjugal » et « l'attribution au conjoint aidant ou au cohabitant légal aidant ».

5.3.1. *Quotient conjugal*

Pour l'application des versements anticipés, la quote-part des revenus professionnels imputée au conjoint ou au cohabitant légal dont les revenus professionnels n'atteignent pas 30 % du total des revenus professionnels des deux conjoints ou cohabitants légaux est considérée comme un revenu propre de celui qui l'octroie et non de celui auquel elle est imputée. Il en résulte que c'est au contribuable auquel est octroyé le quotient conjugal qu'il incombe d'effectuer le versement anticipé.

5.3.2. *Attribution conjoint aidant ou au cohabitant légal aidant*

La partie des versements anticipés non nécessaires pour éviter une majoration effectués par le conjoint ou le cohabitant légal qui attribue une partie de ses bénéfices ou profits au conjoint aidant (par application de l'article 86 du Code des impôts sur les revenus) peut être utilisée par le bénéficiaire.

XI.
LES RÉDUCTIONS D'IMPÔT

Articles 146 à 154*bis* CIR

Circulaire n° AFZ/2008-0449-1 du 16 juillet 2008

Dans le cadre de la présente section, nous allons analyser les réductions d'impôt:

- pour pensions et revenus de remplacement;
- pour rémunérations suite à la prestation de travail supplémentaire donnant droit à un sursalaire (ci-après dénommée réduction d'impôt pour heures supplémentaires).

La réduction d'impôt pour pensions et revenus de remplacement concerne les revenus qui se substituent à des revenus professionnels.

La réduction d'impôt pour heures supplémentaires concerne les travailleurs salariés des secteurs marchands ou non marchands (hors entreprises publiques) qui ont presté en 2016 un travail supplémentaire donnant droit à un sursalaire.

Ces réductions d'impôt sont accordées sur l'impôt après les réductions d'impôt pour :

- épargne à long terme ;
- épargne logement ;
- dépenses payées pour des prestations dans le cadre des agences locales pour l'emploi et pour des prestations payées avec des titres services ;
- les dépenses faites en vue d'économiser l'énergie ;
- les dépenses de rénovation d'habitation situées dans une zone d'action positive des grandes villes ;
- l'acquisition d'obligations émises par le Fonds de l'Economie sociale et durable ;
- l'acquisition d'obligations émises par le Fonds starters ;
- les dépenses faites en vue d'acquérir un véhicule qui émet au maximum 115 grammes de CO_2 par kilomètre ;
- l'acquisition d'obligations émises par le Fonds de réduction du coût global de l'énergie ;

mais avant application des réductions d'impôt pour revenus d'origine étrangère.

1. Réductions d'impôt pour pensions et revenus de remplacement

1.1. Revenus visés

Les revenus de remplacement bénéficiant d'une réduction d'impôt sont :

- les pensions ;
- les allocations de chômage ;
- les indemnités légales d'assurance en cas de maladie ou d'invalidité ;
- les autres revenus de remplacement.

Pour la détermination du montant de la réduction d'impôt, les revenus mentionnés ci-dessus ont la signification suivante.

1.1.1. *Pensions*

Par pension, il convient d'entendre les pensions, rentes et allocations en tenant lieu mentionnées à l'article 34.

1.1.2. *Allocations de chômage*

Par allocations de chômage, il convient d'entendre :

- les allocations légales et extralégales de toute nature, obtenues en réparation totale ou partielle d'une perte temporaire de rémunérations résultant d'un chômage involontaire complet ou partiel ;
- le revenu imposable obtenu pour des prestations fournies dans le cadre d'un contrat de travail A.L.E, après déduction de la partie exonérée.

1.1.3. *Indemnités légales d'assurance en cas de maladie ou d'invalidité*

Par indemnités légales d'assurance en cas de maladie ou d'invalidité, il convient d'entendre les indemnités octroyées en exécution de la législation relative à l'assurance en cas de maladie ou d'invalidité.

1.1.4. ***Autres revenus de remplacement***

Par autres revenus de remplacement, il convient d'entendre les indemnités de toute nature obtenues en réparation totale ou partielle d'une perte temporaire de bénéfices, profits ou rémunérations, à l'exclusion :

- des indemnités de chômage ;
- des indemnités légales d'assurance en cas de maladie ou d'invalidité ;
- en cas de non reprise du travail auprès d'un autre employeur en tant qu'indépendant, des indemnités complémentaires payées par un ancien employeur en exécution d'une convention collective de travail ou d'une convention individuelle avec clause de non-continuation du paiement en cas de reprise du travail.

Pour un aperçu des indemnités complémentaires qui sont imposables au titre de revenus de remplacement, nous renvoyons le lecteur à la page 345.

Les indemnités complémentaires pour lesquelles l'obligation de continuation de paiement est exclue explicitement en exécution d'une convention collective du travail ou d'une convention individuelle n'entrent pas en considération pour une réduction d'impôt à défaut de reprise du travail étant donné qu'elles relèvent explicitement de la catégorie des « autres revenus de remplacement ». Si l'employeur décide cependant de payer de telles indemnités en cas de reprise du travail, celles-ci entrent en considération pour une réduction d'impôt. Ce raisonnement est valable pour la période imposable au cours de laquelle le travailleur a retrouvé du travail. C'est pour cette raison que le contribuable qui obtient de tels revenus doit mentionner aux codes 1297-61/2297-31 ou 1298-60/2298-30 et les reprendre aux codes 1296-62/2296-32 lors de la reprise du travail.

1.2. Calcul de la réduction d'impôt

Le calcul de la réduction d'impôt s'effectue par individu.

Pour l'année 2016, les montants de base des réductions d'impôt pour pension et revenus de remplacement sont les suivants :

Nature des revenus	Montant pour l'exercice d'imposition 2017	
	Isolé	Conjoints ou cohabitants légaux
Pensions ou autres revenus de remplacement	**2.024,12**	**2.024,12** par conjoint ou cohabitant légal
Allocations de chômage	**2.024,12**	**2.024,12** par conjoint ou cohabitant légal
Indemnités légales d'assurance en cas de maladie ou d'invalidité	**2.598,29**	**2.598,29** par conjoint ou cohabitant légal

La Cour constitutionnelle (arrêt n° 65/2009 du 2 avril 2009) a précisé que l'article 150 du Code des impôts sur les revenus est, en ce qu'il dispose que la réduction d'impôt pour allocations de chômage doit être calculée « ensemble pour les deux conjoints » alors que les autres réductions « par contribuable », n'est pas compatible avec les articles 10 et 11 de la Constitution. En effet, l'article 150 du Code des impôts sur les revenus établit ainsi une différence de traitement entre les contribuables mariés ou cohabitants légaux et des contribuables cohabitants de fait alors que ces deux catégories de personnes se trouvent, hors la question de leur « statut civil », dans une situation semblable.

Les montants de base des réductions d'impôt pour pension et revenus de remplacement sont :

- diminués en fonction de la quote-part des pensions et des revenus de remplacement dans l'ensemble des revenus nets ;

- diminués en fonction de la hauteur du revenu net imposable ;
- limités à la quotité de l'impôt qui est afférente à ces revenus de remplacement ou pensions.

Dans certains cas, une réduction complémentaire est octroyée de telle manière qu'aucun impôt n'est dû.

1.2.1. *Première étape : Quote-part des pensions et des revenus de remplacement dans l'ensemble des revenus nets*

A. Principe

Le montant de base est diminué par une fraction qui correspond au rapport entre les revenus qui donnent droit à une réduction d'impôt et le total des revenus nets (c'est-à-dire la somme des revenus nets des biens immobiliers, des capitaux et biens mobiliers, des revenus professionnels et des revenus divers).

La formule qui doit être appliquée ici est la suivante :

> Montant de base x (revenus qui donnent droit à une réduction d'impôt / montant total des revenus nets) = réduction d'impôt après application de la première limite.

Il en résulte que, plus le contribuable a des revenus autres que ceux qui donnent droit à la réduction d'impôt, plus faible sera cette réduction d'impôt. Ce principe est aussi valable pour les indemnités de chômage et les indemnités de maladie.

Le législateur a voulu limiter les conséquences de l'application de ce principe pour les réductions d'impôt pour pensions ainsi que certains revenus de remplacement. Lors du calcul des revenus nets, on ne tient pas compte de certains revenus. Ces revenus sont en quelque sorte neutralisés lors du calcul de la réduction d'impôt.

B. Montants

Le mode de calcul de la diminution du montant de la réduction d'impôt en fonction du montant des revenus nets est détaillé dans le tableau ci-après.

Pensions et revenus de remplacement sur lesquels la réduction d'impôt est appliquée	Première étape
Pensions ou autres revenus de remplacement	**2.024,12 EUR** multiplié par une fraction avec : – au numérateur : le montant net des pensions et des autres revenus de remplacement ; – au dénominateur : le montant du revenu net à l'exclusion : a) du salaire obtenu chez le nouvel employeur ou du revenu obtenu issu d'une nouvelle activité professionnelle en tant qu'indépendant (mais, pour le calcul de la réduction d'impôt, on ne tient compte que : - des indemnités complémentaires qui sur le plan fiscal sont comprises dans les prépensions ; - des indemnités complémentaires extra-légales qui sont payées en sus des prépensions ; - des indemnités Canada-dry ; b) les revenus d'activité (*), si le contribuable qui prend sa pension à l'âge légal : - bénéficie d'une pension dont le montant n'est pas supérieur au montant maximum des indemnités de chômage légal, sans compter les majorations liées à l'ancienneté ; - bénéficie d'une pension de survie.
Allocations de chômage	**2.024,12 EUR** multiplié par une fraction avec : – au numérateur : le montant net des allocations de chômage – au dénominateur : le montant du revenu net (des deux conjoints ou cohabitants légaux en cas d'imposition commune).
Indemnités légales d'assurance en cas de maladie ou d'invalidité	**2.598,29 EUR** multiplié par une fraction avec : – au numérateur : le montant net des indemnités légales d'assurance en cas de maladie ou d'invalidité ; – au dénominateur : le montant du revenu net.

(*) Les revenus d'activités sont les revenus professionnels, à l'exclusion :
- des pensions, rentes et autres indemnités analogues ;
- les indemnités obtenues en réparation partielle ou totale d'une perte temporaire de revenus.

ex *Cette première étape peut être illustrée par les exemples suivants :*

1. *Luc a reçu un avertissement extrait de rôle relatif à l'exercice d'imposition 2017 (revenus de l'année 2016).*

Le revenu net imposable globalement est déterminé comme suit :

	Luc
REVENUS DE PROPRIÉTÉS FONCIÈRES	*1.000,00*
Rémunération normale	*20.000,00*
Indemnité légale d'assurance-maladie	*2.000,00*

La réduction d'impôt pour maladie-invalidité se calcule de la manière suivante :

Indemnité légale d'assurance-maladie	*225,94 c'est-à-dire 2.598,29 × (2.000,00 / 23.000,00)*

2. *Luc et Marguerite ont reçu un avertissement extrait de rôle relatif à l'exercice d'imposition 2017 (revenus de l'année 2016).*

Le revenu net imposable globalement (avant application du quotient conjugal) est déterminé comme suit :

	Luc	*Marguerite*
REVENUS DE PROPRIÉTÉS FONCIÈRES	*1.000,00*	*0,00*
Rémunération normale	*20.000,00*	*0,00*
Indemnité légale d'assurance-maladie	*2.000,00*	*0,00*
Quotient conjugal	*(6.600,00 c'est-à-dire 30 % de 22.000,00)*	*6.600,00*
Revenu imposable globalement	*16.400,00*	*6.600,00*

La réduction d'impôt pour maladie-invalidité se calcule de la manière suivante :

Luc	*221,81 c'est-à-dire 2.598,29 × (1.400,00 / 16.400,00)*
Marguerite	*236,21 c'est-à-dire 2.598,29 × (600,00 / 6.600,00)*

C. Déclaration

Les contribuables qui bénéficient d'indemnités complémentaires qui sont imposables au titre de revenus de remplacement (*cf.* page 345), et qui ont effectivement repris le travail, doivent déclarer les revenus de leur nouvelle activité :

- dans un premier temps aux codes habituels de leur déclaration (par exemple au cadre IV, code 1250-11 ou 2250-78 s'il s'agit de rémunérations de travailleurs) ;
- dans un second temps à un code particulier de la déclaration qui dépend de la nature des revenus :

Nature des revenus de la nouvelle activité	Endroit où ces revenus doivent être mentionnés	
Rémunérations des travailleurs	Cadre IV	Codes 1296-66/2292-36
Rémunérations des dirigeants d'entreprise	Cadre XVII	Codes 1417-38/2417-08
Bénéfices des entreprises commerciales, industrielles ou agricoles	Cadre XVIII	Codes 1621-20/2621-95
Profits des titulaires de profession libérale, charge, office ou personnes qui exercent une occupation lucrative	Cadre XIX	Codes 1676-70/2676-40
Bénéfices et profits d'une activité professionnelle antérieure	Cadre XXII	Codes 1698-48/2698-18

Le calcul des montants qui doivent être mentionnés dans ces codes est expliqué dans la déclaration.

Les contribuables qui bénéficient d'une indemnité complémentaire qui relève du **régime fiscal défavorable** (les conventions collectives de travail ou les conventions individuelles précisent que l'indemnité n'est pas payée en cas de reprise du travail), doivent la mentionner au code 1297-61 ou 2297-31 s'ils n'ont pas encore repris le travail avant le 1er janvier 2017. S'ils répondent « non », aucune réduction d'impôt n'est accordée sur l'indemnité complémentaire.

1.2.2. *Deuxième étape : Hauteur du revenu net imposable*

Le montant de la réduction d'impôt obtenu après la première étape est diminué en fonction de l'importance du revenu imposable globalement du contribuable (c'est-à-dire l'ensemble des revenus nets diminué des dépenses déductibles).

Cette diminution est différente selon qu'il s'agit :

- soit d'allocations de chômage ordinaires ;
- soit de pensions ou autres revenus de remplacement, d'allocations de chômage comprenant un complément d'ancienneté attribuées aux chômeurs âgés de 58 ans ou plus (au 1er janvier de l'exercice d'imposition) ou d'indemnités légales d'assurance en cas de maladie ou d'invalidité.

Le mode de calcul de la diminution du montant de la réduction d'impôt en fonction du revenu imposable globalement est détaillé dans le tableau ci-après.

Pensions et revenus de remplacement sur lesquels la réduction d'impôt est appliquée	Deuxième étape	
Allocations de chômage ordinaires	Le revenu imposable globalement atteint ou dépasse **28.000,00 EUR**.	Le montant de la réduction d'impôt (après application de la première étape) n'est pas octroyé.
	Le revenu imposable est compris entre **22.430,00 EUR** et **28.000,00 EUR**.	Le montant de la réduction d'impôt (après application de la première étape) est multiplié par une fraction avec : – au numérateur : la différence entre **28.000,00 EUR** et le revenu imposable ; – au dénominateur : **5.570,00 EUR** c'est-à-dire la différence entre **28.000,00 EUR** et **22.430,00 EUR**.
	Le revenu imposable est inférieur à **22.430,00 EUR**.	Le montant de la réduction d'impôt (après application de la première étape) est octroyé.
Autres	Le revenu imposable globalement atteint ou dépasse **44.860,00 EUR**.	Le montant de la réduction d'impôt (après application de la première étape) est octroyé à concurrence d'un tiers.
	Le revenu imposable est compris entre **22.430,00 EUR** et **44.860,00 EUR**.	Le montant de la réduction (après application de la première étape) est multiplié par 1/3. Le solde (2/3) est multiplié par une fraction avec : – au numérateur : la différence entre **44.860,00 EUR** et le revenu imposable ; – au dénominateur : **22.430,00 EUR** c'est-à-dire la différence entre **44.860,00 EUR** et **22.430,00 EUR**. Le montant de la réduction d'impôt est l'addition des deux montants obtenus ci-avant.
	Le revenu imposable est inférieur à **22.430,00 EUR**.	Le montant de la réduction d'impôt (après application de la première étape) est octroyé.

ex *Cette deuxième étape peut être illustrée par les exemples suivants.*

1. *Luc a reçu un avertissement extrait de rôle relatif à l'exercice d'imposition 2017 (revenus de l'année 2016).*

Le revenu net imposable globalement est déterminé comme suit:

	Luc
REVENUS DE PROPRIÉTÉS FONCIÈRES	***1.000,00***
Rémunération normale	***20.000,00***
Indemnité légale d'assurance-maladie	***2.000,00***

La réduction d'impôt pour pensions et revenus de remplacement se calcule de la manière suivante:

	Première étape	***Deuxième étape***
Indemnité légale d'assurance -maladie	*225,94 c'est-à-dire* ***2.598,29*** *×* *(2.000,00 / 23.000,00)*	*Le revenu imposable de Luc est compris entre* ***22.430,00*** *EUR et* ***44.860,00*** *EUR.* *Le montant de la réduction (225,94) est multiplié par 1/3.* *Le solde 150,63 (2/3 de 225,94) est multiplié par:* *– au numérateur: la différence entre* ***44.860,00*** *et* ***23.000,00*** *(le revenu imposable globalement de Luc);* *– au dénominateur: 22.430,00 c'est-à-dire la différence entre* ***44.860,00*** *et* ***22.430,00****.* *Le montant de la réduction d'impôt est l'addition des deux montants obtenus ci-avant:* **222,11***, c'est-à-dire 75,31 majoré de 146,80.*

2. *Luc et Marguerite ont reçu un avertissement extrait de rôle relatif à l'exercice d'imposition 2017 (revenus de l'année 2016).*

Le revenu imposable globalement est déterminé comme suit:

	Luc	***Marguerite***
REVENUS DE PROPRIÉTÉS FONCIÈRES	***1.000,00***	***0,00***
Rémunération normale	***20.000,00***	***0,00***
Indemnité légale d'assurance -maladie	***2.000,00***	***0,00***
Quotient conjugal	***6.600,00*** *(c'est-à-dire 30 % de 22.000,00)*	***6.600,00***
Revenu imposable globalement	***16.400,00***	***6.600,00***
Calcul de l'imposition		

Quotités exemptées	***8.240,00*** *Lorsque le revenu imposable de l'un des deux contribuables est inférieur à sa quotité du revenu exemptée d'impôt, la différence (820,00 EUR) est ajoutée à la quotité du revenu exemptée d'impôt de l'autre contribuable (7.420,00 EUR).*	***7.420,00***
Impôt de base	***4.769,50***	***1.650,00***
Réduction d'impôt sur les quotités exemptées	***2.060,00***	***1.650,00***
Impôt à répartir	***2.709,50***	***0,00***

La réduction d'impôt (dans le chef de Luc) pour pensions et revenus de remplacement se calcule de la manière suivante :

	Première étape	***Deuxième étape***
Indemnité légale d'assurance -maladie	221,81 (c'est-à-dire *2.598,29* × (1.400,00 / 16.400,00))	Le revenu imposable de Luc est inférieur à 22.430,00 EUR. Le montant de la réduction d'impôt est égal à 221,81 EUR.

1.2.3. ***Troisième étape : Tenir compte de la quotité du revenu exemptée d'impôt majorée***

Pour un contribuable qui ne bénéficie que d'un seul type de revenus de remplacement, un montant égal à l'impôt lié à la partie de sa quotité du revenu exemptée d'impôt qui dépasse le montant de base le plus bas de la quotité du revenu exemptée d'impôt (7.420,00 EUR) est déduit de sa réduction d'impôt pour revenus de remplacement.

Dans les autres cas, l'avantage fiscal de la quotité du revenu exemptée d'impôt majorée n'est repris qu'en proportion de la part des revenus de remplacement dans le revenu imposable du contribuable.

Ceci peut être illustré par les exemples suivants.

ex

1. *Luc (célibataire) a, en 2016, comme unique revenu net imposable une pension de 15.000,00 EUR. Puisque le revenu imposable de Luc est inférieur à 25.990,00 EUR, il a droit à une quotité du revenu exemptée d'impôt de 7.420,00 EUR. Sa réduction d'impôt pour revenus de remplacement s'élève en principe à 2.024,12 EUR.*
Vu que Luc ne perçoit que des revenus de pension et qu'il a droit à la quotité du revenu exemptée d'impôt supérieure à 7.420,00 EUR, un montant égal à 25 % de 280,00 EUR (7.420,00 EUR – 6.990,00 EUR), soit 70,00 EUR, est déduit de la réduction pour revenus de remplacement, de sorte cette réduction ne s'élève qu'à 1.954,12 EUR.

2. *Luc (célibataire) est imposable en 2013 pour les revenus nets suivants :*
- *une indemnité légale d'assurance-maladie de 2.000,00 EUR ;*
- *une rémunération normale de 20.000,00 EUR ;*
- *un revenu immobilier de 1.000,00 EUR.*

Un montant égal à 25 % de 280,00 EUR (7.270,00 EUR – 6.990,00 EUR), limité au rapport qu'il y a entre 2.000,00 EUR et 23.000,00 EUR, soit 6,09 EUR, est déduit de la réduction d'impôt pour revenus de remplacement, de sorte cette réduction ne s'élève qu'à 216,02 EUR.

3. *Luc (marié) est imposable en 2013 sur les revenus nets suivants (après application du quotient conjugal):*

- *une indemnité légale d'assurance-maladie de 1.400,00 EUR;*
- *une rémunération normale de 14.000,00 EUR;*
- *un revenu immobilier de 1.000,00 EUR.*

Un montant égal à 25 % de 280,00 EUR (7.270,00 EUR – 6.990,00 EUR), limité au rapport qu'il y a entre 1.400,00 EUR et 16.400,00 EUR, soit 5,98 EUR, est déduit de la réduction d'impôt pour revenus de remplacement, de sorte cette réduction ne s'élève qu'à 215,83 EUR.

1.2.4. *Quatrième étape: Limitation à la quotité de l'impôt afférente à ces revenus de remplacement ou pensions*

Le montant de la réduction d'impôt subsistant après ces deux limitations ne peut excéder la quotité d'impôt afférente aux revenus en raison desquels il est octroyé. Cette limite joue, par exemple, lorsque l'impôt relatif aux revenus de remplacement ou pensions dû par le contribuable est inférieur au montant de la réduction d'impôt.

Ceci peut être illustré par l'exemple suivant.

ex *Luc et Marguerite ont reçu l'avertissement extrait de rôle suivant relatif à l'exercice d'imposition 2017 (revenus de l'année 2016).*

	Luc	Marguerite
REVENUS PROFESSIONNELS IMPOSABLES GLOBALEMENT		
Traitements, salaires, etc.	30.000,00	
Maladie ou invalidité	2.000,00	
Total	32.000,00	
Quotient conjugal	– 9.600,00	9.600,00
Revenu net	**22.400,00**	**9.600,00**
REVENU IMPOSABLE GLOBALEMENT		
Revenus de biens immobiliers	1.000,00	
Revenus professionnels		
- Traitements, salaires, etc.	21.000,00	9.000,00
- Maladie ou invalidité	1.400,00	600,00
Total des revenus nets	23.400,00	9.600,00
Revenu imposable globalement	**23.400,00**	**9.600,00**
CALCUL DE L'IMPOSITION		
Quotités exemptées		
- Montant de base	7.270,00	7.270,00
Impôt de base	7.905,00	2.450,50
Réduction d'impôt		
- Sur les quotités exemptées	– 1.817,50	– 1.817,50
Impôt à répartir	6.087,50	633,00
Réduction maladie-invalidité	– 146,78	– 39,56
Imposition	**5.940,72**	**593,44**

	Détermination de la réduction maladie-invalidité dans le chef de Luc	Détermination de la réduction maladie-invalidité dans le chef de Marguerite
1re étape	**155,45** c'est-à-dire 2.598,29 × (1.400,00 / 23.400,00)	**162,39** c'est-à-dire 2.598,29 × (600,00 / 9.600,00)
2e étape	1/3 × 155,45 (= 51,82) + 2/3 × 155,45 (= 103,63) × (44.860,00 – 23.400,00) / 22.430,00 = **150,97**	**162,39**
3e étape	159,97 – 25% de 280,00 × (1.400,00 / 23.400,00) = **146,78**	162,39 – 25% de 280,00 × (600,00 / 9.600,00) = **158,02**
4e étape		158,02 limité à 633,00 × (600,00 / 9.600,00) = **39,56**

1.3. Exonération de fait

Une réduction complémentaire est accordée lorsque le total des revenus nets se compose exclusivement de pensions ou de revenus de remplacement. L'administration est d'avis que ces réductions complémentaires pour revenus de remplacement peuvent uniquement être accordées si les revenus sont déjà entrés en considération pour la réduction ordinaire.

Cette réduction complémentaire ne s'applique donc jamais si le contribuable bénéficie par exemple «d'une indemnité en cas de reprise du travail» ou encore d'autres revenus professionnels.

1.3.1. *Revenus de remplacement ou pensions d'un faible montant*

Circulaire n° 2017/C/10 du 9 mars 2017

L'impôt qui subsiste après application de la réduction d'impôt n'est pas dû lorsque l'ensemble de ses revenus nets (des deux conjoints ou cohabitants légaux en cas d'imposition commune) se compose exclusivement (pour l'exercice d'imposition 2017):

- de pensions ou de revenus de remplacement n'excédant pas 15.568,12 EUR;
- d'allocations de chômage n'excédant pas 17.631,14 EUR;
- d'indemnités légales d'assurance en cas de maladie ou d'invalidité n'excédant pas 17.297,91 EUR;
- d'allocations de chômage et d'indemnités légales en cas de maladie ou d'invalidité n'excédant pas 15.568,12 EUR.

Dès que les revenus mentionnés ci-avant excèdent la limite, une règle de palier est appliquée, laquelle vise, en cas de léger dépassement des limites, à ce que l'impôt final ne soit pas plus élevé que le revenu qui excède la limite.

1.3.2. *Revenus de remplacement ou pensions d'un montant plus élevé*

Si le montant total des revenus nets se compose exclusivement de revenus de remplacement ou de pensions et que les montants limites susvisés sont dépassés, la réduction complémentaire se calcule de la manière suivante :

Le montant total des revenus nets (des deux conjoints ou cohabitants légaux en cas d'imposition commune) se compose exclusivement de	Le montant de l'impôt (des deux conjoints ou cohabitants légaux en cas d'imposition commune)
Pensions ou revenus de remplacements	Le montant des revenus MOINS 14.914,71 EUR
Indemnités de chômage (peu importe le fait que le contribuable ait atteint ou non l'âge de 50 ans au 1er janvier 2013) et que le montant de ces indemnités n'excède pas le montant maximum de l'indemnité légale de chômage qui peut être attribuée pendant les douze premiers mois de chômage complet	Le montant des revenus MOINS 16.571,90 EUR
Indemnités légales de maladie ou d'invalidité	Le montant des revenus MOINS 16.571,90 EUR

Cette règle vaut en cas de faibles dépassements des montants limites, l'impôt finalement payé n'étant pas supérieur aux revenus qui dépassent la limite.

En cas d'imposition commune, la réduction complémentaire d'impôt doit être répartie en proportion du montant d'impôt de chacun des deux conjoints qui subsiste après la deuxième étape.

2. Réductions pour heures supplémentaires

Article 154*bis* CIR

Circulaire n° AAF/2008-0449-1 (AAF 13/2008) du 16 juillet 2008

Il est accordé une réduction d'impôt aux travailleurs qui ont presté, pendant la période imposable, un travail supplémentaire qui donne droit à un sursalaire (peu importe que ce sursalaire soit réellement payé ou soit converti sous certaines conditions en repos compensatoire) en vertu de l'article 29 de la loi sur le travail du 16 mars 1971 ou de l'article 7 de l'arrêté royal n° 213 du 26 septembre 1983 relatif à la durée du travail dans les entreprises ressortissant à la commission paritaire de la construction et qui :

- soit sont soumis à la loi sur le travail du 16 mars 1971 et qui sont occupés par un employeur soumis à la loi du 5 décembre 1968 relative aux conventions collectives de travail et aux commissions paritaires ;
- soit sont occupés, sous statut ou avec un contrat de travail, par une des entreprises publiques autonomes suivantes : la société anonyme de droit public Belgacom, la société anonyme de droit public La Poste, la société anonyme de droit public SNCB Holding, la société anonyme de droit public SNCB et la société anonyme de droit public Infrabel.

Pour la détermination du montant de la réduction d'impôt, le contribuable doit indiquer dans sa déclaration :

- le nombre total des heures supplémentaires effectivement prestées en regard du Code 1246-15 ou 2246-82 ;
- le montant qui a servi de base au calcul du sursalaire relatif aux heures supplémentaires en regard du Code 1247-14 ou 2247-81.

Cadre IV – Traitements, salaires, allocations de chômage, indemnités légales de maladie invalidité...		
G. Heures supplémentaires qui donnent droit à un sursalaire		
1. Nombre total d'heures de travail supplémentaires effectivement prestées	Code 1246-15	Code 2246-82
2. Base de calcul du sursalaire relatif aux heures supplémentaires donnant droit à une réduction d'impôt:		
a) de 66,81 %	Code 1233-28	Code 2233-95
b) de 57,75 %	Code 1234-27	Code 2234-94

La réduction d'impôt est égale à :

- 66,81 % du montant mentionné en regard des codes 1233-28 ou 2233-95 de la déclaration, si un sursalaire légal de 20 % s'applique;
- 57,75 % du montant mentionné en regard des codes 1234-27 ou 2234-94 de la déclaration, si un sursalaire légal de 50 % ou 100 % s'applique.

Lorsque le nombre d'heures mentionné en regard du Code 1246-15 ou 2246-95 de la déclaration excède 130 heures, la base de calcul du sursalaire est multipliée par le coefficient suivant: 130 divisé par le nombre total d'heures de travail supplémentaires effectivement prestées.

Autrement dit, si le contribuable a presté plus de 130 heures, le calcul de la réduction d'impôt peut être effectué de la manière suivante:

$$\text{Base de calcul des heures supplémentaires} \times \frac{130}{\text{Total des heures supplémentaires pretsées}} \times \text{Pourcentage applicable de réduction d'impôt}$$

Le montant de la réduction d'impôt obtenu ne peut pas excéder l'impôt afférent aux rémunérations nettes imposables autres que les indemnités obtenues en réparation totale ou partielle d'une perte temporaire de rémunérations.

3. *Tax Shelter* PME – Réduction d'impôts

Article 154, 26 CIR

1318-40 à 1328-30/2318-10 à 2328-97

La réduction d'impôt *tax shelter* s'applique pour l'acquisition d'actions ou de parts de sociétés éligibles ou de parts de fonds *starter* agrées à partir du 1er juillet 2015.

3.1. Principes

Une réduction d'impôt en cas d'investissement auprès de jeunes entreprises autrement appelée *tax shelter* pour les PME.

Une réduction d'impôt pour les personnes physiques est octroyée depuis le 1er juillet 2015, sous certaines conditions, aux contribuables qui souscrivent directement ou par le biais d'une plateforme de *crowdfunding*, à de nouvelles actions ou parts émises par une PME qui débute, ou à des parts d'un fonds *starter* agréé qui investit à son tour (et donc indirectement) les fonds ainsi collectés dans de nouvelles actions ou parts émises par des PME qui débutent.

La réduction d'impôt s'élève en principe à 30 % du montant apporté et visé par la réduction, et est portée même à 45 % lorsqu'il s'agit d'un investissement direct dans une microsociété.

3.2. Taux de la réduction d'impôt

La réduction d'impôt est égale à 30 % du montant des investissements.

Le taux passe à 45 % pour les investissements directs en actions ou parts d'une microsociété.

3.3. Investissement visé

La mesure concerne les nouvelles actions ou parts émises :

- lors de la constitution de la société débutante ;
- ou lors d'une augmentation de capital opérée au cours des quatre années qui suivent la constitution de la société.

Il ne peut s'agir de parts ou d'actions existantes, il doit s'agir d'actions ou parts nominatives représentant une fraction du capital social de la société débutante.

Elles doivent être payées en argent et être entièrement libérées.

3.4. Obligation de conservation des actions ou des parts pendant un délai de 48 mois.

Les actions ou parts des sociétés visées ou les parts des fonds *starters* doivent être conservées pendant les quatre périodes imposables suivant l'acquisition, sauf en cas de décès.

À défaut de respecter ce délai de conservation, la réduction d'impôt sera reprise en proportion des mois restant à courir par rapport au délai obligatoire de conservation de quatre ans.

Concrètement, pour obtenir le montant de la reprise, le montant de la réduction d'impôt précédemment octroyé est donc multiplié par une fraction dont le numérateur correspond au nombre de mois manquant et le dénominateur est 48.

Si cette condition n'est plus respectée après la période de 48 mois suivant l'acquisition des actions ou parts, il n'y a pas de problème.

3.5. Limites

La participation dans le capital social de la société débutante ne peut excéder 30 % du capital de la société visée avec un montant maximum de 100.000,00 EUR par période imposable.

Les versements dépassant ces 30 % de participation ne donnent pas droit à la réduction d'impôt.

Dans le cas de conjoints (ou de cohabitants légaux), chacun d'eux peut profiter de ce plafond sur ses propres dépenses.

Le seuil de 30 % est porté à 45 % si la société visée est une micro-société.

Cette augmentation du seuil de 45 % ne vaut que pour l'acquisition directe d'actions ou parts (à l'exclusion donc des investissements indirects par le biais d'un fonds *starter*).

La réduction d'impôt ne peut être ni remboursée (pas de crédit d'impôt), ni reportée sur une période imposable suivante.

3.6. Quelles sont les sociétés visées ?

1. Il s'agit des petites sociétés qui débutent au sens de l'article 15 du Code des sociétés. Il doit donc s'agir d'une société dotée de la personnalité juridique qui, à la date de bilan du dernier exercice clôturé, ne dépasse pas plus d'un des critères suivants :

- nombre de travailleurs occupés, en moyenne annuelle : 50 ;
- chiffre d'affaires annuel, hors tva : 9.000.000,00 EUR ;
- total du bilan : 4.500.000,00 EUR.

Ces critères ne sont pas indexés.

Pour l'exercice d'imposition afférent à la période imposable au cours de laquelle l'apport en capital a lieu, il doit s'agir d'une petite société

Le fait de dépasser ou de ne plus dépasser plus d'un des critères précités n'a d'incidence que si cette circonstance se produit pendant deux exercices consécutifs. Dans ce cas, les conséquences de ce dépassement s'appliqueront à partir de l'exercice suivant l'exercice au cours duquel, pour la deuxième fois, plus d'un des critères a été dépassé ou n'est plus dépassé. Il s'ensuit que si une société ne franchit pas plus d'un des seuils qu'une seule fois, elle ne perdra pas son statut de petite société.

À titre transitoire, la règle selon laquelle une société ne peut pas franchir les seuils au cours de deux exercices consécutifs ne trouvera pas à s'appliquer, uniquement au premier exercice commençant après le 31 décembre 2015.

Dans le cas de sociétés liées, le chiffre d'affaire et le total du bilan doivent être déterminés sur une base consolidée mais uniquement dans le chef de la société mère.

Les sociétés qui commencent leurs activités doivent estimer de bonne foi ces critères au début de l'exercice comptable.

S'il ressort de cette estimation que plus d'un des critères sera dépassé au cours du premier exercice, il faut en tenir compte dès ce premier exercice.

Ceci implique que si, au vu du plan financier, il devait d'emblée s'avérer que les seuils seront franchis, la société ne pourra pas être considérée comme petite.

Les microsociétés visées sont les petites sociétés qui non seulement respectent les conditions prévues dans le cadre de la réduction d'impôt mais également, qui ne sont pas une société filiale ou une société mère et qui ne dépassent pas plus d'une des limites suivantes à la date de clôture des comptes :

- le total du bilan n'est pas supérieur à 350.000,00 EUR ;
- le chiffre d'affaires, hors TVA, n'est pas supérieur à 700.000,00 EUR ;
- la moyenne des travailleurs occupés pendant l'année n'est pas supérieure à 10.

Ces montants en euros ne sont pas indexés.

2. Il doit s'agir d'une société résidente ou d'une société de l'Espace économique européen qui dispose en Belgique d'un « établissement stable », qui a été constituée au plus tôt le 1er janvier 2013.

3. L'investissement doit se faire lors de la constitution de la société ou à l'occasion d'une augmentation de capital dans les 4 ans suivant sa constitution.

Il s'agit dans les deux cas de sociétés qui ont été constituées au plus tôt le 1er janvier 2013.

Une société est censée être constituée :

- à la date de dépôt de l'acte de constitution au greffe du tribunal de commerce ;
- ou à la date de dépôt d'une formalité similaire dans un autre État membre de l'Espace économique européen.

Lorsque l'activité de la société débutante consiste en la continuation d'une activité qui était exercée auparavant par une personne physique ou une personne morale, la société est censée être constituée respectivement :

- au moment de la première inscription à la Banque-Carrefour des entreprises par cette personne physique ;
- ou au moment du dépôt de l'acte de constitution au greffe du tribunal de commerce par cette autre personne morale ;
- ou de l'accomplissement d'une formalité d'enregistrement similaire dans un autre État membre de l'Espace économique européen par cette personne physique ou cette autre personne morale.

Ceci permettra de vérifier que la société :

- a été constituée au plus tôt le 1er janvier 2013 ;
- ou qu'elle a augmenté son capital au cours des quatre années suivant sa constitution qui a eu lieu au plus tôt le 1er janvier 2013.

Cette mesure est en effet applicable aux sociétés constituées au plus tôt le 1er janvier 2013.

3.7. Conditions d'éligibilité et exclusions

3.7.1. *Dans le chef du contribuable*

Les dirigeants d'entreprise sont exclus du bénéfice du régime pour les actions ou parts qu'ils détiennent directement ou par le biais d'un fonds *starter* dans la société dans laquelle ils exercent leur activité de dirigeant d'entreprise.

En effet, selon l'administration, un dirigeant d'entreprise n'a pas besoin d'un incitant supplémentaire pour investir dans sa propre société.

Cette exclusion s'applique aussi aux personnes qui exercent indirectement une fonction de dirigeant d'entreprise :

- en tant que représentant permanent d'une autre société ;
- par l'intermédiaire d'une autre société dont ces personnes sont actionnaires.

Il n'est cependant pas exclu que l'épouse du dirigeant investisse elle-même dans la société.

Pour une même dépense, il y a une impossibilité de cumul avec les avantages fiscaux suivants :

- la réduction d'impôt pour acquisition d'actions ou parts de l'employeur ;
- la réduction d'impôt pour les dépenses consacrées à un fonds de développement.

3.7.2. *Dans le chef de la société débutante*

La société débutante ne peut pas être :

- une société d'investissement, de trésorerie ou de financement ;
- une société immobilière ;
- une société de management, de gestion ;
- une société cotée en bourse ;
- une société qui a, dans le passé, déjà opéré une diminution de capital ou distribué des dividendes ;
- une société qui a fait l'objet d'une procédure collective d'insolvabilité ou qui se trouve dans les conditions d'une procédure collective d'insolvabilité ;
- une société d'investissement, de trésorerie ou de financement ;
- une société constituée à l'occasion d'une fusion ou d'une scission de sociétés ;
- une société qui a perçu après versement des sommes par le contribuable, un montant d'apports fiscalement favorisés supérieur à 250.000,00 EUR au cours de son existence.

Ce montant n'est pas indexé et comprend les apports directs et les apports par un fonds starter.

3.8. **Surveillance durant 48 mois**

Les conditions d'éligibilités de la société au sein de laquelle le contribuable investit s'apprécie au moment dudit investissement doivent être maintenues pendant une période de 48 mois qui suivent la libération des actions ou des parts de la société.

Si ces conditions ne sont plus respectées au cours de la période de 48 mois suivant le paiement des actions ou parts, la réduction d'impôt sera reprise en partie.

Cette reprise s'effectue pour l'année au cours de laquelle les conditions ne sont plus respectées, sous la forme d'une augmentation d'impôt. La reprise est calculée en fonction du nombre de «mois manquants» à compter de la date à laquelle la condition n'est pas respectée jusqu'à la fin du délai de 48 mois.

Concrètement, pour obtenir le montant de la reprise, le montant de la réduction d'impôt précédemment octroyé est donc multiplié par une fraction dont le numérateur correspond au nombre de mois manquant et le dénominateur est 48.

Le fait de dépasser ou de ne plus dépasser plus d'un des trois critères précités n'a d'incidence que si cette circonstance se produit pendant deux exercices consécutifs.

Dans ce cas, les conséquences de ce dépassement s'appliqueront à partir de l'exercice suivant l'exercice au cours duquel, pour la deuxième fois, plus d'un des critères a été dépassé ou n'est plus dépassé.

Il s'ensuit que si une société ne franchit pas plus d'un des seuils qu'une seule fois, elle ne perdra pas son statut de microsociété.

À titre transitoire, la règle selon laquelle une société ne peut pas franchir les seuils au cours de deux exercices consécutifs ne trouvera pas à s'appliquer, uniquement au premier exercice commençant après le 31 décembre 2015.

Dans le cas de sociétés liées, le chiffre d'affaire et le total du bilan doivent être déterminés sur une base consolidée. Quant au critère en matière de personnel occupé, le nombre de travailleurs occupés en moyenne annuelle par chacune des sociétés liées est additionné.

La microsociété débutante doit respecter ces critères pour l'exercice d'imposition afférent à la période imposable au cours de laquelle l'apport en capital a lieu. Les microsociétés qui démarrent doivent évaluer ces critères de bonne foi au début de chaque exercice comptable.

S'il ressort de cette estimation que plus d'un des critères sera dépassé au cours du premier exercice, il faut en tenir compte dès ce premier exercice. Ceci implique que si, au vu du plan financier, il devait d'emblée s'avérer que les seuils seront franchis dès le début, la société ne pourra pas être considérée comme une microsociété.

4. **Documents à produire**

Le contribuable doit produire à l'appui de ses déclarations à l'impôt des personnes physiques des quatre périodes suivantes les documents suivants:

Le document établi pour l'année d'acquisition doit:

- certifier que la société débutante remplit ou non les conditions prévues à l'article 145/26, § 3, al. 1er, CIR;
- reprendre le taux de la réduction applicable;

- reprendre les sommes *donnant droit à la réduction*, ce qui implique qu'en plus des conditions précitées, d'autres conditions doivent être respectées, notamment celles prévues à l'article 145/26, §1er, CIR.

ex *L'investissement doit concerner de nouvelles actions ou parts nominatives, acquises avec des apports en argent; l'investisseur ne peut exercer, ni directement, ni indirectement, une activité de dirigeant d'entreprise dans la société précitée; la participation dans le capital social de la société débutante ne peut excéder 30 %, sinon, les versements qui permettent de dépasser ces 30 % de participation ne donnent pas droit à la réduction d'impôt, etc.;*

- certifier:
  - que le contribuable a acquis les actions ou parts pendant la période imposable, par la mention de la date de leur libération totale;
  - et que le contribuable est encore en possession de celles-ci à la fin de la période imposable.

La société débutante doit remettre ces documents **avant le 31 mars** de l'année qui suit celle de l'année d'acquisition des actions ou parts entièrement libérées et des 4 années suivantes.

Le document à établir pour chacune des quatre années suivant l'année d'acquisition doit certifier que:

- les actions ou parts du contribuable sont toujours en sa possession au 31 décembre de la période imposable;
- la société débutante continue de respecter les quatre conditions suivantes:
  - la société n'est pas une société d'investissement, de trésorerie ou de financement;
  - la société n'est pas une société immobilière;
  - la société n'est pas constituée afin de conclure des contrats de gestion ou d'administration ou d'obtenir la plupart de ses bénéfices de contrats de gestion ou d'administration;
  - la société n'utilise pas les sommes perçues pour une distribution de dividendes ou pour l'acquisition d'actions ou parts ni pour consentir des prêts.

Si le contribuable cède ses actions ou parts au cours de la période de 48 mois suivant leur acquisition, un document doit être établi pour l'année de la cession des actions lequel doit reprendre le nombre de mois non encore expiré(s) à prendre en considération pour le calcul de la reprise de la réduction d'impôt.

Pour une meilleure facilité d'utilisation, l'administration a rédigé des modèles de document, dont l'emploi n'est pas obligatoire, et que les sociétés débutantes peuvent utiliser.

XII.
LES CREDITS D'IMPÔT

1. Prêt «coup de pouce» de la Région wallonne

3389-09 / 4386-76

1.1. Principes

En application des articles 5/1 et 5/5 de la loi spéciale de financement des communautés et des régions, la Région wallonne a décidé d'accorder des avantages fiscaux qui s'intègrent dans le cadre de leur compétence matérielle régionale et notamment en matière d'économie et d'emploi en vue d'encourager le financement des start-up.

Le mécanisme est inspiré de ce qui existe au niveau de l'État fédéral (*tax shelter* PME).

Il s'agit d'un crédit à l'impôt des personnes physiques d'un montant de 2.000,00 EUR par an maximum en faveur des investisseurs personnes physiques.

Les personnes physiques domiciliées en Wallonie sont incitées à prêter des fonds pour un maximum de 50.000,00 EUR à des entreprises en contrepartie de réduction d'impôts sur leurs revenus.

Ce régime est ouvert tant pour les financements à destination de sociétés qu'à destination de travailleurs indépendants.

1.2. Conditions d'application

1.2.1. *Conditions relatives à l'emprunteur*

L'emprunteur doit être une PME wallonne débutante.

L'entreprise qui veut bénéficier de prêts offrant à l'investisseur les avantages fiscaux wallons doit répondre aux conditions suivantes:

- il doit s'agir d'une PME, à savoir une «micro, petite ou moyenne entreprise» au sens de la recommandation 2003/361/CE de la Commission européenne du 6 mai 2003 (le décret se réfère également à toutes les modifications ultérieures de la recommandation précitée), c'est-à-dire une entreprise qui:
  - occupe moins de 250 travailleurs;
  - a un chiffre d'affaires annuel de maximum 50.000.000,00 EUR ou que le total du bilan ne dépasse pas 43.000.000,00 EUR;
- cette PME doit en outre remplir huit conditions:
  1. l'entreprise doit exister depuis moins de 5 ans et cela au regard de l'inscription à la BCE ou à l'organisme de sécurité sociale des indépendants lorsque l'inscription à la BCE n'est pas obligatoire[8];
  2. l'entreprise ne peut être en difficulté économique sérieuse (les entreprises en faillite ou en PRJ sont exclues);
  3. le siège d'exploitation de l'entreprise doit être établi en Région wallonne. Il ne s'agit pas ici du siège d'exploitation principal mais bien d'un lieu d'établissement suffisant[9];

---

8 Le prêt *Win-Win* de la Région wallonne n'était pas limité aux entreprises débutantes.

9 L'objectif est d'éviter un régime contraire à la libre circulation des capitaux en Europe.

4. l'objet social ou l'activité de la société ne peut être :
   - une activité immobilière au sens large ;
   - une activité financière ;
   - une activité de trésorerie ;
   - une activité de placement collectif de capitaux ;
   - une activité de management (société de management) ;
5. si l'emprunteur est une personne morale, il doit s'agir d'une société en forme commerciale ou une ASBL ou une fondation ;
6. l'emprunteur ne peut être une société cotée en bourse ;
7. l'emprunteur ne peut être une société issue d'une fusion ou d'une scission (pour des raisons de délais liées à la notion de société débutante) ;
8. la société ne peut avoir déjà réduit son capital ou distribué des dividendes.

1.2.2. *Conditions relatives au prêteur*

Le prêteur doit être une personne physique domiciliée en Région wallonne qui agit en dehors de son activité professionnelle. Il ne peut en outre pas :

1. être un employé de l'emprunteur ;
2. être le conjoint ou le cohabitant légal de l'emprunteur ;
3. l'associé ou le dirigeant de l'emprunteur s'il s'agit d'une personne morale ;
4. être lui-même l'emprunteur d'un prêt coup de pouce.

1.2.3. *Conditions relatives au prêt*

Il s'agit donc bien d'un prêt et non d'un apport en capital contrairement au *tax shelter* PME.

Cela implique donc qu'il doit y avoir paiement d'intérêts et remboursement du capital à l'échéance.

Le prêt doit donc avoir les caractéristiques suivantes :

- il doit s'agir d'un prêt à intérêts (au sens de l'article 1892 du Code civil), c'est-à-dire remise de fonds effective contre engagement de remboursement et stipulation d'intérêts ;
- ce prêt doit être subordonné, c'est-à-dire qu'il doit être remboursable après toutes les dettes de l'entreprise (existantes ou futures) ;
- la durée du prêt doit être de 4, 6 ou 8 ans fixe avec le remboursement du capital exclusivement à l'échéance. Les remboursements anticipés sont exclus ;
- le montant maximum du prêt est de 50.0000,00 EUR. Notons à cet égard que l'emprunteur ne peut souscrire de prêt que pour un montant maximum de 100.000,00 EUR ;
- l'intérêt stipulé doit être fixe et ne peut être supérieur au taux légal en vigueur à la date de conclusion du prêt. Pour l'année 2016, le taux légal était de 2,25 %. Le taux d'intérêts ne peut de même pas être inférieur à la moitié du taux légal ;
- le prêt doit être formulé dans un contrat écrit en triple exemplaires dont un modèle est destiné à la Région wallonne. Le Gouvernement wallon doit encore déterminer le modèle de ce prêt ;
- les fonds prêtés ne peuvent être reçus qu'à partir du 1er janvier 2016.

1.3. L'affectation des fonds récoltés

La PME qui reçoit les fonds doit exclusivement affecter ceux-ci à la réalisation de son entreprise.

Toute affectation ou utilisation partielle à titre privé est exclue.

Des mesures anti-abus ont été expressément définies.

L'emprunteur ne peut prêter les fonds empruntés à une personne morale existante ou à constituer dont lui-même, son conjoint ou son cohabitant légal est associé, actionnaire, administrateur, gérant, délégué de la gestion journalière ou détenteur d'un mandat similaire au sein de cette personne morale.

Les fonds ne peuvent être affectés à la souscription du capital d'une personne morale existante ou à constituer dont l'emprunteur serait lui-même, son conjoint ou son cohabitant légal associé, actionnaire, administrateur, gérant, délégué de la gestion journalière ou détenteur d'un mandat similaire au sein de cette personne morale.

Les fonds ne peuvent être affectés à une distribution de dividendes ou pour l'acquisition d'actions ou parts ni pour consentir des prêts.

1.4. Le crédit d'impôts

Au contraire de la réduction d'impôts, le crédit d'impôts a l'avantage d'être remboursable au contribuable même en cas d'insuffisance d'impôts dus.

Ce crédit d'impôts est accordé pour la durée du prêt enregistré, à compter de l'exercice d'imposition se rapportant à la période imposable pendant laquelle le prêt est réalisé et au cours de laquelle une demande d'enregistrement a été transmise à l'instance régionale désignée.

Le crédit d'impôt est de 4 % de la somme prêtée durant les 4 premières années et puis de 2,5 % pour les années suivantes avec un maximum de 8 ans.

Le montant maximum de ce crédit d'impôt est de 2.000,00 EUR pour les 4 premières années et de 1.250,00 EUR pour les années suivantes.

Ce crédit d'impôt reste maintenu même en cas de défaillance de l'emprunteur.

Cette fiscalité est sans lien avec la taxation par retenue du précompte à 30 % de l'intérêt.

2. Prêt Gagnant-Gagnant en Région flamande : crédit d'impôt

3377-18, 3378-17 / 4377-85, 4378-84

2.1. Principes

Le régime du prêt Gagnant-Gagnant a été introduit par le décret flamand du 19 mai 2006 (*M.B.* 30 juin 2006, complété par l'Arrêté du Gouvernement flamand du 20 juillet 2006 portant exécution du décret du 19 mai 2006 relatif au prêt Gagnant-Gagnant) et est entré en vigueur le 1er septembre 2006. Il a ensuite été modifié à plusieurs reprises.

Il s'agit actuellement d'accorder un crédit d'impôt à une personne physique qui accorde un prêt à une entreprise qui débute, pendant toute la durée du prêt si certaines conditions sont remplies (ces dernières seront développées aux points suivants).

2.2. Conditions d'application

2.2.1. *Conditions relatives à l'emprunteur*

L'entreprise qui veut bénéficier de prêts offrant à l'investisseur les avantages fiscaux flamands doit répondre aux conditions suivantes :

- il doit s'agir d'une PME, à savoir une « micro, petite ou moyenne entreprise » au sens de la recommandation 2003/361/CE de la Commission européenne du 6 mai 2003 (le décret se réfère également à toutes les modifications ultérieures de la recommandation précitée), c'est-à-dire une entreprise qui :

- occupe moins de 250 travailleurs;
- a un chiffre d'affaires annuel de maximum 50.000.000,00 EUR ou que le total du bilan ne dépasse pas 43.000.000,00 EUR.

Par ailleurs, les critères précités sont appréciés sur une base consolidée s'il existe une participation entre entreprises d'au moins 25 % ou s'il s'agit d'entreprises associées;

- cette PME doit en outre remplir deux conditions:
  1. l'entreprise doit être inscrite à la BCE ou à l'organisme de sécurité sociale des indépendants lorsque l'inscription à la BCE n'est pas obligatoire[10];
  2. avoir un siège d'exploitation établi en Région flamande. Auparavant, il devait s'agir du siège d'exploitation principal mais cette condition a été modifiée par par l'article 8 du Décr. Parl. fl. du 12 juillet 2013 (*M.B.*, 4 septembre 2013, 2e éd.)[11].

2.2.2. *Conditions relatives au prêteur*

Le prêteur doit être assujetti à l'impôt des personnes physiques «tel que localisé dans la Région flamande conformément à l'article 5/1, §2, de la loi spéciale de financement[12]» et agir en dehors de son activité commerciale ou professionnelle. Il ne peut en outre pas, à la conclusion du prêt Gagnant-Gagnant:

- être un employé de l'emprunteur;
- être le conjoint ou le cohabitant légal de l'emprunteur (l'exclusion ne vise par contre pas les cohabitants de fait);
- être le gérant, administrateur, actionnaire ou associé de l'emprunteur s'il s'agit d'une personne morale;
- être le conjoint ou le cohabitant légal d'un des gérants, administrateurs, actionnaires ou associés de l'emprunteur s'il s'agit d'une personne morale.

Pendant toute la durée du prêt Gagnant-Gagnant, l'emprunteur ne peut pas être lui-même l'emprunteur d'un prêt Gagnant-Gagnant.

2.2.3. *Conditions relatives au prêt*

Le prêt doit donc avoir les caractéristiques suivantes:

- il doit être subordonné[13], c'est-à-dire qu'il doit être remboursable après toutes les dettes de l'entreprise (existantes ou futures);
- la durée du prêt doit être de 8 ans. Il peut être remboursé en une fois à l'échéance ou selon un schéma d'amortissement[14] (il peut être prévu que le prêteur puisse amortir le prêt anticipativement au moyen d'un remboursement unique);
- un prêteur peut prêter un montant maximum de 50.0000,00 EUR (par un ou plusieurs prêts Gagnant-Gagnant). Notons à cet égard que l'emprunteur peut quant à lui actuellement souscrire un ou des prêts pour un montant maximum de 200.000,00 EUR[15].

---

10 À l'origine, il devait s'agir d'une entreprise débutante. Cela signifiait que l'entreprise devait être inscrite à la BCE depuis 3 années civiles complètes au maximum.

11 L'objectif est d'éviter un régime contraire à la libre circulation des capitaux en Europe.

12 C'est-à-dire que le domicile fiscal du prêteur doit être établi en Région flamande au 1er janvier de l'exercice d'imposition.

13 Le caractère subordonné concerne juste le principal et non les intérêts.

14 Cette possibilité a été introduite par le décret du 10 décembre 2010 (*M.B.* 23 décembre 2010), en vigueur au 1er janvier 2011 et s'applique même aux prêts conclus avant le 31 décembre 2010. Avant cette modification, le prêt devait obligatoirement être remboursé en une seule fois.

15 Ce montant était antérieurement de 50.000,00 puis de 100.000,00 EUR.

- l'intérêt stipulé doit être fixe et ne peut être supérieur au taux légal en vigueur à la date de conclusion du prêt. Pour l'année 2016, le taux légal était de 2,25 %. Le taux d'intérêt ne peut de même pas être inférieur à la moitié du taux légal;
- dans les cas suivants, le prêteur peut exiger le remboursement du prêt à première demande:
  - en cas de faillite, d'insolvabilité, de dissolution ou de liquidation (volontaire ou forcée) de l'emprunteur;
  - en cas d'arriérés de plus de trois mois du paiement des amortissements ou des intérêts annuels;
  - en cas d'annulation d'office pour cause de non respect par l'emprunteur des conditions du décret ou des arrêtés d'exécution[16];
  - pour un emprunteur indépendant: en cas de cessation ou de cession volontaires d'activité ou en cas de décès (dans ce cas, le prêt sera appelable sur première demande auprès des héritiers);
  - lorsque l'emprunteur est une personne morale: en cas de mise en d'administration provisoire de cette personne morale;
- Le prêt doit être formulé dans un contrat écrit en triple exemplaires dont l'un doit être transmis à la SA WAARBORGBEHEER qui vérifie si l'acte est conforme aux conditions prescrites. Si tel est le cas, il est procédé à son inscription dans le registre des prêts Gagnant-Gagnant[17].

2.3. L'affectation des fonds récoltés

La PME qui reçoit les fonds doit exclusivement affecter ceux-ci à la réalisation des objectifs d'entreprise. Cela veut dire que les fonds doivent être affectés exclusivement aux activités d'entreprise ou professionnelles de l'emprunteur de la manière suivante:

- pour les personnes morales, dans l'intérêt de cette dernière et conformément à son objet social;
- pour les indépendants, d'une manière contribuant essentiellement à la réalisation de ses activités d'entreprise ou professionnelles.

2.4. Le crédit d'impôt

2.4.1. *Crédit d'impôt annuel*

Ce crédit d'impôt, calculé sur la base des montants prêtés dans le cadre d'un ou plusieurs prêts Gagnant-Gagnant, est accordé pour la durée du prêt Gagnant-Gagnant, à compter de l'exercice d'imposition se rapportant à la période imposable pendant laquelle le prêt a été conclu.

Le crédit d'impôt s'élève à 2,5 % de la moyenne arithmétique des montants mis à disposition au 1er janvier et au 31 décembre de la période imposable (l'assiette est cependant plafonnée à 50.000,00 EUR par contribuable).

Le montant maximum du crédit d'impôt est donc de 1250,00 EUR par contribuable.

16 Ce cas n'existait pas à l'origine, il a été introduit par le décret du 10 décembre 2010 (*M.B.* 23 décembre 2010), en vigueur au 1er janvier 2011.

17 Les formalités à remplir à cet égard sont reprises dans l'arrêté du Gouvernement flamand du 20 juillet 2006 portant exécution du décret du 19 mai 2006 relatif au prêt Gagnant-Gagnant tel que modifié par l'arrêté du gouvernement flamand du 6 mars 2015 modifiant diverses dispositions de l'arrêté relatif au prêt Gagnant-Gagnant du 20 juillet 2006.

Pour pouvoir en bénéficier, le contribuable doit tenir à la disposition de l'administration fiscale fédérale, la preuve qu'il avait en cours un ou plusieurs prêts Gagnant-Gagnant pour la période imposable (à compter de l'année suivant celle où le prêt a été conclu).

Il n'est pas possible de reporter l'avantage fiscal sur les années postérieures.

2.4.2. *Crédit d'impôt unique*

En cas de faillite, d'insolvabilité, de dissolution ou de liquidation volontaire ou forcée de l'emprunteur dans les six mois maximum suivant la période du prêt, et qu'en conséquence, l'emprunteur ne peut « rembourser tout ou partie du prêt Gagnant-Gagnant », une réduction d'impôt unique de 30 % sera accordée au prêteur[18] s'il exige le remboursement du prêt.

Ce crédit d'impôt unique est accordé pour l'année d'imposition pendant laquelle la perte définitive de tout ou partie du montant en principal du prêt Gagnant-Gagnant est établie.

L'assiette de cette réduction unique est égale au montant en principal qui est définitivement perdu au cours de la période imposable, avec un maximum de 50.000,00 EUR.

Pour mémoire, le droit à la réduction d'impôt unique est transféré aux ayants cause en cas de décès du prêteur.

18 Le prêteur doit également être assujetti à l'impôt des personnes physiques tel que localisé dans la Région flamande conformément à l'article 5/1, § 2, de la loi spéciale de financement.

Partie 7

La cessation de l'activité professionnelle et les pensions

I.
INTRODUCTION

Dans cette partie de l'ouvrage, nous examinons, dans un premier temps, les revenus issus de la cessation de l'activité professionnelle du contribuable.

Pour les *travailleurs et les dirigeants d'entreprise*, ces revenus sont les indemnités obtenues en raison ou à l'occasion de la cessation de travail ou de la rupture d'un contrat de travail et les rémunérations acquises.

Pour les *indépendants*, les revenus issus de la cessation de l'exercice de l'activité professionnelle sont:

- les plus-values de cessation;
- les indemnités de toute nature obtenues postérieurement à la cessation de l'activité professionnelle;
- les revenus obtenus ou constatés après la cessation de l'activité professionnelle.

Ces trois revenus ne sont pas forcément obtenus au moment de la mise à la pension des contribuables. Ainsi, l'indépendant qui passe en société peut se voir imposé sur des plus-values de cessation, et ce, bien qu'il devienne, le cas échéant, dirigeant d'entreprise ou travailleur de la société créée.

Dans un second temps, nous analysons le régime des pensions proprement dites.

En Belgique, le système des pensions est basé sur trois piliers:

- la pension légale;
- les pensions extralégales issues de l'exercice de l'activité professionnelle;
- la pension complémentaire qui est constituée individuellement.

Le *premier pilier* (pension légale) est basé sur le régime de la répartition. Les personnes qui exercent une activité professionnelle cotisent pour les pensionnés, par le biais d'une retenue de cotisations sociales sur leurs rémunérations ou de cotisations INASTI pour les indépendants.

Le *second pilier* regroupe tous les régimes de pension extralégale issue de l'exercice de l'activité professionnelle.

Ce pilier est basé sur le principe de la capitalisation. Les sommes versées sont capitalisées pour procurer au travailleur, au dirigeant d'entreprise, à l'indépendant ou, le cas échéant à leur ayants cause, un capital tenant lieu de pension complémentaire.

Le *troisième pilier* est basé sur l'effort individuel des contribuables, en dehors de l'exercice de l'activité professionnelle. Il s'agit principalement de l'assurance-vie et de l'épargne-pension.

II.
LA CESSATION DE L'ACTIVITÉ PROFESSIONNELLE PROPREMENT DITE

1. Indemnités obtenues en raison ou à l'occasion de la cessation de travail ou de la rupture d'un contrat de travail

Article 31, alinéa 1er, 3° CIR, 38 § 1er, alinéa 1er, 27° et § 5

1262-96/2262-66/1308-50/2308-20/1276-82/2276-52/1239-22/2239-89/1280-78/2280-48

1.1. Principe

Sont visées, les indemnités (généralement appelées indemnités de dédit, de préavis, de rupture, de licenciement, primes de séparation, de départ, de congé, etc.) qui sont destinées à représenter la rémunération due en vertu d'un contrat de travail et qui sont payées à l'occasion de la mise à la retraite, du licenciement, du renvoi, etc. du travailleur.

Lorsque le bénéficiaire de l'indemnité est un travailleur, le montant des indemnités doit être indiqué en regard du Code 1262-96 ou 2262-66 de la déclaration :

Cadre IV – Traitements, salaires, allocations de chômage, indemnités légales de maladie invalidité, revenus de remplacement et prépensions		
A. Rémunérations ordinaires		
7. Indemnités de dédit (autres que visées sous 13, d et 14, d)	Code 1262-96	Code 2262-66

Pour les dirigeants d'entreprise, le montant de l'avantage est mentionné en regard du Code 1432-23 ou 2432-90 de la déclaration.

Cadre XVII – Rémunérations de dirigeants d'entreprise		
5. Indemnités de dédit	Code 1432-23	Code 2432-90

1.2. Existence d'un lien causal

Pour qu'une indemnité obtenue à la suite de la cessation de l'activité soit imposable, il faut que le bénéficiaire ait acquis l'indemnité du chef ou à l'occasion de l'exercice de son activité professionnelle. Autrement dit, il doit y avoir un lien causal entre l'obtention de l'indemnité et l'activité professionnelle exercée par le bénéficiaire de l'indemnité. C'est à l'administration fiscale qu'il incombe de démontrer ce lien causal.

Dans un arrêt du 30 avril 1963, la Cour de Cassation précise que, pour être assujetties à l'impôt, les indemnités doivent être payées par l'employeur en considération de l'activité exercée à son service par le bénéficiaire des indemnités, de manière telle que l'impôt frappe des sommes ou des avoirs qui sont le produit de l'activité professionnelle dudit bénéficiaire. Il n'est pas requis que l'employeur ait encore cette qualité au moment du paiement ou de son engagement de payer, ni que la cessation de travail motivant l'octroi de l'indemnité se produise dans le cours du service presté pour cet employeur.

1.3. Régime d'imposition

Depuis le 1er janvier 2012, une exonération d'impôt est prévue pour une partie de la rémunération qui est payée durant le délai de préavis.

Cette exonération est maintenue même lorsqu'une indemnité compensatoire de préavis est payée.

Cette mesure a cependant été supprimée en raison de l'introduction du statut unique.

L'exonération reste cependant applicable dans deux hypothèses :

- lorsque le licenciement a été notifié au travailleur avant le 1er janvier 2014 ;
- lorsque le licenciement a été notifié après le 1er janvier 2014 par l'employeur et que le travailleur est concerné par les conditions cumulatives suivantes :
    - il s'agit d'un projet de licenciement collectif qui a été notifié au plus tard le 31 décembre 2013 ;

- le travailleur se voit appliquer les dispositions d'une CCT qui encadre les conséquences du licenciement collectif et qui a été déposé au plus tard le 31 décembre 2013 auprès du SPF Emploi, travail et concertation sociale.

Cette exonération n'est accordée qu'exclusivement pour les contrats de travail à durée indéterminée et résiliés par l'employeur.

Elle ne s'applique pas lorsque la résiliation intervient :

- pendant la période d'essai ;
- en vue de la prépension et de la pension ;
- pour motifs graves.

Pour l'exercice d'imposition 2017, l'exonération était la suivante :

- si le licenciement a été notifié au travailleur avant le 1er janvier 2014 : 640,00 EUR
- si le congé a été notifié par l'employeur à partir du 1er janvier 2014 et que le travailleur réuni les conditions cumulatives susvisées : 1.300,00 EUR

L'exonération reste limitée au montant maximum quel que soit le nombre de licenciements au cours de la période imposable.

L'exonération ne peut toutefois pas non plus excéder par période imposable le même montant maximum tel qu'il est applicable aux congés notifiés pendant la période imposable.

L'exonération est appliquée par période imposable par priorité sur les rémunérations obtenues en raison ou à l'occasion de l'exercice de l'activité professionnelle pendant la période de préavis.

La partie qui dépasse ce montant est imposable au taux moyen afférent à l'ensemble des revenus imposables de la dernière année antérieure pendant laquelle le contribuable a eu une activité professionnelle normale (voir «5. Les rémunérations», page 273).

2. Les rémunérations acquises des travailleurs et des dirigeants d'entreprise

Articles 31 alinéa 2, 5° et 32, alinéa 2, 2° CIR

1250-11/2250-78 et/ou 1251-10/2251-77 et/ou 1252-09/2252-76

2.1. Principe

Les rémunérations acquises par les travailleurs ou les dirigeants d'entreprise après la cessation de l'activité professionnelle sont imposables à titre de rémunérations.

En l'occurrence, il s'agit des rémunérations, traitements, salaires ou indemnités payés ou attribués :

- aux contribuables eux-mêmes alors qu'ils ont cessé définitivement l'exercice de leur activité professionnelle ;
- aux ayants cause du contribuable ; les revenus en question sont à déclarer dans le chef de la succession.

Sont ainsi notamment imposables :

- les rémunérations payées ou attribuées au travailleur après qu'il ait quitté son employeur ;
- les rémunérations acquises versées aux héritiers d'un travailleur décédé ; dans cette hypothèse, la cotisation doit être enrôlée au nom de la succession pour l'exercice d'imposition suivant l'année au cours de laquelle ces rémunérations ont été payées ou attribuées ;
- l'indemnité attribuée par l'employeur à la veuve d'un de ses travailleurs à la suite du décès de celui-ci ; bien qu'elle ait été octroyée à la veuve, l'indemnité en cause est imposable au nom de la succession ;
- l'allocation destinée à couvrir des frais funéraires octroyée par l'employeur du défunt.

2.2. Régime d'imposition

Les rémunérations acquises suivent le même régime que les rémunérations ordinaires (voir page 273).

3. Les bénéfices et les profits

Les bénéfices et les profits relatifs à l'exercice d'une activité professionnelle exercée antérieurement par le bénéficiaire ou par la personne dont celui-ci est l'ayant cause sont imposables.

Ces bénéfices et profits englobent:

- d'une part, les plus-values qui sont obtenues ou constatées en raison ou à l'occasion de la cessation complète et définitive d'une entreprise commerciale, industrielle ou agricole ou de l'exercice d'une profession libérale, charge, office ou occupation lucrative (ci-après dénommées «plus-values de cessation»);
- d'autre part, les revenus et indemnités qui sont obtenus ou constatés postérieurement à la cessation et qui proviennent de l'activité professionnelle ou qui s'y rapportent.

3.1. Les plus-values de cessation

Articles 28, alinéa 1er, 2° et 171, 5°, c CIR

1690-56 à 1692-54/2690-26 à 2692-24

Pour être imposable au titre de plus-values de cessation, la plus-value doit être réalisée ou constatée en raison ou à l'occasion de la cessation complète et définitive de l'activité professionnelle qui génère des bénéfices ou des profits et doit concerner des éléments qui étaient affectés à l'exercice de cette activité professionnelle.

3.1.1. *Cessation complète et définitive de l'activité professionnelle*

La cessation de l'activité professionnelle doit être complète et définitive. Les plus-values qui sont réalisées à l'occasion d'une réduction partielle ou temporaire de l'activité professionnelle qui génère les bénéfices ou les profits sont examinées dans une autre partie de l'ouvrage (voir page 362).

Est assimilée à une cessation complète et définitive, la cession complète et définitive d'une ou de plusieurs divisions de l'entreprise ou branches de l'activité pendant l'exercice de l'activité professionnelle.

L'article 680 du Code des sociétés définit la branche d'activité comme un ensemble qui du point de vue technique et sous l'angle de l'organisation, exerce une activité autonome et est susceptible de fonctionner par ses propres moyens, c'est-à-dire de manière indépendante.

3.1.2. *En raison ou à l'occasion de la cessation de l'activité professionnelle*

L'utilisation des termes «à l'occasion de» fait en sorte que sont considérées comme des plus-values de cessation les plus-values réalisées ou constatées avant la cessation complète et définitive de l'activité professionnelle, si elles ont été réalisées ou constatées à l'occasion de la cessation effective de l'activité.

3.1.3. *Éléments affectés à l'exercice de cette activité professionnelle*

Les plus-values de cessation concernent les plus-values réalisées ou constatées sur les immobilisations et les autres éléments (les stocks, les commandes en cours d'exécution...) affectés à l'exercice de l'activité professionnelle.

Pour rappel, est considérée comme ayant été affectée à l'exercice de l'activité professionnelle, l'immobilisation qui :

- a été acquise ou constituée dans le cadre de cette activité professionnelle et qui figurait parmi les éléments de l'actif ;
- en raison de laquelle des amortissements ou des réductions de valeur ont été admis fiscalement ;
- a été constituée pendant l'exercice de l'activité professionnelle et qui figurait ou non parmi les éléments de l'actif (uniquement applicable aux immobilisations incorporelles).

Sous réserve d'une taxation au titre de revenu divers, sont exonérées, entièrement et sans condition, les plus-values de cessation réalisées ou constatées sur des terrains d'exploitations agricoles ou horticoles affectés à l'exercice de l'activité professionnelle.

La plus-value de cessation n'est pas imposable lorsqu'elle concerne des éléments ayant été affectés à des fins professionnelles qui, entre la date de la cessation et la date d'aliénation, sont réaffectés d'une manière durable à des fins non professionnelles (comme par exemple une voiture).

Cette exception ne s'applique pas aux éléments de l'actif qui, en raison de leur nature, ne sont utilisables qu'à des fins professionnelles, (par exemple, des bâtiments industriels, des machines, des camions, des espaces aménagés dans des buts spécifiquement commerciaux ou artisanaux, etc.).

Les plus-values de cessation peuvent être totalement exonérées :

- lorsque, soit l'exploitation, soit l'activité professionnelle, soit une ou plusieurs branches d'activité sont continuées par le conjoint ou par le cohabitant légal ou par un ou plusieurs héritiers ou successibles en ligne directe de la personne qui a cessé l'exploitation, l'activité professionnelle ou la branche d'activité ;
- lorsqu'elles sont obtenues ou constatées à l'occasion de l'apport d'une ou plusieurs branches d'activité ou d'une universalité de biens à une société belge ou à une société établie dans un autre État membre de l'Union européenne, moyennant la remise d'actions ou parts représentatives du capital social de cette société (voir page 539).

3.1.4. *Montant imposable*

La plus-value réalisée est égale à la différence positive entre, d'une part, l'indemnité perçue ou la valeur de réalisation du bien diminuée des frais de réalisation et, d'autre part, sa valeur d'acquisition ou d'investissement diminuée des amortissements et réductions de valeur fiscalement admis antérieurement (voir pages 412 et 460).

La plus-value constatée est égale à la différence entre la valeur réelle des biens au moment de la date de l'acte qui révèle l'existence de la plus-value et leur valeur fiscale nette.

Le montant de la plus-value de cessation doit être indiqué selon les cas en regard des codes 1690-56, 1691-55 ou 1692-54 (2690-26, 2691-25 ou 2692-24) de la déclaration.

Cadre XXII – Bénéfices ou profits d'une activité professionnelle antérieure		
1. Plus-value de cessation (après déduction des frais réels de réalisation)		
a) Imposables distinctement (à 16,5 %)	Code 1690-56	Code 2690-26
b) Imposables distinctement (à 33 %)	Code 1691-55	Code 2691-25
c) Imposables globalement	Code 1692-54	Code 2692-24

Le montant des frais de réalisation doit être mentionné en regard des codes 1696 et /ou 2696.

3.1.5. *Taux d'imposition*

Une distinction doit être faite entre les plus-values de cessation réalisées ou constatées sur :

- les immobilisations incorporelles ;
- les immobilisations corporelles, financières et autres actions ou parts ;
- les autres éléments ;

affectés à l'exercice de l'activité professionnelle.

A. **Immobilisations incorporelles**

1. *Taux distinct de 16,50 %*

Les plus-values de cessation réalisées ou constatées sur des immobilisations incorporelles sont imposables au taux de 16,50 % si elles sont obtenues ou constatées :

- soit à la suite du décès,
- soit à la suite d'une maladie ou d'un handicap,
- soit à l'occasion d'un acte forcé,
- soit à l'occasion d'un acte survenant à partir de l'âge de 60 ans,

et dans la mesure *où elles n'excèdent pas un revenu dit de référence.*

La partie de la plus-value de cessation qui excède le revenu dit de référence est imposable globalement.

a) Décès

Le taux de 16,5 % s'applique aussi lorsque le contribuable, le conjoint ou le cohabitant légal aidant, voire un enfant aidant décède. Dans les deux cas envisagés (conjoint aidant ou enfant aidant), le contribuable doit apporter la preuve que ces derniers étaient indispensables à la poursuite de son activité professionnelle.

Par enfant, on entend un descendant du premier degré du contribuable et/ou de son conjoint ou un enfant d'adoption de l'un d'entre eux ou des deux.

b) Maladie ou handicap

Le taux de 16,5 % est également d'application si la cessation définitive est la conséquence d'une maladie ou d'un handicap visé à l'article 135, alinéa 1er, 1° du Code des impôts sur les revenus, du contribuable, d'un enfant ou du conjoint ou du cohabitant légal aidant.

Dans les deux cas envisagés (conjoint ou cohabitant légal aidant ou enfant aidant), le contribuable doit apporter la preuve que ces derniers étaient indispensables à la poursuite de son activité professionnelle.

c) Acte forcé

Par acte forcé, on entend l'acte qui est la conséquence d'un sinistre, d'une expropriation, d'une réquisition en propriété ou d'un autre événement analogue, c'est-à-dire un événement qui survient indépendamment de la volonté de l'intéressé.

d) Revenu de référence

Le revenu de référence correspond aux bénéfices ou profits nets imposables afférents à l'activité délaissée au cours des quatre années qui précèdent celle de la cessation de l'activité.

La période de référence coïncide avec les quatre dernières années précédant la période imposable de la cessation de l'activité professionnelle. L'année de la cessation d'activité professionnelle doit toujours être négligée dans le décompte de la période de référence, même si la cessation d'activité est intervenue le 31 décembre.

Lorsque l'activité professionnelle n'a pas été exercée intégralement durant la période de quatre ans, il convient, selon les cas, de tenir compte uniquement de trois, de deux voire d'une année.

ex *Luc, avocat depuis 1969, cesse complètement et définitivement son activité professionnelle le 24 juin 2016. Suite à la cession de sa clientèle à un confrère, il perçoit une somme de 249.000,00 EUR.*

Pour la détermination du revenu de référence, la période de référence à prendre en considération concerne les profits nets imposables afférents à l'activité délaissée des périodes imposables 2012 à 2015.

Pour chaque période imposable dans la période de référence, il faut déterminer le résultat propre à l'activité délaissée.

Les revenus «effectivement» imposés distinctement ne peuvent pas être pris en considération pour déterminer le revenu de référence.

Le revenu de référence s'obtient en additionnant algébriquement les résultats nets positifs et négatifs de la période de référence.

Par résultats nets, il faut entendre les résultats imposables avant toute déduction à caractère fiscal, comme la déduction pour investissement ou encore l'exonération pour personnel supplémentaire.

ex *Luc né le 20 mars 1950, est avocat depuis 1970. Le 24 juin 2016, il cède sa clientèle à un confrère suite à la cessation complète et définitive de son activité. En contrepartie de cette cession, il perçoit le 1er juillet 2016 la somme de 249.000,00 EUR.*

Les profits nets déclarés au cours des quatre années précédant la cessation complète et définitive de son activité professionnelle se présentent comme suit:

Période imposable	***Totaux des profits nets imposables globalement déclarés par Luc***
2015	*36.000,00*
2014	*34.800,00*
2013	*36.600,00*
2012	*36.400,00*
Total	***143.800,00***

Le cadre XXII de la déclaration souscrite par Luc se présente comme suit:

Cadre XXII – Bénéfices ou profits d'une activité professionnelle antérieure		
1. Plus-value de cessation (après déduction des frais réels de réalisation)		
a) Imposables distinctement (à 16,5%)	***143.800,00*** *(Code 1690-56)* *La somme est obtenue à l'occasion de la cessation de son activité professionnelle à partir de l'âge de 60 ans.*	*Code 2690-26*
b) Imposables distinctement (à 33%)	*(Code 1691-55)*	*Code 2691-25*
c) Imposables globalement	***105.200,00*** *(Code 1692-54)* *La partie de la somme qui excède le revenu dit de référence (143.800,00 EUR) est imposable globalement.*	*Code 2692-24*

2. *Taux distinct de 33,00 %*

Les plus-values de cessation réalisées ou constatées sur des immobilisations incorporelles, à l'occasion d'un événement survenu avant l'âge de 60 ans, sont imposables au taux distinct de 33,00 % si elles :

- ne sont pas en rapport avec un décès,
- et ne sont pas en rapport avec une maladie ou un handicap,
- et ne résultent pas d'un acte forcé.

et dans la mesure où elles n'excèdent pas le montant des bénéfices ou profits nets imposables afférents à l'activité délaissée réalisés au cours des quatre années qui précèdent celle de la cessation de l'exercice de l'activité professionnelle.

La partie de la plus-value qui excède le revenu dit de référence est imposable globalement.

ex *Luc, né le 20 mars 1967, est avocat depuis 1990. Le 24 juin 2016, il cède sa clientèle à un confrère suite à la cessation complète et définitive de son activité professionnelle. En contrepartie de cette cession, il perçoit le 1er juillet 2016 la somme de 249.000,00 EUR.*

Les profits nets déclarés au cours des quatre années précédant la cessation complète et définitive de son activité professionnelle se présentent comme suit :

Période imposable	*Totaux des profits nets imposables globalement déclarés par Luc*
2015	*36.000,00*
2014	*34.800,00*
2013	*36.600,00*
2012	*36.400,00*
Total	***143.800,00***

Le cadre XXII de la déclaration souscrite par Luc se présente comme suit :

Cadre XXII – Bénéfices ou profits d'une activité professionnelle antérieure		
1. Plus-value de cessation (après déduction des frais réels de réalisation)		
a) Imposables distinctement (à 16,5 %)	*Code 1690-56*	*Code 2690-26*
b) Imposables distinctement (à 33 %)	***143.800,00*** *(Code 1691-55)* *La somme est obtenue à l'occasion de la cessation de son activité professionnelle avant l'âge de 60 ans.*	*Code 2691-25*
c) Imposables globalement	***105.200,00*** *(Code 1692-54)* *La partie de la somme qui excède le revenu dit de référence (143.800,00) est imposable globalement.*	*Code 2692-24*

B. Immobilisations corporelles, immobilisations financières et autres actions ou parts

Les plus-values de cessation réalisées ou constatées sur des immobilisations corporelles ou financières et autres actions ou parts sont imposables au taux distinct de 16,50 %. Contrairement aux plus-values réalisées en cours d'exploitation, aucune condition relative à la période d'affectation n'est exigée pour bénéficier du taux distinct de 16,50 %.

C. Autres éléments

Les plus-values de cessation réalisées ou constatées sur des éléments d'actif autres que des immobilisations incorporelles, corporelles, financières ou autres actions et parts sont imposables globalement.

D. Cas particulier : l'exonération complète mais temporaire des plus-values d'apport

Nous avons vu que les plus-values obtenues ou constatées à l'occasion de l'apport d'une ou plusieurs branches d'activité ou d'une universalité de biens à une société moyennant la remise d'actions ou parts représentatives du capital social de cette société sont entièrement mais temporairement exonérées.

Pour pouvoir bénéficier de ce régime d'exonération, les conditions suivantes doivent être respectées :

- il doit s'agir d'un apport d'une ou plusieurs branches d'activité ou d'une universalité de biens ;
- la rémunération de cet apport doit consister exclusivement en actions ou parts de la société ou des sociétés bénéficiaires de l'apport. Le ComIR n° 46/35 mentionne cependant que le fait que la société bénéficiaire paie une soulte peu importante ne constitue cependant pas un obstacle à l'application de l'exonération. Le commentaire précise qu'il s'agit d'une question de fait qui doit être appréciée individuellement dans chaque cas.
- l'apport doit être effectué à une société (autre qu'une société d'investissement à capital fixe en biens immobiliers ou en actions non cotées, agréée par la Commission bancaire et financière) résidente d'un État membre de l'Union européenne ;
- l'opération doit répondre à des besoins légitimes de caractère financier ou économique, c'est-à-dire à des motivations non fiscales. Autrement dit, l'opération doit être effectuée pour des motifs économiques tels que, par exemple, la restructuration ou la rationalisation des activités professionnelles des contribuables participants à l'opération.

Ce régime d'exonération est :

- facultatif : l'apporteur peut renoncer à cet avantage et demander que les règles ordinaires soient appliquées ;
- provisoire : la plus-value devient imposable au moment de la réalisation des actions ou parts reçues en rémunération de l'apport.

La date d'affectation à l'exercice de l'activité professionnelle des actions ou parts reçues en rémunération de l'apport est la date à laquelle les actifs apportés ont été affectés à l'exercice de l'activité professionnelle de l'apporteur.

La valeur moyenne réévaluée de chaque action ou part est déterminée au prorata de la valeur totale réévaluée des actifs apportés.

La plus-value afférente aux actions ou parts reçues en rémunération de l'apport est déterminée en attribuant aux actions ou parts une valeur identique à celle que les actifs apportés avaient, du point de vue fiscal, dans le chef du contribuable qui a effectué l'apport.

ex *Marguerite, célibataire, apporte, le 1er février 2015, une branche d'activité avec exonération à la société SPRL Pick. Cet apport comprend :*

- *un terrain acquis, le 4 septembre 1988, pour 10.000,00 EUR ;*
- *un immeuble acquis, en 1987, pour 90.000,00 EUR qui est amorti à concurrence de 87.500,00 EUR ;*

- *des marchandises achetées pour 100.000,00 EUR;*
- *des dettes pour 22.500,00 EUR.*

L'immeuble est apporté pour la valeur de 112.500,00 EUR. Les autres éléments sont apportés à leur valeur comptable.

En vue de rémunérer l'apport, la SPRL Pick procède à une augmentation de capital de 200.000,00 EUR. Marguerite reçoit en rémunération de son apport 1.000 actions d'une valeur nominale de 200,00 EUR.

Le 30 novembre 2016, Marguerite réalise 800 actions au prix de 175.000,00 EUR.

La plus-value imposable réalisée en 2016 est déterminée de la manière suivante:

	«Valeur d'acquisition»
Terrain	*10.000,00*
Construction	*2.500,00*
Marchandises	*100.000,00*
Dettes	*(22.500,00)*
	Valeur fiscale nette non réévaluée
	90.000,00

*La plus-value réalisée s'élève à **103.000,00 EUR**, c'est-à-dire la différence entre le prix de vente (175.000,00 EUR) et la «valeur d'acquisition» des actions ou parts reçues en rémunération de l'apport (90.000,00 × (800/1.000)).*

Le régime fiscal de la plus-value est le suivant:

- *la partie de la plus-value imposable au taux de 16,50% s'élève à 14.305,56 EUR c'est-à-dire la plus-value taxable de 103.000,00 EUR multipliée par une fraction qui exprime le rapport entre, d'une part, la «valeur d'acquisition réévaluée» des immobilisations corporelles qui sont affectées à l'exercice de l'activité professionnelle depuis plus de cinq ans et, d'autre part, la valeur totale nette réévaluée, à savoir 12.500,00 (terrain et bâtiment) / 90.000,00.*
- *la partie de la plus-value taxable au taux normal s'élève à 88.694,44 EUR, c'est-à-dire la plus-value taxable de 103.000,00 EUR multipliée par une fraction qui exprime le rapport entre, d'une part, la «valeur d'acquisition réévaluée» des immobilisations qui ne sont pas affectées à l'exercice de l'activité professionnelle depuis plus de cinq ans et, d'autre part, la valeur totale nette réévaluée, à savoir 77.500,00 / 90.000,00.*

3.1.6. *Moment de l'imposition*

Le moment de l'imposition de la plus-value fiscale diffère selon que la plus-value réalisée est:

- de plein gré;
- forcée;
- constatée.

A. Plus-values réalisées de plein gré

Les plus-values de cessation réalisées de plein gré sont imposables à la date à laquelle la créance est née et a acquis un caractère certain et liquide, et ce, même si le prix est payé par versements échelonnés sur plusieurs années ou n'est pas payé de la manière convenue et aux époques fixées.

Lorsque le prix de cession est lié aux bénéfices ou profits futurs du cessionnaire, il convient de distinguer les situations suivantes:

- si le cessionnaire est une société qui possède la personnalité juridique, le caractère imposable de la quotité des bénéfices ou profits revenant au cédant naît à la date d'approbation des comptes annuels de cette société;

- si le cessionnaire n'est pas une société qui possède la personnalité juridique, le caractère imposable de la quotité des bénéfices ou profits revenant au cédant naît à la date à laquelle le cédant reçoit une créance certaine et liquide.

Dans ces deux hypothèses, lorsqu'un montant minimum global est convenu, la créance est certaine et liquide à due concurrence et intervient pour le calcul de la plus-value imposable dès la conclusion de l'accord. Le même raisonnement vaut *mutatis mutandis* si le cessionnaire garantit au cédant un montant annuel minimum pendant un nombre d'années bien défini.

ex *Luc, né le 20 mars 1949, est avocat depuis 1971. Le 24 juin 2016, il cède sa clientèle à une consœur (Marguerite) suite à la cessation complète et définitive de son activité professionnelle.*
La clientèle de Luc a été valorisée de la manière suivante:
2016: 20.000,00 EUR;
2017: 20.000,00 EUR + 3 % des profits nets réalisés par Marguerite;
2018: 20.000,00 EUR + 3 % des profits nets réalisés par Marguerite;
2019: 20.000,00 EUR + 3 % des profits nets réalisés par Marguerite.
Luc est imposable sur:

Période imposable	*Montant*
2016	*80.000,00 EUR (créance certaine et liquide)*
2017	*3 % des profits nets réalisés par Marguerite*
2018	*3 % des profits nets réalisés par Marguerite*
2019	*3 % des profits nets réalisés par Marguerite*

B. Plus-values forcées

Les plus-values de cessation réalisées en raison ou à l'occasion d'un acte forcé sont imposables:

- soit à la date de la fixation de la créance, lorsqu'elles se rapportent à des stocks et commandes en cours d'exécution;
- soit à la date de perception effective de l'indemnité, lorsqu'elles se rapportent à d'autres éléments de l'actif.

C. Plus-values constatées

Les plus-values constatées sont imposables à la date de l'acte qui en révèle l'existence.

3.2. Les revenus obtenus ou constatés après la cessation

Articles 28, alinéa 1er, 2° et 171, 5°, c CIR

1695-51/2695-21

3.2.1. *Principe*

Il s'agit des bénéfices ou profits qui ont été obtenus ou constatés après la cessation de l'activité professionnelle et qui proviennent de l'exercice antérieur de celle-ci.

Le cas échéant, ces revenus peuvent être recueillis par les ayants cause du contribuable. Dans cette hypothèse, les revenus sont imposables dans le chef de la succession.

Sont notamment imposables:

- les réductions de valeur et provisions pour risques et charges comptabilisées en exonération d'impôt et qui n'ont plus de raison d'être;

- les droits d'auteur payés aux ayants droit d'un auteur décédé ;
- les remises de dette obtenues ou constatées postérieurement à la cessation de l'activité professionnelle (Gand 6 février 1987, *Fiscologue* n° 607) ;
- les remboursements de cotisations sociales et d'impôts déductibles au titre de frais professionnels après la cessation de l'activité professionnelle.

3.2.2. *Régime d'imposition*

Ces revenus sont imposables au taux moyen de la dernière année antérieure au cours de laquelle le contribuable a eu une activité professionnelle normale (pour cette notion, voir page 273).

3.3. Les indemnités de toute nature obtenues après la cessation

Articles 28, 1er alinéa, 3° et 171, 5°, c CIR

3.3.1. *Principe*

Sont visées, les indemnités de toute nature, obtenues postérieurement à la cessation :

- soit en compensation ou à l'occasion d'un acte quelconque susceptible d'avoir entraîné une réduction de l'activité, des bénéfices ou des profits, à l'exception des indemnités perçues à l'occasion de la libération des quantités de références conformément aux articles 15 de l'arrêté royal du 2 octobre 1996, de l'arrêté du 19 décembre 2002 du gouvernement wallon et de l'arrêté du 13 juin 2003 du gouvernement flamand relatifs à l'application du prélèvement supplémentaire dans le secteur du lait et des produits laitiers ;
- soit en réparation totale ou partielle d'une perte temporaire de bénéfices ou de profits.

Ces indemnités sont les mêmes que celles obtenues au cours de l'exercice de l'activité professionnelle (voir page 338 et page 345).

La seule différence entre ces deux types d'indemnités réside dans le fait que les indemnités visées dans cette section sont obtenues après la cessation de l'activité professionnelle.

3.3.2. *Régime d'imposition*

Ces revenus sont imposables au taux moyen de la dernière année antérieure au cours de laquelle le contribuable a eu une activité professionnelle normale (pour cette notion, voir page 272).

3.4. Les frais exposés après la cessation de l'activité professionnelle

Articles 49 et 53, 1° CIR

Arrêt du 21 juin 2000 de la Cour d'arbitrage

1697-49/2697-19

Pour rappel, les frais professionnels sont déductibles, pour autant :

- qu'ils se rattachent nécessairement à l'exercice de l'activité professionnelle exercée (*le critère de causalité*) ;
- qu'ils aient été faits ou supportés pendant la période imposable (*le critère d'annualité*) ;
- qu'ils aient été faits ou supportés en vue d'acquérir ou de conserver des revenus imposables (*le critère de finalité*) ;
- qu'ils soient justifiés quant à leur réalité et leur montant.

Sur la base d'une interprétation stricte de la loi, lorsqu'ils sont exposés postérieurement à la cessation de l'activité professionnelle, les frais sont, en principe, non déductibles. En effet, ils ne satisfont pas à la deuxième et à la quatrième condition : il n'y a plus d'activité exercée et les frais ne sont pas exposés pour acquérir ou conserver des revenus imposables.

Dans un arrêt du 21 juin 2000, la Cour d'arbitrage considère que ces dispositions instaurent une différence de traitement entre les contribuables qui exercent une activité professionnelle (et qui peuvent déduire leurs frais professionnels) et ceux qui ont cessé leur activité professionnelle (et qui ne peuvent déduire leurs frais professionnels). Elles aboutissent à priver ces derniers de la déduction de frais professionnels qui, reconnus comme tels durant l'exercice de l'activité professionnelle, perdurent au-delà de la cessation de l'activité.

Dans le même temps, les revenus obtenus postérieurement à la cessation de l'activité professionnelle sont imposables en vertu des dispositions de l'article 28 du Code des impôts sur les revenus. La Cour considère qu'il convient de vérifier si les charges et dépenses sont afférentes à des éléments qui, postérieurement à la cessation de l'activité professionnelle, font l'objet d'un usage professionnel. Dans l'affirmative, les frais exposés après la cessation de l'activité professionnelle sont déductibles.

Sur cette base, nous pouvons distinguer deux types de frais professionnels exposés après la cessation :

- les frais liés à l'exercice de l'activité professionnelle, mais dont le paiement est effectué après la cessation de l'activité professionnelle et qui n'ont pas été déduits antérieurement : ceux-ci sont toujours déductibles. Citons, entre autres, les cotisations payées en exécution de la législation sociale et afférentes à l'activité professionnelle antérieurement exercée ;
- les frais nécessités par une activité professionnelle antérieure mais exposés postérieurement à la cessation de l'activité. C'est notamment le cas des intérêts nés d'emprunts contractés pour les besoins de la profession mais supportés postérieurement à la cessation. Les intérêts sont déductibles pour autant que le contribuable démontre :
  - que l'emprunt a été conclu à des fins professionnelles ;
  - que les éléments pour lesquels l'emprunt a été contracté ont toujours un caractère professionnel. En d'autres termes, il faut vérifier si les éléments ont réintégré ou non le patrimoine privé du contribuable.

ex *Marguerite, célibataire, fleuriste indépendante, a cessé ses activités le 31 décembre 2015.*
En 2015, elle a contracté un crédit de 40.000,00 EUR destiné :

- *à liquider un compte à vue professionnel à concurrence de 15.000,00 EUR ;*
- *à des transformations dans son magasin à concurrence de 25.000,00 EUR.*

À la suite de la cessation de l'activité, l'immeuble a réintégré le patrimoine privé de Marguerite.
En 2016, elle verse des intérêts relatifs à ce crédit à concurrence de 3.500,00 EUR.
Marguerite peut déduire :

Intérêts relatifs au compte à vue	*3.500,00 × (15.000,00 / 40.000,00) =*	***1.312,25***
Intérêts relatifs à l'immeuble	*Néant, car l'immeuble a réintégré le patrimoine privé*	

III.
LE PREMIER PILIER: LES PENSIONS LÉGALES ET EXTRALÉGALES

1. Principe

Article 34 § 1er, 1° CIR

1228-33 à 1231-30 et 2228-03 à 2231-97

Sont visées ici, les pensions et les rentes viagères ou temporaires, ainsi que les allocations en tenant lieu, légales ou extralégales, qui se rattachent directement ou indirectement à une activité professionnelle.

Ces revenus sont imposables au titre de pensions, et ce, même si le bénéficiaire exerce encore une activité professionnelle.

Sur la base de cette définition très générale, sont notamment imposables:

- les pensions et compléments de pension de vieillesse ou de survie octroyées aux travailleurs;
- les pensions, les rentes, compléments de rentes et les allocations octroyées en exécution de la législation relative à la pension de vieillesse des travailleurs indépendants;
- les pensions octroyées aux magistrats et à certains professeurs d'université dans le cadre de l'éméritat;
- les pensions octroyées aux médecins et pharmaciens par l'ASBL «Caisse de Prévoyance des médecins»;
- les pensions et rentes versées aux avocats par l'ASBL «Caisse de prévoyance des avocats»;
- le revenu garanti aux personnes âgées;
- les pensions, les rentes, les capitaux et les allocations quelconques tenant lieu de pension ou rentes accordées à titre gratuit, par l'employeur, aux anciens travailleurs ou à leurs ayants droit.

Par contre, ne sont pas imposables:

- les pensions ou les rentes (à l'exclusion des pensions militaires d'ancienneté) octroyées à charge du Trésor aux victimes militaires et civiles des deux guerres ou à leurs ayants droit;
- la dotation attribuée sur la base de la loi du 21 juin 1960, aux militaires qui ont effectué du service pendant la guerre 1940-1945 dans les forces belges en Grande-Bretagne;
- les allocations, à charge du Trésor, qui sont octroyées aux handicapés en exécution de la législation relative à l'octroi d'allocations aux handicapés.

2. Régime fiscal

Les pensions sont, en principe, imposables au taux progressif et donnent droit à une réduction d'impôt lors du calcul de l'impôt (voir page 506).

Si l'attribution ou le paiement des pensions n'a eu lieu, par le fait de l'autorité publique ou de l'existence d'un litige, qu'après l'expiration de la période imposable à laquelle elles se rapportent effectivement, les pensions seront imposées au taux moyen afférent à l'ensemble des revenus imposables de la dernière année antérieure pendant laquelle le contribuable a eu une activité professionnelle normale, sans aucune réduction d'impôt (voir page 273).

IV.
LE DEUXIÈME PILIER: LES PENSIONS COMPLÉMENTAIRES LIÉES À L'EXERCICE DE L'ACTIVITÉ PROFESSIONNELLE

1. Introduction

En ce qui concerne la constitution des pensions complémentaires du deuxième pilier, il convient de faire la distinction entre:

- les engagements collectifs de pension au profit des travailleurs ou dirigeants d'entreprise, à savoir:
  - les régimes de pension ordinaires;
  - les plans sociaux, c'est-à-dire les engagements de prestations de solidarité pris par un employeur au profit de travailleurs et/ou de leurs ayants droit.
- les engagements individuels de pension, à savoir:
  - les engagements individuels de pension;
  - la continuation à titre individuel des engagements collectifs de pension;
  - les anciennes promesses de pension (financées par une assurance dirigeant d'entreprise ou encore par le biais d'une provision interne au sein de la société).
- la pension libre complémentaire des travailleurs indépendants.

Dans cet ouvrage, nous analysons:

- les engagements collectifs de pension au profit des travailleurs et des dirigeants d'entreprise, mais uniquement le volet relatif aux plans ordinaires de pension;
- les engagements individuels de pension ainsi que le régime de la continuation à titre individuel des engagements collectifs de pension; en ce qui concerne les pensions gratuites, les provisions pour pensions et l'assurance dirigeant d'entreprise, nous n'examinons que la situation en matière de prestations;
- la pension libre complémentaire des travailleurs indépendants.

2. Les engagements collectifs de pension

2.1. Principe

Les engagements collectifs de pension sont des engagements pris par l'employeur au profit des travailleurs et/ou des dirigeants d'entreprise dans le but de leur procurer, à l'occasion de la mise à la pension, une rente ou un capital tenant lieu de pension complémentaire.

L'engagement collectif doit être accessible de manière identique et non discriminatoire à tous les membres du personnel de l'entreprise ou à une catégorie spécifique de ceux-ci.

ex *La SPRL Pick conclut un engagement collectif de pension au profit de son unique dirigeant d'entreprise Luc. Pour que l'engagement entre dans le cadre de la présente disposition, celui-ci doit être accessible de manière identique et non discriminatoire à tous les futurs dirigeants d'entreprise de la SPRL Pick.*

Ces engagements collectifs peuvent être financés au moyen de fonds de pension (désormais appelés institutions de retraite professionnelle) ou par des contrats d'assurance groupe.

Un contrat d'assurance groupe est un contrat d'assurance vie conclu par l'employeur au profit des membres de son personnel. Les cotisations sont versées dans le cadre de l'assurance contre la vieillesse et le décès prématuré des membres du personnel de l'employeur, en vue de la constitution d'une rente ou d'un capital, en cas de vie ou en cas de décès.

Que les engagements de pensions soient financés par des fonds de pension (institutions de prévoyance ou institutions de retraite professionnelle) ou des assurances groupe, l'initiative de la mise en place de ces contrats revient à l'employeur.

Le paiement des primes du contrat peut être effectué:

- soit par l'employeur seul;
- soit par le travailleur et l'employeur;
- par le travailleur seul.

2.2. Avantage fiscal pour l'employeur

Articles 52, 3°, b et 59 CIR, 34 et 35 AR/CIR

L'employeur peut déduire au titre de frais professionnels les cotisations et primes qu'il a versées en exécution de l'engagement collectif de pension.

Toutefois, cette déduction n'est admise que si les conditions suivantes sont remplies:

- les cotisations doivent être versées à titre définitif à une entreprise d'assurance, à une institution de prévoyance ou à une institution de retraite professionnelle établie dans un État membre de l'Espace économique européen;
- les prestations légales et extralégales en cas de retraite, exprimées en rentes annuelles, ne peuvent dépasser 80% de la dernière rémunération brute annuelle normale et doivent tenir compte d'une durée normale d'activité professionnelle;
- l'employeur doit produire les documents justificatifs dans les formes et délais prévus par le Roi.

Les primes ou cotisations ne sont pas déductibles dans le chef de l'employeur dans la mesure où elles dépassent la limite des 80% susvisée.

Cette limite peut être exprimée de la manière suivante:

$$\left(\begin{array}{l}\text{Pension légale} \\ \quad + \\ \underline{\text{Pension extra-légale}} \\ \text{Exprimées en rentes} \\ \text{Annuelles et Parts bénéficiaires}\end{array}\right) \leq 80\,\% \left(\begin{array}{c}\text{Rémunéra} \\ \text{tion brute} \\ \text{annuelle} \\ \text{normale} \\ \text{de l'année} \\ \text{concernée}\end{array}\right) \times \frac{\text{Nombre d'années prestées et encore à prester dans l'entreprise compte tenu d'une durée normale d'activité}}{\text{Nombre d'années de la durée normale d'activité}}$$

Les termes de la formule doivent se comprendre de la manière suivante:

a) Pensions légale et extralégale

Il s'agit aussi bien des pensions qui sont constituées par l'employeur et/ou au moyen de contributions personnelles.

Pratiquement, il s'agit:

- des engagements collectifs de pension;
- des engagements individuels de pension;
- des continuations d'engagements individuels de pension;
- des provisions pour pension;
- des pensions complémentaires des indépendants;
- des prestations de solidarité.

Par contre, n'entrent pas en considération dans ce calcul de la pension extralégale susvisée les cotisations ou primes :

- qui compensent une insuffisance de versements antérieurs résultant de l'augmentation ou de l'amélioration des prestations constituées (back service) ;
- qui pallient l'absence de versements pour les années prestées avant qu'un régime d'assurance groupe ou qu'un régime de pension soit instauré (rattrapage dans l'entreprise) ;
- qui rattrapent les années prestées en dehors de l'entreprise avec un maximum de 10 ans (rattrapage en dehors de l'entreprise) ;
- qui compensent 5 ans maximum d'activité professionnelle restant encore à prester jusqu'à l'âge normal de la retraite ;
- qui concèdent un accroissement des rentes différées dans la limite de 2% par an à compter de leur prise de cours, ainsi que des rentes en cours, sans que cet accroissement excède celui qui est obtenu en indexant ces rentes conformément aux règles applicables en matière d'indexation des pensions du secteur public.

De même, les prestations résultant de l'épargne pension et de contrats individuels d'assurance-vie (troisième pilier).

b) <u>Dernière rémunération brute normale annuelle</u>

Par dernière rémunération brute normale annuelle, on entend la rémunération brute annuelle qui, eu égard aux rémunérations antérieures du travailleur, peut être considérée comme normale et qui lui est payée ou attribuée pendant la dernière année antérieure à sa mise à la retraite.

c) <u>Durée normale d'activité</u>

En principe, la durée normale de l'exercice de l'activité professionnelle est de 40 ans, sauf si, pour une profession déterminée, l'employeur ou le travailleur établissent que la carrière complète s'étale sur moins ou plus de 40 ans. Dans cette hypothèse, c'est le nombre d'années de carrière complète qui est retenu.

2.3. Avantage fiscal pour le travailleur ou le dirigeant

2.3.1. *Exonération de l'avantage qui découle du paiement des primes et cotisations patronales*

Articles 38, § 1er, 18° et 19° et 195 § 1er, alinéa 2 CIR

Dans le chef des travailleurs et des dirigeants d'entreprise, les avantages qui découlent du paiement des primes ou cotisations patronales sont exonérés d'impôts.

Pour les dirigeants d'entreprise, il est exigé que les versements se rapportent à des rémunérations allouées ou payées *régulièrement* et *au moins une fois par mois.*

Le non-respect de ces deux conditions entraîne une double conséquence dans le chef des dirigeants d'entreprise :

- ces sommes sont à considérer comme des avantages de toute nature imposables ;
- ces contrats relèvent du troisième pilier (voir page 559).

2.3.2. *Réduction d'impôt pour les cotisations personnelles*

Articles 145/1, 1°, 145/2 et 145/3 CIR

1285-73/2285-43 et 1408-47/2408-17

Il est accordé une réduction d'impôt au travailleur ou dirigeant d'entreprise pour les cotisations payées à l'intervention de l'employeur par voie de retenue sur les rémunérations du travailleur ou du dirigeant d'entreprise. Ces retenues sont mentionnées par l'employeur sur la fiche individuelle du contribuable.

Cette réduction d'impôt n'est accordée que pour autant que les trois mêmes conditions relatives à la déductibilité des cotisations et primes dans le chef de l'employeur soient remplies (voir page 546).

Cette réduction se calcule en appliquant aux dépenses susvisées le taux de 30 %.

ex *Luc, commerçant, a conclu un engagement collectif de pension au profit de l'ensemble de son personnel. Toutes les conditions légales prévues en la matière sont remplies.*

Au cours de l'année 2016, il verse au fonds de pension un montant de 3.700,00 EUR au profit de Marguerite, employée. Ce montant peut être décomposé de la manière suivante:

- *2.000,00 EUR versés au fonds de pension par Luc;*
- *1.700,00 EUR versés au fonds de pension par voie de retenue sur les rémunérations de Marguerite.*

Luc peut déduire 2.000,00 EUR à titre de frais professionnels. Ce montant n'est pas imposable dans le chef de Marguerite.

Marguerite remplit le cadre IV de sa déclaration de la manière suivante:

Cadre IV – Traitements, salaires, allocations de chômage, indemnités légales de maladie-invalidité, revenus de remplacement et prépensions		
F. Retenues pour pensions complémentaires		
1. Cotisations et primes normales	*1.700,00 (Code 1285-07)*	*Code 2285-43*

2.4. Taxation des prestations

Circulaire n° Ci.RH.332/604.868 (AFER 67/2010) du 3 novembre 2010

Lorsque le paiement s'effectue sous la forme de capitaux, ceux-ci sont fiscalement considérés comme des pensions.

Ces capitaux peuvent, partiellement ou totalement, selon les cas:

- bénéficier de taux de taxation distincts de 10, 16,5 % ou 33 %;
- être imposés au taux progressif;
- être imposés selon la technique de la rente fictive.

Lorsque les pensions sont contractuellement versées sous forme de rentes, celles-ci sont imposables au titre de pensions au taux marginal et donnent droit à une réduction d'impôt (voir page 498).

2.4.1. *Taxation à des moments favorables*

A. Prestations en capital

Articles 171, 2°, b et 171, 4°, f et 515*quater* CIR

1245-16/2245-83, 1253-08/2253-75, 1232-29/2232-96, 1237-24/2237-91, 1214-47/2214-17 et 1215-46/2215-16

Les capitaux et valeurs de rachat relatifs aux assurances groupe et aux fonds de pension sont imposables distinctement:

- au taux de 16,5 %, pour la partie financée par des cotisations patronales; ce taux s'applique également pour la partie des pensions financées par des cotisations personnelles versées avant 1993;

- Ce taux de 16,5% est passé depuis le 1er juillet 2013 à:
  - 20% si les capitaux sont liquidés à l'âge de 60 ans;
  - 18% si les capitaux sont liquidés à l'âge de 61 ans;
  - 10% si les capitaux sont liquidés à l'âge de 65 ans et que le contribuable est resté actif jusqu'à cet âge.

  Toutefois, les taux de 20% et de 18% ne trouvent pas à s'appliquer (sauf pour les sportifs professionnels) pour autant que les prestations de pensions soient versées à l'occasion de la mise à la retraite du bénéficiaire. Cette taxation au taux de 16,5% pourrait trouver à s'appliquer durant la période transitoire de relèvement progressif de l'âge légal de la pension à 62 ans et pour certaines catégories professionnelles pour lesquelles l'âge légal de la pension est inférieur à 60 ans.
- au taux de 10%, pour la partie financée (à partir de 1993) par des cotisations personnelles retenues par l'employeur sur les rémunérations du travailleur ou du dirigeant d'entreprise, y compris les cotisations et primes personelles pour la constitution d'une pension complémentaire lorsque les cotisations sont versées dans le cadre d'une continuation à titre individuel d'un engagement de pension;

pour autant qu'ils soient liquidés:

- soit à l'occasion de la mise à la retraite du bénéficiaire (pour les sportifs rémunérés visés par la loi du 24 février 1978 relative aux contrats de travail de sportif rémunéré, l'âge de la retraite est fixé au plus tôt le 1er jour du mois qui suit celui au cours duquel le sportif rémunéré atteint l'âge de 35 ans et cesse définitivement son activité professionnelle);
- soit à partir de l'âge de 60 ans;
- soit à l'occasion du décès de l'assuré dont le contribuable est l'ayant droit.

Le taux de 16,5% susvisé est ramené à 10% lorsque les capitaux sont liquidés au plus tôt à l'âge légal de la pension légale du bénéficiaire et que celui-ci est resté actif au moins jusque cet âge.

Depuis le 1er janvier 2009, l'âge légal de la retraite est fixé à 65 ans, et ce tant pour les hommes que pour les femmes.

Cette diminution de taux n'est pas d'application pour les capitaux issus de cotisations personnelles versées avant le 1er janvier 1993.

B. Conversion en rentes fictives ou prestations sous forme de rentes

1. *Les contrats mis en garantie d'emprunts hypothécaires*

Article 169 CIR

1216-45/2216-15 et 1218-43/2218-13

Les capitaux et les valeurs de rachat qui sont relatifs à un contrat d'assurance de groupe peuvent, pour la fixation du montant imposable, être convertis en rentes fictives lorsque des avances ont été faites sur le contrat ou lorsque le contrat a servi à la reconstitution ou à la garantie d'un emprunt hypothécaire. Ces rentes fictives sont imposées à titre de pension au taux progressif et donnent droit à une réduction d'impôt (voir page 506).

Les capitaux ou les valeurs de rachat sont convertis en rentes fictive aux conditions et limites suivantes:

1) Seule la première tranche de 76.780,00 EUR (montant indexé pour l'exercice d'imposition 2017) entre en considération.

   Il doit s'agir:
   a. d'un capital qui est liquidé à l'échéance normale du contrat ou au décès de l'assuré;

b. ou d'une valeur de rachat qui est liquidée au cours d'une des cinq années qui précèdent l'expiration normale du contrat.

2) Pendant la durée du contrat, des avances sur prestations ont été prises ou le capital a servi à la garantie d'un emprunt ou à la reconstitution d'un emprunt hypothécaire.

3) Les avances ont été accordées ou les emprunts ont été contractés en vue de la construction, de l'acquisition, de la transformation, de l'amélioration ou de la rénovation de la seule habitation située dans un État membre situé dans l'Espace économique européen et destinée exclusivement à l'usage de l'emprunteur ou des personnes faisant partie de son ménage.

4) En cas de vie de l'assuré, les avances sur contrats ou les constitutions d'hypothèques ont eu lieu au moins dix ans avant l'expiration du contrat.

Une avance sur contrat est l'opération par laquelle le preneur d'assurance «emprunte» une partie de la réserve de son contrat, moyennant le paiement d'intérêts à l'assureur. L'avance n'est pas imposable au moment où elle est octroyée.

Les bénéficiaires sont imposables sur un pourcentage du capital ou de la valeur de rachat, pourcentage qui est fonction de l'âge du bénéficiaire au moment de la perception.

Ces pourcentages sont les suivants:

Âge du bénéficiaire	Pourcentage
65 ans	5%
63 et 64 ans	4,5%
61 et 62 ans	4%
59 et 60 ans	3,5%
56 à 58 ans	3%
51 à 55 ans	2,5%
46 à 50 ans	2%
41 à 45 ans	1,5%
Jusque 40 ans	1%

Ce montant doit être déclaré par le bénéficiaire durant 10 ou 13 périodes imposables successives, selon que celui-ci ait atteint ou non l'âge de 65 ans au moment où le capital est payé ou attribué.

Si le contribuable décède avant que les 10 ou 13 périodes imposables consécutives soient écoulées, la rente est pour la dernière fois imposable pour l'année du décès.

La part du capital ou de la valeur de rachat qui dépasse le montant de 76.780,00 EUR est imposable au taux de 10% (pour la partie des cotisations versées par le travailleur) ou de 16,5% (pour la partie des cotisations versées par l'employeur).

Remarques

1. Pratiquement, la compagnie d'assurances n'établit de fiche 281.11 que pour l'année d'attribution du capital. Elle y mentionne le montant brut imposable qui a servi de base à la rente de conversion ainsi que la date d'attribution du capital (cadre 13 de la fiche). La rente fictive

est soumise au taux de précompte professionnel de 11,11 %. La compagnie y mentionne également le montant de la rente fictive (cadre 11 de la fiche) ainsi que le montant du précompte professionnel y afférent (cadre 12 de la fiche). Ces revenus et le précompte professionnel y afférent doivent, selon les cas, être déclarés durant 10 ou 13 périodes imposables successives. Si le bénéficiaire décède durant cette période, les rentes ne doivent plus être déclarées à partir de la période imposable qui suit l'année du décès.

2. La rente fictive est calculée sur 80 % du capital, si les capitaux sont liquidés à l'âge légal de la retraite du bénéficiaire et que celui-ci est resté actif au moins jusqu'à cet âge, ou en cas de décès après l'âge légal de la retraite si la personne décédée est restée effectivement active au moins jusqu'à l'âge légal de la retraite. Dans tous les autres cas, la rente fictive est calculée sur 100 % du capital.

Depuis le 1er janvier 2009, l'âge de la retraite est fixé à 65 ans, tant pour les femmes que pour les hommes.

ex

1. *Luc, salarié, est marié avec Marguerite. Il met un contrat d'assurance groupe en garantie d'un emprunt hypothécaire conclu dans le but d'acquérir la seule habitation du couple située en Belgique à concurrence de 60.000,00 EUR. Luc décède en 2016. Marguerite a 37 ans au moment du décès. Le montant de 60.000,00 EUR est liquidé au profit de la banque qui a accordé l'emprunt à Luc et Marguerite.*

Marguerite remplit le cadre V de sa déclaration de la manière suivante :

Cadre V – Pensions		
1. Pensions autres que celles visées sub 2 et sub 3.		
j) Rentes de conversion de capitaux et de valeur de rachat payés ou attribués		
1. En 2013	*600,00* *c'est-à-dire 60.000,00 × 1 %* *(Code 1216-45)*	*Code 2216-15*
2. Au cours des années 2001 à 2012	*Code 1218-43*	*Code 2218-15*

Marguerite doit déclarer ce montant de 600,00 EUR à partir de l'année 2016 jusqu'en 2028.

2. *Luc, célibataire de 38 ans, salarié, demande une avance de 80.000,00 EUR sur un contrat d'assurance groupe dont il bénéficie auprès de son employeur. Cette avance sert à acquérir sa seule habitation en Belgique.*

Au moment de la liquidation du capital, Luc bénéficie de la taxation de l'avance en rentes si le remboursement a lieu à l'échéance du contrat ou au cours d'une des cinq années qui précèdent cette échéance, et ce, à concurrence de 75.270,00 EUR. Le solde, à savoir 4.730,00 EUR, est imposé au taux de 16,5 % ou 10 % selon que le capital est constitué au moyen de cotisations patronales et/ou personnelles.

2. *La conversion en rentes à l'échéance*

Articles 17, § 1er, 4° et 20 CIR

1158-06/2158-73

Lorsque le capital est liquidé à l'échéance du contrat, le travailleur ou le dirigeant d'entreprise peut demander la conversion du capital en rentes auprès de l'organisme de pension. Cet organisme est obligé de donner une suite favorable à cette demande.

Fiscalement, le capital net perçu (après déduction des cotisations sociales et de l'impôt de 10 ou 16,5 %) est alors converti en rente viagère.

Le capital est considéré comme abandonné. Le montant imposable dans le chef du bénéficiaire se détermine en multipliant le capital par 3 %. Ce montant est imposable au titre de revenus mobiliers au taux de 15 %.

ex *Luc, 61 ans, demande en 2016 la conversion sous forme de rente d'un capital d'un montant net (après cotisations sociales et impôt) de 200.000,00 EUR.*

Il remplit le cadre VII de sa déclaration de la manière suivante:

Cadre VII – Revenus des capitaux et biens mobiliers		
C. Revenus compris dans des rentes viagères ou temporaires	*6.000,00* *c'est-à-dire 200.000,00 × 3 %* *(Code 1158-06)*	*Code 2153-73*

Il doit déclarer ces revenus chaque année.

2.4.2. *Taxation à des moments défavorables*

1213-48/2213-18 et 1211-50/2211-20

Lorsque les capitaux et valeurs de rachat des contrats d'assurance groupe sont liquidés aux bénéficiaires en dehors des moments favorables (voir page 548), ces capitaux ou valeurs de rachat sont imposables :

- au taux de 33 %, pour la partie des pensions constituées à partir de 1993 par des cotisations personnelles retenues par l'employeur ;
- au taux progressif, pour la partie des pensions constituée par des cotisations patronales ou par des cotisations personnelles versées avant 1993.

2.4.3. *Les participations bénéficiaires*

Article 40 CIR

Les participations bénéficiaires allouées aux contrats d'assurance groupe sont exonérées d'impôt pour autant qu'elles soient liquidées en même temps que les pensions complémentaires, rentes, capitaux ou valeur de rachat résultant de ces contrats, engagements ou conventions.

2.4.4. *Tableau synoptique relatif à la taxation des prestations en matière d'engagements collectifs de pension*

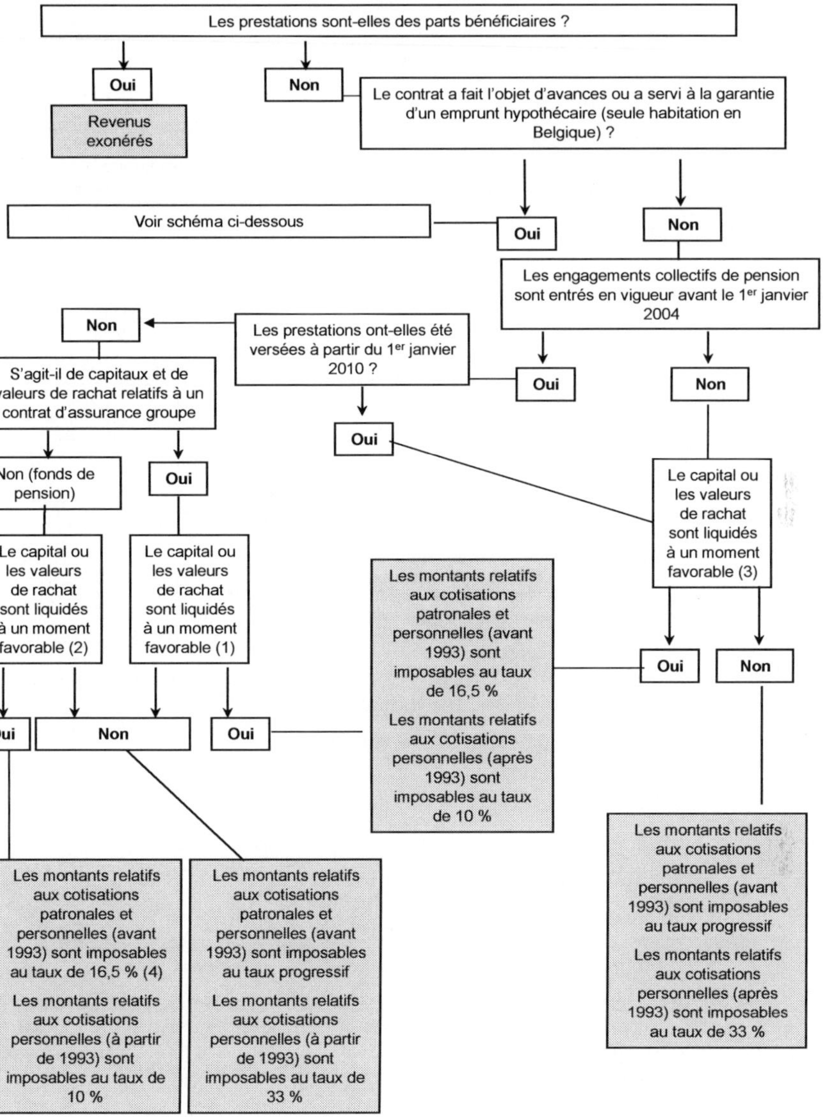

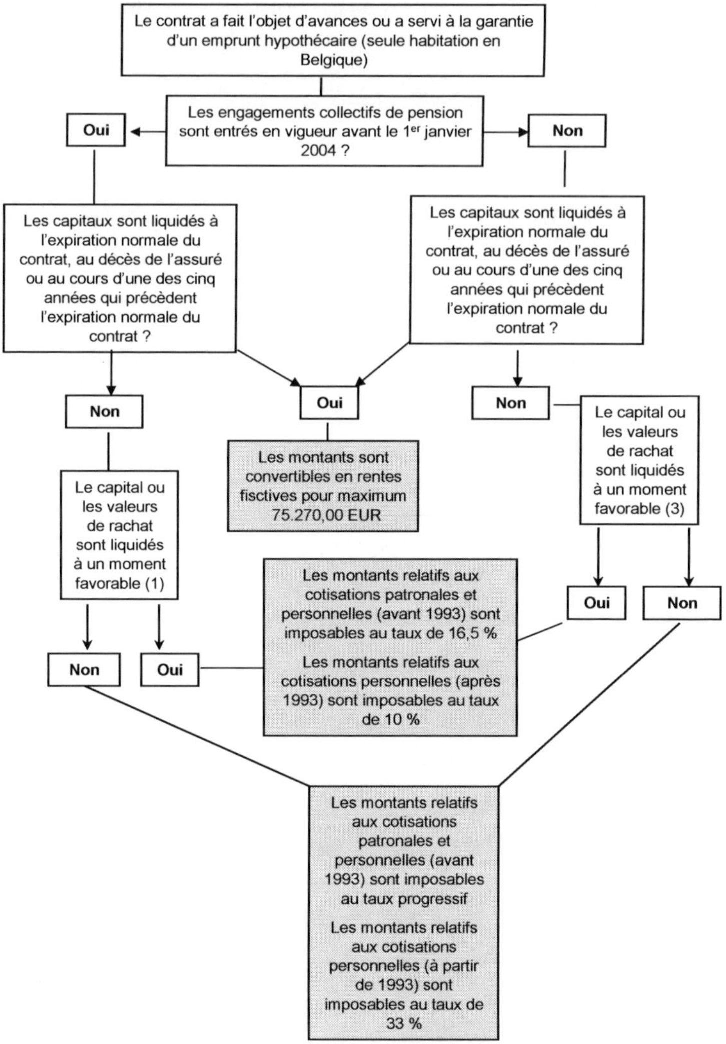

(1) À l'expiration normale du contrat, au décès de l'assuré, à l'occasion de la mise à la retraite ou à la prépension de l'assuré, au cours d'une des cinq années qui précèdent l'expiration normale du contrat, à l'âge normal auquel le bénéficiaire cesse complètement et définitivement l'activité professionnelle en raison de laquelle le capital a été constitué.

(2) Au plus tôt à l'occasion de la mise à la retraite à la date normale ou au cours d'une des cinq années qui précèdent cette date, à l'occasion de sa mise à la prépension, à l'occasion du décès de la personne dont il est l'ayant cause, à l'âge normal auquel le bénéficiaire cesse complètement et définitivement l'activité professionnelle en raison de laquelle le capital a été constitué.

(3) Soit à l'occasion de la mise à la retraite du bénéficiaire, soit à partir de l'âge de 60 ans, soit à l'occasion du décès de l'assuré dont le contribuable est l'ayant droit.

(4) Le taux de 16,5% susvisé est ramené à 10% lorsque les capitaux sont liquidés au plus tôt à l'âge légal de la pension du bénéficiaire et que celui-ci est resté actif au moins jusque cet âge.

3. Les engagements individuels de pensions

3.1. Principe

L'engagement individuel de pension est un engagement de pension occasionnel et non systématique pris par un employeur au profit d'un seul travailleur ou d'un dirigeant d'entreprise et de ses ayants droit. Il s'agit d'un engagement individuel de pension lorsqu'un avantage est accordé à une personne bien déterminée pour des motifs liés à la personne et non à la catégorie de personnel à laquelle cette personne appartient.

Le travailleur qui quitte son employeur peut, sous certaines conditions, *poursuivre individuellement* le financement de sa pension extralégale. Cette forme d'épargne individuelle bénéficie également des avantages fiscaux liés au deuxième pilier.

Dans le chef des travailleurs, l'engagement doit présenter les caractéristiques suivantes :

- l'engagement individuel n'est possible que s'il existe un plan collectif pour l'ensemble du personnel ;
- l'engagement doit être contracté auprès d'un organisme de pension extérieur à l'entreprise. Cette obligation oblige l'employeur à conclure un contrat d'assurance-vie individuel qui doit être souscrit à titre définitif au bénéfice direct et immédiat du travailleur assuré ;
- l'engagement doit être occasionnel et non systématique ;
- il n'est pas possible de conclure un engagement individuel de pension dans les trois ans qui précèdent la pension ou la prépension ;
- l'employeur est tenu de communiquer annuellement au FSMA le nombre d'engagements individuels et la preuve qu'il existe dans l'entreprise un engagement collectif de pension pour tous les travailleurs.

Ces conditions ne sont d'application que pour les travailleurs. Les dirigeants d'entreprise ne sont pas visés.

En ce qui concerne les dirigeants d'entreprise de la deuxième catégorie uniquement (voir page 277), le plan doit être externalisé.

Lorsque ces conditions ne sont pas remplies, les cotisations ne sont pas déductibles dans le chef de l'employeur.

Lorsque le travailleur ou le dirigeant conclut un plan individuel de pension complémentaire et se fait ensuite rembourser les primes et cotisations par l'employeur, ces primes et cotisations sont à considérer comme des avantages de toute nature dans le chef du travailleur. Ces cotisations et primes entrent en considération pour les avantages fiscaux liés au troisième pilier.

Depuis le 1er janvier 2013, la législation prévoit l'extériorisation des engagements individuels de pension pour les dirigeants d'entreprise de la 1ère catégorie également.

3.2. Avantage fiscal pour l'employeur

Articles 52, 3°, b, 53, 22°, 59 et 60 CIR et 34 et 35 AR/CIR

L'employeur peut déduire les primes versées à titre de frais professionnels (pour cette matière voir page 561).

Pour les *travailleurs*, le législateur a fixé une limite annuelle de déduction de 2.340,00 EUR (montant indexé pour l'exercice d'imposition 2017). L'éventuel surplus versé par l'employeur n'est pas déductible dans son chef, et ce, malgré l'imposition des prestations à l'échéance dans le chef du travailleur.

Pour *les dirigeants d'entreprise*, il n'existe pas de limite maximale en matière de déductibilité des primes versées.

Pour rappel, ces plans sont soumis aux conditions prévues pour les engagements collectifs de pension conclus par les employeurs, et notamment en ce qui concerne la règle des 80 % (voir page 546).

3.3. Avantage fiscal pour le travailleur ou le dirigeant

3.3.1. *Exonération des primes et cotisations patronales*

Articles 38, § 1er, 18° et 19° et 195 § 1er, alinéa 2 CIR

Dans le chef des travailleurs et des dirigeants d'entreprise, les avantages qui résultent du paiement par l'employeur des cotisations patronales sont exonérés d'impôt.

Pour les dirigeants d'entreprise, il est exigé que les versements se rapportent à des rémunérations allouées ou payées *régulièrement* et *au moins une fois par mois.*

Les primes sont à considérer comme des avantages de toute nature, imposables dans le chef des travailleurs ou dirigeants, si :

- les engagements individuels sont octroyés à des salariés alors qu'il n'existe pas en même temps dans l'entreprise un engagement collectif accessible de manière identique et non discriminatoire aux travailleurs ou à une catégorie de ceux-ci ;
- les engagements individuels sont octroyés à des dirigeants d'entreprise qui ne bénéficient pas de rémunérations périodiques.

3.3.2. *Réduction d'impôt pour les cotisations personnelles*

Articles 145/1, 1°, 145/2 et 145/3 CIR

1285 – 2285 et 1408 – 2408

Il est accordé une réduction d'impôt au travailleur ou dirigeant d'entreprise autour de 30 % pour les cotisations payées à l'intervention de l'employeur par voie de retenue sur les rémunérations.

Pour l'analyse de ces dispositions, nous renvoyons le lecteur à la page 546.

3.4. Le régime de la continuation individuelle

Le travailleur qui quitte son employeur peut, lorsqu'il n'y a pas d'engagement de pension chez son nouvel employeur, financer individuellement sa pension complémentaire.

Le montant versé par voie de retenue sur rémunérations ne peut dépasser annuellement 2.300,00 EUR (montant indexé pour l'exercice d'imposition 2017).

Ces versements donnent droit à la réduction d'impôt prévue (*cf.* page 546).

Les prestations sont imposées de la même manière que les engagements collectifs de pension (voir page 548).

Le ministre des Finances a précisé que le régime de la continuation ne s'applique qu'aux dirigeants d'entreprise avec contrat de travail (*Doc. parl.*, Ch. repr., n° 50-1340/09, p. 73).

3.5. Taxation des prestations

Le bénéficiaire d'engagements individuels de pension se voit imposé de la même manière que le bénéficiaire d'engagements collectifs.

Pour une analyse de ces dispositions, nous renvoyons le lecteur à la page 548.

Notons toutefois que l'abaissement du taux de 16,5% à 10% susvisé, prévu dans le pacte des générations, ne trouve pas à s'appliquer dans les cas suivants:

- les capitaux sont payés directement par l'entreprise à des dirigeants d'entreprise de la première catégorie (voir *infra*, provision pour pension, pension gratuite ou assurance dirigeant d'entreprise);
- les capitaux sont payés directement par l'employeur à des travailleurs en vertu de conventions antérieures au 1er janvier 2004;
- les capitaux issus d'une continuation personnelle et individuelle d'un plan collectif de pension.

4. La pension libre complémentaire des travailleurs indépendants

Loi-programme du 24 décembre 2002[1] et loi-programme du 22 décembre 2003[2]

Circulaire n° AAF/2003-0333 (AAF 2/2004) du 8 janvier 2004

4.1. Principe

Les travailleurs indépendants qui le désirent peuvent, en plus de leurs cotisations sociales ordinaires, souscrire une pension complémentaire libre (PLCI).

Les cotisations versées dans le cadre de cette PLCI sont déductibles au titre de cotisations sociales des travailleurs indépendants. Les prestations sont, à l'échéance du contrat, imposables sous forme de rentes fictives.

4.2. Conditions légales

Les personnes suivantes entrent en considération pour ce régime:

- les personnes qui, à titre principal, réalisent des bénéfices ou des profits;
- les dirigeants d'entreprise;
- les conjoints et cohabitants légaux aidants qui bénéficient du nouveau régime fiscal décrit en page 488;
- l'aidant indépendant.

Les dirigeants d'entreprise peuvent cumuler la PLCI avec une assurance groupe ou encore avec une promesse de pension individuelle.

L'indépendant peut conclure des conventions avec l'organisme de son choix, assureur ou caisse de pension. Il peut à tout moment mettre fin à sa convention de pension et en conclure une autre auprès d'un autre organisme. Dans cette hypothèse, les réserves acquises peuvent être transférées au nouvel organisme.

4.3. Avantage fiscal

Les sommes versées sont intégralement déductibles au titre de cotisations sociales.

Deux conventions doivent être distinguées:

- la convention de pension ordinaire;
- la convention de pension sociale.

1 *M.B.*, 31 décembre 2002.

2 *M.B.*, 31 décembre 2003.

4.3.1. *Convention de pension ordinaire*

Les indépendants peuvent conclure une PLCI ordinaire. Dans cette hypothèse, ils peuvent verser et déduire à titre de cotisations sociales un pourcentage allant de 1 % minimum (avec un minimum absolu de 100,00 EUR) à 8,17 % des revenus sur lesquels des cotisations sociales d'indépendants sont dues, avec un maximum de 3.060,07 EUR pour l'année 2016.

Ces cotisations ne peuvent être utilisées que pour constituer une pension de retraite ou une pension de survie, en cas de décès au profit du conjoint de l'indépendant.

4.3.2. *Convention de pension sociale*

Une convention est sociale dès que 10 % au moins de la prime sont affectés à un régime de solidarité.

Dans cette hypothèse, l'intéressé peut prétendre à une déduction maximale de 9,4 % des revenus sur lesquels les cotisations sociales sont calculées avec un maximum absolu de 3.520,77 EUR pour l'année 2016.

4.4. Taxation des prestations

4.4.1. *Valeur de rachat ou capital*

Articles 169 CIR et 73 AR/CIR

1216-45/2216-15 et 1218-43/2218-13

Les capitaux liquidés à partir de l'âge de 60 ans, à la date de la retraite ou au moment du décès sont imposables au titre de pensions, dont le montant est déterminé sur la base d'une rente fictive. La rente fictive est calculée sur 80 % du capital si les capitaux sont liquidés à l'âge légal de la retraite du bénéficiaire et que celui-ci est resté actif au moins jusqu'à cet âge.

Les bénéficiaires sont imposables sur un pourcentage du capital ou de la valeur de rachat. Ce pourcentage est en fonction de l'âge du bénéficiaire au moment de la date de la perception ou de l'attribution du capital (voir page 550).

Si le bénéficiaire est âgé de 65 ans au moment de la perception, il est imposable durant 10 périodes imposables successives. Si le bénéficiaire est plus jeune, il est imposable durant 13 périodes imposables successives.

Si le contribuable décède avant que les 10 ou 13 périodes imposables consécutives ne soient écoulées, la rente est pour la dernière fois imposable au cours de la période imposable du décès.

Ces montants sont imposables à titre de pensions au taux progressif et donnent droit à une réduction d'impôt (voir page 506).

ex **1.** *Luc perçoit en 2016, à l'âge de 65 ans, un capital de 200.000,00 EUR.*
Luc est imposable durant 10 périodes imposables successives sur un montant de 200.000,00 x *5 % = 10.000,00 EUR.*
Il remplit le cadre V de sa déclaration de la manière suivante :

Cadre V – Pensions		
1. Pensions autres que celles visées sub *2 et* sub *3.*		
j) Rentes de conversion de capitaux et de valeur de rachat payés ou attribués		
1. En 2016	*4.000,00 (Code 1216-45)*	*Code 2216-15*
2. Au cours des années 2004 à 2015	*(Code 1218-43)*	*Code 2218-13*

Luc doit déclarer ce montant pendant les 9 périodes imposables subséquentes en Code 1218-43 de sa déclaration.

2. *Luc, marié, est indépendant. Il décède en 2016. Sa veuve, Marguerite, perçoit en 2016 un capital de 100.000,00 EUR. Elle a 47 ans.*
Marguerite est imposable durant 13 périodes imposables successives sur un montant de 100.000,00 x 2 % = 2.000,00 EUR.
Elle remplit sa déclaration relative à l'exercice d'imposition 2017 de la manière suivante :

Cadre V – Pensions		
1. Pensions autres que celles visées sub 2 et sub 3.		
j) Rentes de conversion de capitaux et de valeur de rachat payés ou attribués		
1. En 2016	*2.000,00* *Code 1216-45*	*Code 2216-15*
2. Au cours des années 2004 à 2015	*(Code 1218-43)*	*Code 2218-13*

Marguerite doit déclarer ce montant de 2.000,00 EUR à partir de l'année 2016 jusqu'à 2028 (13e période), sauf si elle décède durant cette période. Dans ce cas, l'obligation de déclarer ces revenus prend fin au cours de la période imposable qui suit celle du décès.

4.4.2. *Prestations sous forme de rentes*

Articles 17 § 1er, 4° et 20 CIR

1158-06/2158-73

Le bénéficiaire peut toujours demander la conversion du capital en rentes auprès de l'organisme de pension. Dans cette hypothèse, les revenus sont imposables comme des revenus mobiliers. Les revenus mobiliers sont calculés sur le montant net du capital, c'est-à-dire après déduction du montant des impôts et des retenues parafiscales.
Depuis le 1er janvier 2009, l'âge légal de la retraite est fixé à 65 ans, tant pour les femmes que pour les hommes.
Pour l'analyse de cette disposition, nous renvoyons le lecteur à la page 235.

4.4.3. *Les participations bénéficiaires*

Article 40 CIR

Les parts bénéficiaires allouées aux conventions de pensions complémentaires sont exonérées d'impôt pour autant qu'elles soient liquidées en même temps que les pensions complémentaires, rentes, capitaux ou valeur de rachat résultant de ces contrats, engagements ou conventions.

V.
LE TROISIÈME PILIER : LES PENSIONS COMPLÉMENTAIRES SANS LIEN AVEC L'EXERCICE DE L'ACTIVITÉ PROFESSIONNELLE

1. Généralités

Les contribuables peuvent se constituer à titre individuel une pension complémentaire à l'aide d'un contrat d'assurance-vie ou d'un contrat d'épargne-pension.

Le contribuable qui souscrit des contrats d'assurance vie ou des contrats d'épargne-pension a comme objectif principal de se constituer un capital complémentaire à l'occasion de la retraite.

Le législateur encourage fiscalement la souscription de tels contrats en octroyant un traitement fiscal favorable pour ce type de contrats.

Citons ici les trois avantages essentiels liés à ces contrats :

- les versements donnent droit à des réductions d'impôt au taux de 30 % ;
- à l'échéance du contrat, les revenus sont considérés comme des pensions et bénéficient de taux de taxation distincts (généralement 10 %) ;
- les participations aux bénéfices attachées aux contrats d'assurance-vie sont exonérées d'impôt, et ce, pour autant qu'elles soient liquidées en même temps que les pensions résultant de ces contrats.

2. L'assurance-vie

Articles 104, 9° (PM), 145/1, 2°, 145/2, 145/4, 145/17 à 20 et 63^{2} AR/CIR

1351-07/2351-74 à 1354-04/2354-71 et 1371-84/2371-54

2.1. Principe

L'assurance-vie est un contrat d'assurance complémentaire contre la vieillesse et le décès prématuré pour constituer une rente ou un capital en cas de vie ou en cas de décès.

2.2. Caractéristiques des contrats

2.2.1. *Les contrats ordinaires*

Les contrats d'assurance-vie sont ceux qui garantissent un capital à une échéance.

Les contrats d'assurance décès pure sont des contrats qui procurent un capital à un tiers en cas de décès de l'assuré.

Les contrats mixtes sont des contrats qui prévoient des avantages en cas de vie et en cas de décès.

Pour entrer en ligne de compte pour la réduction d'impôt, ces contrats doivent remplir les conditions suivantes :

- ils doivent être souscrits par le contribuable avant l'âge de 65 ans ; les contrats qui sont prorogés au-delà du terme initialement prévu, remis en vigueur, modifiés ou augmentés, alors que l'assuré a 65 ans, ne sont pas considérés comme souscrits avant cet âge ;
- le contribuable doit s'assurer sur sa tête exclusivement ;
- ils doivent avoir une durée de 10 ans au minimum lorsqu'ils prévoient des avantages en cas de vie ;
- les avantages en cas de vie doivent être stipulés au profit du contribuable à partir de l'âge de 65 ans ;
- les avantages en cas de décès doivent être stipulés :
  - lorsque le contrat d'assurance-vie sert à la garantie ou à la reconstitution d'un emprunt conclu pour acquérir ou conserver un bien immobilier :
    - concurrence du capital assuré qui sert à la reconstitution ou à la garantie de l'emprunt, au profit des personnes qui, suite au décès de l'assuré, acquièrent la pleine propriété ou l'usufruit de ce bien immobilier ;
    - concurrence du capital assuré qui ne sert pas à la reconstitution ou à la garantie de l'emprunt, au profit du conjoint ou des parents jusqu'au deuxième degré du contribuable ;

   - au profit du conjoint ou des parents jusqu'au deuxième degré du contribuable dans les autres cas ;
- les contrats mixtes (vie décès) doivent remplir les conditions prévues pour chaque risque.

Lorsqu'il revendique la prise en compte des avantages fiscaux pour la première fois, le contribuable doit produire une attestation de l'organisme assureur stipulant que le contrat remplit bien toutes les conditions prévues en la matière.

Le contribuable est tenu de produire chaque année la preuve de son paiement.

2.2.2. *Primes*

Circulaire n° Ci.RH.26/586.459 (AFER 43/2008) du 13 novembre 2008

A. Déduction pour habitation propre et unique (ancien régime)

Lorsque les conditions prévues pour la déduction pour habitation propre et unique sont réunies, les primes d'assurance du solde restant dû financée par un(e quotité d') emprunt hypothécaire entrent en considération pour la déduction pour habitation propre et unique. Par contre, les dépenses (amortissement du capital de l'emprunt hypothécaire et les intérêts) relatives à (la quotité d') un emprunt hypothécaire qui a servi à financer la prime d'une assurance de solde restant dû n'entrent pas en considération pour la déduction pour habitation propre et unique.

B. Réduction d'impôt pour épargne à long terme et épargne logement

Pour les emprunts conclus à partir du 1er janvier 2008, les primes d'assurance du solde restant dû financée par un(e quotité d') emprunt hypothécaire entrent en considération pour la réduction d'impôt pour épargne à long terme dans les limites et aux conditions légales prévues en la matière. Par contre, l'amortissement du capital relatif à (la quotité d') un emprunt hypothécaire qui a servi à financer la prime d'une assurance de solde restant dû ne peut pas intervenir pour la réduction d'impôt des amortissements du capital.

En ce qui concerne les emprunts conclus au plus tard le 31 décembre 2006, l'amortissement du capital relatif à (la quotité d') un emprunt hypothécaire qui a servi à financer la prime d'une assurance de solde restant dû peut intervenir pour la réduction d'impôt des amortissements du capital dans la mesure où la prime n'est pas supérieure au coût total de l'opération faisant l'objet de l'emprunt diminué du montant de l'emprunt à prendre en considération pour la réduction d'impôt.

2.2.3. *Condition complémentaire pour les contrats mis en garantie d'emprunts hypothécaires*

Lorsqu'un contribuable conclut un emprunt pour l'acquisition ou la construction d'un immeuble, les organismes prêteurs imposent généralement au contribuable de souscrire, soit un contrat d'assurance solde restant dû (assurance décès), soit un contrat d'assurance-vie servant à garantir l'emprunt hypothécaire. Le cas échéant, un contrat d'assurance-vie existant peut également être mis en garantie.

Dans ces cas, les avantages en cas de décès doivent être stipulés au profit des personnes qui, suite au décès de l'assuré, acquièrent la pleine propriété ou l'usufruit de cette habitation.

2.3. Avantage fiscal

À l'exclusion des contrats d'assurance-vie qui servent à la reconstitution ou à la garantie de l'habitation propre du contribuable, les primes relatives à un contrat d'assurance-vie donnent droit à une réduction d'impôt. Celle-ci est explicitée *infra*.

2.3.1. *En ce qui concerne le taux de la réduction d'impôt*

La réduction d'impôt est égale à 30% des primes réellement payées.

Dans cette hypothèse, le contribuable doit mentionner le montant total de la prime en regard des codes 1353-05/2353-72 ou 1354-04/2354-71.

Les cotisations versées en exécution d'un contrat d'assurance-vie qui est mis en garantie d'un emprunt hypothécaire destiné à l'acquisition, la construction ou la transformation de la seule habitation en propriété au moment de la conclusion du contrat d'emprunt:

- conclu avant le 1er janvier 2005;
- conclu entre le 1er janvier 2005 et le 31 décembre 2013 mais servant au refinancement d'un emprunt conclu avant le 1er janvier 2005,

... donnent droit à une réduction d'impôt au taux marginal pour autant qu'elles concernent la première tranche du montant initial des emprunts contractés pour cette seule habitation.

Cette limite est fixée une fois pour toutes et dépend de l'année du contrat d'emprunt ainsi que du nombre d'enfants à charge au 1er janvier de l'année qui suit celle de l'emprunt. Elle est fixée de la manière suivante:

Construction ou achat à l'état neuf						
	Enfants à charge au 1er janvier de l'année qui suit l'emprunt	0	1	2	3	Plus de 3
Année de l'emprunt	2000	55.652,10	58.453,29	61.229,70	66.782,52	72.360,12
	2001	57.570,00	60.440,00	63.320,00	69.080,00	74.830,00
	2002	58.990,00	61.930,00	64.880,00	70.780,00	76.680,00
	2003	59.960,00	62.950,00	65.950,00	71.950,00	77.940,00
	2004	60.910,00	63.960,00	67.000,00	73.090,00	79.180,00
	2005	62.190,00	65.290,00	68.400,00	74.620,00	80.840,00
	2006	63.920,00	67.110,00	70.310,00	76.700,00	83.090,00
	2007	65.060,00	68.310,00	71.570,00	78.070,00	84.580,00
	2008	66.240,00	69.550,00	72.860,00	79.490,00	86.110,00
	2009	69.220,00	72.680,00	76.140,00	83.060,00	89.990,00
	2010	69.220,00	72.680,00	76.140,00	83.060,00	89.990,00
	2011	70.700,00	74.230,00	77.760,00	84.830,00	91.900,00
	2012	73.190,00	76.850,00	80.510,00	87.830,00	95.150,00
	2013	75.270,00	79.030,00	82.800,00	90.320,00	97.850,00
	2014	76.120,00	79.920,00	83.720,00	91.330,00	98.940,00
	2015	76.360,00	80.170,00	83.990,00	91.630,00	99.260,00
	2016	76.780,00	80.620,00	84.460,00	92.140,00	99.810,00

La partie de la prime qui entre en considération pour la réduction épargne logement doit être mentionnée en regard des codes 1351-07/2351-74.

Le solde de la prime qui n'entre pas en considération pour la réduction d'impôt au taux marginal peut être mentionné en regard des codes 1353-05/2353-72 ou 1354-04/2354-71. Il donne droit à une réduction d'impôt au taux 30 %.

2.3.2. *En ce qui concerne le montant*

Une distinction doit être effectuée entre :

- les limites qui applicables lorsque dans la déclaration sont reprises à la fois des dépenses donnant droit à la réduction d'impôt pour épargne à long terme (primes d'assurances-vie individuelles et amortissements en capital) ainsi que des dépenses donnant droit à la déduction pour habitation propre et unique (Première hypothèse) ;
- les limites applicables lorsque dans la déclaration sont reprises des dépenses donnant droit à la réduction d'impôt pour épargne à logement (primes d'assurances-vie individuelles et amortissements en capital) ainsi que des dépenses donnant droit à la réduction d'impôt pour l'épargne à long terme (Deuxième hypothèse).

À la page 192, il est expliqué dans quelles circonstances le contribuable peut avoir, pour le même exercice d'imposition, à la fois droit à la réduction d'impôt pour épargne logement ainsi qu'à la déduction pour habitation propre et unique.

A. **Première hypothèse : Épargne long terme et déduction pour habitation propre et unique (ancien régime)**

Article 145/6 CIR applicable depuis le 1er janvier 2005

Les dépenses mentionnées par le contribuable respectivement en regard des codes 1353-05 à 1354-04 – 2353-72 à 2354-71 (primes d'assurance-vie) ou en regard des codes 1358-97 à 1360-95 – 2358-67 à 2360-65 (amortissements en capital) sont cumulées par l'administration et soumises aux limites mentionnées *infra*.

Les cotisations et sommes sont prises en considération pour l'octroi de la réduction d'impôt dans la mesure où elles n'excèdent pas la différence positive entre :

- d'une part, 15 % de la première tranche de 1.880,00 EUR du total des revenus professionnels et 6 % du surplus avec un maximum absolu de 2.260,00 EUR ;
- et, d'autre part, le montant de base (abstraction faite des éventuelles majorations) déduit en application de la déduction pour habitation propre et unique ; ce montant ne peut pas être supérieur à 2.260,00 EUR.

Il en résulte que :

- si la déduction pour habitation propre et unique effectivement déduite est égale au montant de base augmenté des majorations, le contribuable n'a pas de droit complémentaire ou de réduction d'impôt complémentaire pour les primes d'assurance-vie ou pour les amortissements en capital ;
- si la déduction pour habitation propre et unique effectivement déduite est inférieure au montant de base augmenté des majorations, le contribuable peut avoir droit à une réduction d'impôt pour les primes d'assurance-vie ou pour les amortissements en capital payés ;
- si le contribuable n'a pas de droit à la déduction pour habitation propre et unique, seule la limite mentionnée à la première étape est d'application.

Ceci peut être résumé de la manière suivante :

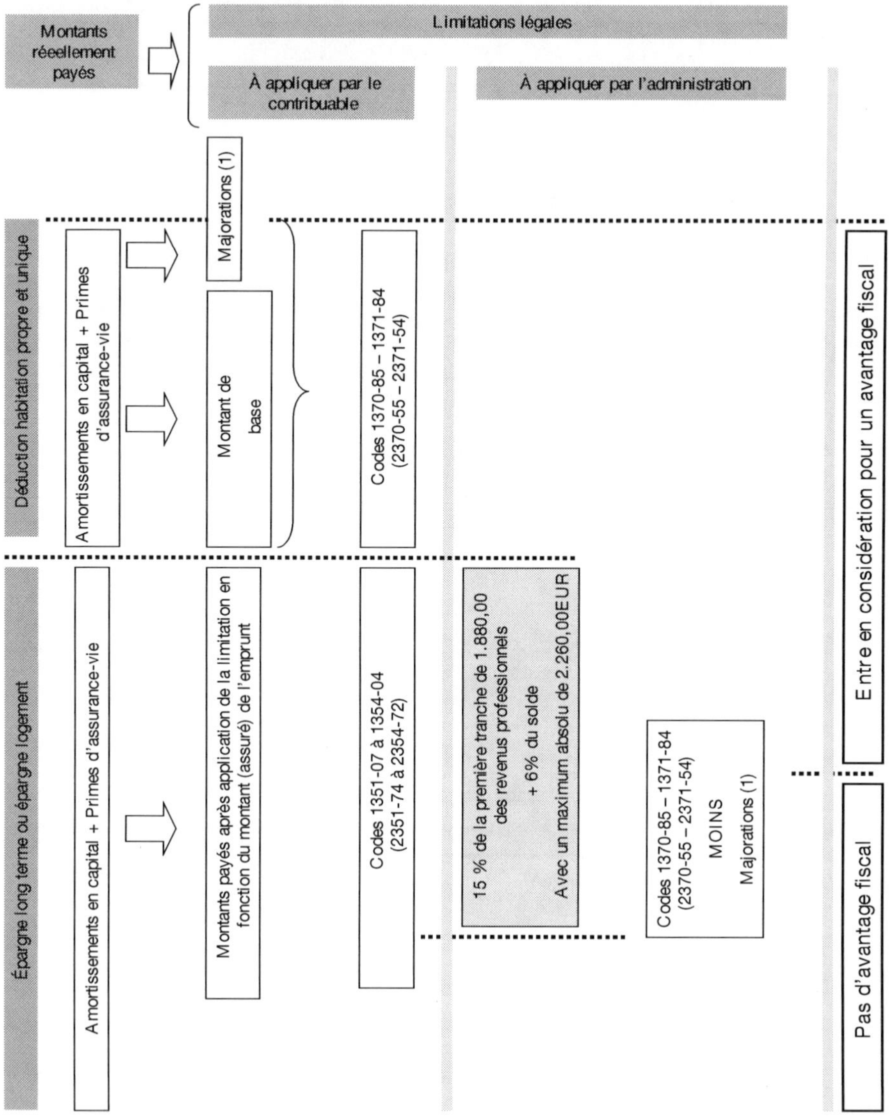

S'agissant de réductions d'impôt, il n'y a aucun avantage fiscal s'il n'y a pas d'impôt dû.

B. **Deuxième hypothèse : Épargne logement et, éventuellement, épargne à long terme**

Article 145/6 CIR applicable avant le 1er janvier 2005

Les dépenses mentionnées par le contribuable respectivement en regard des codes 1353-05/2353-72 ou 1354-04/2354-71 (primes d'assurance-vie) ou en regard des codes 1355-03/2357-70 à

1360-95/2360-65 (amortissements en capital) sont cumulées par l'administration et soumises aux limites mentionnées *infra*.

Les cotisations et sommes sont prises en considération pour l'octroi de la réduction d'impôt dans la mesure où elles n'excèdent pas la différence positive entre 15 % de la première tranche de 1.880,00 EUR du total des revenus professionnels et 6 % du surplus avec un maximum absolu de 2.260,00 EUR.

Les limites de la première hypothèse ne sont pas d'application lorsque les dépenses qui entrent en considération donnent droit uniquement à la réduction d'impôt pour épargne à long terme.

2.3.3. *Aperçu des avantages fiscaux*

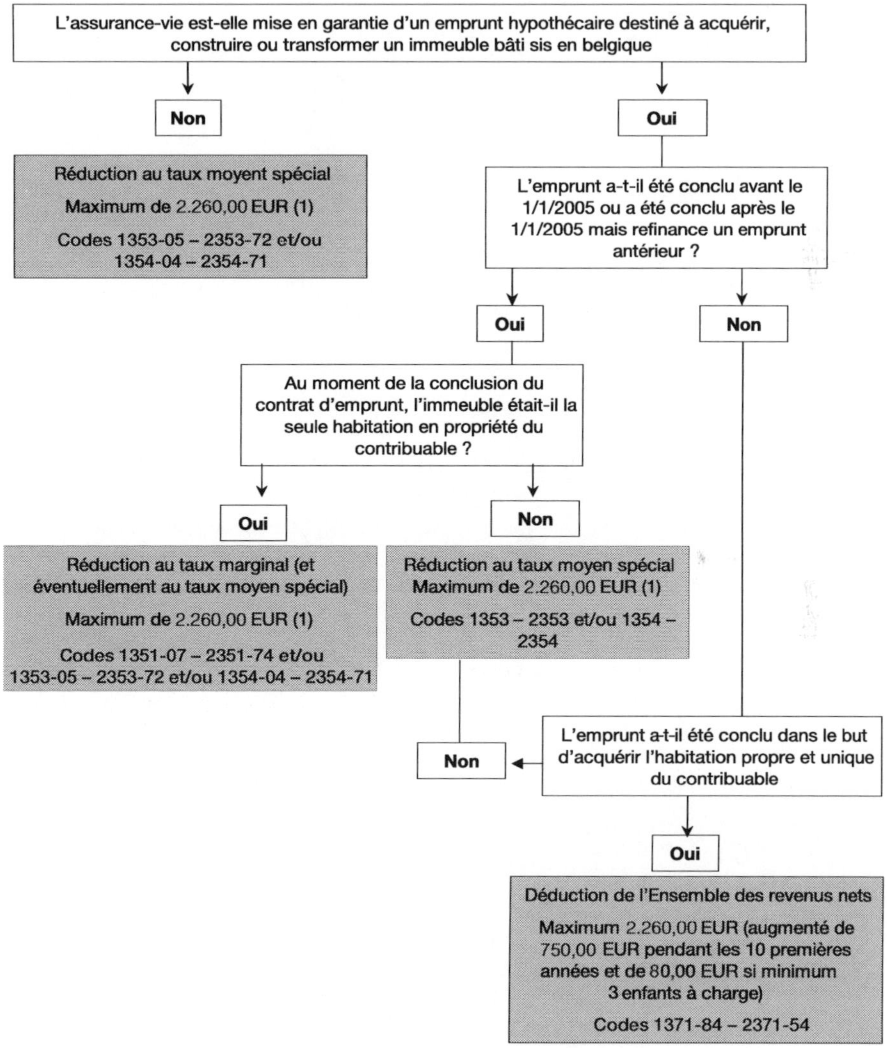

(1) Cette limite vaut par contribuable pour le total des assurances vie et des amortissements en capital, qui n'entrent pas en considération pour la déduction pour habitation propre et unique.

2.4. Taxation des prestations

2.4.1. *Les revenus exonérés*

Articles 39, § 2, 2° et 40 CIR

Bénéficient de l'exonération d'impôt:

- les prestations relatives à des contrats d'assurance-vie qui n'ont jamais donné droit à un avantage fiscal. En cette matière, l'octroi d'une réduction d'impôt ou d'une déduction de l'ensemble des revenus nets rend la totalité du montant versé imposable, et ce, même si le contribuable n'a bénéficié de cet avantage qu'à une seule occasion;
- les parts bénéficiaires pour autant qu'elles soient liquidées en même temps que les pensions, rentes, capitaux ou valeurs de rachat relatives à ces contrats.

2.4.2. *La taxation à l'échéance: le régime de la taxe indirecte*

Articles 171, 2°, d et e, 515*bis* alinéa 5 CIR et 119 du Code des taxes assimilées au timbre, titre XIII

Les revenus perçus sont fiscalement considérés comme des pensions imposables distinctement.

En ce qui concerne les contrats d'assurance-vie, le législateur a prévu l'imposition des capitaux ayant donné droit à un avantage fiscal, par le biais d'une taxe qui sera prélevée au moment où le contribuable atteint l'âge de 60 ans, et ce, indépendamment du versement effectif des capitaux.

Cette taxe, appelée taxe indirecte sur l'épargne à long terme, est versée par l'organisme débiteur des revenus et vaut impôt définitif, en ce sens que le contribuable ne doit rien déclarer à l'impôt des personnes physiques.

Cette taxe présente un double avantage fiscal pour le contribuable:

- d'une part, aucune taxe communale ou d'agglomération complémentaire n'est due;
- d'autre part, cette taxe étant définitive, le contribuable peut encore revendiquer l'application des réductions d'impôt pour les primes payées après l'âge de 60 ans, sans que cela ne donne lieu à une imposition des prestations.

Cette taxe est versée au moment où le contribuable atteint l'âge de 60 ans, à condition qu'il ait bénéficié au moins une fois des avantages fiscaux prévus en la matière. Pour les contribuables ayant souscrit un contrat à partir de l'âge de 55 ans, cette taxe sera due au dixième anniversaire du contrat ou lors du paiement effectif si le bénéficiaire a déjà atteint l'âge de 60 ans à ce moment.

Cette taxe ne vise pas les contrats d'assurance-vie prévoyant des avantages uniquement en cas de décès et les contrats d'assurance-vie dans la mesure où ils visent à garantir l'amortissement ou la reconstitution d'un emprunt hypothécaire.

Le montant de la taxe dépend de la période au cours de laquelle les primes ont été effectivement versées.

Primes versées avant 1992	Taxation au taux de 16,5%
Primes versées à partir de 1992	Taxation au taux de 10%

Les entreprises d'assurance devaient payer au plus tard le 1er octobre la différence entre 16,5% et 10%, soit 6,5% de la valeur de rachat historique au 1er janvier 2012.

La taxe due à l'échéance normale sera donc calculée au taux de 10%.

Si la taxe sur l'épargne à long terme n'est pas due, parce que le preneur rachète sa réserve avant l'âge de 60 ans ou si le preneur d'assurance décède avant l'âge de 60 ans, la taxe de 6,5% sera considérée comme un précompte professionnel.

En ce qui concerne les contrats d'assurance-vie qui ont bénéficié des avantages fiscaux de l'assurance vieillesse et décès prématurés avant le 1er janvier 1992, les prestations relatives à ces versements sont imposables au taux de 16,5%.

2.4.3. *La taxation dans le chef des héritiers au moment du décès*

Pour autant que les capitaux ne servent pas à la reconstitution ou à la garantie d'un emprunt hypothécaire et lorsque les bénéficiaires sont les héritiers et que la taxe indirecte n'a pas été versée (voir *supra*), les taux de taxation sont les suivants :

Primes versées avant 1992	Taxation au taux de 16,5 %
Primes versées à partir de 1992	Taxation au taux de 10 %

La régularisation fiscale se fait par le biais de la déclaration de la succession.

2.4.4. *Le rachat du contrat avant l'âge de 60 ans*

Le contribuable peut demander le remboursement du capital qui a été constitué avant l'échéance du contrat. Cette opération s'appelle le rachat du contrat.

Le fait que le contrat soit mis en garantie d'un emprunt hypothécaire ou non est sans incidence sur le taux de taxation des capitaux.

Les revenus perçus sont considérés fiscalement comme des pensions et sont, selon les cas, imposés distinctement ou globalement.

Les capitaux qui sont liquidés avant la fin de la convention, mais après que le contribuable ait atteint l'âge de 60 ans, sont imposables conformément au point 2.4.2.

Ainsi le contribuable né le 1er juin 1949 qui a souscrit un contrat d'assurance-vie qui prend fin le 1er juin 2014 (à l'occasion de ses 65 ans) rachète son contrat s'il demande la liquidation de ses capitaux avant le 1er juin 2009.

Le taux d'imposition dépend du moment où les primes ont effectivement donné droit à un avantage fiscal.

Primes versées avant 1992	Taxation au taux progressif
Primes versées à partir de 1992	Taxation au taux de 33 %

Les revenus sont à mentionner dans la déclaration.

ex *Luc, 35 ans, a conclu un contrat d'assurance-vie ordinaire en 2002. Depuis 2002, il a revendiqué et obtenu le droit aux réductions d'impôt prévues en la matière.*

En 2016, il décide de racheter son contrat.

La compagnie d'assurance lui verse le montant suivant :

- *parts bénéficiaires : 10.000,00 EUR*
- *montant capitalisé : 22.000,00 – 7.260,00 (33 %) = 14.740,00 EUR*

Luc remplit le cadre V de sa déclaration de la manière suivante :

Cadre V – Pensions		
A. Pensions		
i) capitaux et valeurs de rachat imposables distinctement		
1. à 33 %	*22.000,00 (*)* *(Code 1213-48)*	*Code 2213-18*
B. Précompte professionnel		
1. Suivant fiches	*225 : 7.260,00*	*225*
2. Total de la rubrique 1.	*7.260,00* *(Code 1225-36)*	*Code 2225-06*

(*) Les parts bénéficiaires sont exonérées car liquidées en même temps que la valeur de rachat.

2.4.5. *Les contrats mis en garantie d'emprunts hypothécaires*

Lorsqu'un contrat d'assurance-vie individuelle a servi à la reconstitution ou à la garantie d'un emprunt hypothécaire, les capitaux ou valeurs de rachat peuvent dans certaines circonstances, bénéficier du régime de la conversion en rentes fictives.

En l'occurrence, il s'agit des capitaux liquidés à l'expiration normale du contrat ou au décès de l'assuré et des valeurs de rachat liquidées au cours d'une des cinq années qui précèdent l'expiration normale du contrat.

Le régime des rentes fictives prévoit l'imposition des capitaux ou valeurs de rachat en rentes fictives suivant des coefficients déterminés par le roi et pendant au maximum 10 ou 13 années consécutives selon que le bénéficiaire a atteint ou pas l'âge de 65 ans au moment de la liquidation du capital. Ces rentes fictives sont imposables globalement et cumulées avec les autres revenus imposables du contribuable.

Pour ces coefficients, nous renvoyons le lecteur à la page 550.

ex *Marguerite, célibataire, a acquis son immeuble d'habitation à l'aide d'un emprunt et a contracté un contrat s'assurance solde restant dû afin de couvrir l'emprunt. Elle décède en 2013 en ne laissant qu'un seul héritier, son fils unique, Luc, âgé de 27 ans au moment du décès. La compagnie d'assurance verse à la banque le solde restant dû de l'emprunt, 85.000,00 EUR.*

L'héritier est imposable durant 13 périodes imposables successives sur une rente de conversion (pension) de 85.000,00 × 1 % = 850,00 EUR, ce montant étant globalisé avec les autres revenus de Luc.

Luc remplit le cadre V de sa déclaration de la manière suivante :

Cadre V – Pensions		
A. Pensions		
j) rentes de conversion de capitaux et de valeurs de rachat payés ou attribués		
1° en 2016	*850,00 (Code 1216-45)*	*Code 2216-15*

2.4.6. *Synthèse en matière de prestations*

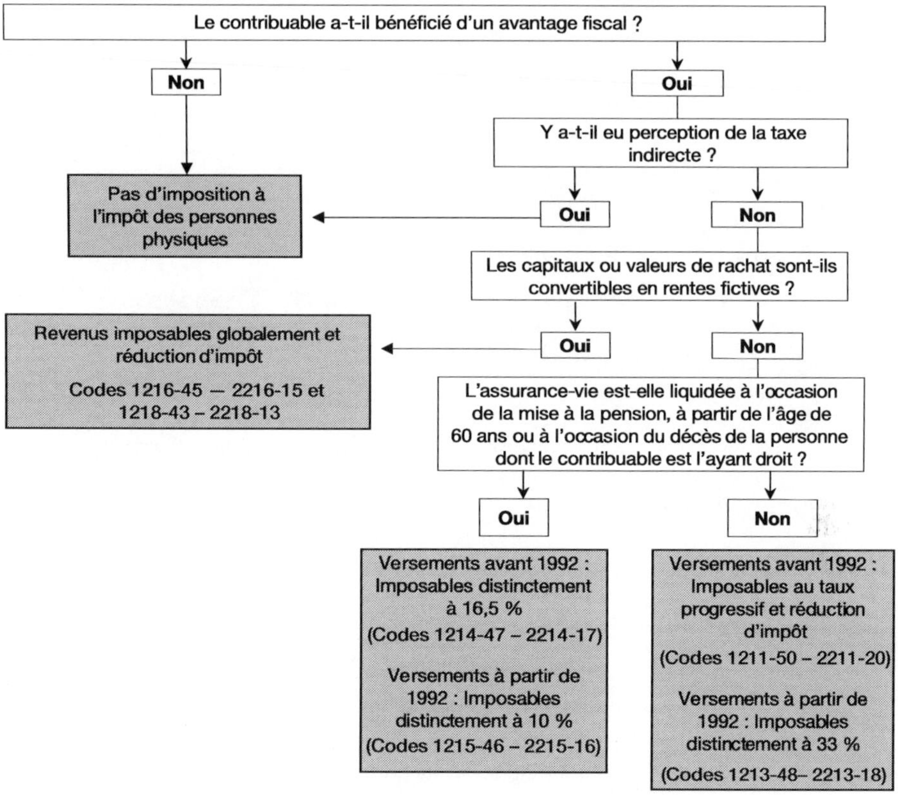

3. L'épargne-pension

Articles 145/8 à 145/16 CIR, articles 63^5 à 63^9 AR/CIR

1361-94/2361-64

3.1. Principe

L'épargne-pension est une forme d'investissement favorisée par le Législateur, destinée à procurer au contribuable contractant une pension complémentaire.

Les contribuables bénéficient d'une réduction d'impôt autour de 30 % pour les versements effectués dans le cadre de l'épargne-pension ou de l'assurance épargne.

Dans cette hypothèse, les revenus perçus à l'échéance du contrat sont considérés comme des pensions.

3.2. Caractéristiques du contrat

3.2.1. *Définitions*

Les comptes qui entrent en considération pour la réduction d'impôt sont :

- *le compte-épargne collectif* ;

- *le compte-épargne individuel*;
- *l'assurance-épargne*.

Le *compte-épargne collectif* est l'ensemble des parts du contribuable dans un fonds d'épargne-pension agréé par le ministre des Finances pour se constituer une épargne disponible en cas de vie ou en cas de décès. Les parts font l'objet d'inscriptions nominatives auprès des institutions autorisées à ouvrir des comptes-épargne collectifs.

Le *compte-épargne individuel* est l'ensemble des valeurs mobilières et accessoirement des sommes conservées par le contribuable en vue de se constituer une épargne disponible en cas de vie ou de décès. Ces valeurs et sommes font l'objet d'inscriptions nominatives auprès des institutions autorisées à ouvrir des comptes-épargne individuels.

L'assurance-épargne est l'assurance contractée sur sa tête par le contribuable en vue de se constituer auprès d'une entreprise agréée en matière de conclusion de contrats d'assurance-vie une pension, une rente ou un capital en cas de vie ou de décès.

Pour entrer en ligne de compte dans le cadre de l'épargne-pension, les sociétés de fonds sont tenues d'affecter les actifs du fonds dans certains produits légalement énumérés à l'article 145[11] du Code des impôts sur les revenus. L'étude de ces dispositions dépasse le cadre du présent ouvrage.

3.2.2. *Conditions légales*

Pour entrer en considération pour la réduction d'impôt, les conditions suivantes doivent être remplies :

- les paiements doivent être effectués à titre définitif en Belgique ;
- le compte-épargne ou l'assurance-épargne doit être souscrit(e) par un habitant du Royaume ou un habitant d'un État membre de l'Espace économique européen à partir de l'âge de 18 ans et avant l'âge de 65 ans et pour une durée de minimum 10 ans ;
- les avantages doivent être stipulés, au moment de la conclusion du contrat :
  - en cas de vie, au profit du contribuable lui-même ;
  - en cas de décès, au profit du conjoint ou des parents jusqu'au deuxième degré du contribuable ;
  - si le contrat d'assurance-épargne sert à la reconstitution ou à la garantie d'un emprunt hypothécaire contracté pour une habitation, les avantages doivent être stipulés au profit des personnes qui, suite au décès de l'assuré, acquièrent la pleine propriété ou l'usufruit de cette habitation.

Le contribuable doit joindre à sa déclaration l'attestation 281.60 délivrée par l'institution à laquelle il a effectué le paiement.

En date du 23 janvier 2014, la Cour de Justice de l'Union européenne a estimé que limiter le bénéfice de l'avantage fiscal aux sommes versées à titre définitif en Belgique violait les règles de libre circulation des services. La Belgique est donc tenue de modifier sa législation, ce qui n'est pas encore fait au moment de la rédaction de cet ouvrage.

3.3. **Avantage fiscal**

Les versements entrent en ligne de compte à concurrence de maximum 940,00 EUR pour l'exercice d'imposition 2017.

Les paiements ne peuvent être effectués, au cours d'une même période imposable, que pour un seul compte-épargne collectif, un seul compte épargne individuel ou pour une seule assurance-épargne.

En outre, cette réduction ne peut être cumulée avec la réduction relative à la libération d'actions ou parts de la société employeur.

La réduction n'est plus accordée à partir de la période imposable :

- au cours de laquelle sont liquidés l'épargne, les capitaux ou les valeurs de rachat sont liquidés à une des périodes favorables visées *infra* sauf si cette liquidation résulte du décès de contribuable ;
- ou au cours de laquelle le contribuable a atteint l'âge de 65 ans.

La réduction d'impôt est accordée au taux de 30 %.

3.4. Taxation des prestations

3.4.1. *Les revenus exonérés*

Article 39, § 2, 2° CIR

Les revenus perçus qui proviennent d'un contrat d'épargne-pension ou d'une assurance-épargne sont exonérés d'impôt lorsque les versements n'ont jamais donné droit à un avantage fiscal. En cette matière l'octroi d'une réduction d'impôt ou d'une déduction de l'ensemble des revenus nets rend la totalité du montant versé imposable, et ce, même si le contribuable n'a bénéficié de cet avantage qu'à une seule occasion.

3.4.2. *La taxation à l'échéance : le régime de la taxe indirecte*

Articles 171, 2°, e et 515*bis* alinéa 5 CIR et 119 du Code des taxes assimilées au timbre, titre XIII

Tout comme pour les assurances-vie, les contrats souscrits dans le cadre de l'épargne-pension et de l'assurance-épargne bénéficient du régime de la taxe indirecte (voir page 571).
Le montant de la taxe dépend de la période au cours de laquelle les versements ont été effectués :

Primes versées avant 1992	Taxation au taux de 16,5 %
Primes versées à partir de 1992	Taxation au taux de 10 %

Les entreprises d'assurance devaient payer, au plus tard le 1er décembre 2012, la différence entre 16,5 % et 10 %, soit 6,5 % de la valeur de rachat théorique au 1er janvier 2012.

La taxe due à l'échéance normale sera donc calculée au taux de 10 %.

Si la taxe sur l'épargne à long terme n'est finalement pas due, parce que le preneur rachète sa réserve d'épargne avant l'âge de 60 ans ou si le preneur d'assurance décède avant l'âge de 60 ans, la taxe de 6,5 % sera considérée comme un précompte professionnel.

3.4.3. *La taxation aux moments favorables*

Les prestations obtenues dans le cadre de l'épargne-pension bénéficient également des taux d'imposition susvisés lorsque le capital est liquidé :

- à la date normale de la mise à la retraite du contribuable ;
- au cours d'une des cinq années qui précèdent la date normale de la mise à la retraite ;
- à la mise à la prépension ;
- au décès du contribuable.

3.4.4. *Le rachat du contrat avant l'âge de 60 ans*

Articles 171, 1°, g et 515*bis*, alinéa 5

1211-50/2211-20, 1219-42/2219-12, 1225-36/2225-06

Tout comme pour les contrats d'assurance-vie, le contribuable peut demander le rachat avant l'échéance de ses contrats d'épargne-pension ou d'assurance-épargne.

Les revenus perçus sont considérés fiscalement comme des pensions et seront, selon les cas, imposés distinctement ou globalement.

Les capitaux qui sont liquidés avant la fin de la convention mais après que le contribuable ait atteint l'âge de 60 ans, sont imposables conformément au régime susmentionné (voir *supra*) et pas suivant le régime des valeurs de rachat.

S'il s'agit d'une assurance-épargne, il importe peu que le contrat soit mis en garantie d'un emprunt hypothécaire ou non, le traitement fiscal de ces contrats étant identique.

Le taux d'imposition dépend du moment où les primes ont effectivement donné droit à un avantage fiscal :

Primes versées avant 1992	Taxation au taux progressif
Primes versées à partir de 1992	Taxation au taux de 33 %

Les revenus sont à mentionner dans la déclaration fiscale.

3.4.5. *Synthèse en matière de prestations*

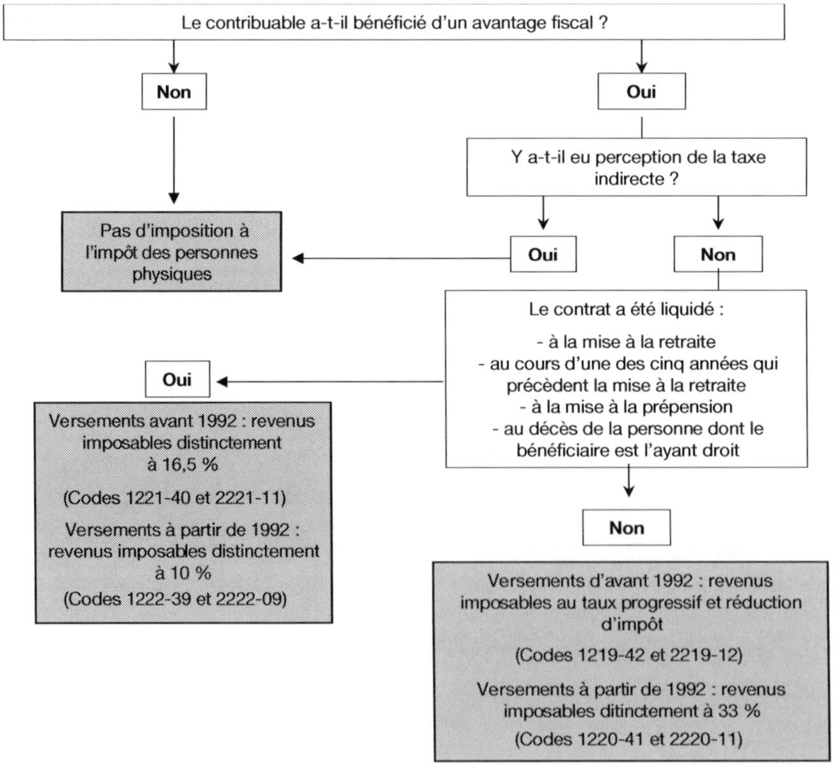

Partie 8

Les autres revenus imposables et les autres dépenses donnant droit à un avantage fiscal

I.
LES AUTRES REVENUS IMPOSABLES

1. Les bénéfices ou profits occasionnels

Articles 90, 1°, 97 et 103 CIR

1440-15/2440-82, 1441-14/2441-81, 1200-61/2200-31 à 1202-59/2202-29

1.1. Principe

Sont imposables au titre de revenus divers, les bénéfices ou les profits, quelle que soit leur qualification, qui résultent, même occasionnellement ou fortuitement, de prestations, opérations ou spéculations quelconques ou de services rendus à des tiers, en dehors de l'exercice d'une activité professionnelle, à l'exclusion des opérations de gestion normale d'un patrimoine privé consistant en biens immobiliers, valeurs de portefeuille et objets mobiliers.

1.2. Conditions pour que les bénéfices ou profits soient imposables

Pour être imposables, les bénéfices ou profits doivent :

- être réalisés en dehors de l'exercice de l'activité professionnelle
- et ne pas résulter de la gestion normale d'un patrimoine privé consistant en biens immobiliers, mobiliers et valeur de portefeuille.

Pour rappel, ces différentes notions ont déjà été étudiées dans la quatrième partie de l'ouvrage relative aux biens immobiliers (voir page 208).

Sont examinées ici les opérations de nature autre qu'immobilière.

Au vu des termes très généraux de la loi, un grand nombre d'opérations réalisées en dehors de l'exercice d'une activité professionnelle sont susceptibles de générer des bénéfices ou des profits occasionnels. Ainsi, il résulte qu'un apport dans une société peut constituer une opération au sens de l'article 90, 1° du Code des impôts sur les revenus, même si l'apport consiste dans un bien incorporel tel que le *know-how* (*cf.* l'arrêt de la Cour de cassation du 10 septembre 2010).

Les revenus suivants sont notamment imposables au titre de revenus divers :

- les revenus qui résultent de prestations occasionnelles au profit de tiers ;
- les honoraires pour conseils donnés en dehors du cadre d'une véritable profession ;
- les indemnités pour cession d'un droit personnel obtenues à l'occasion d'une opération quelconque sans lien avec une activité professionnelle ;
- les profits de prestations occasionnelles ou fortuites effectuées en tant qu'expert judiciaire, traducteur ou interprète ;
- le produit de la cession d'éléments incorporels susceptibles d'évaluation économique (savoir-faire ou autre) par des salariés ;
- les sommes versées aux officiers et sous-officiers de réserve qui effectuent un rappel ordinaire sous les armes ;

Par contre ne sont pas imposables au titre de revenus divers :

- les bénéfices ou les profits occasionnels qui résultent de la gestion normale d'un patrimoine privé ;
- les bénéfices ou les profits qui sont générés par l'exercice d'une activité professionnelle ;
- les gains aux tombolas et loteries autorisées ;
- les prix gagnés à l'occasion de concours, de jeux organisés dans la presse, à la radio, à la télévision ;

- les gains aux concours de pronostics, aux paris sur courses de chevaux, aux jeux de casinos... ;
- la solde des miliciens ;
- les droits d'auteur payés aux ayants droit d'un auteur décédé en raison d'exécutions, reproductions... qui ont lieu après le décès et qui sont relatives à des œuvres qui ne sont pas le fruit d'une activité professionnelle de l'auteur décédé mais d'une opération occasionnelle de celui-ci.

1.3. Montant imposable et période imposable

Les revenus sont imposables à concurrence de leur montant brut diminué des frais que le contribuable justifie avoir faits ou supportés pendant la période imposable en vue d'acquérir ou de conserver ces revenus.

Le montant brut s'entend de tous les bénéfices ou profits quelconques, y compris les avantages de toute nature, retirés des opérations productrices de ces revenus.

Suivant l'arrêt de la Cour de cassation du 30 novembre 2006, lorsqu'une personne physique cède à titre onéreux des actions ou parts d'une société qu'elle n'a pas acquises dans un but spéculatif en vue de la vente et que l'opération est néanmoins considérée comme excédant les limites de la gestion normale d'un patrimoine privé, l'article 90, 1° du Code des impôts sur les revenus ne permet pas de taxer la plus-value qu'elle a réalisée à l'occasion de la cession (c'est-à-dire l'excédent de la contrepartie obtenue par rapport au prix d'acquisition ou de souscription des actions) mais seulement le bénéfice ou profit « qui résulte » de l'opération ou de l'ensemble de l'opération sortant des limites de la gestion normale. Ce bénéfice ou ce profit est généralement nul lorsque le prix de vente n'excède pas la valeur de marché des actions aliénées.

Ces revenus sont imposables distinctement au taux de 33 %.

Les revenus divers que sont les bénéfices ou profits non professionnels occasionnels ou fortuits, sont imposables au moment où leur montant est effectivement perçu et non dès le moment où la créance qui en est la source est certaine et liquide mais n'est pas encore recouvrée (*cf.* l'arrêt de la Cour de cassation du 1er février 1999).

1.4. Les pertes résultant de prestations, opérations et spéculations

L'éventuel résultat déficitaire de telles opérations peut être imputé sur les autres bénéfices ou profits occasionnels de la période imposable.

Si le résultat total est déficitaire, ces pertes peuvent être déduites des bénéfices ou profits occasionnels (visés à l'art. 90, 1° CIR) réalisés au cours des cinq périodes imposables subséquentes.

Les pertes qui n'ont pu être déduite après ces cinq périodes imposables sont définitivement perdues.

2. Les plus-values sur valeurs et titres mobiliers en-dehors de la gestion normale en bon père de famille

Article 90, 9°, 1er tiret et 102 CIR

1169-92/2169-62

Lorsque le contribuable réalise en-dehors de son activité professionnelle mais dans un cadre excédent la gestion normale d'un patrimoine privé, la plus-value qu'il réalise sur la vente de ses actions ou parts est taxable au titre de revenus divers à 33 %.

La taxation interviendra sur base de la différence entre le prix reçu par le contribuable en espèce sous quelque forme que ce soit, en rémunération de la cession des parts et le prix auquel le contribuable ou son notaire avait acquis à titre onéreux lesdites actions ou parts.

3. Les prix et les subsides

Articles 90, 2° et 98 CIR et 53, § 2 AR/CIR

Circulaire n° Ci.RH.241/467.677 du 6 février 1997

1203-58/2203-28, 1204-57/2204-27

3.1. Principe

Sont imposables à titre de revenus divers, les prix, les subsides, les rentes et les pensions:

- attribués à des savants, à des écrivains et à des artistes,
- par les pouvoirs publics ou par des organismes sans but lucratif,
- autrement qu'à titre de services rendus.

3.2. Abattement des prix et des subsides

Les prix ne sont imposables que dans la mesure où ils excèdent 3.840,00 EUR pour l'exercice d'imposition 2017.

Les subsides sont exonérés dans la même mesure mais seulement pendant deux années, c'est-à-dire deux périodes de douze mois consécutifs. Ces périodes ne doivent pas nécessairement coïncider avec l'année civile.

Lorsqu'un contribuable a bénéficié de l'abattement pour une période de deux années, il ne peut plus jamais revendiquer le bénéfice ultérieur de l'abattement.

3.3. Exonération des prix et des subsides

Les prix et les subsides attribués par certaines institutions nationales ou internationales agréées par le Roi sont exonérés aux conditions suivantes:

- ils doivent récompenser des mérites exceptionnels ou rendre possibles des efforts exceptionnels dans les domaines de la recherche scientifique, des lettres ou des arts;
- ils doivent être octroyés dans des circonstances qui laissent aux savants, aux écrivains et aux artistes une large part d'initiative personnelle dans la poursuite ou l'exécution de leurs études recherches, travaux ou œuvres;
- ils doivent être alloués d'une manière désintéressée excluant tout état de dépendance du bénéficiaire à l'égard du donateur et toute compensation au profit de ce dernier;
- ils ne doivent pas être financés directement ou indirectement par des entreprises commerciales, industrielles ou agricoles, belges ou étrangères, qui sont susceptibles de tirer profit d'une manière ou d'une autre des travaux, recherches, études ou œuvres récompensées ou subsidiées;
- ils doivent être versés par des institutions agréées dont la liste figure à l'article 53 de l'arrêté royal d'exécution du Code des impôts sur les revenus.

3.4. Montant imposable

Les prix, subsides, rentes et pensions visés sont imposables à concurrence du montant effectivement payé ou attribué au bénéficiaire, éventuellement majoré du précompte professionnel.

Le montant net des prix et subsides est imposable distinctement au taux de 16,5%.

4. Les produits de la location du droit de chasse, de pêche et de tenderie

Tous les produits recueillis, en espèces ou autrement, du chef de la location ou de la sous-location des terres ou de zones aquatiques sur lesquelles est accordé un droit de chasse, de pêche ou de tenderie constituent des revenus divers assimilés à des revenus mobiliers.

Le montant imposable des revenus correspond aux montants effectivement payés ou attribués au bénéficiaire. Les revenus et produits se rattachent à la période imposable au cours de laquelle ils sont encaissés ou recueillis. La circonstance que les loyers perçus se rapportent à une saison de chasse qui s'étale sur deux années civiles est donc sans relevance en espèce.

Le montant imposable est calculé de la manière suivante:

LOCATION	MONTANT IMPOSABLE
Droit de pêche	Le prix effectivement payé ou attribué par le locataire sans possibilité de déduction de frais quelconques concernant ces revenus.
Droit de tenderie	Le prix effectivement payé ou attribué par le locataire sans possibilité de déduction de frais quelconques concernant ces revenus.
Droit de chasse	Le prix effectivement payé ou attribué par le locataire + Les indemnités forfaitaires payées: – pour les dégâts occasionnés par le gibier – pour le nourrissage du gibier – pour le chaulage des jeunes plantes sans possibilité de déduction de frais quelconques concernant ces revenus.
SOUS-LOCATION	**MONTANT IMPOSABLE**
Droit de pêche, droit de tenderie ou droit de chasse	Le montant obtenu par la sous-location diminué du montant payé au propriétaire sans possibilité de déduction de frais quelconques concernant ces revenus.

Le taux de l'impôt est fixé à 27 % pour l'exercice d'imposition 2017. Il passe à 30 % pour les revenus payés ou attribués à partir du 1er janvier 2017.

ex *Luc, commerçant, a obtenu en 2016, moyennant un loyer annuel de 1.250,00 EUR, la concession du droit de chasse sur des propriétés appartenant à Marguerite, célibataire.*
Marguerite remplit le cadre XVI de la déclaration de la manière suivante:

Cadre XVI – Revenus divers		
A. Revenus divers à caractère mobilier		
2. Revenus dont la déclaration est obligatoire		
d) Montants perçus en raison de la location de droits de chasse, de pêche et de tenderie	***1.250,00*** *(Code 1188-73)*	*Code 2188-43*

5. Plus-values réalisées en raison de la cession à une société étrangère non résidente

Article 90, 9°, 2e tiret, 94 à 96 et 102 CIR

1174-87/2174-57

5.1. Principes

La plus-value, réalisée suite à la cession de titres ou participations importantes, peut constituer un revenu divers imposable si certaines conditions sont rencontrées.

5.2. Condition de taxation

La plus-value n'est imposable que lorsque les conditions suivantes sont remplies :

- il doit s'agir d'actions ou parts représentatives de droits sociaux d'une société belge ;
- la cession doit être faite à une personne morale étrangère (il est sans importance que cette société, association, etc, soit ou non soumise à l'impôt des non-résidents relatifs aux sociétés (en raison de l'existence d'un établissement belge ou pour toute autre raison) (Com.Ir 1992, n° 90/55) qui n'a pas son siège social, son principal établissement ou son siège de direction dans un État membre de l'Espace économique européen ;
- cette plus-value doit être réalisée suite à une cession à titre onéreux ;
- les actions ou parts cédées doivent faire partie d'une participation importante dans la société émettrice d'au moins 25 %.

Ne sont dès lors pas visées par cette disposition les cessions réalisées suite au décès du détenteur ou par donation entre vifs.

On considère que ces actions ou parts sociales font partie d'une participation importante lorsque le contribuable les a possédées à lui seul ou avec sa famille. La « famille » doit être entendue au sens large, c'est-à-dire jusqu'au 2e degré. On examine ce critère au regard des 5 années qui ont précédé la transmission des actions.

La disposition touche ainsi aussi les cessions indirectes. Le commentaire administratif (Com.Ir 1992, n° 90/61) précise bien que l'interposition d'un homme de paille n'écartera pas le régime fiscal de cette plus-value et ce en application de l'article 94 CIR 1992 qui prévoit expressément que « lorsqu'au cours de la période de 12 mois précédant l'acquisition des actions ou parts par une personne morale (étrangère), une ou plusieurs cessions ont eu lieu entre d'autres contribuables, les plus-values visées à l'article 90, 9° CIR 1992, qui sont réalisées lors de chaque cession intervenue au cours de cette période, sont imposables si le premier cédant remplissait la condition relative à l'importance des droits sociaux détenus dans la société belge dont les actions ou parts ont été aliénées. »

ex *En 1990, Luc constitue une SPRL avec capital de 100.000,00 EUR (1.000 actions qu'il souscrit et libère intégralement lui-même).*

Le 20 janvier 2016, il vend les actions à Marguerite, une habitante du Royaume de Belgique, pour 200.000,00 EUR.

Le 30 novembre 2016, Marguerite revend les actions à une société située en-dehors de l'Union européenne pour 300.000,00 EUR.

Développement :

Ici, le fisc pourra faire application de l'article 94 CIR/92, car dans les 12 mois qui précèdent la vente des actions à une personne morale visée à l'article 227, 2° ou 3°, il s'est également produit une cession entre d'autres contribuables.

Nous remarquons par conséquent deux opérations imposables. Celles de Luc à Marguerite (art. 94, CIR/1992) et celle de Marguerite à la société située en-dehors de l'U.E. (art. 90, 9°, CIR/1992).

Vente par Luc		
Première grandeur,		
Le prix de vente		*200.000,00 EUR*
Deuxième grandeur,		
La somme versée à la constitution	*– 100.000,00 EUR*	
Plus-value imposable dans le chef de Luc		
à 16,5 %:		*100.000 EUR*
I.P.P		*16.500 EUR*

Vente par Marguerite		
Première grandeur,		
Le prix de vente		*275.000,00 EUR*
Deuxième grandeur,		
Le prix d'achat par Marguerite	*–200.000,00 EUR*	
Plus-value imposable dans le chef de Luc		
à 16,5 %		*75.000,00 EUR*
I.P.P		*12.750 EUR*

6. Économie collaborative

Article 90, al. 1, 1*bis*, 97/1 et 171, 3°*bis* CIR

6.1. Principes

Dans l'économie collaborative, les gens consomment, produisent et vendent entre eux des produits, des services, des connaissances et de l'argent, facilités par des marchés *peer-to-peer*, des marchés *business-to-business* et des coopératives. Les marchés *peer-to-peer* sont des plateformes (généralement électroniques) où des transactions de biens et de services sont réalisées entre parties égales. La plateforme (le marché) réunit l'offre et la demande. Elle est maintenue et développée par un tiers, qui intervient souvent aussi dans le traitement de l'aspect financier de la transaction.

Depuis le 1er juillet 2016, un nouveau régime fiscal est applicable aux revenus découlant de cette économie collaborative.

Sont considérés comme des *revenus divers*, les bénéfices ou profits qui résultent de *services* rendus par un particulier à un autre particulier, en dehors de l'exercice d'une activité professionnelle, *par l'intermédiaire d'une plateforme électronique* agréée ou organisée par une autorité publique.

Ce nouveau régime ne s'applique qu'aux revenus qui résultent de *prestations de services.*

Les livraisons de biens sont donc exclues du régime, tout comme les services qui génèrent des revenus immobiliers ou mobiliers (soumis à l'impôt conformément aux articles 7 ou 17 du CIR 92) ainsi que les revenus résultant de la sous-location de biens immobiliers meublés ou non (soumis à l'impôt conformément à l'article 90, al. 1, 5° du CIR 92).

À titre d'exemple, le nouveau régime fiscal ne sera donc pas applicable à une location simple d'un appartement meublé même si cette location se réalise par le biais d'une plateforme en ligne agrée.

Relevons toutefois que, selon l'exposé des motifs, « Un contribuable particulier qui prépare des repas qui sont par la suite livrés à domicile ou emportés, sera considéré comme quelqu'un qui fournit un service pour l'application du nouveau régime à l'impôt sur les revenus. Par contre, un contribuable particulier qui offre des paquets de produits alimentaires livrés à domicile ou à emporter, livre des biens et n'est donc pas visé ».

Ainsi, si outre la location de l'appartement, un service de nettoyage ou de petit déjeuner est prévu, il faudra alors ventiler les montants perçus entre trois types de revenus – soit les revenus de biens immobiliers, les revenus de capitaux et biens mobiliers, et les revenus divers.

6.2. Taux, base et plafond

Le revenu est taxé au taux de 20 %.

La base de taxation est le montant brut, c'est-à-dire le montant qui a effectivement été payé ou attribué par la plateforme ou par l'intermédiaire de la plateforme, majoré de toutes les sommes qui ont été retenues par la plateforme ou par l'intermédiaire de la plateforme

Le montant brut est ainsi imposable distinctement au taux de 20 % après application d'un forfait de charges de 50 %. Le contribuable n'est pas autorisé à déduire ses frais réels.

Le taux d'imposition effectif est dès lors de 10 %.

Lorsque la convention de location mixte ne prévoit pas de prix distinct pour les services, l'article 90, alinéa 3 du CIR 92 prévoit que 20 % de l'indemnité est censé se rapporter à ces services.

Les revenus visés ne peuvent excéder 3.255,00 EUR *avant indexation* pour la période imposable en cours mais aussi pour la période précédente.

En ce qui concerne les revenus de l'année 2016, le plafond de 3.255,00 EUR est réduit de moitié (soit 1.627,50 EUR) dans la mesure où les nouvelles dispositions ne sont entrées en vigueur qu'au 1er juillet de l'année.

Pour savoir si le plafond est dépassé, il faut avoir égard au montant brut « qui a effectivement été payé ou attribué par la plateforme ou par l'intermédiaire de la plateforme, majoré de toutes les sommes qui ont été retenues par la plateforme ou par l'intermédiaire de la plateforme ».

Si le plafond est dépassé pour l'une ou l'autre période imposable, *la totalité des revenus* (et pas uniquement les revenus qui dépassent la limite) sera considérée comme des revenus professionnels. Cette présomption est toutefois réfragable.

Selon l'exposé des motifs, si le contribuable veut renverser cette présomption, « il devra démontrer que les activités en question ne sont pas des activités qui sont exercées suffisamment souvent et qui ne sont pas suffisamment liées entre elles pour être considérées comme une activité continue à caractère professionnel. Par exemple en prouvant que l'éventuel dépassement de la limite de 5.000,00 EUR est dû à un défaut de concomitance entre le moment de la prestation de services et le moment du paiement ».

6.3. Précompte professionnel

Un précompte professionnel est dû au taux de 10 % du montant brut, c'est-à-dire le montant qui a effectivement été payé ou attribué par la plateforme ou par l'intermédiaire de la plateforme, majoré de toutes les sommes qui ont été retenues par la plateforme ou par l'intermédiaire de la plateforme.

Lorsqu'une indemnité globale est demandée aussi bien pour des services qui génèrent des revenus soumis à l'impôt conformément aux articles 7 ou 17 ou 90, alinéa 1, 5°, du CIR 1992, que pour des services qui génèrent des revenus soumis à l'impôt conformément à l'article 90, al. 1,

1°*bis*, du même Code, et lorsque la convention ne prévoit pas de prix distinct pour ces derniers services, le précompte professionnel est dû au taux de 2% du montant brut.

II. LES AUTRES DÉPENSES DONNANT DROIT À UN AVANTAGE FISCAL

Dans les chapitres précédents, certaines dépenses qui donnent droit à une réduction d'impôt ont été explicitées. Il s'agit notamment:

- des retenues sur rémunérations dans le cadre d'une assurance groupe;
- des primes d'assurance-vie individuelle;
- des amortissements en capital (ancien régime);
- des versements effectués dans le cadre de l'épargne-pension;
- des investissements économiseurs d'énergie;
- des dépenses de rénovation d'habitations situées dans une zone d'action positive des grandes villes.

Dans ce chapitre, les dépenses suivantes sont analysées:

- les libéralités;
- les rémunérations d'employés de maison;
- les dépenses ALE;
- les acquisitions d'actions;
- les avantages liés à l'acquisition d'un véhicule électrique.

1. Les libéralités

Articles 145/33 et 57 à 60 AR/CIR

1394-61

1.1. Principe

Donnent droit à une réduction d'impôt au taux de 45% les libéralités d'au moins 40,00 EUR faites à certaines institutions agréées qui ont délivré au contribuable un reçu portant la mention: «Reçu délivré en application de l'article 145/33, § 1er, alinéa 2 du CIR».

1.2. Conditions d'octroi de l'avantage

Pour être déductibles, les libéralités doivent être faites en argent à certaines institutions visées:

- désignées dans la loi,
- ou agréées par le Roi,
- ou agréées par décision ministérielle.

Elles peuvent être faites sous forme d'œuvres d'art aux Musées de l'État et, sous condition d'affectation à leurs musées, aux communautés, aux régions, aux communes, aux provinces et aux CPAS.

Dans cette hypothèse, le ministre des Finances doit reconnaître ces œuvres comme appartenant au patrimoine culturel mobilier du pays et comme ayant une renommée internationale. Il en fixe la valeur en argent.

Les libéralités doivent faire l'objet d'un reçu délivré par l'institution bénéficiaire et leur montant doit être d'au minimum 40,00 EUR par institution et par ménage fiscal.

1.3. Montant donnant droit à une réduction d'impôt

Le montant total des libéralités qui sont déductibles de l'ensemble des revenus nets ne peut pas excéder 10 % de l'ensemble des revenus nets ni 376.350,00 EUR pour l'exercice d'imposition 2017.

Lorsqu'une imposition commune est établie, ces dépenses sont imputées, suivant la règle proportionnelle, sur l'ensemble des revenus nets des deux contribuables.

2. Les rémunérations d'employé de maison

Articles 145/34 et 112 CIR

1389-66

2.1. Principe

Donnent droit à une réduction d'impôt au taux de 30 %, une quotité de 50 % du montant des rémunérations versées à un employé de maison.

2.2. Conditions d'octroi de l'avantage

Pour être déductibles, ces dépenses doivent remplir les conditions suivantes :

- ces rémunérations doivent être soumises au régime de la sécurité sociale et atteindre un montant d'au moins 3.760,00 EUR, cotisations sociales obligatoires comprises ;
- l'employé de maison doit être, au moment de son engagement et depuis six mois au moins, admis à bénéficier d'une indemnité en tant que chômeur complet ou d'une allocation à titre de minimum de moyens d'existence ;
- au moment de l'embauche de l'employé de maison, le contribuable est inscrit auprès de l'Office National de la Sécurité Sociale en qualité d'employeur de personnel domestique ;
- cette inscription est la première en cette qualité depuis le 1er janvier 1980 ;
- la déduction ne s'applique que pour un seul employé de maison.

Après la rupture du contrat de travail, le contribuable continue à bénéficier de la déduction pour autant qu'il engage, dans les trois mois, un autre employé de maison qui satisfait à toutes les conditions.

2.3. Montant donnant droit à une réduction d'impôt

Les rémunérations d'un employé de maison donnent droit à une réduction d'impôt de 50 % de leur montant, avec un maximum de 7.530,00 EUR pour l'exercice d'imposition 2017.

Dans ce chapitre, les dépenses suivantes sont examinées :

- les dépenses payées pour des prestations dans le cadre des agences locales pour l'emploi et pour des prestations payées avec des titres services ;
- les acquisitions d'actions ou parts du capital de la société employeur.

3. Les dépenses payées pour des prestations dans le cadre des agences locales pour l'emploi et pour des prestations payées avec des titres services

Articles 145/21 à 145/23 CIR

3365-30/4365-97

3.1. Principe

Une réduction d'impôt est accordée aux contribuables qui paient des dépenses pour des prestations à fournir par un travailleur dans le cadre des agences locales pour l'emploi ou pour des titres services.

S'agissant d'une réduction d'impôt, ce montant n'est pas remboursable s'il n'y a pas d'impôt dû.

3.2. Conditions d'octroi de la réduction d'impôt

Les dépenses doivent :

- être payées pendant la période imposable ;
- être payées pour des prestations à caractère privé. Ainsi, si les dépenses ont un caractère professionnel, elles sont déductibles au titre de frais professionnels et n'entrent pas en considération pour la réduction d'impôt ;
- être justifiées au moyen d'une attestation 281.80 (ALE – titres) ou 281.81 (titres services).

3.3. Montant à mentionner dans la déclaration

Le montant des dépenses sur lesquelles une réduction d'impôt est calculée (ALE et titres services) est limité à 1.420,00 EUR par contribuable (montant indexé pour l'exercice d'imposition 2017).

Lorsqu'une imposition commune est établie, chacun des deux conjoints ou cohabitants légaux peut bénéficier de ce montant pour les chèques et titres émis à son nom. En tout état de cause, le montant des dépenses est réparti, suivant la règle proportionnelle, sur chaque revenu imposable.

Le montant qui entre en considération pour la réduction d'impôt est mentionné dans la déclaration. L'administration calcule elle-même le montant de la réduction d'impôt effective.

3.4. Titres service à charge d'un fonds social d'assurances

Circulaire n° Ci.RH.241/585.443 (AFER 16/2008) du 6 juin 2008

Depuis le 1er janvier 2006, une travailleuse indépendante qui reprend son activité après la naissance de son enfant ou de ses enfants, a droit à 70 titres-services (105 depuis le 1er mai 2008). Le prix d'acquisition de ces titres est pris en charge par la caisse d'assurances sociales à laquelle elle est affiliée (arrêté royal du 17 janvier 2006 instaurant un régime de prestations d'aide à la maternité en faveur des travailleuses indépendantes, *M.B.*, 23 janvier 2006). L'attribution de tels titres-services ne doit pas être considérée comme une allocation imposable dans le chef des bénéficiaires. Ces titres service n'entrent pas en considération pour une réduction d'impôt.

3.5. Montant de la réduction d'impôt

Le montant de la réduction d'impôt est calculé sur la base des montants mentionnés dans la déclaration. Lorsqu'une imposition commune est établie, les dépenses susvisées sont réparties proportionnellement aux revenus de chacun.

La réduction d'impôt est accordée au taux de :

- 30 % pour la Région wallonne ;
- 15 % pour la Région de Bruxelles-Capitale ;
- 30 % pour la Région flamande.

3.6. Spécificités de la Région de Bruxelles-Capitale

La Région de Bruxelles-Capitale a décidé que la réduction d'impôt serait répartie en fonction du revenu imposé dans le chef de chaque époux ou cohabitant lorsqu'une imposition commune est établie et ce même si le revenu dépasse 26.510,00 EUR pour l'exercice d'imposition 2007 (au contraire des deux autres régions).

3.7. Spécificités de la Région wallonne

En Région wallonne, le montant des dépenses qui est en principe pris en considération pour la réduction d'impôt doit désormais se calculer en trois étapes :

- *Première étape* : il faut calculer la différence entre, d'une part, le prix d'acquisition total des titres-services édités au nom du contribuable et que celui-ci a achetés au cours de la période imposable et, d'autre part, le prix d'acquisition total de ces titres qui ont été remboursés au contribuable au cours de la même période imposable (il s'agit donc du montant qui est actuellement pris en considération avant l'application du plafond de 920,00 EUR avant indexation).
- *Deuxième étape* : le résultat obtenu est multiplié par une fraction dont le numérateur est égal à trois et le dénominateur au prix d'acquisition du titre-services (soit 9 sur les 400 premiers titres et 10 sur au-delà).
- *Troisième étape* : le résultat ainsi obtenu est multiplié par une fraction dont :
  - le numérateur est égal à la différence entre, d'une part, le nombre de titres-services édités au nom du contribuable et achetés par lui au cours de la période imposable, et, d'autre part, le nombre de titres-services qui sont remboursés au contribuable au cours de la même période imposable, étant entendu que le numérateur ne peut jamais excéder 150 ;
  - le dénominateur est égal à la différence (effective) entre le nombre de titres-services achetés et le nombre de titres-services remboursés au cours de la période imposable.

4. Les acquisitions d'actions

Articles 145/1, 4°, 145/7 et 31, 2e alinéa CIR

1362-93/2362-63

4.1. Principe

Le contribuable qui libère des actions en numéraire de la société dont il est un travailleur bénéficie d'une réduction d'impôt.

S'agissant d'une réduction d'impôt, ce montant n'est pas remboursable s'il n'y a pas d'impôt dû.

4.2. Conditions d'octroi de la réduction d'impôt

Pour entrer en considération pour la réduction d'impôt :

- les sommes doivent être affectées à la libération en numéraire de nouvelles actions ou parts souscrites par le contribuable ;

- les actions ou parts doivent être représentatives du capital social d'une société établie dans un État membre de l'Espace économique européen;
- cette société doit être une société qui occupe le contribuable ou une société dont la société employeur est considérée de manière irréfragable comme une filiale ou une sous-filiale.

Le contribuable est un travailleur qui:

- doit produire, à l'appui de sa déclaration fiscale de la période imposable au cours de laquelle la libération a été opérée, les documents faisant apparaître qu'il a acquis les actions ou parts et qu'elles sont encore en sa possession à la fin de cette période;
- ne peut bénéficier, pour la même période imposable, d'aucune réduction d'impôt dans le cadre de l'épargne-pension. Si une imposition commune est établie, cette condition doit s'apprécier individuellement dans le chef de chacun des deux conjoints ou cohabitants légaux.

4.3. Montant à mentionner dans la déclaration

Les sommes affectées à la libération des actions ne sont prises en considération qu'à concurrence de 750,00 EUR par contribuable pour l'exercice d'imposition 2017.

En cas d'imposition commune, chaque conjoint ou cohabitant légal a droit à une réduction d'impôt calculée sur une dépense de 750,00 EUR.

4.4. Montant de la réduction d'impôt

Le montant de la réduction d'impôt est calculé sur la base des montants mentionnés dans la déclaration.

La réduction d'impôt est accordée au taux de 30%.

4.5. Reprise de l'avantage fiscal

Les actions ou parts doivent rester en possession du travailleur durant au moins cinq années.

Le contribuable doit, pour les déclarations des cinq périodes imposables qui suivent le versement, fournir la preuve qu'il détient toujours les actions.

Cette condition ne doit plus être remplie pour l'année du décès du contribuable actionnaire.

Lorsque ces actions font l'objet d'une mutation, autre qu'un mutation par décès, au cours d'une des cinq années suivant leur acquisition, un montant correspondant à autant de fois un soixantième des sommes prises en considération pour la réduction d'impôt qu'il reste de mois jusqu'à l'expiration du délai de cinq ans est considéré comme la rémunération d'un travailleur.

ex *Le 15 mars 2015, Luc libère des actions pour 1.000,00 EUR de la société Pick, société dont il est un travailleur. Un montant de 640,00 EUR a été pris en considération dans le calcul de la réduction d'impôt relative à l'exercice d'imposition 2016 de Luc. Le 17 juillet 2016, Luc cède la totalité de ses actions.*

Le montant imposable se calcule de la manière suivante:

- *expiration du délai de 5 ans: le 15 mars 2020;*
- *nombre de mois entiers restant à courir: du 17 juillet 2016 au 15 mars 2020, soit 43 mois.*

À déclarer en code 1250-11 dans le chef de Luc: (43/60) × 640,00 = 458,67 EUR.

5. Les avantages liés à l'acquisition d'un véhicule électrique

Article 145/28 CIR

1325-33/1326-32

Le contribuable qui achète à l'état neuf une voiture, une motocyclette, un tricycle ou un quadricycle qui est propulsé exclusivement par un moteur électrique, qui est apte à transporter au minimum deux personnes et dont la conduite nécessite la possession d'un permis de conduire belge valable pour des véhicules de catégories A ou B ou d'un permis de conduire européen ou étranger équivalent, bénéficie d'une réduction d'impôt à concurrence de:

- 15% du montant de la facture (TVA comprise) réellement payé, avec un maximum de 3.010,00 EUR, en cas d'acquisition d'une motocyclette ou d'un tricycle;
- 15% du montant de la facture (TVA comprise) réellement payé, avec un maximum de 4.940,00 EUR, en cas d'acquisition d'un quadricycle.

Partie 9

Le régime fiscal des revenus d'origine étrangère

I.
INTRODUCTION

La mobilité internationale est devenue un véritable fait de société. Le résident belge est propriétaire de biens à l'étranger, travaille à l'étranger, perçoit des revenus de capitaux placés à l'étranger, etc.

Les contribuables sont de plus en plus mobiles et se déplacer n'a jamais été aussi simple qu'à l'heure actuelle.

Parallèlement à cette mobilité accrue, les pays de l'Union européenne ont conclu, en date du 16 février 2011, une directive organisant un échange de renseignements systématique pour les revenus attribués à partir du 1er janvier 2014. Sont concernés les revenus immobiliers, les rémunérations, les rémunérations de dirigeants d'entreprise, les pensions et les produits d'assurance-vie. Ce dispositif s'ajoute à celui de la directive épargne qui permettait déjà à l'administration belge un contrôle de la déclaration des revenus de l'épargne perçus par les résidents belges.

Il est donc loin le temps où les contribuables pouvaient espérer échapper aux fourches caudines de l'administration, simplement parce que l'échange de renseignements entre États n'était pas organisé de manière optimale.

Il est donc essentiel de maîtriser le sort fiscal réservé à tous ces revenus. C'est ce que nous analysons dans ce chapitre.

Dans un premier temps, nous examinons les principes généraux qui régissent la taxation des revenus d'origine étrangère, à savoir :

- l'imposition du résident sur ses revenus mondiaux, c'est-à-dire ses revenus belges et ses revenus d'origine étrangère ;
- l'assujettissement de certains revenus à la taxe communale ;
- l'obligation de déclaration des revenus et ses conséquences ;
- le montant à mentionner dans la déclaration à l'impôt des personnes physiques ;
- la charge de la preuve en la matière.

Nous précisons ensuite le traitement fiscal à réserver à différents types de revenus, à savoir :

- les revenus des biens immobiliers ;
- les revenus des biens mobiliers ;
- les revenus professionnels, c'est-à-dire :
  - les revenus des indépendants, à savoir les bénéfices et les profits mais également le sort des plus-values sur biens immeubles et biens meubles ;
  - les rémunérations ;
  - les pensions.

Dans la dernière partie, nous apportons au lecteur une vue d'ensemble de l'imposition des revenus d'origine étrangère.

II.
PRINCIPES GÉNÉRAUX DE TAXATION DES REVENUS D'ORIGINE ÉTRANGÈRE

1. Classification des revenus

Articles 5, 155 et 156 CIR

L'impôt des personnes physiques est basé sur le principe qu'un contribuable est imposable sur un revenu mondial : l'impôt frappe tous les revenus imposables en vertu du Code, qu'ils soient produits ou recueillis en Belgique ou à l'étranger.

D'après leur origine, les revenus imposables se répartissent en :

- revenus belges ;
- revenus étrangers.

1.1. Revenus belges

Les revenus de source belge d'un habitant du Royaume comprennent :

- les revenus provenant de biens immobiliers sis en Belgique ;
- les revenus provenant de capitaux et biens mobiliers lorsqu'ils sont pris en charge par :
  - un habitant du Royaume ;
  - une société résidente (tel est le cas des dividendes mis en paiement par des sociétés résidentes) ;
  - une association, un établissement ou un organisme quelconque ayant en Belgique son siège social, son principal établissement ou son siège de direction ou d'administration (tel est le cas des revenus de la location de meubles payés par une personne morale résidente soumise à l'impôt des personnes morales) ;
  - l'État belge ou ses subdivisions politiques ou collectivités locales (tel est le cas des intérêts, primes et tout autre produit de prêts et dépôts d'argent représentatif d'emprunts ou de créances émis par l'État, les communautés, les régions, les provinces, l'agglomération bruxelloise, les communes, etc.) ;
  - un établissement (belge) dont dispose un non-résident (tel est le cas des intérêts, redevances pour la concession de biens mobiliers incorporels payés par l'établissement belge d'un non-résident) ;
  - un non-résident sans établissement belge à la condition qu'ils soient recueillis (payés) en Belgique (c'est-à-dire que l'opération matérielle de paiement y a lieu, par exemple, sur présentation de coupons d'actions ou d'obligations).
- les revenus provenant d'une activité professionnelle indépendante (actuelle ou antérieure) exercée en Belgique (tel est le cas des bénéfices produits à l'intervention d'un établissement belge) ;
- les rémunérations, pensions, rentes et allocations en tenant lieu lorsqu'elles sont prises en charge par :
  - un habitant du Royaume ;
  - une société résidente ;
  - une association, un établissement ou un organisme quelconque ayant en Belgique son siège social, son principal établissement ou son siège de direction ou d'administration ;
  - l'État belge ou ses subdivisions politiques ou collectivités locales ;
  - l'établissement (belge) dont dispose un non-résident.
- les revenus divers provenant :
  - de bénéfices ou profits occasionnels recueillis en Belgique ;
  - de prix, subsides, rentes ou pensions à charge des pouvoirs publics ou organismes publics belges ;
  - de rentes alimentaires à charge d'habitants du Royaume ;
  - de la sous-location ou de la cession de bail d'immeubles meublés ou non ;
  - de la concession du droit d'utiliser des emplacements qui sont immeubles par nature pour y apposer des affiches ou autres supports publicitaires ;
  - de lots afférents à des titres d'emprunts émis en Belgique ;
  - de produits de la location en Belgique du droit de chasse, de pêche ou de tenderie ;

- de plus-values réalisées sur des immeubles bâtis ou non bâtis situés en Belgique ;
- de plus-values réalisées sur des actions ou parts représentatives de droits sociaux dans des sociétés résidentes.

1.2. Revenus d'origine étrangère et revenus obtenus de certaines organisations internationales

Articles 5 et 155 à 156 CIR

Circulaire n° Ci.R.9 Div./577.956 du 11 mai 2006

Circulaire n° Ci.R.9 Div./579.355 du 11 août 2006

Les habitants du Royaume doivent aussi déclarer les revenus imposables qu'ils ont obtenus ou recueillis à l'étranger.

Ainsi, un habitant du Royaume doit mentionner dans sa déclaration, par exemple:

- les rémunérations versées par un employeur des Pays-Bas suite à une activité qu'il a exercée aux Pays-Bas;
- les revenus des dividendes attribués par une société allemande;
- les revenus provenant d'un immeuble situé en France.

La manière dont les revenus d'origine étrangère doivent être déclarés dépend de la catégorie de revenus.

En ce qui concerne les revenus immobiliers, la déclaration contient un code en regard duquel le contribuable mentionne ses revenus immobiliers d'origine étrangère:

- issus de pays avec lesquels la Belgique a conclu une convention préventive de la double imposition (codes 1130-34 à 1132-32 et 2130-04 à 2132-02);
- issus de pays avec lesquels la Belgique n'a pas conclu de convention préventive de la double imposition (codes 1123-41 à 1125-39 et 2123-11 à 2125-09).

En ce qui concerne les revenus mobiliers, des codes particuliers sont prévus pour les revenus d'origine étrangère sur lesquels aucun précompte mobilier n'a été acquitté.

En ce qui concerne les revenus professionnels et divers, le contribuable doit mentionner deux fois dans sa déclaration les revenus d'origine étrangère:

- en premier lieu, le contribuable renseigne le montant de ses revenus imposables, d'origine belge et étrangère;
- en second lieu, le contribuable précise qu'une partie de ses revenus imposables est d'origine étrangère. Le cas échéant, il précise le montant des éventuels frais qui se rapportent à ces revenus d'origine étrangère.

Le montant qu'il convient de mentionner dans la déclaration à l'impôt des personnes physiques est le montant brut des revenus étrangers, diminué des éventuelles cotisations sociales étrangères obligatoires et de l'éventuel impôt versé déductible.

En plus des précomptes retenus au cours de l'année, le contribuable peut déduire de ses revenus professionnels imposables le supplément d'impôt étranger effectivement dû, et ce, pour l'année au cours de laquelle le supplément a été payé, et ce, pour autant qu'il se rapporte aux revenus professionnels étrangers exonérés d'une année précédente (voir la QP n° 359 de Madame Douifi du 28 avril 2004).

L'administration peut demander la preuve que les revenus en cause ont été imposés dans l'État étranger, puisqu'en Belgique, seul le montant net (après déduction de l'impôt étranger) des revenus est imposable.

Lors du calcul de l'impôt sur les revenus d'origine étrangère et les revenus d'organisations internationales, l'administration fait une distinction entre:

- les revenus exonérés sans réserve de progressivité;

- les revenus exonérés avec réserve de progressivité ;
- les revenus imposés au taux réduit ;
- les revenus imposés au tarif ordinaire.

1.2.1. *Revenus exonérés sans réserve de progressivité*

Circulaire n° Ci.R.9 ONU/602.132 (AFER 6/2010) du 26 janvier 2010

Les traitements et émoluments de certains fonctionnaires internationaux d'organisations internationales ou supranationales déterminées sont totalement exonérés d'impôts belges. C'est le cas, entre autres, des fonctionnaires de l'Union européenne, de l'ONU et de l'OTAN.

Cette exonération s'effectue sans réserve de progressivité en ce sens que lesdites rémunérations ne sont pas prises en considération pour le calcul de l'impôt sur les autres revenus imposables du contribuable aussi bien dans l'État dont ils sont ressortissants que dans le pays où siège l'organisation.

Ces fonctionnaires ne supportent pas non plus l'impôt complémentaire communal sur les revenus exonérés.

Pour les communes, il n'existe actuellement pas de règle de compensation pour la perte des taxes communales additionnelles.

Selon l'article 19 de la Convention de 1951 sur le statut de l'OTAN, seuls les appointements et émoluments de l'organisation à ses fonctionnaires en activité sont exemptés d'impôt. Il en résulte que les capitaux de pension que reçoivent ces fonctionnaires (habitant du Royaume) sont donc imposables en Belgique. De tels capitaux doivent faire l'objet d'une retenue de précompte professionnel (*cf.* QP n° 14530 de M. Chabot du 13 mars 2007).

De même, la Cour d'appel de Gand (affaire 2007/AR/2617 et 2660) précise que les termes « rémunérations et émoluments » de l'article V, section 18 de la Convention générale sur les privilèges et immunités des Nations Unies ne couvrent pas les pensions de retraite.

La Cour d'appel de Gand écarte l'argument selon lequel les pensions seraient exonérées au motif qu'elles sont constituées au départ de rémunérations qui, lorsqu'elles sont liées à l'activité, sont exonérées.

Les mêmes règles s'appliquent aux pensions versées aux ex-fonctionnaires des institutions spécialisées de l'ONU étant donné que l'article VI, section 19, b de la Convention sur les privilèges et immunités des Institutions spécialisées est rédigé de la même manière que l'article V, section 18 de la Convention générale sur les privilèges et immunités des Nations Unies.

La plupart des traités ou accords internationaux signés par la Belgique avec une organisation internationale prévoient l'exonération des seuls rémunérations et émoluments. Les pensions versées par ces organisations consécutivement à une activité antérieure exercée auprès de celles-ci sont donc imposables en Belgique si le bénéficiaire est un habitant du Royaume.

Par dérogation à l'alinéa précédent, les pensions versées aux ex-fonctionnaires de l'Union européenne sont toutefois totalement exonérées sans application des dispositions de l'article 155 du Code des impôts sur les revenus (*cf.* article 2 du Règlement EURATOM, CECA, CEE n° 549/69 du Conseil du 25 mars 1969).

1.3. Revenus exonérés avec réserve de progressivité

1.3.1. *Membres du personnel d'organisations internationales*

Certains traités ou accords internationaux signés par la Belgique avec une organisation internationale prévoient expressément que les rémunérations exonérées d'impôt des fonctionnaires et membres du personnel d'organisations internationales peuvent être prises en considération pour le calcul du montant de l'impôt à percevoir sur les revenus imposables des intéressés provenant d'autres sources (exonération sous réserve de progressivité).

Tel est notamment le cas pour les traitements et émoluments payés ou attribués aux fonctionnaires et membres du personnel ou à certains d'entre eux, par les organisations suivantes :

- Eurocontrol ;
- Institut universitaire européen ;
- Centre européen pour les prévisions météorologiques à moyen terme ;
- Organisation européenne des brevets ;
- Centre pour le Développement industriel ;
- Agence spatiale européenne ;
- Organisation intergouvernementale pour les transports internationaux ferroviaires ;
- Organisation Européenne de Télécommunications par satellite ;
- Organisation Internationale de Télécommunications Maritimes par Satellites ;
- Banque européenne pour la Reconstruction et le Développement ;
- Organisation européenne pour l'exploitation de satellites météorologiques ;
- Organisation internationale de télécommunications par satellites ;
- Centre technique de Coopération agricole et rurale ;
- Agence de Coopération culturelle et technique ;
- Conseil de Coopération des États arabes du Golfe ;
- Association européenne de libre-échange ;
- Ligue des États arabes ;
- Autorité de surveillance de l'Association européenne de libre-échange ;
- Conférence de la Charte de l'Energie ;
- Groupe des États d'Afrique, des Caraïbes et du Pacifique ;
- Cour pénale internationale ;
- Organisation internationale pour les Migrations ;
- Organisation de l'Unité africaine ;
- Union économique et monétaire ouest-africaine.

Les ressortissants belges ou les personnes résidant à titre permanent sur le territoire belge ne bénéficient pas de l'exonération des revenus perçus en tant que membres du personnel des organisations suivantes :

- Organisation internationale de télécommunications par satellites (INTELSAT) ;
- Organisation de l'Unité africaine.

1.3.2. *Application des conventions préventives de la double imposition*

La déclaration de revenus de sources étrangères peut déboucher sur une double imposition. C'est le cas lorsqu'un même revenu est imposable dans l'État de la résidence (la Belgique pour les habitants du Royaume) et dans l'État de la source.

En vue d'éliminer cette double imposition, la Belgique ne soumet pas à l'impôt des personnes physiques les revenus qui, selon la convention préventive de la double imposition applicable, sont totalement imposables dans l'État de la source.

En pratique, si la convention préventive de la double imposition donne le pouvoir d'imposition à l'autre État (l'État de la source), l'administration fiscale belge doit :

- appliquer à ces revenus le régime fiscal prévu par le Code des impôts sur les revenus et donc en vérifier le caractère imposable ;
- exonérer ces revenus sous réserve de progressivité.

Cette exonération s'effectue sous réserve de progressivité, en ce sens que lesdits revenus sont pris en considération pour le calcul de l'impôt sur l'ensemble des revenus imposables, y compris les revenus d'origine étrangère.

Dans de nombreuses situations, cette méthode a un impact sur le montant de l'impôt final à payer.

C'est en principe le cas lorsque le contribuable perçoit, en plus de revenus imposables dans l'autre État, des revenus imposables en Belgique.

Par contre, lorsqu'un contribuable ne perçoit que des revenus exonérés sous réserve de progressivité, il n'y a pas de réserve de progressivité, et donc pas d'impôt fédéral ou régional. Cependant, un impôt communal peut, le cas échéant, être rajouté (voir page 599).

Illustrons ces notions à l'aide de plusieurs exemples.

ex *Luc, résident belge, exerce une activité de salarié pour un hôpital luxembourgeois. Conformément à la convention belgo-luxembourgeoise, il appert que le pouvoir d'imposition de ces rémunérations est dévolu au Luxembourg.*

Luc a trois enfants à charge. Le taux de la taxe communale est de 8,00 %.

Le montant net imposable des rémunérations de Luc est de 80.000,00 EUR.

Déterminons l'incidence de la réserve de progressivité dans les deux hypothèses suivantes :

1. *Luc est fiscalement considéré comme isolé et n'a pas d'autres revenus imposables.*
2. *Luc est fiscalement considéré comme isolé et perçoit, en plus de ses 80.000,00 EUR, des rémunérations imposables en Belgique à concurrence de 40.000,00 EUR.*

Le calcul d'impôt peut être établi de la manière suivante :

Cas 1

Détermination des revenus imposables	*Revenus professionnels*	
	Traitements et salaires	*80.000,00*
	Charges prof. forfaitaires	*– 4.240,00*
	Différence	*75.760,00*
	Imposable globalement	*75.760,00*
	Exonération	*75.760,00*
	Précompte professionnel	*0,00*
	REVENU IMPOSABLE GLOBALEMENT	*75.760,00*
Calcul de l'impôt	*Quotités exemptées*	
	Montant de base	*7.130,00*
	Augmenté pour enfants à charge	*8.740,00*
	Isolé(e) avec enfant(s)	*1.520,00*
	Total	*17.390,00*
	Impôt de base	*33.147,00*
	Réduction d'impôt sur les quotités exemptées	*– 5.166,00*
	Impôt à répartir	*27.981,00*
	Réd. pour rev. étrangers exon.	*–27.981,00*
	Principal	*0,00*
	Solde impôt État	*0,00*
	SOLDE	*0,00*

Les rémunérations sont imposables à concurrence de 75.760,00 EUR (après déduction des frais professionnels forfaitaires). Ces rémunérations sont soumises à l'impôt et génèrent un impôt théorique de base de 33.147,00 EUR.

Après avoir bénéficié de la réduction d'impôt pour enfants à charge (5.166,00 EUR), l'impôt est réduit proportionnellement à la partie des revenus d'origine étrangère par rapport à l'ensemble des revenus nets.

Les revenus d'origine étrangère sont intégralement exonérés, puisque le résident n'a pas d'autres revenus imposables en Belgique. L'impôt fédéral à payer est de 0 EUR. En effet, la proportion des revenus imposables exonérés sous réserve de progressivité est de 100 % (75.760/75.760).

Cas 2

Détermination des revenus imposables	Revenus professionnels	
	Traitements et salaires	120.000,00
	Charges prof. forfaitaires	– 4.240,00
	Différence	115.760,00
	Imposable globalement	115.760,00
	Taux plein	38.586,67
	Exonération	77.173,33
	Précompte professionnel	0,00
	REVENU IMPOSABLE GLOBALEMENT	115.760,00
Calcul de l'impôt	Quotités exemptées	
	Montant de base	7.130,00
	Augmenté pour enfants à charge	8.740,00
	Isolé(e) avec enfant(s)	1.520,00
	Total	17.390,00
	Impôt de base	53.147,00
	Réduction d'impôt sur les quotités exemptées	–5.166,00
	Impôt à répartir	47.981,00
	Réd. pour rev. étrangers exon.	–31.987,33
	Principal	15.993,67
	Impôt État (74,01 %)	11.836,92
	Impôt régional	4.156,75
	Taxe communale	1.279,49
	SOLDE	17.273,16

Les rémunérations sont imposables à concurrence de 115.760,00 EUR (après déduction des frais professionnels forfaitaires). Ces rémunérations sont soumises à l'impôt et génèrent un impôt théorique de base de 53.147,00 EUR.

Après avoir bénéficié de la réduction d'impôt pour enfants à charge (5.166,00 EUR), l'impôt est réduit proportionnellement à la partie des revenus d'origine étrangère par rapport à l'ensemble des revenus nets.

Le calcul de l'incidence de la réserve de progressivité peut être établi de la manière suivante :

Impôt généré par les rémunérations luxembourgeoises	80.000,00 × 50 %	40.000,00	Pour l'exercice d'imposition 2017, les revenus nets supérieurs à 38.080,00 EUR sont imposés au taux de 50 %
Réduction d'impôt pour revenus étrangers exonérés	47.981,00 (Impôt à répartir) × (77.173,33/115.760,00)	–31.987,33	La réduction est proportionnelle aux revenus d'origine étrangère par rapport aux revenus nets du contribuable

Impôt dû généré par les revenus d'origine étrangère		*8.012,67*	
Taxe communale	*8.012,67 × 8 %*	*641,01*	
Incidence de la réserve de progressivité		*8.653,68*	

Bien que les rémunérations d'origine luxembourgeoise soient imposées au Luxembourg, elles génèrent, par le biais de la réserve de progressivité, une charge fiscale supplémentaire de 8.653,68 EUR.

1.3.4. *Réduction complémentaire en sus de la réduction des revenus exonérés avec réserve de progressivité*

Circulaire n° Ci.RH.331/575.420 (AFER 8/2008) du 12 mars 2008

Dans les cas où la situation personnelle ou familiale du contribuable n'a pas été prise en considération à l'étranger, une réduction d'impôt pour revenus d'origine étrangère est accordée en sus de la réduction prévue à l'article 155 du Code des impôts sur les revenus si les conditions suivantes sont respectées :

- le contribuable a recueilli des revenus exonérés par convention dans un ou plusieurs États membres de l'EEE ;
- la situation personnelle ou familiale du contribuable n'a pas été prise en compte pour le calcul de l'impôt dû, dans les États en question, sur les revenus exonérés d'impôt en Belgique ;
- le contribuable n'a pu bénéficier totalement, en Belgique, des avantages fiscaux liés à sa situation familiale ou personnelle ;
- l'impôt dû en Belgique augmenté de l'impôt dû à l'étranger sur les revenus exonérés, est supérieur à l'impôt qui aurait été dû si les revenus provenaient exclusivement de source belge et que les impôts y afférents avaient été dus en Belgique.

Cette réduction correspond à la différence entre l'impôt belge sur le revenu (calculé avec application de la méthode d'exemption avec réserve de progressivité telle qu'elle est actuellement prévue à l'article 155 du Code des impôts sur les revenus), augmenté de l'impôt de même nature dû sur les revenus d'origine étrangère, et l'impôt qui aurait été dû si les revenus provenaient exclusivement de source belge et que les impôts y afférents avaient été dus en Belgique.

Pour déterminer le montant de la réduction supplémentaire, il est donc nécessaire de calculer l'impôt qui aurait été dû si les revenus provenaient exclusivement de source belge et que les impôts y afférents avaient été dus en Belgique.

Le contribuable qui revendique l'octroi de la réduction supplémentaire doit apporter la preuve qu'il satisfait aux conditions requises.

Lorsqu'une imposition commune est établie, les conditions d'octroi de la réduction supplémentaire s'apprécient en principe pour les deux conjoints ensemble.

1.3.5. *Revenus imposés au taux réduit*

En l'absence d'une convention préventive de la double imposition, la partie de l'impôt qui correspond proportionnellement aux revenus suivants est réduite de moitié.

Ces revenus sont :

- les revenus de biens immobiliers sis à l'étranger ;
- les revenus professionnels réalisés et imposés à l'étranger ;
- les revenus divers suivants :
  - les bénéfices ou profits réalisés et imposés à l'étranger qui résultent de prestations, opérations, spéculations ou services fortuits ou occasionnels ;
  - les prix, subsides, rentes ou pensions à charge de pouvoirs publics ou organismes publics étrangers ;
  - les rentes alimentaires à charge d'un non-habitant du Royaume.

Pour l'application de ces dispositions, un revenu professionnel a été réalisé à l'étranger lorsque l'activité professionnelle a été exercée à l'étranger ; un revenu a été imposé à l'étranger lorsque le revenu a subi le régime fiscal qui lui est normalement applicable dans le pays d'origine.

1.3.6. *Revenus imposés au tarif ordinaire*

Certains revenus de sources étrangères sont intégralement soumis à l'impôt des personnes physiques.

C'est notamment le cas :

- des revenus provenant d'une activité professionnelle indépendante (actuelle ou antérieure) exercée par un habitant du Royaume, sans l'intervention d'un établissement stable ou d'une base fixe, dans un pays avec lequel la Belgique a conclu une convention préventive de la double imposition ;
- des rémunérations à charge d'un résident d'un pays avec lequel la Belgique a conclu une convention préventive de la double imposition en raison d'une activité exercée par un habitant du Royaume qui y a séjourné moins de 183 jours au cours d'une même période imposable.

Comme le pouvoir d'imposition de ces revenus est donné à la Belgique, ces revenus ne sont pas imposables dans l'autre État. L'éventuelle imposition, à tort, de ces revenus dans l'autre État est sans incidence. C'est au contribuable qu'il incombe de récupérer l'éventuel impôt retenu par l'État étranger.

Lorsqu'un contribuable perçoit une rémunération ou une pension pour lesquelles la convention préventive de la double imposition donne le pouvoir d'imposition à la Belgique, il doit faire remplir auprès de l'administration fiscale belge une attestation de résidence (formulaire 276 Conv.) qu'il communique ensuite à l'administration fiscale étrangère. De cette manière, il peut bénéficier d'une exonération d'impôt à la source lors de l'attribution des revenus.

2. L'application d'une taxe communale

Conformément à l'article 466 CIR 92, le législateur a prévu l'application d'une taxe communale additionnelle à l'impôt des personnes physiques qui doit être calculée sur la base de l'impôt dû à l'État.

En ce qui concerne les revenus d'origine étrangère pour lesquels le pouvoir d'imposition est donné à la Belgique, cette taxe est due.

En ce qui concerne les revenus exonérés sous réserve de progressivité, la taxe n'est due que pour autant que la convention préventive de la double imposition autorise l'État de résidence à réclamer cette taxe.

Or, la plupart des conventions préventives ne donnent pas à l'État de résidence cette possibilité.

Les conventions préventives de la double imposition qui donnent à la Belgique le pouvoir de réclamer cette taxesont, entre autres :

- la convention belgo-néerlandaise sur tous les revenus professionnels ;
- la convention belgo-française sur tous les revenus professionnels ;
- la convention belgo-allemande sur les rémunérations et pensions.

Dans le cas 1, supra, si Luc avait exercé son activité professionnelle aux Pays-Bas, et pour autant que le pouvoir d'imposition des rémunérations revienne à cet État, une taxe communale aurait dû être calculée sur le montant de l'impôt fédéral, à savoir : 27.981,00 EUR 8,0 % = 2.238,48 EUR.

En ce qui concerne les revenus pour lesquels l'impôt est réduit de moitié, la taxe communale est due sur le montant de l'impôt fédéral, après application de la réduction d'impôt de moitié.

3. L'obligation de déclaration et ses conséquences

Lorsque le pouvoir d'imposition appartient à la Belgique, il appartient au contribuable de déclarer ses revenus imposables, sans revendiquer d'exonération dans sa déclaration :

- les revenus imposables du contribuable augmentent à due concurrence ;
- ils augmentent le montant de l'impôt théorique à payer ;
- lorsque les contribuables sont imposés en commun, les quotités exemptées d'impôt sont accordées à celui des deux époux ou à celui des deux cohabitants qui a les revenus les plus importants, même si celui-ci bénéficie de revenus exonérés sous réserve de progressivité ;
- ces revenus sont soumis à la taxe communale.

4. Le montant à mentionner dans sa déclaration à l'impôt des personnes physiques

Le montant à mentionner dans sa déclaration à l'impôt des personnes physiques dépend, d'une part, de l'État qui détient le pouvoir d'imposition des revenus et, d'autre part, du statut fiscal du contribuable.

Lorsque le pouvoir d'imposition appartient à la Belgique, il appartient au contribuable de déclarer ses revenus imposables, sans revendiquer d'exonération dans sa déclaration.

En ce qui concerne les revenus exonérés sous réserve de progressivité ou pour lesquels l'impôt est réduit de moitié, le contribuable doit en déclarer le montant net, c'est-à-dire le montant des revenus imposables dans l'autre État, desquels peut être déduit l'impôt légalement dû et effectivement payé à l'étranger. En la matière, c'est au contribuable qu'il incombe de démontre que l'impôt est effectivement dû à l'étranger et qu'il a effectivement été payé.

5. Charge de la preuve

Lorsqu'un contribuable entend bénéficier d'une exonération desdits revenus, il lui est conseillé de joindre à sa déclaration une annexe dans laquelle il précise les raisons de fait et de droit pour lesquelles le pouvoir d'imposition de ces revenus revient à l'autre État.

Bien que la déclaration fiscale ne prévoie pas l'envoi d'annexes, cette formalité nous paraît extrêmement importante afin d'éviter de mauvaises surprises.

En matière de revenus d'origine étrangère, la charge de la preuve est partagée :

- l'administration doit démontrer que les revenus sont imposables en vertu du CIR 92 ;

- le contribuable doit démontrer que le pouvoir d'imposition de ces revenus est dévolu à un autre État en vertu des conventions préventives de la double imposition et que, par conséquent, ils peuvent bénéficier d'une exonération sous réserve de progressivité.

III. TRAITEMENT FISCAL À RÉSERVER AUX DIFFÉRENTS TYPES DE REVENUS

1. Les revenus immobiliers

Tout comme pour les revenus de biens situés en Belgique, le montant imposable dépend de l'affectation du bien par le propriétaire.

1.1. Affectation professionnelle par le propriétaire

Lorsqu'un bien situé à l'étranger est affecté par le propriétaire à l'exercice de sa profession, celui-ci ne doit pas déclarer de revenus afférents à ce bien dans le cadre relatif aux revenus immobiliers.

1.2. Propre habitation

Article 12 CIR

1123-41/1124-40/1125-39 (pays sans convention) et 1130-34/1131-33/1132-32 (pays avec convention)

Le contribuable doit en principe déclarer le loyer brut ou la valeur locative de l'habitation qu'il occupe personnellement (ou qu'il n'occupe pas personnellement pour des raisons professionnelles ou sociales) pour autant qu'il postule pour cette habitation la déduction d'intérêts d'emprunts :

- conclus avant le 1er janvier 2005 ;
- conclus à partir du 1er janvier 2005 :
  - soit qui servent au refinancement d'un emprunt conclu avant le 1er janvier 2005 ;
  - soit que, pour la même habitation, il existe un emprunt conclu avant le 1er janvier 2005 (ou un refinancement d'un tel emprunt) pour lequel les intérêts entrent en considération pour la déduction ordinaire d'intérêts.

Pour l'habitation propre située en Allemagne, en Autriche, en Bulgarie, à Chypre, au Danemark, en Espagne, en Estonie, en Finlande, en France, en Grèce, en Hongrie, en Irlande, en Islande, en Italie, en Lettonie, en Lituanie, au Luxembourg, à Malte, en Norvège, aux Pays-Bas, en Pologne, au Portugal, en République tchèque, en Roumanie, au Royaume-Uni, en Slovaquie, en Slovénie, et en Suède, le loyer brut ou la valeur locative de l'habitation doivent être mentionnés en regard du code 1133-32 et/ou 2133-02. Pour l'habitation propre située au Liechtenstein, le loyer brut ou la valeur locative de l'habitation doivent être mentionnés en regard du code 1131-33 et/ou 2131-03.

1.3. L'immeuble n'est pas donné en location

Article 7 § 1er, 1°, b CIR

Circulaire n° Ci.704.681 (AGFisc N° 22/2016) du 29 juin 2016

Bâtis : 1123-41/2123-11 (pays sans convention) et 1130-34/2130-04 (pays avec convention)

Non bâtis : 1124-40/2124-10 (pays sans convention) et 1131-33/2131-03 (pays avec convention)

Les revenus des biens immobiliers situés à l'étranger qui ne sont pas donnés en location sont imposables à concurrence de leur valeur locative, diminuée des impôts étrangers ayant effectivement grevé ces biens.

La valeur locative peut être définie comme le loyer brut moyen annuel qui, en cas de location, aurait pu être recueilli au cours de la période imposable suivant les usages du pays et la situation des biens.

Pratiquement, l'administration fiscale belge tient compte de la valeur locative telle qu'elle est fixée par l'État étranger. À titre d'exemple, le montant de la valeur locative d'un immeuble situé en France est le montant qui sert de base au calcul de la taxe d'habitation (le double de celui qui sert au calcul de la taxe foncière).

Cependant, il n'est pas toujours simple de déterminer quels loyers auraient pu être perçus pour ces biens immobiliers.

La Cour d'appel d'Anvers a décidé dans un arrêt du 2 juin 2015 que le mode de calcul servant de valeur locative qui était utilisé par le contribuable et qui a été déterminé par l'administration française pour un bien immobilier non donné en location situé en France, était conforme à la loi.

Selon la méthode de calcul précitée, la valeur locative (brute) correspondait à ladite « valeur locative brute ».

Pour améliorer la sécurité juridique, l'administration accepte que la valeur locative d'un bien immobilier non donné en location situé à l'étranger puisse être déterminée à l'aide d'une valeur fixée ou expressément approuvée par une autorité étrangère. L'utilisation de cette valeur ne constitue pas une obligation mais une possibilité que le contribuable peut utiliser pour la fixation de ces revenus immobiliers.

Cette valeur peut notamment être :

- un loyer brut estimé pour ce bien qui est pris en considération dans un pays pour l'établissement d'un impôt ;
- un loyer brut déterminé forfaitairement qui est pris en considération dans un pays pour l'établissement d'un impôt (par exemple une valeur locative brute qui a été établie sur la base de parcelles de référence) ;
- le revenu imposable pour ce bien immobilier qui est pris en considération dans un pays pour le calcul d'un impôt sur les revenus.

De cette valeur peuvent être déduits les impôts ayant effectivement grevé les revenus des biens immobiliers dont il s'agit. Est considéré comme déductible l'impôt qui frappe effectivement les revenus des biens immobiliers et qui est comparable au précompte immobilier. Les autres impôts, comme par exemple la taxe d'habitation française ou encore un éventuel impôt des non-résidents dont devraient s'acquitter les résidents belges dans l'autre État ne sont pas déductibles.

Après déduction de ces impôts, l'administration déduit de ce montant déclaré un forfait de 10 % pour les immeubles non bâtis et de 40 % pour les immeubles bâtis.

Ces 10 % et 40 % correspondent aux frais d'entretien et de réparation du bien.

Ces revenus sont exonérés sous réserve de progressivité lors du calcul de l'impôt, si les biens sont situés dans des pays avec lesquels la Belgique a signé une convention préventive de la double imposition. Lorsque le bien est situé dans un pays avec lequel la Belgique n'a pas signé de convention préventive de la double imposition, l'impôt relatif à ces revenus est réduit de moitié.

ex *Luc et Marguerite se sont mariés en 2004 sous le régime légal. Ils possèdent une maison en France dont ils se réservent l'usage et dont la valeur locative estimée est de 2.000,00 EUR. Ils ont payé en 2016 des impôts français de 600,00 EUR (il s'agit du montant de la taxe foncière, la taxe d'habitation payée en France n'étant pas déductible). L'immeuble n'est pas mis en location.*

Luc et Marguerite complètent le cadre III de la déclaration relative à l'exercice d'imposition 2017 de la manière suivante:

Cadre III – Revenus de biens immobiliers		
B. Revenus étrangers		
2. Biens immobiliers situés dans un pays avec lequel la Belgique a conclu une convention préventive de double imposition		
b) Bâtiments (autres que l'habitation visée sous a), matériel et outillage que vous n'utilisez pas pour votre profession	*700,00 c'est-à-dire 1.000,00 – 300,00 (Code 1130-34)*	*700,00 c'est-à-dire 1.000,00 – 300,00 (Code 2130-04)*
Montant imposable	*700,00 60% = 420,00*	*700,00 60% = 420,00*

Ces revenus sont exonérés sous réserve de progressivité (voir page 594).

1.4. L'immeuble est donné en location

Article 7, 2°, d CIR

Bâtis: 1123-41/2123-11 (pays sans convention) et 1130-34/2130-04 (pays avec convention)

Non bâtis: 1124-40/2124-10 (pays sans convention) et 1131-33/2131-03 (pays avec convention)

Le propriétaire doit déclarer le montant des loyers et avantages locatifs retirés des biens, diminués des impôts étrangers ayant effectivement grevé ces biens. Dans ce cas, l'affectation privée ou professionnelle par le locataire n'a aucune importance.

L'administration déduit de ce montant déclaré un forfait de 10% pour les immeubles non bâtis et de 40% pour les immeubles bâtis.

Ces 10% et 40% sont censés représenter les frais d'entretien et de réparation du bien.

Ces revenus sont exonérés sous réserve de progressivité lors du calcul de l'impôt, si les biens sont situés dans des pays avec lesquels la Belgique a signé une convention préventive de la double imposition. Lorsque le bien est situé dans un pays avec lequel la Belgique n'a pas signé de convention préventive de la double imposition, l'impôt relatif à ces revenus est réduit de moitié.

ex *Luc et Marguerite se sont mariés en 2004 sous le régime de la séparation des biens. Ils possèdent une maison en France (quote-part de propriété: 30% – 70%) qu'ils donnent en location durant toute l'année 2016 à une société résidente dont ils sont administrateurs pour un loyer de 20.000,00 EUR et ils ont payé des impôts français de 1.500,00 EUR.*

Luc et Marguerite complètent le cadre III de la déclaration relative à l'exercice d'imposition 2017 de la manière suivante:

Cadre III – Revenus de biens immobiliers		
B. Revenus étrangers		
2. Biens immobiliers situés dans un pays avec lequel la Belgique a conclu une convention préventive de double imposition		
b) Bâtiments (autres que l'habitation visée sous a), matériel et outillage que vous n'utilisez pas pour votre profession	*5.550,00 c'est-à-dire 6.000,00 – 450,00 (Code 1130-34)*	*12.950,00 c'est-à-dire 14.000,00 – 1.050,00 (Code 2130-04)*
Montant imposable	*5.550,00 × 60% = 3.330,00*	*12.950,00 × 60% = 7.770,00*

Ces revenus sont exonérés sous réserve de progressivité.

Remarque importante: Mise en demeure de la Commission européenne

La législation fiscale belge prévoit des modalités d'évaluation différentes des revenus des biens immobiliers. Les revenus de source étrangère pris en compte à des fins d'imposition sont évalués à hauteur d'environ 50% de leur valeur du marché, alors que les revenus de source domestique sont évalués selon une autre méthode dont le résultat est une valeur inférieure qui s'élève à environ 20-25% de la valeur de marché. La Commission considère que cette façon de faire est discriminatoire et contraire à la législation européenne (article 63 TFUE). Celle-ci interdit en principe toute restriction aux mouvements de capitaux entre les États membres et entre les États membres et les pays tiers.

En date du 22 mars 2012, la Commission a officiellement demandé à la Belgique de modifier sa législation dans un délai de deux mois. Au moment de la rédaction de cet ouvrage, cette modification législative n'a toujours pas été effectuée.

1.5. L'immeuble est donné en location pendant une partie de la période imposable

Le contribuable qui donne en location un immeuble situé à l'étranger durant une partie de la période imposable et s'en réserve l'usage durant l'autre partie de la période imposable doit déclarer:

- les loyers pour la période durant laquelle le bien est donné en location;
- la valeur locative pour la période durant laquelle il s'en réserve l'usage.

Pour les contribuables propriétaires d'un bien immobilier situé à l'étranger donné en location durant toute la période imposable, mais non effectivement loué durant toute cette période, l'administration est d'avis qu'il convient de tenir compte de la valeur locative pour la période durant laquelle le bien n'est pas donné en location, et des loyers perçus pour la période durant laquelle le bien est loué, la situation devant s'apprécier le 16e jour du mois.

ex *Luc et Marguerite se sont mariés en 2004 sous le régime légal. Ils possèdent une maison en France dont la valeur locative estimée est de 2.400,00 EUR et ont payé en 2016 des impôts français de 600,00 EUR (taxe d'habitation et taxe foncière). En juillet et en août, l'immeuble est donné en location à des particuliers. Ils perçoivent un montant de loyers pour cette période de 7.000,00 EUR. Ils se réservent ainsi qu'à leur famille l'usage du bien durant tout le reste de l'année.*

Le montant des revenus imposables se calcule de la manière suivante :

	Luc	*Marguerite*
Période de location	*7.000,00 × 50 %* *= 3.500,00*	*7.000,00 × 50 %* *= 3.500,00*
Période de non location	*1.200,00 × 10/12* *= 1.000,00*	*1.200,00 × 10/12* *= 1.000,00*

Luc et Marguerite complètent le cadre III de la déclaration relative à l'exercice d'imposition 2017 de la manière suivante :

Cadre III – Revenus de biens immobiliers		
	Luc	*Marguerite*
B. Revenus étrangers		
2. Biens immobiliers situés dans un pays avec lequel la Belgique a conclu une convention préventive de double imposition		
b) Bâtiments (autres que l'habitation visée sous a) matériel et outillage que vous n'utilisez pas pour votre profession	*4.200,00 c'est-à-dire* *(3.500,00 + 1.000,00) –* *(600,00 × 50 %)* *(Code 1130-34)*	*4.200,00 c'est-à-dire* *(3.500,00 + 1.000,00) –* *(600,00 × 50 %)* *(Code 2130-04)*
Montant imposable	*4.200,00 × 60 % = 2.520,00*	*4.200,00 × 60 % = 2.520,00*

Ces revenus sont exonérés sous réserve de progressivité.

1.6. L'habitation n'est pas occupée pour des raisons sociales ou professionnelles

Les revenus d'habitations qui sont situées dans un État membre de l'Espace économique européen, dont le contribuable est propriétaire et qu'il occupe, sont exonérés. Cette exonération s'applique, selon le cas :

- à la valeur locative lorsque l'immeuble n'est pas donné en location ;
- aux montant total des loyers et avantages locatifs, lorsque l'habitation n'est pas occupée, soit par le contribuable, soit par un des deux conjoints ou cohabitants légaux, pour des raisons professionnelles ou sociales.

2. Les revenus mobiliers

Dans les conventions, une distinction est effectuée entre :

- les dividendes ;
- les intérêts ;
- les redevances.

Si les dividendes et les intérêts ont généralement une signification proche de celle du Droit belge, les redevances peuvent englober d'autres types de revenus comme, par exemple, les droits d'auteur.

Pour les dividendes et les intérêts, la plupart des conventions prévoient un partage du pouvoir d'imposition des revenus en octroyant un pouvoir d'imposition limité à un pourcentage des revenus dans l'État de la source des revenus.

ex *Un dividende d'origine française et soumis à une retenue limitée à un taux de 15 % en France, doit être déclaré en Belgique et le revenu net frontière (brut diminué de l'impôt retenu en France) est soumis à une imposition au taux ordinaire en Belgique, à savoir 27 %. Ces revenus doivent être déclarés aux Codes 1444-11 à 1448-07 (2444-78 à 2448-74) de la déclaration.*

Lorsque les revenus sont encaissés par l'intermédiaire d'un établissement situé en Belgique et que le précompte mobilier a été retenu, ces revenus peuvent, le cas échéant, bénéficier du régime du précompte mobilier libératoire.

En ce qui concerne les redevances, celles-ci sont généralement imposables en Belgique.

Lorsqu'un résident belge bénéficie de redevances d'origine étrangère, il doit faire remplir auprès du service dont il dépend une attestation de résidence afin de bénéficier dans l'État étranger d'une exonération d'imposition à la source.

Les taux de taxation sont, en principe, identiques à ceux de source belge, soit 27% pour les dividendes, les intérêts et les redevances, sauf pour les droits d'auteurs pour lesquels le taux de taxation de 15 % (voir partie relative aux droits d'auteur, page 238) est d'application.

3. Les revenus professionnels

Les revenus professionnels d'origine étrangère sont :

- soit imposés au taux progressif si la Belgique dispose du pouvoir d'imposition ;
- soit imposés au taux progressif et exonérés sous réserve de progressivité si l'autre État dispose du pouvoir d'imposition ;
- soit imposés au taux progressif, et l'impôt afférent aux revenus est réduit de moitié si les revenus proviennent d'un pays avec lequel la Belgique n'a pas conclu de convention préventive de la double imposition.

3.1. Les bénéfices d'une activité exercée à l'étranger

Les bénéfices de source belge ou étrangère doivent être déclarés. La source des bénéfices est déterminée en fonction de l'endroit où l'activité a été exercée.

3.1.1. *Une convention préventive de la double imposition est conclue entre la Belgique et l'État où est exercée l'activité*

Le régime fiscal des revenus recueillis dépend de l'existence ou non d'un établissement stable dans l'État où l'activité est exercée.

Un établissement stable est une installation fixe d'affaires où l'entreprise exerce tout ou partie de son activité. Sont notamment des établissements stables : un bureau, un magasin, une succursale, une usine, etc.

Si l'exploitant dispose à l'étranger d'un établissement stable, les bénéfices imputables à cet établissement ne sont pas imposables en Belgique, mais bien dans l'État où est situé l'établissement stable.

L'imposition effective ou non de ces revenus à l'étranger est sans importance. Ces revenus doivent être déclarés en Belgique et sont exonérés sous réserve de progressivité.

ex *Marguerite, célibataire, exerce une activité de boulangère. Elle a un siège d'exploitation à Liège et un autre siège d'exploitation à Maastricht.*

Les bénéfices réalisés sont les suivants :

	Siège de Liège	*Siège de Maastricht*
Bénéfice brut	*100.000,00*	*80.000,00*
Frais professionnels déductibles en vertu de la législation belge	*60.000,00*	*40.000,00*
Impôts payés aux Pays-Bas	*/*	*7.000,00*
Bénéfice net imposable	*40.000,00*	*33.000,00*

Marguerite remplit le cadre XVIII de sa déclaration de la manière suivante:

Cadre XVIII – Bénéfices d'entreprises industrielles, commerciales ou agricoles		
1. Bénéfice brut de l'exploitation proprement dite	*180.000,00, c'est-à-dire 100.000,00 provenant de l'activité belge et 80.000,00 provenant de l'activité exercée aux Pays-Bas (Code 1600-49)*	*Code 2600-19*
7. Frais professionnels c) autres que ceux visés sous a et b:	*107.000,00, c'est-à-dire 60.000,00 + 40.000,00 + 7.000,00 (l'impôt étranger est déductible) (Code 1606-43)*	*Code 2606-13*

Marguerite remplit également le point 17 du cadre XVIII de la manière suivante:

Cadre XVIII – Bénéfices d'entreprises industrielles, commerciales ou agricoles		
17. Indiquez le pays, le code en regard duquel ils ont été mentionnés et le montant des revenus d'origine étrangère mentionnés aux rubriques 1 à 14, pour lesquels vous avez droit à une réduction d'impôt pour revenus d'origine étrangère.		
Pays: Pays-Bas	*Code: 1600-49*	*Montant: 80.000,00*
Pays: Pays-Bas	*Code: 1606-43*	*Montant: 47.000,00*

Il est important de noter que le montant des revenus imposables à l'étranger et le montant des revenus exonérés en Belgique ne coïncident pratiquement jamais, puisque la législation belge est d'application sur les revenus étrangers.

En effet, peuvent être déduits du revenu imposable en Belgique les frais déductibles ainsi que l'impôt effectivement acquitté dans l'État étranger.

3.1.2. *Il n'y a pas de convention préventive de la double imposition conclue entre la Belgique et l'État ou est exercée l'activité*

En l'absence d'une convention préventive de la double imposition, l'impôt relatif aux bénéfices réalisés et *effectivement* imposés à l'étranger est réduit de moitié.

Les bénéfices sont considérés comme imposés à l'étranger s'ils ont été soumis au régime fiscal qui est normalement applicable à de tels revenus dans le pays d'origine.

Lorsque les bénéfices ne respectent pas ces conditions, ils sont imposables en Belgique.

4. Les profits d'activités exercées à l'étranger

Les profits de source belge ou étrangère doivent être déclarés. La source des profits est déterminée en fonction de l'endroit où l'activité a été exercée.

4.1. Une convention préventive de la double imposition a été conclue entre la Belgique et l'État où est exercée l'activité

Lorsque le contribuable dispose de façon habituelle dans l'autre État contractant d'une base fixe pour l'exercice de ses activités, les profits imputables à cette base fixe ne sont pas imposables en Belgique, mais bien dans l'État où est située la base fixe.

Selon le droit commun, la base fixe désigne un endroit servant à l'exercice d'une profession libérale ou d'autres activités indépendantes.

Pour être considéré comme une base fixe :

- l'endroit doit présenter un certain caractère de fixité ou de permanence, excluant un caractère purement temporaire ;
- le contribuable doit en disposer de façon habituelle.

Ces revenus doivent être déclarés en Belgique et sont exonérés sous réserve de progressivité.

L'imposition effective ou non de ces revenus à l'étranger est sans importance.

ex *Marguerite dentiste résidente belge disposant d'un cabinet en France voit ses revenus imposables en France puisqu'elle y dispose de façon habituelle d'une base fixe, mais uniquement dans la mesure où les revenus sont imputables à cette base fixe, c'est-à-dire aux revenus qui peuvent être imputés aux activités exercées au moyen ou à l'intervention de cette base fixe. Sur cette base, les revenus qui ne peuvent être imputés à la base fixe sont imposables en Belgique. Si elle donne, par exemple, un cycle de conférences pour le compte d'un organisme belge et que cet organisme l'amène à donner des conférences en France (ou ailleurs), les revenus générés par ces conférences ne peuvent être imputés à la base fixe française et sont imposables en Belgique.*

4.2. Il n'y a pas de convention préventive de la double imposition conclue entre la Belgique et l'État ou est exercée l'activité

En l'absence d'une convention préventive de la double imposition, l'impôt relatif aux profits réalisés et *effectivement* imposés à l'étranger est réduit de moitié.

Les profits sont considérés comme imposés à l'étranger s'ils ont été soumis au régime fiscal qui est normalement applicable à de tels revenus dans le pays d'origine.

Lorsque les profits ne respectent pas ces conditions, ils sont imposables en Belgique au tarif normal.

5. Les plus-values sur des immobilisations affectées à l'exercice de l'activité professionnelle situées dans un pays avec lequel la Belgique a conclu une convention préventive de la double imposition

Une distinction doit être faite entre les immeubles et les meubles affectés à l'étranger à l'exercice de l'activité professionnelle.

5.1. Les immeubles

Les plus-values réalisées sur des immeubles affectés à l'exercice de l'activité professionnelle sont imposables dans l'État de situation du bien.

Ces revenus doivent être déclarés en Belgique, mais sont exonérés sous réserve de progressivité. Lors du calcul du montant de l'imposition et de l'exonération, les revenus générés par les plus-values réalisées sur des immobilisations situées à l'étranger ne peuvent jamais bénéficier d'une taxation à un taux distinct (comme c'est le cas pour les plus-values sur immobilisations corporelles situées en Belgique affectées depuis plus de cinq ans à l'exercice de l'activité professionnelle).

En effet, les revenus qui sont exonérés en vertu de conventions internationales préventives de la double imposition ne sont jamais pris en compte pour la taxation distincte, étant donné que l'imposition de ceux-ci, quel que soit le taux appliqué, serait en contradiction flagrante avec le prescrit des conventions (QP n° 215 du Sénateur De Clippele du 27 mai 1991).

Cette disposition concerne tant les bénéfices que les profits.

ex *Marguerite, célibataire, industrielle, réalise en 2016 deux plus-values de respectivement 20.000,00 EUR et 35.000,00 EUR à l'occasion de la vente de deux bâtiments, affectés à l'exercice de son activité professionnelle, situés en Espagne. Les immeubles sont affectés depuis respectivement 8 ans et 3 ans à l'exercice de l'activité professionnelle de Marguerite.*

Marguerite remplit le cadre XVIII de sa déclaration de la manière suivante:

<table>
<tr><th colspan="4">Cadre XVIII – Bénéfices d'entreprises industrielles, commerciales ou agricoles</th></tr>
<tr><td colspan="4">4. Plus-values (après déduction des frais de réalisation)</td></tr>
<tr><td>a) Imposables distinctement
(à 16,5 %)</td><td colspan="2">20.000,00
(Code 1603-46)</td><td>Code 2603-16</td></tr>
<tr><td>b) Imposables globalement</td><td colspan="2">35.000,00
(Code 1604-45)</td><td>Code 2604-15</td></tr>
<tr><td colspan="4">17. Indiquez le pays, le code en regard duquel ils ont été mentionnés et le montant des revenus d'origine étrangère mentionnés aux rubriques 1 à 14, pour lesquels vous avez droit à une réduction d'impôt pour revenus d'origine étrangère.</td></tr>
<tr><td>Pays: Espagne</td><td>Code 1603-46</td><td colspan="2">Montant: 20.000,00</td></tr>
<tr><td>Pays: Espagne</td><td>Code 1604-45</td><td colspan="2">Montant: 35.000,00</td></tr>
</table>

Les revenus déclarés aux codes 1603 et 1604 sont imposables globalement et exonérés sous réserve de progressivité.

5.2. Les meubles

Les bénéfices d'origine étrangère comprennent les revenus des biens mobiliers affectés à l'exercice de l'activité professionnelle.

Pour déterminer comment la Belgique peut imposer les revenus (au taux plein ou exonération sous réserve de progressivité), il convient de:

- pour les bénéfices: vérifier si le contribuable exerce son activité à l'étranger par l'intermédiaire d'un établissement stable et si les plus-values sont imputables à l'établissement stable;
- pour les profits: vérifier si le contribuable dispose dans l'État étranger d'une base fixe et si les plus-values sont imputables à cette base fixe.

ex *Luc, architecte résident, 38 ans, décide d'arrêter son activité dans un bureau de Paris. À cette occasion, il cède le 15 juin 2016 le mobilier qui se trouvait dans le bureau qu'il occupait à Paris pour 15.000,00 EUR (acquis en 1995). La valeur résiduelle de ce mobilier est de 0,00 EUR.*

Il cède également à un bureau parisien sa clientèle pour un montant de 70.000,00 EUR.

Les profits imposables en Belgique, sous réserve de progressivité, relatifs à l'activité exercée en France par Luc, s'élèvent à 25.000,00 EUR en 2012, 20.000,00 EUR en 2013, 24.000,00 EUR en 2014 et 20.000,00 EUR en 2015.

Luc remplit le cadre XVIII de sa déclaration de la manière suivante:

Cadre XVIII – Profits des professions libérales, charges, offices ou autres occupations lucratives			
4. Plus-values (après déduction des frais de réalisation si vous optez pour la déduction des frais professionnel réels)			
a) Imposables distinctement (à 16,5 %)		*15.000,00 (Code 1653-93)*	*Code 2653-63*
6. Indemnités			
b) imposables distinctement à 33 %		*70.000,00 (Code 1667-79)*	*Code 2667-49*
17. Indiquez le pays, le code en regard duquel ils ont été mentionnés et le montant des revenus d'origine étrangère mentionnés aux rubriques 1 à 14, pour lesquels vous avez droit à une réduction d'impôt pour revenus d'origine étrangère.			
Pays: France	*Code 1653-93*	*Montant: 15.000,00*	
Pays: France	*Code 1667-79*	*Montant: 70.000,00*	

Les revenus déclarés aux codes 1653-93 et 1667-79 sont imposables globalement et exonérés sous réserve de progressivité.

6. Les rémunérations

Dans cette section, nous analysons, les rémunérations du secteur public, les rémunérations du secteur privé et les rémunérations des dirigeants d'entreprise

6.1. Les rémunérations d'origine étrangère ou d'organisations internationales

La distinction suivante doit être effectuée entre les revenus étrangers et les revenus d'organisations internationales:

- les revenus exonérés sans réserve de progressivité;
- les revenus exonérés avec réserve de progressivité;
- les revenus imposés au taux réduit;
- les revenus imposés au tarif ordinaire.

6.1.1. Revenus exonérés sans réserve de progressivité

Les traitements de certains fonctionnaires internationaux d'organisations internationales ou supranationales déterminées sont totalement exonérés d'impôts belges. C'est le cas, entre autres, des fonctionnaires de l'Union européenne, de l'ONU et de l'OTAN.

Cette exonération s'effectue sans réserve de progressivité, en ce sens que lesdites rémunérations ne sont pas prises en considération pour le calcul de l'impôt sur les autres revenus imposables, aussi bien dans l'État dont ils sont ressortissants que dans le pays où siège l'organisation.

Ces fonctionnaires ne supportent pas non plus l'impôt complémentaire (additionnel) sur les revenus des personnes physiques qui est normalement perçu par la commune où ils sont inscrits.

Au sein de la législation européenne et belge actuelle, aucune disposition ne prévoit de compensation européenne spécifique au niveau des taxes additionnelles à l'impôt des personnes physiques dans le cadre du système fiscal particulier auquel les fonctionnaires européens sont actuellement soumis.

Ces rémunérations ne doivent *pas* être déclarées.

6.1.2. **Revenus exonérés avec réserve de progressivité**

Les rémunérations des membres des organisations internationales visées ci-dessous et celles qui résultent d'un emploi exercé dans un pays avec laquelle la Belgique a conclu une convention préventive de la double imposition *doivent* être déclarées en Belgique et sont exonérées sous réserve de progressivité.

A. **Membres du personnel d'organisations internationales**

Certains traités ou accords internationaux signés par la Belgique avec une organisation internationale prévoient expressément que les rémunérations exonérées d'impôt des fonctionnaires et membres du personnel d'organisations internationales peuvent être prises en considération pour le calcul du montant de l'impôt à percevoir sur les revenus imposables des intéressés provenant d'autres sources (exonération sous *réserve de progressivité*).

Pour une liste complète de ces organisations, nous renvoyons le lecteur à la page 595.

B. **Les rémunérations d'une activité exercée dans un pays avec lequel la Belgique a conclu une convention préventive de la double imposition**

Pour connaître le régime d'imposition de ces rémunérations, il convient de se référer à la convention préventive de la double imposition conclue entre la Belgique et l'État où est effectivement exercée l'activité.

Selon les cas, cette convention va donner un pouvoir d'imposition, soit à la Belgique, soit à l'autre État.

Les rémunérations seront imposées au tarif normal si la Belgique peut les imposer.

Les rémunérations seront exonérées sous réserve de progressivité si l'autre État peut les imposer.

1. *Le travailleur est un salarié du secteur public*

a) LE SECTEUR PUBLIC : NOTION

Les conventions considèrent que relèvent du secteur public l'État ainsi que ses subdivisions politiques ou collectivités locales. Font partie de cette catégorie l'État lui-même, mais aussi les régions, les provinces, les communes, départements, comtés, cantons, districts, arrondissements, etc.

En Belgique, le secteur public comprend l'État, les régions, les communautés, les provinces, les agglomérations, les fédérations de communes et les communes.

Certaines conventions conclues par la Belgique assimilent au secteur public les personnes morales de droit public pour autant qu'elles n'exercent pas d'activité commerciale ou industrielle.

b) POUVOIR D'IMPOSITION EN MATIÈRE DE RÉMUNÉRATIONS DU SECTEUR PUBLIC

Lorsqu'un résident belge exerce son activité de salarié pour le compte du secteur public d'un autre État, le pouvoir d'imposition de ces rémunérations revient à cet autre État, peu importe le lieu où est effectivement exercée l'activité. C'est donc l'État qui paie les rémunérations qui dispose, en principe, du pouvoir d'imposition de ces revenus.

ex *1. Un résident belge exerce son activité pour le compte de l'État allemand en tant que salarié.*

Le pouvoir d'imposition des rémunérations versées revient à l'Allemagne et ce même si l'activité est effectivement exercée en Belgique.

2. Un résident belge qui exerce son activité pour un hôpital français constitué sous la forme d'un établissement public de santé (soit une personne morale de droit public) voit ses rémunérations imposées, en principe, en France.

c) EXCEPTIONS : ACTIVITÉ INDUSTRIELLE OU COMMERCIALE OU NATIONALITÉ

Ce régime général ne trouve pas à s'appliquer dans deux cas :

- lorsque les rémunérations sont allouées pour des services rendus dans le cadre d'une activité commerciale ou industrielle ;
- lorsque le résident qui bénéficie des rémunérations possède la nationalité belge.

Dans cette dernière hypothèse, les règles applicables sont, en règle générale, celles du secteur privé (*cf.* point suivant).

2. *Le travailleur est un salarié du secteur privé*

a) RÈGLE GÉNÉRALE

En principe, le travailleur résident belge qui exerce son activité dans le secteur privé dans un autre État voit ses rémunérations imposées dans l'État où il exerce effectivement son activité.

Les conventions considèrent que l'emploi est exercé dans l'autre État lorsque le travailleur est physiquement présent sur le territoire de l'autre État contractant au moment où il exerce les activités pour lesquelles les revenus lui sont effectivement payés.

ex *Luc, célibataire, résident de la commune de Visé, exerce une activité de salarié au sein d'un hôpital de Cologne durant toute l'année 2013, pour laquelle il perçoit des rémunérations d'un montant de 37.769,00 EUR. L'État allemand perçoit un impôt de 7.000,00 EUR sur ces rémunérations.*

Il exerce également une activité de salarié en tant qu'enseignant en Belgique, pour laquelle il perçoit des rémunérations imposables de 10.000,00 EUR avec une retenue de précompte professionnel de 2.000,00 EUR.

Luc remplit le cadre IV de sa déclaration de la manière suivante :

Cadre IV – Traitements, salaires, allocations de chômage, indemnités légales de maladie-invalidité, revenus de remplacement et prépensions		
A. Rémunérations ordinaires		
1. Traitements et salaires, etc. (autres que visés sous 13, a, et 14, a)	*30.769,00, c'est-à-dire (37.769,00 – 7.000,00) (250)* *10.000,00 (250)*	*250*
3. Total des rubriques 1 et 2	*40.769,00* *(Code 1250-11)*	*Code 2250-78*
H. Précompte professionnel		
1. Suivant fiches	*2.000,00 (286)*	*286*
3. Total des rubriques 1 et 2	*2.000,00 (Code 1286-72)*	*Code 2286-42*

Il remplit également la rubrique O du cadre IV de la déclaration :

O. Revenus d'origine étrangère (et frais y afférents)		
Indiquer le pays, le code en regard duquel ils ont été mentionnés (p. ex. 1250-11) et le montant des revenus d'origine étrangère suivants (et des frais y afférents) que vous avez mentionnés aux rubriques A et E ci-avant :		
Pays : Allemagne	*Code 1250-11*	*Montant : 33.000,00*

Sur le plan fiscal, font partie des rémunérations :

- les traitements, salaires, commissions, gratifications, primes, indemnités et toutes autres rétributions analogues, y compris les autres allocations, même accidentelles, obtenues en raison ou à l'occasion de l'exercice de l'activité professionnelle à un titre quelconque ;
- les avantages de toute nature obtenus en raison ou à l'occasion de l'exercice de l'activité professionnelle, comme, par exemple, la mise à disposition d'un véhicule, d'un GSM, etc. ;
- les indemnités obtenues en raison ou à l'occasion de la cessation de travail ou de la rupture d'un contrat de travail ;
- les indemnités obtenues en réparation totale ou partielle d'une perte temporaire de rémunérations ;
- les rémunérations acquises par un travailleur, même si elles sont payées ou attribuées à ses ayants cause.

La plupart de ces différentes catégories de revenus relèvent de la règle générale susvisée, à savoir que le pouvoir d'imposition revient à l'État où est exercée physiquement l'activité professionnelle. Il en est ainsi pour les avantages de toute nature ou les rémunérations acquises.

Toutefois, certaines de ces rémunérations répondent à des règles différentes en matière de pouvoir d'imposition :

- Les indemnités de licenciement sont imposables dans l'État où l'activité est exercée au moment de la rupture du contrat de travail, c'est-à-dire le pays où, normalement, le préavis aurait dû être presté.

Lorsque l'indemnité de licenciement a le caractère d'une indemnité compensatoire de préavis, c'est le pays où l'activité est exercée au moment de la rupture du contrat de travail qui dispose du pouvoir d'imposition sur l'indemnité allouée. Toutefois, le pouvoir d'imposition pourrait être partagé entre plusieurs États si cette activité était exercée sur le territoire de plusieurs États à ce moment-là.

- Les indemnités de non-concurrence, versées au fur et à mesure de l'exécution de l'obligation de non-concurrence, en raison de l'absence d'activité ultérieure, sont imposables exclusivement dans l'État de résidence du travailleur au moment du paiement des indemnités.
- Les indemnités obtenues en raison de la réparation d'une perte temporaire de revenus sont en principe imposables dans l'État où l'activité est exercée, sauf si d'autres dispositions de la convention en question prévoient un régime différent sur ces indemnités légales. Dans ce cas, c'est le régime fiscal prévu par cette disposition qui s'applique.

b) Exception

Les conventions préventives prévoient une règle d'exception : sous certaines conditions, les rémunérations obtenues suite à une activité exercée à l'étranger sont imposables en Belgique et exonérées à l'étranger (*cf.* Circulaire n° AAF/2005-0652 (AAF 08/2005) du 25 mai 2005).

Pour illustrer cette exception, nous nous basons sur la convention préventive de la double imposition conclue entre la Belgique et les Pays-Bas.

Cette convention prévoit l'imposition des rémunérations en Belgique lorsque les trois conditions suivantes sont remplies simultanément :

- le bénéficiaire des revenus séjourne aux Pays-Bas pendant une période ou des périodes n'excédant pas au total 183 jours au cours d'une période de douze mois commençant ou se terminant durant l'année fiscale considérée ;
- les rémunérations sont payées par un employeur ou pour le compte d'un employeur qui n'est pas un résident des Pays-Bas ;
- la charge des rémunérations n'est pas supportée par un établissement stable ou une base fixe que l'employeur a aux Pays-Bas. Pratiquement, si les rémunérations sont payées par un employeur résident de la Belgique, elles ne doivent pas être refacturées et fiscalement supportées par un contribuable qui a une base fixe ou un établissement stable aux Pays-Bas.

Si ces trois conditions sont remplies, les rémunérations sont imposables dans l'État de résidence, et ce contrairement à la règle générale.

ex *Marguerite, habitante du Royaume, exerce son activité de salariée aux Pays-Bas et y séjourne durant 80 jours au cours de l'année 2016. Son employeur est une société résidente belge qui prend en charge le coût des prestations de Marguerite dans ses comptes.*

Les rémunérations de Marguerite sont imposables en Belgique, car :

- *elle n'a pas séjourné aux Pays-Bas pendant plus de 183 jours au cours de la période imposable ;*
- *les rémunérations ne sont pas payées par un employeur résident aux Pays-Bas ;*
- *les rémunérations ne sont pas supportées par un établissement stable ou une base fixe que l'employeur belge a aux Pays-Bas.*

c) Rémunérations issues de pays avec laquelle la Belgique n'a pas conclu une convention préventive de la double imposition

Articles 5, 6 et 156 CIR

Les rémunérations qui ont été recueillies et imposées à l'étranger *doivent* être déclarées.

En l'absence d'une convention préventive de la double imposition, l'impôt relatif aux rémunérations recueillies suite à une activité exercée à l'étranger et *effectivement* imposées à l'étranger est réduit de moitié.

Les rémunérations sont considérées comme imposées à l'étranger pour autant qu'elles aient été soumises au régime fiscal qui est normalement applicable à de tels revenus dans le pays d'origine.

Lorsque les rémunérations ne respectent pas ces conditions, ils sont imposables en Belgique au tarif normal.

d) Montant à déclarer

En pratique, les contribuables qui perçoivent des rémunérations d'origine étrangère, déclarent le montant brut des rémunérations, sous déduction des impôts et cotisations sociales obligatoires payés dans l'autre État.

Le supplément d'impôt effectivement dû aux impôts étrangers, à côté du précompte retenu, peut cependant être porté en déduction des revenus professionnels à déclarer, et ce l'année pendant laquelle le supplément a été payé et pour autant qu'il se rapporte aux rémunérations exonérées (QP n° 359 de madame Douifi du 28 avril 2004).

7. Les rémunérations des dirigeants d'entreprise

Lorsque le contribuable a créé une société en Belgique et que cette société exerce son activité dans un autre État, les conventions préventives de la double imposition ne trouvent pas à s'appliquer. En effet, pour le contribuable dirigeant d'entreprise d'une société résidente belge, il n'existe pas d'élément d'extranéité.

Ce n'est que lorsque la société est créée dans un autre État que les dispositions conventionnelles trouvent à s'appliquer.

En l'occurrence, un dirigeant peut percevoir plusieurs types de rémunérations:

- des rémunérations allouées en tant que membre d'un conseil d'administration, de surveillance ou d'un organe analogue;
- des rémunérations allouées aux mandataires à un autre titre;
- des rémunérations d'associé actif;
- des rémunérations obtenues en tant que dirigeant d'entreprise de la deuxième catégorie.

7.1. Les rémunérations allouées en tant que membre d'un conseil d'administration, de surveillance ou d'un organe analogue

La plupart des conventions conclues par la Belgique prévoient que le pouvoir d'imposition des rétributions versées à un résident belge en sa qualité de membre du conseil d'administration ou de surveillance ou d'un organe analogue d'une société résidente d'un autre État contractant revient à l'État de résidence de la société.

Sont donc visées les rémunérations perçues par les administrateurs de sociétés de capitaux ou par les gérants de sociétés de personnes *en cette qualité*.

Toutefois, certaines conventions sont plus restrictives et ne visent que les rétributions allouées aux administrateurs de sociétés anonymes ou de sociétés par actions, et non les rémunérations des gérants. Pour les rémunérations dont bénéficient ces gérants, il convient, le cas échéant, de se référer à la disposition figurant généralement à l'article 14 relatif aux professions indépendantes, et donc à la notion de base fixe (voy. page 608).

7.2. Les rémunérations allouées aux mandataires à un autre titre

De nombreuses conventions préventives de la double imposition font référence aux administrateurs, gérants, etc. qui, en sus de leur mandat, exercent une activité journalière de direction ou de caractère technique.

L'activité journalière de direction peut être définie comme « une activité de gestion ne dépassant pas les besoins de la vie quotidienne de la société ou l'ensemble des actes d'exploitation qui ne constituent pas des décisions qui relèvent de la fonction d'administrateur ou de gérant, mais constituent la vie quotidienne de la société ». L'activité journalière de caractère technique est une activité de toute nature qui est exercée « de manière continue et régulière et non pas de manière exceptionnelle ou ponctuelle, que ce soit en vertu d'un contrat de travail ou non ».

En ce qui concerne le pouvoir d'imposition de ces rétributions, ces conventions renvoient généralement aux dispositions relatives aux rémunérations du secteur privé (voy. page 602), comme s'il s'agissait de rémunérations reçues au titre d'un emploi salarié et comme si l'employeur était la société.

Il s'agira en pratique de déterminer si le contribuable qui bénéficie de rémunérations de ce type exerce bien son activité effective dans cet autre État. Dans l'affirmative, ces revenus y sont imposables.

L'analyse du lien de subordination éventuel vis-à-vis de la société est ici sans importance et la règle d'exception des cent quatre-vingt-trois jours ne trouve pas à s'appliquer.

ex *Un résident belge qui exerce une activité journalière dans une société luxembourgeoise dont il est gérant perçoit des rémunérations pour son mandat de 50.000,00 EUR et des rémunérations pour son activité de direction technique de la société à concurrence de 200.000,00 EUR. Il exerce son activité au Luxembourg durant 120 jours et son activité en Belgique durant 120 jours.*

Les rémunérations obtenues par le contribuable en raison de l'exercice de son mandat (50.000,00 EUR) sont imposables au Luxembourg (État de résidence de la société).

Les rémunérations obtenues pour son activité de caractère technique sont imposables au Luxembourg à concurrence de 100.000,00 EUR (compte tenu de la présence physique effective du médecin au Luxembourg) et en Belgique à concurrence de 100.000,00 EUR.

Rajoutons que certaines conventions ne contiennent pas de disposition de ce type et renvoient aux articles 14 (activité indépendante) et 15 (traitements) selon la nature réelle des rétributions perçues.

ex *Un résident belge est gérant d'une société italienne. Il ne perçoit pas de rémunérations pour l'exercice de son mandat.*

Par contre, il exerce une activité journalière au sein de cette société pour laquelle il perçoit des rémunérations à concurrence de 250.000,00 EUR.

Ces rémunérations sont imposables en Italie pour autant que le contribuable y dispose d'une base fixe et uniquement dans la mesure où les revenus se rattachent à cette base fixe. Les rémunérations qui ne sont pas imputables à la base fixe, par exemple parce qu'il exerce son activité en Belgique (ou dans un autre État), sont imposables en Belgique.

7.3. Le cas particulier des associés actifs

Les associés actifs sont des personnes qui détiennent des actions d'une société et qui exercent une activité continue au sein de la société qui n'est pas une activité de gérant. Figurent parmi ces contribuables ceux qui exercent des activités en tant que conseillers, consultants, etc.

Comme nous l'avons vu pour les rémunérations allouées à un autre titre qu'en tant que mandataire, la plupart des conventions donnent le pouvoir d'imposition conformément aux règles applicables aux salariés. C'est donc l'État où le dirigeant exerce physiquement son activité qui dispose du pouvoir d'imposition de ces rémunérations.

Certaines conventions ne contiennent pas de dispositions particulières pour ces contribuables.

Dans ce cas, une distinction doit être faite entre :

- les associés qui possèdent un nombre limité de parts et qui n'exercent pas de fonction dirigeante au sein de la société : ils sont considérés comme exerçant une activité de salarié, leur qualité d'associé ne supprimant pas le lien de subordination les liant à la société. Pour ceux-ci, ce sont donc les règles relatives aux salariés du secteur privé qui s'appliquent (voy. page 612);
- les associés qui possèdent un nombre important de parts ou qui exercent une activité occasionnelle au sein de la société en tant que conseiller, consultant, etc. : ils relèvent des dispositions applicables aux travailleurs indépendants (voy. page 608).

7.4. Les contribuables dirigeants de la deuxième catégorie qui n'exercent pas de mandat

Les contribuables qui n'ont pas de mandat qui exercent une fonction dirigeante ou une activité dirigeante de gestion journalière, d'ordre commercial, financier ou technique, en dehors d'un contrat de travail relèvent, en règle générale, des dispositions applicables aux indépendants.

8. Les pensions

8.1. Pays avec convention

Les conventions font la distinction entre les pensions légales, les pensions du secteur public, celles du secteur privé et les autres pensions.

Les règles décrites ci-après sont des règles de base. Il convient, pour chaque pension d'origine étrangère perçue par un résident belge, de se référer à la convention préventive de la double imposition applicable.

8.2. Les pensions du secteur public

Les pensions du secteur public sont celles qui sont versées par un État contractant en raison de services rendus à cet État.

La plupart des conventions conclues par la Belgique considèrent que relèvent du secteur public les subdivisions politiques ou collectivités locales (c'est-à-dire les régions, provinces, départements, cantons, comtés, communes, voire d'autres subdivisions politiques).

Certaines conventions étendent le champ de cette disposition aux personnes morales de droit public, notamment celle conclue avec la France.

Ces pensions sont imposables dans l'État de la source des revenus, à savoir celui qui paie la pension.

ex *Luc, résident belge de nationalité allemande, perçoit de l'État allemand:*

- *une pension de 15.000,00 EUR attribuée suite à la carrière de Luc en tant que fonctionnaire allemand à Aix-la-Chapelle;*
- *une pension de 10.000,00 EUR, qui rémunère les services rendus par Luc au profit de l'Allemagne, mais en Belgique.*

Luc remplit sa déclaration de la manière suivante:

Cadre V – Pensions		
A. Pensions		
1. Pensions autres que celles visées sub *2 et 3*		
Autres pensions, rentes (à l'exclusion des rentes de conversion) et capitaux, valeur de rachat, etc. en tenant lieu, imposables globalement	*228: 15.000,00* *228: 10.000,00* *25.000,00* *(Code 1228-33)*	*Code 2228-03*
B. Précompte professionnel		
1. Suivant fiches	*225: 0,00* *(Code 1225-36)*	*Code 2225-06*
C. Pensions d'origine étrangère (et frais y afférents)		
Indiquez le Code en regard duquel elles ont été mentionnées (p. ex. 1211-50) et le montant des pensions d'origine étrangère mentionnées ci-avant (et des frais y afférents) pour lesquelles vous avez droit à une réduction d'impôt pour revenus d'origine étrangère...		
Pays: Allemagne	*Code 1228-33*	*Montant: 25.000,00*

Les deux pensions sont exonérées sous réserve de progressivité et soumises à la taxe communale complémentaire de la commune belge où Luc réside.

Toutefois, cette règle ne s'applique pas :

- lorsque les pensions sont versées au titre de services antérieurs rendus dans le cadre d'une activité industrielle ou commerciale exercée par l'un des États contractants ou par l'une de ses subdivisions politiques ou collectivités locales ;
- lorsque le résident a la nationalité belge.

Dans ces deux hypothèses, il convient, en règle, de se référer aux règles applicables pour les pensions légales et du secteur privé.

ex *Si, dans l'exemple précédent, Luc a la nationalité belge (sans détenir la double nationalité belgo-allemande), le pouvoir d'imposition de ses pensions revient à la Belgique.*

8.3. Les pensions légales ou sociales

Les pensions sociales sont les pensions payées en exécution de la législation sociale. En l'occurrence, il s'agit des pensions légales perçues, quelle que soit la nature des activités à l'origine des pensions. Elles relèvent du premier pilier de notre système de pensions.

Certaines conventions prévoient que le pouvoir d'imposition de ces pensions revient à l'État de la source, comme par exemple celles conclues avec l'Allemagne et le Luxembourg.

Certaines conventions comme, par exemple, la convention belgo-néerlandaise prévoient que les pensions légales sont automatiquement imposables dans l'État de résidence, à savoir la Belgique.

Pour les pays qui ne prévoient pas de disposition particulière pour ce type de pensions, il convient, selon le cas, de se référer aux dispositions applicables :

- pour les pensions du secteur privé ;
- pour les pensions complémentaires du deuxième pilier ;
- pour les pensions des indépendants ;
- pour les pensions des dirigeants d'entreprise.

8.4. Les pensions du secteur privé

La plupart des conventions préventives de la double imposition donnent le pouvoir d'imposition à l'État de résidence en matière de pensions et d'autres allocations similaires émanant du secteur privé.

Par pensions et autres allocations similaires, il faut comprendre les paiements périodiques effectués après la mise à la retraite en raison d'un emploi salarié antérieur ou à titre de compensation de dommages subis dans le cadre d'un emploi salarié antérieur. Les conventions visent tant les pensions et allocations légales qu'extralégales ou encore les pensions de veuve ou d'orphelins.

ex *Luc, ancien salarié de la société hollandaise Pick, perçoit une pension de l'O.N.P. pour un emploi exercé en Belgique d'un montant de 17.000,00 EUR, sur laquelle un précompte professionnel de 3.000,00 EUR a été retenu. Il perçoit également une pension pour un emploi exercé dans le secteur privé aux Pays-Bas d'un montant de 8.000,00 EUR.*

Luc remplit sa déclaration de la manière suivante:

Cadre V – Pensions		
A Pensions		
1. Pensions autres que celles visées sub 2 et 3		
f) Autres pensions, rentes (à l'exclusion des rentes de conversion) et capitaux, valeur de rachat, etc. en tenant lieu, imposables globalement	*228: 17.000,00* *228: 8.000,00* *25.000,00* *(Code 1228-33)*	*Code 2228-03*
B. Précompte professionnel		
1. Suivant fiches	*225: 3.000,00* *3.000,00* *(Code 1225-36)*	*Code 2225-06*
C. Pensions d'origine étrangère (et frais y afférents)		
Indiquez le Code en regard duquel elles ont été mentionnées (p. ex. 1211-50) et le montant des pensions d'origine étrangère mentionnées ci-avant (et des frais y afférents) pour lesquelles vous avez droit à une réduction d'impôt pour revenus d'origine étrangère...		
Pays: Pays-Bas	*Code 1228-33*	*Montant: 8.000,00*

Toutes les pensions perçues par Luc sont imposables en Belgique au taux plein. Comme la déclaration fiscale prévoit que le contribuable revendique une réduction d'impôt et que Luc n'y a pas droit, il ne doit pas préciser que ses pensions sont d'origine étrangère.

8.5. Les pensions complémentaires du deuxième pilier

Les pensions complémentaires du deuxième pilier peuvent être définies comme étant les pensions extralégales issues de l'exercice d'une activité professionnelle.

En général, le pouvoir d'imposition de ces pensions revient à l'État de résidence, c'est-à-dire à la Belgique.

Une analyse complète des dispositions relatives aux pensions complémentaires dépasse le cadre du présent ouvrage.

8.6. Les pensions des indépendants ou des dirigeants d'entreprise

En général, le pouvoir d'imposition de ces pensions revient à l'État de résidence.

Une analyse complète des dispositions relatives aux pensions complémentaires dépasse le cadre du présent ouvrage.

8.7. Cas particulier des pensions complémentaires attribuées à des contribuables ayant préalablement transféré leur domicile à l'étranger

Article 364*bis* CIR

Circulaire n° Ci.RH.241/585.607 (AFER 19/2008) du 12 juillet 2008

Les capitaux de pension sont fiscalement considérés comme des pensions du secteur privé. En principe, ces capitaux sont imposables dans l'État de résidence.

Lorsqu'un résident de la Belgique émigre à l'étranger avant d'avoir perçu ces capitaux, le pouvoir d'imposition de telles pensions ne revient plus à l'État belge.

Pratiquement, de telles pensions échappent parfois à l'impôt puisque l'imposition de tels revenus est subordonnée à l'obtention d'avantages fiscaux dans l'État de résidence.

Ces pensions ne sont donc pas imposables en Belgique puisque le pouvoir d'imposition est donné à l'autre État.

Elles ne sont pas imposables dans l'autre État puisque le contribuable n'y a bénéficié d'aucun avantage fiscal.

Pour éviter la retenue du précompte professionnel sur de telles pensions, le contribuable doit communiquer à l'organisme débiteur des capitaux une attestation de résidence émanant des autorités fiscales de l'État partenaire avec lequel la Belgique a conclu une convention préventive de la double imposition.

ex *Marguerite, célibataire et résidente belge, a conclu un contrat d'épargne-pension en Belgique. Durant de nombreuses années, elle a bénéficié, en Belgique, des avantages fiscaux prévus en la matière. En 2010, elle quitte définitivement le pays pour la France. En 2016, à l'âge de 60 ans, elle touche un capital de 50.000,00 EUR.*

Ce capital est non imposable :

- *la Belgique ne peut imposer ces pensions, puisque c'est la France qui a le pouvoir d'imposition de tels revenus ;*
- *la France ne peut imposer ces pensions puisque Marguerite n'a jamais bénéficié d'avantages fiscaux octroyés en vertu de la législation française.*

Pour remédier à cette situation, le législateur a introduit une fiction légale, prévue à l'article 364*bis*: lorsque le contribuable a transféré son domicile à l'étranger avant de percevoir un capital pension, les revenus sont censés être payés ou attribués le jour qui précède le transfert.

Dans un arrêt du 5 décembre 2003, la Cour de cassation a condamné l'application de cet article en considérant que l'État belge a adapté son droit interne dans le seul but d'éviter l'application de la convention préventive de la double imposition conclue entre la Belgique et la France.

L'État belge a modifié la législation en la matière. Sont dorénavant visés par l'article 364*bis*, les contribuables qui ont préalablement transféré leur domicile ou le siège de leur fortune dans un État situé en dehors de l'Espace économique européen.

Les conventions donnent également le pouvoir d'imposition à l'État de résidence pour les autres pensions et paiements similaires et ce en vertu de l'article résiduaire. Il s'agit, entre autres, des pensions d'anciens indépendants, des pensions de vieillesse et de survie de non-salariés.

Certaines conventions, comme la convention belgo-allemande et la convention belgo-luxembourgeoise, donnent le pouvoir d'imposition à l'État de la source pour les pensions sociales légales.

8.8. Pays sans convention

Articles 5, 6 et 156 CIR

Les pensions qui ont été recueillies et imposées à l'étranger *doivent* être déclarées.

En l'absence d'une convention préventive de la double imposition, l'impôt relatif aux pensions recueillies suite à une activité exercée à l'étranger et *effectivement* imposées à l'étranger est réduit de moitié.

Les pensions sont considérées comme imposées à l'étranger pour autant qu'elles aient été soumises au régime fiscal qui est normalement applicable à de tels revenus dans le pays d'origine.

Lorsque les pensions ne respectent pas ces conditions, elles sont imposables en Belgique.

IV.
TABLEAU SYNOPTIQUE DU POUVOIR D'IMPOSITION EN MATIÈRE DE REVENUS D'ORIGINE ÉTRANGÈRE

<table>
<tr><th colspan="2">Les revenus sont des revenus de</th><th>Le contribuable</th><th>Pays ayant le pouvoir d'imposition</th></tr>
<tr><td colspan="3">Biens immobiliers</td><td>Les revenus sont imposables dans l'État où le bien immobilier est situé.</td></tr>
<tr><td colspan="3">Biens mobiliers</td><td rowspan="3">Belgique
Attention : déclaration obligatoire si les revenus ont été perçus sans l'intermédiaire d'un établissement belge. Déclaration facultative si les revenus ont été perçus avec l'intermédiaire d'un établissement belge.</td></tr>
<tr><td colspan="2">Dividendes</td><td rowspan="2">La plupart des conventions prévoient un partage du pouvoir d'imposition des intérêts en octroyant une imposition limitée à un certain pourcentage du revenu brut dans l'État de la source des revenus.</td></tr>
<tr><td colspan="2">Intérêts</td></tr>
<tr><td colspan="2">Redevances</td><td>La plupart des conventions ne prévoient pas un partage du pouvoir d'imposition des redevances entre l'État de résidence du bénéficiaire et l'État de source des revenus.</td><td>Belgique</td></tr>
<tr><td rowspan="4">Salarié</td><td rowspan="2">Du secteur public</td><td>N'a pas la nationalité belge</td><td>L'autre État</td></tr>
<tr><td>A la nationalité belge sans avoir la nationalité de l'autre État</td><td>Règles applicables aux salariés du secteur privé (sauf pour la France).</td></tr>
<tr><td rowspan="2">Du secteur privé</td><td>Est présent physiquement dans l'autre État pour exercer son activité</td><td>L'autre État</td></tr>
<tr><td>Autre cas</td><td>La Belgique</td></tr>
<tr><td colspan="2" rowspan="2">Bénéfices et profits</td><td>Dispose d'un établissement stable ou d'une base fixe et les revenus sont imputables à cette base fixe</td><td>L'autre État</td></tr>
<tr><td>Autre cas</td><td>La Belgique</td></tr>
<tr><td colspan="3">Aliénation de biens investis dans un établissement stable ou une base fixe</td><td>Les plus-values sont imposables dans l'État où la personne exerce son activité par l'intermédiaire d'un établissement stable ou d'une base fixe.</td></tr>
<tr><td colspan="3">Plus-values réalisées sur d'autres biens investis dans un établissement stable ou une base fixe</td><td>Belgique</td></tr>
</table>

Dirigeants d'entreprise		Est rémunéré pour son mandat	L'autre État
		Exerce en plus de son mandat une activité journalière de direction ou à caractère technique	Règles applicables aux salariés du secteur privé.
		Est associé actif et dispose d'un nombre limité d'actions et n'a pas de fonction dirigeante	
		Est associé et exerce une activité occasionnelle d'indépendant	En général imposition en Belgique
		Exerce une fonction ou une activité d'un dirigeant d'entreprise de la deuxième catégorie	
Pensionné	Secteur public	N'a pas la nationalité belge	L'autre État
		A la nationalité belge sans avoir la nationalité de l'autre État	La Belgique
	Sociales	Perçoit des pensions de l'Allemagne ou du Luxembourg	Allemagne ou Luxembourg
		Perçoit des pensions des Pays-Bas	La Belgique
	Autres	Autre cas	Voir pensions du secteur privé, des indépendants ou des dirigeants d'entreprise selon le cas.
Artistes et sportifs			Les revenus sont imposables dans l'État où l'activité est exercée.
Autres revenus			Belgique

Partie 10

Notions de calcul de l’impôt

Schéma général – IPP fédéral et IPP régional[1]

ANNEXE 1

Modèle d'additionnels élargis

Composition du revenu imposable	
	revenus nets des biens immobiliers
+	revenus nets des capitaux et biens mobiliers
+	revenus nets professionnels
+	revenus nets divers
-	déduction des revenus nets: rentes alimentaires
= revenu imposable (RI globalement + RI distinctement)	

Calcul de l'impôt		
impôt sur les revenus imposés distinctement	impôt de base suivant le barèmefédéral sur le RIG	
	- impôt afférent à la quotité du revenu exemptée d'impôt	
	= impôt à repartir	
	- réduction pour pensions et revenus de remplacement	
	- réduction pour revenus d'origine étrangère	
	= principal	
addition de l'impôt sur les revenus imposés distinctement ~~et~~ du principal sur les revenus imposés globalement		
impôt afférent aux intérêts, dividendes, redevances, lots afférents aux titres d'empruntset aux plus-values sur titres et valeurs mobiliers imposés comme revenus divers	impôt afférent aux autres revenus = impôt Etat - (impôt Etat* facteur d'autonomie) = ***impôt Etat réduit***	***additionnels régionaux*** sur l'impôt Etat réduit
- autres réductions d'impôt fédérales		+ augmentations d'impôt régionales - diminutions régionales - réductions d'impôt régionales
solde; si = 0 éventuellement déduire la partie non imputée de réductions d'impôt fédérales qui peut être imputée sur le solde positifde la région		solde; si = 0 éventuellement déduire la partie non imputée de diminutions et réductions d'impôt régionales qui peut être imputée sur le solde positif fédéral
= impôt des personnes physiques fédéral*(peut être négatif)*		***= impôt des personnes physiques régional*** *(peut être négatif)*
= impôt total*(ne peut jamais être négatif)*		
+	augmentations fédérales	
-	éléments fédéraux imputables non-remboursables	
-	crédits d'impôt fédéraux et régionaux remboursables	
-	éléments fédéraux imputables et remboursables	
+	centimes additionnels commune et agglomération sur "l'impôt total"	

= impôt à payer ou à rembourser

1 Ce schéma est repris dans le document parlementaire Doc.53.2974/001, annexe 1.

Impact de la loi sur le financement sur le calcul de l'impôt

I. Contexte

L'article 7 (article 5/1 version consolidée) de la loi spéciale portant réforme du financement des communautés et des régions, élargissement de l'autonomie fiscale des régions et financement des nouvelles compétences mentionne que :

« § 1er. Sur la base de la localisation de l'impôt des personnes physiques, les régions peuvent :

- *établir des centimes additionnels sur une partie de l'impôt des personnes physiques. La partie de l'impôt des personnes physiques sur laquelle les centimes additionnels sont établis, est l'impôt État réduit ;*
- *accorder des diminutions d'impôt et appliquer des réductions et des augmentations d'impôt sur les centimes additionnels visés au 1°, sans qu'il en résulte une diminution ou une augmentation de la base imposable.*

Le total des centimes additionnels et des diminutions, réductions et augmentations d'impôt, le cas échéant après application de l'article 5/3, § 1er, 2°, constitue la taxe additionnelle régionale sur l'impôt des personnes physiques, ci-après « l'impôt des personnes physiques régional ».

En outre, les régions peuvent accorder des crédits d'impôts.

§ 2. (...)

§ 3. L'impôt État réduit, majoré de l'impôt afférent aux dividendes, intérêts, redevances, lots afférents aux titres d'emprunts et plus-values sur valeurs et titres mobiliers, après application des réductions d'impôt fédérales qui n'ont pas encore été appliquées pour déterminer l'impôt État réduit et, le cas échéant après application de l'article 5/3, § 1er, 1°, constitue « l'impôt des personnes physiques fédéral » au sens de la présente loi.

§ 4. (...)

§ 5. Seule l'autorité fédérale est compétente pour les dispositions en matière de précompte mobilier et professionnel et pour le service de l'impôt des personnes physiques.

De l'ensemble des revenus nets, seules les rentes alimentaires peuvent être déduites dans les limites et aux conditions déterminées par le Code des impôts sur les revenus 1992.

Sans préjudice de l'article 5/5, § 4, l'autorité fédérale peut mettre en œuvre des réductions d'impôt sans aucune restriction. »

L'autonomie fiscale élargie en matière d'impôt des personnes physiques (taxe additionnelle régionale sur l'impôt des personnes physiques) concerne le droit pour les régions :

- de prélever des centimes additionnels sur une partie de l'impôt des personnes physiques ;
- d'accorder des diminutions d'impôt ;
- d'appliquer des réductions d'impôt et des augmentations d'impôt ;
- d'accorder des crédits d'impôt remboursables.

Le passage de l'impôt des personnes physiques purement fédéral vers un impôt des personnes physiques en partie « fédéral » et en partie « régional » a pour effet que le législateur fédéral doit scinder le calcul de l'impôt en deux blocs :

1er bloc : l'impôt des personnes physiques « fédéral » ;
2e bloc : l'impôt des personnes physiques « régional ».

Préalablement à la détermination de ces deux blocs, il convient de déterminer dans un premier temps la base imposable, l'impôt État et l'impôt État réduit.

II. Détermination de la base imposable

La loi spéciale de financement prévoit explicitement que de l'ensemble des revenus nets, seules les rentes alimentaires peuvent être déduites dans les limites et aux conditions déterminées par le Code des impôts sur les revenus.

En prévoyant expressément que seules les rentes alimentaires peuvent encore être déduites de l'ensemble des revenus nets pour déterminer la base imposable, la loi spéciale de financement confirme que les régions ne peuvent pas attribuer des avantages fiscaux via une diminution de la base imposable.

Ceci traduit la volonté des négociateurs d'éviter que des décisions «fiscales» régionales puissent impacter l'impôt des personnes physiques «fédéral». Cette volonté trouve son fondement dans la justification suivante: le montant d'impôt des personnes physiques dont un contribuable est redevable auprès de l'État fédéral, ne peut pas varier en fonction de la région où il habite.

La composition du revenu imposable est la suivante:

	Revenus nets des biens immobiliers
+	Revenus nets des capitaux et biens mobiliers
+	Revenus nets professionnels
+	Revenus nets divers
=	Ensemble des revenus nets
-	Rentes alimentaires
=	Revenu imposable globalement + Revenu imposable globalement distinctement

III. Détermination de l'impôt État

L'impôt État est égal à la somme de l'impôt sur les revenus imposés distinctement et de l'impôt sur les revenus imposés globalement, après application:

- de la quotité du revenu exemptée d'impôt;
- de la réduction d'impôt pour pensions et revenus de remplacement;
- de la réduction d'impôt pour revenus d'origine étrangère.

Étant donné que l'impôt relatif aux dividendes, intérêts, redevances et plus-values-values sur valeurs et titres mobiliers et lots afférents aux titres d'emprunts taxés comme revenus divers reste une compétence fédérale, il convient de les déduire de l'impôt État.

IV. Détermination de l'impôt État réduit

L'impôt État réduit est obtenu en appliquant sur l'impôt État une réduction qui est égale à cet impôt État multiplié par le facteur d'autonomie.

Le facteur d'autonomie est égal à 25,990% pour les exercices d'imposition 2015, 2016 et 2017.

V. Détermination de l'impôt des personnes physiques régional

L'impôt des personnes physiques régional correspond à la somme des quatre éléments suivants:

- les centimes additionnels;
- les diminutions d'impôt;
- les réductions d'impôt;
- les augmentations d'impôt.

Les régions exercent leurs compétences en matière de réductions ou augmentations fiscales générales, de centimes additionnels ou de réductions d'impôt sans réduire la progressivité de l'impôt des personnes physiques et à l'exclusion de toute concurrence fiscale déloyale.

Les centimes additionnels régionaux:

- doivent être proportionnels (ils ne peuvent en aucun cas être forfaitaires);
- peuvent être uniformes.

En effet, les régions disposent de la possibilité de différencier ces additionnels proportionnels par tranche d'impôt, c'est-à-dire d'établir différents additionnels en fonction de la tranche d'impôt.

Tant qu'une région ne fixe pas ses propres centimes additionnels, les centimes additionnels applicables s'élèvent à 35,117% de l'impôt État réduit.

Dans l'hypothèse où l'impôt État s'élève à 13.716,00 EUR, l'impôt État réduit s'élève à 10.151,21 EUR et les centimes additionnels (non différenciés) s'élèvent à 3.564,79 EUR.

Lorsqu'une région utilise des centimes additionnels différenciés, les tranches d'impôt sont réparties de la manière suivante pour l'application des centimes additionnels régionaux différenciés:

- d'abord, l'impôt de base déterminé conformément à l'article 130 est divisé en tranches d'impôt par la région;
- ensuite, l'impôt relatif à la quotité du revenu exemptée d'impôt (montant de base et suppléments y afférents) et la réduction pour pensions et revenus de remplacement sont globalement soustraits, en commençant par les tranches d'impôt les plus basses;
- enfin, la réduction pour revenus d'origine étrangère pour le montant déterminé dans le calcul normal de l'impôt des personnes physiques est imputée. Cette imputation se fait proportionnellement sur les différentes tranches d'impôt en fonction de l'impôt qui subsiste dans chacune des différentes tranches d'impôt après imputation de l'impôt sur la quotité du revenu exemptée d'impôt et de la réduction pour pensions et revenus de remplacement.

Ceci peut être illustré par l'exemple suivant.

Sachant que:

- l'impôt de base s'élève à 16.580,00 EUR;
- l'impôt relatif à la quotité exemptée d'impôt s'élève à 1.782,50 EUR;
- la réduction pour revenus de remplacement s'élève à 803,50 EUR;

l'impôt État réduit et les centimes additionnels s'élèvent, sur la base des tranches d'impôt réparties de la manière suivante pour l'application des centimes additionnels régionaux, aux montants repris dans le tableau suivant.

Tranche d'impôt pour l'application des additionnels régionaux en EUR	Additionnels régionaux différenciés (1)	Impôt de base en EUR (2)	Réductions d'impôt fédéral (quotité exemptée et revenus de remplacement) (3)	Impôt État (2) – (3)	Impôt État réduit (facteur d'autonomie 25,990 %) (4)	Additionnels régionaux (4) * (1)
0 à 2.000,00	32%	2.000,00	- 2.000,00	0,00	0,00	0,00
2.000,00 à 5.000,00	33%	3.000,00	- 586,00	2.414,00	1.786,60	595,58
5.000,00 à 10.000,00	34%	5.000,00	0,00	5.000,00	3.700,50	1.258,17
10.000,00 à 50.000,00	35%	6.580,00	0,00	6.580,00	4.869,86	1.704,45
Plus de 50.000,00	36%	0,00	0,00	0,00	0,00	0,00
Total		16.580,00	- 2.586,00	13.994,00	10.356,96	3.558,20

L'impôt État s'élève à 13.994,00 EUR, l'impôt État réduit s'élève à 10.356,96 EUR et les centimes additionnels (différenciés) s'élèvent à 3.558,20 EUR.

VI. Détermination de l'impôt des personnes physiques fédéral

L'impôt des personnes physiques fédéral correspond à l'impôt État réduit majoré de l'impôt afférent aux dividendes, intérêts, redevances, lots afférents aux titres d'emprunts et plus-values sur valeurs et titres mobiliers déductions faites des réductions d'impôt fédérales (par exemple les réductions d'impôt pour gardes d'enfants, épargne-pension, etc.,).

Le législateur a prévu que le solde des réductions et diminutions régionales qui ne peut pas être imputé sur les centimes additionnels et les augmentations d'impôt, sera imputé sur le solde de l'impôt fédéral après l'application des réductions d'impôt fédérales et ceci jusqu'au moment où une région a fixé un autre règlement.

VII. Détermination de l'impôt total à payer ou à rembourser

L'impôt total est défini comme la somme de l'impôt des personnes physiques fédéral et l'impôt des personnes physiques régional.

Cet impôt total est:

- majoré des augmentations d'impôt fédérales, telles que la majoration pour absence ou insuffisance de versement anticipé et la majoration d'impôt pour cession anticipée d'actions de fonds de développement reconnus;
- diminué des éléments fédéraux imputables et non remboursables, tels que le crédit d'impôt pour indépendants, la quotité forfaitaire d'impôt étranger et la bonification pour versement anticipé de l'impôt.

Ensuite, il est diminué des crédits d'impôt régionaux et les crédits d'impôt fédéraux remboursables, tels que le crédit d'impôt pour faibles revenus d'activités et puis les éléments fédéraux imputables et remboursables, tels que le précompte professionnel, le précompte mobilier et le prélèvement pour l'État de résidence.

Enfin, l'impôt total est majoré des taxes additionnelles prélevées par les communes et agglomérations sur l'impôt des personnes physiques.

Modèle d'additionnels élargis
1re opération: détermination de la base imposable
Total des revenus nets
Revenus nets des biens immobiliers
Revenus nets des capitaux et biens mobiliers
Revenus nets professionnels
Revenus nets divers
Déduction des revenus nets: rentes alimentaires
= **Revenu imposable (RI globalement + RI distinctement)**

2e opération : Détermination de l'impôt État		
Impôt sur les revenus imposés distinctement	Impôt de base suivant le barème sur le RIG	
	- impôt afférent à la quotité exemptée	
	= impôt à repartir	
	- réduction d'impôt pour pensions et revenus de remplacements	
	- réduction d'impôt pour revenus étrangers	
	= Principal	
addition de l'impôt sur les revenus imposés distinctement et du principal sur les revenus imposés globalement		
Impôt afférent aux intérêts, dividendes, redevances, lots afférents aux titres d'emprunts et aux plus-values sur titres et valeurs mobiliers imposés comme revenus divers	impôt afférent aux autres revenus	
	= **Impôt État**	
	3e opération : Détermination de l'impôt Etat réduit	
	- (impôt Etat* facteur d'autonomie)	
	= ***Impôt État réduit***	**4e opération : Détermination de l'impôt des personnes physiques régional**
		Additionnels régionaux sur l'impôt Etat réduit
5e opération : Détermination de l'impôt des personnes physiques fédérale		
- autres réductions d'impôt fédérales		+ augmentations d'impôt régionales
		- réductions régionales
		réductions d'impôt régionales
= impôt des personnes physiques fédéral		***= impôt des personnes physiques régional***
	imputation éventuelle d'un excédent de réductions d'impôt régionales ou fédérales respectivement sur l'impôt des personnes physiques fédéral ou sur l'impôt des personnes physiques régional	
	6e opération : Détermination de l'impôt total à payer ou à rembourser	
= impôt total		
augmentations fédérales		
éléments fédéraux imputables non-remboursables		
crédits d'impôt fédéraux et régionaux remboursables		
- éléments fédéraux imputables et remboursables		
+ centimes additionnels commune et agglomération sur l'impôt total à l'exception de l'impôt afférent aux intérêts et dividendes		
= impôt à payer ou à rembourser		

Montants indexés

I. Titre II du Code des impôts sur les revenus 1992

Coefficient art. 178, §§ 1er et 2, CIR 92: 1,7761

Article CIR 92	Description	Montant de base	Montant indexé Ex. d'imp. 2017	Montant indexé Ex. d'imp. 2018
Art. 131, al. 1er, 1°	Montant limite	15.220	26.510	27.030
al. 1er, 1°	Quotité du revenu exemptée d'impôt	4.250	7.420	7.570
al. 1er, 3°	Quotité du revenu exemptée d'impôt	4.095	7.130	7.270
al. 2	Montant limite	15.220	26.510	27.030
al. 3	Quotité du revenu exemptée d'impôt	4.095	7.130	7.270
	Majoration pour un contribuable handicapé	870	1.520	1.550
Art. 132, al. 1er,	Majoration de la quotité du revenu exemptée d'impôt			
1°	pour 1 enfant	870	1.520	1.550
2°	pour 2 enfants	2.240	3.900	3.980
3°	pour 3 enfants	5.020	8.740	8.920
4°	pour 4 enfants	8.120	14.140	14.420
5°	pour plus de 4 enfants	8.120	14.140	14.420
	(supplément par enfant au-delà du quatrième)	3.100	5.400	5.510
6°	montant supplémentaire pour chaque enfant de moins de 3 ans pour lequel des frais de garde n'ont pas été déduits	325	570	580
7°	pour chaque personne à charge visée à l'art. 136, 2° ou 3°, qui a atteint l'âge de 65 ans	1.740	3.030	3.090
8°	pour chaque autre personne à charge	870	1.520	1.550
Art. 133, al. 1er,	Majoration de la quotité du revenu exemptée d'impôt:			
1°	– pour un contribuable imposé isolément * qui a un ou plusieurs enfants à charge	870	1.520	1.550
	* à qui la moitié des suppléments à la quotité du revenu exemptée d'impôt visés à l'art. 132, al. 1er, 1° à 6° est attribuée en application de l'art. 132*bis*	870	1.520	1.550
2°	– lorsqu'une imposition est établie par contribuable pour l'année du mariage ou de la déclaration de cohabitation légale et pour autant que le conjoint n'ait pas bénéficié de ressources excédant un montant net déterminé	870	1.520	1.550
	Montant net maximum de ces ressources	1.800	3.140	3.200
Art. 134, § 6, al. 1er, et § 4, 5°	Montant maximum du crédit d'impôt par enfant à charge	250	440	440
Art. 136, 140, al. 2, et 141	Montant net maximum des ressources	1.800	3.140	3.200
Art. 141	Montant net maximum des ressources majoré:			
	– pour enfants à charge d'un contribuable imposé isolément	2.600	4.530	4.620
	– pour enfants handicapés à charge d'un contribuable imposé isolément	3.300	5.750	5.860

Art. 142, al. 2	Montant minimum des frais déductibles lorsque les ressources sont constituées par des rémunérations de travailleurs ou des profits	250	440	440
Art. 143, 3°	Montant maximum des pensions, rentes et allocations en tenant lieu qui sont perçues par des personnes visées à l'art. 132, al. 1er, 7°, qui n'entre pas en ligne de compte pour la détermination du montant net des ressources	.500	25.260	25.750
Art. 143, 6°	Montant maximum des rentes alimentaires visées à l'art. 90, alinéa 1er, 3°, attribuées aux enfants, qui n'entre pas en ligne de compte pour la détermination du montant net des ressources	1.800	3.140	3.200
Art. 143, 7°	Montant maximum des rémunérations perçues par des étudiants jobistes, qui n'entre pas en ligne de compte pour la détermination du montant net des ressources	1.500	2.610	2.660

II. A. Titre II du Code des impôts sur les revenus 1992

Coefficient art. 178, §§ 1er et 3, al. 1er, 2°, CIR 92: 1,5659

a) Fédéral:

Article CIR 92	Description	Montant de base	Montant indexé Ex. d'imp. 2017	Montant indexé Ex. d'imp. 2018
Art. 36, § 2	Montant minimum de l'avantage de toute nature pour l'utilisation à des fins personnelles d'un véhicule mis gratuitement à disposition	820	1.260	1.280
Art. 37, al. 2	Montant maximum des revenus visés à l'article 17, § 1er, 5°, considérés comme des revenus mobiliers	37.500	57.560	58.720
Art. 38, § 1er, al. 1er, 9°, c	Montant exonéré des indemnités accordées par l'employeur en remboursement ou paiement des frais de déplacement du domicile au lieu de travail, pour autant que le travailleur revendique les frais professionnels forfaitaires et utilise pour effectuer ces déplacements un autre moyen de transport que les transports publics en commun ou le transport collectif organisé des membres du personnel	250	380	390
12°	Montant exonéré des allocations des pompiers volontaires des services publics d'incendie et des agents volontaires de la Protection civile	2.850	4.380	4.460
14°	Montant maximum exonéré par kilomètre de l'indemnité bicyclette:	0,145	0,22	0,23
17°	Montant maximum par période imposable des interventions de l'employeur dans le prix d'achat payé par le travailleur pour l'achat à l'état neuf d'un PC avec ou sans périphériques, connexion Internet et abonnement à internet	550	840	860
	Limite de revenus	21.600	33.170	33.820

Art. 51, al. 2, 1°	pour les rémunérations des travailleurs	5.505 13.000	8.450 19.960	8.620 20.360
4°	pour les profits	3.750 7.450 12.400	5.760 11.440 19.040	5.870 11.670 19.420
al. 3	Montant maximum des frais professionnels forfaitaires: Rémunérations des travailleurs Rémunérations des dirigeants d'entreprise Rémunérations des conjoints aidants et profits	 2.760,00 1.555,50 2.592,50	 4.240 2.390 3.980	 4.320 2.440 4.060
Art. 52*bis*, 5°	Montant maximum des sommes qui peuvent être considérées comme des frais professionnels déductibles et qui sont payées en faveur d'un milieu d'accueil collectif de la petite enfance	5.250	8.060	8.220
Art. 53, 22°	Montant maximum des cotisations et primes patronales visées à l'article 52, 3°, b, qui sont versées en exécution d'engagements individuels de pension complémentaire visés à l'article 6 de la loi du 28 avril 2003 relative aux pensions complémentaires et au régime fiscal de celles-ci et des certains avantages complémentaires en matière de sécurité sociale, conclus au profit de personnes qui perçoivent des rémunérations visées à l'article 30, 1°	1.525	2.340	2.380
Art. 66*bis*, al. 3	Montant maximum des frais déductibles par kilomètre en bicyclette	0,145	0,22	0,23
Art. 67, §§ 1er et 2	Bénéfice exonéré par unité de personnel supplémentaire recruté et affecté à temps plein à un emploi de chef de service des exportations et à un emploi de chef de service de la section Gestion intégrale de la qualité	10.000	15.360	15.660
Art. 67*ter*, §§ 1er et 3	Exonération des bénéfices et profits par unité de personnel supplémentaire occupé en Belgique	3.720	5.710	5.830
Art. 72, al. 2	Déduction pour investissement – report	620.000 2.480.000	652.070 3.808.290	970.860 3.883.430
Art. 86, al. 1er	Montant maximum des revenus professionnels personnels du conjoint aidant	8.700	13.360	13.620
Art. 87, al. 2 et art. 88, al. 1er	Maximum imputable des revenus professionnels (quotient conjugal)	6.700	10.290	10.490
Art. 90, al; 1er, 2°	Montant exonéré des prix et subsides perçus pendant 2 ans	2.500	3.840	3.910
Art. 126, § 2, al. 1er, 4°	Montant limite des revenus professionnels au-dessus duquel l'imposition commune des conjoints et des cohabitants légaux n'est pas applicable	6.700	10.290	10.490
Art. 130	Tarif d'imposition – tranches de revenus	7.070 8.120 13.530 24.800	10.860 12.470 20.780 38.080	11.070 12.720 21.190 38.830

Art. 134, § 2, al. 2	Impôt sur la quotité des revenus exemptée d'impôt – tarif d'imposition – tranches de revenus	5.705 8.120 13.530 24.800	8.760 12.470 20.780 38.080	8.930 12.720 21.190 38.830
Art. 145³, al. 3	Montant maximum des cotisations et primes personnelles qui ont trait à la continuation à titre individuel d'un engagement de pension visée à l'article 33 de la loi du 28 avril 2003 relative aux pensions complémentaires et au régime fiscal de celles-ci et de certains avantages complémentaires en matière de sécurité sociale	1.500	2.300	2 350
Art. 145³⁴, al. 2, 1°	Montant minimum des rémunérations d'un employé de maison	2.450	3.750	3.840
Art. 163	Montant minimum de la majoration en cas d'absence ou d'insuffisance de versements anticipés	25	40	80
Art. 169, § 1er, al. 2	Première tranche du capital ou de la valeur de rachat d'une pension complémentaire visée à l'art. 34, § 1er, 2°, al. 1er, a à c, pour l'application du régime de conversion	50.000	76.780	78.300
Art. 171, 1°, i	Montant maximum des revenus professionnels bruts par période imposable, payés ou attribués aux sportifs âgés de plus de 26 ans, arbitres, formateurs, entraîneurs...	12.300	18.890	19.260
4°, j	Montant maximum des rémunérations brutes par période imposable payées ou attribuées aux sportifs en cette qualité, âgés de 16 à moins de 26 ans au 1er janvier de l'exercice d'imposition	12.300	18.890	19.260
7°	Prime régionale de remise au travail: Montant maximum de la prime brute par mois	120	180	190
Art. 172	Montant limite des revenus professionnels bruts/rémunérations brutes des sportifs...	12.300	18.890	19.260

b) Régions:

RÉGIONS FLAMANDE, BRUXELLES-CAPITALE ET WALLONNE				
Art. 145²¹, al. 1er	Montant maximum par contribuable des dépenses payées pour des prestations dans le cadre des agences locales pour l'emploi et pour des prestations payées avec des titres-services	920	1.410	1.440
RÉGION FLAMANDE ET WALLONNE				
Art. 145²⁵, al. 3, 3° al. 6	Montant minimum du coût total des travaux pour l'application de la réduction d'impôt pour les dépenses en vue de la rénovation d'une habitation située dans une zone d'action positive des grandes villes Montant maximum de la réduction d'impôt par période imposable et par habitation	2.500 500	3.840 770	3.910 780

	RÉGION FLAMANDE ET WALLONNE			
Art. 145^{30}, al. 3, 2° al. 4	Réduction d'impôt pour la rénovation d'une habitation située en Belgique et donnée en location via une agence immobilière sociale Montant minimum du coût total des travaux Montant maximum de la réduction d'impôt par habitation	 7.500 750	 11.520 1.150	 11.740 1.170
	RÉGION BRUXELLES-CAPITALE			
Art. 145^{30}, al. 4	Réduction d'impôt pour la rénovation d'une habitation située en Belgique et donnée en location via une agence immobilière sociale: Montant maximum de la réduction d'impôt par habitation	750	–	1.170
	RÉGION FLAMANDE ET WALLONNE			
Art. 145^{36}	Montant maximum des dépenses réellement faites pour lequel une réduction d'impôt pour l'entretien et la restauration d'immeubles classés est accordée	25.000	–	39.150
	RÉGION FLAMANDE ET WALLONNE			
Art. 145^{37}, § 2, al. 1er	Montant maximum pris en considération pour la réduction d'impôt pour les intérêts et sommes affectés à l'amortissement ou à la reconstitution d'un emprunt hypothécaire spécifiquement contracté en vue d'acquérir ou de conserver une habitation unique, par contribuable et par période imposable	1.500	2.300	2.350
al. 2	Majoration durant les dix premières périodes imposables du montant visé à l'alinéa 1er	500	770	780
al. 3	Maoration du montant mentionné à l'alinéa 2 lorsque le contribuable a trois enfants à charge, ou plus, au 1er janvier de l'année qui suit celle de la conclusion de l'emprunt:	50	80	80
	RÉGION BRUXELLES-CAPITALE			
Art. 145^{40} §2, al. 2 § 3	Première tranche du montant initial des emprunts contractés * 15 p.c. de la première tranche du * montant maximum des dépenses qui sont prises en considération pour la réduction d'impôt	50.000 1.250 1.500,00	76.780 1.920 2.300	– 1.960 2.350
	RÉGION BRUXELLES-CAPITALE			
Art. 145^{42}, al. 2, 1°	Première tranche du montant initial des emprunts contractés pour l'habitation unique	50.000 52.500 55.000 60.000 65.000	76.780 80.620 84.460 92.140 99.810	– – – – –

RÉGION BRUXELLES-CAPITALE				
Art. 14545, **§ 2, 3°, a** **§ 3, al. 2**	Rénovation totale ou partielle d'une habitation : Coût minimal des travaux (TVA comprise) Première tranche du montant initial des emprunts pour la construction ou l'acquisition à l'état neuf d'une habitation	19.800 50.000 52.500 55.000 60.000 65.000	30.400 76.780 80.620 84.460 92.140 99.810	– – – – – –
	Première tranche du montant initial des emprunts pour la rénovation d'une habitation	25.000 26.250 27.500 30.000 32.500	38.390 40.310 42.230 46.070 49.910	 – – – –
RÉGION FLAMANDE ET WALLONNE				
Art. 14547, **al. 4**	Montant maximum de la réduction d'impôt pour les dépenses d'isolation du toit, par période imposable et par habitation	2.000	3.070	3.130

II. B. Titre III du Code des impôts sur les revenus 1992

Coefficient art. 178, § 3, al. 1er, 2°, et art. 201, al. 6, CIR 92 : 1,5659

Article CIR 92	Description	Montant de base	Montant indexé Ex. d'imp. 2017	Montant indexé Ex. d'imp. 2018
Art. 201, **al. 6**	Déduction pour investissement : Report dans le chef de la société qui a opté pour le crédit d'impôt pour recherche et développement visé à l'article 269*quater*:	310.000 1.240.000	476.040 1.904.140	485.430 1.941.720

II. C. Titre V du Code des impôts sur les revenus 1992

Coefficient art. 178, § 3, al. 1er, 2°, et art. 243, al. 3, CIR 92 : 1,5659

Article CIR 92	Description	Montant de base	Montant indexé Ex. d'imp. 2017	Montant indexé Ex. d'imp. 2018
Art. 244*bis*	Montant limite des revenus professionnels au-dessus duquel il n'y a pas lieu à imposition commune des conjoints	6.700	10.290	10.490

II. D. Titre VI du Code des impôts sur les revenus 1992

Coefficient art. 178, § 3, al. 1er, 2°, 289*ter*, § 3, 289*ter*/1, al. 3, et 292*bis*, § 1er, al. 3, CIR 92 : 1,5659

Article CIR 92	Description	Montant de base	Montant indexé Ex. d'imp. 2017	Montant indexé Ex. d'imp. 2018
Art. 289*ter*, § 1er, Al. 1er	Montant maximum de l'ensemble des revenus nets qui donne droit à un crédit d'impôt	14.140	21.710	22.140
	Montant minimum des revenus d'activités pour donner droit au crédit d'impôt	3.260	5.010	5.100
§ 2, al. 1er	Montant du crédit d'impôt	440	680	690
§ 2, al. 2, 1° à 3°, al. 4	Montants limites des revenus d'activités pour déterminer le montant du crédit d'impôt	3 260	5.010	5.100
		4.350	6.680	6.810
	Différence	1.090	1.670	1.710
		10.880	16.710	17.040
		14.140	21.710	22.140
	Différence	3.260	5.000	5.100
§ 2, al. 5	Montant du crédit d'impôt			
	* pour conjoints aidants	200	310	310
	* pour les travailleurs qui autrement qu'en vertu d'un contrat de travail exécutent des prestations de travail dans le secteur public	485	740	760

II. E. Titre VII du Code des impôts sur les revenus 1992

Coefficient art. 178, § 3, al. 1er, 2°, et art. 412, § 1er, al. 3, CIR 92 : 1,5659

Article CIR 92	Description	Montant de base	Montant indexé Ex. d'imp. 2017	Montant indexé Ex. d'imp. 2018
Art. 412, al. 3	Le précompte professionnel est payable dans les 15 jours qui suivent l'expiration de chaque trimestre au cours duquel les revenus ont été payés ou attribués, lorsque le montant du précompte professionnel afférent aux revenus de l'année précédente est inférieur à	25.000	38.390	39.150

II. F. Titre X du Code des impôts sur les revenus 1992

a) Coefficient art. 178, § 3, al. 1er, 2°, et art. 515*bis*, al. 7, CIR 92 : 1,5659

Article CIR 92	Description	Montant de base	Montant indexé Ex. d'imp. 2017	Montant indexé Ex. d'imp. 2018
Art. 515*bis*, al. 7	Application du régime de conversion sur la première tranche du capital constitué au moyen de cotisations personnelles et liquidé au plus tôt à l'âge légal de la retraite du bénéficiaire qui est resté effectivement actif jusqu'à cet âge	50.000	76.780	78.300

b) Coefficient art. 178, § 3, al. 1er, 2°, et art. 538, CIR 92 : 1,5659

La colonne « Article » reprise ci-après mentionne l'article du CIR 92 tel qu'il existait avant d'être abrogé par l'article 100, 1°, de la loi du 26 décembre 2013 (Moniteur belge du 31 décembre 2013, éd. 3).

Article CIR 92	Description	Montant de base	Montant indexé Ex. d'imp. 2017	Montant indexé Ex. d'imp. 2018
Art. 38, § 1er, al. 1er, 27°	Montant maximum exonéré des rémunérations obtenues et des indemnités payées à la suite de la rupture d'un contrat de travail * pour autant que le congé soit notifié par l'employeur au plus tôt le 1er janvier 2014	850	1.310	1.330

III. A. Titre II du Code des impôts sur les revenus 1992

Coefficient art. 178, §§ 1er et 3, al. 2, 1°, CIR 92 : 1,5054

Article CIR 92	Description	Montant de base	Montant indexé Ex. d'imp. 2017	Montant indexé Ex. d'imp. 2018
Art. 21, 5°	Revenus exonérés de dépôts d'épargne	1.250	1.880	1.880
6°	Dividendes exonérés des sociétés coopératives agréées	125	190	190
10°	Intérêts ou dividendes exonérés des sociétés à finalité sociale	125	190	190
13°	Montants des emprunts par une plate-forme de crowdfunding dont les intérêts sont exonérés	9.965	15.000	15.000

Art. 145[6], al. 1er **al. 2**	Calcul du montant maximum des primes d'assurance vie et des annuités d'amortissements du capital Première tranche du montant initial des emprunts	1.250 1.500 50.000	1.880 2.260 75.270	1.880 2.260 75.270
Art. 145[7], § 1er, al. 4	Limitation des sommes affectées à l'acquisition d'actions ou parts du capital de la société employeur Montant maximum à concurrence duquel le Roi peut augmenter la limite par arrêté délibéré en conseil des ministres	500 1.000	750 1.510	750 1.510
Art. 145[8], al. 2	Limitation des paiements pour épargne-pension Montant maximum à concurrence duquel le Roi peut augmenter La limite par arrêté délibéré en conseil des ministres	625 1.000	940 1.510	940 1.510
Art. 145[28], § 1er, al. 3	Montant maximum de la réduction en cas d'acquisition d'un quadricycle Montant maximum de la réduction en cas d'acquisition d'une motocyclette ou d'un tricycle	3.280 2.000	4.940 3.010	4.940 3.010
Art. 145[32], al. 2 **al. 4**	Montant minimum des sommes versées à un fonds de développement Montant maximum de la réduction d'impôt par période imposable	250 210	380 320	380 320
Art. 145[33], § 1, al. 2 **al. 4**	Montant minimum d'une libéralité qui donne droit à une réduction d'impôt Montant maximum de l'ensemble des libéralités pour lequel la réduction d'impôt est accordée	25 250.000	40 376.350	40 376.350
Art. 145[34], al. 5	Montant maximum à prendre en considération pour la Réduction pour un employé de maison	5.000	7.530	7.530
Art. 147, 1° 7° 9°	Réduction d'impôt pour pensions et revenus de remplacement: – le revenu net se compose exclusivement de pensions ou d'autres revenus de remplacement – le revenu net se compose exclusivement d'allocations de chômage – le revenu net se compose exclusivement d'indemnités légales d'assurance en cas de maladie ou d'invalidité	1.344,57 1.344,57 1.725,98	2.024,12 2.024,12 2.598,29	2.024,12 2.024,12 2.598,29
Art. 151	Montants limites du revenu imposable pour l'application de la réduction d'impôt pour allocations de chômage Différence:	18.600 14.900 3.700	28.000 22.430 5.570	28.000 22.430 5.570
Art. 152	Montants limites du revenu imposable pour l'application des réductions d'impôt autres que celles visées à l'art. 151 Différence	29.800 14.900 14.900	44.860 22.430 22.430	44.860 22.430 22.430

III. B. Titre V du Code des impôts sur les revenus 1992

Coefficient art. 178, § 3, al. 2, 1°, et art. 243, al. 3, CIR 92: 1,5054

Article CIR 92	Description	Montant de base	Montant indexé Ex. d'imp. 2017	Montant indexé Ex. d'imp. 2018
Art. 243, al. 2,	Réduction d'impôt pour pensions et revenus de remplacement obtenus par des non-résidents sans foyer d'habitation en Belgique:			
1°	– le revenu net se compose exclusivement de pensions ou d'autres revenus de remplacement, ou d'allocations de chômage:	2.392,67	3.601,93	3.601,93
3°	– le revenu net se compose exclusivement d'indemnités légales d'assurance en cas de maladie ou d'invalidité	2.774,10	4.176,13	4.176,13

III. C. Titre X du Code des impôts sur les revenus 1992

a) Coefficient art. 178, § 3, al. 2, 1°, et art. 535, al. 3, CIR 92: 1,5054

La colonne «Article» reprise ci-après mentionne l'article du CIR 92 tel qu'il existait avant d'être abrogé par l'article 41 de la loi du 28 décembre 2011 portant des dispositions diverses (Moniteur belge du 30 décembre 2011, éd. 4).

Article CIR 92	Description	Montant de base	Montant indexé Ex. d'imp. 2017	Montant indexé Ex. d'imp. 2018
Art. 14524, § 2, al. 7	Réduction d'impôt pour une habitation basse énergie par période imposable et par habitation	300	450	450
	Réduction d'impôt pour une habitation passive par période imposable et par habitation	600	900	900
	Réduction d'impôt pour une habitation zéro énergie par période imposable et par habitation	1.200	1.810	1.810

b) Coefficient art. 178, § 3, al. 2, 1°, et art. 539, CIR 92 : 1,5054

La colonne « Article » reprise ci-après mentionne les articles du CIR 92 tel qu'ils existaient avant d'être abrogés ou remplacés par l'article 20 de la loi du 8 mai 2014 (Moniteur belge du 28 mai 2014, éd. 2).

Article CIR 92	Description	Montant de base	Montant indexé Ex. d'imp. 2017	Montant indexé Ex. d'imp. 2018
Art. 115, al. 1er, 6°	Montant maximum déductible des intérêts, des amortissements en capital et des primes d'assurance vie pour l'acquisition ou la conservation d'une habitation unique, par contribuable et par période imposable	1.500	2.260	2.260
Art. 116, al. 1er	Majoration du montant visé à l'art. 115, al. 1er, 6°, durant les 10 premières périodes imposables	500	750	750
Al. 2	Majoration du montant mentionné à l'alinéa 1er, lorsque le contribuable a trois enfants à charge, ou plus, au 1er janvier de l'année qui suit celle de la conclusion de l'emprunt	50	80	80

IV. Titre II du Code des impôts sur les revenus 1992

A. Règle spécifique art. 178, § 4, CIR 92

Article CIR 92	Description	Montant de base	Montant indexé Ex. d'imp. 2017	Montant indexé Ex. d'imp. 2018
Art. 38 § 1er, al. 1er, 23°	Montant maximum des indemnités forfaitaires de défraiement octroyées en raison de la fourniture de prestations artistiques et/ou de la production d'œuvres artistiques pour le compte d'un donneur d'ordre	2.000	2.466,34	2.493,27
§ 4, al. 2, 2°	Montant maximum des indemnités forfaitaires de défraiement par donneur d'ordre par jour	100	123,32	124,66
Art. 97, § 2	Montant maximum des indemnités forfaitaires de défraiement octroyées en raison de la fourniture de prestations artistiques et/ou de la production d'œuvres artistiques pour le compte d'un donneur d'ordre dont il n'est pas tenu compte pour déterminer le montant des revenus divers	2.000	2.466,34	2.493,27

B. Règle spécifique art. 178, § 6, CIR 92

Article CIR 92	Description	Montant de base	Montant indexé Ex. d'imp. 2017	Montant indexé Ex. d'imp. 2018
Art. 38, § 1er, al. 1er, 24°	Montant annuel maximum des avantages non récurrents liés aux résultats	2.755	2.798	2.830

C. Règle spécifique art. 178, § 6*bis*, CIR 92

Article CIR 92	Description	Montant de base	Montant indexé Ex. d'imp. 2017	Montant indexé Ex. d'imp. 2018
	RÉGION WALLONNE			
Art. 145[48*ter*], 2° et 3°	Chèque Habitat Montants limites du revenu imposable pour le calcul de la réduction d'impôt:	21.000 81.000	– –	21.347 82.339

V. Indexation automatique des montants visés à l'article 18, § 3, 4°, AR/CIR 92

Article AR/CIR 92	Description	Montant de base	Montant indexé Ex. d'imp. 2017	Montant indexé Ex. d'imp. 2018
Art. 18, § 3, 4°	Fournitures gratuites du chauffage et de l'électricité utilisée à des fins autres que le chauffage:			
	* au personnel de direction et aux dirigeants d'entreprise:			
	chauffage	1.245	1.910	1.950
	électricité	620	950	970
	* aux autres bénéficiaires:			
	chauffage	560	860	880
	électricité	280	430	440

VI. Indexation automatique des montants visés à l'article 70, § 2, alinéa 2 de la loi-programme du 10 août 2015, modifié par la loi organisant la reconnaissance et l'encadrement du *crowdfunding* et portant des dispositions diverses en matière de finances du 18 décembre 2016

Coefficient : 1,5659

Article loi-programme du 10 août 2015	Description	Montant de base	Montant indexé Ex. d'imp. 2017	Montant indexé Ex. d'imp. 2018
Art. 70, § 2, al. 2	Rémunération de référence fixée en fonction du chiffre d'affaires issu du commerce de diamants	19.645 32.745 49.110 65.485 81.855 98.225	30.170 50.280 75.410 100.560 125.700 150.830	30.760 51.280 76.900 102.540 128.180 153.810
	Montant du chiffre d'affaires	1.620.720 8.103.595 16.207.190 32.414.380 48.621.570	2.488.780 12.443.880 24.887.760 49.775.520 74.663.280	2.537.890 12.689.420 25.378.840 50.757.680 76.136.520

Index

A

B

C

D

G

H

I

L

Q

R

Table des matières